更轻

更简

更适合做朋友的一本书

这本书带给你的不仅是知识

正保会计网校
www.chinaacc.com

梦想成真
Dream
Come True

2022年

注册会计师全国统一考试

应试指南

财务成本管理

上册

■ 贾国军 主编

■ 正保会计网校 编

感恩22年相伴 助你梦想成真

中国商业出版社

图书在版编目（CIP）数据

财务成本管理应试指南：上下册 ／ 贾国军主编；
正保会计网校编. —北京：中国商业出版社，2022.3
2022 年注册会计师全国统一考试
ISBN 978-7-5208-2030-1

Ⅰ. ①财…　Ⅱ. ①贾…　②正…　Ⅲ. ①企业管理–成
本管理–资格考试–自学参考资料　Ⅳ. ①F275.3

中国版本图书馆 CIP 数据核字（2022）第 037498 号

责任编辑：黄世嘉

中国商业出版社出版发行

（www.zgsycb.com　100053　北京广安门内报国寺 1 号）
总编室：010-63180647　编辑室：010-83114579
发行部：010-83120835/8286
新华书店经销
三河市荣展印务有限公司

＊

787 毫米×1092 毫米　16 开　34.5 印张　884 千字
2022 年 3 月第 1 版　2022 年 3 月第 1 次印刷

定价：95.00 元

＊　＊　＊　＊

前言

"学而不思则罔，思而不学则殆。"

注册会计师考试是由财政部组织领导的一项执业资格考试，是我国评价选拔会计人才、促进会计人员成长的重要渠道，也是会计人员增强专业知识、提高业务水平的有效途径。注册会计师考试每年一次，由全国统一组织、统一大纲、统一试题、统一评分标准。注册会计师考试分为专业阶段和综合阶段两个阶段。专业阶段主要测试考生是否具备注册会计师执业所需要的专业知识，是否掌握基本的职业技能和职业道德规范。综合阶段主要测试考生是否具备在职业环境中综合运用专业知识、遵守职业道德规范以及有效解决实务问题的能力。

为满足考生的备考需求，正保会计网校的辅导老师潜心研究考试大纲和命题规律，精心策划、编写了这套注册会计师各学科应试指南。经过时间的洗礼，应试指南也在不断地进行升级、创新，其构架更加清晰、设计更为贴心、编写更为专业谨慎。其针对不同学科的专业特点与考试要求，各学科应试指南的编写也各具特色，知识架构体系科学化，内容呈现形式多样化，知识内容活灵活现不再枯燥无味。内文讲解部分穿插贴心小版块，用简单、生动的语句点拨知识，解决你备考中的记忆难点和易混淆点，也帮你看清知识"陷阱"，帮你更好地掌握知识。同时，每一章汇集了编写老师精心挑选的习题，其中对部分题目解析作出特别标记，在练习的过程中能一遍又一遍地巩固理解、加深记忆。

未来的日子永远值得期待！在备考注册会计师考试期间，希望应试指南给你带来良好的学习体验；也希望带给你的不仅仅是知识的收获，更是一段值得沉淀的时光或是一份难以忘怀的经历；更希望你能够学得开心，不惧怕偶尔的沮丧，能够坚定地走完这条备考之路。

编　者

　　由于时间所限，书中难免存在疏漏，敬请批评指正。最后，小保祝福大家顺利通过考试~

正保文化官微

关注正保文化官方微信公众号——财会上分青年，回复"勘误表"，获取本书勘误内容。

正保远程教育

发展：2000—2022年：感恩22年相伴，助你梦想成真

理念：学员利益至上，一切为学员服务

成果：20个不同类型的品牌网站，涵盖13个行业

奋斗目标：构建完善的"终身教育体系"和"完全教育体系"

正保会计网校

发展：正保远程教育旗下的第一品牌网站

理念：精耕细作，锲而不舍

成果：每年为我国财经领域培养数百万名专业人才

奋斗目标：成为所有会计人的"网上家园"

"梦想成真"书系

发展：正保远程教育主打的品牌系列辅导丛书

理念：你的梦想由我们来保驾护航

成果：图书品类涵盖会计职称、注册会计师、税务师、经济师、资产评估师、审计师、财税、实务等多个专业领域

奋斗目标：成为所有会计人实现梦想路上的启明灯

图书特色

1 备考攻略

解读考试**整体情况**，
了解大纲**总体框架**

一、《财务成本管理》科目的总体情况

《财务成本管理》是研究公司如何实现价值创造和价值增值的一门应用性科目。本科目最大的特点是注重量化分析，需要记忆与运用的公式较多，学习难度较大。要求考生具备一定的

二、本书内容体系

《财务成本管理》由财务管理、成本计算和管理会计三个模块构成，共计 20 章，具体可以细分为 6 个部分，知识结构如下：

三、考核形式与命题规律

（一）考核形式

注册会计师的考试形式从 2012 年开始改为机考，考试题型包括单项选择题、多项选择题、

四、学习方法

（一）结合考试大纲，全面复习

考试大纲是命题的依据。考生要在规定时间内完成答题，就必须扎实掌握专业基础知识，

考情解密

历年考情概况

本章是考试的非重点章节，内容的理论性较强。主要考核公司制企业特点、财务管理目标、金融工具类型与金融市场、资本市场效率等内容。考试形式是客观题。考试分值预计 2 分

考点详解及精选例题

一、企业组织形式★

企业组织形式包括个人独资企业、合伙企业、公司制企业。合伙企业与个人独资企业具有类似的优缺点，只是程度不同。公司属于独立法人，相对于个人独资企业和合伙企业，其优点和缺点的比较见表 1-1。

同步训练

扫我做试题

一、单项选择题

1. 与普通合伙企业相比，下列各项中，属于股份有限公司缺点的是（ ）。

B. 难以筹集大量资本
C. 股权转让需经其他股东同意
D. 企业组建成本高

2. 下列有关增加股东财富的表述中，正确的

同步训练答案及解析

一、单项选择题

1. D 【解析】股权可以转让、并且无须经过其他股东同意，容易在资本市场筹集大

增加股东财富，选项 C 的表述错误；企业与股东之间的交易虽然会影响股价，但不影响股东财富。所以，提高股利支付率不会影响股东财富，选项 D 的表述错误。

2 应试指导及同步训练

- 深入**解读**本章考点及考试变化内容

- 全方位**透析考试**，钻研考点

- **了解**命题方向和易错点

- **夯实**基础，快速**掌握**答题技巧

3 脉络梳理

本章知识体系全呈现

4 考前模拟

模拟演练，助力冲关

模拟试卷（一）

扫我做试题

一、**单项选择题**（本题型共 13 小题，每小题 2 分，共 26 分。每小题只有一个正确答案，请从每小题的备选答案中选出一个你认为最正确的答案，用鼠标单击相应的选项）

1. 某企业为了进行短期偿债能力分析而计算的存货周转次数为 5 次，如果当年存货平均余额为 2 000 万元，净利润为 1 000 万元，则当年的营业利率为（ ）。

A. 10%　　　B. 20%

模拟试卷（二）

扫我做试题

一、**单项选择题**（本题型共 13 题，每小题 2 分，共 26 分。每小题只有一个正确答案，请从每小题的备选答案中选出一个你认为最正确的答案，用鼠标单击相应的选项）

1. 假设银行存款利率为 i，从现在开始每年年末存款 1 元，n 年后本利和为 $\dfrac{(1+i)^n-1}{i}$ 元。如果改为每年年初存款，存款期数不变，n 年的本利和应为（ ）元。

模拟试卷（一）参考答案及解析

一、单项选择题

1. A 【解析】营业收入 = 2 000×5 = 10 000（元），营业净利率 = 1 000/10 000 ×

场线的斜率越大。

8. C 【解析】因为联合杠杆系数 = 边际贡献÷[边际贡献-(固定成本+利息)]，边际贡献 = 500×(1-40%) = 300（万元），原来

模拟试卷（二）参考答案及解析

一、单项选择题

1. B 【解析】n 期预付年金终值系数为 [(F/A, i, n+1)-1]，选项 B 是答案。

30-500 = 1 300（万元）。假设单价提高10%，即单价变为 110 元，则变动后利润 = (110-40)×30-500 = 1 600（万元），利润变动百分比 = (1 600-1 300)/1 300×100% =

目 录 CONTENTS

上 册

下　　册

第三部分　脉络梳理

第四部分　考前模拟

附录　系数表

第一部分

备考攻略

关于
小程序码

2022年考试变化讲解

——你需要知道——

　　亲爱的读者，无论你是新学员还是老考生，本着"逢变爱考"的原则，今年考试的变动内容你都需要重点掌握。微信扫描左侧小程序码，网校老师为你带来2022年本科目考试变动解读，助你第一时间掌握重要考点。

Learn more

2022年 备考攻略

【老师寄语】万丈高楼平地起，做事唯有脚踏实地，心无旁骛，才能成功！

一、《财务成本管理》科目的总体情况

《财务成本管理》是研究公司如何实现价值创造和价值增值的一门应用性科目。本科目最大的特点是注重量化分析，需要记忆和运用的公式较多，学习难度较大。要求考生具备一定的会计学、经济学等相关知识，对考试内容进行全面与系统的学习，同时有针对性地进行习题演练，以巩固基础知识、提升计算能力，掌握解题思路与答题技巧。

二、本书内容体系

《财务成本管理》由财务管理、成本计算和管理会计三个模块构成，共计20章，具体可以细分为6个部分，知识结构如下：

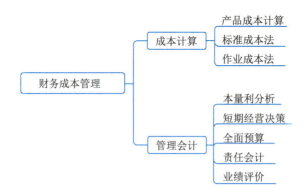

（一）财务管理基础

本部分包括财务管理基本原理、财务报表分析和财务预测、价值评估基础、资本成本四章内容。其中财务管理基本原理主要阐述了财务管理的主要内容、财务管理目标以及金融工具与金融市场等内容，可以为后续各章节的学习奠定理论基础；财务报表分析和财务预测主要介绍了财务比率计算与分析、外部融资额计算以及增长率的估计，公式较多，量化分析内容比重较大，是全书的重点难点内容；价值评估基础主要阐述了利率影响因素和利率期限结构、时间价值计算以及风险与报酬的衡量，体现了财务管理的基本价值观念；资本成本主要介绍了资本成本的概念以及计量等内容，该内容在筹资决策、投资决策、营运资本管理等多个领域均有广泛应用。

（二）长期投资决策

本部分包括投资项目资本预算、债券和股票价值评估、期权价值评估和企业价值评估四章内容。其中投资项目资本预算主要阐述了投资项目的现金流量估计、折现率估计、评价方法运用和敏感性分析等内容，实务性较强，难度较大，属于考试的重点和难点内容；债券和股票价值评估主要介绍了债券和股票价值评估模型的运用以及债券到期收益率、普通股期望报酬率的估计等，难度不大；期权价值评估主要阐述了期权到期日价值（净收入）和净损益的计算以及金融期权价值评估模型的运用，该部分内容较为抽象，不易理解，难度较大；企业价值评估主要阐述了现金流量折现模型和相对价值评估模型的运用，需要以管理用财务报表分析和财务预测、股票价值评估以及资本成本计算等相关章节内容为基础，具有一定综合性，难度较大，学习过程中注意掌握解题思路与技巧。

（三）长期筹资决策

本部分包括资本结构、长期筹资以及股利分配、股票分割与股票回购三章内容。其中资本结构阐述了资本结构理论的不同观点、资本结构决策方法和杠杆系数的衡量等内容，对于理论部分表述较为抽象，理解起来会有一定难度，其余内容较为容易；长期筹资主要阐述了长期借款筹资、普通股筹资、长期债券筹资、优先股筹资、附认股权证债券筹资、可转换债券筹资以及租赁筹资等基本内容，后三种筹资方式的相关内容不易理解，难度较大；股利分配、股票分割与股票回购主要阐述了不同股利理论的观点、股利种类、股利政策类型以及股票回购对公司的影响等内容，本章内容不多，难度不大。

（四）营运资本管理

本部分只有一章，包括营运资本管理策略、现金管理、应收款项管理、存货管理和短期债务管理等基本内容。其中营运资本筹资策略判断、易变现率的计算和短期借款承诺费的计算有一定的难度，其余内容较为简单。

（五）成本计算

本部分包括产品成本计算、标准成本法和作业成本法三章内容。其中产品成本计算主要阐述了基本生产费用与辅助生产费用的分配、生产费用在完工产品和在产品之间的分配以及品种法、分批法和分步法三种成本计算方法的运用，计算过程较为复杂，计算量较大，有一定难度；标准成本法主要阐述了标准成本的类型、标准成本的制定以及差异分析等内容，其中固定制造费用的差异分析不易理解，难度稍大；作业成本法主要阐述了作业成本计算的原理和作业成本管理等内容，内容较少，难度不大。

（六）管理会计

本部分包括本量利分析、短期经营决策、全面预算、责任会计和业绩评价五章内容。其中本量利分析主要阐述了成本性态分析、本量利关系以及敏感性分析等内容，公式较多，容易理解，难度不大；短期经营决策主要阐述了生产决策、定价决策等内容，重点把握决策思路与决策方法的应用；全面预算主要阐述了全面预算的编制方法、营业预算和财务预算的编制思路，数据之间的勾稽关系紧密，但是计算并不复杂；责任会计主要阐述了成本中心、利润中心和投资中心的划分、考核指标的确定以及业绩评价报告，内容不多，容易理解，难度不大；业绩评价主要阐述了经济增加值的概念及其计算方法、平衡计分卡的相关内容，内容很少，难度不大。

三、考核形式与命题规律

（一）考核形式

注册会计师的考试形式从 2012 年开始改为机考，考试题型包括单项选择题、多项选择题、计算分析题和综合题四种类型。2021 年题量及分值有所调整，具体如下表所示：

题型、题量与分值

年份	单选题		多选题		计算分析题		综合题	
	题量	分值	题量	分值	题量	分值	题量	分值
2021 年以前	14 题	21 分	12 题	24 分	5 题	40 分	1 题	15 分
2021（1）	16 题	24 分	13 题	26 分	4 题	36 分	1 题	14 分
2021（2）	13 题	26 分	12 题	24 分	4 题	36 分	1 题	14 分

注：其中一个计算分析题可选用中文或英文答题。如果使用英文解答，须全部使用英文，答题正确，增加 5 分。

（二）命题规律

1. 紧扣考试大纲，考核内容全面。

通过对历年考试真题进行分析，不难发现考题均是考试大纲要求掌握的内容。考试大纲的每一章均有考核，考核的内容全面，既涉及基本概念的考核，也涉及综合应用能力的考核。

2. 客观题考核文字性描述内容较多，计算性知识考核较为简单。

从 2015 年开始，在客观题中主要考核的是文字性基础知识，包括对基本概念和基本原理的理解，而计算性知识的考核主要融入计算分析题和综合题之中，这在一定程度上降低了考试难度。但是近三年客观题中，计算性知识考核又略有增加，但是难度不大。

3. 计算分析题和综合题更加注重基础知识的考核，考核范围较广，个别题目计算量较大，同时增加简答性质的文字说明。

从近年来的考试真题来看，主观题考核"面广无深度"，跨章节综合考核较为明显，主要包括财务分析与财务预测、资本成本、项目资本预算、股票与期权价值评估、管理用报表编制与企业价值评估、资本结构决策与杠杆衡量、附认股权证债券与可转换债券筹资成本计算、租赁与购买决策分析、应收账款与存货管理、作业成本法与产品成本计算、标准成本法与预算编制、本量利分析与短期经营决策、利润中心和投资中心考核指标等。计算分析题和综合题的难度虽有所下降，不过个别题目计算量仍较大，但 2021 年主观题题目增加了简答性质的文字说明，在一定程度上减轻了计算任务量。

四、学习方法

（一）结合考试大纲，全面复习

考试大纲是命题的依据。考生要在规定时间内完成答题，就必须扎实掌握专业基础知识，对考试内容要掌握得非常熟练。因此考生需要全面复习，切莫心存侥幸押题或猜题。

（二）注重对文字性知识的理解、归纳与总结

单项选择题和多项选择题主要考核对专业基础知识的理解和判断能力，同时，主观题中增加了文字性说明的考核内容。在复习过程中，对于基本概念、基本原理与基本方法要深入理解，多思考并善于归纳总结，最终消化吸收转化为自己的东西。

（三）加强练习，提高做题速度与质量

如果公式不熟练或计算能力不强，只是看讲义，没有针对性地多练习解题，计算分析题和综合题得分通常不理想。在复习过程中，对公式一定要理解其来龙去脉，熟知公式各变量的含义以及应用条件，千万不要死记硬背。对于典型例题一定要透彻理解，熟悉其解题思路、解题方法与解题技巧。

总之，财务成本管理涉及的内容较多，量化分析题的分值比重较大，复习该科目确实有一定的难度。有付出就会有回报，只要你全面扎实地理解考试内容，玩转知识点，吃透重难点，强化应试训练，定能顺利过关，*梦想成真*！

第二部分

应试指导及同步训练

WOW!

梦想成真

梦想成真辅导丛书

第一章 财务管理基本原理

历年考情概况

本章是考试的非重点章节，内容的理论性较强。主要考核公司制企业特点、财务管理目标、金融工具类型与金融市场、资本市场效率等内容。考试形式是客观题。考试分值预计 2 分左右。

近年考点直击

主要考点	主要考查题型	考频指数	考查角度
企业的组织形式	客观题	★★	公司制企业的特点
财务管理主要内容	客观题	★	(1)长期投资和长期筹资的特征；(2)营运资本管理目标
财务管理基本目标	客观题	★★★	(1)股东财富最大化目标的理解；(2)对三种财务管理目标优缺点的理解
利益相关者的要求	客观题	★★★	(1)防止经营者和股东目标背离的措施；(2)损害债权人利益的行为；(3)债权人防止利益被伤害，采取的措施
金融工具类型	客观题	★★	固定收益证券的理解
金融市场类型	客观题	★★★	(1)货币市场与资本市场的金融工具；(2)货币市场与资本市场的功能和特点
资本市场效率	客观题	★★★	(1)资本市场有效的条件；(2)有效资本市场对财务管理的意义；(3)资本市场效率的程度(特征及检验方法)

2022 年考试变化

增加了我国多层次资本市场体系和证券交易所的有关表述。

考点详解及精选例题

一、企业组织形式★ *

企业组织形式包括个人独资企业、合伙企业、公司制企业。合伙企业与个人独资企业具有类似的优缺点，只是程度不同。公司属于独立法人，相对于个人独资企业和合伙企业，其优点和缺点的比较见表1-1。

表1-1　不同企业组织形式优缺点的比较

项目	个人独资企业（合伙企业）	公司制企业
优点	(1)创立便捷； (2)维持企业成本较低； (3)不需要缴纳企业所得税	(1)无限存续； (2)股权可以转让； (3)有限债务责任。 『老贾点拨』由于降低了投资者的风险和提高了投资人资产的流动性，更容易在资本市场筹资资金
缺点	(1)业主承担无限责任(区分普通合伙企业和有限合伙企业，普通合伙企业中有一种特殊普通合伙企业)； (2)企业存续年限受制于业主寿命； (3)外部筹集大量资本用于经营较为困难	(1)双重课税(企业和个人所得税)； (2)组建公司成本高； (3)存在代理问题

【例题1·多选题】☆**下列关于公司制企业的表述正确的有(　)。

A. 公司是独立的法人
B. 公司的债务与股东自身债务无关
C. 公司股权可以转让
D. 公司最初的投资者退出后仍然可以继续存在

解析　公司是独立法人，选项A是答案；公司债务是法人债务，不是股东的债务，股东对公司债务只以其出资额为限承担有限责任，选项B是答案；股权转让无须其他股东同意，选项C是答案；公司最初所有者和经营者退出后公司可以继续存续，选项D是答案。

答案　ABCD

二、财务管理的主要内容★

财务管理的主要内容包括长期投资、长期筹资、营运资本管理，具体说明见表1-2。

表1-2　财务管理的主要内容

内容	说明
长期投资	(1)公司直接投资后继续控制实物资产，可以直接控制投资回报； (2)投资对象是经营性长期资产，其投资价值评估和决策分析方法采用净现值原理； (3)长期投资的直接目的是获取经营所需的固定资产等劳动手段，并运用这些资源赚取营业利润。 『老贾点拨』对子公司和非子公司的长期股权投资属于经营性资产投资，分析方法与直接投资经营性资产相同(净现值法)

---

* 本书中用"★"来表示各知识点的重要程度。★一般重要；★★比较重要；★★★非常重要。
** 标记"☆"的题目为经典题目

内容	说明
长期筹资	(1)长期筹资的主体是公司，公司可以直接在资本市场上向潜在的投资人融资，也可以通过金融机构间接融资； (2)长期筹资对象是**长期资本**，包括权益资本和长期债务资本； (3)长期筹资目的是满足长期资本的需要，即按照投资时间结构安排筹资时间结构，以降低利率风险和偿债风险
营运资本管理	(1)营运资本管理内容：①制定营运资本投资政策，包括现金、应收账款和存货管理；②制定营运资本筹资政策，确定如何筹措短期资金及确定短期资金筹资比例。 (2)营运资本管理目标：①有效运用流动资产；②选择合理流动负债；③加速营运资本周转

【例题2·多选题】下列关于公司长期投资和长期筹资表述正确的有(　　)。

A. 经营性资产投资和金融性资产投资的价值评估和决策分析方法相同

B. 经营性资产投资和金融性资产投资的目的不同

C. 长期资本是企业可以长期使用的权益资本

D. 长期债务筹资与长期资本需要量匹配有利于降低利率风险和偿债风险

解析 经营性资产投资的价值评估和决策方法的核心是净现值原理，而金融资产投资的价值评估和决策方法的核心是投资组合原理，选项A不是答案；经营性资产投资的目的是获取经营性资产并运用其赚取营业利润，金融性资产投资的目的是赚取利息、股利或价差收益，选项B是答案；长期资本包括权益资本和长期债务资本，选项C不是答案；使用长期债务满足长期资产要求，可以锁定债务偿还时间和利息支付，降低利率风险和偿债风险，选项D是答案。 **答案** BD

三、财务管理的目标★★★

财务管理的目标取决于公司的目标，主要包括利润最大化、每股收益最大化、股东财富最大化，具体说明见表1-3。

表1-3　财务管理的目标

目标	应掌握的要点及相关说明
利润最大化	(1)税后净利润与息税前利润比较。 税后净利润=税前利润×(1-企业所得税税率) 息税前利润=税前利润+利息费用 (2)缺点： ①没有考虑利润的取得**时间**； ②没有考虑所获利润和所投入**资本额**的关系； ③没有考虑获取利润和所承担**风险**的关系。 『**老贾点拨**』如果投入资本相同、利润取得的时间相同、相关的风险也相同，利润最大化是一个可以接受的观念。多数公司都是把提高利润作为公司的短期目标

目标	应掌握的要点及相关说明
每股收益最大化	(1)计算方法。 每股收益=[(息税前利润-利息费用)×(1-企业所得税税率)-优先股股息]/(流通在外普通股加权平均股数) (2)优点和缺点。 优点：考虑了所获利润和所投入资本额的关系。 缺点： ①没有考虑每股收益取得的时间； ②没有考虑每股收益的风险。 『老贾点拨1』分配股利时股价下降和股票回购时股价上升等企业与股东之间交易影响的股价，并不影响股东财富。 『老贾点拨2』如果赚取每股收益的时间和风险相同，每股收益最大化就是一个可以接受的观念。投资人通常把每股收益作为评价公司业绩的关键指标
股东财富最大化	股东财富可以用股东权益的市场价值来衡量，股东财富的增加就是股东权益的市场增加值，即股东权益的市场价值减去股东投资资本。在资本市场有效的情况下，如果股东投资资本不变，股东财富最大化可以表述为股价最大化；如果股东投资资本和债务价值不变，股东财富最大化可以表述为公司价值最大化。 『老贾点拨』分配股利时股价下降等企业与股东之间交易影响的股价，并不影响股东财富

【例题3·单选题】 ☆在资本市场有效的情况下，假设股东投资资本不变，下列各项中能够体现股东财富最大化这一财务管理目标的是( )。

A. 利润最大化

B. 每股收益最大化

C. 每股股价最大化

D. 公司价值最大化

解析 股东财富可以用股东权益的市场价值来衡量，在资本市场有效的情况下，股东权益的市场价值=股东持有的股数×每股股价，在股东投资资本不变的情况下，股东持有的股数不变，所以，每股股价最大化就意味着股东权益的市场价值最大化，即意味着股东财富最大化。 **答案** ▶C

四、利益相关者的要求★★★

主张股东财富最大化，并非不考虑其他利益相关者的利益。一方面，满足了利益相关者利益后股东才有剩余权益，另一方面，其他相关者的利益要求是有限制的。具体说明见表1-4。

表1-4 利益相关者的要求

利益相关者	冲突与表现	协调方法
经营者	(1)经营者的利益追求：增加报酬、增加闲暇时间、避免风险； (2)具体表现：道德风险、逆向选择	(1)监督(如聘请注册会计师审计)； (2)激励(如现金、股票期权奖励)。 『老贾点拨』监督和激励不可能使经营者完全按照股东的意愿行动，仍可能会采取对自己有利而损害股东利益的决策。最佳的解决办法是力求使得监督成本、激励成本和偏离股东目标的损失三者之和最小

利益相关者	冲突与表现	协调方法
债权人	(1)债权人的利益追求:获得约定的利息收入、到期收回本金; (2)具体表现: ①股东不经债权人同意将借入的资本投资于高风险项目; ②为了获利不经债权人同意发行新债使旧债券价值下降	(1)寻求立法保护:破产先行接管、优先分配剩余财产; (2)采取制度性措施:加入限制性条款(规定贷款用途、不得发行新债或限制发行新债的额度),不再提供新的贷款或提前收回贷款
其他利益相关者	非合同(社区居民等)与合同利益相关者(客户、供应商和员工)为了自身利益伤害股东利益	合同利益相关者的利益通过立法来调节,同时还需要道德规范进行约束。非合同利益相关者享受的法律保护低于合同利益相关者

【例题 4·多选题】 ☆公司的下列行为中,可能损害债权人利益的有( )。

A. 提高股利支付率

B. 加大为其他企业提供的担保

C. 加大高风险投资比例

D. 提高资产负债率

解析 ▷ 提高股利支付率会使现金流出增加,降低了对债权人的保障程度,损害了债权人利益,选项 A 是答案;加大为其他企业提供的担保,增加了或有负债金额,降低了偿债能力,损害了债权人利益,选项 B 是答案;加大投资于比债权人预期风险更高的项目比例,项目成功则超额利润归股东独享,如果项目失败,股东和债权人共担损失,损害债权人利益,选项 C 是答案;提高资产负债率,偿债能力下降,财务风险提高,会损害债权人利益,选项 D 是答案。

答案 ▷ ABCD

【例题 5·多选题】 ☆为防止经营者背离股东目标,股东可采取的措施有( )。

A. 对经营者实行固定年薪制

B. 要求经营者定期披露信息

C. 给予经营者股票期权奖励

D. 聘请注册会计师审计财务报告

解析 ▷ 为了防止经营者背离股东目标,一般采用两种措施:监督和激励。选项 C 属于激励措施,选项 BD 属于监督措施。

答案 ▷ BCD

【例题 6·多选题】 公司的下列行为中,可以用来协调股东和经营者利益冲突的有( )。

A. 股票期权奖励

B. 优先分配剩余财产

C. 限制发行新债规模

D. 聘请注册会计师审计

解析 ▷ 股票期权奖励和聘请注册会计师审计分别属于解决股东和经营者利益冲突的激励和监督措施,选项 AD 是答案;选项 BC 是协调股东与债权人之间利益冲突的措施。

答案 ▷ AD

五、财务管理的核心概念和基本理论

(一)财务管理的核心概念 ★★

认识财务管理的核心概念及其相互关系,有助于理解并运用财务管理的理论与方法。对核心概念的阐释见表 1-5。

表 1-5 财务管理的核心概念

项目	阐释
货币的时间价值	(1)货币的时间价值,是指货币经历一定时间的投资和再投资后所增加的价值; (2)货币的时间价值的应用:现值概念和"早收晚付"观念

续表

项目	阐释
风险与报酬	(1)风险与报酬的权衡关系是指高收益的投资机会通常伴随较大风险,风险小的投资机会通常带来较低收益(即高风险,高报酬;低风险,低报酬); (2)风险厌恶的表现:①当其他条件相同时,人们倾向于高报酬和低风险;②如果两个投资机会报酬不同但其他条件(包括风险)相同,人们选择较高报酬的投资机会;③如果两个投资机会风险不同但其他条件(含报酬)相同,人们选择较低风险的投资机会

(二)财务管理的基本理论 ★

财务管理的基本理论包括现金流量理论、价值评估理论、风险评估理论、投资组合理论、资本结构理论,具体说明见表1-6。

表1-6　财务管理的基本理论

基本理论	说明
现金流量理论	现金流量理论是关于现金、现金流量和自由现金流量的理论,是财务管理最为基础性的理论
价值评估理论	价值评估理论是关于内在价值、净增加值和价值评估模型的理论,是财务管理的一个核心理论
风险评估理论	风险导致财务收益的不确定性。在理论上,风险与收益成正比,因此,激进的投资者偏向于高风险是为了获得更高的利润,而稳健型的投资者则偏向低风险
投资组合理论	投资组合是指投资于若干种证券构成的组合,其收益等于这些证券的加权平均收益,但其风险并不等于这些证券风险的加权平均数。投资组合能降低非系统性风险
资本结构理论	资本结构是指权益资本和长期债务资本的比例关系,资本结构理论是关于资本结构和财务风险、资本成本以及公司价值之间关系的理论,主要包括:MM理论、权衡理论、代理理论和优序融资理论等

【例题7·单选题】在项目投资决策过程中采用的敏感性分析,体现的财务管理的基本理论是(　)。

A. 价值评估理论
B. 风险评估理论
C. 现金流量理论
D. 投资组合理论

解析　敏感性分析是投资项目评价中常用的研究不确定性的方法,即分析不确定性因素对投资项目最终经济效果指标的影响及影响程度,属于风险评估范畴。　答案　B

六、金融工具与金融市场

(一)金融工具的类型 ★★

金融工具是指形成一方的金融资产并形成其他方的金融负债或权益工具的合同。其基本特征包括期限性、流动性、风险性和收益性。

金融工具按其收益性特征可分为三类,分别是固定收益证券、权益证券和衍生证券。具体内容见表1-7。

表1-7　金融工具的类型

具体内容	相关说明
固定收益证券	(1)固定收益证券是指能够提供固定或根据固定公式计算出来的现金流的证券; (2)固定收益证券的收益与发行人的财务状况相关程度低

续表

具体内容	相关说明
权益证券	(1)权益证券是代表特定公司所有权份额的一种证券，其收益取决于公司经营业绩和公司净资产价值，其风险高于固定收益证券； (2)权益证券的收益与发行人的经营成果相关程度高
衍生证券	(1)衍生证券是指其价值依赖于其他更基本的标的变量的一种有价证券，如金融期权、远期、期货和利率互换合约； (2)公司可利用衍生证券进行套期保值或转移风险，但不应该依靠其投机获利

【例题 8·多选题】 ☆下列金融工具中，属于固定收益证券的有(　　)。

A. 固定利率债券　B. 浮动利率债券

C. 可转换债券　　D. 优先股

解析 ▶ 固定利率债券是能够提供固定现金流的证券，选项 A 是答案；浮动利率债券的利率虽然是浮动的，但是按固定方式计算现金流，选项 B 是答案；可转换债券转为股票后，其现金流不固定，也不能按固定公式计算，选项 C 不是答案；优先股可以提供固定股息或按照固定公式计算股息，选项 D 是答案。　　　　　　答案 ▶ ABD

(二)金融市场的类型★★★

按照不同的标准，金融市场有不同的分类，具体分类见表 1-8。

表 1-8　金融市场的类型

分类依据	类别	相关说明及提示
交易的金融工具期限	货币市场	(1)交易的证券期限不超过 1 年； (2)货币市场工具包括短期国债、可转让存单、商业票据、银行承兑汇票等； (3)主要功能是保持金融资产的流动性，以便随时转换为现实的货币；满足了借款者的短期资金需求，为暂时闲置资金的使用提供方便； (4)特点是短期利率低、利率波动大
	资本市场（证券市场）	(1)交易的证券期限在 1 年以上； (2)资本市场工具包括股票、公司债券、长期政府债券和银行长期贷款等； (3)主要功能是进行长期资本的融通； (4)特点是长期利率高、利率波动小
证券的不同属性	债务市场	交易对象是债务凭证，如公司债券、抵押票据等
	股权市场	交易对象是股票。股票是分享公司净利润和净资产权益的凭证。 『老贾点拨』股票收益不固定，其风险高于债务工具
是否初次发行	一级市场	一级市场，也称发行市场或初级市场，是新证券和票据等金融工具的买卖市场
	二级市场	二级市场，也称流通市场或次级市场，是在证券发行后，各种证券在不同投资者之间买卖流通所形成的市场
交易程序	场内交易市场	场内交易市场是各种证券交易所，场内交易市场有固定的场所、固定的交易时间和规范的交易规则
	场外交易市场	场外交易市场没有固定场所，其交易由持有证券的交易商分别进行

『老贾点拨 1』20 世纪 90 年代以来，我国内地资本市场(场内市场和场外市场)开始发展。其中，场内市场的主板(含中小板)、创业板(二板)、科创板及场外市场的全国中小企业股份转让系统(新三板)、区域性股权交易市场、证券公司主导的柜台市场共同组成了我国多层次资本市场体系。

『老贾点拨 2』我国内地共有三家证券交易所：上海证券交易所(1990 年 11 月 26 日成立)、

深圳证券交易所(1990 年 12 月 1 日成立)和北京证券交易所(2021 年 11 月 15 日成立)。

【例题 9·单选题】 ☆下列各项中,属于资本市场工具的是( )。

A. 商业票据　　B. 短期国债
C. 公司债券　　D. 银行承兑汇票

解析 资本市场指的是期限在 1 年以上的金融工具交易市场。资本市场的工具包括股票、公司债券、长期政府债券和银行长期贷款等。选项 C 是答案。选项 ABD 属于货币市场工具。　　　　**答案** C

(三)金融市场的功能★

(1)资金融通功能;(2)风险分配功能;(3)价格发现功能;(4)调节经济功能;(5)节约信息成本。

『老贾点拨』 资金融通和风险分配是金融市场的两个基本功能,价格发现、调节经济和节约信息成本是金融市场的附带功能。

【例题 10·多选题】 金融市场的基本功能包括( )。

A. 资金融通　　B. 价格发现
C. 风险分配　　D. 调节经济

解析 金融市场基本功能有资金融通和

风险分配;附带功能有价格发现、调节经济、节约信息成本。　　　　**答案** AC

七、资本市场效率

资本市场效率是指资本市场实现资本资源优化配置功能的程度。在高效率的资本市场中,有限的资本资源将配置到效益最好的公司及行业以创造最大化价值。

(一)有效资本市场的含义及其外部标志★

有效资本市场是指资本市场上的价格能够同步地、完全地反映全部的可用信息。

资本市场有效的外部标志有:一是证券的有关信息能够充分地披露和均匀地分布,使每个投资者在同一时间内得到等量等质的信息;二是价格能迅速地根据有关信息变动,而不是没有反应或反应迟钝。

(二)资本市场有效的基础条件★★

资本市场有效的决定条件有三个,三个基础条件只要有一个存在,市场就是有效的。具体内容见表 1-9。

表 1-9　资本市场有效的基础条件

基础条件	阐释
理性的投资人	所有投资者均理性时,当市场发布新的信息时,所有的投资人都会理性地调整自己对股价的估计;理性的预期决定了股价
独立的理性偏差	非理性的投资人相互独立,则预期的偏差是随机的;非理性行为可以互相抵消,使得股价变动与理性预期一致,市场仍然是有效的
套利	专业投资者的套利活动,能够抵销业余投资者的投机,使市场保持有效

【例题 11·多选题】 ☆根据有效市场假说,下列说法中正确的有( )。

A. 只要所有的投资者都是理性的,市场就是有效的

B. 只要投资者的理性偏差具有一致倾向,市场就是有效的

C. 只要投资者的理性偏差可以互相抵消,市场就是有效的

D. 只要有专业投资者进行套利,市场就是有效的

解析 只要具备理性的投资人、独立的理性偏差和套利行为三个条件之一,市场即为有效。理性的投资人是指所有的投资人都是理性的,选项 A 的说法正确;独立的理性偏差是指非理性的投资人相互独立,预期的偏差是随机的,而不是系统的(即一致倾

向)，当非理性行为可以互相抵销，使得股价变动与理性预期一致，市场仍然是有效的，选项 C 的说法正确，选项 B 的说法错误；套利指的是如果有专业的投资者进行套利，就能够抵销业余投资者的投机，使市场保持有效，选项 D 的说法正确。　**答案** ▶ ACD

(三)有效资本市场对财务管理的意义 ★★

(1)管理者不能通过改变会计方法提升股票价值。如果资本市场是半强式或强式有效市场，并且财务报告信息充分与合规，则管理者不能通过改变会计方法提升股票价值。

(2)管理者不能通过金融投机获利。如果市场是有效的，实业公司借助于资本市场去筹资而不是通过利率、外汇等金融投机获利。

(3)关注自己公司的股价是有益的。财务决策会改变企业的经营和财务状况，而企业状况会及时被市场价格所反映，管理者通过关注股价可以看出市场对财务决策行为的评价。

【例题 12·多选题】 ☆在有效资本市场上，管理者可以通过(　　)。

A. 财务决策增加公司价值从而提升股票价格

B. 从事利率、外汇等金融产品的投资交易获取超额利润

C. 关注公司股价对公司决策的反映而获得有益信息

D. 改变会计方法增加会计盈利从而提升

股票价格

解析 ▶ 资本市场连接财务决策行为(投资决策和筹资决策)、公司价值和股票价格。如果市场有效，科学合理的财务决策行为增加公司价值，继而会提高股票价格，所以选项 A 是答案；管理者可以借助于资本市场去筹资而不是通过利率、外汇等金融投机获利，选项 B 不是答案；财务决策会改变企业的经营和财务状况，而企业状况会及时被市场价格所反映，管理者通过关注股价可以看出市场对财务决策行为的评价，选项 C 是答案；在有效资本市场上，管理者不能通过改变会计方法提升股票价格，选项 D 不是答案。

答案 ▶ AC

(四)资本市场效率的程度 ★★★

资本市场有效程度不同，价格吸收的信息类型也不同。与价格有关的信息包括历史信息、公开信息和内部信息。其中历史信息是指证券价格、交易量等与证券交易有关的历史信息；公开信息是指公司的财务报表、附表、补充信息等公司公布的信息，以及政府和相关机构公布的影响股价的信息；内部信息是指没有发布的只有公司内幕人知晓的信息。根据吸收信息的类别不同，资本市场分为弱式有效资本市场、半强式有效资本市场和强式有效资本市场，具体内容见表 1-10。

表 1-10　资本市场效率的程度

项目	弱式有效市场	半强式有效市场	强式有效市场
特征	(1)股票价格只反映历史信息，即证券的历史信息对证券的现在和未来价格变动没有任何影响，如果历史信息对证券价格仍有影响，则市场未达到弱式有效(即无效市场)； (2)任何投资者都不可能通过分析历史信息来获取超额收益。 『老贾点拨』在弱式有效资本市场，投资者每次交易可能获利，也可能亏损	(1)股票价格反映历史信息和公开信息； (2)公开信息已反映于股票价格，投资人不能通过对公开信息的分析获得超额利润，即基本面分析是无用的	(1)股票价格反映历史、公开的信息和内部信息； (2)市价能充分反映所有公开和私下的信息，对于投资人来说，不能从公开和非公开的信息分析中获得超额收益

续表

项目	弱式有效市场	半强式有效市场	强式有效市场
验证方法	考察股价是否随机变动，不受历史价格的影响，包括随机游走模型和过滤检验	(1)事件研究法。特定事件的信息能快速被股价吸收，即超常收益只与当天披露事件有关； (2)投资基金表现研究法。技术分析、基本面分析和各种估价模型都是无效的，各种投资基金就不能取得超额收益，即与市场整体的收益率大体一致	考察"内幕信息获得者"参与交易时能否获得超额收益。 『老贾点拨』内幕信息获得者通常是指大股东、董事会成员、监事会成员、公司高管人员等

【例题13·多选题】 ☆甲投资基金利用市场公开信息进行价值分析和投资。在下列效率不同的资本市场中，该投资基金可获取超额收益的有( )。

A. 无效市场

B. 弱式有效市场

C. 半强式有效市场

D. 强式有效市场

解析 无效市场和弱式有效市场的股价没有反映公开的信息，因此利用公开信息可以获得超额收益。

答案 AB

【例题14·单选题】 ☆如果当前资本市场弱式有效，下列说法正确的是( )。

A. 投资者不能通过投资证券获取超额收益

B. 投资者不能通过获取证券非公开信息进行投资获取超额收益

C. 投资者不能通过分析证券历史信息进行投资获取超额收益

D. 投资者不能通过分析证券公开信息进行投资获取超额收益

解析 弱式有效资本市场，股价只反映历史信息的市场，所以投资者不能通过分析证券历史信息进行投资获取超额收益。

答案 C

同步训练

限时 40min

扫 我 做 试 题

一、单项选择题

1. 与普通合伙企业相比，下列各项中，属于股份有限公司缺点的是( )。

   A. 承担无限责任

   B. 难以筹集大量资本

   C. 股权转让需经其他股东同意

   D. 企业组建成本高

2. 下列有关增加股东财富的表述中，正确的是( )。

A. 收入是增加股东财富的因素，成本费用是减少股东财富的因素

B. 股东财富的增加可以用股东权益的市场价值来衡量

C. 多余现金用于再投资有利于增加股东财富

D. 提高股利支付率，有助于增加股东财富

3. 每股收益最大化相对于利润最大化，其优势是( )。

A. 考虑了货币时间价值

B. 考虑了投资风险

C. 考虑了投入资本与所获收益的对比关系

D. 有利于提高股东报酬，降低财务风险

4. 股东财富的增加与公司价值最大化具有相同意义的假设前提是( )。

A. 股东投资资本不变

B. 债务价值不变

C. 股东投资资本和债务价值不变

D. 股东权益账面价值不变

5. ☆如果股票价格的变动与历史股价相关，资本市场( )。

A. 无效　　　　　B. 弱式有效

C. 半强式有效　　D. 强式有效

6. 下列金融工具中，不属于固定收益证券的是( )。

A. 浮动利率债券

B. 优先股

C. 普通股

D. 固定利率债券

7. ☆企业的下列财务活动中，不符合债权人目标的是( )。

A. 提高利润留存比率

B. 降低财务杠杆比率

C. 发行公司债券

D. 非公开增发新股

8. 下列证券中，其收益与发行人的经营成果相关度高，持有人非常关心公司经营状况的是( )。

A. 浮动利率公司债券

B. 固定利率公司债券

C. 可转换债券

D. 普通股

9. ☆下列各项中，属于货币市场工具的是( )。

A. 优先股

B. 可转换债券

C. 银行长期贷款

D. 银行承兑汇票

10. 下列关于货币市场的表述中，正确的是( )。

A. 交易的证券期限长

B. 利率或要求的报酬率较高

C. 主要功能是保持金融资产的流动性

D. 主要功能是进行长期资本的融通

11. 某投资机构对某国股票市场进行了调查，发现该市场上股票的价格不仅反映历史信息，而且反映所有的公开信息，但内幕信息获得者参与交易时能够获得超常盈利，说明此市场是( )。

A. 弱式有效资本市场

B. 半强式有效资本市场

C. 强式有效资本市场

D. 无效资本市场

12. 下列属于检验半强式有效市场方法的是( )。

A. 随机游走模型

B. 过滤检验

C. 事件研究法

D. 考察内幕信息获得者是否获得超常盈利

二、多项选择题

1. ☆与个人独资企业相比，公司制企业的特点有( )。

A. 存续年限受制于发起人的寿命

B. 容易从资本市场筹集资金

C. 以出资额为限承担有限责任

D. 不存在双重课税

2. 下列关于公司制企业特点的说法中，正确的有( )。

A. 股权转让无须其他股东同意

B. 存在代理问题

C. 无限债务责任

D. 双重课税

3. 下列各项措施中，可以用来协调股东和经营者的利益冲突的有（　　）。

A. 股东向企业派遣财务总监

B. 股东给予经营者股票期权

C. 股东给予经营者绩效股

D. 股东寻求立法保护

4. 下列有关企业财务管理目标的说法中，正确的有（　　）。

A. 企业的财务管理目标是利润最大化

B. 增加借款可以增加债务价值和企业价值，但不一定增加股东财富，因此企业价值最大化不是财务管理目标的准确描述

C. 追加股东投资资本可以增加企业的股东权益价值，但不一定增加股东财富，因此股东权益价值最大化不是财务管理目标的准确描述

D. 财务管理目标的实现程度可以用股东权益的市场增加值度量

5. 下列各项中，属于资本市场工具的有（　　）。

A. 商业票据

B. 公司债券

C. 长期政府债券

D. 普通股

6. 下列属于金融市场的基本功能的有（　　）。

A. 资金融通功能

B. 节约信息成本

C. 风险分配功能

D. 调节经济功能

7. 甲投资者试图通过向公司的董事会成员了解公司内幕信息，以期望获得股票投资的超额收益，说明该资本市场可能是属于（　　）。

A. 无效资本市场

B. 弱式有效资本市场

C. 半强式有效资本市场

D. 强式有效资本市场

同步训练答案及解析

一、单项选择题

1. D　【解析】股权可以转让、并且无须经过其他股东同意、容易在资本市场筹集大量资本和承担有限责任是股份有限公司的优点。其缺点包括双重课税（企业和个人所得税）；组建公司成本高；存在代理问题。所以选项 D 是答案。

2. A　【解析】股东财富的增加可以用股东权益的市场增加值来衡量，在股东投入资本不变的前提下，股价上升可以反映股东财富的增加，而提高利润有助于推升股票价格，收入减去成本费用等于利润，所以收入是增加股东财富的因素，而成本费用是减少股东财富的因素，选项 A 的表述正确，选项 B 的表述错误；企业投资回报率大于资本成本，多余现金用于再投资才有助于增加股东财富，选项 C 的表述错误；企业与股东之间的交易虽然会影响股价，但不影响股东财富。所以，提高股利支付率不会影响股东财富，选项 D 的表述错误。

3. C　【解析】每股收益最大化目标没有考虑时间价值和风险因素，选项 AB 不是答案；每股收益是基于税后利润计算的，每股收益提高，有助于提高股东的报酬，但并未考虑财务风险的高低，选项 D 不是答案。

4. C　【解析】公司价值增加等于股东权益市场价值增加与债务价值增加之和。如果债务价值不变，公司价值增加等同于股东权益市场价值增加，如果股东投资资本不变，股东权益市场增加值等同于股东财富增加。所以，在股东投资资本不变和债务价值不变时，股东财富增加等同于公司价值最大化。

5. A 【解析】在弱式有效市场上，证券的历史信息对证券的现在和未来价格变动没有任何影响，如果历史信息对证券价格仍有影响，则市场未达到弱式有效，即无效市场，选项 A 是答案。

6. C 【解析】普通股不能提供固定现金流，也不能按照固定公式计算现金流，不属于固定收益证券。

7. C 【解析】债权人把资金借给企业，其目标是到期收回本金，并获得约定的利息收入，选项 ABD 的结果都提高了权益资金的比重，降低了财务风险，使债权人资金的偿还更有保证；发行公司债券增加了新的债务，使原有债券价值下降，原有债权人利益受损，选项 C 是答案。

8. D 【解析】权益证券的收益与发行人的经营成果相关度高，持有人非常关心公司经营状况，普通股是权益证券，所以选项 D 是答案。

9. D 【解析】货币市场工具包括短期国库券、可转让存单、商业票据、银行承兑汇票等，所以选项 D 是答案。

10. C 【解析】货币市场交易的证券期限不超过 1 年，所以利率或要求的报酬率较低，选项 AB 的表述错误；货币市场的主要功能是保持金融资产的流动性，资本市场的主要功能是进行长期资本的融通，选项 C 的表述正确，选项 D 的表述错误。

11. B 【解析】弱式有效资本市场的股价只反映历史信息；半强式有效资本市场的股票价格不仅反映历史信息，还能反映所有的公开信息；强式有效资本市场的股票价格不仅能反映历史的和公开的信息，还能反映内部信息。因为内幕信息获得者参与交易时能够获得超常盈利，所以此市场是半强式有效资本市场。

12. C 【解析】随机游走模型和过滤检验是弱式有效市场的验证方法，选项 AB 不是

答案；考察内幕信息获得者是否获得超常盈利是强式有效市场的验证方法，选项 D 不是答案。

二、多项选择题

1. BC 【解析】公司制企业的优点：①无限存续；②股权可以转让；③有限责任。正是由于公司具有以上三个优点，其更容易在资本市场上筹集到资本。公司制企业的缺点：①双重课税；②组建成本高；③存在代理问题。

2. ABD 【解析】无限债务责任是个人独资企业与合伙企业的特点。

3. ABC 【解析】可以用来协调股东和经营者的利益冲突的方法是监督和激励，选项 A 可以使得股东获取更多的信息，便于对经营者进行监督，选项 BC 属于激励的具体措施。

4. BCD 【解析】利润最大化只是财务管理目标的其中一种表述，选项 A 的说法错误；只有在债务价值不变以及股东投资资本不变的情况下，企业价值最大化才是财务管理目标的准确描述，选项 B 的说法正确；在资本市场有效的情况下，只有在股东投资资本不变时，股价的上升才可以反映股东财富的增加，选项 C 的说法正确；股东财富的增加用股东权益的市场增加值衡量，股东权益的市场增加值就是企业为股东创造的价值，选项 D 的说法正确。

5. BCD 【解析】资本市场工具包括股票、公司债券、长期政府债券、银行长期借款；商业票据是货币市场工具。

6. AC 【解析】资金融通功能和风险分配功能是金融市场的基本功能；价格发现功能、调节经济功能和节约信息成本是金融市场的附带功能。

7. ABC 【解析】强式有效资本市场的股票价格包含历史信息、公开信息和内部信息，即分析内部信息也无法获得超额收益。

第二章　财务报表分析和财务预测

历年考情概况

本章是考试的重点章节，内容的综合性和关联性较强。可与企业价值评估中的现金流量折现模型、投资中心的投资报酬率和剩余收益计算、经济增加值计算等结合。主要考核的内容包括财务报表分析方法、财务比率计算与分析、杜邦分析法、管理用财务报表体系、增长率与资本需求的测算等。考试形式以主观题为主，客观题也有涉及。考试分值预计 10 分左右。

近年考点直击

主要考点	主要考查题型	考频指数	考查角度
财务报表分析方法	主观题	★★	比较分析法与因素分析法的应用
偿债能力比率	客观题和主观题	★★★	(1)偿债能力比率的计算及评价时需要考虑的因素；(2)权益乘数、资产负债率与产权比率关系；(3)影响偿债能力的表外因素
营运能力比率	客观题和主观题	★★	(1)营运能力比率的计算；(2)应收账款周转率和存货周转率分析时应注意的问题
盈利能力比率	客观题和主观题	★★★	盈利能力比率的计算
市价比率	客观题	★★	市盈率、市净率和市销率的计算
杜邦分析体系	客观题和主观题	★★★	(1)权益净利率的计算以及结合因素分析法分析各个指标变动对权益净利率的影响；(2)经营战略与财务战略的选择
管理用财务报表体系	客观题和主观题	★★	(1)管理用资产负债表基本关系式；(2)管理用利润表基本关系式；(3)管理用现金流量表基本关系式；(4)权益净利率、经营差异率、杠杆贡献率、净财务杠杆的计算及权益净利率因素分析法应用
销售百分比法	客观题和主观题	★★★	(1)计算融资总需求和外部融资需求；(2)外部融资需求的敏感分析；(3)预计资产负债表和利润表的编制
内含增长率的测算	客观题和主观题	★★★	(1)内含增长率的计算及其影响因素；(2)逆运算求解营业净利率或股利支付率
可持续增长率的测算	客观题和主观题	★★★	(1)可持续增长率的概念理解以及计算；(2)实际增长率超过上一年可持续增长率时，在没有发行股票或回购股票时，四个财务比率计算；(3)实际增长率与可持续增长率关系

2022 年考试变化

无实质性变化。

考点详解及精选例题

一、财务报表分析的维度与方法

(一)财务报表分析的维度★

基于哈佛分析框架,财务报表分析一般包括战略分析、会计分析、财务分析和前景分析四个维度。

(二)财务报表分析方法

1. 比较分析法

比较分析法是对两个或两个以上有关的可比数据进行对比,从而揭示趋势或差异。

(1)按比较分析对象划分★★★

①趋势分析:即与本企业历史数据比较。

②横向比较分析:即本企业与同行业平均数(或竞争对手)的比较分析。

③预算差异分析:即本企业实际数据与计划预算数据的比较分析。

(2)按比较内容划分★

①会计要素总量比较分析:即报表项目总金额比较。

②结构百分比比较分析:即把资产负债表、利润表和现金流量表转成结构百分比报表。

③财务比率比较分析:财务比率反映各财务指标的内在联系,用相对数表示,具有较好的可比性。

2. 因素分析法

因素分析法是依据财务指标与其驱动因素之间的关系,从数量上确定各因素对指标影响程度的一种方法。

(1)基本步骤★

①确定分析对象,即确定需要分析的财务指标,比较并计算其实际数额和标准数额(如上年实际数额)的差额。

②确定该财务指标的驱动因素,即建立财务指标与各驱动因素之间的函数关系模型。

③确定驱动因素的替代顺序。

④按顺序计算各驱动因素脱离标准的差异对财务指标的影响。

(2)基本思路★★

假设拟分析的财务指标 R 是由相互联系的 A、B、C 三个因素相乘得到的,报告期指标(或实际指标)和基期指标(计划指标、上年指标、同行业先进指标或竞争对手指标)为:

报告期指标:$R_1 = A_1 \times B_1 \times C_1$

基期指标:$R_0 = A_0 \times B_0 \times C_0$

基期指标:$R_0 = A_0 \times B_0 \times C_0$　　　(1)

第一次替代　$A_1 \times B_0 \times C_0$　　　(2)

第二次替代　$A_1 \times B_1 \times C_0$　　　(3)

第三次替代　$A_1 \times B_1 \times C_1$　　　(4)

(2)-(1)→因素 A 变动对 R 的影响;

(3)-(2)→因素 B 变动对 R 的影响;

(4)-(3)→因素 C 变动对 R 的影响。

『老贾点拨』替代顺序不同时,得出的结果也不同。替代顺序在题目中会有说明。

二、短期偿债能力比率

(一)指标的计算★★★

短期偿债能力是指偿还流动负债的能力,具体有存量指标和流量指标(见图 2-1)。

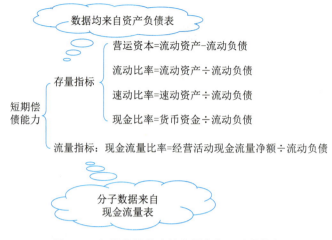

图2-1 短期偿债能力的存量指标和流量指标

『老贾点拨』公式记忆：①分母均为流动负债，指标名称来自分子，如流动比率、速动比率、现金比率和现金流量比率；②营运资本是绝对数指标；③流动比率、速动比率、现金比率的分子和分母的金额，根据题中假设可以是期末数，也可以是平均数（如期初与期末平均），如果没有假设，一般按照期末数计算。

（二）指标分析应注意的问题★★

（1）营运资本的确定

①营运资本是指流动资产超过流动负债的部分，即：

营运资本=流动资产-流动负债=长期资本-长期资产

②营运资本越多，说明越多的长期资本用于流动资产，财务状况越稳定。

③营运资本是绝对数，不便于不同时期以及不同企业之间的比较，实务中很少直接使用营运资本作为偿债能力指标。

（2）现金比率、速动比率和流动比率的内在联系（见图2-2）

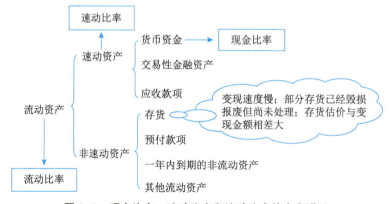

图2-2 现金比率、速动比率和流动比率的内在联系

（3）流动比率与营运资本配置比率的关系

①营运资本配置比率=营运资本÷流动资产=1-1/流动比率

②流动负债增长率超过流动资产增长率，营运资本配置比率下降，流动比率也下降，反映偿债能力下降。流动比率和营运资本配置比率反映的偿债能力的变化方向相同。

（4）流动比率适合同业比较以及本企业不同历史时期的比较；不存在统一、标准的流动比率数值；营业周期越短的行业，合理的流动比率标准越低；为了考查流动资产变现能力，还需分析其周转率(如存货周转率、应收账款周转率等)。

『老贾点拨』流动比率只是对短期偿债能力的粗略估计。其原因是有些流动资产账面金额与变现金额相差较大；经营性流动资产是持续经营必需的，不能全部用于变现偿债；经营性流动负债可以滚动存续，不需要用现金全部结清。

(5)对于大量现销的企业，由于应收款项较少，速动比率低于1也是正常的；影响速动比率可信性的重要因素是应收账款的变现能力。

(6)现金流量比率中的流动负债采用<u>期末数</u>而非平均数。

(三)影响短期偿债能力的表外因素 ★★

影响短期偿债能力的表外因素可以分为两类，具体因素见表2-1。

表2-1 影响短期偿债能力的表外因素

项目	内容
增强短期偿债能力的表外因素	(1)可动用的银行授信额度； (2)可快速变现的非流动资产； (3)偿债的声誉
降低短期偿债能力的表外因素	与担保有关的或有负债事项

『老贾点拨』某项业务发生对公司流动比率和速动比率如何影响，上升？下降？不变？

(1)如果业务发生只涉及流动负债、流动资产、速动资产各项目的内部一增一减，流动比率和速动比率不变(如短期借款偿还流动负债、应收账款收回)。

(2)当流动比率(或速动比率)大于1时，如果业务发生使流动负债和流动资产(或速动资产)增加相同金额，指标会下降(即分子增长百分比小于分母)，反之，会上升。当流动比率(或速动比率)小于1时，如果业务发生使流动负债和流动资产(或速动资产)增加相同金额，指标会上升(即分子增长百分比大于分母)，反之，会下降。当流动比率(或速动比率)等于1时，如果业务发生使流动负债和流动资产(或速动资产)增加或减少相同金额，指标不变。

【例题1·多选题】下列关于营运资本的说法中，正确的有( )。

A. 营运资本越多的企业，流动比率越大

B. 营运资本越多，长期资本用于流动资产的金额越大

C. 营运资本增加，说明企业短期偿债能力提高

D. 营运资本越多的企业，财务状况越稳定

解析 ▶ 营运资本越多，说明流动资产超过流动负债的差额越大，但是流动资产与流动负债之比(即流动比率)未必越大(如流动资产1 500万元、流动负债1 000万元，营运资本500万元，流动比率1.5；流动资产400万元，流动负债200万元，营运资本200万元，流动比率2)，选项A的说法错误；营运资本=流动资产－流动负债=长期资本－长期资产，由此可知，流动资产=流动负债+营运资本=流动负债+(长期资本－长期资产)，所以，营运资本越多，说明长期资本用于流动资产的金额越大，即选项B的说法正确。由于营运资本等于长期资本用于流动资产的金额，而长期资本可以长期使用，不需要短期内偿还，所以，营运资本越多的企业，财务状况越稳定，即选项D的说法正确；营运资本是绝对数，很少直接用来衡量短期偿

债能力，选项 C 的说法错误。　　**答案** ▶ BD

【例题 2·单选题】公司目前的流动比率小于 1，赊购原材料一批，价款 50 000 元(不考虑增值税)，则该业务发生会使公司的流动比率(　　)。

A. 提高　　　　　B. 降低

C. 不变　　　　　D. 不确定

解析 ▶ 赊购原材料 50 000 元(不考虑增值税)，则流动资产与流动负债同数额增加。由于流动比率小于 1，即流动资产小于流动负债。所以流动资产增加幅度大于流动负债增加幅度，因此业务发生将导致流动比率上升。　　**答案** ▶ A

三、长期偿债能力比率

(一)指标的计算 ★★★

长期偿债能力是指偿还债务本金和利息的能力，具体有存量指标和流量指标(见图 2-3)。

长期偿债能力
- 存量指标
  - 资产负债率=(总负债÷总资产)×100%
  - 产权比率=总负债÷股东权益
  - 权益乘数=总资产÷股东权益
  - 长期资本负债率=[非流动负债÷(非流动负债+股东权益)]×100%
- 流量指标
  - 利息保障倍数=息税前利润÷利息支出
  - 现金流量利息保障倍数=经营活动现金流量净额÷利息支出
  - 现金流量与负债比率=(经营活动现金流量净额÷负债总额)×100%

图 2-3　长期偿债能力的具体指标(存量指标、流量指标)

『老贾点拨』公式记忆：①指标计算时乘以 100%，表示该指标应该用百分数表示。如果没有用百分数表示，理论上也是正确的，如资产负债率、长期资本负债率、现金流量与负债比率以及后面涉及的盈利能力比率。②分子是负债总额或长期负债，指标名称来自分母，如资产负债率和长期资本负债率；③指标名称直接显示计算的，如现金流量与负债比率、现金流量利息保障倍数；④特殊指标需要单独记忆，如产权比率、权益乘数、利息保障倍数；⑤资产负债率、产权比率、权益乘数、长期资本负债率的分子和分母金额，根据题中假设可以是期末数，也可以是平均数(如期初与期末平均)，如果没有假设，一般按照期末数计算。

(二)指标分析应注意的问题 ★★

(1)资产负债率、产权比率和权益乘数三者之间的关系。

权益乘数 = 1+产权比率 = 1/(1-资产负债率)

三个指标变化方向相同。一个指标上升，另外两个指标也会上升，说明对债权人的保障程度越差，偿债能力越弱。

(2)资产负债率、产权比率、权益乘数和长期资本负债率比较。资产负债率是总负债与总资产的百分比，可用于衡量企业清算时对债权人利益的保障程度，同时也代表企业举债能力的强弱。产权比率表示 1 元股东权益配套的总负债金额，权益乘数表示 1 元股东权益启动的总资产金额。产权比率和权益乘数是常用的财务杠杆比率，一方面影响偿债能力；另一方面影响总资产净利率和权益净利率的关系。长期资本负债率是衡量企业长期资本结构的指标。

(3)利息保障倍数和现金流量利息保障

倍数中“利息费用”和“利息支出”的确定。

利息保障倍数=息税前利润÷利息支出=(税后利润+所得税费用+利息费用)÷利息支出

现金流量利息保障倍数=经营活动现金流量净额÷利息支出

利息保障倍数指标分子中的“利息费用”是指本期利润表中财务费用的利息费用。利息保障倍数和现金流量利息保障倍数指标的分母中“利息支出”是指本期的全部利息支出，包括费用化利息和资本化利息。

(4)现金流量与负债比率中的负债总额采用期末数而非平均数。

【例题3·单选题】 在“利息保障倍数=(净利润+利息费用+所得税费用)/利息支出”计算公式中，分母的“利息支出”是(　)。

A. 计入本期资产负债表的资本化利息

B. 计入本期现金流量表的利息支出

C. 计入本期利润表的费用化利息

D. 计入本期利润表的费用化利息和资产负债表的资本化利息

解析 分子的“利息费用”是计入本期利润表的财务费用中的费用化利息；分母中的“利息支出”是本期全部利息支出，包括利润表中财务费用的费用化利息和资产负债表中的资本化利息。

答案 D

(三)影响长期偿债能力的其他因素★★

(1)债务担保。根据相关资料判断担保责任对偿债能力的影响。

(2)未决诉讼。一旦判决败诉，便会影响公司偿债能力。

【例题4·多选题】 下列各项中，可能会降低企业长期偿债能力的有(　)。

A. 未决诉讼

B. 债务担保

C. 增发股票

D. 可动用的银行授信额度

解析 未决诉讼一旦败诉，会导致偿债能力下降，选项A是答案；一旦被担保人不还款，担保人需要偿还，导致其偿债能力下降，选项B是答案；增发股票将增加企业的权益融资，有助于提高偿债能力，选项C不是答案。可动用的银行授信额度，有助于提升短期偿债能力，选项D不是答案。

答案 AB

四、营运能力比率

(一)指标的计算★★★

营运能力指标是衡量公司资产管理效率的指标，有三种表示形式，即周转次数、周转天数以及资产与收入比。具体内容见图2-4。

- 营运能力
  - 周转次数
    - 应收账款周转次数=营业收入÷应收账款
    - 存货周转次数=营业收入÷存货
    - 流动资产周转次数=营业收入÷流动资产
    - 营运资本周转次数=营业收入÷营运资本
    - 非流动资产周转次数=营业收入÷非流动资产
    - 总资产周转次数=营业收入÷总资产
  - 周转天数=365÷周转次数
  - 资产与收入比

图2-4　营运能力指标的计算

『老贾点拨』 公式记忆：①周转次数计算的分子均为营业收入（注意存货周转次数特殊），指标名称来自分母；②由于分子是时期指标，分母理论上应该用平均数（年初与年末平均或各月的多时点平均），题中给出假设除外；③在没有特殊说明时，周转率通常用周转次数表示。

（二）指标分析应注意的问题★★

1. 应收账款周转率分析

（1）营业收入的赊销比例问题。理论上，应该使用赊销额而非营业收入，但是实际中通常用营业收入替代（此时会高估周转次数）。

（2）应收账款年末余额的可靠性问题（此处应收账款实为应收票据和应收账款合计）。用应收账款周转率进行业绩评价时，通常使用平均应收账款（年初与年末平均或多时间点平均），以减少季节性、偶然性和人为因素的影响（注意减少季节性影响需要用多时点平均，如季度平均或月平均）。

（3）应收账款的坏账准备问题。如果坏账准备数额较大，就应该进行调整，或按未计提坏账准备的应收账款余额计算周转次数和周转天数；如果直接根据财务报表列示的计提坏账准备后的应收账款净额计算，则会高估周转次数。

（4）应收账款周转天数不一定越少越好，应结合信用政策分析。

（5）应收账款分析应与赊销分析、现金分析相联系。

【例题5·单选题】 ☆甲公司的生产经营存在季节性，每年的6月到10月是生产经营旺季，11月到次年的5月是生产经营淡季。如果使用应收账款年初余额和年末余额的平均数计算应收账款周转次数，计算结果会（　　）。

A. 高估应收账款周转速度

B. 低估应收账款周转速度

C. 正确反映应收账款周转速度

D. 无法判断对应收账款周转速度的影响

解析 应收账款的年初（1月初）和年末（12月末）处在经营淡季，应收账款余额较少，如果使用应收账款年初余额和年末余额的平均数计算应收账款周转次数，则会导致计算结果偏高，即高估应收账款周转速度，选项A是答案。　**答案** A

2. 存货周转率分析

（1）在短期偿债能力分析中，为了评估存货的变现能力以及在分解总资产周转率时，计算存货周转次数应采用"营业收入"；如果为了评估存货管理的业绩，计算存货周转次数应采用"营业成本"。

（2）存货周转天数不是越少越好。在特定的生产经营条件下存在一个最佳的存货水平。

（3）应注意应付账款、存货和应收账款（或营业收入）之间的关系。

（4）应关注构成存货的原材料、在产品、半成品、产成品和低值易耗品之间的比例关系。

【例题6·单选题】 ☆甲公司是一家电器销售企业，每年6～10月是销售旺季，管理层拟用存货周转率评价全年存货管理业绩，适合使用的公式是（　　）。

A. 存货周转率=营业收入/年初和年末存货金额的平均数

B. 存货周转率=营业收入/各月末存货金额的平均数

C. 存货周转率=营业成本/年初和年末存货金额的平均数

D. 存货周转率=营业成本/各月末存货金额的平均数

解析 用存货周转次数评价存货管理业绩时，应当使用"营业成本"计算，即选项AB不是答案；由于年初（1月初）和年末（12月末）处在淡季，存货余额较少，采用年初和年末平均数计算的存货周转次数偏高，为了更好消除季节性因素影响，应采用多时点的月平均数，选项C不是答案，选项D是答案。　**答案** D

3. 营运资本周转率分析

营运资本周转率是营业收入与营运资本

的比率。计算营运资本周转率，从严格意义上讲，应该使用经营营运资本，即经营性流动资产减去经营性流动负债，对于短期借款、交易性金融资产和超额现金等非经营活动必需的项目应剔除。

4. 非流动资产周转率分析

非流动资产周转率是营业收入与非流动资产比率。主要用于投资预算和项目管理分析，以确定投资与竞争战略是否一致，收购和剥离政策是否合理等。

5. 总资产周转率分析

总资产周转率是营业收入与总资产的比率，表明1元总资产投资支持的营业收入。

总资产周转率的驱动因素分析，通常使用"资产周转天数"或"资产与收入比"，不使用"资产周转次数"，即：

总资产周转天数 = ∑各项资产周转天数

总资产与收入比 = ∑各项资产与营业收入比

【例题7·单选题】 某企业总资产周转次数2次，流动资产周转次数6次，一年按360天计算，非流动资产周转天数为（　）天。

A. 180　　　　　B. 120

C. 90　　　　　D. 60

解析 ▶ 总资产周转天数 = 360/2 = 180（天），流动资产周转天数 = 360/6 = 60（天），非流动资产周转天数 = 180-60 = 120（天）

答案 ▶ B

五、盈利能力比率

（一）指标计算 ★★★

盈利能力指标的计算见图2-5。

盈利能力 ⎰ 营业净利率 =（净利润÷营业收入）×100%
　　　　 ⎨ 总资产净利率 =（净利润÷总资产）×100%
　　　　 ⎱ 权益净利率 =（净利润÷股东权益）×100%

图2-5　盈利能力指标的计算

『老贾点拨』公式记忆：①盈利能力指标的分子均为净利润，指标的名称来自分母。②由于分子是时期指标，分母理论上应该用平均数（年初与年末平均或各月的多时点平均），题中给出假设除外。

（二）指标分析应注意的问题 ★★

1. 营业净利率分析

营业净利率是指净利润与营业收入的比率，表明1元营业收入创造的利润，比率越大，盈利能力越强。

营业净利率的变动是由利润表各项目的金额变动和结构变动引起的，分析重点是金额变动和结构变动较大的项目。

2. 总资产净利率分析

（1）总资产净利率是指净利润与总资产比率，表明1元总资产创造的净利润。

总资产净利率是企业盈利能力的关键，是提高权益净利率的基本动力。虽然权益净利率由总资产净利率和财务杠杆（用权益乘数表示）共同决定，但提高财务杠杆（通常有临界的上限）会同时增加公司风险，往往并不增加公司价值。

（2）总资产净利率的驱动因素是营业净利率和总资产周转次数，即：

总资产净利率 = 营业净利率×总资产周转次数

结合因素分析法可以定量分析营业净利率和总资产周转次数的变动对总资产净利率的影响方向和程度。

3. 权益净利率分析

权益净利率是指净利润与股东权益比率，表明1元股东权益赚取的净利润。

权益净利率概括了公司的全部经营业绩和财务业绩（驱动因素分析详见"杜邦分析体系"），衡量企业总体盈利能力。即：权益净利率 = 总资产净利率×权益乘数。

【例题8·单选题】 某公司总资产净利率为15%，产权比率为1，则权益净利率是（　）。

A. 15%　　　　　　B. 30%

C. 35%　　　　　　D. 40%

解析 ▶ 权益乘数 = 1 + 产权比率 = 1 + 1 = 2，权益净利率 = 总资产净利率×权益乘数 = 15%×2 = 30%。　　　　**答案** ▶ B

六、市价比率★★

市价比率包括市盈率、市净率和市销率，市价比率的计算见表2-2。

表2-2　市价比率的计算

市价比率	计算公式	备注
市盈率	市盈率 = 每股市价÷每股收益	每股收益 = (净利润 - 当年宣告或累积的优先股股息)÷流通在外普通股加权平均股数
市净率	市净率 = 每股市价÷每股净资产	每股净资产 = 普通股股东权益÷流通在外普通股股数 = (股东权益 - 优先股权益)÷流通在外普通股股数 『老贾点拨』优先股权益 = 优先股的清算价值 + 全部拖欠的股息
市销率	市销率 = 每股市价÷每股营业收入	每股营业收入 = 营业收入÷流通在外普通股加权平均股数

『老贾点拨』公式记忆：①计算每股收益和每股营业收入时，分子是时期数据，分母应该用当期流通在外普通股加权平均股数；计算每股净资产时，分子是时点数据，分母用资产负债表日流通在外普通股股数；需要注意，计算每股股利时，分母也是资产负债表日流通在外普通股股数(遵循同股同权、同股同利原则)。②计算流通在外普通股加权平均股数时，对于股票股利和资本公积转增股本而导致股数增加时，权重按1来计算(因为没有影响股东权益总额的变化)。

【例题9·单选题】 ☆甲公司2016年初流通在外普通股8 000万股，优先股500万股；2016年6月30日增发普通股4 000万股。2016年年末股东权益合计35 000万元，优先股每股清算价值10元，无拖欠的累积优先股股息。2016年年末甲公司普通股每股市价12元，市净率是( )。

A. 2.8　　　　　　B. 4.8

C. 4　　　　　　　D. 5

解析 ▶ 普通股股东权益 = 35 000 - 500×10 = 30 000(万元)，每股净资产 = 30 000/(8 000 + 4 000) = 2.5(元/股)，市净率 = 12/2.5 = 4.8。　　　　**答案** ▶ B

七、杜邦分析体系

(一)杜邦分析体系的核心比率——权益净利率★★

(1)权益净利率具有很强的可比性，可用于不同公司之间的比较。不同公司之间的权益净利率一般会比较接近。

(2)权益净利率具有很强的综合性，可以综合分析评价整个企业的经营成果和财务状况，具体可以分解为三个指标，即：

权益净利率 = 营业净利率×总资产周转次数×权益乘数

(二)杜邦分析体系的基本框架★★

杜邦分析体系的基本框架见图2-6。

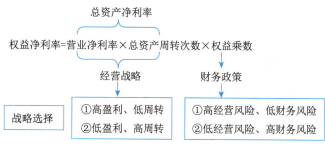

图 2-6 杜邦分析体系的基本框架

『老贾点拨』（1）企业应该根据外部环境和自身资源作出经营战略选择。仅从营业净利率的高低不能判断业绩好坏，必须结合总资产周转次数考察企业经营战略，即总资产净利率才可以反映管理者运用企业资产赚取盈利的业绩，是最重要的盈利能力指标。

（2）在总资产净利率不变的情况下，提高财务杠杆（以权益乘数表示）可以提高权益净利率，但同时会增加财务风险。如何配置财务杠杆是公司重要的财务政策。总资产净利率与财务杠杆负相关，共同决定了公司的权益净利率。公司必须使其经营战略和财务政策相匹配。

【例题 10·单选题】 依据杜邦分析体系的基本框架，可以反映公司经营战略的一组财务比率是（　）。

A. 总资产净利率与权益乘数

B. 营业净利率与权益乘数

C. 总资产周转次数与权益乘数

D. 营业净利率与总资产周转次数

解析 权益乘数反映公司的财务政策。选项 D 是答案。　　　**答案** D

（三）权益净利率的驱动因素分析★★★

借助于因素分析法，依次分析营业净利率（A）、总资产周转次数（B）和权益乘数（C）的变动对权益净利率（R）的影响程度。具体思路如下：

基期指标：$R_0 = A_0 \times B_0 \times C_0$　　　（1）

第一次替代 $A_1 \times B_0 \times C_0$　　　（2）

第二次替代 $A_1 \times B_1 \times C_0$　　　（3）

第三次替代 $A_1 \times B_1 \times C_1$　　　（4）

（2）-（1）→营业净利率（A）变动对权益净利率（R）的影响；

（3）-（2）→总资产周转次数（B）变动对权益净利率（R）的影响；

（4）-（3）→权益乘数（C）变动对权益净利率（R）的影响。

（四）杜邦分析体系的局限性★

（1）计算总资产净利率的"总资产"与"净利润"不匹配；

（2）没有区分经营活动损益和金融活动损益；

（3）没有区分金融资产与经营资产；

（4）没有区分金融负债与经营负债。

【例题 11·计算分析题】 甲乙公司有关财务比率如下：

	营业净利率	总资产周转率	权益乘数
甲公司	12%	2	1.5
乙公司	20%	0.8	2

要求：

（1）比较甲公司相对于乙公司经营战略和财务政策的特点。

（2）计算甲公司相对于乙公司权益净利率的差异，并用因素分析法依次分析营业净利率、总资产周转率和权益乘数变化对权益净利率的影响程度。

答案

（1）甲公司与乙公司相比，其经营战略是低盈利、高周转；财务政策是采用低财务杠杆。

（2）甲权益净利率＝12%×2×1.5＝36%

乙权益净利率＝20%×0.8×2＝32%

权益净利率差＝36%－32%＝4%

乙权益净利率：20%×0.8×2＝32%　①

替换营业净利率：12%×0.8×2＝19.2%　②

替换总资产周转率：12%×2×2＝48%　③

替换权益乘数：12%×2×1.5＝36%　④

营业净利率变化影响的权益净利率＝②－①＝19.2%－32%＝－12.8%

总资产周转率变化影响的权益净利率＝③－②＝48%－19.2%＝28.8%

权益乘数变化影响的权益净利率＝④－③＝36%－48%＝－12%

或：

营业净利率变化影响的权益净利率＝（12%－20%）×0.8×2＝－12.8%

总资产周转率变化影响的权益净利率＝12%×（2－0.8）×2＝28.8%

权益乘数变化影响的权益净利率＝12%×2×（1.5－2）＝－12%

八、管理用财务报表体系

（一）管理用财务报表的编制依据★

管理用财务报表的编制依据见图2-7。

图2-7　管理用财务报表的编制依据

（二）管理用财务报表的类型及基本结构★★

1. 管理用资产负债表

（1）经营资产与金融资产

经营资产是指销售商品或提供劳务所涉及的资产；金融资产是指利用经营活动**多余**资金进行投资所涉及的资产。

（2）经营负债与金融负债

经营负债是指销售商品或提供劳务所涉及的负债；金融负债是指**筹资**活动所涉及的负债。

『老贾点拨』 教材例题中关于报表项目的经营活动和金融活动的划分并非必然如此。考试时通常比较直观，如短期借款、长期借款、应付债券等属于典型的金融负债；应付账款属于典型的经营负债；应收账款、存货、固定资产等属于典型的经营资产；货币资金较为特殊，通常题中会有假设条件。

（3）管理用资产负债表的基本结构

管理用资产负债表的基本等式是净经营资产＝净负债＋股东权益，其基本结构见表2-3。

表2-3　管理用资产负债表的基本结构

净经营资产	净负债与股东权益
经营性流动资产	金融负债
减：经营性流动负债	减：金融资产
经营营运资本	净负债
经营性长期资产	股东权益
减：经营性长期负债	
净经营性长期资产	
净经营资产总计	净负债与股东权益总计

『老贾点拨』 管理用资产负债表的结构其实就是标准格式的资产负债表结构的变形。把标准格式资产负债表中左侧的金融资产移到报表右侧，即变为负数；标准格式资产负债表右侧的经营性流动负债和经营性长期负债移到报表左侧，即变为负数。此时，形成新的会计等式，即：净经营资产＝净负债＋股东权益。

2. 管理用利润表

（1）净利润的构成

净利润分为金融损益和经营损益。其中金融损益与金融活动有关，是指金融资产收益与金融负债利息的差额。经营损益与经营活动有关，是指除去金融损益之外的当期损益。

『老贾点拨』 ①金融损益的计算。

金融损益=(金融资产公允价值变动收益+金融资产投资收益-金融资产减值损失-财务费用)×(1-企业所得税税率)

=-(财务费用+金融资产减值损失-金融资产公允价值变动收益-金融资产投资收益)×(1-企业所得税税率)

=-利息费用×(1-企业所得税税率)

②经营损益的计算。

经营损益=税后经营净利润=税前经营利润×(1-企业所得税税率)

=(营业收入-营业成本-税金及附加-管理费用-销售费用-经营资产减值损失+经营资产公允价值变动收益+经营资产投资收益+营业外收入-营业外支出)×(1-企业所得税税率)

注意：考试时如果简化，通常只有营业收入、营业成本、税金及附加、销售费用、管理费用，即“五大项”。

(2)管理用利润表的基本等式

净利润

=经营损益+金融损益

=税后经营净利润-利息费用×(1-企业所得税税率)

=税前经营利润×(1-企业所得税税率)-利息费用×(1-企业所得税税率)

3. 管理用现金流量表

(1)现金流量的构成

现金流量的构成见图2-8。

现金流量
- 金融现金流量→筹资活动和金融市场投资活动产生现金流量（即金融活动形成现金净流出量）
- 经营现金流量→销售商品或提供劳务等营业活动以及与营业活动有关的生产性资产投资活动产生的现金流量（即经营活动形成的现金净流入量）

图2-8　现金流量的构成

『老贾点拨』①经营现金流量代表企业经营活动的全部成果，即经营活动现金净流入量，称为实体经营现金流量，即实体现金流量，企业价值取决于未来预期的实体现金流量。

②融资现金流量或金融现金流量是筹资活动和金融市场投资活动形成的现金净流出量，包括债务融资活动形成的企业与债权人之间的交易产生的现金净流出量(即债务现金流量)以及股权融资活动形成的企业与股东之间的交易产生的现金净流出量(即股权现金流量)。

③由于企业产生的现金流量就是投资人得到的现金流量。实体现金流量或经营现金流量是从企业角度观察的，融资现金流量是从投资人角度观察的。所以，经营现金流量=实体现金流量=融资现金流量=金融现金流量=债务现金流量+股权现金流量。

(2)现金流量表的基本等式

①从实体现金流量的来源分析。

实体现金流量是营业现金毛流量超出经营营运资本增加和资本支出的部分，即：

ⅰ营业现金毛流量(营业现金流量)=税后经营净利润+折旧与摊销

ⅱ营业现金净流量=营业现金毛流量-经营营运资本增加

ⅲ实体现金流量=营业现金净流量-资本支出

(注：资本支出=净经营长期资产增加+折旧与摊销)

即：实体现金流量=税后经营净利润+折旧与摊销-经营营运资本增加-资本支出=税后经营净利润-净经营资产增加

『老贾点拨』①新增的经营流动资产支出的一部分可以由经营性流动负债提供。经营营运资本增加是经营流动资产增加减去经营流动负债增加的差额，即该差额是需要另外追加的投资的现金流出。

②新增的经营长期资产支出一部分现金可以由经营长期负债提供。资本支出是新增

的经营长期资产减去经营性长期负债增加的差额，即该差额是需要追加的投资现金流出。

③此处的"折旧与摊销"均是指年折旧摊销，折旧与摊销实际上并不影响实体现金流量最终结果。

④实体现金流量

＝税后经营净利润＋折旧与摊销－经营营运资本增加－资本支出

＝税后经营净利润＋折旧与摊销－经营营运资本增加－（净经营性长期资产增加＋折旧与摊销）

＝税后经营净利润－（经营营运资本增加＋净经营性长期资产增加）

＝税后经营净利润－净经营资产增加

②从实体现金流量的去向分析。

实体现金流量就是投资人应该得到的现金流量，投资人包括债权人和股东。对应的现金流量分别是债务现金流量和股权现金流量。

首先，计算债务现金流量。

债务现金流量是企业与债权人之间交易形成的企业现金净流出量，具体交易包括支付利息、偿还或借入债务以及购入或出售金融资产，其计算公式为：

债务现金流量＝税后利息费用－净负债增加

『老贾点拨』 债务现金流量＝利息费用－利息费用×所得税税率－金融负债增加＋金融资产增加

＝利息费用×（1－所得税税率）－（金融负债增加－金融资产增加）

＝税后利息费用－净负债增加

其次，计算股权现金流量。

股权现金流量是企业与股东之间交易形成的企业现金净流出量，具体交易包括股利分配、股份发行和股票回购，其计算公式为：

股权现金流量＝股利分配－股票发行＋股票回购

或：

股权现金流量＝税后净利润－股东权益增加

『老贾点拨』 股权现金流量＝实体现金流量－债务现金流量

＝（税后经营净利润－净经营资产增加）－（税后利息费用－净负债增加）

＝（税后经营净利润－税后利息费用）－（净经营资产增加－净负债增加）

＝税后净利润－股东权益增加

最后，计算实体现金流量（另一种）。

『老贾点拨』 三种现金流量之间关系。

实体现金流量＝税后经营净利润－净经营资产增加
‖
债务现金流量＝税后利息费用－净负债增加
＋
股权现金流量＝税后净利润－股东权益增加

【例题12·多选题】 ☆下列关于实体现金流量的说法中，正确的有（   ）。

A. 实体现金流量是企业经营现金流量

B. 实体现金流量是可以提供给债权人和股东的税后现金流量

C. 实体现金流量是营业现金净流量扣除资本支出后的剩余部分

D. 实体现金流量是税后经营净利润扣除净经营资产增加后的剩余部分

解析 企业经营现金流量是企业经营活动的全部成果，又称企业实体现金流量，选项A是答案；实体现金流量的用途或去向可分为两部分，即债务现金流量和股权现金流量，选项B是答案；实体现金流量＝税后经营净利润＋折旧与摊销－经营营运资本增加－资本支出＝营业现金毛流量－经营营运资本增加－资本支出＝营业现金净流量－资本支出＝税后经营净利润－净经营资产增加，选项CD是答案。 **答案** ABCD

（三）管理用财务分析体系★★★

1. 管理用财务分析体系涉及的财务指标

管理用财务分析体系涉及的财务指标及计算公式见表2-4。

表 2-4 管理用财务分析体系涉及的财务指标及计算公式

财务指标	计算公式
税后经营净利率	税后经营净利润÷营业收入
净经营资产周转次数	营业收入÷净经营资产
净经营资产净利率	税后经营净利润÷净经营资产 或：税后经营净利率×净经营资产周转次数
税后利息率	税后利息费用÷净负债
经营差异率	净经营资产净利率－税后利息率
净财务杠杆	净负债÷股东权益
杠杆贡献率	经营差异率×净财务杠杆
权益净利率	净经营资产净利率＋杠杆贡献率

『老贾点拨』 公式记忆：①结合标准格式报表的营业净利率、总资产净利率、总资产周转次数、产权比率，用管理用报表中的税后经营净利润代替净利润、净经营资产代替总资产、净负债代替总负债，即可以分别计算出税后经营净利率、净经营资产净利率、净经营资产周转次数和净财务杠杆。②特殊指标以及指标名称需要单独记忆，如税后利息率、经营差异率、杠杆贡献率。

2. 改进的财务分析体系的核心公式
权益净利率的计算见图 2-9。

权益净利率=净经营资产净利率+（净经营资产净利率-税后利息率）×净财务杠杆
经营差异率
杠杆贡献率

图 2-9 权益净利率的计算

『老贾点拨』 ①权益净利率由净经营资产净利率和杠杆贡献率两部分构成，如果要提高权益净利率，则需提高净经营资产净利率和杠杆贡献率。

②当经营差异率大于零时，增加净财务杠杆，会提高杠杆贡献率，但是净财务杠杆的提高通常有一定限度。

3. 改进财务分析体系的因素分析法
借助于因素分析法，依次分析净经营资产净利率（A）、税后利息率（B）和净财务杠杆（C）的变动对权益净利率（R）的影响程度。具体思路如下：

基期指标：$R_0 = A_0 + (A_0 - B_0) \times C_0$ （1）
第一次替代 $A_1 + (A_1 - B_0) \times C_0$ （2）
第二次替代 $A_1 + (A_1 - B_1) \times C_0$ （3）
第三次替代 $A_1 + (A_1 - B_1) \times C_1$ （4）
（2）-（1）→净经营资产净利率变动对权

益净利率的影响；
（3）-（2）→税后利息率变动对权益净利率的影响；
（4）-（3）→净财务杠杆变动对权益净利率的影响。

【例题 13·单选题】某公司税后经营净利率 10%，净经营资产周转次数 2 次，税前利息率 8%，净财务杠杆 40%，企业所得税率 25%，则该公司的权益净利率是（ ）。

A. 24.8%   B. 25.6%
C. 5.6%   D. 4.8%

解析 净经营资产净利率＝2×10%＝20%，税后利息率＝8%×（1-25%）＝6%，杠杆贡献率＝（20%-6%）×40%＝5.6%，权益净利率＝20%+5.6%＝25.6% 答案 B

【例题 14·多选题】假设其他因素不变，在净经营资产净利率大于税后利息率的情况下，下列变动中可以提高杠杆贡献率的有(   )。

    A. 提高净经营资产净利率

    B. 提高税后利息率

    C. 提高净财务杠杆

    D. 提高股东权益所占的比例

解析 ▶ 因为，杠杆贡献率=(净经营资产净利率−税后利息率)×净财务杠杆，所以提高净经营资产净利率或降低税后利息率，可以提高杠杆贡献率，选项A是答案，选项B不是答案；在净经营资产净利率大于税后利息率的情况下，提高净财务杠杆可以提高杠杆贡献率，选项C是答案；提高股东权

益比例，会降低净财务杠杆，进而降低杠杆贡献率，选项D不是答案。 **答案** ▶ AC

九、销售百分比法 ★★★

1. 销售百分比法预测融资需求的基本原理

通常假设各项经营资产、经营负债项目的金额与营业收入存在稳定百分比关系(即与营业收入同比例变化)。融资需求的测算原理见图2-10。

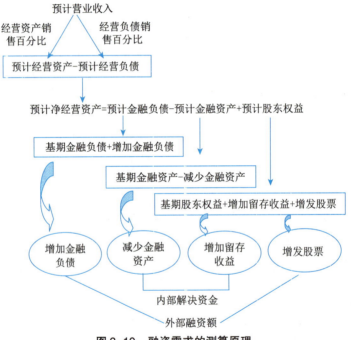

图2-10　融资需求的测算原理

『老贾点拨』融资总需求的筹集取决于公司的融资政策，一般的融资优先顺序是(即优序融资理论)：(1)动用现存的金融资产；(2)增加留存收益；(3)增加金融负债；(4)增发股票。

2. 融资总需求的测算

融资总需求=预计净经营资产−基期净经营资产=经营资产增加−经营负债增加=净经营资产增加

『老贾点拨』净经营资产增加的计算方法

有三种(假设经营资产和经营负债都与营业收入同比例变化)：

①营业收入增加×经营资产销售百分比−营业收入增加×经营负债销售百分比

②基期经营资产×营业收入增长率−基期经营负债×营业收入增长率

③基期净经营资产×营业收入增长率

3. 外部融资额的测算

根据融资总需求减去内部解决资金计算外部融资额，即：

外部融资额＝融资总需求－可动用金融资产－增加留存收益

『老贾点拨』①可动用金融资产＝可以减少的金融资产＝基期期末金融资产－预计期末金融资产

②增加留存收益是指预计年度形成的利润留存，其计算方法为：

增加留存收益＝预计营业收入×预计营业净利率×（1－预计股利支付率）

4. 外部融资销售增长比

（1）外部融资销售增长比的计算

外部融资销售增长比是指外部融资额占营业收入增加额的百分比。

①若可动用金融资产为0，经营资产销售百分比、经营负债销售百分比保持不变。

外部融资销售增长比＝经营资产销售百分比－经营负债销售百分比－［（1+增长率）÷增长率］×预计营业净利率×（1－预计股利支付率）

②若存在可动用金融资产。

外部融资销售增长比＝经营资产销售百分比－经营负债销售百分比－可动用金融资产÷（基期营业收入×增长率）－［（1+增长率）÷增长率］×预计营业净利率×（1－预计股利支付率）

『老贾点拨』外部融资销售增长比计算公式中的增长率是指营业收入增长率。如果存在通货膨胀，则需要考虑含通货膨胀的销售增长率，即：

含通货膨胀的销售增长率＝（1+通货膨胀率）×（1+销售量增长率）－1

（2）外部融资销售增长比的用途

①根据外部融资销售增长比计算外部融资额。

外部融资额＝营业收入增加额×外部融资销售增长比

②根据外部融资销售增长比调整股利政策。

如果计算外部融资额为负数，说明存在剩余资金可以用于股利发放（或短期投资）。

③根据外部融资销售增长比预计通货膨胀的影响。

如果销售量增长率为零，并且存在通货膨胀，为弥补通货膨胀形成的货币贬值损失需要进行筹资。

5. 外部融资需求的敏感分析

根据外部融资额测算的公式可知，影响外部融资额的因素包括：

（1）经营资产占营业收入的比（同向）；

（2）经营负债占营业收入的比（反向）；

（3）营业收入增长（同向）；

（4）预计营业净利率（在预计股利支付率小于1的情况下，反向）；

（5）预计股利支付率（在预计营业净利率大于0的情况下，同向）；

（6）可动用金融资产（反向）。

【例题15·计算分析题】甲公司2021年实际营业收入为4 000万元，经营资产2 000万元，经营负债400万元。假设2021年的经营资产和经营负债占销售百分比在2022年可以持续，该公司可动用金融资产50万元，2022年预计营业收入为5 000万元，预计营业净利率5%，股利支付率30%。

要求：计算公司2022年的融资总需求和外部融资额。

答案▶

营业收入增长率＝（5 000－4 000）/4 000×100%＝25%

融资总需求＝经营资产增加－经营负债增加＝2 000×25%－400×25%＝400（万元）

或：融资总需求＝基期净经营资产×营业收入增长率＝（2 000－400）×25%＝400（万元）

外部融资额＝融资总需求－可动用金融资产－留存收益增加＝400－50－5 000×5%×（1－30%）＝175（万元）

十、内含增长率的测算

（一）内含增长率的含义★

内含增长率是指没有可动用的金融资产，且外部融资为零（即没有借款和股权融资，但是经营负债可以自然增长)时的销售增长率。

(二)内含增长率的计算 ★★★

假设不存在可动用的金融资产,经营资产销售百分比和经营负债销售百分比不变。

(1)根据外部融资销售增长比为0计算

经营资产销售百分比-经营负债销售百分比-[(1+销售增长率)/销售增长率]×预计营业净利率×(1-预计股利支付率)=0,求得的销售增长率,就是内含增长率。

(2)根据公式直接计算

①内含增长率=[预计营业净利率×(1-预计股利支付率)]/[经营资产销售百分比-经营负债销售百分比-预计营业净利率×(1-预计股利支付率)]

②内含增长率

$$=\dfrac{\dfrac{预计净利润}{预计净经营资产}×预计利润留存率}{1-\dfrac{预计净利润}{预计净经营资产}×预计利润留存率}$$

『老贾点拨』 公式①的分子与分母同时乘以"预计营业收入/预计净经营资产"即可得公式②。

(三)预计销售增长率、内含增长率和外部融资额的关系(假设不存在可动用金融资产)★★

(1)预计销售增长率等于内含增长率时,外部融资额为0;

(2)预计销售增长率大于内含增长率时,外部融资额为正数,即需要追加外部融资;

(3)预计销售增长率小于内含增长率时,外部融资额为负数,即资金有剩余。

【例题16·单选题】 某公司2021年经营资产销售百分比60%,经营负债销售百分比20%,股利支付率40%,假设2022年公司上述比率保持不变,没有可动用金融资产,不打算进行股票增发和股票回购,并采用内含增长方式支持销售增长。为了实现10%销售增长目标,预计2022年营业净利率为( )。

A. 12.06%   B. 10.06%

C. 9.06%   D. 6.06%

解析 ▶ 根据式子:60%-20%-[(1+10%)/10%]×营业净利率×(1-40%)=0,则营业净利率=6.06%。   **答案** ▶ D

【例题17·多选题】 甲公司无法取得外部融资,只能依靠内部积累增长。在其他因素不变的情况下,有助于提高内含增长率的有( )。

A. 提高营业净利率

B. 提高经营资产销售百分比

C. 提高经营负债销售百分比

D. 提高股利支付率

解析 ▶ 外部融资销售增长比等于零时的增长率即为内含增长率。内含增长率=预计营业净利率×(1-预计股利支付率)/[经营资产销售百分比-经营负债销售百分比-预计营业净利率×(1-预计股利支付率)]。营业净利率、经营负债销售百分比与内含增长率呈同向变化;股利支付率、经营资产销售百分比与内含增长率呈反向变化。因此选项AC的说法均正确。   **答案** ▶ AC

十一、可持续增长率的测算

(一)可持续增长的假设条件与可持续增长率的概念 ★★

(1)可持续增长的假设条件

①营业净利率不变。公司的营业净利率将维持当前水平,并且可以涵盖新增债务增加的利息,即:

净利润增长率=营业收入增长率

②资产周转率不变。公司的总资产周转率将维持当前的水平,即:

营业收入增长率=总资产增长率

③权益乘数(或资产负债率、产权比率)不变。公司目前的资本结构是目标资本结构,并且打算继续维持下去,即:

总资产增长率=股东权益增长率=负债

增长率

④利润留存率(或股利支付率)不变。公司目前的利润留存率是目标利润留存率,并且打算继续维持下去,即:

利润留存增长率=净利润增长率

⑤不愿意或者不打算增发新股或回购股票,即:

股东权益增加=本期利润留存

在上述前4个假设条件成立时,则下列关系式成立:

本年净利润增长率=本年营业收入增长率=本年总资产增长率=本年利润留存增长率=本年股东权益增长率

(2)可持续增长率的概念

在下期可持续增长状态下,即不增发新股或回购股票,不改变经营效率(不改变营业净利率和资产周转率)和财务政策(不改变权益乘数和利润留存率)时,下期销售收入增长率就等于本期可持续增长率。

『老贾点拨』 可持续增长率计算的目的是进行收入增长的管理。可持续增长率并非只有在可持续增长状态下才会有,如果下期处在可持续增长状态,则本期可持续增长率等于下期营业收入增长率。

(二)可持续增长率的计算 ★★★

1. 根据期初股东权益计算可持续增长率(不增发股票或回购股票)

可持续增长率=本期利润留存/期初股东权益

『老贾点拨1』 在不增发新股或回购股票的情况下:

可持续增长率
=股东权益增长率
=本期利润留存/期初股东权益
=本期净利润×本期利润留存率/期初股东权益
=营业净利率×期末总资产周转次数×期末总资产期初权益乘数×本期利润留存率

『老贾点拨2』 根据期初股东权益计算可

持续增长率,依据的是罗伯特·C·希金斯(Robert·C·Higgins)模型。希金斯认为,可持续增长率是指在不需要耗尽财务资源的情况下,公司销售所能增长的最大比率。其基本原理是,限制销售增长的是资产,限制资产增长的是负债和股东权益。在目标资本结构情况下,随着股东权益增长,负债也会相应同比例增长,所以限制销售增长率的根本是股东权益增长率,即公司的可持续增长率就是股东权益增长率,则:

可持续增长率=股东权益增长率=本期利润留存/期初股东权益

【例题18·多选题】 ☆在企业可持续增长的情况下,下列计算各相关项目的本期增加额的公式中,正确的有( )。

A. 本期资产增加=(本期销售增加/基期营业收入)×基期期末总资产

B. 本期负债增加=基期营业收入×营业净利率×利润留存率×(基期期末负债/基期期末股东权益)

C. 本期股东权益增加=基期营业收入×营业净利率×利润留存率

D. 本期销售增加=基期营业收入×(基期净利润/基期期初股东权益)×利润留存率

解析 在企业可持续增长的情况下,资产增长率=营业收入增长率,本期资产增加=基期期末资产×资产增长率,选项A正确;在可持续增长状态下,负债增长率=股东权益增长率,本期负债增加=基期期末负债×股东权益增长率=基期期末负债×本期利润留存/基期期末股东权益=基期期末负债×(本期营业收入×营业净利率×利润留存率/基期期末股东权益),选项B的基期营业收入应改为本期营业收入,所以选项B错误;本期股东权益增加=本期利润留存,选项C的"基期营业收入"应该为"本期营业收入",选项C错误;本期销售增加=基期营业收入×本期营业收入增长率,在可持续增长状态下,本期营业收入增长率=本期可持续增长率=上期可持续增长率,基期净利润×利

留存率/基期期初股东权益＝基期的可持续增长率，选项 D 正确。 **答案** ▶ AD

2. 根据期末股东权益计算可持续增长率（通用公式）

可持续增长率＝本期利润留存/（期末股东权益－本期利润留存）

＝权益净利率×本期利润留存率/（1－权益净利率×本期利润留存率）

『老贾点拨 1』可持续增长率＝营业净利率×总资产周转次数×权益乘数×本期利润留存率/（1－营业净利率×总资产周转次数×权益乘数×本期利润留存率）

『老贾点拨 2』公式记忆：①相关指标计算均采用期末数和本期发生额。②如果没有股票发行或回购，根据期初股东权益和根据期末股东权益计算的可持续增长率相同。如果有股票发行或回购，应根据期末股东权益计算可持续增长率。

『老贾点拨 3』根据期末股东权益计算可持续增长率，依据的是詹姆斯.C. 范霍恩（James C. Van Horne）模型，范霍恩认为，可持续增长率是指根据目标的经营效率比率、负债比率和股利支付率而确定的年销售收入最高增长率。其基本原理是，一项资产的增加（资金运用），必然伴随负债和股东权益的相应增加（资金来源）。其中，资产增加额等于销售收入增加额乘以资产占收入比；股东权益增加额（假定通过利润留存增加）等于预计收入总额乘以营业净利率乘以利润留存率；负债增加额等于股东权益增加额乘以预定的负债与股东权益比。综合以上因素，即：资产增加额＝负债增加额+股东权益增加额。

下列公式推导中，销售收入简称收入，销售收入增加额简称收入增加额。

收入增加额×资产/收入＝[（收入+收入增加额）×营业净利率×利润留存率]×（1+负债/股东权益）

收入增加额×资产/收入－收入增加额×营业净利率×利润留存率×（1+负债/股东权益）＝收入×营业净利率×利润留存率×（1+负债/股东权益）

收入增加额×[资产/收入－营业净利率×利润留存率×（1+负债/股东权益）]＝收入×营业净利率×利润留存率×（1+负债/股东权益）

收入增加额/收入＝营业净利率×利润留存率×（1+负债/股东权益）/[资产/收入－营业净利率×利润留存率×（1+负债/股东权益）]

可持续增长率＝权益净利率×利润留存率/[1－权益净利率×利润留存率]

即：可持续增长率＝营业净利率×总资产周转次数×权益乘数×利润留存率/（1－营业净利率×总资产周转次数×权益乘数×利润留存率）

【例题 19·单选题】☆甲公司处于可持续增长状态，2019 年初总资产为 1000 万元，总负债为 200 万元，预计 2019 年净利润为 100 万元，股利支付率为 20%，甲公司 2019 年可持续增长率为（　）。

A. 2.5%　　　　　B. 8%

C. 10%　　　　　D. 11.1%

解析 ▶ 由于 2019 年不增发新股或回购股票，所以，2019 年的可持续增长率＝2019 年利润留存/2019 年初股东权益×100%＝100×（1－20%）/（1 000－200）×100%＝10%。 **答案** ▶ C

（三）实际增长率与可持续增长率的关系 ★★

可持续增长率是在不增发新股或回购股票的情况下，由当前经营效率和财务政策决定的内在增长能力；实际增长率是某年营业收入与上年营业收入相比增加的百分比。通过对实际增长率和可持续增长率两者的差异分析，可以了解公司经营效率和财务政策的变化。具体见表 2-5。

『老贾点拨』财务管理是面向未来的决策，可持续增长率计算的目的是进行未来（如明年）的收入增长管理，即对明年的收入增长率是高于(或低于、或等于)今年可持续增长率进行规划。显然，明年的收入增长率应该称为预计增长率，而不是实际增长率。教材表述需要商榷，但是考试还要遵循教材。

表 2-5　实际增长率和可持续增长率两者的差异分析

增长状态	经营效率和财务政策变化	实际增长率与可持续增长率的关系 (不增发新股和回购股票)
平衡增长	明年经营效率和财务政策与今年相同，即明年四个财务比率与今年相同	明年实际增长率、明年可持续增长率和今年可持续增长率三者相等
超常增长	明年四个财务比率中某一个或多个财务比率提高	明年实际增长率大于今年可持续增长率；明年可持续增长率大于今年可持续增长率
低速增长	明年四个财务比率中某一个或多个财务比率下降	明年实际增长率低于今年可持续增长率；明年可持续增长率低于今年可持续增长率

『老贾点拨』①如果明年营业收入增长率不等于今年可持续增长率，不增发新股或回购股票、资产周转率不变、资本结构(即权益乘数或资产负债率)不变，求解明年营业净利率或利润留存率，可以直接代入可持续增长率公式计算(因为明年营业收入增长率等于明年可持续增长率)。

原因解释：资产周转率不变，则明年资产增长率=明年营业收入增长率；权益乘数不变，则明年资产增长率=明年股东权益增长率；不增发新股或回购股票，则明年可持续增长率=明年股东权益增长率。即明年可持续增长率=明年营业收入增长率。

②如果明年营业收入增长率不等于今年可持续增长率，不增发新股或回购股票、营业净利率不变、利润留存率不变，求解明年资产周转率或权益乘数(或资产负债率)，可以先计算出明年的可持续增长率，之后再代入可持续增长率公式计算(因为明年营业收入增长率不等于明年可持续增长率)。

原因解释：假如明年营业收入增长率大于今年可持续增长率，在其他条件不变时，求解明年的权益乘数。由于明年权益乘数提高，即明年资产增长率大于明年股东权益增长率。因为资产周转率不变，明年营业收入增长率等于明年资产增长率，由于不发行股票或回购股票，明年股东权益增长率等于明年可续增长率，所以明年营业收入增长率大

于明年可持续增长率。

③如果明年营业收入增长率不等于今年可持续增长率，假设其他条件不变，求解其中任何一个比率时，均可采用不变比率推算。

【例题 20·多选题】甲公司 2021 年保持 2020 年的经营效率(营业净利率、总资产周转率)和财务政策(权益乘数、股利支付率)不变，不发行新股或回购股票。那么下列关于 2020 年、2021 年的可持续增长率和实际增长率之间关系的表述正确的有(　　)。

A. 2021 年的可持续增长率等于 2021 年实际增长率

B. 2020 年可持续增长率等于 2021 年实际增长率

C. 2020 年实际增长率等于 2020 年可持续增长率

D. 2020 年实际增长率等于 2021 年可持续增长率

解析　由于 2021 年经营效率和财务政策与 2020 年相同，并且不发行新股或回购股票，则 2021 年处于可持续增长状态，即 2021 年实际增长率等于 2020 年可持续增长率，2021 年可持增长率也等于 2020 年可续增长率，选项 AB 是答案。由于没有给出 2020 年的条件，无法判断 2020 年实际增长率与可增长率关系，选项 CD 不是答案。

答案　AB

【例题 21·计算分析题】甲公司 2018 年

的资产负债表和利润表部分数据如下（单位：万元）。

项目	年末或年度
总资产	12 000
负债总额	6 000
营业收入	20 000
净利润	2 500
分配股利	1 500

要求：

（1）计算甲公司2018年的可持续增长率。

（2）结合要求（1）的结果，如果2019年营业收入增长率预计为25%，假设资产周转率不变、权益乘数不变、营业净利率不变，且不发行新股和回购股票，计算预计的股利支付率。

（3）结合要求（1）的结果，如果2019年营业收入增长率预计为25%，假设经营效率（营业净利率、资产周转率）和股利支付率不变，且不发行新股和回购股票，计算预计的资产负债率。

答案 ▶

（1）2018年利润留存 = 2 500 - 1 500 = 1 000（万元）

2018年年末股东权益 = 12 000 - 6 000 = 6 000（万元）

可持续增长率 = 1 000/（6 000 - 1 000）× 100% = 20%

（2）资产周转率 = 20 000/12 000 = 1.67

权益乘数 = 12 000/6 000 = 2

营业净利率 = 2 500/20 000 × 100% = 12.5%

25% = （12.5%×1.67×2×利润留存率）/（1-12.5%×1.67×2×利润留存率）

利润留存率 = 48%

股利支付率 = 1 - 48% = 52%

或：因为资产周转率和权益乘数不变，所以股东权益增长率等于营业收入增长率，又因为没有股票发行和回购，则：

2019年股东权益增加额 = 预计利润留存 = 6 000 × 25% = 1 500（万元）

2019年预计净利润 = 20 000 × （1 +

25%）×（2 500/20 000）= 3 125（万元）

利润留存率 = 1 500/3 125 × 100% = 48%

股利支付率 = 1 - 48% = 52%

（3）2019年利润留存 = 20 000 × （1 + 25%）× 12.5% × （1 - 1 500/2 500）= 1 250（万元）

2019年可持续增长率 = 1 250/6 000 × 100% = 20.83%

20.83% = （12.5%×1.67×权益乘数×40%）/（1-12.5%×1.67×权益乘数×40%）

权益乘数 = 2.06

资产负债率 = 51.46%（尾差）

或：资产周转率不变，即资产增长率等于营业收入增长率，即：

2019年年末预计资产 = 12 000 × （1 + 25%）= 15 000（万元）

由于没有股票发行和回购，股东权益增加等于预计利润留存，则：

2019年年末预计股东权益 = 6 000 + 20 000×（1+25%）×2 500/20 000×（1 - 1 500/2 500）= 7 250（万元）

2019年负债 = 15 000 - 7 250 = 7 750（万元）

资产负债率 = 7 750/15 000 × 100% = 51.67%

（四）基于管理用财务报表的可持续增长率★

（1）根据期初股东权益计算的可持续增长率

可持续增长率 = 营业净利率×期末净经营资产周转次数×期末净经营资产期初权益乘数×本期利润留存率

（2）根据期末股东权益计算

可持续增长率 = 营业净利率×期末净经营资产周转次数×期末净经营资产权益乘数×本期利润留存率/（1-营业净利率×期末净经营资产周转次数×期末净经营资产权益乘数×本期利润留存率）

『老贾点拨』只需要将前述公式中的"资产"变为"净经营资产"。

限时 330min

扫我做试题

一、单项选择题

1. ☆现金流量比率是反映企业短期偿债能力的一个财务指标。在计算年度现金流量比率时，通常使用流动负债的( )。

   A. 年初余额

   B. 年末余额

   C. 各月末余额的平均值

   D. 年初余额和年末余额的平均值

2. 某公司去年营业收入为 6 000 万元。年初应收账款余额为 300 万元，年末应收账款余额为 500 万元，坏账准备按应收账款余额的 10% 计提。每年按 360 天计算，则该公司的应收账款周转天数为( )天。

   A. 33   B. 26.4

   C. 30   D. 24

3. 某公司年末的资产总额 85 000 万元，流动负债 5 000 万元，长期借款 20 000 万元，股东权益 60 000 万元，则该公司的长期资本负债率是( )。

   A. 33.33%   B. 29.41%

   C. 23.53%   D. 25%

4. 已知公司 2018 年利润表中的财务费用 100 万元(其中利息费用 150 万元，利息收入 50 万元)，净利润 500 万元，所得税费用 150 万元。计入在建工程中的利息 50 万元。则该年的利息保障倍数是( )。

   A. 5   B. 4

   C. 3.75   D. 3

5. 某公司进行短期偿债能力分析时计算的存货周转次数 5 次，在评价存货管理业绩时计算的存货周转次数 4 次，如果该公司的营业成本 8 000 万元，净利润 1 000 万元，则该公司的营业净利率是( )。

   A. 10%   B. 15%

   C. 20%   D. 25%

6. 某公司今年与上年相比，净利润增长 8%，总资产增长 7%，负债增长 9%。由此可以判断，该公司权益净利率比上年( )。

   A. 提高了   B. 下降了

   C. 无法判断   D. 没有变化

7. 某企业上年末营运资本配置比率为 0.3，则该企业此时的流动比率为( )。

   A. 1.33   B. 0.7

   C. 1.43   D. 3.33

8. 下列各项财务比率中，衡量长期偿债能力的是( )。

   A. 现金流量比率

   B. 现金流量与负债比率

   C. 现金比率

   D. 流动比率

9. 某公司总资产净利率 24%，总资产周转天数 120 天，一年按照 360 天计算，则该公司营业净利率是( )。

   A. 24%   B. 12%

   C. 8%   D. 4%

10. 甲公司的生产经营存在季节性，每年的 6 月到 10 月是生产经营旺季，11 月到次年的 5 月是生产经营淡季。计算应收账款周转次数时，分母"应收账款"应该采用( )。

    A. 年初余额

    B. 年末余额

    C. 年初余额和年末余额的平均数

    D. 全年各月末余额的平均数

11. 某公司 2018 年年末负债总额 1 000 万元(其中流动负债 40%)，如果年末现金流量比率为 1.5，则年末的现金流量与负债比率是( )。

A. 0.3   B. 0.4

C. 0.5   D. 0.6

12. 甲公司 2019 年净利润为 250 万元，资产负债表日流通在外普通股股数 110 万股，流通在外的普通股的加权平均股数为 100 万股，优先股为 50 万股，优先股股息为每股 1 元。如果年末普通股的每股市价为 30 元，市盈率为( )。

A. 12   B. 15

C. 16.5   D. 22.5

13. 某公司 2018 年净利润 300 万元，年初流通在外普通股 100 万股，6 月 30 日增发 50 万股，10 月 1 日回购 20 万股，公司发行优先股 60 万股，每股股息 1 元。如果 2018 年年末普通股每股市价 36 元，则市盈率是( )。

A. 14.4   B. 15.6

C. 19.5   D. 18

14. 某企业的总资产净利率为 20%，若产权比率为 1，则权益净利率为( )。

A. 15%   B. 20%

C. 30%   D. 40%

15. 甲公司本年的营业净利率比上年下降 5%，总资产周转次数提高 10%，假定其他条件与上年相同，那么甲公司本年的权益净利率比上年提高( )。

A. 4.5%   B. 5.5%

C. 10%   D. 10.5%

16. 市净率指标的计算不涉及的参数是( )。

A. 年末流通在外普通股股数

B. 年末普通股股东权益

C. 当年流通在外普通股加权平均股数

D. 每股市价

17. 某公司年税前经营利润 1 000 万元，利息费用 200 万元，年末净经营资产 3 000 万元，年末净负债 1 000 万元，各项适用的企业所得税税率为 25%。则权益净利率（涉及资产负债表数据按年末计算）是( )。

A. 10%   B. 20%

C. 30%   D. 40%

18. 某公司净经营资产净利率为 30%，净经营资产周转次数为 2 次，则该公司的税后经营净利率是( )。

A. 60%   B. 15%

C. 20%   D. 25%

19. 某公司 2018 年年末经营资产 2 000 万元，经营负债 800 万元，营业收入 2 500 万元。假设 2019 年营业收入增长 20%，营业净利率 12%，股利支付率 40%，经营资产和经营负债占销售百分比不变，不存在可动用金融资产，则用销售百分比法预测 2019 年外部融资额是( )万元。

A. 24   B. 55

C. 180   D. 1 020

20. 假设其他因素不变，下列变动中有利于减少企业外部融资额的是( )。

A. 提高存货周转率

B. 降低产品毛利率

C. 提高权益乘数

D. 提高股利支付率

21. 某公司今年营业收入 1 000 万元，预计明年单价降低 5%，公司销售量增长 10%，如果外部融资占销售增长的百分比为 25%，则外部融资额为( )万元。

A. 10.25   B. 11.25

C. 15.75   D. 16.75

22. 在用销售百分比法预测外部融资需求时，下列因素中与外部融资需求额无关的是( )。

A. 预计可动用金融资产的数额

B. 销售增长额

C. 预计留存收益增加

D. 基期营业净利率

23. 某公司 2018 年的营业收入 1 000 万元，由于通货紧缩，公司不打算从外部融资，而主要靠调整股利分配政策，扩大留存收益满足销售增长的资金需求。历史资料表明，公司经营资产、经营负债与营业收入存在稳定百分比关系。经营资产销售百分比是 60%，经营负债销售百分比是 15%，预计 2019 年营业净利率 5%，不进行股利分配。如果不存在可动用金融资产，则预计 2019 年的营业收入增长率是(   )。

A. 10%   B. 12.5%

C. 14%   D. 36.5%

24. 某公司 2018 年营业净利率 10%，总资产周转次数 1 次，年末资产负债率 50%，利润留存率 50%，假设 2019 年保持 2018 年的经营效率和财务政策不变，并且不增发新股和回购股票，则 2019 年营业收入增长率是(   )。

A. 2.56%   B. 10%

C. 11.11%   D. 12%

25. 某企业 2018 年年末的资产负债率 40%，股利支付率 60%，可持续增长率 5%，年末股东权益 2 400 万元，则该企业 2018 年净利润是(   )万元。

A. 960   B. 120

C. 1 440   D. 286

26. 甲企业上年的可持续增长率为 10%，净利润为 500 万元(留存 300 万元)，上年利润分配之后资产负债表中留存收益为 800 万元，若预计今年处于可持续增长状态，则今年利润分配之后资产负债表中留存收益为(   )万元。

A. 330   B. 1 100

C. 1 130   D. 880

27. 某企业本年营业收入 2 000 万元，预计明年产品销售单价下降 4%，销售量增长率 10%，如果预计外部融资销售增长比为 20%，则明年应追加的外部融资额是(   )万元。

A. 20   B. 22.4

C. 80   D. 57.6

28. 某企业 2019 年年末的股东权益为 2 400 万元，可持续增长率为 10%。该企业 2020 年的销售增长率等于 2019 年的可持续增长率，其经营效率和财务政策与上年相同，

不发行股票和回购股票。若 2020 年的净利润为 600 万元，则其股利支付率是(   )。

A. 30%   B. 40%

C. 50%   D. 60%

29. ☆甲公司处于可持续增长状态。预计 2019 年年末净经营资产 1 000 万元，净负债 340 万元，2019 年营业收入 1 100 万元，净利润 100 万元，股利支付率 40%。甲公司 2019 年可持续增长率是(   )。

A. 6.5%   B. 10%

C. 9.1%   D. 6.1%

二、多项选择题

1. ☆假设其他条件不变，下列计算方法的改变会导致应收账款周转天数减少的有(   )。

A. 从使用赊销额改为使用营业收入进行计算

B. 从使用应收账款平均余额改为使用应收账款平均净额进行计算

C. 从使用应收账款全年日平均余额改为使用应收账款旺季的日平均余额进行计算

D. 从使用已核销应收账款坏账损失后的平均余额改为核销应收账款坏账损失前的平均余额进行计算

2. 下列属于长期偿债能力比率的有(   )。

A. 现金流量比率

B. 现金流量与负债比率

C. 产权比率

D. 现金比率

3. 某公司当前流动比率为 1.5，如果赊购一批原材料(不考虑增值税)，则会导致(   )。

A. 速动比率上升   B. 速动比率下降

C. 流动比率上升   D. 流动比率下降

4. 下列关于资产负债率、产权比率和权益乘数的关系中，正确的有(   )。

A. 权益乘数 = 1/产权比率

B. 权益乘数 = 1/(1-资产负债率)

C. 产权比率越大，资产负债率越小

D. 资产负债率、产权比率和权益乘数三者同方向变化

5. 影响速动比率的因素有( )。
   A. 应收账款   B. 存货
   C. 短期借款   D. 预付款项

6. 在其他条件不变的情况下,下列财务活动会引起总资产周转天数减少的有( )。
   A. 用银行存款偿还到期债务
   B. 借款购入一台设备
   C. 发行债券筹集一笔资金
   D. 用现金支付一年的电费

7. 下列财务比率的数值大小与长期偿债能力高低同向变动的有( )。
   A. 资产负债率
   B. 利息保障倍数
   C. 权益乘数
   D. 现金流量与负债比率

8. 在计算速动比率时,将存货从流动资产中扣除的原因有( )。
   A. 存货变现速度比应收账款慢
   B. 部分存货已报废毁损、尚未处理
   C. 存货金额具有偶然性
   D. 存货估价结果与变现金额可能存在差距

9. 下列各项财务比率中,可以反映企业经营战略的有( )。
   A. 净财务杠杆   B. 营业净利率
   C. 总资产周转次数   D. 权益乘数

10. 某公司年营业收入6 000万元,税前经营利润3 000万元,利息费用200万元,年末净经营资产2 500万元,年末净负债1 500万元,企业所得税税率25%,涉及资产负债表数据均使用期末数。则下列说法正确的有( )。
    A. 净经营资产净利率84%
    B. 经营差异率80%
    C. 净财务杠杆1.5
    D. 杠杆贡献率111%

11. 甲公司2018年税后经营净利润为250万元,折旧与摊销费用55万元,经营营运资本增加80万元,分配股利50万元,税后利息费用65万元,净负债增加50万元,公司当年未增发和回购股票。

2018年下列指标正确的有( )。
    A. 营业现金毛流量225万元
    B. 债务现金流量50万元
    C. 实体现金流量65万元
    D. 资本支出160万元

12. 假如公司想要实现实际增长率高于上年可持续增长率,则可以采取的手段有( )。
    A. 增发新股
    B. 提高营业净利率
    C. 提高资产周转率
    D. 提高权益乘数

13. 在仅靠内部融资实现增长的条件下,下列说法不正确的有( )。
    A. 假设不增发新股
    B. 假设不增加借款
    C. 假设股东权益不变
    D. 假设资产负债率不变

14. 通常情况下,下列各项与外部融资大小反方向变动的因素有( )。
    A. 经营资产周转次数
    B. 可动用金融资产
    C. 经营负债占销售百分比
    D. 销售增长率

15. 甲公司无法取得外部融资,只能依靠内部积累增长。假设经营资产销售百分比和经营负债销售百分比不变,下列说法正确的有( )。
    A. 营业净利率越高,内含增长率越高
    B. 净经营资产周转次数越高,内含增长率越高
    C. 经营负债销售百分比越高,内含增长率越高
    D. 股利支付率越高,内含增长率越高

16. 明年在保持今年的营业净利率、总资产周转次数、利润留存率和权益乘数不变的情况下,若实现10%的营业收入增长,则下列明年各项指标中正确的有( )。
    A. 总资产增长10%
    B. 权益净利率增长10%
    C. 股利增长10%

D. 净利润增长 10%

17. 某企业本年可持续增长率为 6%，预计下年度不增发新股，也不回购股票，股利支付率增加，其他财务比率不变，则( )。

A. 下年实际增长率高于 6%

B. 下年实际增长率低于 6%

C. 下年可持续增长率高于 6%

D. 下年可持续增长率低于 6%

18. 下列关于可持续增长的说法中，正确的

有( )。

A. 可持续增长率是没有外部融资时实现的销售增长率

B. 可持续增长率是不改变经营效率和财务政策时实现的销售增长率

C. 在可持续增长状态下，本年实际增长率等于上年可持续增长率

D. 在可持续增长状态下，企业资产、负债和股东权益同比例增长

三、计算分析题

1. ☆甲公司是一家动力电池生产企业，拟采用管理用财务报表进行财务分析。相关资料如下：

（1）甲公司 2018 年主要财务报表数据：

单位：万元

资产负债表项目	2018 年末
货币资金	200
应收账款	800
存货	1 500
固定资产	5 500
资产总计	8 000
应付账款	2 000
长期借款	2 000
股东权益	4 000
负债与股东权益总计	8 000
利润表项目	2018 年度
营业收入	10 000
减：营业成本	6 000
税金及附加	320
销售和管理费用	2 000
财务费用	160
利润总额	1 520
减：所得税费用	380
净利润	1 140

（2）甲公司货币资金全部为经营活动所需，财务费用全部为利息支出，甲公司的企业所得税税率为 25%。

（3）乙公司是甲公司的竞争对手，2018 年相关财务比率如下：

财务比率	净经营资产净利率	税后利息率	净财务杠杆（净负债/股东权益）	权益净利率
乙公司	22%	8%	60%	30.4%

要求：

(1)编制甲公司2018年管理用财务报表(结果填入下方表格中，不用列出计算过程)。

单位：万元

管理用财务报表的项目	2018 年
经营性资产(年末，下同)	
经营性负债	
净经营资产	
金融负债	
金融资产	
净负债	
股东权益	
净负债和股东权益总计	
税前经营利润(年度，下同)	
减：经营利润所得税	
税后经营净利润	
利息费用	
减：利息费用抵税	
税后利息费用	
净利润	

(2)基于甲公司管理用财务报表，计算甲公司的净经营资产净利率、税后利息率、净财务杠杆和权益净利率。(注：资产负债表相关数据用年末数计算)

(3)计算甲公司与乙公司权益净利率的差异。并使用因素分析法，按照净经营资产净利率、税后利息率和净财务杠杆的顺序，对该差异进行定量分析。

2. 甲企业是一家汽车销售企业，现对公司财务状况和经营成果进行分析，以发现和主要竞争对手乙公司的差异。

(1)甲公司2015年主要财务数据如下所示(单位：万元)。

资产负债表项目	2015 年末
货币资金	1 050
应收账款	1 750
预付款项	300
存货	1 200
固定资产	3 700
资产合计	8 000
流动负债	3 500
非流动负债	500
股东权益	4 000
负债和股东权益合计	8 000

续表

利润表项目	2015 年度
营业收入	10 000
减：营业成本	6 500
税金及附加	300
销售费用	1 400
管理费用	160
财务费用	40
利润总额	1 600
减：所得税费用	400
净利润	1 200

（2）2015 年乙公司相关财务比率：

营业净利率	总资产周转率（次数）	权益乘数
24%	0.6	1.5

（3）假设资产负债表项目中年末余额代表全年水平。坏账准备金额较少，忽略不计。财务费用均为利息费用，资本化利息 800 万元。经营活动现金流量净额 1 000 万元。

要求：

（1）基于甲企业财务报表有关数据，计算下表列出的财务比率（结果填入下方表格中，不用列出计算过程）。

财务比率	2015 年
流动比率	
速动比率	
现金比率	
现金流量比率	
资产负债率	
产权比率	
权益乘数	
长期资本负债率	
利息保障倍数	
现金流量利息保障倍数	
现金流量与负债比率	
应收账款周转次数	
存货周转次数（按营业收入计算）	
流动资产周转次数	

续表

财务比率	2015 年
营运资本周转次数	
非流动资产周转次数	
总资产周转次数	
营业净利率	
总资产净利率	
权益净利率	

（2）使用因素分析法，按照营业净利率、总资产周转次数、权益乘数的顺序，对 2015 年甲公司相对于乙公司权益净利率的差异进行定量分析。

3. ☆甲公司是一家新型建筑材料生产企业，为做好 2017 年财务计划，拟进行财务报表分析和预测。相关资料如下：

（1）甲公司 2016 年主要财务数据：

单位：万元

资产负债表项目	2016 年末
货币资金	600
应收账款	1 600
存货	1 500
固定资产	8 300
资产总计	12 000
应付账款	1 000
其他流动负债	2 000
长期借款	3 000
股东权益	6 000
负债及股东权益总计	12 000
利润表项目	2016 年度
营业收入	16 000
减：营业成本	10 000
税金及附加	560
销售费用	1 000
管理费用	2 000
财务费用	240
利润总额	2 200
减：所得税费用	550
净利润	1 650

（2）公司没有优先股且没有外部股权融资计划，股东权益变动均来自留存收益，公司采用固定股利支付率政策，股利支付率60%。

（3）销售部门预测2017年公司营业收入增长率为10%。

（4）甲公司的企业所得税税率为25%。

要求：

（1）假设2017年甲公司除长期借款外所有资产和负债与营业收入保持2016年的百分比关系，所有成本费用与营业收入的占比关系维持2016年水平，用销售百分比法初步测算公司2017年融资总需求和外部融资需求。

（2）假设2017年度甲公司除货币资金、长期借款外所有资产和负债与营业收入保持2016年的百分比关系，除财务费用和所得税费用外所有成本费用与营业收入的占比关系维持2016年水平，2017年新增财务费用按新增长期借款期初借入计算，所得税费用按当年利润总额计算。为满足资金需求，甲公司根据要求（1）的初步测算结果，以百万元为单位向银行申请贷款，贷款利率8%，贷款金额超出融资需求的部分计入货币资金。预算公司2017年年末资产负债表和2017年度利润表（结果填入下方表格中，不用列出计算过程）。

单位：万元

资产负债表项目	2017年末
货币资金	
应收账款	
存货	
固定资产	
资产总计	
应付账款	
其他流动负债	
长期借款	
股东权益	
负债及股东权益总计	
利润表项目	2017年度
营业收入	
减：营业成本	
税金及附加	
销售费用	
管理费用	
财务费用	
利润总额	
减：所得税费用	
净利润	

4. B公司2019年营业收入5 000万元，净利润400万元，利息费用200万元，支付股利120万元，所得税税率为25%。2019年年末管理用资产负债表资料如下：

单位：万元

净经营资产	金　额	净负债和股东权益	金　额
经营资产	8 000	金融负债	4 000
经营负债	3 000	金融资产	3 000
		股东权益	4 000
净经营资产	5 000	净负债和股东权益合计	5 000

要求：

（1）计算 2019 年的净经营资产净利率、杠杆贡献率、营业净利率、总资产净利率、利息保障倍数、总资产周转次数。

（2）如果 2020 年打算通过提高营业净利率的方式提高净经营资产净利率，使得杠杆贡献率不小于 0，税后利息率不变，税后利息费用不变，股利支付额不变，不增发新股和回购股票，营业收入提高 20%，计算营业净利率至少应该提高到多少。

5. ☆甲企业是一家医疗器械企业，现对公司财务状况和经营成果进行分析，以发现和主要竞争对手乙公司的差异。

（1）甲公司 2015 年主要财务数据如下所示：

资产负债表　　　　　　单位：万元

项目	2015 年末
货币资金	3 150
应收账款	5 250
预付账款	900
存货	3 600
固定资产	11 100
资产合计	24 000
流动负债	10 500
非流动负债	1 500
股东权益	12 000
负债和股东权益合计	24 000

利润表　　　　　　单位：万元

项目	2015 年度
营业收入	30 000
减：营业成本	19 500
税金及附加	900
销售费用	4 200
管理费用	480
财务费用	120
利润总额	4 800
减：所得税费用	1 200
净利润	3 600

假设资产负债表项目中年末余额代表全年水平。

(2)乙公司相关财务比率:

营业净利率	总资产周转率	权益乘数
24%	0.6	1.5

要求:

(1)使用因素分析法,按照营业净利率、总资产周转率、权益乘数的顺序,对2015年甲公司相对于乙公司权益净利率的差异进行定量分析。

(2)说明营业净利率、总资产周转率、权益乘数三个指标各自经济含义及各评价企业哪方面能力,并指出甲、乙公司在经营战略和财务政策上的差别。

6. A公司2019年财务数据如下所示。

单位:万元

资产负债表项目	2019年末	占销售额的百分比
流动资产	1 400	35%
长期资产	2 600	65%
资产总计	4 000	100%
短期借款	600	无稳定关系
应付账款	400	10%
长期负债	1 000	无稳定关系
股东权益	2 000	无稳定关系
负债及股东权益总计	4 000	
利润表项目	**2019年度**	
营业收入	4 000	100%
净利润	200	5%
现金股利	60	

要求:假设不发行股票也不回购股票。资产均为经营性资产。计算回答以下互不关联的问题。

(1)假设保持目前的股利支付率、营业净利率、资产周转率、应付账款占营业收入比不变,2020年预计营业收入为5 000万元,计算融资总需求和需要补充的外部融资。

(2)假设保持目前的股利支付率、营业净利率、资产周转率、应付账款占营业收入比不变,2020年不能增加借款也不能发行新股,预计其可实现的销售增长率。

(3)假设保持目前的经营效率和财务政策不变,计算2020年可实现的营业收入。

(4)若股利支付率为零,营业净利率提高到6%,目标营业收入为4 500万元,计算需要筹集补充的外部融资(保持其他财务比率不变)。

7. 某公司2018年营业收入为40 000万元,税后净利2 000万元,发放了股利1 000万元,2018年12月31日的资产负债表(简表)如下。

资产负债表（简表）

2018 年 12 月 31 日 　　　　　　　　　　　　单位：万元

资产	期末余额	负债及股东权益	期末余额
货币资金	1 000	应付账款	3 000
交易性金融资产	2 000	短期借款	1 000
应收账款	3 000	长期借款	9 000
存货	7 000	股本	1 000
固定资产	7 000	资本公积	5 500
		留存收益	500
资产总计	20 000	负债及股东权益合计	20 000

假设货币资金都是经营活动所需资金，经营资产销售百分比和经营负债销售百分比保持不变。

要求：

(1) 如果该公司 2019 年计划营业净利率比上年增长 10%，营业收入增长率为 30%，股利支付率不变。在不保留金融资产的情况下，预测该公司外部融资额和外部融资销售增长比。

(2) 如果 2019 年计划销售量增长 50%，预计通货膨胀率为 10%，预计营业净利率和股利支付率保持上年水平不变。假设公司不保留金融资产，2019 年定向增发新股 2 000 万元，计算为实现计划增长需要的外部债务筹资额。

(3) 如果 2019 年保持上年的营业净利率和股利支付率，既不发行新股也不举借新债，公司需要保留的金融资产的最低额为 500 万元。预测 2019 年可实现的营业收入、净利润以及营业收入增长率。

8. A 公司 2018 年的财务报表部分数据如下。

单位：万元

项目	金额
营业收入	2 200
净利润	110
分配股利	33

续表

项目	金额
利润留存	77
经营资产	2 530
经营负债	759
金融负债	253
股本	1 012
未分配利润	506
股东权益合计	1 518

假设 A 公司不存在金融资产。2019 年 A 公司有三种增长策略可以选择：

策略一：高速增长。预计营业收入增长率 30%，为了筹集高速增长所需资金，拟将权益乘数提高到 2，并且保持 2018 年的营业净利率、净经营资产周转次数和利润留存率不变。

策略二：可持续增长。维持 2018 年的经营效率和财务政策，并且不发行新股和回购股票。

策略三：内含增长。经营资产和经营负债与营业收入同比例变动，并保持营业净利率和股利支付率不变。

要求：

(1) 如果选择高速增长策略，预计 2019 年财务报表的主要项目金额(不需要列示计算过程)，并计算 2019 年融资总需求、外部融资需求及其构成。

（2）如果选择可持续增长策略，计算2019年融资总需求、外部融资需求及其构成。

（3）如果选择内含增长策略，计算2019年内含增长率。

9. ☆甲公司是一个材料供应商，拟与乙公司建立长期合作关系，为了确定对乙公司采用何种信用政策，需要分析乙公司的偿债能力和营运能力。为此，甲公司收集了乙公司2013年度的财务报表，相关的财务报表数据以及财务报表附注中披露的信息如下：

（1）资产负债表项目（单位：万元）

项目	年末余额	年初余额
流动资产合计	4 600	4 330
其中：货币资金	100	100
交易性金融资产	500	460
应收账款	2 850	2 660
预付账款	150	130
存货	1 000	980
流动负债合计	2 350	2 250

（2）利润表项目

单位：万元

项目	本年金额
营业收入	14 500
财务费用	500
资产减值损失	10
所得税费用	32.5
净利润	97.5

（3）乙公司的生产经营存在季节性，每年3月至10月是经营旺季，11月至次年2月是经营淡季。

（4）乙公司按照应收账款余额的5%计提坏账准备，2013年年初坏账准备余额140万元，2013年年末坏账准备余额150万元。最近几年乙公司的应收账款回收情况不好，截止2013年年末账龄三年以上的应收账款已达到应收账款余额的10%。为了控制应收账款的增长，乙公司在2013年收紧了信用政策，减少赊销客户的比例。

（5）乙公司2013年资本化利息支出为100万元，计入在建工程。

（6）计算财务比率时，涉及资产负债表数据均使用年初和年末平均数。

要求：

（1）计算乙公司2013年的速动比率；评价乙公司的短期偿债能力时，需要考虑哪些因素？具体分析这些因素对乙公司短期偿债能力的影响。

（2）计算乙公司2013年的利息保障倍数；分析并评价公司的长期偿债能力。

（3）计算乙公司2013年的应收账款周转次数；评价乙公司的应收账款变现速度时，需要考虑哪些因素？具体分析这些因素对乙公司应收账款变现速度的影响。

四、综合题

1. A公司2019年的资产负债表和利润表如下所示。

单位：万元

资产负债表	年末金额
货币资金	15
应收账款	100
存货	85

续表

固定资产	315
资产总计	515
短期借款	30
应付账款	80
应付职工薪酬	20
长期借款	185
负债合计	315
股东权益合计	200
负债与股东权益总计	515
利润表	**本年金额**
营业收入	750
营业成本	640
税金及附加	27
销售费用	12
管理费用	11
财务费用	10
税前利润	50
所得税	12.5
税后净利润	37.5

A 公司 2018 年的相关指标如下表。表中各项指标是根据当年资产负债表中有关项目的期末数与利润表中有关项目的当期数计算的。

指标	2018 年实际值
净经营资产净利率	17%
税后利息率	9%
经营差异率	8%
净财务杠杆	50%
杠杆贡献率	4%
权益净利率	21%

假设货币资金全部是金融资产，其他资产均为经营资产；财务费用全部为利息费用。企业所得税税率 25%。计算各项财务比率时，涉及资产负债表项目的均用年末数据。

要求：

（1）计算 2019 年的净经营资产、净负债和税后经营净利润。

（2）计算 2019 年的净经营资产净利率、税后利息率、经营差异率、净财务杠杆、杠杆贡献率和权益净利率。

（3）对 2019 年权益净利率较上年变动的差异进行因素分解，依次计算净经营资产净利率、税后利息率和净财务杠杆的变动对 2019 年权益净利率变动的影响。

（4）如果企业 2020 年要实现权益净利率为 21% 的目标，在不改变税后利息率和净财务杠杆的情况下，净经营资产净利率应该达到什么水平？

2. 甲公司上年度财务报表主要数据如下：

单位：万元

项目	金额
营业收入	2 000
税后利润	200
股利	40
收益留存	160
年末负债	1 200
年末股东权益	800
年末总资产	2 000

要求：

（1）计算上年的营业净利率、资产周转率、利润留存率、权益乘数和可持续增长率。

（2）假设本年的公司情况符合可持续增长的全部条件，计算本年的营业收入增长率以及营业收入。

（3）假设本年营业净利率提高到 12%，利润留存率降低到 0.4，不增发新股和回购股票，保持其他财务比率不变，计算本年的可持续增长率和营业收入。

（4）假设本年营业收入增长率计划达到 30%，不增发新股和回购股票，其他财务比率指标不变，计算资产周转率应该提高到多少。

（5）假设本年营业收入增长率计划达到30%，不增发新股和回购股票，其他财务比率指标不变，计算营业净利率应该提高到多少。

（6）假设本年营业收入增长率计划达到30%，不增发新股和回购股票，其他财务比率指标不变，计算年末权益乘数应该提高到多少。

3. ☆甲公司是一家制造业企业，为做好财务计划，甲公司管理层拟采用管理用财务报表进行分析。相关资料如下：

（1）甲公司2014年的重要财务报表数据：

单位：万元

资产负债表项目	2014 年末
货币资金	300
应收账款	800
存货	750
长期股权投资	500
固定资产	3 650
资产合计	6 000
应付账款	1 500
长期借款	1 500
股东权益	3 000
负债及股东权益合计	6 000
利润表项目	**2014 年度**
营业收入	10 000
减：营业成本	6 000
税金及附加	320
管理费用	2 000
财务费用	80
加：投资收益	50
利润总额	1 650
减：所得税费用	400
净利润	1 250

（2）甲公司没有优先股，股东权益变动均来自利润留存；货币资金中的一部分（数额为当年营业收入的 2%）和其他资产均为经营资产；投资收益（注：属于经营损益）均来自长期股权投资。

（3）根据税法相关规定，甲公司长期股权投资收益不缴纳所得税，其他损益的企业所得税税率为 25%。

（4）甲公司采用固定股利支付率政策，股利支付率 60%；经营性资产、经营性负债与营业收入保持稳定的百分比关系。

要求：

（1）编制甲公司 2014 年的管理用财务报表（提示：按照各种损益的适用税率计算应分担的所得税。结果填入下方表格中，不用列出计算过程）。

单位：万元

资产负债表项目	2014 年末
经营性资产总计	
经营性负债总计	
净经营资产总计	
金融负债	
金融资产	
净负债	
股东权益	
净负债及股东权益总计	
利润表项目	**2014 年度**
税前经营利润	
减：经营利润所得税	
税后经营净利润	
利息费用	
减：利息费用抵税	
税后利息费用	
净利润	

（2）假设甲公司目前已达到稳定状态，经营效率和财务政策保持不变且不增发新股和回购股票。计算甲公司 2015 年的可持

续增长率。

(3)假设甲公司2015年营业收入增长率为25%，营业净利率与2014年相同。在2014年年末金融资产都可动用的情况下，用销售百分比法预测2015年的外部融资额。

(4)从经营效率和财务政策是否变化角度，回答上年可持续增长率、本年可持续增长率和本年实际增长率之间的联系。

同步训练答案及解析

一、单项选择题

1. B 【解析】现金流量比率中的流动负债采用的是期末数而非平均数，因为实际需要偿还的是期末金额，而非平均金额。所以选项B正确。

2. D 【解析】计算应收账款周转率时，如果根据题目的条件能够知道坏账准备的数值，则意味着需要使用未计提坏账准备的数据进行计算。需要注意的是，本题中给出的300万元和500万元是应收账款余额，而坏账准备是按照应收账款余额的10%计算，所以，300万元和500万元是未计提坏账准备的数据。另外，本题中给出了年初和年末的数据，意味着按照平均应收账款计算。因此，应收账款周转次数 = 6 000/[(300+500)/2] = 15(次)，应收账款周转天数 = 360/15 = 24(天)。

3. D 【解析】长期资本负债率 = 非流动负债/(非流动负债+股东权益)×100% = 20 000/(20 000+60 000)×100% = 25%

4. B 【解析】息税前利润 = 500+150+150 = 800(万元)，利息保障倍数 = 800/(150+50) = 4。

5. A 【解析】评价存货管理业绩时计算的存货周转次数4次，即营业成本/存货 = 4，所以存货 = 8 000/4 = 2 000(万元)；进行短期偿债能力分析时计算的存货周转次数5次，即营业收入/存货 = 5，所以营业收入 = 5×2 000 = 10 000(万元)，由于净利润1 000万元，所以营业净利率 = 1 000/10 000×100% = 10%。

6. A 【解析】权益净利率 = 总资产净利率×权益乘数，今年与上年相比，净利润增长8%，总资产增长7%，表明总资产净利率提高；总资产增长7%，负债增长9%，表明资产负债率提高，所以权益乘数也提高了。由此可以判断，该公司权益净利率提高了。

7. C 【解析】营运资本配置比率 = 营运资本/流动资产 = (流动资产−流动负债)/流动资产 = 1−1/流动比率 = 0.3，解得：流动比率 = 1.43。

8. B 【解析】现金流量与负债比率是经营活动现金流量净额与负债总额的比率，是衡量长期偿债能力的比率。

9. C 【解析】因为总资产净利率 = 营业净利率×总资产周转次数，总资产周转次数 = 360/120 = 3(次)，所以营业净利率 = 24%/3 = 8%。

10. D 【解析】存在季节性的企业，计算应收账款周转次数时，应该采用多个时点平均数，以减少季节性因素影响。选项D是答案。

11. D 【解析】年末流动负债 = 1 000×40% = 400(万元)，现金流量比率 = 经营活动现金流量净额/流动负债，即经营活动现金流量净额 = 400×1.5 = 600(万元)，现金流量与负债比率 = 经营活动现金流量净额/负债总额 = 600/1 000 = 0.6。

12. B 【解析】普通股每股收益 = (250−50×1)÷100 = 2(元/股)，市盈率 = 每股市

价÷每股收益=30/2=15。

13. D 【解析】流通在外普通股加权平均数=100+50×6/12-20×3/12=120（万股），普通股每股收益=（300-60×1）/120=2（元），市盈率=36/2=18。

14. D 【解析】权益净利率=总资产净利率×权益乘数，权益乘数=1+产权比率，权益净利率=20%×（1+1）=40%。

15. A 【解析】上年权益净利率=营业净利率×总资产周转次数×权益乘数，本年权益净利率=营业净利率×（1-5%）×总资产周转次数×（1+10%）×权益乘数，所以，权益净利率提高=（1+10%）×（1-5%）-1=4.5%。

16. C 【解析】每股净资产的分子是时点数，分母应该选取同一时点数，即年末流通在外普通股股数。所以，选项C是答案。

17. C 【解析】税后经营净利润=1 000×（1-25%）=750（万元），税后利息=200×（1-25%）=150（万元），净利润=税后经营净利润-税后利息=750-150=600（万元），股东权益=净经营资产-净负债=3 000-1 000=2 000（万元），权益净利率=净利润/股东权益×100%=600/2 000×100%=30%。

18. B 【解析】净经营资产净利率=税后经营净利率×净经营资产周转次数，所以，税后经营净利率=30%/2=15%

19. A 【解析】经营资产销售百分比=2 000/2 500×100%=80%，经营负债销售百分比=800/2 500×100%=32%，2019年外部融资额=2 500×20%×（80%-32%）-2 500×（1+20%）×12%×（1-40%）=24（万元）。

20. A 【解析】外部融资额=资产增加-经营负债增加-预计利润留存=资产增加-经营负债增加-预计净利润×（1-股利支付率），在其他因素不变的情况下，提高存货周转率会减少存货，减少"资产增加"，所以，减少外部融资，选项A是答案。

降低产品毛利率会减少预计净利润，增加外部融资额，所以，选项B不是答案。减少预计利润留存会提高权益乘数，但是增加外部融资额，所以，选项C不是答案。提高股利支付率会减少预计利润留存，所以，选项D不是答案。

21. B 【解析】营业收入增长率=（1-5%）×（1+10%）-1=4.5%，则外部融资额=营业收入增加额×外部融资占销售增长百分比=1 000×4.5%×25%=11.25（万元）。

22. D 【解析】外部融资额=预计净经营资产增加-预计可动用的金融资产-预计留存收益增加=预计经营资产增加-预计经营负债增加-预计可动用的金融资产-预计留存收益增加=（经营资产销售百分比-经营负债销售百分比）×销售增长额-预计可动用的金融资产-预计留存收益增加，其中：预计留存收益增加=预计销售额×预计营业净利率×预计利润留存率。所以选项D是答案。

23. B 【解析】由于不从外部融资，此时的营业收入增长率就是内含增长率。假设营业收入增长率为g，则60%-15%-[（1+g）/g]×5%=0，求解g=12.5%。或g=预计营业净利率×（1-预计股利支付率）/[经营资产销售百分比-经营负债销售百分比-预计营业净利率×（1-预计股利支付率）]=5%/（60%-15%-5%）=12.5%。

24. C 【解析】2018年权益乘数=1/（1-资产负债率）=1/（1-50%）=2。由于2019年经营效率和财务政策与2018年相同，并且不增发新股和回购股票，即2019年处于可持续增长状态，则2019年营业收入增长率等于2018年可持续增长率，2018年可持续增长率=10%×1×2×50%/（1-10%×1×2×50%）=11.11%。

25. D 【解析】可持续增长率=（权益净利率×利润留存率）/（1-权益净利率×利润留存率），所以，5%=（权益净利率×

40%)/(1-权益净利率×40%)，求解权益净利率 = 11.9%，净利润 = 2 400 × 11.9%=286(万元)。

或：净利润×(1-60%)/[2 400 - 净利润×(1-60%)] = 5%，解出，净利润 = 286(万元)。

26. C 【解析】"预计今年处于可持续增长状态"意味着今年销售增长率=上年可持续增长率=今年净利润增长率=10%，所以，今年净利润 = 500×(1+10%) = 550(万元)，而今年利润留存率=上年利润留存率 = 300/500×100% = 60%，所以今年留存的收益 = 550×60% = 330(万元)，今年利润分配之后资产负债表中留存收益增加 330 万元，变为 800 + 330 = 1 130(万元)。

27. B 【解析】营业收入增长率 = (1 + 10%)×(1-4%) - 1 = 5.6%，外部融资额 = 2 000×5.6%×20% = 22.4(万元)

28. D 【解析】2020 年符合可持续增长假设条件，股东权益增长率=可持续增长率=10%，即股东权益增加 = 2 400×10% = 240(万元)，也就是 2020 年利润留存240 万元，2020 年利润留存率 = 240/600×100% = 40%，则：股利支付率 = 1-40% = 60%。

29. B 【解析】可持续增长率=权益净利率×利润留存率/(1-权益净利率×利润留存率) = 100/(1000-340)×(1-40%)/[1-100/(1 000-340)×(1-40%)]=10%

或：可持续增长率=本期利润留存/(年末股东权益-本期利润留存)×100% = 100×(1-40%)/[1 000-340-100×(1-40%)]×100%=10%

二、多项选择题

1. AB 【解析】选项 A 会导致应收账款周转次数计算公式的分子增加(因为营业收入大于赊销额)，选项 B 会导致应收账款周转次数计算公式的分母变小，所以，选

项 A 和选项 B 会导致应收账款周转次数增加，从而导致应收账款周转天数减少；选项 C 和选项 D 会导致应收账款周转次数计算公式的分母变大，导致应收账款周转次数减少，从而导致应收账款周转天数增加。

2. BC 【解析】现金流量比率和现金比率属于短期偿债能力比率。

3. BD 【解析】赊购原材料(不考虑增值税)速动资产不变，流动负债增加，速动比率降低；由于流动比率大于1，则流动资产大于流动负债，当赊购原材料(不考虑增值税)时，流动资产和流动负债同等金额增加，但是流动资产增加幅度小于流动负债增加幅度，即流动比率下降。

4. BD 【解析】权益乘数=资产/股东权益=1+产权比率；权益乘数=资产/(资产-负债) = 1/(1-资产负债率)；通过三者关系式可以看出，三个比率变化方向相同，即一个比率上升，另两个比率也上升。

5. AC 【解析】存货与预付款项是非速动资产，不影响速动比率计算，选项 AC 是答案。

6. AD 【解析】总资产的周转天数减少，周转次数增加。选项 AD 均会减少资产，使周转次数增加；选项 BC 均会增加资产，使周转次数减少。

7. BD 【解析】资产负债率=负债总额/资产总额，指标越低，偿债越有保障，选项 A 不是答案；权益乘数 = 1/(1-资产负债率)，其变化方向与资产负债率相同，选项 C 不是答案；利息保障倍数=息税前利润/利息支出，表明 1 元利息支出有多少息税前利润作为偿付保障，指标越高，偿债能力越强，选项 B 是答案；现金流量与负债比率表明用经营活动现金流量净额偿付全部负债的能力，比率越高，偿还债务总额能力越强，选项 D 是答案。

8. ABD 【解析】一年内到期的非流动资产和其他资产的金额具有偶然性，不代表正

常变现能力，选项 C 不是答案。

9. BC　【解析】营业净利率和总资产周转次
数反映公司的经营战略，净财务杠杆和权
益乘数反映公司的财务政策。

10. BC　【解析】税后经营净利润 = 3 000 ×
（1 - 25%）= 2 250（万元），净经营资产净
利率 = 2 250/2 500 × 100% = 90%；税后利
息率 = 税后利息/净负债 = 200 ×（1 -
25%）/1 500 × 100% = 10%，经营差异率 =
净经营资产净利率 - 税后利息率 =
90% - 10% = 80%；净财务杠杆 = 净负
债/股东权益 = 1 500/（2 500 - 1 500）=
1.5；杠杆贡献率 = 经营差异率 × 净财务
杠杆 = 80% × 1.5 = 120%。

11. CD　【解析】营业现金毛流量 = 税后经营
净利润 + 折旧与摊销 = 250 + 55 = 305（万
元），选项 A 错误；债务现金流量 = 税后
利息费用 - 净负债增加 = 65 - 50 = 15（万
元），选项 B 错误；股权现金流量 = 股利
分配 - 股权资本净增加，由于未发行和回
购股票，所以，股权资本净增加 = 0，股
权现金流量 = 股利分配 = 50（万元），实体
现金流量 = 15 + 50 = 65（万元），选项 C 正
确；根据"实体现金流量 = 营业现金毛流
量 - 经营营运资本增加 - 资本支出"可知，
资本支出 = 营业现金毛流量 - 经营营运资
本增加 - 实体现金流量 = 305 - 80 - 65 =
160（万元），选项 D 正确。

12. ABCD　【解析】实际增长率高于上年可
持续增长率，其解决资金的途径包括改
变经营效率（如提高营业净利率和提高资
产周转率）、改变资本结构（如提高权益
乘数和提高利润留存率）、增发新股，选
项 ABCD 均正确。

13. CD　【解析】仅靠内部融资实现营业收
入增长，即内含增长率，此时没有可动
用金融资产，没有外部融资，也就是说
没有借款，也没有增发新股；由于存在
预计的利润留存，股东权益可能会增加；
随着收入增加，经营负债会随着收入增

加而增加，资产负债率可能会发生变化。

14. ABC　【解析】经营资产周转次数 = 营业
收入/经营资产，周转次数增加，说明经
营资产使用效率提高，减少外部融资，
选项 A 是答案；可动用金融资产增加，
会减少外部融资，选项 B 是答案；经营
负债占销售百分比增加，维持销售增加
可以用更多经营负债资金解决，减少外
部融资，选项 C 是答案；销售增长率提
高，需要更多资金支持，增加外部融资，
选项 D 不是答案。

15. ABC　【解析】内含增长率 = 预计营业净
利率 ×（1 - 预计股利支付率）/[经营资产
销售百分比 - 经营负债销售百分比 - 预计
营业净利率 ×（1 - 预计股利支付率）]，其
中：经营资产销售百分比 - 经营负债销售
百分比 = 经营资产/营业收入 - 经营负
债/营业收入 =（经营资产 - 经营负债）/营
业收入 = 净经营资产/营业收入 = 净经营
资产收入比。营业净利率、经营负债销
售百分比与内含增长率成同向变化；股
利支付率、经营资产销售百分比与内含
增长率成反向变化。净经营资产周转次
数越高，其倒数"净经营资产收入比"越
低，内含增长率越高。因此选项 ABC 的
说法正确，选项 D 的说法错误。

16. ACD　【解析】因为营业净利率、总资产
周转次数、利润留存率和权益乘数不变，
所以，净利润增长率 = 营业收入增长率 =
总资产增长率 = 股东权益增长率 = 利润留
存增长率 = 股利增长率 = 10%，权益净利
率不变。

17. BD　【解析】下年股利支付率提高，则
利润留存率下降。在不增发新股和不回
购股票情况下，四个财务比率有一个下
降，下年实际增长率低于上年可持续增
长率，下年可持续增长率也低于上年可
持续增长率。

18. CD　【解析】可持续增长状态下，可以
存在外部的债务融资，选项 A 不是答案；

不增发新股或回购股票、不改变经营效率和财务政策，此时达到的销售增长率就是上期可持续增长率，选项 B 不是答案。

三、计算分析题

1. 【答案】

（1）

单位：万元

管理用财务报表的项目	2018 年
经营性资产(年末，下同)	8 000
经营性负债	2 000
净经营资产	6 000
金融负债	2 000
金融资产	0
净负债	2 000
股东权益	4 000
净负债和股东权益总计	6 000
税前经营利润(年度，下同)	1 680
减：经营利润所得税	420
税后经营净利润	1 260
利息费用	160
减：利息费用抵税	40
税后利息费用	120
净利润	1 140

（2）净经营资产净利率 = 1 260/6 000 × 100% = 21%

税后利息率 = 120/2 000 × 100% = 6%

净财务杠杆 = 2 000/4 000 × 100% = 50%

权益净利率 = 1 140/4 000 × 100% = 28.5%

（3）甲公司与乙公司的权益净利率的差异 = 28.5% − 30.4% = −1.9%

净经营资产净利率变化的影响程度：

［21% +（21% − 8%）× 60%］− 30.4% = 28.8% − 30.4% = −1.6%

税后利息率变化的影响程度：

［21% +（21% − 6%）× 60%］− 28.8% = 30% − 28.8% = 1.2%

净财务杠杆变化的影响程度：

［21% +（21% − 6%）× 50%］− 30% = 28.5% − 30% = −1.5%

2. 【答案】（1）

财务比率	2015 年
流动比率	1.23
速动比率	0.8
现金比率	0.3
现金流量比率	0.29
资产负债率	50%

财务比率	2015 年
产权比率	1
权益乘数	2
长期资本负债率	11.11%
利息保障倍数	1.95
现金流量利息保障倍数	1.19
现金流量与负债比率	25%
应收账款周转次数	5.71
存货周转次数(按营业收入计算)	8.33
流动资产周转次数	2.33
营运资本周转次数	12.5
非流动资产周转次数	2.70
总资产周转次数	1.25
营业净利率	12%
总资产净利率	15%
权益净利率	30%

乙公司权益净利率=24%×0.6×1.5=21.6%

(2)甲公司相对于乙公司权益净利率差异=30%−21.6%=8.4%

营业净利率变化造成的权益净利率差异=(12%−24%)×0.6×1.5=−10.8%

总资产周转率变化造成的权益净利率差异=12%×(1.25−0.6)×1.5=11.7%

权益乘数变化造成的权益净利率差异=12%×1.25×(2−1.5)=7.5%

3.【答案】

(1)融资总需求=净经营资产增加=(经营资产−经营负债)×10%=(12 000−1 000−2 000)×10%=900(万元)

外部融资需求=融资总需求−预计利润留存=900−1 650×(1+10%)×(1−60%)=174(万元)

(2)

单位:万元

资产负债表项目	2017 年末
货币资金	688.4
应收账款	1 760
存货	1 650
固定资产	9 130
资产总计	13 228.4
应付账款	1 100
其他流动负债	2 200
长期借款	3 200(=3 000+200,200 是新增贷款的数额)
股东权益	6 728.4(=6 000+1 821×40%)
负债及股东权益总计	13 228.4

续表

利润表项目	2017 年度
营业收入	17 600
减：营业成本	11 000
税金及附加	616
销售费用	1 100
管理费用	2 200
财务费用	256（=240+200×8%）
利润总额	2 428
减：所得税费用	607
净利润	1 821

『老贾点拨』（1）货币资金的数据=资产总计-应收账款-存货-固定资产=负债及股东权益总计-应收账款-存货-固定资产=13 228.4-1 760-1 650-9 130=688.4（万元）

（2）从另一个角度解释如下：

因为 2017 年度甲公司除货币资金、长期借款外所有资产和负债均与营业收入保持 2016 年的百分比关系，所以不考虑货币资金的情况下，2017 年融资需求=（1 600+1 500+8 300）×10%-（1 000+2 000）×10%=840（万元）。

由于为了解决融资需求，根据要求（1）的初步测算结果（174 万元），以"百万元"为单位向银行申请贷款，所以，应该贷款 200 万元。

2017 年利润留存 728.4 万元（=1 821×40%），在不考虑货币资金的情况下，2017 年外部融资需求=840-728.4=111.6（万元），由于 2017 年实际外部融资额为 200 万元，所以，多出的 88.4 万元（200-111.6=88.4）计入货币资金。所以，2017 年年末的货币资金=600+88.4=688.4（万元）。

4.【答案】

（1）税后经营净利润=400+200×（1-25%）=550（万元）

净经营资产净利率=550/5 000×100%

=11%

权益净利率=400/4 000×100%=10%

杠杆贡献率=权益净利率-净经营资产净利率=10%-11%=-1%

营业净利率=400/5 000×100%=8%

总资产净利率=400/（8 000+3 000）×100%=3.64%

息税前利润=400/（1-25%）+200=733.33（万元）

利息保障倍数=733.33/200=3.67

总资产周转次数=5 000/（8 000+3 000）=0.45（次）

（2）假设营业净利率至少应该提高到 S，则：

由于营业净利率=净利润/营业收入，所以，今年的净利润=6 000×S。

由于今年不增发新股和回购股票，所以，股东权益增加=利润留存=6 000×S-120，今年末的股东权益=4 000+6 000×S-120=3 880+6 000×S。

由于净经营资产=股东权益+净负债，所以，今年年末的净经营资产=4 880+6 000×S。

由于税后经营利润=净利润+税后利息费用，所以，今年的税后经营利润=6 000×S+200×（1-25%）=6 000×S+150。

由于净经营资产净利率=税后经营利润/期末净经营资产，所以，今年的净经营资产净利率=(6 000×S+150)/(4 880+6 000×S)。

由于税后利息率=税后利息费用/净负债，所以，税后利息率=200×(1-25%)/1 000=15%。

由于杠杆贡献率=(净经营资产净利率-税后利息率)×净财务杠杆，所以，杠杆贡献率不小于0，意味着净经营资产净利率不小于税后利息率(15%)。

根据(6 000×S+150)/(4 880+6 000×S)≥15%

解得：S≥11.41%，即营业净利率至少应该提高到11.41%。

5.【答案】

(1)甲公司：

营业净利率=3 600/30 000×100%=12%

总资产周转率=30 000/24 000=1.25(次)

权益乘数=24 000/12 000=2

甲公司权益净利率=12%×1.25×2=30%

因素分析法的定量分析：

乙公司权益净利率=24%×0.6×1.5=21.6%

营业净利率变动对权益净利率影响：

12%×0.6×1.5-21.6%=10.8%-21.6%=-10.8%

总资产周转率变动对权益净利率影响：

12%×1.25×1.5-10.8%=22.5%-10.8%=11.7%

权益乘数变动对权益净利率影响：

12%×1.25×2-22.5%=30%-22.5%=7.5%

(2)营业净利率反映每1元营业收入形成的净利润的多少，表示盈利能力；总资产周转率反映1元资产形成的营业收入，表示营运能力；权益乘数是总资产相对于股东权益的倍数，表示长期偿债能力。

营业净利率和总资产周转次数可以反映企业的经营战略，权益乘数可以反映企业的财务政策。在经营战略上，甲公司采用的是"低盈利、高周转"方针，乙公司采用的是"高盈利、低周转"方针。财务政策上，甲公司配置了更高的财务杠杆。

6.【答案】

(1)融资总需求=经营资产增加-经营负债增加=(5 000-4 000)×(100%-10%)=900(万元)

股利支付率=60/200×100%=30%

外部融资额=融资总需求-预计利润留存=900-5 000×5%×(1-30%)=725(万元)

(2)不能增加借款也不能发行新股，其预计其可实现的销售增长率就是内含增长率：

内含增长率=[预计营业净利率×(1-预计股利支付率)]/[经营资产销售百分比-经营负债销售百分比-预计营业净利率×(1-预计股利支付率)]=[5%×(1-30%)]/[100%-10%-5%×(1-30%)]=4.05%

(3)2020年不发行股票也不回购股票，保持目前的经营效率和财务政策不变，则2020年处于可持续增长的状态，其营业收入增长率等于2019年可持续增长率：

可持续增长率=200×(1-30%)/[2 000-200×(1-30%)]×100%=7.53%

2020年的营业收入=4 000×(1+7.53%)=4 301.2(万元)

(4)外部融资额=(4 500-4 000)×(100%-10%)-4 500×6%×100%=180(万元)

7.【答案】

(1)经营资产销售百分比=(20 000-2 000)/40 000×100%=45%

经营负债销售百分比=3 000/40 000×100%=7.5%

股利支付率=1 000/2 000×100%=50%

营业净利率=2 000/40 000×100%=5%

2019年预计营业净利率=5%×(1+10%)=5.5%

外部融资额=40 000×30%×(45%-7.5%)-2 000-40 000×(1+30%)×5.5%×(1-50%)=1 070(万元)

外部融资销售增长比=1 070/(40 000×

30%)×100%=8.92%

（2）含有通胀的营业收入增长率=（1+50%）×（1+10%）-1=65%

营业收入增加=40 000×65%=26 000（万元）

外部债务筹资额=外部融资额-外部股权融资=26 000×（45%-7.5%）-2 000-40 000×（1+65%）×5%×（1-50%）-2 000=4 100（万元）

（3）假设2019年营业收入增长额为W

万元，则有：

W×（45%-7.5%）-（40 000+W）×5%×（1-50%）-（2 000-500）=0

解得：W=7 142.86（万元）

2019年可实现的营业收入=40 000+7 142.86=47 142.86（万元）

2019年可实现的净利润=47 142.86×5%=2 357.14（万元）

2019年营业收入增长率=7 142.86/40 000×100%=17.86%

8.【答案】

（1）

单位：万元

项目	金额（2018年）	金额（2019年）
营业收入	2 200	2 860［=2 200×（1+30%）］
净利润	110	143［=110×（1+30%）］
分配股利	33	42.9［=33×（1+30%）］
利润留存	77	100.1［=77×（1+30%）］
经营资产	2 530	3 289［=2 530×（1+30%）］
经营负债	759	986.7［=759×（1+30%）］
金融负债	253	657.8（=3 289-986.7-1 644.5）
股本	1 012	1 038.4（=1 644.5-606.1）
未分配利润	506	606.1（=506+100.1）
股东权益合计	1 518	1 644.5（=3 289×0.5）

2019年融资总需求=净经营资产增加=（2 530-759）×30%=531.3（万元）

2019年外部融资需求=融资总需求-预计的利润留存=531.3-100.1=431.2（万元）

其中金融负债增加=657.8-253=404.8（万元）

股本增加=1 038.4-1 012=26.4（万元）

（2）可持续增长率=利润留存/（期末股东权益-利润留存）×100%=77/（1 518-77）×100%=5.34%

融资总需求=净经营资产增加=（2 530-759）×5.34%=94.57（万元）

外部融资需求=融资总需求-预计利润留存=94.57-77×（1+5.34%）=13.46（万元）

由于不增发和回购股票，所以，外部融资需求=金融负债增加。

（3）内含增长率=营业净利率×利润留存率/（经营资产销售百分比-经营负债销售百分比-营业净利率×利润留存率）

营业净利率=110/2 200×100%=5%

利润留存率=77/110×100%=70%

经营资产销售百分比=2 530/2 200×100%=115%

经营负债销售百分比=759/2 200×100%=34.5%

内含增长率=5%×70%/（115%-34.5%-5%×70%）=4.55%

9.【答案】

（1）速动比率=［（100+100+500+460+2 850+

2 660)/2]÷[（2 350+2 250)/2]=1.45

评价乙公司的短期偿债能力时，需要考虑应收账款的变现能力。乙公司按照应收账款余额的5%计提坏账准备，2013年年末账龄三年以上的应收账款已达到应收账款余额的10%，实际坏账很可能比计提的坏账准备多，从而降低乙公司的短期偿债能力。乙公司的生产经营存在季节性，报表上的应收账款金额不能反映平均水平，即使使用年末和年初的平均数计算，仍然无法消除季节性生产企业年末数据的特殊性。乙公司年末处于经营淡季，应收账款、流动负债均低于平均水平，计算结果可能不能正确反映乙公司的短期偿债能力。

(2)利息保障倍数=息税前利润÷利息支出=（97.50+32.50+500)÷(500+100)=1.05。

乙公司的利息保障倍数略大于1，说明自身产生的经营收益勉强可以支持现有的债务规模。由于息税前利润受经营风险的影响，存在不稳定性，而利息支出却是固定的，乙公司的长期偿债能力仍然较弱。

(3)应收账款周转次数=14 500÷[（2 850+150+2 660+140)÷2]=5（次）

评价乙公司的应收账款变现速度时，需要考虑的第一个因素是乙公司的生产经营存在季节性，报表上的应收账款金额不能反映平均水平，即使使用年末和年初的平均数计算，仍然无法消除季节性生产企业年末数据的特殊性。乙公司年末处于经营淡季，应收账款余额低于平均水平，计算结果会高估应收账款变现速度。

需要考虑的第二个因素是计算应收账款周转次数时应使用赊销额，由于无法取得赊销数据而使用营业收入计算时，会高估应收账款周转次数。乙公司2013年减少了赊销客户比例，现销比例增大，会进一步高估应收账款变现速度。

四、综合题

1.【答案】

(1)经营资产=515−15=500（万元）

经营负债=315−(30+185)=100（万元）

净经营资产=500−100=400（万元）

净负债=净经营资产−股东权益=400−200=200（万元）

或：净负债=金融负债−金融资产=（30+185)−15=200（万元）

税后经营净利润=税前经营利润×(1−企业所得税税率)=（50+10)×(1−25%)=45（万元）

或：税后经营净利润=税后净利润+税后利息=37.5+10×(1−25%)=45（万元）

(2)净经营资产净利率=税后经营净利润/净经营资产×100%=45/400×100%=11.25%

税后利息率=税后利息费用/净负债×100%=10×(1−25%)/200×100%=3.75%

经营差异率=净经营资产净利率−税后利息率=11.25%−3.75%=7.5%

净财务杠杆=净负债/股东权益×100%=200/200×100%=100%

杠杆贡献率=经营差异率×净财务杠杆=7.5%×100%=7.5%

权益净利率=净经营资产净利率+杠杆贡献率=11.25%+7.5%=18.75%

或：权益净利率=净利润/股东权益×100%=37.5/200×100%=18.75%

(3)2019年权益净利率−2018年权益净利率=18.75%−21%=−2.25%

2018年权益净利率=17%+（17%−9%)×50%=21%

替代净经营资产净利率：11.25%+(11.25%−9%)×50%=12.38%

替代税后利息率：11.25%+（11.25%−3.75%)×50%=15%

替代净财务杠杆：11.25%+（11.25%−3.75%)×100%=18.75%

净经营资产净利率变动影响 = 12.38% - 21% = -8.62%

税后利息率变动影响 = 15% - 12.38% = 2.62%

净财务杠杆变动影响 = 18.75% - 15% = 3.75%

(4)净经营资产净利率+(净经营资产净利率-3.75%)×100% = 21%

则净经营资产净利率 = 12.38%

2. 【答案】

(1)营业净利率 = 200/2 000×100% = 10%

资产周转率 = 2 000/2 000 = 1(次)

利润留存率 = 160/200 = 0.8

权益乘数 = 2 000/800 = 2.5

可持续增长率 = 10%×1×0.8×2.5/(1-10%×1×0.8×2.5) = 25%

(2)由于符合可持续增长的全部条件,因此,本年的营业收入增长率=上年的可持续增长率=25%。

本年的营业收入 = 2 000×(1+25%) = 2 500(万元)。

(3)可持续增长率 = (12%×1×2.5×0.4)/(1-12%×1×2.5×0.4) = 13.64%

根据不增发新股和回购股票可知,本年的可持续增长率=本年的股东权益增长率。

根据资产负债率和资产周转率不变可知,本年的营业收入增长率=本年的股东权益增长率。

所以,本年的营业收入增长率=本年的可持续增长率=13.64%。

本年营业收入 = 2 000×(1+13.64%) = 2 272.8(万元)

(4)本年营业收入 = 2 000×(1+30%) = 2 600(万元)

本年的收益留存 = 2 600×10%×0.8 = 208(万元)

本年末的股东权益 = 800+208 = 1 008(万元)

本年末的资产 = 1 008×2.5 = 2 520(万元)

本年的资产周转率 = 2 600/2 520 = 1.03

(次)

即资产周转率由 1 次提高到 1.03 次。

(5)方法1:

本年营业收入 = 2 000×(1+30%) = 2 600(万元)

根据题中假设,营业收入增长率=资产增长率=股东权益增长率=30%,所以:

股东权益增加额 = 本年利润留存 = 800×30% = 240(万元)

又因为利润留存率不变,则:

净利润 = 240/0.8 = 300(万元)

营业净利率 = 300/2 600×100% = 11.54%

方法2:

由于本年不打算增发新股和回购股票,并且资产负债率和资产周转率保持不变,所以,本年的营业收入增长率=本年的可持续增长率,即本年的可持续增长率=30%,代入可持续增长率的计算公式可得:30% = [(160/200)×S×(2 000/2 000)×(2 000/800)]/[1-(160/200)×S×(2 000/2 000)×(2 000/800)],解得:S = 11.54%。

(6)根据题中"资产周转率不变"假设,可知资产增长率=营业收入增长率=30%

本年末资产 = 2 000×(1+30%) = 2 600(万元)

根据"营业净利率和利润留存率不变"可知:

营业收入增长率=净利润增长率=利润留存增长率=30%

本年的利润留存 = 160×(1+30%) = 208(万元)

根据"不增发新股和回购股票"可知:

本年增加的股东权益 = 本年的利润留存 = 208(万元)

年末的股东权益 = 800+208 = 1 008(万元)

年末的权益乘数 = 2 600/1 008 = 2.58

3. 【答案】

(1)

单位:万元

资产负债表项目	2014 年末
经营性资产总计	5 900
经营性负债总计	1 500

续表

净经营资产总计	4 400
金融负债	1 500
金融资产	100
净负债	1 400
股东权益	3 000
净负债及股东权益总计	4 400
利润表项目	**2014 年度**
税前经营利润	1 730
减：经营利润所得税	420
税后经营净利润	1 310
利息费用	80
减：利息费用抵税	20
税后利息费用	60
净利润	1 250

计算说明：

金融资产 = 300 - 10 000×2% = 100（万元）

经营性资产 = 10 000×2% + 800 + 750 + 500 + 3 650 = 5 900（万元）

或者经营性资产 = 6 000 - 100 = 5 900（万元）

税前经营利润 = 10 000 - 6 000 - 320 - 2 000 + 50 = 1 730（万元）

经营利润所得税 = (1 730 - 50)×25% = 420（万元）

利息费用抵税 = 80×25% = 20（万元）

（2）2015 年的可持续增长率 = 2014 年可持续增长率 = 1 250×(1 - 60%)/[3 000 - 1 250×(1 - 60%)]×100% = 20%

（3）可动用的金融资产 = 100（万元）

外部融资额 = 净经营资产增加 - 可动用金融资产 - 预计利润留存 = 4 400×25% - 100 - 1 250×(1 + 25%)×(1 - 60%) = 375（万元）

（4）如果某一年的经营效率和财务政策与上年相同，在不增发新股和回购股票的情况下，实际增长率、上年的可持续增长率以及本年的可持续增长率三者相等；如果某一年的营业净利率、总资产周转率、权益乘数和利润留存率四个财务比率中一个或多个升高，在不增发新股和回购股票的情况下，实际增长率就会超过上年的可持续增长率，本年的可持续增长率也会超过上年的可持续增长率；如果某一年的营业净利率、总资产周转率、权益乘数和利润留存率四个财务比率中一个或多个下降，在不增发新股和回购股票的情况下，实际增长率就会低于上年的可持续增长率，本年的可持续增长率也会低于上年的可持续增长率；如果上述四个财务比率已经达到企业极限，只有通过发行新股增加资金，才能提高销售增长率。

第三章　价值评估基础

考情解密

历年考情概况

本章是考试的较重点章节，计算性内容较多。主要考核利率的影响因素和期限结构、时间价值计算、风险和报酬的衡量以及资本资产定价模型等内容。考试形式以客观题为主，考试分值预计 4 分左右。

近年考点直击

主要考点	主要考查题型	考频指数	考查角度
利率	客观题	★★	（1）利率的影响因素；（2）利率期限结构理论基本观点
货币时间价值	客观题	★★★	（1）报价利率和有效年利率之间的换算；（2）各个系数之间的关系；（3）货币时间价值的计算
投资组合的风险与报酬	客观题	★★★	（1）风险衡量指标；（2）两种证券组合的风险与报酬率计算；（3）两种证券组合的机会集曲线与相关系数的关系；（4）资本市场线含义及组合的报酬率与风险计量
资本资产定价模型	客观题	★★★	（1）贝塔系数含义及衡量；（2）资本资产定价模型的理解及应用；（3）证券市场线特征及其与资本市场线的区别

2022 年考试变化

无实质性变化。

考点详解及精选例题

一、利率

（一）利率的影响因素 ★★★

利率是一定时期内利息与本金的比率，通常用百分比表示，表示方法有年利率、月利率、日利率等。

利率是资本的价格，是各种因素综合影响的结果（如产业平均利润水平、货币供需状况、经济发展状况、物价水平、利率管制、货币政策等）。

基准利率是由市场供求关系决定的，在金融市场上具有参照作用的利率，其他利率水平或金融资产价格均根据该利率水平来确定（即具有市场化、基础性和传递性特征）。

在市场经济条件下，利率确定方法如下：

利率 = 纯粹利率 + 风险溢价

1. 纯粹利率（真实无风险利率）

即在没有通货膨胀、无风险的情况下资金市场的平均利率，没有通货膨胀的短期政府债券利率可以视为纯粹利率。

2. 风险溢价

(1)通货膨胀溢价

是指证券存续期间预期的平均通货膨胀率。

名义无风险利率(无风险利率)= 纯粹利率+通货膨胀溢价

(2)违约风险溢价

是指债券因存在发行者到期时不能按约定足额支付本金或利息的风险而给予债权人的补偿。对政府债券来说，通常认为违约风险溢价为 0，对公司债券来说，信用评级越高，违约风险溢价越低。

(3)流动性风险溢价

是指债券因在短期内不能以合理价格变现的风险而给予债权人的补偿。国债流动性好，流动性风险溢价较低；小公司债券流动性较差，流动性风险溢价较高。

(4)期限风险溢价(市场利率风险溢价)

是指债券因面临存续期内市场利率上升导致债券价格下跌的风险而给予债权人的补偿。

【例题 1·单选题】 与债券的信用等级有关的利率因素是( )。

A. 纯粹利率

B. 违约风险溢价

C. 期限风险溢价

D. 通货膨胀溢价

解析 ▶ 违约风险溢价是债券到期时不能按约定足额支付本金或利息的风险而给予债权人的补偿。信用等级越高的债券，违约风险溢价越低，选项 B 是答案。　**答案** ▶ B

【例题 2·多选题】 利率的确定应该考虑的风险溢价有( )。

A. 期限风险溢价

B. 违约风险溢价

C. 汇率风险溢价

D. 流动性风险溢价

解析 ▶ 利率是由纯粹利率和风险溢价构成，其中风险溢价包括通货膨胀溢价、违约风险溢价、流动性风险溢价和期限风险溢价。

答案 ▶ ABD

(二)利率的期限结构★★

利率的期限结构是指某一时点不同期限债券的到期收益率与期限之间的关系，反映长期利率和短期利率的关系，如果用曲线来表示，该曲线称为债券收益率曲线。利率的期限结构主要有三种理论，具体内容见表 3-1。

表 3-1　利率的期限结构理论

类型	利率与期限关系	收益率曲线			
		上斜	下斜	水平	峰型
无偏预期理论	利率期限结构完全取决于市场对未来利率的预期，即长期即期利率是短期预期利率的无偏估计	市场预期未来短期利率上升	市场预期未来短期利率下降	市场预期未来短期利率保持稳定	较近一段时期内，市场预期短期利率上升；在较远的将来，预期短期利率下降
流动性溢价理论	债券到期期限越长，利率变动可能性越大，利率风险越高，即长期即期利率是短期预期利率的平均值加上一定的流动性风险溢价	市场预期未来短期利率可能上升、不变、下降，但下降幅度小于流动性溢价	市场预期未来短期利率下降，下降幅度大于流动性溢价	市场预期未来短期利率将下降，下降幅度等于流动性风险溢价	在较近一段时期内，预期短期利率可能上升、不变，还可能下降，但下降幅度小于流动性溢价；在较远的将来，预期短期利率下降，下降幅度大于流动性溢价

类型	利率与期限关系	收益率曲线			
		上斜	下斜	水平	峰型
市场分割理论	即期利率水平完全由各个期限市场上的供求关系决定；单个市场的利率变化不会影响其他市场上的供求关系	短期债券市场的均衡利率低于长期债券市场的均衡利率	短期债券市场的均衡利率高于长期债券市场的均衡利率	各个期限市场均衡利率水平持平	中期债券市场均衡利率水平最高

【例题3·单选题】 ☆下列各项中，符合流动性溢价理论的是( )。

A. 长期即期利率是短期预期利率的无偏估计

B. 不同期限的债券市场互不相关

C. 债券期限越长，利率变动可能性越大，利率风险越高

D. 即期利率水平由各个期限市场上的供求关系决定

解析 ▶ 无偏预期理论认为利率期限结构完全取决于市场对未来利率的预期，即长期即期利率是短期预期利率的无偏估计(计算方法是短期预期利率的几何平均值)，选项 A 不是答案。市场分割理论认为不同期限的债券市场互不相关，其即期利率水平是由各自期限市场的供求关系决定，选项 BD 不是答案。流动性溢价理论认为债券到期期限越长，利率变动可能性越大，利率风险越高，因此长期债券要给予投资者一定的流动风险溢价，选项 C 是答案。 答案 ▶ C

二、货币时间价值的计算

(一)一次款项的终值与现值计算 ★★★

1. 复利终值

复利终值是指现在特定的一笔资金按照复利计算的将来一定时间的价值，即：

$$F = P \times (1+i)^n$$

或：$F = P \times (F/P, i, n)$

2. 复利现值

复利现值是指未来一定时间的特定资金

按照复利计算的现在价值，即：

$$P = F \times (1+i)^{-n}$$

或：$P = F \times (P/F, i, n)$

(二)年金终值与现值计算 ★★★

1. 年金的概念

年金是指等额、定期的系列收支。具体分为以下几种：

(1)普通年金。即从第 1 期开始，每期期末收付的等额款项。

(2)预付年金。即从第 1 期开始，每期期初收付的等额款项。

(3)递延年金。即从第 2 期末或若干期以后开始，每期发生等额的款项。

(4)永续年金。即无限期的每期末收付的等额款项。

2. 普通年金终值与现值

(1)普通年金终值。即每期期末等额收付款的复利终值之和。

$$F = A \times \frac{(1+i)^n - 1}{i}$$

或：$F = A \times (F/A, i, n)$

『老贾点拨』 普通年金终值系数与复利终值系数的关系：

①$(F/A, i, n) = (F/P, i, 1) + (F/P, i, 2) + \cdots + (F/P, i, n-1) + 1$

②$(F/A, i, n) = [(F/P, i, n) - 1]/i$

(2)偿债基金。即为使年金终值达到既定金额，每期期末应收付的金额。

$$A = F \times \frac{i}{(1+i)^n - 1}$$

或：$A = F \times \frac{1}{(F/A, i, n)}$

（3）普通年金现值。即每期期末等额收付款的复利现值之和。

$$P = A \times \frac{1-(1+i)^{-n}}{i}$$

或：$P = A \times (P/A，i，n)$

『老贾点拨』普通年金现值系数与复利现值系数的关系：

①$(P/A，i，n) = (P/F，i，1) + (P/F，i，2) + \cdots + (P/F，i，n)$

②$(P/A，i，n) = [1-(P/F，i，n)]/i$

（4）投资回收额。即为使年金现值达到既定金额，每期期末应该收付的数额。

$$A = P \times \frac{i}{1-(1+i)^{-n}}$$

或：$A = P \times \dfrac{1}{(P/A，i，n)}$

3. 预付年金现值与终值

（1）预付年金现值。即每期期初等额收付款的复利现值之和。一般的计算思路是转换为普通年金计算。

$P = A \times [(P/A，i，n-1) + 1]$

或：$P = A \times (P/A，i，n) \times (1+i)$

（2）预付年金终值。即每期期初等额收付款的复利终值之和。一般的计算思路是转换为普通年金计算。

$F = A \times [(F/A，i，n+1) - 1]$

或：$F = A \times (F/A，i，n) \times (1+i)$

4. 递延年金现值与终值

（1）递延年金现值。即第2期末或若干期以后每期发生等额的一系列款项的复利现值之和（假设n期等额款项期末发生，递延期是m）。

『老贾点拨』"n"表示发生等额款项的期数，即等额款项A的个数；最后一笔等额款项对应的期数减去等额款项A的个数n，就是递延期"m"。

方法一：复利现值求和法。即分别计算各个等额款项的复利现值之和，即：

$P = A \times (P/F，i，m+1) + A \times (P/F，i，m+2) + \cdots + A \times (P/F，i，m+n)$

方法二：两次折现法。把n期等额款项按照年金现值计算法，求出递延期末的现值，然后再将此现值调整到第一期期初，即：

$P = A \times (P/A，i，n) \times (P/F，i，m)$

方法三：扣除法。假设递延期内也有等额款项发生，先计算(m+n)期年金现值，然后扣除递延期间并未发生的等额款项的年金现值，即：

$P = A \times (P/A，i，m+n) - A \times (P/A，i，m)$

（2）递延年金终值。即第2期或若干期以后每期发生等额的一系列款项的复利终值之和（假设n期等额款项期末发生，递延期是m）。即：

$F = A \times (F/A，i，n)$

『老贾点拨』递延年金终值与连续发生系列现金流的期数n有关，而与递延期m的长短无关。

5. 永续年金现值

即无限期等额款项的现值。永续年金只有现值没有终值。则无限期的普通年金计算的现值为：

$P = A/i$

『老贾点拨』①无限期的预付年金计算的现值为：$A + A/i$；②如果递延年金是永续年金形式，假设递延期是m，则其现值为：$(A/i) \times (P/F，i，m)$。

【例题4·单选题】☆甲商场某型号电视机每台售价7 200元，拟进行分期付款促销活动，价款可在9个月内按月分期，每期期初等额支付。假设年利率12%。下列各项金额中，最接近该电视机月初分期付款金额的是（　）元。

A. 832　　　　B. 800

C. 841　　　　D. 850

解析　假设每月月初付款金额为A，则：$A \times (P/A，1\%，9) \times (1+1\%) = 7 200$，解得$A = 832$(元)。　答案　A

【例题5·单选题】假设银行利率为i，从现在开始n年内每年年末取款1元，现在应存入银行为$\dfrac{1-(1+i)^{-n}}{i}$元，如果改为每年年初取款, 期数和利率不变, 现在应存入银行的金额是( )元。

A. $\dfrac{1-(1+i)^{-(n+1)}}{i}$

B. $\dfrac{1-(1+i)^{-(n+1)}}{i}-1$

C. $\dfrac{1-(1+i)^{-(n+1)}}{i}+1$

D. $\dfrac{1-(1+i)^{-(n-1)}}{i}-1$

解析 ▶ n 期预付年金现值系数为 $[(P/A, i, n-1)+1]$, 选项 D 是答案。

答案 ▶ D

【例题 6 · 单选题】 $(P/F, i, 9)$ 与 $(P/F, i, 10)$ 分别表示 9 年期和 10 年期的复利现值系数, 关于二者的数量关系, 下列表达式正确的是( )。

A. $(P/F, i, 10)=(P/F, i, 9)-i$

B. $(P/F, i, 10)=(P/F, i, 9)\times(1+i)$

C. $(P/F, i, 9)=(P/F, i, 10)\times(1+i)$

D. $(P/F, i, 10)=(P/F, i, 9)+i$

解析 ▶ 假设第 9 期期末有一笔款 a 计算现值, 即 $a\times(P/F, i, 9)$; 或者先计算到第 10 期期末终值, 再计算现值, 即 $a\times(1+i)\times(P/F, i, 10)$, 两种计算结果相同, 所以 $(P/F, i, 9)=(1+i)\times(P/F, i, 10)$。选项 C 是答案。

答案 ▶ C

(三)系数之间的关系★★

货币时间价值的计算非常灵活, 各种货币时间价值系数之间的关系见表 3-2。

表 3-2 货币时间价值系数之间的关系

系数名称	关系
复利终值系数与复利现值系数	互为**倒数**
普通年金终值系数与偿债基金系数	
普通年金现值系数与投资回收系数	
普通年金终值系数与预付年金终值系数	预付年金终值系数等于普通年金终值系数的**期数加 1, 系数减 1**; 预付年金终值系数=普通年金终值系数×(1+利率)
普通年金现值系数与预付年金现值系数	预付年金现值系数等于普通年金现值系数的**期数减 1, 系数加 1**; 预付年金现值系数=普通年金现值系数×(1+利率)

(四)利率与计息期的计算★★

1. 利率计算

当已知货币时间价值的系数值和计息期时, 通常采用内插法求解利率(i)。内插法(或插值法)假设在利率差别很小时(一般不超过两个百分点), 系数值与利率之间存在**线性变动关系**。其运用的基本原理为:

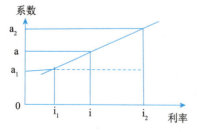

$$\frac{i-i_1}{i_2-i_1}=\frac{a-a_1}{a_2-a_1}$$

求解: i=?

【例题 7 · 单选题】 某企业有一投资机会, 现在需要投资 1 000 万元, 6 年后项目价值预计达到 2 000 万元, 该投资机会的年报酬率是( )。

A. 10.25%   B. 12.24%

C. 8.26%   D. 6.25%

解析 ▶ 假设该投资机会的年报酬率为 i, 则:

$1\,000\times(F/P, i, 6)=2\,000$

得到: $(F/P, i, 6)=2$

$$\frac{i-12\%}{14\%-12\%}=\frac{2-1.973\,8}{2.195\,0-1.973\,8}$$

i = 12.24%　　　　　　　　　答案 ▷ B

2. 计息期的计算

计息期的计算原理与利率计算是相同的。

【例题8·单选题】某公司以10%的利率借款20 000元投资一项目,如果每年末收回投资4 000元,在考虑时间价值情况下,收回投资最少需要(　)年。

A. 5　　　　　　　　B. 6.5

C. 7.28　　　　　　D. 8.25

解析 ▷ 20 000 = 4 000 × (P/A,10%,

n) ⇒ (P/A,10%,n) = 5

$$\frac{n-7}{8-7} = \frac{5-4.868\,4}{5.334\,9-4.868\,4}$$

i = 7.28(年)　　　　　　　　答案 ▷ C

(五)报价利率、计息期利率和有效年利率★★★

报价利率、计息期利率和有效年利率的含义和关系见表3-3。

表3-3　报价利率、计息期利率和有效年利率的含义和关系

项目	利率	具体说明
基本概念	报价利率	以年利率形式提供,并同时说明每年复利次数
	计息期利率	可以是年利率、半年利率、季度利率、每月或每日利率 即:计息期利率=报价利率÷每年复利次数
	有效年利率	根据给定的计息期利率和每年复利次数,计算产生相同结果的每年复利一次的年利率
三者之间关系	有效年利率 $= \left(1+\dfrac{报价利率}{m}\right)^m - 1$ 式中:m是一年内复利次数。 『老贾点拨』当复利次数m趋于无穷大时,所得到的利率为连续复利。 连续复利的有效年利率 $= e^{报价利率} - 1$		

『老贾点拨』报价利率为10%,每半年付息一次的效果,等价于有效年利率10.25%,每年付息一次的效果。即利率必须与一年内复利计息次数结合在一起表述才有意义。

【例题9·单选题】某人退休时有奖金100 000元,拟选择一项回报比较稳定的投资,希望每个季度能收入2 000元补贴生活。那么,该项投资的实际报酬率应为(　)。

A. 2%　　　　　　　B. 8%

C. 8.24%　　　　　D. 10.04%

解析 ▷ 如果每个季度得到2 000元收入,则季度报酬率为2%(2 000/100 000),即年实际报酬率 = (1+2%)^4 - 1 = 8.24%。　**答案** ▷ C

【例题10·多选题】某企业从银行借款100万元,年利率6%,期限10年,每半年

付息一次,则下列说法正确的有(　)。

A. 报价利率等于6%

B. 有效年利率小于6%

C. 计息期利率小于6%

D. 该笔借款利息负担等同于年利率6.09%,每年付息一次

解析 ▷ 有效年利率 = (1+6%/2)^2 - 1 = 6.09%,大于6%,选项B不是答案。

　　　　　　　　　　　答案 ▷ ACD

三、单项投资的风险与报酬★★

反映单项资产收益的指标是预期值,衡量单项资产投资风险的指标包括方差、标准差和变异系数。具体内容见表3-4。

表3-4　衡量单项资产收益和风险的指标

指标	项目	具体内容
预期值	概念	随机变量的各个取值，以相应的概率为权数的加权平均数，即预期值或均值
	计算	(1)各个变量值出现的概率已知，预期值的计算： $$\overline{K}=\sum_{i=1}^{n}(P_i \times K_i)$$ 式中：P_i是第i种结果出现的概率；K_i是第i种结果的报酬率；n是所有结果的数目。 (2)各个变量值出现的概率未知，预期值的计算： $$\overline{K}=\frac{\sum K_i}{n}$$
方差和标准差	概念	方差是用来表示随机变量与预期值之间离散程度的一个量，是离差平方的平均数。标准差是方差的平方根
	计算	(1)各个变量值出现的概率已知，标准差的计算： $$\sigma=\sqrt{\sum_{i=1}^{n}(K_i-\overline{K})^2 \times P_i}$$ (2)各个变量值出现的概率未知，标准差的计算： $$\sigma=\sqrt{\frac{\sum(K_i-\overline{K})^2}{n-1}}$$
	财务应用	方差和标准差衡量的是全部风险，既包括系统性风险，也包括非系统性风险。均值相同时，方差和标准差越大，风险越高
变异系数	概念	变异系数是标准差与预期值的比，从相对角度观测差异和离散程度的统计量指标
	计算	变异系数=标准差/预期值
	财务应用	变异系数衡量投资项目的全部风险，既包括系统风险，也包括非系统风险。变异系数越大，风险越大

【例题11·单选题】某企业面临甲、乙两个投资项目。经衡量，它们的期望报酬率相等，甲项目报酬率的标准差小于乙项目报酬率的标准差。下列有关甲、乙项目的说法中正确的是（　　）。

A. 甲项目取得更高报酬和出现更大亏损的可能性均大于乙项目

B. 甲项目取得更高报酬和出现更大亏损的可能性均小于乙项目

C. 甲项目实际取得的报酬会高于其期望报酬

D. 乙项目实际取得的报酬会低于其期望报酬

解析 ➤ 在期望报酬率相等的情况下，甲项目报酬率的标准差小于乙项目报酬率的标准差，说明甲的风险小于乙的风险，即甲项目出现更大亏损和获得更高报酬的可能性均

小于乙项目，选项B的说法正确。　**答案** ➤ B

四、投资组合的风险与报酬

（一）证券组合的期望报酬率★★

证券组合的期望报酬率是组合中各项证券期望报酬率的加权平均数。具体内容见表3-5。

表3-5　投资组合的期望报酬率

项目	内容
计算公式	$$r_p=\sum_{j=1}^{m}r_j A_j$$ 式中：r_j是第j种证券的期望报酬率；A_j是第j种证券在全部投资额中的比重；m是组合中证券种类总数
影响因素	影响因素包括个别证券的期望报酬率和个别证券的投资比重

（二）证券组合的标准差★★

1. 投资组合标准差的计算

证券组合的标准差不是单个证券标准差的简单加权平均。证券组合的风险不仅受到各证券风险影响，还受到证券之间相互关系的影响。两种证券投资组合的标准差计算公式为：

$$\sigma = \sqrt{A_1{}^2\sigma_1{}^2 + A_2{}^2\sigma_2{}^2 + 2A_1A_2\sigma_1\sigma_2r_{12}}$$

式中：

A_1、A_2是两种证券的投资比重；

σ_1、σ_2是两种证券标准差；

r_{12}是两种证券的相关系数。

2. 相关性对证券组合标准差的影响

（1）相关系数和协方差。

衡量两种证券之间相关性的指标是相关系数和协方差。两者之间的关系为：协方差＝相关系数×两种资产标准差的乘积。

『老贾点拨』相关系数在-1至+1之间取值。-1代表完全负相关，+1代表完全正相关，0则表示不相关。当协方差为正值时，表示两种证券的报酬率呈同方向变动，即正相关；协方差为负值时，表示两种证券的报酬率呈反方向变动，即负相关。充分投资组合的风险，只受证券之间协方差的影响，而与各证券本身的方差无关。

（2）相关系数对两种证券投资组合标准差影响。

①相关系数等于1时，其组合标准差等于个别标准差的加权平均值，此时组合标准差最大，不能分散任何风险，即：

$$\sigma_p = A_1\sigma_1 + A_2\sigma_2$$

②相关系数等于-1时，组合标准差最小，此时组合能够最大限度地分散风险。其组合标准差为：

$$\sigma_p = |A_1\sigma_1 - A_2\sigma_2|$$

『老贾点拨』只要两种证券的相关系数小于1，证券组合报酬率的标准差就小于各证券报酬率标准差的加权平均数。

【例题12·单选题】☆一项投资组合由两项资产构成。下列关于两项资产的期望收益率、相关系数与投资组合风险分散效应的说法中，正确的是（　　）。

A. 相关系数等于-1时，才有风险分散效应

B. 相关系数等于1时，不能分散风险

C. 相关系数大小不影响风险分散效应

D. 相关系数等于0时，风险分散效应最强

解析 ▶ 相关系数＝1时，两项资产完全正相关，不能分散风险，选项B正确。相关系数的取值范围为[-1, +1]，相关系数小于1，就具有风险分散效应，当相关系数＝-1时，风险分散效应最强，因此选项ACD不正确。

答案 ▶ B

【例题13·多选题】☆市场上有两种风险证券x和y，下列情况下，两种证券组成的投资组合风险低于二者加权平均风险的有（　　）。

A. x和y期望报酬率的相关系数是0

B. x和y期望报酬率的相关系数是-1

C. x和y期望报酬率的相关系数是1

D. x和y期望报酬率的相关系数是0.5

解析 ▶ 证券投资组合的风险用投资组合报酬率的标准差表示，依据投资组合报酬率的标准差计算公式，当相关系数等于1时，组合报酬率的标准差等于两种证券报酬率标准差的加权平均数，只要相关系数小于1，组合标准差就会小于加权平均的标准差，选项ABD是答案。

答案 ▶ ABD

（三）投资组合的机会集★★★

投资组合的机会集是在既定的相关系数下，由于投资比例变化而形成的投资组合点的轨迹，反映风险与期望报酬率之间的权衡关系。

1. 有效集（或有效边界）与无效集

两种证券组合的有效集是从最小方差组合点起到最高期望报酬率点止的一段曲线；多种证券组合的机会集是一个平面，但其有效边界是从最小方差组合点起到最高期望报酬率点止的外围边界。其余为无效集。

两者的特征见表3-6。

表 3-6　有效集与无效集的特征

有效集	无效集
(1) 相同的标准差和较高的期望报酬率； (2) 相同的期望报酬率和较低的标准差； (3) 提高期望报酬率且降低风险	(1) 相同的标准差和较低的期望报酬率； (2) 相同的期望报酬率和较高的标准差； (3) 较低报酬率和较高的标准差

2. 机会集与相关系数关系

(1) 相关系数等于 1 时(完全正相关)，机会集是一条直线，没有风险分散化效应。

(2) 相关系数小于 1 时，机会集是一条曲线，相关系数越小，机会集曲线越弯曲，风险分散化效应越强(不一定出现无效集)。

(3) 相关系数足够小时，机会集曲线出现比单个最低标准差还低的最小方差组合，风险分散化效应较明显，机会集出现无效集。

(4) 相关系数为−1 时，机会集曲线变成了一条折线。

【例题 14·单选题】 ☆甲公司拟投资于两种证券 X 和 Y，两种证券期望报酬率的相关系数为 0.3。根据投资 X 和 Y 的不同资金比例测算，投资组合期望报酬率与标准差的关系如下图所示。甲公司投资组合的有效集是( )。

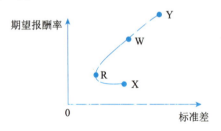

A. X、Y 点　　　　B. XR 曲线
C. RY 曲线　　　　D. XRY 曲线

解析 有效集位于机会集的顶部，从最小方差组合点起到最高期望报酬率点止，即 RY 曲线。其余为无效集，选项 C 是答案。

答案 C

(四)**资本市场线**★★

1. 资本市场线概念

资本市场线是通过无风险资产报酬率，向风险资产有效边界所做的切线(即同时持有无风险资产和风险资产)，切点为市场均衡点 M。资本市场线的纵轴代表的是"无风险资产与市场组合"构成的投资组合的期望报酬率，横轴代表的是"无风险资产与市场组合"构成的投资组合的标准差。

2. 含有无风险资产的总报酬率与总标准差计算

(1) 总期望报酬率 = Q×风险组合的期望报酬率 + (1−Q)×无风险报酬率

(2) 总标准差 = Q×风险组合的标准差

公式中的 Q 是指投资于风险组合的资金占自有资金的比例，(1−Q) 是投资于无风险资产的资金占自有资金的比例。

「老贾点拨」 ①资本市场线揭示了持有不同比例的无风险资产和市场组合情况下风险与期望报酬率的权衡关系，其直线的截距是无风险报酬率，直线的斜率代表风险的市场价格，即当标准差增长某一幅度时，相应期望报酬率的增长幅度。

②市场均衡点 M 是所有证券以各自的总市场价值为权数的加权平均组合，是唯一最有效的风险资产组合(市场组合)，即取决于各种可能风险组合的期望报酬率和标准差。资本市场线上 M 点与风险资产组合有效集相比，风险小而报酬与之相同，或报酬高而风险与之相同，或报酬高且风险小。

③资本市场线上任一点表示投资于市场组合和无风险资产的比例。在 M 点的左侧，同时持有无风险资产和市场组合 M，承担风险小于市场平均风险。在 M 点的右侧，仅持有市场组合 M，并且会借入无风险资金以进一步投资于组合 M，承担风险大于市场平均风险。

④投资者个人风险偏好不影响最佳风险资产组合，只影响借入或贷出资金的数量。

即最佳风险资产组合独立于投资者的风险偏好(即分离定理)。分离定理的意义：企业管理层在决策时不必考虑每位投资者对风险的态度。证券价格信息完全可用于确定投资者所要求的报酬率，该报酬率可以指导管理层进行相关决策。

⑤个人投资行为分为两个阶段，即先确定最佳风险资产组合，后确定无风险资产和最佳风险资产组合的理想组合。第二阶段会受到投资者风险反感程度的影响。

【例题15·多选题】☆下列关于投资者对风险的态度的说法中，符合投资组合理论的有(　　)。

A. 投资者在决策时不考虑其他投资者对风险的态度

B. 不同风险偏好投资者的投资都是无风险投资和最佳风险资产组合的组合

C. 投资者对风险的态度不仅影响其借入或贷出的资金量，还影响最佳风险资产组合

D. 当存在无风险资产并可按无风险利率自由借贷时，市场组合优于其他资产组合

解析　最佳风险资产组合独立于投资者的风险偏好，决策时不必考虑每位投资者对风险的态度，取决于各种可能风险组合的期望报酬率和标准差，是所有证券以各自总市场价值为权数的加权平均组合，所以，选项A和选项B的说法正确；个人对风险的态度仅影响借入或贷出的资金量，而不影响最佳风险资产组合，所以选项C的说法不正确；当存在无风险资产并可按无风险利率自由借贷时，市场组合优于所有其他组合，即风险小而报酬与之相同，或报酬高而风险与之相同，或者报酬高并且风险小，所以选项D的说法正确。　答案　ABD

【例题16·单选题】☆证券市场组合的期望报酬率是16%，甲投资人以自有资金100万元和按6%的无风险利率借入资金40万进行证券投资，甲投资人的期望报酬率是(　　)。

A. 20%　　　　　　B. 18%

C. 19%　　　　　　D. 22.4%

解析　期望报酬率=Q×风险组合的期望报酬率+(1−Q)×无风险报酬率=16%×140/100+(1−140/100)×6%=20%　答案　A

五、资本资产定价模型

(一)系统风险与非系统风险★★

无法分散掉的是系统风险，可以分散掉的是非系统风险。具体内容见表3-7。

表3-7　系统风险与非系统风险的含义和影响因素

风险	具体内容
系统风险(市场风险、不可分散风险)	影响所有公司的因素引起的风险。该风险影响整个资本市场，不能通过投资组合来消除；系统风险决定着资产必要报酬率的高低
	影响因素：经济衰退、通货膨胀、利率变化等
非系统风险(公司特有风险、可分散风险)	个别公司的特有事件引起的风险。该风险可以通过多样化投资分散，充分的投资组合几乎没有非系统风险。非系统风险与资本市场无关，无须任何价格补偿
	影响因素：新产品开发失败、工人罢工等

『老贾点拨』标准差计量总风险，即系统风险和非系统风险。

【例题17·多选题】下列各项中，将导致系统风险的有(　　)。

A. 发生通货膨胀

B. 市场利率上升

C. 国民经济衰退

D. 企业新产品研发失败

解析　新产品研发失败只影响个别公司，可以通过投资组合进行分散，属于非系

统风险，选项 D 不是答案。通货膨胀、市场利率上升、国民经济衰退影响所有公司，不能通过投资组合分散，属于系统风险，选项 ABC 是答案。　　　　**答案　ABC**

（二）系统风险的度量 ★★★

1. 单项资产的贝塔系数

贝塔系数反映股票报酬率波动与整个股票市场报酬率波动之间的相关性和程度，是度量一项资产系统风险的指标。

（1）公式法。

$$\beta_J = \frac{r_{JM}\sigma_J\sigma_M}{\sigma_M^2} = r_{JM}\left(\frac{\sigma_J}{\sigma_M}\right)$$

『老贾点拨』①影响 β 值大小的因素包括：该股票与整个股票市场的相关性，该股票的标准差，整个市场组合的标准差。

②市场组合的贝塔系数是 1，无风险资产的贝塔系数是 0。

③由于相关系数可能为负数，所以，β 系数也可能为负数。

（2）回归直线法。

通过同一时期内资产报酬率和市场组合报酬率的历史数据，使用线性回归方程测算回归系数，即可得到该股票的 β 值。

$$\begin{cases} \sum Y = na + b\sum X & (1) \\ \sum XY = a\sum X + b\sum X^2 & (2) \end{cases}$$

『老贾点拨』β 系数的经济意义。

β 系数反映了相对市场组合而言，特定资产系统风险的大小。

①如果 β=1，说明该单项资产的报酬率与整个市场组合平均报酬率波动幅度相同，其系统风险与整个市场组合的风险一致；

②如果 β>1，说明该单项资产的报酬率波动幅度大于整个市场组合平均报酬率波动幅度，其系统风险大于整个市场组合的风险；

③如果 β<1，说明该单项资产的报酬率波动幅度小于整个市场组合平均报酬率波动幅度，其系统风险小于整个市场组合的风险。

【例题 18·多选题】 ☆下列关于单个证券投资风险度量指标的表述中，正确的

有（　　）。

A. 贝塔系数度量投资的系统风险

B. 标准差度量投资的非系统风险

C. 方差度量投资的系统风险和非系统风险

D. 变异系数度量投资的单位期望报酬率承担的系统风险和非系统风险

解析 贝塔系数反映股票报酬率波动与整个市场报酬率波动之间的相关性和程度，是计量一项资产系统风险的指标，选项 A 是答案；方差用来表示随机变量与期望值之间离散程度的一个量，它是离差平方的平均数。标准差是方差的平方根。变异系数是单位期望值的标准差。三个指标均是衡量系统风险和非系统风险的指标，选项 CD 是答案，选项 B 不是答案。　　　　**答案　ACD**

【例题 19·多选题】 ☆影响某股票贝塔系数大小的因素有（　　）。

A. 整个股票市场报酬率的标准差

B. 该股票报酬率的标准差

C. 整个股票市场报酬率与无风险报酬率的相关性

D. 该股票报酬率与整个股票市场报酬率的相关性

解析 根据定义公式，贝塔系数=该股票报酬率与整个股票市场报酬率的相关系数×该股票报酬率的标准差/整个股票市场报酬率的标准差，选项 ABD 是答案。

答案　ABD

2. 投资组合的贝塔系数

投资组合的 β 系数是组合中所有单项资产 β 系数的加权平均数，权数为各种资产在投资组合中所占的比重。计算公式为：

$$\beta_p = \sum_{i=1}^{n} X_i\beta_i$$

【例题 20·多选题】 ☆甲投资组合由证券 X 和证券 Y 组成，X 占 40%，Y 占 60%。下列说法中，正确的有（　　）。

A. 甲的期望报酬率 = X 的期望报酬率×40%+Y 的期望报酬率×60%

B. 甲期望报酬率的标准差 = X 期望报酬率的标准差×40% + Y 期望报酬率的标准

差×60%

C. 甲期望报酬率的变异系数＝X 期望报酬率的变异系数×40%+Y 期望报酬率的变异系数×60%

D. 甲的 β 系数＝X 的 β 系数×40%+Y 的 β 系数×60%

解析 只有在相关系数为 1 时，投资组合的标准差等于单项资产标准差的加权平均值，选项 B 的说法不正确。由于期望报酬率的变异系数＝期望报酬率的标准差/期望报酬率，所以，选项 C 的说法不正确。

答案 AD

(三)资本资产定价模型 ★★★

1. 资本资产定价模型的意义

资本资产定价模型揭示了证券投资(单个证券或证券组合)的必要报酬率与系统风险之间的关系。其公式为：

$$R_i = R_f + \beta \times (R_m - R_f)$$

『老贾点拨』相关变量在确定时应该注意的问题：

(1)无风险报酬率的计算：长期政府债券到期收益率。

(2)β 系数的计算：受到资本结构影响，涉及卸载和加载财务杠杆问题。

(3)R_m 与 $(R_m - R_f)$ 名称的区分：R_m 是平均股票必要报酬率、平均风险股票必要报酬率、市场组合的必要报酬率、权益市场平均收益率；$(R_m - R_f)$ 是风险价格、市场风险溢价、平均股票的风险报酬率。

【例题 21·单选题】某股票的必要报酬率为 R，β 系数为 1.5，平均风险股票必要报酬率为 10%，假设无风险报酬率和 β 系数不变，如果平均风险股票必要报酬率为 15%，则该股票的必要报酬率为(　　)。

A. R+7.5%　　B. R+12.5%

C. R+10%　　D. R+5%

解析 平均风险股票必要报酬率 R_m 由 10% 提高到 15%，在无风险报酬率和 β 系数不变时，该股票风险报酬率增加＝(15%－

10%)×1.5＝7.5%，所以该股票的必要报酬率＝R+7.5%。

答案 A

2. 证券市场线

根据资本资产定价模型理论，证券市场线揭示了在市场均衡的状态下，股票的必要报酬率与 β 值(系统性风险)的线性关系。在市场均衡条件下，每项资产的期望报酬率应该等于其必要报酬率。

『老贾点拨』①贝塔系数越大，必要报酬率越高；

②投资者对风险的厌恶感越强，斜率 $(R_m - R_f)$ 越大，要求的风险补偿越多；

③预计通货膨胀提高时，无风险报酬率上升，证券市场线向上平移。

【例题 22·单选题】 ☆证券市场线可以用来描述市场均衡条件下单项资产或资产组合的期望收益与风险之间的关系。当投资者的风险厌恶感普遍减弱时，会导致证券市场线(　　)。

A. 向下平行移动　B. 斜率上升

C. 斜率下降　　　D. 向上平行移动

解析 证券市场线在纵轴上的截距是无风险报酬率，截距不变，不会引起证券市场线向上或向下的平行移动，选项 AD 不是答案；证券市场线的斜率 $(R_m - R_f)$ 表示所有投资者的风险厌恶程度。一般地说，投资者对风险的厌恶感越强，证券市场线的斜率越大，对风险资产所要求的风险补偿越大，对风险资产的要求报酬率越高。反之投资者对风险的厌恶感减弱时，会导致证券市场线斜率下降，选项 C 是答案，选项 B 不是答案。

答案 C

(四)资本市场线和证券市场线的比较 ★

资本市场线描述的是由风险资产和无风险资产构成的投资组合的有效边界。测度风险的工具是整个资产组合的标准差，此直线只适用于有效组合。

证券市场线描述的则是市场均衡条件下单项资产或资产组合(不论它是否已经有效

地分散风险)的必要报酬率与风险之间的关系。测度风险的工具是单项资产或资产组合对于整个市场组合方差的贡献程度即 β 系数。

【例题 23·单选题】 ☆下列关于投资组合的说法中,错误的是( )。

A. 有效投资组合的期望报酬与风险之间的关系,既可以用资本市场线描述,也可以用证券市场线描述

B. 用证券市场线描述投资组合(无论是否有效地分散风险)的期望报酬与风险之间的关系的前提条件是市场处于均衡状态

C. 当投资组合只有两种证券时,该组合报酬率的标准差等于这两种证券报酬率标准差的加权平均值

D. 当投资组合包含所有证券时,该组合报酬率的标准差主要取决于证券报酬率之间的协方差

解析 资本市场线是无风险资产和风险资产组合投资形成的机会集,反映了有效投资组合的期望报酬与风险之间的关系,证券市场线既适用于单个股票,也适用于投资组合,无论该组合是有效的还是无效的均适用,选项 A 的说法正确;资本资产定价模型是建立在市场均衡条件之上,即证券市场线揭示了在市场均衡的状态下,股票的必要报酬率与 β 值(系统性风险)的线性关系,市场处于均衡状态时,每项资产的期望报酬率应该等于其必要报酬率,选项 B 的说法正确;只有两种证券的相关系数为 1 时,组合报酬率的标准差等于这两种证券报酬率标准差的加权平均值,选项 C 的说法错误;在充分投资组合下,报酬率的标准差只受证券间协方差的影响,而与各证券本身的方差无关,选项 D 的说法正确。 **答案** ▶ C

(五)必要报酬率和期望报酬率的比较 ★

必要报酬率是最低要求的报酬率,是指准确反映预期未来现金流量风险的报酬率,是等风险投资的机会成本。期望报酬率是使净现值等于零的报酬率。

期望报酬率大于必要报酬率,可以投资;反之,不该投资。

(六)资本资产定价模型的基本假设 ★

1. 所有投资者均追求单期财富的期望效用最大化,并以各备选组合的期望收益和标准差为基础进行组合选择;

2. 所有投资者均可以无风险利率无限制地借入或贷出资金;

3. 所有投资者对所有资产报酬率的均值、方差和协方差,有完全相同的主观估计;

4. 所有资产均可以完全被细分,拥有充分的流动性并且没有交易成本;

5. 没有税金;

6. 所有投资者均为价格接受者,即任何一个投资者的买卖行为都不会影响股票价格;

7. 所有资产数量都是给定的和固定不变的。

同步训练 限时 145min

扫我做试题

一、单项选择题

1. 假设纯粹利率3%,预期通货膨胀率4%,违约风险溢价1%,流动性风险溢价1.5%,期限风险溢价2.5%,则名义无风险利率是( )。

A. 3%   B. 7%

C. 12%   D. 11%

2. 债券不能在短期内以合理价格变现的风险而给予债权人的补偿,该风险溢价

是(　　)。

A. 违约风险溢价

B. 通货膨胀溢价

C. 流动性风险溢价

D. 期限风险溢价

3. 某企业在年初存入银行 100 000 元，期限 3 年，年利率 6%，每年复利两次。则第 3 年年末可收到的利息是(　　)元。

A. 119 410　　　　B. 119 100

C. 19 410　　　　D. 41 850

4. 有一项年金，前 3 年无流入，后 5 年每年年初流入 100 万元，假设年利率为 10%，其现值为(　　)万元。

A. 252　　　　B. 313

C. 181　　　　D. 142

5. ☆甲商场进行分期付款销售，某款手机可在半年内分 6 期付款，每期期初付款 600 元，假设年利率为 12%，如购买时一次性付清，则付款金额最接近(　　)元。

A. 2 912　　　　B. 3 437

C. 3 471　　　　D. 3 512

6. 假设企业按 12% 的年利率取得贷款 200 000 元，要求在 5 年内每年末等额偿还，则每年的偿付额应为(　　)元。

A. 40 000　　　　B. 52 000

C. 55 482　　　　D. 64 000

7. 已知 (F/P，9%，4) = 1.411 6，(F/P，9%，5) = 1.538 6，(F/A，9%，4) = 4.573 1，则(F/A，9%，5)为(　　)。

A. 4.984 7　　　　B. 5.984 7

C. 5.573 3　　　　D. 4.573 3

8. 证券市场组合的期望报酬率是 15%，无风险资产报酬率 5%。甲投资人的自有资金 100 万元，其中 40 万元投资于证券组合，60 万元投资于无风险资产，甲投资人的期望报酬率是(　　)。

A. 6%　　　　B. 9%

C. 3%　　　　D. 19%

9. 下列有关证券组合风险的表述中，错误的是(　　)。

A. 证券组合的风险仅与组合中每个证券报酬率的标准差有关

B. 持有多种彼此不完全正相关的证券可以降低风险

C. 在不存在无风险证券的情况下，多种证券组合的有效边界就是机会集顶部从最小方差组合点到最高期望报酬率点的那段曲线

D. 证券报酬率的相关系数越小，机会集曲线就越弯曲，风险分散化效应也就越强

10. 下列各种情况引起的风险属于非系统风险的是(　　)。

A. 通货膨胀　　　　B. 新产品开发失败

C. 高利率　　　　D. 经济衰退

11. 某项目投资之后，预计未来 2 年不会有现金流入，第 3 年开始每年年末有现金净流入 100 万元，估计持续 5 年，项目投资要求的报酬率为 8%，则该笔现金流量的现值是(　　)万元。

A. 316.94　　　　B. 342.29

C. 356.89　　　　D. 400.25

12. 假设某证券报酬率的标准差为 0.4，市场组合报酬率的标准差为 0.6，两者之间的相关系数为 0.7，则该证券的贝塔系数是(　　)。

A. 1.05　　　　B. 0.47

C. 0.34　　　　D. 0.95

13. ☆当存在无风险资产并可按无风险报酬率自由借贷时，下列关于最有效风险资产组合的说法中正确的是(　　)。

A. 最有效风险资产组合是投资者根据自己风险偏好确定的组合

B. 最有效风险资产组合是风险资产机会集上最小方差点对应的组合

C. 最有效风险资产组合是风险资产机会集上最高期望报酬率点对应的组合

D. 最有效风险资产组合是所有风险资产以各自的总市场价值为权数的组合

14. 下列关于资本市场线的表述中，不正确的是(　　)。

A. 切点 M 是市场均衡点，它代表唯一最

有效的风险资产组合

B. 市场组合指的是所有证券以各自的总市场价值为权数的加权平均组合

C. 直线的截距表示无风险利率，它可以视为等待的报酬率

D. 在 M 点的左侧，投资者仅持有市场组合 M，并且会借入资金以进一步投资于组合 M

15. 当某上市公司股票的 β 系数大于 0 时，下列关于该公司股票的风险与报酬率表述中，正确的是（　　）。

A. 系统风险高于市场组合风险

B. 股票报酬率与市场组合平均报酬率呈同向变化

C. 股票报酬率波动幅度小于市场组合平均报酬率波动幅度

D. 股票报酬率波动幅度大于市场组合平均报酬率波动幅度

16. 下列关于两种证券组合的机会集曲线的说法中，不正确的是（　　）。

A. 机会集曲线可以不存在无效集

B. 最小方差组合点可以是机会集曲线上报酬率最小的点

C. 相关系数越小，机会集曲线弯曲程度越小

D. 机会集曲线上报酬率最大的点就是最大方差组合点

17. 证券市场线可以用来描述市场均衡条件下单项资产或资产组合的必要收益率与风险之间的关系。当预计通货膨胀降低时，会导致证券市场线（　　）。

A. 向上平行移动　　B. 斜率上升

C. 斜率下降　　　　D. 向下平行移动

18. 下列关于证券市场线的表述中，不正确的是（　　）。

A. 证券市场线描述的是市场均衡条件下资产的必要报酬率和风险之间的关系

B. 证券市场线的斜率表示了系统风险的程度

C. 预计通货膨胀提高时，证券市场线平

行向上移动

D. 证券投资者风险厌恶感减弱时，证券市场线斜率变小

19. 关于两种证券组合风险的计量，下列表述不正确的是（　　）。

A. 组合的贝塔系数和组合标准差均采用加权平均法计算

B. 相关系数越小，组合的标准差越小

C. 组合标准差可能低于两种证券中最低的标准差

D. 不相关的两种证券的组合也可以分散风险

20. 某企业拟建立一项基金，每年初投入 100 000 元，若利率为 10%，五年后该项基金本利和将为（　　）元。

A. 610 510　　　　B. 671 561

C. 771 560　　　　D. 416 998

21. 某只股票的必要报酬率为 15%，报酬率的标准差为 25%，与市场组合报酬率的相关系数是 0.2，市场组合的必要报酬率是 14%，市场组合的标准差为 4%。假设市场处于均衡状态，则市场风险溢价为（　　）。

A. 4%　　　　　　B. 10%

C. 4.25%　　　　　D. 5%

22. 下列关于利率的期限结构的表述中，错误的是（　　）。

A. 预期理论最主要的缺陷是假定人们对未来短期利率具有确定的预期

B. 市场分割理论认为单个市场上的利率变化不会对其他市场上的供求关系产生影响

C. 流动性溢价理论认为短期债券的流动性比长期债券低

D. 无偏预期理论的上斜收益率曲线代表市场预期未来短期利率会上升

23. 如果两种证券的相关系数等于 1，其标准差分别为 20% 和 16%，在等比例投资情况下，组合的标准差是（　　）。

A. 18%　　　　　　B. 16%

C. 4%　　　　　　D. 2%

二、多项选择题

1. 流动性溢价理论对上斜收益率曲线的解释，正确的有( )。

   A. 市场预期短期利率可能上升

   B. 市场预期短期利率可能不变

   C. 市场预期短期利率可能下降，但是下降幅度大于流动性溢价

   D. 市场预期短期利率可能下降，但是下降幅度小于流动性溢价

2. 下列指标中，能够反映资产风险的有( )。

   A. 方差   B. 标准差

   C. 预期值   D. 变异系数

3. 下列关于货币时间价值系数关系的表达式中，正确的有( )。

   A. 普通年金现值系数×投资回收系数=1

   B. 普通年金终值系数×偿债基金系数=1

   C. 普通年金现值系数×(1+利率)=预付年金现值系数

   D. 普通年金终值系数×(1+利率)=预付年金终值系数

4. 某公司向银行借入一笔款项，年利率为10%，分6次还清，从第5年至第10年每年末偿还本息5 000元。下列计算该笔借款现值的算式中，正确的有( )。

   A. 5 000×(P/A, 10%, 6)×(P/F, 10%, 3)

   B. 5 000×(P/A, 10%, 6)×(P/F, 10%, 4)

   C. 5 000×[(P/A, 10%, 9) − (P/A, 10%, 3)]

   D. 5 000×[(P/A, 10%, 10) − (P/A, 10%, 4)]

5. 假设甲、乙证券收益的相关系数接近于零，甲证券的期望报酬率为6%(标准差为10%)，乙证券的期望报酬率为8%(标准差为15%)，则由甲、乙证券构成的投资组合( )。

   A. 最低的期望报酬率为6%

   B. 最高的期望报酬率为8%

   C. 最高的标准差为15%

   D. 最低的标准差为10%

6. 已知市场组合的期望报酬率和标准差分别为15%和20%，甲投资人以自有资金100万元和按6%无风险利率借入资金40万投资市场组合，下列各项说法中正确的有( )。

   A. 总期望报酬率为18.6%

   B. 总标准差为28%

   C. 该组合位于市场组合M点的左侧

   D. 甲投资人风险反感程度较弱

7. 关于股票或股票组合的贝塔系数，下列说法中正确的有( )。

   A. 股票的贝塔系数反映个别股票报酬率波动相对于整个市场报酬率波动之间的相关性及程度

   B. 股票组合的贝塔系数反映股票投资组合的系统风险

   C. 股票组合的贝塔系数是构成组合的个别股票贝塔系数的加权平均数

   D. 股票的贝塔系数衡量个别股票的非系统风险

8. 下列关于贝塔值和标准差的表述中，正确的有( )。

   A. 贝塔值测度系统风险，而标准差测度非系统风险

   B. 贝塔值测度系统风险，而标准差测度整体风险

   C. 贝塔值测度财务风险，而标准差测度经营风险

   D. 贝塔值只反映市场风险，而标准差还反映特有风险

9. ☆下列因素中，影响资本市场线中市场均衡点的位置的有( )。

   A. 无风险报酬率

   B. 风险组合的期望报酬率

   C. 风险组合的标准差

   D. 投资者个人的风险偏好

10. 下列关于资本资产定价模型β系数的表述中，正确的有( )。

    A. β系数可以为负数

    B. β系数是影响证券报酬率的唯一因素

C. β系数反映的是证券的系统风险

D. 投资组合的β系数一定会比组合中任一单只证券的β系数低

11. 对于每一个季度付息一次的债券来说，若票面利率为8%，下列说法中正确的有（　）。

A. 年有效利率为8.24%

B. 报价利率为8%

C. 计算期利率为2%

D. 实际的计息期利率为2.06%

12. 风险分为系统风险和非系统风险两大类，下列各项中，属于非系统风险的有（　）。

A. 研发失败风险　B. 生产事故风险

C. 通货膨胀风险　D. 利率变动风险

13. ☆投资组合由证券X和证券Y各占50%构成。证券X的期望收益率11%，标准差11%，β系数1.4，证券Y的期望收益率9%，标准差9%，β系数1.2。下列说法中，正确的有（　）。

A. 投资组合的β系数等于1.3

B. 投资组合的变异系数等于1

C. 投资组合的标准差等于10%

D. 投资组合的期望收益率等于10%

14. 下列关于β系数和标准差的说法中，正确的有（　）。

A. β系数和标准差都是衡量风险高低的指标

B. β系数和标准差计算结果都是有正有负

C. 无风险资产的β系数和标准差都是0

D. 组合的β系数和标准差都采用加权平均法计算

15. 有一笔递延年金，前两年没有现金流入，后四年每年年初流入100万元，折现率为10%，则关于其现值的计算表达式中正确的有（　）。

A. $100×(P/F，10%，2)+100×(P/F，10%，3)+100×(P/F，10%，4)+100×(P/F，10%，5)$

B. $100×[(P/A，10%，6)-(P/A，10%，2)]$

C. $100×[(P/A，10%，3)+1]×(P/F，10%，2)$

D. $100×[(F/A，10%，5)-1]×(P/F，10%，6)$

16. 已知风险资产组合的期望报酬率和标准差分别为15%和20%，无风险报酬率为8%，某投资者将自有资金100万元中的20万元投资于无风险资产，其余的80万元资金全部投资于风险组合，则下列说法中正确的有（　）。

A. 总期望报酬率为13.6%

B. 总标准差为16%

C. 该组合位于M点的左侧

D. 投资者个人风险偏好可以改变最佳风险资产组合

三、计算分析题

1. 甲购买住房向银行借款300 000元，每半年计息一次，半年期利率3%，期限5年，自2014年1月1日起至2019年1月1日止。甲选择等额本息还款方式偿还贷款本息，还款日在每年的7月1日和1月1日（2014年1月1日不还款）。

要求：

（1）计算该笔借款的每期还款额。

（2）2015年12月末，甲收到单位发放的一次性年终奖60 000元，在2016年1月1日用此奖金提前偿还借款（当日仍需偿还原定的每期还款额），计算提前偿还借款后的每期还款额。

2. A公司在2018年年初，购置一条生产线，有以下四种方案。假设年报价利率为10%。

方案一：2020年年初一次性支付100万元。

方案二：2018年至2020年每年年初支付30万元。

方案三：2019年至2022年每年年初支付24万元。

方案四：2020年至2024年每年年初支付

21 万元。

要求：

(1)计算不同付款方案的现值。

(2)确定 A 公司的最佳付款方案并说明理由。

3. 某企业准备投资开发新产品，现有甲、乙两个方案可供选择，经预测，甲、乙两个方案的期望投资报酬率如下表所示：

市场状况	概率	期望投资报酬率	
		甲方案	乙方案
繁荣	0.4	32%	40%
一般	0.4	17%	15%
衰退	0.2	−3%	−15%

要求：

(1)计算甲、乙两个方案报酬率的期望值。

(2)计算甲、乙两个方案期望报酬率的方差和标准差。

(3)计算甲、乙两个方案期望报酬率的变异系数。

(4)根据以上结果，比较甲、乙两个方案风险的大小。

4. 假设市场处于均衡状态，表中的数字是相互关联的。求出表中"?"位置的数字。(请将结果填写在给定的表格中，无须列出计算过程。)

证券名称	期望报酬率	标准差	与市场组合的相关系数	贝塔值
无风险资产	?	?	?	?
市场组合	?	0.1	?	?
A 股票	0.22	?	0.65	1.3
B 股票	0.16	0.15	?	0.9
C 股票	0.31	?	0.2	?

同步训练答案及解析

一、单项选择题

1. B 【解析】名义无风险利率=纯粹利率+通货膨胀溢价=3%+4%=7%

2. C 【解析】违约风险溢价是债券存在到期不能按照约定足额支付本金或利息的风险而给债权人的补偿；通货膨胀溢价是证券存续期间预期的平均通货膨胀率；流动性风险溢价是债券不能在短期内以合理价格变现的风险而给予债权人的补偿；期限风险溢价是债券因面临存续期内市场利率上升导致价格下跌风险而给予债权人的补偿。

3. C 【解析】本利和 F = P × (F/P, 3%, 6) = 100 000 × 1.194 1 = 119 410(元)，利息 = 119 410 − 100 000 = 19 410(元)。

4. B 【解析】第一次年金流量发生在第 4 年初，相当于第 3 年年末，所以递延期为 2 年。P = 100 × (P/A, 10%, 5) × (P/F, 10%, 2) = 100 × 3.790 8 × 0.826 4 = 313 (万元)。

5. D 【解析】半年内分 6 期付款，即每期为一个月，计息期利率 = 12%/12 = 1%，则预付年金现值 = 600 × (P/A, 1%, 6) × (1+

1%)= 3 512(元)。

6. C 【解析】每年偿付金额 = 200 000/（P/A，12%，5）= 200 000/3.604 8 = 55 482(元)

7. B 【解析】（F/A，9%，5）=（F/A，9%，4）+（F/P，9%，4）= 1.411 6+4.573 1 = 5.984 7；或者（F/A，9%，5）=（F/A，9%，4）×(1+9%)+1=5.984 7。

8. B 【解析】期望报酬率 = 15%×40/100 + 5%×60/100 = 9%

9. A 【解析】证券组合的风险不仅与组合中每个证券报酬率的标准差有关，而且与各证券的投资比重及各证券报酬率之间的协方差有关，选项 A 的表述错误。

10. B 【解析】系统风险是指那些影响所有公司的因素引起的风险。例如，战争、经济衰退、通货膨胀、高利率等非预期的变动，对许多资产都会有影响。非系统风险是指发生于个别公司的特有事件造成的风险。例如，一家公司的工人罢工、新产品开发失败、失去重要的销售合同、诉讼失败，或者宣告发现新矿藏、取得一个重要合同等。

11. B 【解析】P = 100×（P/A，8%，5）×（P/F，8%，2）= 100×3.992 7×0.857 3 = 342.29(万元)

12. B 【解析】贝塔系数 =（0.4/0.6）×0.7 = 0.47

13. D 【解析】当存在无风险资产并可按无风险报酬率自由借贷时，最有效的风险资产组合是从无风险资产的报酬率开始，做有效边界的切线得到的切点 M 所代表的组合，它是所有证券以各自的总市场价值为权数的加权平均组合，独立于投资者个人的风险偏好，选项 D 的说法正确。

14. D 【解析】在 M 点的左侧，投资者同时持有无风险资产和市场组合 M，在 M 点的右侧，投资者仅持有市场组合 M，并且会借入资金以进一步投资于组合 M，

选项 D 的表述不正确。

15. B 【解析】β 系数值的大小反映了股票报酬率波动与市场组合报酬率波动之间的相关性及其程度大小。市场组合的 β 系数等于 1，如果 β 系数大于 1，说明股票报酬率波动幅度大于市场组合平均报酬率波动幅度，系统风险高于市场组合风险；β 系数小于 1，说明股票报酬率波动幅度小于市场组合平均报酬率波动幅度，系统风险低于市场组合风险。β 系数大于零，只说明股票报酬率与市场组合平均报酬率呈同向变化，所以选项 B 正确。

16. C 【解析】相关系数越小，机会集曲线弯曲程度越大，风险分散效果越好。

17. D 【解析】投资者对风险的厌恶感程度影响证券市场线的斜率，厌恶感程度越强，斜率越大，反之，斜率越小；通货膨胀影响无风险利率，通货膨胀提高，无风险利率上升，证券市场线平行向上移动，反之，平行向下移动。所以选项 D 正确。注意，当预计通货膨胀升高或降低时，会影响无风险利率升高或降低，但是由于投资者的风险厌恶程度不变，即（R_m-R_f）不变，所以 R_m 会随无风险利率升高或降低，此时证券市场线斜率不变，证券市场线随无风险利率向上或向下平移。

18. B 【解析】证券市场线的斜率是（R_m-R_f），即市场风险补偿程度。

19. A 【解析】组合的标准差只有在相关系数等于 1 时，才是加权平均算法，此时组合的标准差最大。

20. B 【解析】5 年后本利和 = 100 000×（F/A，10%，5）×（1 + 10%）= 671 561(元)

21. A 【解析】β = 0.2×25%/4% = 1.25，由：$R_f + 1.25 ×（14% - R_f）= 15%$，得：$R_f = 10%$，所以市场风险溢价 = 14% - 10% = 4%。

22. C 【解析】流动性溢价理论认为短期债券的流动性比长期债券高，因为债券到期期限越长，利率变动的可能性越大，利率风险就越高。

23. A 【解析】由于相关系数等于1，组合标准差就是个别标准差计算加权平均值，即 $20\% \times 50\% + 16\% \times 50\% = 18\%$。

二、多项选择题

1. ABD 【解析】按照流动性溢价理论，债券到期期限越长，利率变动可能性越大，利率风险越高，因此长期债券要给投资者一定的流动性风险溢价，如果未来短期的预期利率上升、不变、下降（但是下降幅度小于流动性溢价），则长期即期利率高于短期利率，收益率曲线上斜，选项 ABD 是答案。

2. ABD 【解析】离散程度是用以衡量风险大小的统计指标，反映随机变量离散程度的指标包括方差、标准差、变异系数等。预期值反映随机变量取值的平均化，不反映离散程度。所以该题正确选项是 ABD。

3. ABCD 【解析】普通年金现值系数 = (P/A, i, n)，投资回收系数 = (A/P, i, n)，二者相乘等于1，选项 A 正确；普通年金终值系数 = (F/A, i, n)，偿债基金系数 = (A/F, i, n)，二者相乘等于1，选项 B 正确；预付年金现值系数等于普通年金现值系数乘以(1+利率)，选项 C 正确；预付年金终值系数等于普通年金终值系数乘以(1+利率)，选项 D 正确。

4. BD 【解析】递延年金现值的计算可以采用两次折现法，即：$P = A \times (P/A, i, n) \times (P/F, i, m)$，也可以采用扣除法，即：$P = A \times [(P/A, i, m+n) - (P/A, i, m)]$，本题的年金 A 是 5 000，i 是 10%。年金期数 n 是 6，递延期 m 是 4，所以选项 BD 是答案。

5. ABC 【解析】投资组合的期望报酬率等于单项资产期望报酬率的加权平均数，如果 100% 投资于报酬率低的甲证券，组合期望报酬率最低是 6%，选项 A 是答案；如果 100% 投资于报酬率高的乙证券，组合期望报酬率最高是 8%，选项 B 是答案；组合的最高标准差一定是组合中风险较高的那项资产的标准差，因为投资组合不可能进一步增加风险，选项 C 是答案；相关系数接近于零，机会集会出现比单个最小标准差(10%)还低的最小方差组合点，选项 D 不是答案。

6. ABD 【解析】总期望报酬率 = $(140/100) \times 15\% + (1 - 140/100) \times 6\% = 18.60\%$，选项 A 的说法正确；总标准差 = $140/100 \times 20\% = 28\%$，选项 B 的说法正确；投资市场组合的比例大于1，该组合位于市场组合点的右侧，选项 C 的说法不正确；该投资人属于风险偏好型，即风险厌恶程度较弱，选项 D 的说法正确。

7. ABC 【解析】贝塔系数衡量的是股票(即股票投资组合的系统风险)，选项 D 不是答案。

8. BD 【解析】贝塔值测度系统风险或市场风险，标准差测度整体风险，即包括系统风险和非系统风险(即公司特有风险)，所以，选项 BD 是答案。

9. ABC 【解析】资本市场线中，市场均衡点的确定受到各种可能风险组合的期望报酬率和标准差的影响，而无风险报酬率会影响期望报酬率，选项 ABC 是答案；市场均衡点独立于投资者的风险偏好，选项 D 不是答案。

10. AC 【解析】根据 β 系数的计算公式可知，β 系数符号取决于相关系数符号，相关系数在 -1 至 +1 之间取值，选项 A 的表述正确；根据资本资产定价模型，影响证券报酬率的因素包括无风险报酬率、市场组合平均报酬率和贝塔系数，选项 B 的表述错误；β 系数反映的是证券的系统性风险，选项 C 的表述正确；投资组合的 β 系数等于各单项资产的 β

系数的加权平均数，即组合 β 系数会在单项资产最高和最低 β 系数之间，选项 D 的表述错误。

11. ABC 【解析】对于一年内付息多次的债券来说，给出的票面利率指的是报价利率，所以，该债券的报价利率为8%，有效年利率为 $(1+8\%/4)^4-1=8.24\%$ ，选项 A 和选项 B 的说法正确；由于计息期利率＝有效计息期利率＝报价利率/一年内付息的次数，所以，本题中计息期利率＝有效计息期利率＝ $8\%/4=2\%$ ，选项 C 的说法正确，选项 D 的说法错误。

12. AB 【解析】非系统风险是个别公司特有事件引起的风险，系统风险是影响所有公司的因素引起的风险。选项 CD 是系统风险，选项 AB 是非系统风险。

13. AD 【解析】投资组合 β 系数 ＝ $1.4 \times 50\% + 1.2 \times 50\% = 1.3$ ，选项 A 正确。投资组合的期望收益率 ＝ $11\% \times 50\% + 9\% \times 50\% = 10\%$ ，选项 D 正确。由于只有在完全正相关的情况下，选项 B、C 的说法才正确，本题中并没有说 X 和 Y 完全正相关，所以选项 B、C 不是本题答案。

14. AC 【解析】β 系数衡量的是系统风险，标准差衡量的是总体风险，对于无风险资产而言，既没有系统风险，也没有总体风险，因此，选项 AC 的说法正确；标准差是方差开平方结果，没有负数，选项 B 说法错误；组合标准差只有在相关系数为1时才是加权平均计算法，选项 D 的说法错误。

15. ACD 【解析】本题中从第 3 年年初开始每年有 100 万元流入，直到第 6 年年初，即从第 2 年年末开始每年有 100 万元流入，直到第 5 年年末。选项 A 的表达式是根据"递延年金现值＝各项流入的复利现值之和"得出的。本题中的递延期应该是1，所以，选项 B 的表达式错误，正确表达式应该是 $100 \times [(P/A, 10\%, 5) - (P/A, 10\%, 1)]$ 。选项 CD 是把这 4 笔

现金流入先当作预付年金考虑的， $100 \times [(P/A, 10\%, 3) + 1]$ 表示的是预付年金在第 3 年年初的现值，因此，计算递延年金现值（即第 1 年年初的现值）时还应该再复利折现 2 期，所以，选项 C 的表达式正确。 $100 \times [(F/A, 10\%, 5) - 1]$ 表示的是预付年金在第 6 年年末的终值，因此，计算递延年金现值（即第 1 年年初的现值）时还应该再复利折现 6 期，即选项 D 的表达式正确。

16. ABC 【解析】 $Q = 80/100 = 0.8$ ，总期望报酬率 ＝ $0.8 \times 15\% + (1 - 0.8) \times 8\% = 13.6\%$ ，选项 A 的说法正确；总标准差 ＝ $0.8 \times 20\% = 16\%$ ，由于同时持有无风险资产和风险资产组合，该组合位于 M 点的左侧，选项 BC 的说法正确；投资者个人风险偏好不影响最佳风险资产组合，只影响借入或贷出资金的数量，选项 D 的说法错误。

三、计算分析题

1.【答案】

（1）每期还款额 ＝ $300\,000/(P/A, 3\%, 10) = 300\,000/8.530\,2 = 35\,169.16$ （元）

（2）假设提前偿还借款之后的每期还款额为 B：

$60\,000 = (35\,169.16 - B) \times (P/A, 3\%, 6)$

$60\,000 = (35\,169.16 - B) \times 5.417\,2$

$B = 24\,093.33$ （元）

『老贾点拨』2016 年 1 月 1 日在提前偿还借款后还有 6 个还款日，年终奖 60 000 元在剩余的 6 个还款日分别偿还的金额为 $60\,000/(P/A, 3\%, 6) = 11\,075.83$ （元）。提前偿还借款后的每期还款额为 $35\,169.16 - 11\,075.83 = 24\,093.33$ （元）。

2.【答案】

（1）方案一的现值 ＝ $100 \times (P/F, 10\%, 2) = 82.64$ （万元）

方案二的现值 ＝ $30 + 30 \times (P/A, 10\%, 2) = 82.07$ （万元）

或：30×（P/A，10%，3）×（1+10%）=
82.07（万元）

方案三的现值 = 24×（P/A，10%，4）=
76.08（万元）

方案四的现值 = 21×（P/A，10%，5）×
（P/F，10%，1）= 72.37（万元）

（2）方案四是 A 公司最佳付款方案。原因
是方案四的付款现值最小。

3.【答案】

（1）甲方案报酬率的期望值 = 32%×0.4+
17%×0.4+（-3%）×0.2=19%

乙方案报酬率的期望值 = 40%×0.4+
15%×0.4+（-15%）×0.2=19%

（2）甲方案期望报酬率的方差 = （32%-
$19\%)^2 × 0.4 + (17\% - 19\%)^2 × 0.4 +$
$(-3\%-19\%)^2×0.2=0.016\ 6$

甲方案期望报酬率的标准差 = $0.016\ 6^{1/2}$ =
0.128 8=12.88%

乙方案期望报酬率的方差 = （40%-
$19\%)^2 × 0.4 + (15\% - 19\%)^2 × 0.4 +$
$(-15\%-19\%)^2×0.2=0.041\ 4$

乙方案期望报酬率的标准差 = $0.041\ 4^{1/2}$ =
0.203 5=20.35%

（3）甲方案期望报酬率的变异系数 =
12.88%/19%=0.68

乙方案期望报酬率的变异系数 =
20.35%/19%=1.07

（4）由于乙方案期望报酬率的变异系数大
于甲方案期望报酬率的变异系数，所以，
乙方案的风险大于甲方案。

4.【答案】

证券名称	期望报酬率	标准差	与市场组合的相关系数	贝塔值
无风险资产	0.025	0	0	0
市场组合	0.175	0.1	1	1
A 股票	0.22	0.2	0.65	1.3
B 股票	0.16	0.15	0.6	0.9
C 股票	0.31	0.95	0.2	1.9

填表说明：无风险资产与市场组合不相
关，标准差、相关系数和贝塔值均为 0。
市场组合贝塔值为 1，与市场组合的相关
系数为 1。

$1.3=\dfrac{\sigma_A}{0.1}×0.65⇒\sigma_A=0.2$

$0.9=\dfrac{0.15}{0.1}×r_B⇒r_B=0.6$

$0.22=R_f+1.3×（R_m-R_f）$

$0.16=R_f+0.9×（R_m-R_f）$

$⇒R_f=0.025,\ R_m=0.175$

$0.31=0.025+\beta_c×（0.175-0.025）$

$⇒\beta_c=1.9$

$1.9=\dfrac{\sigma_c}{0.1}×0.2⇒\sigma_c=0.95$

第四章　资本成本

⸻ 考 情 解 密 ⸻

📋 历年考情概况

本章是考试的重点章节，内容关联性较强。本章内容可与资本结构决策中的公司价值比较法、投资项目折现率估计、企业价值评估的现金流量折现模型、经济增加值计算等内容结合出题，或单独出题。主要考核债务资本成本的估计、普通股资本成本的估计、优先股资本成本的估计和加权平均资本成本的计算等内容。考试形式以主观题为主，客观题也有涉及。考试分值预计 5 分左右。

📋 近年考点直击

主要考点	主要考查题型	考频指数	考查角度
资本成本概念	客观题	★★	(1)公司资本成本与项目资本成本概念的理解；(2)公司资本成本高低的影响因素
债务资本成本的估计	客观题和主观题	★★★	(1)债务资本成本的区分；(2)税前债务资本成本的估计方法；(3)税后债务资本成本
普通股资本成本的估计	客观题和主观题	★★★	(1)普通股资本成本的估计；(2)留存收益资本成本的估计
混合筹资本成本估计	客观题和主观题	★★	优先股资本成本估计
加权平均资本成本的计算	客观题和主观题	★★★	(1)加权平均资本成本的权重确定；(2)加权平均资本成本的计算

📝 2022 年考试变化

影响资本成本的外部因素："利率"和"市场利率"改为"无风险利率"

⸻ 考点详解及精选例题 ⸻

一、资本成本的概念和用途

(一)资本成本的含义及用途★

资本成本是指投资资本的机会成本。具体内容见表 4-1。

表4-1　资本成本的含义及用途

要素	相关说明
含义	将资本用于本项目投资所放弃的其他投资机会的收益
其他名称	投资项目的取舍率、最低可接受的报酬率、投资人要求的必要报酬率
主要用途	投资决策、筹资决策、营运资本管理、企业价值评估、业绩评价

『老贾点拨』资本成本是投资的机会成本，或是投资人要求的报酬率，计算资本成本为什么是计算投资人的期望报酬率？不考虑其他因素，假如甲投资者的资金投资于其他资产可获得最大收益是10%，而目前放弃其他资产投资（即机会成本或要求报酬率是10%），并将资金提供给乙公司使用，乙公司最少需要提供给甲投资者10%的报酬（即对乙公司来说是资本成本）。如果资本市场有效，必要报酬率等于期望报酬率，即资本成本是期望报酬率。如果资本市场无效，乙公司想更容易筹集到资金，会付出高于10%的代价（如12%）给投资者（即投资者期望报酬率），此时公司资本成本会高于必要报酬率，即计算的期望报酬率就是资本成本。

（二）公司资本成本和项目资本成本的比较★★

资本成本根据应用对象的不同，可分为公司资本成本和投资项目资本成本。公司资本成本是投资人针对整个公司要求的报酬率，或者说是投资人对于企业全部资产要求的报酬率；项目资本成本是公司投资于资本支出项目所要求的报酬率。具体内容见表4-2。

表4-2　公司资本成本和项目资本成本的比较

要素	公司资本成本	项目资本成本
定义	公司资本成本与公司的筹资活动有关，是公司募集和使用资本的成本，即组成公司资本结构的各种资本来源的成本的加权平均数。理解该概念时，需要注意以下问题：(1)资本成本是公司取得资本使用权的代价；(2)资本成本是公司投资人的必要报酬率；(3)不同资本来源的资本成本不同；(4)不同公司资本成本不同	项目资本成本与公司的投资活动有关，它是投资所要求的必要报酬率，即项目本身所需投资资本的机会成本
影响因素	(1)无风险利率：是指无风险投资所要求的报酬率； (2)经营风险溢价：由于公司未来前景的不确定性导致要求投资报酬率增加的部分； (3)财务风险溢价：公司负债率越高，普通股收益的变动越大，股东要求的报酬率越高。 『老贾点拨』由于公司经营业务不同（经营风险不同）、资本结构不同（财务风险不同），各公司资本成本不同	项目经营风险与筹资的资本结构
二者的关系	如果项目经营风险与企业当前资产平均经营风险相同，并且公司采用相同的资本结构为新项目筹资，则项目资本成本等于公司当前加权平均资本成本，即： (1)如果公司新的投资项目的风险与企业现有资产平均风险相同，则项目资本成本等于公司资本成本； (2)如果新的投资项目的风险高于企业现有资产的平均风险，则项目资本成本高于公司资本成本； (3)如果新的投资项目的风险低于企业现有资产的平均风险，则项目资本成本低于公司资本成本。 『老贾点拨』结合"投资项目资本预算"的项目资本成本计算，此处风险包括经营风险和财务风险	

【例题1·单选题】☆甲公司有X、Y两个项目组，分别承接不同的项目类型，X项目组的资本成本为8%，Y项目组的资本成本为12%，甲公司资本成本为10%，下列项目

中，甲公司可以接受的是(　　)。

 A. 报酬率为 9% 的 X 类项目

 B. 报酬率为 7% 的 X 类项目

 C. 报酬率为 10% 的 Y 类项目

 D. 报酬率为 11% 的 Y 类项目

解析 ▶ 当项目的风险与公司整体风险不同时，项目的资本成本与公司的资本成本就会不同。评价项目是否接受的标准是该项目的资本成本，即报酬率高于项目资本成本，项目可行，选项 A 是答案。 **答案** ▶ A

【例题 2·单选题】 下列关于资本成本的说法中，错误的是(　　)。

 A. 是已经发生的实际成本

 B. 是最低可接受的报酬率

 C. 是投资项目的取舍率

 D. 是一种失去的收益

解析 ▶ 一般来说，资本成本是指投资资本的机会成本。这种成本不是实际支付的成本，而是一种失去的收益，所以选项 A 的说法不正确，选项 D 的说法正确；如果该公司的期望报酬率高于所有的其他投资机会，投资者就会投资于该公司，投资者放弃的其他投资机会的收益就是投资于该公司的成本，因此，资本成本也称为投资项目的取舍率、最低可接受的报酬率，所以选项 BC 的说法正确。 **答案** ▶ A

(三)资本成本的影响因素★

影响企业资本成本高低的因素可分为外部因素和内部因素，具体内容见表 4-3。

表 4-3　资本成本的影响因素

项目	说明
外部因素	(1)无风险利率。如果无风险利率提高，公司债务资本成本和普通股资本成本上升； (2)市场风险溢价。市场风险溢价影响股权资本成本； (3)税率。税率变化影响债务税后资本成本和加权平均资本成本
内部因素	(1)资本结构。企业改变资本结构，资本成本会随之变化。公司应该适度负债，寻求资本成本最小化的资本结构； (2)投资政策。如果公司向高于现有资产风险的新项目大量投资，公司资产平均风险提高，资本成本上升

【例题 3·多选题】 下列外部因素中，会导致公司资本成本提高的有(　　)。

 A. 无风险利率提高

 B. 市场风险溢价提高

 C. 公司资产平均风险提高

 D. 企业所得税税率提高

解析 ▶ 无风险利率、市场风险溢价和所得税税率是影响资本成本的外部因素。无风险利率和市场风险溢价提高，资本成本上升；所得税税率提高，税后债务资本成本和加权平均资本成本降低，选项 AB 是答案，选项 D 不是答案。影响资本成本的内部因素有资本结构和投资政策，选项 C 不是答案。

 答案 ▶ AB

二、债务资本成本的概念

(一)债务资本成本的特点★

估计债务成本就是确定债权人要求的收益率。债务资本的提供者(即债权人)承担的风险低于股东，即其要求的报酬率低于股东，所以债务筹资的资本成本低于权益筹资的成本。

(二)债务资本成本的区分★★

1. 区分债务的历史成本和未来成本

作为投资决策和企业价值评估依据的资本成本，只能是未来借入新债务的成本。现有债务的历史成本，对于未来的决策来说是不相关的沉没成本。

2. 区分债务的承诺收益与期望收益

因为违约风险存在，所以对投资人来说，债务投资组合的期望收益低于合同规定的承诺收益，在不考虑筹资费用的情况下，债权人的期望收益率是其债务的真实成本。在实务中，往往把债务的承诺收益率作为债务成本。

『老贾点拨』 如果公司处于财务困境或财务状况不佳，债务承诺收益率可能非常高（如垃圾债券），此时必须区分承诺收益和期望收益，并用期望收益率计算债务成本。

3. 区分长期债务成本和短期债务成本

由于加权平均资本成本主要用于资本预算，涉及的是长期债务，因此，通常只考虑长期债务。有时公司无法发行长期债券或取得长期银行借款，被迫采用短期债务筹资并将其不断续约，这种债务，实质上是一种长期债务，需要计算资本成本。

【例题4·单选题】 ☆在进行投资决策时，需要估计的债务成本是（　　）。

A. 现有债务的承诺收益

B. 未来债务的期望收益

C. 未来债务的承诺收益

D. 现有债务的期望收益

解析 ▶ 作为投资决策评估依据的债务成本，只能是未来借入新债务的成本，现有债务的历史成本，对于未来决策来说是不相关的沉没成本，选项AD不是答案；对于筹资人来说，在不考虑筹资费用的情况下，债权人的期望收益率是其债务的真实成本，选项B是答案，选项C不是答案。 **答案** ▶ B

三、债务资本成本的估计方法

（一）税前债务资本成本的估计 ★★★

1. 不考虑发行费用的税前债务资本成本估计

（1）到期收益率法

如果公司目前有上市的长期债券，则使用到期收益率法计算债务税前资本成本，即根据已经上市的长期债券的未来现金流量现值等于当前市价，求解折现率。

①每年付息、到期还本债券。

债券市价 = 面值×票面利率×$(P/A, r_d, n)$+面值×$(P/F, r_d, n)$

式中：n是债券的剩余期限；r_d是到期收益率（即税前债务资本成本）。

『老贾点拨1』 折现率计算通常采用插值法，测试技巧参照计息期的票面利率。

『老贾点拨2』 如果债券每年付息 m 次，则上述公式需要作出调整，即：

债券市价 = 债券面值×票面利率/m×$(P/A, r_d, mn)$+债券面值×$(P/F, r_d, mn)$

式中 r_d 是计息期折现率。

债券税前资本成本 = 有效年利率 = $(1+r_d)^m - 1$

②到期一次还本付息债券（假设票面利率按单利计算）。

债券市价 = （面值+面值×票面利率×n）×$(P/F, r_d, m)$

式中：n 是债券期限（即发行日至到期日）；m 是剩余期限（即当前日至到期日）。

【例题5·计算分析题】 某公司3年前发行了面值为1 000元，票面利率为12%，每半年付息的不可赎回债券，该债券还有5年到期，当前市价为1 051.19元。

要求：计算该债券的税前资本成本。

答案 ▶

假设半年折现率为 r_d，则：

1 000×6%×$(P/A, r_d, 10)$+1 000×$(P/F, r_d, 10)$ = 1 051.19

假设半年折现率为6%，则：

1 000×6%×$(P/A, 6\%, 10)$+1 000×$(P/F, 6\%, 10)$ = 1 000

假设半年折现率为5%，则：

1 000×6%×$(P/A, 5\%, 10)$+1 000×$(P/F, 5\%, 10)$ = 1 077.2

$$\frac{r_d - 5\%}{6\% - 5\%} = \frac{1\,051.19 - 1\,077.2}{1\,000 - 1\,077.2}$$

半年折现率(r_d) = 5.34%

有效年折现率(税前资本成本)为:

$(1+5.34\%)^2-1$ = 10.97%

【例题6·计算分析题】有一种5年期国库券,每份债券面值1 000元,票面利率为4%,单利计息,到期一次还本付息,复利折现。该国库券还有3年到期,当前价格1 020元。

要求:计算该债券的税前资本成本。

答案 ▶

假设年折现率为r_d,则:

$(1\ 000+1\ 000\times4\%\times5)\times(P/F,r_d,3)$ = 1 020

假设折现率为5%,则:

$(1\ 000+1\ 000\times4\%\times5)\times(P/F,5\%,3)$ = 1 036.56

假设折现率为6%,则:

$(1\ 000+1\ 000\times4\%\times5)\times(P/F,6\%,3)$ = 1 007.52

$$\frac{r_d-5\%}{6\%-5\%}=\frac{1\ 020-1\ 036.56}{1\ 007.52-1\ 036.56}$$

债券税前资本成本(r_d) = 5.57%

或:$(1\ 000+1\ 000\times4\%\times5)\times(P/F,r_d,3)$ = 1 020

即:$1\ 200/(1+r_d)^3$ = 1 020

r_d = 5.57%

(2)可比公司法

公司没有上市债券,计算拥有可交易债券的可比公司的长期债券的到期收益率,作为本公司的长期债务成本。

『老贾点拨』可比公司应当与目标公司处于同一行业,具有类似的商业模式。最好两者的规模、负债比率和财务状况也比较类似。

【例题7·多选题】☆甲公司目前没有上市债券,在采用可比公司法测算公司的债务资本成本时,选择的可比公司应具有的特征有( )。

A. 与甲公司在同一行业

B. 与甲公司商业模式类似

C. 拥有可上市交易的长期债券

D. 与甲公司在同一生命周期阶段

解析 ▶ 如果需要计算债务成本的公司,没有上市债券,就需要找一个拥有可交易债券的可比公司作为参照物。可比公司应当与目标公司处于同一行业,具有类似的商业模式,选项ABC是答案。 **答案** ▶ ABC

(3)风险调整法

如果本公司没有上市的长期债券,而且找不到合适的可比公司,需要使用风险调整法估计债务资本成本,基本公式为:

税前债务成本=政府债券的市场收益率+企业的信用风险补偿率

①政府债券市场收益率的确定。

政府债券市场收益率是指与本公司债券具有相同(或接近)到期日的政府债券市场收益率(即到期收益率)。

②企业信用风险补偿率(或称违约风险溢价)的确定。

i. 选择若干信用级别与本公司相同的上市的公司债券;

ii. 计算选定上市公司债券的到期收益率;

iii. 计算与选定上市公司债券具有相同或接近到期日的长期政府债券到期收益率(无风险利率);

iv. 计算上述两个到期收益率的差额,即信用风险补偿率;

v. 计算信用风险补偿率的平均值,并作为本公司的信用风险补偿率。

【例题8·单选题】☆甲公司采用风险调整法估计债务成本,在选择若干已上市公司债券以确定本公司的信用风险补偿率时,应当选择( )。

A. 与本公司债券期限相同的债券

B. 与本公司信用级别相同的债券

C. 与本公司所处行业相同的公司债券

D. 与本公司商业模式相同的公司债券

解析 ▶ 采用风险调整法估计债务资本成本,在选择若干已上市公司债券以确定本公司的信用风险补偿率时，应当选择信用级别与本公司相同的上市公司债券，选项 B 是答案。

答案 ▶ B

【例题 9·计算分析题】 甲公司的信用级别为 B 级，2012 年 7 月 1 日发行 5 年期，每年付息到期还本的债券。目前收集了可比公司上市交易的 B 级公司债券以及与公司债券到期日接近的政府债券，有关数据如下表所示：

债券发行公司	上市债券到期日	上市债券到期收益率	政府债券到期日	政府债券到期收益率
A	2016.1.28	4.80%	2016.1.4	3.97%
B	2017.9.26	4.66%	2017.7.4	3.75%
C	2018.8.15	4.52%	2018.2.15	3.47%
D	2019.9.25	5.65%	2019.2.15	4.43%

要求：计算甲公司债券税前资本成本。

答案 ▶

平均的信用风险补偿率 = [(4.8% - 3.97%) + (4.66% - 3.75%) + (4.52% - 3.47%) + (5.65% - 4.43%)]/4 = 1%

债券税前资本成本 = 3.75% + 1% = 4.75%

『老贾点拨』站在 2012 年 7 月 1 日时点看，与发行债券具有相同或相近到期日的政府债券，是 2017 年 7 月 4 日到期的政府债券，其到期收益率是 3.75%。

(4) 财务比率法

适用于公司没有上市的长期债券，而且找不到合适的可比公司，并且没有信用评级资料。财务比率法是根据目标公司的关键财务比率，大体判断该公司的信用级别，进而使用风险调整法确定其债务成本。

2. 考虑发行费用的债券税前资本成本估计

对于新发行债券，需要考虑筹资费用的影响。根据长期债券的未来偿还利息和面值的现值等于筹资净流入，求解折现率即可。

债券发行价格 × (1 - 发行费用率) = 面值 × 票面利率 × (P/A, r_d, n) + 面值 × (P/F, r_d, n)

式中：n 是债券期限；

r_d 是经发行费用调整后的债券税前资本成本。

『老贾点拨』①考虑发行费用的债券税前资本成本估计与到期收益率法计算思路是相同的。

②如果是一年内多次付息，计算出的折现率需要转换为有效的年折现率。

【例题 10·计算分析题】 公司新发行长期的不可赎回债券，面值 1 000 元，票面利率 12%，每年付息一次，债券期限 5 年，发行价格 1 106.52 元，发行费用率为 8%。

要求：计算债券的税前资本成本。

答案 ▶

假设年折现率为 r_d，则：

1 000 × 12% × (P/A, r_d, 5) + 1 000 × (P/F, r_d, 5) = 1 106.52 × (1 - 8%) = 1 018

假设折现率为 12%，则：

1 000 × 12% × (P/A, 12%, 5) + 1 000 × (P/F, 12%, 5) = 1 000

假设折现率为 11%，则：

1 000 × 12% × (P/A, 11%, 5) + 1 000 × (P/F, 11%, 5) = 1 037

$$\frac{r_d - 11\%}{12\% - 11\%} = \frac{1\,018 - 1\,037}{1\,000 - 1\,037}$$

债券税前资本成本 (r_d) = 11.51%

(二) 税后债务资本成本的估计 ★★★

税后债务资本成本 = 税前债务资本成本 × (1 - 企业所得税税率)

『老贾点拨』①没有特殊说明时，债务资本成本是指税后债务资本成本。

②如果债务是一年多次付息，应先计算计息期折现率，再计算有效年利率(即税前债务资本成本)，最后计算税后债务资本成本。

四、普通股资本成本的估计

（一）不考虑发行费用的普通股资本成本估计★★★

1. 资本资产定价模型

（1）计算公式

$r_s = r_{RF} + \beta \times (r_m - r_{RF})$

式中：

r_{RF}是无风险利率；

β是某股票的贝塔系数；

r_m是平均风险股票报酬率（市场平均报酬率）；

$(r_m - r_{RF})$是市场风险溢价；

$\beta \times (r_m - r_{RF})$是某股票风险溢价。

（2）无风险利率的估计

无风险利率的选择及说明见表4-4。

表4-4　无风险利率的选择及说明

因素	选择	理由
政府债券期限	选用10年或更长时间的政府债券	（1）普通股是长期的有价证券；（2）资本预算涉及的时间长；（3）长期政府债券的利率波动较小
政府债券利率	到期收益率	不同时间发行的、票面利率和计息期不同的上市债券，根据当前市价和未来现金流量计算的到期收益率差别很小
通货膨胀	名义利率	使用实际利率的情形：恶性通货膨胀（通货膨胀率已经达到两位数）或预测周期特别长导致通货膨胀累积影响大
	$1+r_{名义} = (1+r_{实际})(1+通货膨胀率)$ 名义现金流量=实际现金流量×$(1+通货膨胀率)^n$ 式中：n是相对于基期的期数	

『老贾点拨』名义利率包含通货膨胀因素，实际利率已经剔除了通货膨胀因素的影响。同理，名义现金流量包含通货膨胀的影响，实际现金流量是消除了通货膨胀的影响的。在决策分析时，名义现金流量用名义利率进行折现，实际现金流量用实际利率进行折现。另外，第三章第一节利率影响因素中，名义无风险利率的计算，是此处计算公式的简化。

【例题11·多选题】☆采用实体现金流量模型进行企业价值评估时，为了计算资本成本，无风险利率需要使用实际利率的情况有（　　）。

A. 预测周期特别长

B. 市场风险溢价较高

C. β系数较大

D. 存在恶性通胀

解析　采用资本资产定价模型估计普通股资本成本时，其中的无风险利率通常选用含有通货膨胀影响的名义利率，但是在以下两种情况下需要使用实际利率：一是存在恶性的通货膨胀（通货膨胀已经达到两位数）时；二是预测周期特别长，通货膨胀的累积影响巨大。

答案　AD

【例题12·计算分析题】假设某投资方案的实际现金流量如下表所示，名义折现率为10%，预计未来3年每年的通货膨胀率均为3%。

时间	第0年	第1年	第2年	第3年
实际现金流量（万元）	-500	250	280	180

要求：计算该方案各年现金流量现值的合计。

答案 ▶

解法 1：将名义现金流量用名义折现率进行折现(单位：万元)。

时间	第 0 年	第 1 年	第 2 年	第 3 年
实际现金流量	−500	250	280	180
名义现金流量	−500	$250 \times 1.03 = 257.5$	$280 \times 1.03^2 = 297.05$	$180 \times 1.03^3 = 196.69$
现值(按10%折现)	−500	$257.5 \div 1.1 = 234.09$	$297.05 \div 1.1^2 = 245.5$	$196.69 \div 1.1^3 = 147.78$
净现值	NPV $= -500 + 234.09 + 245.50 + 147.78 = 127.37$			

解法 2：将实际现金流量用实际折现率进行折现(单位：万元)。

$$实际折现率 = \frac{1 + 名义折现率}{1 + 通货膨胀率} - 1 = \frac{1 + 10\%}{1 + 3\%} - 1 = 6.8\%$$

时间	第 0 年	第 1 年	第 2 年	第 3 年
实际现金流量	−500	250	280	180
现值(按6.80%折现)	−500	$250 \div 1.068 = 234.08$	$280 \div 1.068^2 = 245.48$	$180 \div 1.068^3 = 147.76$
净现值	NPV $= -500 + 234.08 + 245.48 + 147.76 = 127.32$			

(3)股票贝塔值的估计。

股票贝塔值的概念及相关说明见表4-5。

表 4-5　股票贝塔值的概念及相关说明

项目	主要内容
概念	贝塔值(β值)是证券 J 的报酬率与市场组合报酬率的协方差与市场组合报酬率的方差的比值。 $\beta_J = r_{JM} \left(\dfrac{\sigma_J}{\sigma_M} \right)$
历史期间的长度	①公司风险特征无重大变化时，可以采用5 年或更长的历史期长度； ②如果公司风险特征发生重大变化，应当使用变化后的年份作为历史期长度
报酬率间隔期	为了更好地显现股票报酬率与市场组合报酬率之间的相关性，应使用每周或每月的报酬率
驱动因素	驱动 β 值的经营风险和财务风险如果没有显著改变，则可以用历史的 β 值估计股权成本

(4)市场风险溢价的估计。

市场风险溢价的估计方法及说明见表4-6。

表 4-6　市场风险溢价的估计方法及说明

项目	主要内容
概念	市场风险溢价是市场平均收益率与无风险资产平均收益率之间的差异
历史期间时间跨度	应选择较长的时间跨度，既包括经济繁荣时期，也包括经济衰退时期，以更好地反映平均水平
确定权益市场平均收益率的方法	由于几何平均数的计算考虑了复合平均，能更好地预测长期的平均风险溢价，通常选择几何平均法

『老贾点拨』①算术平均数计算权益市场平均收益率（P 为市场价格指数）。

$$r_m = \left(\frac{P_1-P_0}{P_0} + \frac{P_2-P_1}{P_1} + \cdots + \frac{P_n-P_{n-1}}{P_{n-1}} \right) \div n$$

②几何平均数计算权益市场平均收益率（P 为市场价格指数）。

$$P_n = P_0 \times (1+r_m)^n \Rightarrow r_m = \sqrt[n]{\frac{P_n}{P_0}} - 1$$

【例题 13 · 单选题】 ☆下列关于"运用资本资产定价模型估计普通股资本成本"的表述中，错误的是（ ）。

A. 通货膨胀率较低时，可选择上市交易的政府长期债券的到期收益率作为无风险利率

B. 公司三年前发行了较大规模的公司债券，估计贝塔系数时应使用发行债券日之后的交易数据计算

C. 金融危机导致过去两年证券市场萧条，估计市场风险溢价时应剔除这两年的数据

D. 为了更好地预测长期平均风险溢价，估计市场风险溢价时应使用权益市场的几何平均收益率

解析 ▶ 市场风险溢价是市场平均收益率与无风险资产平均收益率之间的差异，其中在估计市场平均收益率时，应选择较长的时间跨度，既要包括经济繁荣时期，也要包括经济衰退时期，以更好地反映平均水平，选项 C 是答案。 答案 ▶ C

2. 股利增长模型

（1）计算公式

假定收益以固定的年增长率递增，则股权成本的计算公式为：

$$r_S = \frac{D_1}{P_0} + g$$

式中：

r_S 是普通股资本成本；

D_1 是预期下年现金股利额；

P_0 是普通股当前市价；

g 是股利的年增长率。

（2）股利年增长率的估计

股利年增长率的估计方法及说明见表4-7。

表 4-7　股利年增长率的估计方法及说明

估计方法	阐释
根据历史增长率估计	（1）根据过去的股利支付数据估计未来的股利增长率； （2）股利增长率可以按几何平均数计算，也可以按算术平均数计算，前者的计算结果更符合逻辑
根据可持续增长率估计	假设未来保持当前的经营效率和财务政策不变，不增发新股和回购股票，则可根据可持续增长率计算股利增长率，即： 股利的增长率＝可持续增长率＝预计利润留存率×期初权益预期净利率 股利增长率＝可持续增长率＝$\frac{本期利润留存率×期末权益净利率}{1-本期利润留存率×期末权益净利率}$
根据证券分析师的预测估计	估计增长率时，可以将分析师的预测值进行汇总，并求加权平均值。在计算加权平均值时，可以给权威性较强的机构以较大权重

【例题 14 · 多选题】 ☆甲公司是一家稳定发展的制造业企业，经营效率和财务政策过去十年保持稳定且预计未来继续保持不变，未来不打算增发或回购股票，公司现拟用股利增长模型估计普通股资本成本。下列各项中，可作为股利增长率的有（ ）。

A. 甲公司可持续增长率

B. 甲公司历史股价增长率

C. 甲公司内含增长率

D. 甲公司历史股利增长率

解析 ▶ 甲公司经营效率和财务政策预计未来继续保持不变，且不打算增发或回购股票，即处于可持续增长状态，可持续增长率等于股利增长率，可以根据可持续增长率估计，选项 A 是答案。经营效率和财务政策过去十年保持稳定，即过去的股利增长率相对

稳定，并且这种趋势会继续下去，可以用过去的股利增长率作为未来股利增长率的估计值，即可以采用历史股利增长率估计未来股利增长率，选项 D 是答案。根据历史的各年股利，利用股票估价模型计算的结果未必恰好等于实际的历史股价，因为实际的资本市场未必是有效市场，所以历史股价增长率不一定等于历史股利增长率，选项 B 不是答案。内含增长率是没有可动用金融资产，且没有外部融资时实现的销售增长率，计算目的是用于财务预测和销售增长管理，选项 C 不是答案。 **答案▶ AD**

3. 债券收益率风险调整模型

r_s = 税后债务资本成本 + 风险溢价

『老贾点拨』①税后债务资本成本是本公司自己发行债券的资本成本。

②风险溢价的确定方法有两种：一是凭借经验估计。一般认为，某企业普通股风险溢价对其自己发行的债券来讲，在3%~5%之间。二是根据历史数据分析权益报酬率与债券收益率（通常指到期收益率）的差异估计。

【例题15·单选题】☆甲公司采用债券收益率风险调整模型估计股权资本成本，税前债务资本成本8%，股权相对债权风险溢价4%，企业所得税税率25%。甲公司的股权资本成本是（　）。

A. 8%　　　　　B. 6%

C. 10%　　　　D. 12%

解析▶ 股权资本成本 = 税后债务资本成本 + 股东比债权人承担更大风险所要求的风险溢价 = 8%×(1−25%)+4% = 10%　**答案▶ C**

【例题16·单选题】甲公司是一家上市公司，使用"债券收益率风险调整模型"估计公司的普通股资本成本时，债券收益率是指（　）。

A. 政府发行的长期债券的票面利率

B. 政府发行的长期债券的到期收益率

C. 甲公司发行的长期债券的税前债务成本

D. 甲公司发行的长期债券的税后债务成本

解析▶ 根据债券收益率风险调整模型估

计普通股资本成本时，采用本公司发行债券的税后资本成本加风险溢价来确定，选项 D 是答案。 **答案▶ D**

（二）考虑发行费用的普通股资本成本估计★★

新发行普通股会发生发行费用。如果将发行费用考虑在内，则新发行普通股资本成本的计算公式为：

$$r_s = \frac{D_1}{P_0 \times (1-F)} + g$$

式中：

F 是发行费用率。

『老贾点拨』新发行普通股属于外部股权筹资，留存收益属于内部股权筹资。留存收益的资本成本估计方法与普通股相同，只是不需要考虑发行费用。因此一般情况下，留存收益资本成本低于新发行普通股资本成本。

【例题17·计算分析题】某公司现有资产5 000万元，没有负债，全部为权益资本，发行在外普通股1 000万股。总资产净利率12%，净利润全部用于股利发放，未来股利增长率3%。为了提高股票每股收益和每股市价，公司明年准备筹资扩大规模购置设备（该设备的报酬率与现有资产报酬率相同），拟以当前市价每股5元增发普通股100万股，发行费用率10%。

要求：

（1）计算新发行普通股的资本成本。

（2）计算增资之后的每股收益和每股市价（假设市盈率不变）。

（3）判断增资方案是否可行。

答案▶

（1）每股股利 = 5 000×12%/1 000 = 0.6（元）

普通股资本成本 = 0.6×(1+3%)/[5×(1−10%)]+3% = 16.73%

（2）增发普通股获得资金 = 5×100×(1−10%) = 450（万元）

增资后每股收益 = (5 000 + 450)×12%/

（1 000+100）= 0.59（元）

如果市盈率不变，则增资后的每股市价为：

（5/0.6）× 0.59 = 4.92（元）

（3）增资后每股收益和每股市价均低于增资前，增资不可行。

五、混合筹资资本成本的估计

混合筹资包括优先股筹资、永续债筹资、可转换债券筹资和附认股权证债券筹资。其中可转换债券和附认股权证债券资本成本计算参见"长期筹资"章节的内容。

（一）优先股资本成本估计★★

优先股资本成本包括股息和发行费用。优先股资本成本的计算公式为：

$$r_p = \frac{D_p}{P_p \times (1-F)}$$

式中：

r_p 是优先股资本成本；

D_p 是优先股每股年股息；

P_p 是优先股每股发行价格；

F 是优先股发行费用率。

【例题 18·单选题】 某公司发行分类为权益工具的每季付息的永久性优先股，每股发行价格 116.79 元，每股面值 100 元，年股息率 10%，每股的发行成本 2 元，公司所得税税率 25%。则优先股的资本成本是（　）。

A. 9.01%　　　　B. 8.72%

C. 6.76%　　　　D. 6.54%

解析 优先股每季度股利 = 100 × 10%/4 = 2.5（元），每季度优先股资本成本 = 2.5/（116.79-2）= 2.18%，优先股年资本成本 = （1+2.18%）^{4}-1 = 9.01%。　**答案** A

（二）永续债资本成本估计★

永续债是没有明确的到期日或期限非常

长的债券。永续债清偿顺序优先于优先股和普通股；永续债利息未全额清偿前，清偿顺序相同或靠后的证券不得派息。永续债资本成本计算公式为：

$$r_{pd} = \frac{I_{pd}}{P_{pd} \times (1-F)}$$

式中：

r_{pd} 是永续债资本成本；

I_{pd} 是永续债每年利息；

P_{pd} 是永续债发行价格；

F 是永续债发行费用率。

『老贾点拨』 此处优先股、永续债视为权益工具，股利分配和利息支出作为利润分配，不可在税前扣除。另外，1 年内多次支付股利或利息时，需要转换为有效年利率形式。

六、 加权平均资本成本的计算方法★★★

1. 计算公式

加权平均资本成本是公司以各种长期资本的构成比例为权重计算的加权平均值，其计算公式为：

$$r_w = \sum_{j=1}^{n} r_j w_j$$

式中：

r_w 是加权平均资本成本；

r_j 是第 j 种筹资方式的资本成本；

w_j 是第 j 种筹资方式的资本占全部资本的比重。

2. 加权平均资本成本权重的选择

计算加权平均资本成本有三种权重依据可供选择，即账面价值权重、实际市场价值权重和目标资本结构权重，相关说明见表4-8。

表 4-8　加权平均资本成本权重的类别及相关说明

权重类别	相关说明
账面价值权重	确定方法：根据企业资产负债表上显示的会计价值来衡量每种资本的比例。 优点：计算方便。 缺点： (1)账面结构反映的是历史的结构，不一定符合未来的状态； (2)账面价值与市场价值有极大的差异，会歪曲资本成本
实际市场价值权重	确定方法：根据当前负债和权益的市场价值比例衡量每种资本的比例。 优点：计算结果反映企业目前的实际状况。 缺点：计算结果随着市场价值的变动而变动
目标资本结构权重	确定方法：根据按市场价值计量的目标资本结构衡量每种资本要素的比例。 优点： (1)选用平均市场价格，可以回避证券市场价格变动频繁的不便； (2)适用于公司评价未来的资本结构，而账面价值权重和实际市场价值权重反映过去和现在的资本结构

【例题 19·多选题】　☆下列关于计算加权平均资本成本的说法中，正确的有(　　)。

A. 计算加权平均资本成本时，理想的做法是按照以市场价值计量的目标资本结构的比例计量每种资本要素的权重

B. 计算加权平均资本成本时，每种资本要素的相关成本是未来增量资金的机会成本，而非已经筹集资金的历史成本

C. 计算加权平均资本成本时，需要考虑发行费用的债务应与不需要考虑发行费用的债务分开，分别计量资本成本和权重

D. 计算加权平均资本成本时，如果筹资企业处于财务困境，需将债务的承诺收益率

而非期望收益率作为债务成本

解析　▶　按市场价值计量的目标资本结构衡量每种资本要素的比例，代表将来筹资的最佳估计，选项 A 的说法正确。加权平均资本成本是未来筹集资金的机会成本，而不是已经筹集资金的历史成本，选项 B 的说法正确。如果发行费用率比较高，考虑发行费用的债务成本与不需要考虑发行费用的债务成本有较大的差别，选项 C 的说法正确。如果筹资公司处于财务困境或者财务状况不佳，债务的承诺收益率可能远高于期望收益率，此时计算债务成本应该采用期望收益率，选项 D 的说法错误。　　答案　▶　ABC

同步训练

限时 165min

扫我做试题

一、单项选择题

1. 甲投资方案的寿命期为一年，初始投资额为 6 000 万元，预计第一年年末扣除通货膨胀影响后的实际现金流为 7 200 万元，投资当年的预期通货膨胀率为 5%，名义

利率为 11.3%，则该方案能够提高的公司价值为(　　)万元。

A. 469　　　　　　　B. 668

C. 792　　　　　　　D. 857

2. 某公司当前每股市价为 20 元，如果增发普通股，发行费率为 8%，该公司可以长

期保持当前的经营效率和财务政策，并且不增发和回购股票，预计利润留存率为80%，期初权益预期净利率为15%。预计明年的每股股利为1.2元，则留存收益的资本成本为(　　)。

A. 18.52%　　　　B. 18%

C. 16.4%　　　　D. 18.72%

3. 已知某普通股的β值为1.2，无风险利率为6%，市场组合的必要收益率为10%，该普通股目前的市价为10元/股，预计第一期的股利为0.8元，不考虑筹资费用，假设根据资本资产定价模型和股利增长模型计算得出的普通股资本成本相等，则该普通股股利的年增长率为(　　)。

A. 6%　　　　B. 2%

C. 2.8%　　　　D. 3%

4. 甲公司采用资本资产定价模型计算股权资本成本，确定的无风险利率是(　　)。

A. 5年期政府债券到期收益率

B. 10年期政府债券到期收益率

C. 5年期甲公司债券票面利率

D. 10年期甲公司债券票面利率

5. ☆进行投资项目资本预算时，需要估计债务资本成本。下列说法中，正确的是(　　)。

A. 如果公司有上市债券，可以使用债券承诺收益作为债务资本成本

B. 如果公司资本结构不变，债务资本成本是现有债务的历史成本

C. 即使公司通过不断续约短债长用，债务资本成本也只是短期债务成本

D. 如果公司发行"垃圾债券"，债务资本成本应是考虑违约可能后的期望收益

6. 甲公司拟发行债券筹集资金，与该批债券到期日接近的政府债券的票面利率5%，到期收益率4.6%。企业信用风险补偿率2%。甲公司采用风险调整法估计该债券的税前资本成本是(　　)。

A. 7%　　　　B. 6.6%

C. 9.6%　　　　D. 11.6%

7. 某企业希望在筹资计划中确定期望的加权平均资本成本，为此需要计算个别资本占全部资本的比重。此时，最适宜采用的计算基础是(　　)。

A. 目前的账面价值权重

B. 实际市场价值权重

C. 预计的账面价值权重

D. 目标资本结构权重

8. 假设在资本市场中，平均风险股票报酬率为14%，市场风险溢价为4%，某公司普通股β值为1.5。该公司普通股的成本为(　　)。

A. 18%　　　　B. 6%

C. 20%　　　　D. 16%

9. 某公司债券的税前资本成本8%，企业所得税税率25%，长期政府债券利率4%。股权相对于债权的风险溢价是5%，则该公司普通股的资本成本是(　　)。

A. 8%　　　　B. 13%

C. 9%　　　　D. 11%

10. 公司目前处于可持续增长状态，可持续增长率5%。今年支付股利每股2元，新发行普通股筹资费用率2%，股票市价20元，则新发行普通股的资本成本是(　　)。

A. 15.5%　　　　B. 15%

C. 15.71%　　　　D. 15.2%

11. 下列关于资本成本用途的表述中，正确的是(　　)。

A. 公司资本成本是项目投资评价的基准

B. 公司加权平均资本成本最低时企业价值最大

C. 实体现金流量折现需要使用股权资本成本

D. 计算经济增加值需要使用项目资本成本

12. 某公司两年前借了大量债务用于收购其他公司，使得公司的基本风险特征发生了很大变化。则该企业采用回归分析法确定β值时，最合适的使用数据是(　　)。

A. 最近2年的数据

B. 最近5年的数据

C. 最近 10 年的数据

D. 最近 1 年的数据

13. 公司增发的普通股的市价为 12 元/股，筹资费用率为市价的 6%，本年发放股利每股 0.6 元，已知同类股票的必要报酬率为 11%，则维持此股价需要的股利年增长率为（ ）。

A. 5%   B. 5.39%

C. 5.68%   D. 10.34%

14. 采用风险调整法计算债务税前资本成本时，关于政府债券市场收益率的确定，正确的是（ ）。

A. 与拟发行债券同期限的政府债券的票面利率

B. 与拟发行债券发行时间相同或接近的政府债券的到期收益率

C. 与拟发行债券到期日相同或接近的政府债券的票面利率

D. 与拟发行债券到期日相同或接近的政府债券的到期收益率

15. 某公司发行分类为权益工具的优先股，每股面值为 100 元，发行价格为 110 元，发行费用每股 5 元，预计每年股息率为 10%，企业所得税税率为 25%，则优先股资本成本是（ ）。

A. 7.5%   B. 10%

C. 7.14%   D. 9.52%

16. 某公司预计的长期资本结构（负债/权益）为 2/3，债务税前资本成本 8%。目前市场无风险利率 5%，权益市场风险溢价 10%，公司股票贝塔系数 1.5，企业所得税税率 25%，则公司的加权平均资本是（ ）

A. 9.9%   B. 10.7%

C. 14.4%   D. 15.2%

17. ☆在采用债券收益率风险调整模型估计普通股资本成本时，风险溢价是（ ）。

A. 目标公司普通股相对长期国债的风险溢价

B. 目标公司普通股相对目标公司债券的风险溢价

C. 目标公司普通股相对短期国债的风险溢价

D. 目标公司普通股相对可比公司长期债券的风险溢价

二、多项选择题

1. ☆股权资本成本计算的模型包括（ ）。

A. 股利增长模型

B. 资本资产定价模型

C. 债券收益率风险调整模型

D. 财务比率法

2. X 公司资本成本 10%，Y 公司资本成本 12%，形成两公司资本成本差别的因素有（ ）。

A. 无风险利率   B. 经营风险溢价

C. 通货膨胀率   D. 财务风险溢价

3. 下列关于通货膨胀的说法中，错误的有（ ）。

A. 如果名义无风险利率为 10%，通货膨胀率为 3%，则真实无风险利率为 6.80%

B. 只有在存在恶性通货膨胀的情况下才需要使用实际无风险利率计算资本成本

C. 如果第三年的实际现金流量为 100 万元，年通货膨胀率为 5%，则第三年的名义现金流量为 105 万元

D. 实际现金流量用实际折现率折现，名义现金流量用名义折现率折现

4. 下列关于股权资本成本的表述中，正确的有（ ）。

A. 处于财务困境的公司股权成本会低于债务成本

B. 留存收益资本成本计算不需要考虑筹资费用

C. 优先股资本成本通常低于普通股资本成本

D. 股权资本成本是股东要求的必要报酬率

5. 关于债务资本成本的估计，下列表述中正确的有（ ）。

A. 现有债务的历史成本是决策的相关成本

B. 真实的债务成本应根据期望收益率计算

C. 债务成本的估计通常只考虑长期债务

D. 债务资本成本通常低于股权资本成本

6. 下列各项中，属于不考虑发行费用的税前债务资本成本估价方法的有( )。

A. 资本资产定价模型

B. 到期收益率法

C. 财务比率法

D. 风险调整法

7. 采用股利增长模型估计普通股资本成本时，下列因素会导致资本成本提高的有( )。

A. 预计现金股利增加

B. 股利增长率提高

C. 筹资费用提高

D. 股价上升

8. 会导致公司资本成本提高的外部因素有( )。

A. 无风险利率上升

B. 投资高风险项目

C. 企业所得税税率上升

D. 市场风险溢价提高

9. 采用资本资产定价模型计算普通股资本成本时，关于无风险利率的估计，正确的有( )。

A. 采用长期政府债券的票面利率

B. 采用长期政府债券的到期收益率

C. 采用短期政府债券的到期收益率

D. 实务中通常采用考虑通货膨胀后的利率

10. ☆资本资产定价模型是估计权益成本的一种方法。下列关于资本资产定价模型参数估计的说法中，正确的有( )。

A. 估计无风险利率时，通常可以使用上市交易的政府长期债券的票面利率

B. 估计贝塔值时，使用较长年限数据计算出的结果比使用较短年限数据计算出的结果更可靠

C. 估计市场风险溢价时，使用较长年限数据计算出的结果比使用较短年限数据计算出的结果更可靠

D. 预测未来资本成本时，如果公司未来的业务将发生重大变化，则不能用企业自身的历史数据估计贝塔值

11. 下列关于公司资本成本的说法中，正确的有( )。

A. 公司资本成本是公司募集和使用资金的成本

B. 公司资本成本是公司投资人要求的必要报酬率

C. 不同公司之间资本成本的差别取决于无风险利率、经营风险溢价和财务风险溢价三个因素

D. 公司新投资项目风险与现有资产平均风险相同，公司资本成本等于项目资本成本

12. ☆企业在进行资本预算时需要对债务成本进行估计。如果不考虑所得税的影响，下列关于债务成本的说法中，正确的有( )。

A. 在不考虑筹资费用的情况下，债权人的期望收益率是其债务的真实成本

B. 当不存在违约风险时，债务成本等于债务的承诺收益

C. 估计债务成本时，应使用现有债务的加权平均债务成本

D. 计算加权平均债务成本时，通常不需要考虑短期债务

三、计算分析题

1. 东方公司目前的资本结构为：公开发行的长期债券 900 万元，普通股 1 200 万元，留存收益 900 万元。其他有关信息如下：

(1) 该公司债券税后资本成本为 4%；

(2) 该公司股票的报酬率与市场组合报酬率的相关系数为 0.5，市场组合报酬率的标准差为 3.0，该公司股票报酬率的标准差为 3.9；

(3) 国库券的利率为 5%，股票市场的市场风险溢价为 8%；

(4) 企业所得税税率为 25%；

(5)由于股东比债权人承担更大的风险，所以要求的风险溢价为5%。

要求：

(1)按照资本资产定价模型计算普通股资本成本。

(2)按照债券收益率风险调整模型计算留存收益资本成本。

(3)根据以上结果计算公司的加权平均资本成本。

2. 甲公司计划以 2/3（负债/权益）的资本结构为 W 项目筹资。如果决定投资该项目，甲公司将于 2019 年 10 月发行 5 年期债券。由于甲公司目前没有已上市债券，拟采用风险调整法确定债务资本成本。W 项目的权益资本相对其税后债务资本成本的风险溢价为 5%。

甲公司的信用级别为 BB 级，目前国内上市交易的 BB 级公司债有 3 种，这 3 种债券及与其到期日接近的政府债券的到期收益率如下：

发债公司	上市债券到期日	上市债券到期收益率	政府债券到期日	政府债券到期收益率
H	2020 年 1 月 28 日	6.5%	2020 年 2 月 1 日	3.4%
M	2021 年 9 月 26 日	7.6%	2021 年 10 月 1 日	3.6%
L	2024 年 10 月 15 日	8.3%	2024 年 10 月 10 日	4.3%

甲公司适用的企业所得税税率为 25%。

要求：

(1)估计无风险利率。

(2)计算税前债务资本成本。

(3)采用债券收益率风险调整模型计算股权资本成本。

(4)计算加权平均资本成本。

3. 甲公司正在着手编制股权筹资计划，拟对普通股资本成本进行估计，有关资料如下：

(1)证券分析师提供了能够体现股票市场平均收益率水平的某一股票的最近 3 年的价格：

时间（年末）	价格（元）
0	20
1	22
2	28
3	25

(2)甲公司普通股当前每股市价 10 元，本年每股现金股利 1 元，证券分析师预测未来 2 年每年增加 0.5 元，第 3 年及以后每年增长率稳定在 5%。

年度	0	1	2	3	30
股利（元/股）	1	1.5	2	2.1	2.95

(3)无风险利率 5%，甲公司股票的贝塔系数是 1.2。

要求：

(1)分别采用算术平均法和几何平均法计算权益市场的平均收益率，并以两者的平均值为基础计算市场风险溢价。

(2)计算未来股利的几何平均增长率。

(3)分别使用股利增长模型和资本资产定价模型计算普通股资本成本，并以两者的平均值作为普通股资本成本。

4. C 公司正在研究一项生产能力扩张计划的可行性，需要对资本成本进行估计。估计资本成本的有关资料如下：

(1)公司现有长期负债全部为不可赎回债券：每张面值 1 000 元，票面利率 8%，每半年付息一次，债券期限为 10 年，还有 5 年到期，当前市价 1 075 元，当初的发行价格为 1 150 元，每张发行费用为 10 元。

(2)公司现有优先股为每股面值 100 元、年股息率 8%、每季付息的永久性优先股，股息不可税前支付，当前市价 123.5 元。

(3)公司普通股当前每股市价75元，最近一次支付的股利为5.23元/股，预期股利的永续增长率为5%，该股票的β系数为1.2。公司不准备发行新的普通股。

(4)资本市场上国债收益率为6%；市场平均风险溢价估计为5%。

(5)公司所得税税率为25%。

要求：

(1)计算债券的税后资本成本。

(2)计算优先股资本成本。

(3)计算普通股资本成本(用资本资产定价模型和股利增长模型两种方法估计，以两者的算术平均值作为普通股资本成本)。

(4)假设目标资本结构是40%的长期债券、10%的优先股、50%的普通股，根据前面计算得出的长期债券资本成本、优先股资本成本和普通股资本成本估计公司的加权平均资本成本。

5. ☆甲公司是一家上市公司，主营保健品生产和销售。2017年7月1日，为对公司业绩进行评价，需估算其资本成本，相关资料如下：

(1)甲公司目前长期资本中有长期债券1万份，普通股600万股，没有其他长期债务和优先股。长期债券发行于2016年

7月1日，期限5年，票面价值1 000元，票面利率8%，每年6月30日和12月31日付息。公司目前长期债券每份市价935.33元，普通股每股市价10元。

(2)目前无风险利率6%，股票市场平均收益率11%，甲公司普通股贝塔系数1.4。

(3)企业所得税税率为25%。

要求：

(1)计算甲公司长期债券税前资本成本。

(2)用资本资产定价模型计算甲公司普通股资本成本。

(3)以公司目前的实际市场价值为权重，计算甲公司加权平均资本成本。

(4)在计算公司加权平均资本成本时，有哪几种权重计算方法？简要说明各种权重计算方法并比较优缺点。

6. ☆甲公司是一家制造业企业，信用级别为A级，目前没有上市的债券，为投资新产品项目，公司拟通过发行面值1 000元的5年期债券进行筹资，公司采用风险调整法估计拟发行债券的税前资本成本，并以此确定该债券的票面利率。

2012年1月1日，公司收集了当时上市交易的3种A级公司债券及与这些上市债券到期日接近的政府债券的相关信息如下：

A级公司			政府债券	
出售公司	到期日	到期收益率	到期日	到期收益率
X公司	2016.5.1	7.5%	2016.6.8	4.5%
Y公司	2017.1.5	7.9%	2017.1.10	5%
Z公司	2018.1.3	8.3%	2018.2.20	5.2%

2012年7月1日，本公司发行该债券，该债券每年6月30日付息一次，2017年6月30日到期，发行当天等风险投资市场报酬率为10%。

要求：

(1)计算2012年1月1日，A级公司债券的平均信用风险补偿率，并确定甲公司拟发行债券的票面利率。

(2)计算2012年7月1日，甲公司债券的

发行价格。

(3)2014年7月1日，A投资人在二级市场上以970元的价格购买了甲公司债券，并计划持有至到期。投资当天等风险投资市场报酬率为9%，计算A投资人的到期收益率，并据此判断该债券价格是否合理。

四、综合题

甲公司目前的资本结构(账面价值)为：

长期债券为 680 万元，普通股为 800 万元（100 万股），留存收益为 320 万元。目前正在编制明年的财务计划，需要融资 700 万元，相关资料如下：

(1)本年派发现金股利每股 0.5 元，预计明年每股收益增长 10%，股利支付率保持 20% 不变。

(2)需要的融资额中，有一部分通过明年的利润留存解决；其余的资金通过增发 5 年期长期债券解决，每张债券面值 100 元，发行价格为 115 元，发行费为每张 2 元，票面利率为 8%，每年付息一次，到期一次还本。

(3)目前的资本结构中的长期债券是 2 年前发行的，发行价格为 1 100 元，发行费率为 2%，期限为 5 年，复利计息，到期一次还本付息，票面利率为 4%，债券面值为 1 000 元，目前的市价为 1 050 元。

(4)假设 10 年期的政府债券利率为 4%，融资之后，市场组合平均报酬率为 10%，甲公司股票报酬率标准差为 40%，该股票与市场组合相关系数为 0.75，市场组合报酬率的标准差为 10%。

(5)公司适用的企业所得税税率为 25%。

要求：

(1)计算增发的长期债券的税后资本成本。

(2)计算目前的资本结构中的长期债券的税后资本成本。

(3)计算明年的净利润。

(4)计算明年支付的现金股利。

(5)计算明年留存收益账面余额。

(6)计算长期债券筹资额以及明年末的资本结构中各种资金的权重。

(7)确定该公司股票的 β 系数并根据资本资产定价模型计算普通股资本成本。

(8)按照账面价值权数计算加权平均资本成本。

同步训练答案及解析

一、单项选择题

1. C 【解析】名义现金流 = 7 200 × (1 + 5%) = 7 560(万元)，净现值 = 7 560/(1 + 11.3%) − 6 000 = 792(万元)。或：实际利率 = (1 + 11.3%)/(1 + 5%) − 1 = 6%，净现值 = 7 200/(1 + 6%) − 6 000 = 792(万元)，选项 C 是答案。

2. B 【解析】处于可持续增长状态下，股利增长率 = 可持续增长率 = 预计利润留存率 × 期初权益预期净利率 = 80% × 15% = 12%，留存收益资本成本 = 1.2/20 + 12% = 18%。

3. C 【解析】普通股资本成本 = 6% + 1.2 × (10% − 6%) = 10.8%，10.8% = 0.8/10 + g，解得：g = 2.8%。

4. B 【解析】根据资本资产定价模型计算股权资本成本，其中无风险利率是根据长期政府债券到期收益率确定，常规做法是选用 10 年期政府债券，甚至更长到期时间。

5. D 【解析】对于筹资人来说，在不考虑筹资费用的情况下，债权人的期望收益率是其债务的真实成本，所以选项 A 的说法不正确。作为投资决策和企业价值评估依据的资本成本，只能是未来借入新债务的成本，现有债务的历史成本对于未来决策是不相关的沉没成本，所以选项 B 的说法不正确。有时候公司无法发行长期债券或取得长期银行借款，而被迫采用短期债务筹资并将其不断续约，这种债务实际上是一种长期债务，也应该计算长期债务成本，所以选项 C 的说法不正确。公司发行"垃圾债券"时，债务的承诺收益率可能非常高，此时应该使用期望收益作为债务成本，所以选项 D 的说法正确。

6. B 【解析】税前债务资本成本 = 4.6% + 2% = 6.6%

7. D 【解析】公司的目标资本结构，用于公司评价未来的资本结构，而账面价值权重和实际市场价值权重仅反映过去和现在的资本结构。

8. D 【解析】市场风险溢价 = 平均风险股票报酬率 – 无风险利率，所以，无风险利率 = 14% – 4% = 10%，公司普通股成本 = 10% + 1.5×4% = 16%。

9. D 【解析】普通股资本成本 = 8%×（1 – 25%）+5% = 11%

10. C 【解析】普通股资本成本 = 2×（1 + 5%）/[20×（1 – 2%）]+5% = 15.71%

11. B 【解析】项目资本成本是项目投资评价的基准，选项 A 的表述错误。实体现金流量折现需要使用公司加权平均资本成本，选项 C 的表述错误。计算经济增加值需要使用公司的加权平均资本成本，选项 D 的表述错误。

12. A 【解析】在确定贝塔值的历史期间时，如果公司风险特征无重大变化，可以采用 5 年或更长的历史期长度；如果公司风险特征发生重大变化，应当使用变化后的年份作为历史期长度。

13. B 【解析】11% = 0.6×（1 + 股利增长率）/[12×（1 – 6%）]+股利增长率，解得：股利增长率 = 5.39%，选项 B 是答案。

14. D 【解析】采用风险调整法计算债务税前资本成本时，政府债券市场收益率是指与拟发行债券到期日相同或接近的政府债券的到期收益率。

15. D 【解析】优先股资本成本 = 100 × 10%/（110 – 5）= 9.52%

16. C 【解析】普通股资本成本 = 5% + 10%× 1.5 = 20%，加权平均资本成本 = 8%×（1 – 25%）×（2/5）+20%×（3/5）= 14.4%。

17. B 【解析】债券收益率风险调整模型中，

某企业普通股风险溢价是对其自己发行的债券来讲的。

二、多项选择题

1. ABC 【解析】股权资本成本的计算有三种：资本资产定价模型、股利增长模型和债券收益率风险调整模型。财务比率法是计算债务资本成本的模型。

2. BD 【解析】无风险利率和通货膨胀率对所有公司的资本成本影响是均等的，所以，正确选项是 BD。

3. BC 【解析】如果名义无风险利率为 10%，通货膨胀率为 3%，则真实无风险利率 = （1+10%）/（1+3%）–1=6.80%，选项 A 的说法正确。如果存在恶性通货膨胀或预测周期特别长，则使用实际无风险利率计算资本成本，选项 B 的说法错误。如果第三年的实际现金流量为 100 万元，年通货膨胀率为 5%，则第三年的名义现金流量为 100×（F/P，5%，3）= 115.76（万元），选项 C 的说法错误。在决策分析时，含有通货膨胀的现金流量要使用含通货膨胀的折现率折现，实际现金流量使用实际折现率折现，选项 D 的说法正确。

4. BCD 【解析】处于财务困境的公司，由于其承诺收益率太高，在计算债务资本成本时必须采用期望收益率计算，否则会形成股权资本成本低于债务成本的问题。

5. BCD 【解析】现有债务的历史成本对于未来的决策来说是不相关的沉没成本，选项 A 的表述错误。

6. BCD 【解析】资本资产定价模型是普通股资本成本的估计方法。所以正确选项是 BCD。

7. ABC 【解析】根据股利增长模型的公式得出，股价上升，会导致股权资本成本降低。

8. AD 【解析】无风险利率、企业所得税税率和市场风险溢价都是影响公司资本成本的外部因素，但是企业所得税税率提高，会降低债务成本和加权平均资本成本；内部因素有资本结构和投资政策。

9. BD　【解析】不同期限的政府债券，票面利率差别较大，不适宜使用，选项 A 错误。计算资本成本目的是作为长期投资折现率使用，短期政府债券从时间上不匹配，选项 C 错误。

10. CD　【解析】估计无风险利率时，应该选择上市交易的政府长期债券的到期收益率作为无风险利率的代表，选项 A 的说法错误。估计贝塔值时，如果公司风险特征发生重大变化，应当使用变化后的年份(不一定是很长的年度)作为历史期长度，选项 B 的说法错误。

11. ABD　【解析】影响公司资本成本的因素有无风险利率、经营风险溢价和财务风险溢价，但是不同公司之间出现资本成本的差别是由经营风险溢价和财务风险溢价引起的，因为不同公司受无风险利率的影响相同。

12. ABD　【解析】由于加权平均资本成本计算用于资本预算，其资本成本应该是未来成本，并且其中的债务应该只考虑未来的长期债务，选项 C 的说法错误。

三、计算分析题

1.【答案】

(1)该股票的 β 系数 = 0.5×3.9/3.0 = 0.65
普通股资本成本 = 5%+0.65×8% = 10.2%

(2)留存收益资本成本 = 4%+5% = 9%

(3)资本总额 = 900+1 200+900 = 3 000(万元)
加权平均资本成本 = 4%×900/3 000 + 10.2%×1 200/3 000+9%×900/3 000 = 7.98%

2.【答案】

(1)甲公司将于 2019 年 10 月发行 5 年期债券，与该债券到期日接近的是 2024 年 10 月 10 日到期的政府债券，其到期收益率 4.3%就是估计的无风险利率。

(2)企业信用风险补偿率 = [(6.5%-3.4%) + (7.6%-3.6%)+(8.3%-4.3%)]÷3 = 3.7%

税前债务资本成本 = 4.3%+3.7% = 8%

(3)股权资本成本 = 8%×(1-25%)+5% = 11%

(4)加权平均资本成本 = 8%×(1-25%)×(2/5)+11%×(3/5) = 9%

3.【答案】

(1)算术平均法的平均收益率 = [(22-20)/20+(28-22)/22+(25-28)/28]÷3 = 8.85%

几何平均法的平均收益率 = $\sqrt[3]{\frac{25}{20}}-1$ = 7.72%

权益市场平均收益率 = (8.85%+7.72%)÷2 = 8.29%

市场风险溢价 = 8.29%-5% = 3.29%

(2)股利几何平均增长率 = $\sqrt[30]{\frac{2.95}{1}}-1$ = 3.67%

(3)股利增长模型计算的普通股资本成本 = [1×(1+3.67%)/10]+3.67% = 14.04%
资本资产定价模型计算的普通股资本成本 = 5%+3.29%×1.2 = 8.95%
普通股资本成本 = (14.04%+8.95%)÷2 = 11.50%

4.【答案】

(1)假设半年的税前债务资本成本为 r_d：
1 000×4%×(P/A, r_d, 10)+1 000×(P/F, r_d, 10) = 1 075

假设折现率是 4%，
1 000×4%×(P/A, 4%, 10)+1 000×(P/F, 4%, 10) = 1 000

假设折现率是 3%，
1 000×4%×(P/A, 3%, 10)+1 000×(P/F, 3%, 10) = 1 085

(r_d-3%)/(4%-3%) = (1 075-1 085)/(1 000-1 085)

r_d = 3.12%

年有效的税前债务资本成本 = (1+3.12%)² - 1 = 6.34%

债券的税后资本成本 = 6.34%×(1-25%) = 4.76%

（2）每季度股利＝100×8%/4＝2（元）

优先股每季度资本成本＝2/123.5＝1.62%

优先股的有效年资本成本＝（1＋1.62%）^{4}－1＝6.64%

（3）按照资本资产定价模型计算：

普通股资本成本＝6%＋1.2×5%＝12%

按照股利增长模型计算：

普通股资本成本＝5.23×（1＋5%）/75＋5%＝12.32%

平均的普通股资本成本＝（12%＋12.32%）/2＝12.16%

（4）加权平均资本成本＝4.76%×40%＋6.64%×10%＋12.16%×50%＝8.65%

5.【答案】

（1）假设甲公司长期债券半年期税前资本成本为i，则：

1 000×8%/2×（P/A，i，8）+1 000×（P/F，i，8）＝935.33

i＝5%时，1 000×4%×6.463 2+1 000×0.676 8＝935.33

即长期债券半年期税前资本成本为5%。

长期债券税前资本成本＝（1＋5%）^{2}－1＝10.25%

（2）普通股资本成本＝6%＋1.4×（11%－6%）＝13%

（3）总资本的市场价值＝10 000×935.33＋6 000 000×10＝69 353 300（元）

加权平均资本成本＝13%×（6 000 000×10/69 353 300）+10.25%×（1－25%）×（10 000×935.33/69 353 300）＝12.28%

（4）加权平均资本成本是公司全部长期资本的平均成本，有三种权重依据可供选择，即账面价值权重、实际市场价值权重和目标资本结构权重。

①账面价值权重是根据企业资产负债表上显示的会计价值来衡量每种资本的比例。优点是计算方便。缺点是账面结构反映的只是历史的结构，不一定符合未来的状态；账面价值与市场价值有极大的差异，会歪曲资本成本。

②实际市场价值权重是根据当前负债和权益的市场价值比例衡量每种资本的比例。优点是计算结果反映企业目前的实际状况。缺点是计算结果随着市场价值的变动而变动。

③目标资本结构权重是根据按市场价值计量的目标资本结构衡量每种资本要素的比例。优点是能体现期望的资本结构，计算结果更适用于企业筹措新资金。

6.【答案】

（1）平均信用风险补偿率＝[（7.5%－4.5%）+（7.9%－5%）+（8.3%－5.2%）]/3＝3%

拟发行债券的税前资本成本＝5%＋3%＝8%

公司按照估计的债券税前资本成本来确定该债券的票面利率，即：拟发行债券的票面利率＝8%。

『老贾点拨』在2012年1月1日时点看，本题中同期限（指的是到期日相同或相近）的政府债券到期收益率应该使用2017年1月10日到期的政府债券的到期收益率（5%）。

（2）发行价格＝1 000×8%×（P/A，10%，5）+1 000×（P/F，10%，5）＝80×3.790 8+1 000×0.620 9＝924.16（元）

（3）假设A投资人的到期收益率为i，则：

1 000×8%×（P/A，i，3）+1 000×（P/F，i，3）＝970

假设i＝10%，则：

80×2.486 9+1 000×0.751 3＝950.25

假设i＝9%，则：

80×2.531 3+1 000×0.772 2＝974.7

（i－9%）/（10%－9%）＝（970－974.7）/（950.25－974.7）

i＝9.19%

由于到期收益率大于投资当天等风险投资市场报酬率9%，因此该债券价格是合理的，值得投资。

四、综合题

【答案】

(1)假设增发的长期债券的税前资本成本为 r_d，新发行债券需要考虑发行费用，即：

$100 \times 8\% \times (P/A, r_d, 5) + 100 \times (P/F, r_d, 5) = 115 - 2$

当 $r_d = 5\%$ 时，$100 \times 8\% \times (P/A, 5\%, 5) + 100 \times (P/F, 5\%, 5) = 113$

即增发的长期债券的税前资本成本 = 5%

增发的长期债券的税后资本成本 = $5\% \times (1 - 25\%) = 3.75\%$

(2)假设目前的资本结构中的长期债券的税前资本成本为 r，计算已经上市的债券税前资本成本时，应该使用到期收益率法，即：

$1\,000 \times (F/P, 4\%, 5) \times (P/F, r, 3) = 1\,050$

得到：$(P/F, r, 3) = 0.863\,0$

查表可知：

$(P/F, 5\%, 3) = 0.863\,8$

$(P/F, 6\%, 3) = 0.839\,6$

所以：$(r - 5\%)/(6\% - 5\%) = (0.863\,0 - 0.863\,8)/(0.839\,6 - 0.863\,8)$

解得：r = 5.03%

目前的资本结构中的长期债券税后资本成本 = $5.03\% \times (1 - 25\%) = 3.77\%$

(3)今年的每股收益 = 0.5/20% = 2.5(元)

明年的每股收益 = $2.5 \times (1 + 10\%) = 2.75$(元)

明年的净利润 = $2.75 \times 100 = 275$(万元)

(4)明年现金股利 = $275 \times 20\% = 55$(万元)

(5)明年的利润留存(明年新增的留存收益) = 明年的净利润 - 明年的现金股利 = 275 - 55 = 220(万元)

明年留存收益账面余额 = 320 + 220 = 540(万元)

(6)长期债券筹资额 = 融资额 - 利润留存 = 700 - 220 = 480(万元)

资金总额 = 680 + 480 + 800 + 540 = 2\,500(万元)

原有长期债券的权重 = $680/2\,500 \times 100\% = 27.2\%$

增发的长期债券的权重 = $480/2\,500 \times 100\% = 19.2\%$

普通股的权重 = $800/2\,500 \times 100\% = 32\%$

留存收益的权重 = $540/2\,500 \times 100\% = 21.6\%$

(7)该股票的 β 系数 = $0.75 \times 40\% / 10\% = 3$

普通股资本成本 = $4\% + 3 \times (10\% - 4\%) = 22\%$

(8)加权平均资本成本 = $27.2\% \times 3.77\% + 19.2\% \times 3.75\% + 32\% \times 22\% + 21.6\% \times 22\% = 13.54\%$

第五章　投资项目资本预算

历年考情概况

本章是考试的重点章节，综合性和灵活性较强。主要考核投资项目现金流量估计、投资项目评价方法、投资项目折现率估计和投资项目敏感分析等内容。考试形式以主观题为主，客观题也会涉及。考试分值预计12分左右。

近年考点直击

主要考点	主要考查题型	考频指数	考查角度
独立项目评价方法	客观题和主观题	★★★	(1)投资项目评价方法的优缺点及决策原则；（2）评价指标的计算
互斥项目的优选问题	客观题和主观题	★★	(1)项目寿命期相同的优选问题；（2）项目寿命期不同的优选问题
投资项目现金流量的估计	客观题和主观题	★★★	(1)新建项目现金流量的计算；（2)固定资产更新的现金流量计算及投资决策的分析方法
投资项目折现率的估计	主观题	★★	(1)贝塔系数的转换；（2)无风险利率的估计；（3)股权资本成本估计；（4)加权平均资本成本估计
投资项目的敏感分析	主观题	★★★	(1)最大最小值计算；（2)敏感系数计算

2022 年考试变化

股东要求的报酬率计算公式变化："风险溢价"改为"市场风险溢价"。

考点详解及精选例题

一、投资项目的类型和评价程序

（一）投资项目的类型 ★

按照不同的分类标准，投资项目可划分为不同类型。具体内容见表5-1。

表 5-1　投资项目的分类

分类标准	主要内容
按投资对象划分	(1)新产品开发或现有产品的规模扩张项目； (2)设备或厂房的更新项目； (3)研究与开发项目； (4)勘探项目； (5)其他项目(如劳动保护设施建设、购置污染控制装置等)
按照投资项目之间的关系划分	独立项目：相容性投资，各投资项目之间互不关联、互不影响，可以同时并存
	互斥项目：非相容性投资，各投资项目之间相互关联、相互替代，不能同时并存

(二)投资项目评价程序★

(1)提出项目投资方案；

(2)估计投资方案的相关现金流量；

(3)计算投资方案的价值指标；

(4)比较价值指标与可接受标准；

(5)对已经接受的方案进行敏感分析。

二、独立项目的评价方法

(一)净现值法★★★

1. 概念与计算

净现值(NPV)是特定项目未来现金净流量的现值与原始投资额的现值之间的差额，即：

净现值=未来现金净流量的现值-原始投资额的现值

2. 决策原则

净现值为正数，表明投资项目的报酬率大于资本成本，该项目可以增加股东财富，应予采纳。如果净现值为负数，应予放弃。如果净现值为0，可以选择采纳或者不采纳。

3. 优缺点

(1)净现值法具有广泛的适用性，理论上比其他方法更完善。

(2)净现值是绝对值，对于投资额不同的项目的评价有一定局限性。

(二)现值指数法★★★

1. 概念与计算

现值指数(PI)是指投资项目未来现金净流量现值与原始投资额现值的比值，即：

现值指数=未来现金净流量现值/原始投资额现值

『老贾点拨1』现值指数=1+净现值/原始投资额现值

『老贾点拨2』原始投资额现值说明。

原始投资额包含设备购置及安装支出、垫支营运资本等非费用性支出，也可能包含机会成本等。营运资本垫支可以是在项目初始点一次垫支，也可以是分次垫支。根据历年试题答案分析，关于营运资本分次垫支的，"原始投资额现值"中只考虑在项目初始点垫支的营运资本部分。

2. 决策原则

现值指数大于1，该项目可以增加股东财富，应予以采纳。

3. 优缺点

现值指数表示1元初始投资现值取得的现值毛收益。现值指数是相对数，反映投资的效率，现值指数消除了投资额的差异，但是没有消除项目期限的差异。

【例题1·单选题】某投资项目的原始投资额总现值1000万元，净现值350万元，则该项目的现值指数是(　　)。

A. 0.35　　　　　　B. 0.65

C. 1　　　　　　　D. 1.35

解析 现值指数＝未来现金净流量现值/原始投资额现值＝（原始投资额现值＋净现值）/原始投资额现值＝（1 000＋350）/1 000＝1.35

答案 D

（三）内含报酬率法★★

1. 概念与计算

内含报酬率（IRR）是指能够使未来现金净流量现值等于原始投资额现值的折现率，或者说是使投资项目净现值为零的折现率。其计算方法一般采用逐步测试法，具体过程为：

（1）设定折现率i_1，计算净现值（NPV_1）＞0，说明i_1＜IRR；

（2）提高折现率，设定i_2，计算净现值（NPV_2）＜0，说明i_2＞IRR；

（3）$\dfrac{IRR-i_1}{i_2-i_1}=\dfrac{0-NPV_1}{NPV_2-NPV_1}$

求解 IRR＝？

『老贾点拨』①为了保障计算结果的准确，设定的两个折现率之差一般不超过两个百分点。

②如果初始投资一次支出、没有建设期且未来每年现金净流量相等，此时可以直接查年金现值系数表，结合内插法求解，不需要逐步测试。

2. 决策原则

内含报酬率大于项目资本成本或要求的最低报酬率，该项目可以增加股东财富，应予采纳。

『老贾点拨』净现值、现值指数和内含报酬率的比较。

①净现值法和现值指数法虽然考虑了时间价值，可以说明投资项目的报酬率高于或低于资本成本，但没有揭示项目本身可以达到的具体的报酬率是多少。内含报酬率是根据项目的现金流量计算的，是项目本身的投资报酬率。

②内含报酬率和现值指数法都是根据相对比率来评价项目，而净现值法使用绝对数来评价项目。比率高的项目绝对数不一定大，

反之也一样。两者区别在于在计算内含报酬率时不必事先估计资本成本，只是最后需要一个切合实际的资本成本来判断项目是否可行。现值指数法需要一个合适的资本成本，以便将现金流量折为现值。

③在评价某一项目是否可行时，三个评价方法结论一致，即净现值大于0，则现值指数大于1，内含报酬率大于资本成本。（注意：考试中如果没有特殊说明，均是指常规项目，即未来现金净流量都是正数）

【例题2·多选题】 某项目在第一年年初投资76万元，寿命期为6年，每年年末产生现金净流量20万元。已知（P/A，14%，6）＝3.888 7，（P/A，15%，6）＝3.784 5。若公司根据内含报酬率法认定该项目具有可行性，则该项目的必要投资报酬率不可能为（ ）。

A. 16%　　　　　　B. 13%

C. 14%　　　　　　D. 15%

解析 因为：20×（P/A，内含报酬率，6）−76＝0，所以，（P/A，内含报酬率，6）＝3.8，即内含报酬率在14%～15%之间。由于项目具有可行性，则内含报酬率应该大于项目的必要报酬率。所以本题选项是AD。

答案 AD

（四）回收期法★★★

1. 概念与计算

回收期（PP）是指收回原始投资所需要的时间，具体分为静态回收期（非折现）和动态回收期（折现）。

（1）静态回收期（不考虑货币时间价值）

如果原始投资一次支出、没有建设期且未来每年现金净流量相等，则其回收期计算公式为：

静态回收期＝原始投资额/未来每年现金净流量

『老贾点拨』此时的回收期就是计算该项目内含报酬率所求的普通年金现值系数。

如果未来每年现金净流量不相等，或原始投资分几年投入的，则回收期的计算公

式为:

静态回收期=累计现金流量第一次出现正数的年份-1+上一年末未收回投资/当年现金净流量

(2)动态回收期(考虑货币时间价值)

动态回收期是指在考虑货币时间价值的前提下收回全部初始投资所需要的时间,其计算公式为:

动态回收期=累计现金流量现值第一次出现正数的年份-1+上一年末未收回投资现值/当年现金净流量现值

『老贾点拨』动态回收期其实就是累计现金流量现值(即净现值)等于0时的项目期限,因此可以根据内插法求解。

2. 优缺点

(1)优点

计算简便,容易为决策人所正确理解;可以大体上衡量项目的流动性和风险。

(2)缺点

静态回收期没有考虑时间价值;静态和动态回收期均没有考虑回收期以后的现金流量,没有衡量项目的盈利性;促使公司优先考虑急功近利的项目,可能导致公司放弃有战略意义的长期项目。

【例题3·单选题】某投资项目于建设起点一次投资,没有建设期,投产后每年现金净流量相等,为了计算该项目内含报酬率所求的普通年金现值系数等于该项目的(　　)。

A. 内含报酬率　　B. 静态回收期
C. 现值指数　　D. 动态回收期

解析　根据内含报酬率的概念,净现值=年现金净流量×普通年金现值系数-原始投资总额=0,则普通年金现值系数=原始投资总额/年现金净流量=静态回收期。

答案　B

【例题4·多选题】☆下列关于投资项目评估方法的表述中,正确的有(　　)。

A. 现值指数法克服了净现值法不能直接比较投资额不同的独立项目的局限性,它在数值上等于投资项目的净现值除以初始投资额

B. 动态回收期法克服了静态回收期法不考虑货币时间价值的缺点,但是仍然不能衡量项目的盈利性

C. 内含报酬率是项目本身的投资报酬率,不随投资项目预期现金流的变化而变化

D. 内含报酬率法不能直接评价两个投资规模不同(寿命期相同)的互斥项目的优劣

解析　现值指数是项目未来现金净流量现值与原始投资额现值的比率,选项A的表述错误;动态投资回收期考虑了货币时间价值,但是没有考虑回收期以后的现金流量,不能衡量项目的盈利性,选项B的表述正确;内含报酬率是根据项目计算期内预计现金流量计算的,会随着项目现金流量的变化而变化,选项C的表述错误;投资规模不同(寿命期相同)的互斥项目应该以净现值法优先,因为可以给股东带来更多实实在在的报酬,内含报酬率高的项目其净现值不一定大,选项D的表述正确。　答案　BD

(五)会计报酬率法★★★

1. 概念与计算

会计报酬率(ARR)是指根据估计的项目整个寿命期年平均净利润与估计的资本占用之比,其资本占用有两种含义,即:

(1)以原始投资额作为资本占用,则:

会计报酬率=年平均净利润/原始投资额×100%

(2)以寿命期内平均数作为资本占用,则:

会计报酬率=年平均净利润/[(原始投资额+投资净残值)/2]×100%

2. 优缺点

(1)优点

①一种衡量盈利性的简单方法,使用的概念易于理解;

②考虑了整个项目寿命期的全部利润;

③使用财务报告的数据,容易取得;

④揭示了采纳项目后财务报表的变化,

使经理人员知道业绩的预期，也便于项目的后续评价。

（2）缺点

①使用账面利润而非现金流量，忽视了折旧对现金流量的影响；

②忽视了净利润的时间分布对于项目经济价值的影响。

『老贾点拨』 会计报酬率与资本成本的比较。

（1）某项目投资 1 000 万元，期限 2 年，无残值，直线法折旧，每年净利润 200 万元，项目资本成本 24%。则：

会计报酬率（按原始投资额计算）= 200/1 000×100% = 20%

此时会计报酬率小于资本成本。

（2）如果投资额 500 万元，其他条件不变。则：

会计报酬率（按原始投资额计算）= 200/500×100% = 40%

此时会计报酬率大于资本成本。

结论：会计报酬率与资本成本之间没有必然联系。

【例题 5·多选题】 ☆甲公司拟投资一条生产线。该项目投资期限 5 年，初始现金流量发生在期初，营业现金流量发生在投产后各年年末，资本成本 12%，净现值 200 万元。下列说法中，正确的有（　）。

A. 项目现值指数大于 1

B. 项目折现回收期大于 5 年

C. 项目会计报酬率大于 12%

D. 项目内含报酬率大于 12%

解析 ▶ 净现值大于 0，说明现值指数大于 1，内含报酬率大于资本成本，选项 AD 的

说法正确；折现回收期是净现值等于 0 的年限，项目净现值大于 0，所以折现回收期小于 5 年，选项 B 的说法不正确；会计报酬率与资本成本之间没有必然联系，选项 C 的说法不正确。 答案 ▶ AD

三、互斥项目的优选问题 ★★

1. 如果互斥项目的寿命期相同，用净现值和内含报酬率评价出现矛盾（投资额不同引起），则应以净现值法的结论优先。

2. 如果互斥项目的寿命期不同，用净现值和内含报酬率评价出现矛盾，其解决办法为：

（1）共同年限法。

共同年限法是假设投资项目可以在终止时进行重置，通过重置使其达到相同的年限，然后比较其调整后的净现值，选择净现值最大的方案。

『老贾点拨』 共同年限采用最小公倍数确定。

（2）等额年金法。

等额年金法的主要计算步骤为：

ⅰ. 计算两项目的净现值；

ⅱ. 计算净现值的等额年金额（净现值/普通年金现值系数）；

ⅲ. 计算项目的永续净现值（等额年金额/资本成本），即等额年金的资本化，选择永续净现值最大的项目。

『老贾点拨』 如果项目的资本成本相同，永续净现值可以不用计算，直接选择等额年金额最大的项目。

（3）共同年限法与等额年金法的比较（见表 5-2）。

表 5-2　共同年限法与等额年金法的比较

项目	共同年限法	等额年金法
区别	比较直观、易于理解，但是预计现金流量很难	应用简单，但不便于理解
共同缺陷	（1）有的领域技术进步快，目前就可以预期升级换代不可避免，不可能原样复制；（2）如果通货膨胀比较严重，必须要考虑重置成本的上升，对此两种方法都没有考虑；（3）从长期来看，竞争会使项目净利润下降，甚至被淘汰，对此分析时没有考虑	

【例题 6·多选题】 ☆对于两个期限不同的互斥项目，可采用共同年限法和等额年金法进行项目决策，下列关于两种方法共同缺点的说法中，正确的有(　　)。

A. 未考虑竞争导致的收益下降

B. 未考虑项目收入带来的现金流入

C. 未考虑通货膨胀导致的重置成本上升

D. 未考虑技术更新换代导致的投入产出变更

解析 两种方法存在共同的缺点：(1)有的领域技术进步快，目前就可以预期升级换代不可避免，不可能原样复制，两种方法没有考虑；(2)如果通货膨胀比较严重，必须考虑重置成本的上升，这是一个非常具有挑战性的任务，对此两种方法都没有考虑；(3)从长期来看，竞争会使项目净利润下降，甚至被淘汰，对此分析时没有考虑。

答案 ACD

四、总量有限时的资本分配★

资本分配问题是指在企业投资项目有总量预算约束的情况下，如何选择相互独立项目。当投资资本总量有限时，可根据组合的投资额与限定的投资总额计算各组合的净现值合计，并选择能产生最大净现值的组合。

『老贾点拨』①这种资本分配法仅适用于单一期间的资本分配，不适用于多期间的资本分配问题。

②资本总量受限不符合资本市场原理，无法实现股东财富最大化。

【例题 7·单选题】 某公司投资的资本总量 18 000 万元，三个相互独立项目资料见下表：

项目	投资额（万元）	净现值（万元）	现值指数
甲	10 000	1 514	1.15
乙	5 000	1 253	1.25
丙	5 000	1 300	1.26

该公司在资本限量内最佳的投资组合是(　　)。

A. 甲乙　　　　　　B. 乙丙

C. 甲丙　　　　　　D. 甲乙丙

解析 在资本限量内，可行的项目组合中净现值最大的是甲丙组合，其净现值合计是 2 814 万元，选项 C 是答案。　**答案** C

五、投资项目现金流量的估计

(一)投资项目现金流量的构成(见表 5-3)★

表 5-3　投资项目现金流量的构成

现金流量	相关说明
项目建设期现金流量	主要涉及购买资产和使之正常运行所必需的直接现金流出，包括设备购置及安装支出、垫支营运资本等非费用性支出，另外还可能包括机会成本
项目经营期现金流量	主要包括新项目实施所带来的税后增量现金流入和流出。 『老贾点拨』行政管理人员和辅助生产费用，如果受新项目实施的影响，必须计入项目寿命期的现金流出；但是项目以债务融资方式带来的利息支付和本金偿还、以股权方式融资带来的现金股利支付等，均不包括在内
项目寿命期末现金流量	主要是与项目终止有关的现金流量，如设备变现税后净现金流入、收回营运资本现金流入等

『老贾点拨』确定投资方案现金流量应该遵循的原则：只有增量现金流量才是与项目相关的现金流量。所谓增量现金流量，是指接受或拒绝某个投资方案后，企业总现金流量因此发生的变动。

(二)投资项目现金流量的影响因素(见表5-4)★★

表5-4 投资项目现金流量的影响因素

影响因素	相关说明
区分相关成本和非相关成本	(1)相关成本是与特定决策有关的、在分析评价时必须加以考虑的成本。如边际成本、付现成本、可避免成本、可延缓成本、专属成本、差量成本、重置成本、机会成本等; (2)非相关成本是与特定决策无关的、在分析评价时不必加以考虑的成本。如沉没成本、不可避免成本、不可延缓成本、共同成本等
不要忽视机会成本	选择一个投资方案,必须放弃的投资于其他投资机会可能取得的收益,是实施本方案的机会成本
要考虑投资方案对公司其他项目的影响	采纳一个项目后,要考虑该项目对公司其他项目造成有利或不利的影响(即考虑新项目和原有项目是竞争关系还是互补关系)
对营运资本的影响	营运资本垫支是增加的经营性流动资产与增加的经营性流动负债之间的差额。假设开始投资时筹措的营运资本在项目结束时收回

【例题8·多选题】 某公司正在开会讨论是否投产一种新产品,对以下收支发生争论。你认为应列入该项目评价的现金流量有( )。

A. 新产品投产需要占用营运资本80万元,它们可在公司现有周转资金中解决,不需要另外筹集

B. 该项目利用现有未充分利用的厂房和设备,如将该设备出租可获收益200万元,但公司规定不得将生产设备出租,以防止对本公司产品形成竞争

C. 该项目投资中债务资金的利息支出每年800万元

D. 动用为其他产品储存的原材料约200万元

解析 营运资本80万元是新产品投产项目引起,评价项目时应该考虑,选项A是答案;现有未充分利用的厂房和设备,无论项目使用还是不使用,200万元租金收益均无法获得,不属于机会成本,评价项目时不用考虑,选项B不是答案;债务资金的利息在计算项目资本成本时已经考虑,为避免重复计算,不作为现金流出量,选项C不是答案;新产品投产需占用原材料200万元,是新产品项目引起的,评价项目时应该考虑,选项D是答案。   **答案** AD

(三)投资项目现金流量的估计方法 ★★★

注意:现金流入量用(+)表示,现金流出量用(-)表示。

1. 新建项目现金流量的估计

(1)项目建设期现金流量

①新购置固定资产的支出(-)。

②额外资本支出(运输费、安装费、调试费、加盟费等)(-)。

③占用原有资产(如原有的土地、厂房、设备和原材料等)。

ⅰ.占用原有资产丧失的变现价值(-)。

ⅱ.丧失的变现损失抵税(变现价值小于账面价值)(-),即:

变现损失抵税 = (账面价值-变现价值)×企业所得税税率

或:

节约的变现收益纳税(变现价值大于账面价值)(+),即:

变现收益纳税 = (变现价值-账面价值)×企业所得税税率

『**老贾点拨**』账面价值=固定资产原值-税法累计折旧

④营运资本垫支。

营运资本垫支是特定项目引起的需要追

加的营运资本，可能一次追加，也可能分次追加，追加均在年初。项目寿命期结束，垫支的营运资本收回。追加营运资本视为现金流出量，营运资本收回视为现金流入量。计算方法：

ⅰ．根据营运资本概念计算。

营运资本垫支=经营流动资产增加-经营流动负债增加

ⅱ．根据销售收入的一定百分比计算。

营运资本占用额=销售收入×营运资本占销售收入的百分比

营运资本垫支=年末营运资本占用-年初营运资本占用

（2）项目经营期营业现金毛流量

①直接法：营业收入-付现营业费用-企业所得税

②间接法：税前经营利润×（1-企业所得税税率）+折旧（含摊销）

③分项计算法：营业收入×（1-企业所得税税率）-付现营业费用×（1-企业所得税税率）+折旧（含摊销）×企业所得税税率

『老贾点拨』关于税后营业收入和税后付现营业费用计算。

①新产品（业务）税后营业收入（+），即：

新产品（业务）收入×（1-企业所得税税率）

②占用原有资产每年丧失的税后租金收入（-），即：

租金收入×（1-企业所得税税率）

③新产品（业务）对原有产品（业务）收入的影响

ⅰ．竞争关系。减少原有产品的税后收入（-），即：

减少的收入×（1-企业所得税税率）

ⅱ．互补关系。增加原有产品的税后收入（+），即：

增加的收入×（1-企业所得税税率）

④新产品（业务）税后付现营业费用（-），即：

新产品（业务）付现营业费用×（1-企业所得税税率）

⑤新产品（业务）对原有产品（业务）付现营业费用的影响

ⅰ．竞争关系。减少原有产品的税后付现营业费用（+），即：

减少的付现营业费用×（1-企业所得税税率）

ⅱ．互补关系。增加原有产品的税后付现营业费用（-），即：

增加的付现营业费用×（1-企业所得税税率）

（3）项目寿命期末现金流量

①垫支营运资本的收回（+）。

②处置或出售资产的变现价值（+）。

ⅰ．提前变现（项目寿命期短于税法规定折旧的年限）。

ⅱ．正常使用终结（项目寿命期等于税法规定的折旧年限）。

ⅲ．延期使用（项目寿命期大于税法规定折旧的年限）。

『老贾点拨』正常使用终结和延期使用时，账面价值等于账面残值；提前变现时，账面价值与账面残值不相等。为了避免出现错误，可以直接计算账面价值（即固定资产原值-累计折旧）。

③变现净收益（或净损失）影响所得税。

ⅰ．变现价值大于账面价值形成净收益多缴所得税视为现金流出（-）。

ⅱ．变现价值小于账面价值形成净损失少缴所得税视为现金流入（+）。

『老贾点拨』①正确区分投资额和付现营业费用。投资额是一次支出多年受益，应在受益期内以折旧或摊销方式抵税；付现营业费用是当年支出当年受益，应在当年抵税。

②列表计算并填列现金流量时，按照题目所给材料的顺序，逐项计算并填列各项现金流量，流出量用"-"表示。另外，要求列式时，表格左侧项目的填列就显示计算过程，无须在表格内列出计算表达式。如果不需要填表而是直接列式计算现金流量时，可按照建设期现金流量、经营期现金流量、寿命期

末现金流量分别计算,流出量用"-"表示。

③在计算折旧抵税时,其中折旧的计算遵循税法的规定。

【例题 9·单选题】 ☆甲公司拟投资某项目,一年前花费 10 万元做过市场调查,后因故中止。现重启该项目,拟使用闲置的一间厂房,厂房购入时价格 2 000 万元,当前市价 2 500 万元,项目还需要投资 500 万元购入新设备,在进行该项目投资决策时,初始投资是( )万元。

A. 2 510　　　　B. 2 500

C. 3 000　　　　D. 3 010

解析 本题中的市场调查费用和厂房的购置成本都属于沉没成本,属于非相关成本,所以,项目初始投资额 = 2 500 + 500 = 3 000(万元)。　　　　**答案** C

【例题 10·计算分析题】 ☆甲公司是一家传统制造业上市公司,只生产 A 产品。2019 年公司准备新上一条生产线,正在进行项目的可行性研究。相关资料如下:

(1)如果可行,该生产线拟在 2019 年初投产,经营周期 4 年。预计 A 产品每年销售 1 000 万只,单位售价 60 元,单位变动制造成本 40 元,每年付现固定制造费用 2 000 万元,付现销售和管理费用 800 万元。

(2)项目需要一栋厂房、一套设备和一项专利技术。目前公司有一栋厂房正好适合新项目使用。该厂房正在对外出租,每年年末收取租金 100 万元。2018 年年末租期到期,可续租也可收回自用。设备购置成本 10 000 万元,无须安装,可于 2019 年初投入使用,4 年后变现价值 1 600 万元。税法规定,设备采用直线法计提折旧,折旧年限 5 年。折旧期满后无残值。专利技术使用费 8 000 万元,于 2019 年初一次性支付,期限 4 年。税法规定,专利技术使用费可按合同约定使用年限平均摊销,所得税前扣除。

(3)项目需增加营运资本 200 万元,于 2019 年初投入,项目结束时收回。

(4)项目投资的必要报酬率 12%。公司的企业所得税税率 25%。假设项目每年销售收入和付现费用均发生在各年年末。

要求:

(1)计算该项目 2018 年年末～2022 年年末的相关现金净流量、净现值和现值指数(计算过程和结果填入下方表格中)。

单位:万元

	2018 年末	2019 年末	2020 年末	2021 年末	2022 年末
现金净流量					
折现系数					
现值					
净现值					
现值指数					

（2）根据净现值和现值指数，判断该项目是否可行，并简要说明理由。

（3）简要回答净现值和现值指数之间的相同点和不同点。

答案

（1）

单位：万元

	2018 年末	2019 年末	2020 年末	2021 年末	2022 年末
税后销售收入		45 000	45 000	45 000	45 000
税后变动制造成本		−30 000	−30 000	−30 000	−30 000
税后付现固定制造费用		−1 500	−1 500	−1 500	−1 500
税后付现销售和管理费用		−600	−600	−600	−600
丧失税后租金收入		−75	−75	−75	−75
设备购置成本	−10 000				
折旧抵税		500	500	500	500
设备变现价值					1 600
设备变现损失抵税					100
专利技术使用费	−8 000				
专利技术使用费摊销抵税		500	500	500	500
营运资本垫支或收回	−200				200
现金净流量	−18 200	13 825	13 825	13 825	15 725
折现系数	1	0.892 9	0.797 2	0.711 8	0.635 5
现值	−18 200	12 344.34	11 021.29	9 840.64	9 993.24
净现值	24 999.51				
现值指数	2.37				

计算说明：

每年计提折旧 = 10 000/5 = 2 000（万元），设备变现时的账面价值 = 10 000 − 2 000 × 4 = 2 000（万元），变现损失 = 2 000 − 1 600 = 400（万元），变现损失抵税 = 400 × 25% = 100（万元）。

现值指数 = (12 344.34 + 11 021.29 + 9 840.64 + 9 993.24)/18 200 = 2.37，或 = 1 + 24 999.51/18 200 = 2.37。

（2）由于净现值大于 0（或现值指数大于 1），所以该项目可行。

（3）相同点：

①都是折现指标，所以都考虑了时间价值和风险因素。

②判断单一方案的财务可行性时，净现值法和现值指数法的结论相同。

③净现值法和现值指数法在比较期限不同的项目时均有一定的局限性。

不同点：

①净现值是绝对值，反映投资的效益；现值指数是相对数，反映投资的效率。

②净现值法在比较投资额不同的独立项目时有一定的局限性。现值指数消除了投资额的差异。

【例题 11·计算分析题】 ☆甲汽车租赁公司拟购置一批新车用于出租。现有两种投资方案，相关信息如下：

方案一：购买中档轿车 100 辆，每辆车价格 10 万元，另需支付车辆价格 10% 的购置相关税费。每年平均出租 300 天，日均租金 150 元/辆。车辆可使用年限 8 年，8 年后变现价值为 0。前 5 年每年维护费 2 000 元/辆，后 3 年每年维护费 3 000 元/辆。车辆使用期间每年保险费 3 500 元/辆，其他税费 500 元/辆。每年增加付现固定运营成本 20.5 万元。

方案二：购买大型客车 20 辆，每辆车价格 50 万元，另需支付车辆价格 10% 的购置相关税费。每年平均出租 250 天，日租金 840 元/辆。车辆可使用年限 10 年，10 年后变现价值为 0。前 6 年每年维护费 5 000 元/辆，后 4 年每年维护费 10 000 元/辆，每年保险费 30 000 元/辆，其他税费 5 000 元/辆。每年增加付现固定运营成本 10 万元。

根据税法相关规定，车辆购置相关税费计入车辆原值，采用直线法计提折旧，无残值。等风险投资必要报酬率 12%。企业所得税税率 25%。

假设购车相关支出发生在期初，每年现金流入流出均发生在年末。

要求：

(1) 分别估计两个方案的现金流量。

(2) 分别计算两个方案的净现值。

(3) 分别计算两个方案净现值的等额年金。

(4) 假设两个方案都可以无限重置，且是互斥项目，用等额年金法判断甲公司应采用哪个投资方案。

答案

(1) 方案一：

年折旧额 $= 10 \times 100 \times (1 + 10\%)/8 = 137.5$（万元）

$NCF_0 = -10 \times 100 \times (1 + 10\%) = -1\,100$（万元）

$NCF_{1-5} = 150 \times 300 \times 100 \times (1 - 25\%)/10\,000 - (2\,000 + 3\,500 + 500) \times 100 \times (1 - 25\%)/10\,000 - 20.5 \times (1 - 25\%) + 137.5 \times 25\% = 311.5$（万元）

$NCF_{6-8} = 150 \times 300 \times 100 \times (1 - 25\%)/10\,000 - (3\,000 + 3\,500 + 500) \times 100 \times (1 - 25\%)/10\,000 - 20.5 \times (1 - 25\%) + 137.5 \times 25\% = 304$（万元）

方案二：

年折旧额 $= 20 \times 50 \times (1 + 10\%)/10 = 110$（万元）

$NCF_0 = -20 \times 50 \times (1 + 10\%) = -1\,100$（万元）

$NCF_{1-6} = 840 \times 250 \times 20 \times (1 - 25\%)/10\,000 - (5\,000 + 30\,000 + 5\,000) \times 20 \times (1 - 25\%)/10\,000 - 10 \times (1 - 25\%) + 110 \times 25\% = 275$（万元）

$NCF_{7-10} = 840 \times 250 \times 20 \times (1 - 25\%)/10\,000 - (10\,000 + 30\,000 + 5\,000) \times 20 \times (1 - 25\%)/10\,000 - 10 \times (1 - 25\%) + 110 \times 25\% = 267.5$（万元）

(2) 方案一的净现值 $= 311.5 \times (P/A, 12\%, 5) + 304 \times (P/A, 12\%, 3) \times (P/F, 12\%, 5) - 1\,100 = 437.18$（万元）

方案二的净现值 $= 275 \times (P/A, 12\%, 6) + 267.5 \times (P/A, 12\%, 4) \times (P/F, 12\%, 6) - 1\,100 = 442.24$（万元）

(3) 方案一净现值的等额年金 $= 437.18/(P/A, 12\%, 8) = 88.01$（万元）

方案二净现值的等额年金 $= 442.24/(P/A, 12\%, 10) = 78.27$（万元）

(4) 由于两个方案的等风险投资必要报酬率都是 12%，选择净现值的等额年金最大方案，即应该选择方案一。

2. 固定资产更新项目现金流量的估计

(1) 固定资产更新决策现金流量的特点

固定资产更新决策一般不改变生产能力，税后营业收入是不相关现金流量。更新决策的现金流量主要是现金流出。对于残值变现收入，视为现金流出的抵减。

(2) 固定资产更新项目现金流量的估计应该注意的问题

①把使用新设备和使用旧设备视为一对互斥项目，计算使用新设备产生的相关现金流量时，不需要考虑旧设备变现问题。

②计算继续使用旧设备的初始现金流量时，丧失的变现价值视为现金流出量。对于变现价值小于账面价值而丧失的变现损失抵税视为现金流出量（变现价值大于账面价值而节约的变现收益应交所得税视为现金流入）。

③旧设备预计使用年限超过税法规定的年限时，超龄使用不再计提折旧。

(3)固定资产更新项目决策方法

在不改变生产能力的情况下，固定资产更新决策方法有平均年成本法和总成本法，具体内容见表5-5。

表5-5　固定资产更新项目决策方法

项目	平均年成本法	总成本法
适用条件	新设备预计使用年限和旧设备尚可使用年限不同	新设备预计使用年限和旧设备尚可使用年限相同
计算方法	未来使用年限内现金流出总现值÷年金现值系数	未来使用年限内现金流出量的现值之和，即现金流出量总现值
决策原则	选择平均年成本最低方案	选择现金流出量总现值最小的方案

『老贾点拨』①固定资产更新，一般不会改变企业生产能力，不增加营业现金收入，即可采用平均年成本法和总成本法。该决策分析方法是把继续使用旧设备和购置新设备视为一对互斥项目，而不是一个更换设备的特定方案(即独立方案)。

②如果设备更新增加了生产能力，增加了营业收入，则采用下述方法：

项目	等额年金法或共同年限法	净现值法
适用条件	新设备预计使用年限和旧设备尚可使用年限不同	新设备预计使用年限和旧设备尚可使用年限相同
决策原则	采用等额年金法时，选择永续净现值最大的方案；采用共同年限法时采用净现值最大的方案	选择净现值最大的方案

(4)固定资产经济寿命的确定

固定资产最经济使用年限(即经济寿命)就是固定资产平均年成本最低的年限。其计算公式为：

平均年成本＝预计使用年限内现金流出总现值/年金现值系数

【例题12·单选题】 ☆在设备更换不改变生产能力且新旧设备未来使用年限不同的情况下，固定资产更新决策应选择的方法是(　　)。

A. 净现值法

B. 折现回收期法

C. 平均年成本法

D. 内含报酬率法

解析 💬如果旧设备剩余使用年限与新设备使用年限相同，可以采用总成本分析法，即选择现金流出总现值最低的方案。如果旧设备剩余使用年限与新设备使用年限不同，应采用平均年成本法，计算使用新旧设备的平均年成本，即现金流出总现值除以年金现值系数，选择平均年成本最低的方案。本题的正确答案为选项C。　答案 💬C

【例题13·计算分析题】 ☆甲公司是一家制造业企业，产品市场需求旺盛，为增加产能，拟于2019年年末添置一台设备，该设备无须安装，预计购置成本300万元，根据税法相关规定，该设备按照直线法计提折旧，折旧年限3年，净残值率为5%，甲公司现需确定该设备的经济寿命，相关资料如下：

单位：万元

年份	运行成本	年末变现价值
2019		300
2020	90	200
2021	100	110
2022	150	40

甲公司加权平均资本成本为10%，企业所得税税率25%，假设运行成本均发生在各年末。

要求：

(1)在考虑货币时间价值的情况下，分别计算设备更新年限为1年、2年、3年的平均年成本。

（2）根据要求（1）计算的平均年成本，确定该设备的经济寿命。

答案 ▶

（1）年折旧 = 300×（1-5%）/3 = 95（万元）

年折旧抵税额 = 95×25% = 23.75（万元）

第1年年末残值变现损失抵税额 = （300-95-200）×25% = 1.25（万元）

第2年年末残值变现损失抵税额 = （300-95×2-110）×25% = 0（万元）

第3年年末残值变现收益纳税额 = （40-300×5%）×25% = 6.25（万元）

更新年限为1年的平均年成本

= [300-（200+1.25）×（P/F，10%，1）+ 90×（1-25%）×（P/F，10%，1）- 23.75×（P/F，10%，1）]/（P/A，10%，1）

= [300-（200+1.25）×0.909 1+90×（1-25%）×0.909 1-23.75×0.909 1]/0.909 1

= 172.5（万元）

更新年限为2年的平均年成本

= [300 - 110×（P/F，10%，2）+ 90×（1-25%）×（P/F，10%，1）+ 100×（1-25%）×（P/F，10%，2）- 23.75×（P/A，10%，2）]/（P/A，10%，2）

= （300 - 110×0.826 4+67.5×0.909 1+75×0.826 4-23.75×1.735 5）/1.735 5

= 167.8（万元）

更新年限为3年的平均年成本

= [300-（40-6.25）×（P/F，10%，3）+ 90×（1-25%）×（P/F，10%，1）+ 100×（1-25%）×（P/F，10%，2）+ 150×（1-25%）×（P/F，10%，3）- 23.75×（P/A，10%，3）]/（P/A，10%，3）

= （300-33.75×0.751 3+67.5×0.909 1+75×0.826 4+112.5×0.751 3-23.75×2.486 9）/2.486 9

= 170.27（万元）

（2）更新年限为2年的平均年成本最低，因此该设备的经济寿命为2年。

六、投资项目折现率的估计

（一）使用企业当前加权平均资本成本作为投资项目的资本成本★

使用企业当前的资本成本作为项目的资本成本，应具备两个条件：一是项目的经营风险与企业当前资产的平均经营风险相同；二是公司继续采用相同的资本结构为新项目筹资。

『**老贾点拨**』 如果资本市场是完善的，资本结构不改变企业的平均资本成本，即资本结构与平均资本成本无关（参见第九章第一节资本结构理论）；否则就会改变平均资本成本。

（二）运用可比公司法估计投资项目的资本成本★★

1. 同类产品的扩建项目

同类产品的扩建项目是指新投产项目的产品与公司现有经营产品属于同一类型，即新项目经营风险与公司现有经营风险相同；但公司当前资本结构与新项目融资后的目标资本结构不一致。其项目资本成本的计算步骤为：

（1）确定公司当前的 $\beta_{资产}$（即卸载公司财务杠杆）

$\beta_{资产}$ = 公司目前的 $\beta_{权益}$ ÷ [1+公司目前的产权比率×（1-公司目前企业所得税税率）]

（2）确定公司新项目的 $\beta_{权益}$（即加载公司财务杠杆）

$\beta_{权益}$ = $\beta_{资产}$ × [1+公司目标的产权比率×（1-公司新的所得税税率）]

『**老贾点拨**』 由于流动负债的金额经常变化，非流动负债较为稳定，所以，资本结构通常使用长期资本结构衡量。做题时，如果知道长期资本结构，则上述公式中的"产权比率"应该改为"非流动负债/股东权益"。

（3）根据资本资产定价模型计算股权资本成本（即股东要求报酬率）

股权资本成本＝R_f＋$\beta_{权益}$×（R_m－R_f）

『老贾点拨』无风险利率是长期政府债券到期收益率（参见第四章第二节债务资本成本估计和第三节普通股资本成本估计）。

（4）确定税前债务资本成本（如到期收益率法、风险调整法、考虑发行费用的税前债务资本成本计算等）

（5）确定加权平均资本成本

加权平均资本成本＝税前债务资本成本×（1－企业所得税税率）×债务目标比重＋股权资本成本×股权目标比重

『老贾点拨』$\beta_{资产}$也可以称为不含财务杠杆的β值、无负债的β值，即不含财务风险；$\beta_{权益}$也可以称为含财务杠杆的β值、有负债的β值，即包含了经营风险和财务风险，因此，存在负债时，$\beta_{权益}$通常大于$\beta_{资产}$。

【例题14·计算分析题】甲公司是一家制造业上市公司，2020年年末拟投资扩建生产线，需要通过发行10年期债券和留存收益筹集资金。

（1）甲公司尚无上市债券，也找不到合适的可比公司。评级机构评定甲公司的信用级别为AA级。目前上市交易的同行业其他公司债券及与之到期日相近的政府债券信息如下：

公司债券				政府债券	
发行公司	信用等级	到期日	到期收益率	到期日	到期收益率
乙	AAA	2021年2月15日	5.05%	2021年1月31日	4.17%
丙	AA	2022年11月30日	5.63%	2022年12月10日	4.59%
丁	AA	2025年1月1日	6.58%	2024年11月15日	5.32%
戊	AA	2030年12月15日	7.20%	2030年12月20日	5.75%

（2）甲公司股票目前β系数1.5，市场风险溢价4%，企业所得税税率25%。当前公司的资本结构（负债/权益）为2/3；目标资本结构（负债/权益）1/1。

要求：

（1）计算甲公司税前债务资本成本。

（2）假设无风险利率参考10年期政府债券到期收益率，计算筹资后股权资本成本。

（3）计算加权平均资本成本。

答案

（1）平均的信用风险补偿率＝[（5.63%－4.59%）＋（6.58%－5.32%）＋（7.20%－5.75%）]/3＝1.25%

税前债务资本成本＝5.75%＋1.25%＝7%

『老贾点拨』政府债券市场回报率是根据与发行债券到期日接近的政府债券的到期收益率确定，即2030年12月20日到期的政府债券到期收益率。

（2）首先，确定公司当前的$\beta_{资产}$：

$\beta_{资产}$＝1.5/[1＋2/3×（1－25%）]＝1

其次，确定公司新项目的$\beta_{权益}$：

$\beta_{权益}$＝1×[1＋1×（1－25%）]＝1.75

最后，根据资本资产定价模型计算股权资本成本：

股权资本成本＝5.75%＋1.75×4%＝12.75%

（3）加权平均资本成本＝7%×（1－25%）×1/2＋12.75%×1/2＝9%

2. 非同类产品的扩建项目

非同类产品的扩建项目是指新投产项目与公司现有经营产品不在同一领域，即新项目经营风险与公司现有经营风险明显不同。需要找到一个经营业务与待评价项目类似的上市公司，以该上市公司的贝塔值作为待评价项目的贝塔值；如果可比公司的资本结构与项目所在公司的资本结构也显著不同，需要对资本结构作出相应调整，其项目资本成本的计算步骤为：

（1）将可比公司的$\beta_{权益}$转换为$\beta_{资产}$（即卸载财务杠杆）

$\beta_{资产}$＝可比公司的$\beta_{权益}$/[1＋可比公司的产权比率×（1－可比公司的企业所得税税率）]

（2）将 $\beta_{资产}$ 转换为目标公司的 $\beta_{权益}$（即加载财务杠杆）

$\beta_{权益} = \beta_{资产} \times [1+$目标公司的产权比率 $\times$ $(1-$目标公司的企业所得税税率$)]$

（3）根据资本资产定价模型计算目标公司的股权资本成本（即股东要求报酬率）

股权资本成本 $= R_f + \beta_{权益} \times (R_m - R_f)$

（4）确定目标公司税前债务资本成本（如到期收益率法、风险调整法、考虑发行费用的税前债务资本成本计算等）

（5）确定目标公司项目的加权平均资本成本

加权平均资本成本 = 税前债务资本成本$\times$（1-目标公司所得税税率）$\times$债务目标比重+股权资本成本$\times$股权目标比重

【例题 15·单选题】 ☆某公司的主营业务是生产和销售制冷设备，目前准备投资汽车项目。在确定项目系统风险时，掌握了以下资料：汽车行业上市公司的 β 值为 1.05，行业平均资产负债率为 60%，投资汽车项目后，公司将继续保持目前 50% 的资产负债率。不考虑所得税的影响，则本项目含有负债的股东权益 β 值是（　）。

A. 0.84　　　　　B. 0.98
C. 1.26　　　　　D. 1.31

解析 ▷ 由于不考虑所得税，$\beta_{资产} = 1.05 \div (1+60/40) = 0.42$，目标公司的 $\beta_{权益} = 0.42 \times (1+50/50) = 0.84$。　　　**答案** ▷ A

七、投资项目的敏感分析

（一）敏感分析的概念、作用和优缺点 ★★

1. 敏感分析的概念

投资项目敏感性分析是常用的不确定性分析方法，即在确定性分析基础上，分析不确定性因素对投资项目最终经济效果指标的影响及其程度。如假定在其他变量不变的情况下，分析某一个变量（如单价、销售量、单位变动成本、固定成本、初始投资、营运资本、寿命期、建设期等）发生特定变化时对净现值（或内含报酬率）的影响。如果某个参数较小幅度变化可以导致经济效果指标大幅度变化，该参数即为敏感因素，否则是非敏感因素。

2. 敏感分析的作用

（1）确定影响投资项目经济效益的敏感因素；

（2）计算主要变量因素的变化引起的投资项目经济评价指标变动的幅度，减少和避免不利因素影响，改善和提高项目投资效果；

（3）通过各种方案敏感度大小的对比，选择敏感度小的投资方案；

（4）通过投资项目经济效果最有利与最不利的变动范围分析，为决策者预测可能出现的风险程度，并采取措施或另找替代方案，为确定可行投资方案提供决策依据。

3. 敏感分析的优缺点

（1）优点：计算过程简单、易于理解。

（2）缺点：一是只允许一个变量发生变动，假设其他变量不变；二是只是测算出某一个变量变化对净现值的影响，没有给出每一个数值发生的可能性。

（二）敏感分析的方法 ★★★

1. 最大最小法

（1）预测每个变量的预期值；

（2）根据变量的预期值计算项目净现值（即基准净现值）；

（3）选择一个变量并假设其他变量不变，令净现值等于 0，计算选定变量的临界值。

『老贾点拨』计算出使项目净现值由正值变为 0 的各变量值。与净现值同方向变化的变量，计算出的是最小临界值；与净现值反方向变化的变量，计算出的是最大临界值。据此可以帮助决策者认识项目的特有风险。

2. 敏感程度法

（1）计算项目基准净现值；

（2）假设其他变量不变，计算某一变量

发生一定幅度变化后的净现值；

（3）计算选定变量的敏感系数，即：

敏感系数＝目标值变动百分比/选定变量变动百分比

『老贾点拨』与净现值同向变化的变量，敏感系数为正数，反之为负数。敏感系数绝对值反映目标值对于选定变量的敏感程度，可以对项目特有风险作出判断。

【例题16·单选题】某公司投产一种新产品，产品单价100元，单位变动成本60

元，年销售量20 000件，运营期5年，企业所得税税率25%。按资本成本10%计算的项目净现值是80万元，则单价变动对净现值的敏感系数是（　　）。

A. 2.84　　　　　　B. 3.80

C. 5.75　　　　　　D. 7.11

解析▶假设单价提高10%，则净现值增加额＝100×10%×2×（1-25%）×（P/A，10%，5）＝56.86（万元），单价变动对净现值的敏感系数＝（56.86/80）/10%＝7.11。　　答案▶D

同步训练

限时260min

扫我做试题

一、单项选择题

1. 某公司拟进行一项固定资产投资决策，项目资本成本为12%，有四个方案可供选择：甲方案的现值指数为0.85；乙方案的内含报酬率为10.58%；丙方案的寿命期为10年，净现值为1 020万元；丁方案的寿命期为11年，净现值的等额年金为192.45万元。则最优的投资方案是（　　）。

　　A. 甲方案　　　　B. 乙方案

　　C. 丙方案　　　　D. 丁方案

2. 某公司两年前以100万元购入一块土地，目前评估价为200万元，增值部分需要缴纳所得税，企业所得税税率为25%。目前如果用该土地投资建设厂房，则该项目考虑的相关现金流出量为（　　）万元。

　　A. 100　　　　　B. 175

　　C. 200　　　　　D. 225

3. 某投资方案，当折现率为15%时，其净现值为45元，当折现率为17%时，其净现值为-20元。该方案的内含报酬率为（　　）。

　　A. 14.88%　　　　B. 16.86%

　　C. 16.38%　　　　D. 17.14%

4. A企业投资20万元购入一台设备，无其他投资，无建设期，预计使用年限为20年，采用直线法计提折旧，预计无残值。设备投产后预计每年可获得税后经营利润22 549元，基准折现率为10%，则该投资的动态投资回收期为（　　）年。

　　A. 5　　　　　　B. 3

　　C. 6　　　　　　D. 10

5. 某投资项目某年的营业收入为600 000元，付现营业费用为400 000元，折旧额为100 000元，企业所得税税率为25%，则该年营业现金毛流量为（　　）元。

　　A. 250 000　　　　B. 175 000

　　C. 75 000　　　　D. 100 000

6. 某公司预计M设备报废时的净残值为3 500元，税法规定的净残值为5 000元，该公司适用的所得税税率为25%，则该设备报废引起的预计现金净流量为（　　）元。

　　A. 3 125　　　　　B. 3 875

　　C. 4 625　　　　　D. 5 375

7. 甲公司正在考虑卖掉现有的一台闲置设备。该设备于8年前以40 000元购入，税法规定的折旧年限为10年，按直线法计提折旧，预计残值率为10%；目前可以按

10 000 元价格卖出，假设所得税率 25%，卖出现有设备对本期现金流量的影响是( )。

A. 减少 300 元   B. 减少 1 200 元

C. 增加 9 700 元   D. 增加 10 300 元

8. A 公司正面临设备的选择决策，有甲、乙两个互斥设备可供选择，两个设备给企业带来的年收入相同，甲设备使用年限为 8 年；乙设备使用年限为 12 年。则进行甲、乙设备优选决策最适合采用的方法是( )。

A. 净现值法

B. 平均年成本法

C. 内含报酬率法

D. 动态投资回收期法

9. 某项目的生产经营期为 5 年，设备原值为 200 万元，预计净残值收入为 5 万元；税法规定的折旧年限为 4 年，税法预计的净残值为 8 万元，按直线法计提折旧，企业所得税税率为 25%；项目结束时收回营运资本 2 万元。则该项目终结点现金净流量为( )万元。

A. 7.75   B. 5.75

C. 7   D. 6.25

10. 计算投资项目内含报酬率时不需要考虑的因素是( )。

A. 项目的原始投资额

B. 项目的资本成本

C. 项目的现金流量

D. 项目的寿命期限

二、多项选择题

1. ☆甲公司拟在华东地区建立一家专卖店，经营期限 6 年，资本成本 8%。假设项目初始现金流量发生在期初，营业现金流量发生在投产后各期末。该投资项目现值指数小于 1。下列关于该投资的说法中，正确的有( )。

A. 内含报酬率小于 8%

B. 折现回收期小于 6 年

C. 会计报酬率小于 8%

D. 净现值小于 0

2. 下列投资决策方法中，最适用于项目寿命期不同的互斥投资方案决策的有( )。

A. 内含报酬率法   B. 等额年金法

C. 共同年限法   D. 动态回收期法

3. 静态回收期法是长期投资项目评价的一种辅助方法，该方法的缺点有( )。

A. 没有考虑项目的流动性和风险

B. 没有考虑项目的盈利性

C. 没有考虑资金的时间价值

D. 可能放弃有战略意义的长期投资项目

4. 在投资决策评价方法中，不需要以预先设定的折现率作为计算依据的有( )。

A. 会计报酬率法   B. 现值指数法

C. 内含报酬率法   D. 净现值法

5. 净现值法与现值指数法的共同之处包括( )。

A. 都是相对数指标，反映投资的效率

B. 都必须按预定的折现率折算现金流量的现值

C. 都不能反映投资方案的实际投资报酬率

D. 都没有考虑货币时间价值因素

6. 共同年限法和等额年金法的共同缺点有( )。

A. 有的领域技术进步快，目前就可以预期升级换代不可避免，不可能原样复制

B. 预计现金流工作很困难，且不便于理解

C. 存在严重的通货膨胀时，都没有考虑重置成本的上升

D. 从长期来看，竞争会使项目净利润下降，甚至被淘汰，对此分析时没有考虑

7. 在投资资本总量受限制的情况下，关于独立项目的选择的说法正确的有( )。

A. 在资本总量范围内选择累计净现值最大的投资组合

B. 在资本总量范围内选择内含报酬率最高的投资组合

C. 各项目按照现值指数由高到低排序

D. 各项目按照会计报酬率由高到低排序

8. 在其他因素不变的情况下，下列财务评价指标中，指标数值越大表明项目可行性越强的有（　　）。

A. 净现值　　　　　B. 现值指数

C. 内含报酬率　　　D. 动态回收期

三、计算分析题

1. ☆甲公司是一家中低端家电生产企业，为适应市场需求，2020 年年末拟新建一条高端家电生产线，项目期限 5 年。相关资料如下：

(1)新建生产线需要一栋厂房、一套生产设备和一项专利技术。新建厂房成本 8 000万元，根据税法相关规定，按直线法计提折旧，折旧年限 20 年，无残值。假设厂房建设周期很短，2020 年年末即可建成使用，预计 5 年后变现价值 5 000 万元。生产设备购置成本 4 000 万元，无须安装，根据税法相关规定，按直线法计提折旧，折旧年限 5 年，无残值，预计 5 年后变现价值为零。一次性支付专利技术使用费 2 000 万元，可使用 5 年，根据税法相关规

定，专利技术使用费按受益年限平均摊销。

(2)生产线建成后，预计高端家电第一年销售收入 10 000 万元，第二年及以后每年销售收入 11 000 万元，付现变动成本占销售收入的 20%，付现固定成本每年 2 000万元。

(3)项目需增加营运资本 500 万元，于 2020 年年末投入，项目结束时收回。

(4)项目投产后，由于部分原中低端产品客户转而购买高端产品，预计会导致中低端产品销售收入每年流失 1 000 万元，同时变动成本每年减少 400 万元。

(5)假设厂房、设备和专利技术使用费相关支出发生在 2020 年年末，各年营业现金流量均发生在当年年末。

(6)项目加权平均资本成本 12%，企业所得税税率 25%。

要求：

(1)计算该项目 2020 年年末~2025 年年末的相关现金净流量和净现值(计算过程和结果填入下方表格中)。

单位：万元

	2020 年末	2021 年末	2022 年末	2023 年末	2024 年末	2025 年末
现金净流量						
折现系数						
现值						
净现值						

(2)计算该项目的动态投资回收期。

(3)分别用净现值法和动态投资回收期法判断该项目是否可行，假设甲公司设定的项目动态投资回收期为 3 年。

2. A 公司准备进行印刷设备的购置决策，有

两种方案可供选择：

方案一：购买 10 台甲公司的印刷机，每台价格 8 000 元，且预计每台设备每年末支付的修理费为 2 000 元。该设备将于第 4 年年末更换，预计无残值收入。

方案二：购买 11 台乙公司的印刷机，每台价格 5 000 元，每台设备第 1~3 年年末支付的修理费用分别为 2 000 元、2 500 元、3 000 元。该设备需于 3 年后更换，在第 3 年年末预计有 600 元/台的残值变现收入。

A 公司等风险投资必要报酬率为 10%；公司所得税税率为 25%，税法规定的该类设备折旧年限为 3 年，净残值率为 10%；预计选定设备后，公司将长期使用该种类型设备，更新时不会随意改变设备，以便与其他作业环节协调。

要求：分别计算采用两个方案购置设备的平均年成本，并据此判断应当购买哪个公司的设备。

3. 甲公司正在考虑购买一套新的生产线，估计初始投资为 3 000 万元。按税法规定生产线应以 5 年期直线法折旧，净残值率为 10%。该生产线投入运营后，预期每年可产生税前经营利润 500 万元。该生产线的投资项目已用净现值法评价方案可行。然而，董事会对该生产线能否使用 5 年展开了激烈的争论。董事长认为该生产线只能使用 4 年，总经理认为能使用 5 年，还有人说类似生产线使用 6 年也是常见的。假设所得税税率为 25%，要求投资报酬率为 10%，无论何时报废净残值收入均为 300 万元。

要求：

(1) 估计该项目可行的最短使用寿命是多少年(假设使用年限与净现值呈线性关系，用插补法求解，计算结果保留小数点后两位)？

(2) 董事会的争论是否有意义(是否影响该生产线的购置决策)？为什么？

4. ☆甲公司因生产经营需要将办公场所由市区搬到了郊区。新办公场所附近正在建一条地铁，可于 10 个月后开通。为了改善员工通勤条件，甲公司计划在地铁开通之前为员工开设班车，行政部门提出了自己购买和租赁两个方案。有关资料如下：

(1) 如果自己购买，甲公司需要购买一辆大客车，购置成本 300 000 元。根据税法规定，大客车按直线法计提折旧，折旧年限为 5 年，残值率为 5%。10 个月后大客车的变现价值预计为 210 000 元。甲公司需要雇佣一名司机，每月预计支出工资 5 500 元。此外，每月预计还需支出油料费 12 000 元、停车费 1 500 元。假设大客车在月末购入并付款，次月初即可投入使用。工资、油料费、停车费均在每个月月末支付。

(2) 如果租赁，汽车租赁公司可按甲公司的要求提供车辆及班车服务，甲公司每月需向租赁公司支付租金 25 000 元，租金在每个月月末支付。

(3) 甲公司的企业所得税税率为 25%，公司的月资本成本为 1%。

要求：

(1) 计算购买方案的每月折旧抵税额、每月税后付现费用、10 个月后大客车的变现净流入。

(2) 计算购买方案的税后平均月成本，判断甲公司应当选择购买方案还是租赁方案并说明理由。

5. 某企业准备投资一项目，其资本成本为 10%，分别有 A、B、C 三个方案可供选择。

(1) A 方案的有关资料如下：

单位：元

寿命期	0	1	2	3	4	5	6	合计
净现金流量	−60 000	0	30 000	30 000	20 000	20 000	30 000	
折现净现金流量	−60 000	0	24 792	22 539	13 660	12 418	16 935	30 344

已知 A 方案的投资于建设期起点一次投入，建设期为 1 年，永续净现值为 69 670 元。

(2)B 方案的项目计算期为 8 年，净现值为 50 000 元，永续净现值为 93 720 元。

(3)C 方案的项目寿命期为 12 年，净现值为 70 000 元。

要求：

(1)计算或指出 A 方案的下列指标：①包括建设期的静态投资回收期；②净现值。

(2)计算 C 方案的永续净现值(计算结果保留整数)。

(3)假设各项目重置概率均较高，按共同年限法计算 A、B、C 三个方案调整后的净现值(计算结果保留整数)。

(4)分别用等额年金法和共同年限法作出投资决策。

(5)阐述等额年金法和共同年限法的共同缺点。

6. 假设你是 C 公司的财务顾问。该公司是目前国内最大的家电生产企业，已经在上海证券交易所上市多年。该公司正考虑在北京建立一个工厂，生产某一新型产品，公司管理层要求你为其进行项目评价，相关资料如下：

(1)C 公司在两年前曾在北京以 500 万元购买了一块土地，原打算建立北方区配送中心，后来由于收购了一个物流企业，解决了北方地区产品配送问题，便取消了配送中心的建设项目。公司现计划在这块土地上兴建新的工厂，目前该土地的评估价值为 800 万元(不入账，但是增值额需要考虑所得税)。

(2)预计建设工厂的固定资产投资成本为 1 200 万元。该工程将承包给其他公司，工程款在完工投产时一次付清，即可以将建设期视为零。另外，工厂投产时需要营运资本 800 万元。

(3)该工厂投入运营后，每年生产和销售 30 万台产品，售价为 200 元/台，单位产

品变动成本为 160 元；预计每年发生固定成本(含制造费用、经营费用和管理费用)400 万元。

(4)平均企业所得税税率为 25%。新工厂固定资产折旧年限平均为 8 年(净残值为零)。土地不提取折旧。

(5)该工厂(包括土地)在运营 5 年后将整体出售，预计出售价格为 600 万元。假设投入的营运资本在工厂出售时可全部收回。

(6)管理当局要求的项目报酬率为 10%。

要求：

(1)计算项目的初始投资(零时点现金流出)。

(2)计算项目的年营业现金毛流量。

(3)计算该工厂在 5 年后处置时的税后现金净流量。

(4)计算项目的净现值。

7. 甲公司现有生产线已满负荷运转，鉴于其产品在市场上供不应求，公司准备购置一条生产线，公司及生产线的相关资料如下：

资料一：甲公司生产线的购置有两个方案可供选择：

A 方案：生产线的购买成本为 7 200 万元，预计使用 5 年，5 年后变现价值 3 000 万元。税法规定使用 8 年，采用直线法计提折旧，预计净残值率为 10%。生产线投产时需要投入营运资金 1 200 万元，以满足日常经营活动需要，生产线运营期满时垫支的营运资金全部收回。生产线投入使用后，预计每年新增营业收入 11 880 万元，每年新增付现维护费用 8 800 万元，假定生产线购入后可立即投入使用。

B 方案：生产线的购买成本为 7 200 万元，预计使用 8 年，净现值为 3 228.94 万元。

资料二：甲公司适用的企业所得税税率为 25%，该类生产线要求的最低投资报酬率均为 12%。

要求：

(1)根据资料一和资料二，计算 A 方案的

下列指标：①建设期现金净流量；②年折旧额；③生产线投入使用后第1~4年每年的营业现金毛流量；④生产线投入使用后第5年的现金净流量；⑤净现值。

（2）分别计算A、B方案的等额年金，据以判断甲公司应选择哪个方案，并说明理由。

8. B公司目前生产一种产品，该产品的适销期预计还有6年，公司计划6年后停产该产品。生产该产品的设备已使用5年，比较陈旧，运行成本（人工费、维修费和能源消耗等）和残次品率较高。目前市场上出现了一种新设备，其生产能力、生产产品的质量与现有设备相同。新设备虽然购置成本较高，但运行成本较低，并且可以减少存货占用资金、降低残次品率。除此以外的其他方面，新设备与旧设备没有显著差别。

B公司更新设备投资的资本成本为10%，企业所得税税率为25%；固定资产的会计折旧政策与税法有关规定相同。

B公司正在研究是否应将现有旧设备更换为新设备，有关的资料如下（单位：元）。

继续使用旧设备		更换新设备	
旧设备当初购买和安装成本	200 000		
旧设备当前市值	50 000	新设备购买和安装成本	300 000
税法规定折旧年限（年）	10	税法规定折旧年限（年）	10
税法规定折旧方法	直线法	税法规定折旧方法	直线法
税法规定残值率	10%	税法规定残值率	10%
已经使用年限（年）	5	运行效率提高减少半成品存货占用资金	15 000
预计尚可使用年限（年）	6	计划使用年限（年）	6
预计6年后残值变现净收入	0	预计6年后残值变现净收入	150 000
年运行成本（付现成本）	110 000	年运行成本（付现成本）	85 000
年残次品成本（付现成本）	8 000	年残次品成本（付现成本）	5 000

要求：

（1）计算B公司继续使用旧设备的相关现金流量总现值（计算过程及结果填入表格内）。

项目	现金流量（元）	时间	系数	现值（元）
合计				

（2）计算B公司使用新设备的相关现金流量总现值（计算过程及结果填入表格内）。

项目	现金流量（元）	时间	系数	现值（元）

续表

项目	现金流量(元)	时间	系数	现值(元)
合计				

(3)判断是否应该实施更新设备的方案，并说明理由。

四、综合题

1. ☆甲公司是一家移动通信产品制造企业，主营业务是移动通信产品的生产和销售，为了扩大市场份额，准备投产智能型手机产品(简称智能产品)。目前相关技术研发已经完成，正在进行该项目的可行性研究。资料如下：

如果可行，该项目拟在 2016 年初投产，预计该智能产品 3 年后(即 2018 年末)停产。即项目预期持续 3 年。智能产品单位售价 3 000 元，2016 年销售 10 万部，销量以后每年按 10% 增长，单位变动制造成本为 2 000 元，每年付现固定制造费用 400 万元，每年付现销售和管理费用与销售收入的比例为 10%。

为生产该智能产品，需添置一条生产线，预计购置成本 12 000 万元。生产线可在 2015 年年末前安装完毕。按税法规定，该生产线折旧年限 4 年，预计净残值率为 5%，采用直线法计提折旧，预计 2018 年年末该生产线变现价值为 2 400 万元。

公司现有一闲置厂房对外出租，每年年末收取租金 80 万元，该厂房可用于生产该智能产品，因生产线安装期较短，安装期间租金不受影响。由于智能产品对当前产品的替代效应，当前产品 2016 年销量下降 1.5 万部，下降的销量以后按每年 10% 增长，2018 年年末智能产品停产，替代效应消失，2019 年当前产品销量恢复至智能产品投产前水平。当前产品的单位售价 1 600 元，单位变动成本为 1 200 元。

营运资本为销售收入的 20%，智能产品项目垫支的营运资本在各年年初投入，在项目结束时全部收回，减少的当前产品的垫支的营运资本在各年年初收回，智能产品项目结束时重新投入。

项目加权平均资本成本为 9%，公司适用的企业所得税税率为 25%，假设该项目的初始现金流量发生在 2015 年年末，营业现金流量均发生在以后各年末。

要求：

(1)计算项目的初始现金流量(2015 年年末增量现金净流量)、2016～2018 年的增量现金净流量及项目的净现值、折现回收期和现值指数，并判断项目可行性。

单位：万元

	2015 年末	2016 年末	2017 年末	2018 年末

续表

	2015 年末	2016 年末	2017 年末	2018 年末
现金净流量				
折现系数(9%)				
折现值				
净现值				
累计折现值				
折现回收期(年)				
现值指数				

（2）为分析未来不确定性对该项目净现值的影响，应用最大最小法计算单位变动制造成本的最大值，应用敏感程度法计算单位变动制造成本上升5%时，净现值对单位变动制造成本的敏感系数。

可能用到的现值系数如下：

现值系数	1	2	3
(P/F, 9%, n)	0.917 4	0.841 7	0.772 2

（3）回答什么是敏感分析，阐述敏感分析的优缺点。

2. A公司是一个钢铁企业，拟进入汽车制造业。现找到一个投资机会，利用B公司技术生产汽车零件，并将零件出售给B公司。B公司是一个有代表性的汽车零件生

产企业。资料如下:

(1)预计该项目需固定资产投资 750 万元,可以持续五年。会计部门估计每年付现的固定营业费用为 40 万元,变动付现营业费用是每件 180 元。按照税法规定,固定资产折旧采用直线法,折旧年限为 5 年,估计净残值为 50 万元(等于变现净收入)。营销部门估计各年销售量均为 40 000 件,B 公司可以接受 250 元/件的价格。生产部门估计需要 250 万元的营运资本投资,项目开始时投入。

(2)为筹集所需资金,该项目拟通过发行债券和留存收益进行筹资。拟发行债券的发行期限 5 年、面值 1 000 元、票面利率 8%,每年末付息一次,发行价格 1 050

元,发行费用率为发行价格的 2%。

(3)B 公司普通股 β 系数 1.75,资本结构(负债/权益)为 1/1;A 公司目标资本结构(负债/权益)为 2/3。

(4)无风险报酬率 3.85%,市场风险溢价 5%。

(5)A、B 公司所得税税率均为 25%。

要求:

(1)计算债务税前资本成本、股权资本成本和项目加权平均资本成本。(债务和股权资本成本保留两位小数,加权平均资本成本保留整数)。

(2)计算项目的净现值(计算过程和结果填入下方表格中,结果保留三位小数)。

单位:万元

时 间	0	1~4	5
现金流量各项目			
营业现金毛流量			
项目现金净流量			
折现系数			
净现值			

(3)分别计算息税前利润为零和净现值为零的年销售量(单位:万件,保留四位小数)。

(4)为了分析未来不确定性对该项目净现值的影响,应用最大最小法计算单价的最小值(保留四位小数),应用敏感程度法计算单价降低 4%时净现值对单价的敏感系数(保留两位小数)。

(5)假如预计的固定付现营业费用、单位变动付现营业费用、固定资产残值、营运资本和单价只在±10%以内是准确的,计算该项目最差情景下的净现值(计算过程和结果填入下方表格中,保留两位小数)。

单位：万元

最差情景下相关项目金额	固定付现营业费用			
	单位变动付现营业费用			
	固定资产残值			
	营运资本			
	单价			
时　间	0		1～4	5
现金流量各项目				
营业现金毛流量				
项目现金净流量				
折现系数				
净现值				

3. 甲公司研制成功一台新产品，现在需要决定是否大规模投产，有关资料如下：

(1)公司的销售部门预计，如果每台定价3万元，销售量每年可以达到10 000台；销售量不会逐年上升，但价格可以每年提高2%。生产部门预计，付现变动制造成本每台2.1万元，每年增加2%；付现的固定制造成本每年4 000万元，每年增加1%。新业务将在2019年1月1日开始，假设经营现金流量发生在每年年底。

(2)为生产该产品，需要添置一台生产设备，预计其购置成本为4 000万元。该设备可以在2018年年底以前安装完毕，并在2018年年底支付设备购置款。该设备按税法规定折旧年限为5年，净残值率为5%；经济寿命为4年，4年后即2022年年底该项设备的市场价值预计为

500万元。如果决定投产该产品，公司将可以连续经营4年，预计不会出现提前终止的情况。

(3)生产该产品所需的厂房可以用8 000万元购买，在2018年年底付款并交付使用。该厂房按税法规定折旧年限为20年，净残值率为5%。4年后该厂房的市场价值预计为7 000万元。

(4)生产该产品需要的营运资本随销售额而变化，预计为销售额的10%。假设这些营运资本在年初投入，项目结束时收回。

(5)公司的所得税税率为25%。

(6)该项目成功的概率很大，经营风险水平与企业平均风险相同，可以使用公司的加权平均资本成本10%作为折现率。新项目的销售额与公司当前的销售额相比只占较小份额，并且公司每年有若干新项目投

入生产，因此该项目万一失败不会危及整个公司的生存。

要求：

(1)计算项目的初始投资总额，包括与项目有关的固定资产购置支出以及营运资本增加额。

(2)分别计算设备和厂房的年折旧额以及第4年年末的账面价值(提示：折旧按年提取，投入使用当年提取全年折旧)。

(3)分别计算第4年年末处置设备和厂房引起的税后净现金流量。

(4)计算各年项目现金净流量以及项目的净现值和静态投资回收期。

单位：万元

年度	0	1	2	3	4
项目现金净流量					
折现系数	1.000 0	0.909 1	0.826 4	0.751 3	0.683 0
净现值					
合计					
累计现金净流量					
静态投资回收期(年)					

同步训练答案及解析

一、单项选择题

1. D　【解析】甲方案的现值指数小于1，不可行；乙方案的内含报酬率10.58%小于项目资本成本12%，也不可行，所以排除选项AB；由于丙、丁方案寿命期不同，应选择等额年金法进行决策。由于资本成本相同，因此可以直接比较净现值的等额年金。丙方案净现值的等额年金 = 1 020/(P/A, 12%, 10) = 1 020/5.650 2 = 180.52(万元)，小于丁方案净现值的等额年金192.45万元，所以本题的最优方案应该是丁方案。

2. B　【解析】该项目考虑的相关现金流出量 = 200－(200－100)×25% = 175(万元)

3. C　【解析】内含报酬率是使净现值为0时的折现率。根据(IRR－15%)/(17%－15%) = (0－45)/(－20－45)，解得：内含报酬率 = 16.38%。

4. D　【解析】年折旧 = 20/20 = 1(万元)，经营期内年现金净流量 = 2.254 9＋1 = 3.254 9(万元)，因此有3.254 9×(P/A, 10%, n)－20 = 0，即(P/A, 10%, n) = 20/3.254 9 = 6.144 6，因此动态投资回收期为10年。

5. B　【解析】年营业现金毛流量 = 营业收入×(1－所得税税率)－付现营业费用×(1－所得税税率)＋折旧×所得税税率 =

$600\,000\times(1-25\%)-400\,000\times(1-25\%)+100\,000\times25\%=175\,000$（元）。或者年营业现金毛流量＝税前经营利润×（1-所得税税率）+折旧＝（$600\,000-400\,000-100\,000$）×（$1-25\%$）+$100\,000=175\,000$（元）。

6. B 【解析】该设备报废引起的预计现金净流量 = 3 500 +（5 000 - 3 500）× 25% = 3 875（元）

7. D 【解析】每年折旧 = 40 000 ×（1 - 10%）/10 = 3 600（元），目前账面价值 = 40 000 - 3 600×8 = 11 200（元），变现损失少交税 =（11 200 - 10 000）×25% = 300（元），卖出设备增加本期现金流量 = 10 000 + 300 = 10 300（元）。

8. B 【解析】两个互斥项目现金流入相同，寿命期不同，应该采用平均年成本法。净现值法不适用于项目寿命期不同的互斥方案决策。内含报酬率法和动态投资回收期法是项目可行性评价的方法，不是互斥方案优选的方法。

9. A 【解析】预计使用 5 年（即经营期），大于税法规定的 4 年，属于超龄使用，第 5 年不再计提折旧，第 5 年年末设备报废时的账面价值（即账面残值）为 8 万元，预计净残值收入 5 万元，小于设备报废时账面价值 8 万元，变现损失抵减所得税视为现金流入量，所以终结点现金净流量 = 2 + 5 +（8-5）×25% = 7.75（万元）。

10. B 【解析】项目内含报酬率是使项目净现值等于 0 时的折现率，即以内含报酬率作为折现率计算净现值时不需要考虑项目资本成本。

二、多项选择题

1. AD 【解析】如果现值指数小于 1，则净现值小于 0，内含报酬率小于资本成本，因此选项 AD 的说法正确；折现回收期就是净现值等于 0 的年限，按 6 年计算的净现值小于 0，即折现回收期大于 6 年，选项 B 说法错误；会计报酬率与资本成本之间没有必然联系，选项 C 的说法错误。

2. BC 【解析】寿命期相同的互斥项目比较，一般采用净现值法；寿命期不同项目的比较，通常采用共同年限法和等额年金法。

3. BCD 【解析】静态回收期只考虑回收期内的现金流量，关注的是项目的流动性和风险，选项 A 不是答案。

4. AC 【解析】会计报酬率为非贴现指标，无须折现计算；内含报酬率是使净现值等于 0 的折现率，其计算无须使用预先设定的折现率。

5. BC 【解析】净现值是绝对数指标，反映投资的效益，现值指数是相对数指标，反映投资的效率。投资方案的实际投资报酬率是内含报酬率，净现值和现值指数是根据事先给定的折现率计算的，但都不能直接反映项目的实际投资报酬率。净现值和现值指数都考虑了货币的时间价值。

6. ACD 【解析】两种方法存在共同的缺点：（1）有的领域技术进步快，目前就可以预期升级换代不可避免，不可能原样复制；（2）如果通货膨胀比较严重，必须考虑重置成本的上升，这是一个非常具有挑战性的任务，对此两种方法都没有考虑；（3）从长期来看，竞争会使项目净利润下降，甚至被淘汰，对此分析时没有考虑。

7. AC 【解析】在资本总额受限时，对于独立项目选择，首先按照现值指数由高到低排序，之后选择累计净现值最大的投资组合。

8. ABC 【解析】用回收期指标评价方案时，回收期越短越好。

三、计算分析题

1. 【答案】

（1）
単位：万元

	2020 年末	2021 年末	2022 年末	2023 年末	2024 年末	2025 年末
厂房成本	−8 000					
设备购置成本	−4 000					
专利技术使用费	−2 000					
税后销售收入		7 500	8 250	8 250	8 250	8 250
税后付现变动成本		−1 500	−1 650	−1 650	−1 650	−1 650
税后付现固定成本		−1 500	−1 500	−1 500	−1 500	−1 500
厂房折旧抵税		100	100	100	100	100
生产设备折旧抵税		200	200	200	200	200
专利技术使用费摊销抵税		100	100	100	100	100
丧失中低端产品税后销售收入		−750	−750	−750	−750	−750
节约中低端产品税后变动成本		300	300	300	300	300
厂房变现相关现金流量						5 250
垫支营运资本	−500					
营运资本收回						500
现金净流量	−14 500	4 450	5 050	5 050	5 050	10 800
折现系数	1	0.892 9	0.797 2	0.711 8	0.635 5	0.567 4
现值	−14 500	3 973.405	4 025.86	3 594.59	3 209.275	6 127.92
净现值	6 431.05					

计算说明：

厂房年折旧额 = 8 000/20 = 400（万元）

第 5 年年末的账面价值 = 8 000 − 5 × 400 = 6 000（万元）

变现收入 5 000 万元

变现净损失 = 6 000 − 5 000 = 1 000（万元）

变现净损失抵税 = 1 000 × 25% = 250（万元）

变现相关现金流量 = 5 000 + 250 = 5 250（万元）

（2）动态投资回收期 = 3 + (14 500 − 3 973.405 − 4 025.86 − 3 594.59)/3 209.275 = 3.91（年）

（3）净现值大于 0，项目可行。

动态投资回收期大于设定的项目动态投资

回收期，项目不可行。

2. 【答案】

采用方案一进行购置设备：

每台设备年折旧 = 8 000 × (1 − 10%)/3 = 2 400（元）

第 4 年年末账面价值 = 8 000 × 10% = 800（元）

第 4 年年末变现损失抵税 = 800 × 25% = 200（元）

使用每台设备现金流出总现值 = 8 000 + 2 000 × (1 − 25%) × (P/A，10%，4) − 2 400 × 25% × (P/A，10%，3) − 200 × (P/F，10%，4) = 11 126.11（元）

使用每台设备的平均年成本 = 11 126.11/(P/A，10%，4) = 3 509.92

(元)

使用 10 台设备的平均年成本

= 3 509. 92×10 = 35 099. 2(元)

采用方案二进行购置设备：

每台设备年折旧 = 5 000×(1 - 10%)/3 = 1 500(元)

第 3 年年末账面价值 = 5 000×10% = 500(元)

第 3 年年末变现收益交税 = (600 - 500)× 25% = 25(元)

使用每台设备现金流出总现值 = 5 000 + 2 000×(1 - 25%)×(P/F，10%，1)+ 2 500×(1 - 25%)×(P/F，10%，2)+ 3 000×(1 - 25%)×(P/F，10%，3)- 1 500×25%×(P/A，10%，3)-(600 - 25)×(P/F，10%，3)= 8 238. 99(元)

使用每台设备的平均年成本 = 8 238. 99/ (P/A，10%，3) = 3 312. 96(元)

使用 11 台设备的平均年成本

= 3 312. 96×11 = 36 442. 56(元)

从甲公司购买设备的平均年成本更低，应该从甲公司购买。

3. 【答案】

(1) 年折旧 = 3 000×(1 - 10%)/5 = 540 (万元)

①如果项目的寿命期是 4 年。

4 年后账面价值 = 3 000 - 540×4 = 840 (万元)

变现损失减税 = (840 - 300)×25% = 135 (万元)

第 1～第 3 年营业现金毛流量 = 500×(1 - 25%)+540 = 915(万元)

第 4 年现金净流量 = 915 + 300 + 135 = 1 350(万元)

净现值 = 915×(P/A，10%，3)+ 1 350× (P/F，10%，4)-3 000 = 197. 56(万元)

②如果项目的寿命期是 3 年。

3 年后账面价值 = 3 000 - 540×3 = 1 380 (万元)

变现损失减税 = (1 380 - 300)×25% = 270 (万元)

第 1～第 2 年营业现金毛流量 = 500×(1 - 25%)+540 = 915(万元)

第 3 年现金净流量 = 915 + 300 + 270 = 1 485(万元)

净现值 = 915×(P/A，10%，2)+ 1 485× (P/F，10%，3)-3 000 = -296. 34(万元)

(n-3)/(4-3) = (0 + 296. 34)/(197. 56 + 296. 34)

n = 3. 60(年)

(2)董事会的争论是没有意义的。因为现金流入持续时间达到 3. 60 年，方案即为可行。

4. 【答案】

(1) 大客车每月折旧额 = 300 000×(1 - 5%)/(5×12) = 4 750(元)

每月折旧抵税额 = 4 750×25% = 1 187. 5 (元)

每月税后付现费用 = (5 500 + 12 000 + 1 500)×(1-25%) = 14 250(元)

10 个月后大客车账面价值 = 300 000 - 4 750×10 = 252 500(元)

10 个月后大客车的变现净流入

= 210 000 - (210 000 - 252 500)×25% = 220 625(元)

(2) 税后平均月成本 = 300 000÷(P/A，1%，10)-1 187. 5+14 250-220 625÷(F/A，1%，10) = 300 000÷9. 471 3 - 1 187. 5 + 14 250-220 625÷10. 462 = 23 648. 91(元)

租赁方案的税后月租金 = 25 000×(1 - 25%) = 18 750(元)

计算说明：300 000 是现值，所以，计算平均月成本时，除以年金现值系数；220 625 是终值，所以，计算平均月成本时，除以年金终值系数。

由于租赁方案的税后月租金小于购买方案的税后平均月成本，应当选择租赁方案。

或者：

购买方案的税前平均月成本 = 23 648. 91/ (1-25%) = 31 531. 88(元)

由于租赁方案的月租金小于购买方案的税

前平均月成本，应当选择租赁方案。

5.【答案】

(1)①因为 A 方案第三年累计净现金流量：

30 000+30 000+0-60 000=0

A 方案包括建设期的静态投资回收期为 3 年。

②净现值 = 折现净现金流量之和 = 30 344(元)

(2)C 方案的等额年金额：

70 000/(P/A，10%，12)= 10 273.42(元)

C 方案的永续净现值：

10 273.42/10% = 102 734(元)

(3)三个项目最小公倍寿命为 24 年。

A 方案调整后的 NPV = 30 344×[1+(P/F，10%，6)+(P/F，10%，12)+(P/F，10%，18)]=62 600(元)

计算说明：由于计算净现值 30 344 时已经折现了 6 年，所以，第一次重置的净现值的现值=30 344×(P/F，10%，6)；第二次重置的净现值的现值 = 30 344×(P/F，10%，12)；第三次重置的净现值的现值=30 344×(P/F，10%，18)。

B 方案调整后的 NPV = 50 000×[1+(P/F，10%，8)+(P/F，10%，16)] = 84 205(元)

C 方案调整后的 NPV = 70 000×[1+(P/F，10%，12)]=92 302(元)

(4)按等额年金法，C 方案的永续净现值最大，C 方案最优；按共同年限法，C 方案调整后的净现值最大，C 方案最优。

(5)一是有的领域技术进步快，目前就可以预期升级换代不可避免，不可能原样复制，两种方法都没有考虑；二是如果通货膨胀比较严重，必须要考虑重置成本的上升，对此两种方法都没有考虑；三是从长期来看，竞争会使项目净利润下降，甚至被淘汰，对此分析时没有考虑。

6.【答案】

(1)初始投资=土地变现流量+固定资产投资+营运资本投入 = [800-(800-500)×

25%]+1 200+800 = 2 725(万元)

(2)年折旧额 = 1 200/8 = 150(万元)

年营业现金毛流量 = [30×(200-160)-400]×(1-25%)+150=750(万元)

计算说明：计提的折旧计入制造费用、经营费用和管理费用，根据题中的资料"预计每年发生固定成本(含制造费用、经营费用和管理费用)400 万元"可知，400 万元的固定成本中包括折旧，所以，[30×(200-160)-400]×(1-25%)=税后经营利润，营业现金毛流量 = [30×(200-160)-400]×(1-25%)+150。

(3)5 年后处置时的税后现金净流量 = 600+800+[500+(1 200-150×5)-600]×25%=1 487.5(万元)

计算说明：由于评估价值 800 万元没有入账，所以，处置时土地的账面价值不是 800 万元，仍然是 500 万元。

(4)NPV = 750×(P/A，10%，5)+1 487.5×(P/F，10%，5)-2 725 = 1 041.69(万元)

7.【答案】

(1)①建设期现金净流量 = -(7 200+1 200)=-8 400(万元)

②年折旧额 = 7 200×(1-10%)/8 = 810(万元)

③生产线投入使用后第 1～第 4 年每年的营业现金毛流量 = (11 880-8 800)×(1-25%)+810×25% = 2 512.5(万元)

④第 5 年年末账面价值 = 7 200-810×5 = 3 150(万元)

第 5 年年末变现损失抵税 = (3 150-3 000)×25% = 37.5(万元)

生产线投入使用后第 5 年的现金净流量 = 2 512.5+1 200+3 000+37.5 = 6 750(万元)

⑤净现值 = -8 400+2 512.5×(P/A，12%，4)+6 750×(P/F，12%，5) = 3 061.17(万元)

(2)A 方案的等额年金 = 3 061.17/(P/A，12%，5)=849.19(万元)

B 方案的等额年金 = 3 228.94/(P/A, 12%，8)=650(万元)

由于 A 方案的等额年金大于 B 方案，因此甲公司应选择 A 方案。

8.【答案】

(1)

项目	现金流量(元)	时间	系数	现值(元)
丧失的变现收入	−50 000	0	1	−50 000
丧失的变现损失抵税	−(200 000 − 18 000 × 5 − 50 000) × 25% = −15 000	0	1	−15 000
每年税后运行成本	−110 000×(1−25%) = −82 500	1−6	4.355 3	−359 312.25
每年税后残次品成本	−8 000×(1−25%) = −6 000	1−6	4.355 3	−26 131.8
每年折旧抵税	18 000×25% = 4 500	1−5	3.790 8	17 058.6
残值变现损失抵税	(200 000×10%−0)×25% = 5 000	6	0.564 5	2 822.5
合计				−430 562.95

计算说明：在"现金流量"表中，现金流入用正数表示，现金流出用负数表示。

①由于涉及折旧抵税，所以必须按照税法的规定计算年折旧额，旧设备每年的折旧额 = 200 000×(1−10%)/10 = 18 000(元)。

②折旧提足之后，不能再计提折旧。本题中设备的折旧年限总共是 10 年，由于已经使用了 5 年，所以，继续使用之后，只能再计提 10−5 = 5(年)的折旧，所以，折旧抵税的年限共计是 5 年。继续使用的第 6 年不能计提折旧，不存在折旧抵税。由于第 6 年不计提折旧，所以，继续使用 6 年后的账面价值=5 年后的账面价值=税法净残值=200 000×10%。

③按照税法的规定，影响所得税的是变现损益，不再对变现净收入另外征收所得税。

④考试时不需要在表格中列出计算表达式，直接填写计算结果即可。例如"−(200 000 − 18 000×5−50 000)×25% = −15 000"直接填写"−15 000"即可。

(2)

项目	现金流量(元)	时间	系数	现值(元)
新设备的购买和安装	−300 000	0	1	−300 000
避免的运营资金投入	15 000	0	1	15 000
每年税后运行成本	−85 000×(1−25%) = −63 750	1−6	4.355 3	−277 650.375
每年税后残次品成本	−5 000×(1−25%) = −3 750	1−6	4.3553	−16 332.375
折旧抵税	27 000×25% = 6 750	1−6	4.355 3	29 398.275
残值变现收入	150 000	6	0.564 5	84 675
残值变现收益纳税	−[150 000 − (300 000 − 27 000 × 6)]×25% = −3 000	6	0.564 5	−1 693.5
丧失的运营资金收回	−15 000	6	0.564 5	−8 467.5
合计				−475 070.48

计算说明：

①每年折旧额 = 300 000×(1−10%)/10 = 27 000(元)

③"运行效率提高减少半成品存货占用资金"导致减少 15 000 元的营运资金投入。由于当初减少了 15 000 元的营运资金投入，所以，项目结束时，减少 15 000 元的营运资金收回。

(3)由于继续使用旧设备的剩余年限与使用新设备年限相同，可以直接比较两个方案的现金流出总现值，选择流出总现值低的方案。本题使用新设备相关现金流出总现值475 070.48元，大于继续使用旧设备的相关现金流出总现值 430 562.95 元，因此应该继续使用旧设备，而不应该更新。

四、综合题

1.【答案】

(1)

单位：万元

	2015 年末	2016 年末	2017 年末	2018 年末
智能产品销售量(万部)		10	11	12.1
智能产品销售收入		30 000	33 000	36 300
智能产品税后收入		22 500	24 750	27 225
智能产品变动制造成本		−20 000	−22 000	−24 200
固定付现营业费用		−400	−400	−400
智能产品付现销售和管理费用		−3 000	−3 300	−3 630
智能产品付现营业费用		−23 400	−25 700	−28 230
智能产品税后付现营业费用		−17 550	−19 275	−21 172.5
生产线购置成本	−12 000			
年折旧		2 850	2 850	2 850
年折旧抵税		712.5	712.5	712.5
生产线变现收入				2 400
变现时生产线的账面价值				3 450
生产线变现损失				1 050
生产线变现损失抵税				262.5
减少的租金收入		−80	−80	−80
减少的税后租金收入		−60	−60	−60
减少当前产品销售量(万部)		−1.5	−1.65	−1.815
减少当前产品的销售收入		−2 400	−2 640	−2 904
减少当前产品税后销售收入		−1 800	−1 980	−2 178
减少当前产品的变动成本		1 800	1 980	2 178
减少当前产品税后变动成本		1 350	1 485	1 633.5
智能产品占用营运资本		6 000	6 600	7 260

	2015 年末	2016 年末	2017 年末	2018 年末
智能产品投入(收回)营运资本	−6 000	−600	−660	7 260
当前产品减少收入占用营运资本		480	528	580.8
当前产品收回(投入)营运资本	480	48	52.8	−580.8
现金净流量	−17 520	4 600.5	5 025.3	15 502.2
折现系数(9%)		0.917 4	0.841 7	0.772 2
折现值	−17 520	4 220.499	4 229.795	11 970.799
净现值	2 901.09			
累计折现值	−17 520	−13 299.501	−9 069.706	2 901.093
折现回收期(年)	3−1+(9 069.706/11 970.799)=2.76			
现值指数	(4 220.499+4 229.795+11 970.799)/17 520=1.17			

计算说明:

2016 和 2017 年现金净流量包括智能产品税后收入、智能产品税后付现营业费用、减少税后租金收入、减少当前产品税后收入、减少当前产品税后变动制造成本、折旧抵税、智能产品垫支营运资本、当前产品收回营运资本,即:

2016 年现金净流量 = 22 500 − 17 550 − 60 − 1 800 + 1 350 + 712.5 − 600 + 48 = 4 600.5(万元)

2017 年现金净流量 = 24 750 − 19 275 − 60 − 1 980 + 1 485 + 712.5 − 660 + 52.8 = 5 025.3(万元)

2018 年现金净流量包括智能产品税后收入、智能产品税后付现营业费用、减少税后租金收入、减少当前产品税后收入、减少当前产品税后变动制造成本、折旧抵税、智能产品垫支营运资本收回、当前产品收回营运资本再投入、生产线变现收入、变现损失抵税,即:2018 年现金净流量 = 27 225 − 21 172.5 − 60 − 2 178 + 1 633.5 + 712.5 + 7 260 − 580.8 + 2 400 + 262.5 = 15 502.2(万元)

由于项目的净现值大于 0,所以,该项目具有可行性。

(2)假设单位变动制造成本需要增加 C 元,则每年增加的税后变动制造成本为:

2016 年:$10C \times (1-25\%) = 7.5C$(万元)

2017 年:$7.5C \times (1+10\%) = 8.25C$(万元)

2018 年:$8.25C \times (1+10\%) = 9.075C$(万元)

$7.5C \times (P/F, 9\%, 1) + 8.25C \times (P/F, 9\%, 2) + 9.075C \times (P/F, 9\%, 3) = 2\ 901.09$

解得:C = 139.26(元)

即单位变动制造成本的最大值为 2 139.26 元(2 000 + 139.26),此时项目净现值为 0。

单位变动制造成本上升 5% 时,则每年增加的税后变动制造成本为:

2016 年:$2\ 000 \times 5\% \times 10 \times (1 - 25\%) = 750$(万元)

2017 年:$750 \times (1+10\%) = 825$(万元)

2018 年:$825 \times (1+10\%) = 907.5$(万元)

单位变动制造成本增加而减少净现值为:

$750 \times (P/F, 9\%, 1) + 825 \times (P/F, 9\%, 2) + 907.5 \times (P/F, 9\%, 3) = 2\ 083.224$(万元)

敏感系数 = (−2 083.224 / 2 901.09) / 5% = −14.36

(3)投资项目敏感性分析是常用的研究不确定性的方法,即在确定性分析基础上,分析不确定性因素对投资项目最终经济效果指标的影响及其程度。

敏感分析的优点：计算过程简单、易于理解。

敏感分析的缺点：一是只允许一个变量发生变动，假设其他变量不变；二是只是测算出某一个变量变化对净现值的影响，没有给出每一个数值发生的可能性。

2.【答案】

(1)筹资净额=1 050×(1-2%)=1 029(元)

假设债务税前资本成本为 r，则：

1 000×8%×(P/A，r，5)+1 000×(P/F，r，5)=1 029

当 r=8%，80×(P/A，8%，5)+1 000×

(P/F，8%，5)=1 000

当 r=7%，80×(P/A，7%，5)+1 000×(P/F，7%，5)=1 041

(r-7%)/(8%-7%)=(1 029-1 041)/(1 000-1 041)

r=7.29%

$\beta_{资产}$=1.75/[1+(1-25%)×1]=1

$\beta_{权益}$=1×[1+(1-25%)×2/3]=1.5

股权资本成本=3.85%+1.5×5%=11.35%

加权平均资本成本=7.29%×(1-25%)×2/5+11.35%×3/5=9%

(2)

单位：万元

时　间	0	1~4	5
现金流量各项目			
固定资产投资	−750		
折旧		140	140
折旧抵税		35	35
残值现金流入			50
营运资本垫支与收回	−250		250
营业收入		1 000	1 000
税后营业收入		750	750
变动付现营业费用		−720	−720
固定付现营业费用		−40	−40
税后付现营业费用		−570	−570
营业现金毛流量		215	215
项目现金净流量	−1 000	215	515
折现系数(9%)	1.000 0	3.239 7	0.649 9
净现值	31.234		

(3)假设息税前利润为零时的销售量为 Q，则：

Q×(250-180)-40-140=0

即 Q=2.571 4(万件)

假设净现值为零时的营业现金毛流量为 A，则：

A×(P/A，9%，5)+(50+250)×(P/F，9%，5)-1 000=0

即 A=206.964 5(万元)

如果此时销售量为 Q，则：

Q×250×(1-25%)-(Q×180+40)×(1-25%)+140×25%=206.964 5

即 Q=3.846 9(万件)

(4)假设单价下降 a 元，则：

每年减少的税后销售收入=a×4×(1-25%)=3a

3a×(P/A，9%，5)= 31.234

a = 2.676 6(元)

单价最小值 = 250-2.676 6 = 247.323 4(元)

单价降低4%时减少的税后销售收入为：

250×4%×4×(1-25%)= 30(万元)

减少的税后销售收入形成净现值的减

少是：

30×(P/A，9%，5)= 116.691(万元)

单价的敏感系数 = (-116.691/31.234)/

(-4%)= 93.40

(5)

单元：万元

最差情景下相关项目金额	固定付现营业费用	44	
	单位变动付现营业费用	0.019 8	
	固定资产残值	45	
	营运资本	275	
	单价	0.022 5	
时　间	0	1~4	5
现金流量各项目			
固定资产投资	-750		
折旧		141	141
折旧抵税		35.25	35.25
残值现金流入			45
营运资本垫支与收回	-275		275
营业收入		900	900
税后营业收入		675	675
变动付现营业费用		-792	-792
固定付现营业费用		-44	-44
税后付现营业费用		-627	-627
营业现金毛流量		83.25	83.25
项目现金净流量	-1 025	83.25	403.25
折现系数(9%)	1.000 0	3.239 7	0.649 9
净现值	-493.22		

3.【答案】

(1)厂房投资8 000万元，设备投资4 000万元。

营运资本投资 = 3×10 000×10% = 3 000(万元)

初始投资总额 = 8 000 + 4 000 + 3 000 = 15 000(万元)

(2)设备的年折旧额

= 4 000×(1-5%)/5 = 760(万元)

厂房的年折旧额

= 8 000×(1-5%)/20 = 380(万元)

第4年年末设备的账面价值

= 4 000-760×4 = 960(万元)

第4年年末厂房的账面价值

= 8 000-380×4 = 6 480(万元)

(3)第4年年末处置设备引起的税后净现金流量 = 500 + (960 - 500)×25% = 615(万元)

第4年年末处置厂房引起的税后净现金流量 = 7 000 - (7 000 - 6 480)×25% = 6 870(万元)

(4)各年项目现金净流量以及项目的净现

值和静态投资回收期计算在下列表格中。

单位：万元

年度	0	1	2	3	4
设备厂房投资	−12 000				
营业收入		30 000	30 600	31 212	31 836.24
税后营业收入		22 500	22 950	23 409	23 877.18
变动付现成本		21 000	21 420	21 848.4	22 285.37
固定付现成本		4 000	4 040	4 080.4	4 121.20
付现成本		25 000	25 460	25 928.8	26 406.57
税后付现成本		18 750	19 095	19 446.6	19 804.93
折旧		1 140	1 140	1 140	1 140
折旧抵税		285	285	285	285
该年需要的营运资本		3 000	3 060	3 121.2	3 183.62
营运资本投资	−3 000	−60	−61.2	−62.42	
收回的营运资本					3 183.62
处置固定资产现金净流量					7 485
项目现金净流量	−15 000	3 975	4 078.8	4 184.98	15 025.87
折现系数	1.000 0	0.909 1	0.826 4	0.751 3	0.683 0
净现值	−15 000	3 613.67	3 370.72	3 144.18	10 262.67
合计	5 391.24				
累计现金净流量	−15 000	−11 025	−6 946.2	−2 761.22	12 264.65
静态投资回收期（年）	3+2 761.22/15 025.87＝3.18				

计算说明：

①营运资本投资额＝需要的营运资本增加额

②收回的营运资本＝营运资本投资额合计＝最后一年的营运资本需要额

③第 1~3 年的现金净流量＝税后营业收入−税后付现成本+折旧抵税−营运资本投资

④第 4 年的现金净流量＝税后营业收入−税后付现成本+折旧抵税+收回的营运资本+处置固定资产现金净流量

第六章 债券、股票价值评估

考情解密

历年考情概况

本章是考试的较重点章节，内容的关联性较强。本章内容与债券发行价格计算、债务资本成本的计算、运用现金流量折现模型进行企业价值评估等内容均有联系。主要考核债券价值评估方法与影响因素、债券期望报酬率计算、普通股价值评估方法和期望报酬率计算等内容。考试形式以客观题为主，主观题也有涉及。考试分值预计 8 分左右。

近年考点直击

主要考点	主要考查题型	考频指数	考查角度
债券价值的评估方法	客观题和主观题	★★★	(1)平息债券和到期一次还本付息债券价值评估方法; (2)债券估值的影响因素
债券的期望报酬率	客观题和主观题	★★★	(1)平息债券和到期一次还本付息债券期望报酬率计算; (2)一年内多次计息时的有效年报酬率计算
普通股价值的评估方法	客观题和主观题	★★★	零增长、固定增长以及两阶段情况下股票价值的评估
普通股的期望报酬率	客观题	★★	(1)期望报酬率计算;(2)无限期固定增长股票期望报酬率构成
混合筹资工具价值评估	客观题	★★	(1)优先股的特殊性;(2)优先股价值的评估方法; (3)优先股的期望报酬率

2022 年考试变化

无实质性变化。

考点详解及精选例题

一、债券的类型

(一)债券的概念 ★

债券的相关概念见表 6-1。

表 6-1　债券的相关概念

项目	阐释
债券	发行者为筹集资金而发行的、在约定时间支付一定比例的利息、到期偿还本金的有价证券
债券面值	即债券的票面金额，发行人承诺在将来某一特定日期偿还给债券持有人的金额
债券票面利率	即债券发行人预计一年内向投资者支付的利息占票面金额的比率。由于计息方式不同，票面利率可能不等于有效年利率。 『老贾点拨』有效年利率是按复利计算的一年期的利率
债券到期日	预计偿还债券本金的时间

（二）债券的分类★

不同的分类标准产生不同类型的债券，具体内容见表 6-2。

表 6-2　债券的分类

分类标准	内容
按债券是否记名分类	记名债券和无记名债券
按债券是否转换为公司普通股分类	可转换债券和不可转换债券 『老贾点拨』可转换债券利率一般低于不可转换债券
按债券能否提前赎回分类	可提前赎回债券和不可提前赎回债券 『老贾点拨』可提前赎回债券利率高于不可提前赎回债券
按债券有无特定财产抵押分类	抵押债券和信用债券 『老贾点拨』抵押债券分为一般抵押债券（全部资产作为抵押品）、不动产抵押债券、设备抵押债券和证券信托债券（公司持有的股票或担保证书交付给信托公司作抵押）
按债券能否上市分类	上市债券和非上市债券 『老贾点拨』上市债券信用度高、变现速度快、容易吸引投资者；但上市条件严格，并承担上市费用
按债券偿还方式分类	到期一次债券和分期债券
按债券发行人分类	政府债券、地方政府债券、公司债券和国际债券

二、债券价值的评估方法

（一）债券价值的概念与决策原则★

债券价值是发行者按照合同规定从现在至债券到期日所支付的款项的现值。其中折现率是当前等风险投资的市场利率，即投资人要求的报酬率（机会成本）。

决策原则：如果债券价值大于市价，该债券可以投资。

（二）债券价值的评估方法★★★

1. 新发行债券价值的评估

新发行债券价值是指在发行时点的债券价值。新发行债券价值的计算见表 6-3。

表6-3　新发行债券价值的计算

债券类型	含义	计算公式
平息债券	平息债券是指利息在到期时间内<u>平均支付</u>的债券，即分期付息债券	$V_d=$债券面值×票面利率×$(P/A,r_d,n)+$债券面值×$(P/F,r_d,n)$ 式中：r_d是年折现率，一般采用等风险投资的市场利率；n是到期前的年数
纯贴现债券	纯贴现债券是指承诺在未来某一确定日期<u>按面值支付</u>的债券。 『老贾点拨』到期日一次还本付息债券实际上也是一种纯贴现债券，只是到期日按本利和支付	（1）到期日按面值支付的债券 $V_d=$债券面值×$(P/F,r_d,n)$ （2）到期一次还本付息债券（即到期日按本利和支付） $V_d=$到期本利和×$(P/F,r_d,n)$

『老贾点拨』对于一年多次付息的债券，给出的年折现率是有效的年折现率，计算债券价值时将有效年折现率转为计息期折现率，再按照计息期数分别计算计息期内利息的年金现值和面值的复利现值。

2. 流通债券价值的评估

流通债券是指<u>已发行</u>并在二级市场上<u>流通</u>的债券。相对于新发行的债券，流通债券的特点包括：到期时间<u>小于</u>债券发行在外的时间；估值的时点<u>不一定在计息日</u>，可能会产生"非整数计息期"问题。其计算步骤为：

（1）计算流通债券在下一个计息日的价值（对于平息债券包含该计息日支付的利息）；

（2）将流通债券在下一个计息日的价值折现到估值时点（即当前）。

『老贾点拨』考试中为了计算的简化，通常会考核整数计息期的问题，如假设刚刚过付息日（注意该付息日的利息已经支付，债券价值中不再包含该付息日利息）。

【例题1·单选题】☆某两年期债券面值1 000元，票面年利率10%，每半年付息一次，到期还本。假设有效年折现率是10.25%，该债券刚刚支付过上期利息，目前其价值是（　　）元。

A. 995.58　　　B. 987.24

C. 1 000　　　D. 1 004.34

解析 ▶ 由于债券半年付息一次，半年的票面利率=10%/2=5%，半年的折现率=$(1+10.25\%)^{1/2}-1=5\%$，所以该债券平价发行，由于刚刚支付过上期利息，所以，目前的债券价值=债券面值=1 000（元）。　　答案 ▶ C

【例题2·单选题】3 年前发行的5年期国库券，面值1 000元，票面利率12%，单利计息，到期时一次还本付息。假设折现率为10%。则该债券的价值是（　　）元。

A. 1 024.74　　　B. 1 322.24

C. 1 202.08　　　D. 928.88

解析 ▶ 债券价值=（1 000+1 000×12%×5）×$(P/F,10\%,2)=1$ 322.24（元）

答案 ▶ B

（三）债券估值的影响因素 ★★★

影响债券价值的因素除债券面值、票面利率和计息期以外，还有折现率和到期时间，具体内容见表6-4。

表6-4　债券估值的影响因素

因素	与债券价值的关系
债券面值	面值越大，债券价值越大（<u>同向</u>）
票面利率	票面利率越大，债券价值越大（<u>同向</u>）

因素	与债券价值的关系	
折现率	折现率越大，债券价值越小(反向)。 『老贾点拨』随着到期时间的缩短，即折现期间越短，折现率变动对债券价值的影响就越来越小	
到期时间(折现率不变的情况下)	连续支付利息债券	溢价债券的价值逐渐递减到债券面值
		折价债券的价值逐渐递增到债券面值
		平价债券的价值保持债券面值不变
	到期日按面值支付的债券	债券价值逐渐递增到债券面值
	到期一次还本付息债券	债券价值逐渐递增到债券的本利和

『老贾点拨』①债券定价原则。

ⅰ.折现率等于债券票面利率，债券价值就是其面值(平价债券)；

ⅱ.折现率高于债券票面利率，债券的价值低于面值(折价债券)；

ⅲ.折现率低于债券票面利率，债券的价值高于面值(溢价债券)。

②如果每间隔一段时间支付利息，其债券价值随着到期日的临近，将出现周期性波动。

ⅰ.对于折价发行债券来说，付息日之间，价值逐渐上升(债券的价值有可能超过面值)，在付息日由于割息从而导致价值下降(低于面值)，然后又逐渐上升，总的趋势是波动上升，最终等于面值；

ⅱ.对于溢价发行债券来说，付息日之间，价值逐渐上升，在付息日由于割息从而导致价值下降(一定大于面值)，然后又逐渐上升，总的趋势是波动下降，最终等于面值；

ⅲ.对于平价发行债券来说，付息日之间，价值逐渐上升(升至债券面值和一次利息之和)，在付息日由于割息从而导致价值下降(等于面值)，然后又逐渐上升，总的趋势是波动前进，最终等于面值。

③发行债券时，票面利率根据等风险投资的折现率(即必要报酬率)确定。

【例题3·多选题】☆假设市场有效，下列影响平息债券价格的说法中，正确的有( )。

A.债券期限越短，市场利率变动对债券价格的影响越小

B.当市场利率高于票面利率时，债券价格高于面值

C.市场利率与票面利率的差异越大，债券价格与面值的差异越大

D.债券期限越长，债券价格与面值的差异越大

解析 在市场有效的情况下，债券价值=债券价格。对于平息债券来说，随着到期时间的缩短，折现率(即市场利率)变动对债券价值的影响越来越小，所以，选项A的说法正确。对于平息债券来说，当市场利率高于票面利率时，债券价格低于面值，所以，选项B的说法不正确。对于平息债券来说，债券价格与面值的差异是由市场利率与票面利率的差异引起的，市场利率与票面利率的差异越大，债券价格与面值的差异越大。所以，选项C的说法正确。对于平息债券来说，如果市场利率等于票面利率，则债券价值等于面值，所以，选项D的说法不正确。

答案 AC

【例题4·单选题】债券A和债券B是两只在同一资本市场刚发行的按年付息的平息债券。它们面值和票面利率均相同，只是到期时间不同。假设两只债券的风险相同，并且等风险投资的必要报酬率低于票面利率，则( )。

A.偿还期限长的债券价值低

B.偿还期限长的债券价值高

C. 两只债券价值相同

D. 两只债券价值不同，但不能判断其高低

解析 由于等风险必要报酬率低于票面利率，所以是溢价发行债券。溢价发行债券，到期时间越长，债券价值高于面值的差额越大，即债券价值越大。 **答案** B

三、债券的期望报酬率

(一)债券期望报酬率的概念 ★

债券的期望报酬率通常用到期收益率衡量，即以特定价格购买债券并持有至到期日所能获得的报酬率，它是使未来现金流量现值等于债券购入价格的折现率。

(二)债券期望报酬率的计算 ★★★

1. 平息债券期望报酬率计算

债券市价 = 面值×票面利率×(P/A, r_d, n)+面值×(P/F, r_d, n)

『老贾点拨』①如果一年多次计息，计算出计息期折现率后，注意区分期望报酬率的有效年利率形式和报价利率形式。

②在计算折现率时，通常以计息期票面利率做参照标准进行测试后，结合内插法求解。

③如果债券价值等于面值，计息期票面利率等于计息期折现率；如果债券价值大于面值，计息期票面利率大于计息期折现率；如果债券价值小于面值，计息期票面利率小于计息期折现率。

④当债券价值大于债券价格，或者债券的期望报酬率大于必要报酬率或市场利率时，应购买债券。

【例题 5·多选题】 ☆甲公司折价发行公司债券，该债券期限 5 年，面值 1 000 元，票面利率 8%，每半年付息一次，下列说法中正确的有( )。

A. 该债券的到期收益率等于 8%

B. 该债券的有效年利率大于 8%

C. 该债券的报价利率等于 8%

D. 该债券的计息周期利率小于 8%

解析 折价债券，到期收益率高于票面利率 8%，所以选项 A 不正确；有效年利率 = $(1+8\%/2)^2-1=8.16\%$，大于 8%，所以选项 B 正确；该债券的报价利率 = 票面利率 = 8%，选项 C 正确；计息周期利率 = 8%/2 = 4%，小于 8%，选项 D 正确。 **答案** BCD

2. 到期一次还本付息债券期望报酬率计算

债券市价 = 债券本利和×(P/F, r_d, m)

根据上式计算折现率即可。

式中：m 是指债券从当前持有至到期的期限。

『老贾点拨』 计算本利和时，根据题目要求，可能是按照单利计算、也可能是按复利计算。

【例题 6·单选题】 有一笔 5 年期国债，平价发行，票面利率 12.22%，单利计息，到期一次还本付息，其期望报酬率最接近( )。

A. 9%   B. 10%

C. 11%   D. 12%

解析 期望报酬率是未来利息和面值的现值等于当前市价时的折现率，本题是平价发行，即面值等于市价。则：面值 = (面值+面值×12.22%×5)×(P/F, i, 5)，所以，(P/F, i, 5) = 0.620 7，查表可知，i 最接近于 10%。 **答案** B

四、普通股价值的评估方法

(一)普通股价值的概念与决策原则 ★

普通股价值是普通股预期能够提供的所有未来现金流量的现值。未来现金流量包括股利收入和出售股票的售价。若股东永久持有股票，则只考虑股利现金流量。其中的折现率一般采用股权资本成本或股权投资的必要报酬率。

决策原则：如果股票价值大于市价，该

股票可以投资。

（二）股票价值的计算 ★★★

1. 零增长股票的价值

即从当前开始，未来股利不变。普通股价值计算公式为：

$$V_s = \frac{D}{r_s}$$

式中：r_s 是投资必要报酬率（股权资本成本）；D 是每年股利额。

2. 固定增长股票的价值

当公司进入可持续增长状态时，即未来股利以固定不变的增长率增长。普通股价值计算公式为：

$$V_s = \frac{D_1}{r_s - g}$$

式中：r_s 是投资必要报酬率（股权资本成本）；g 是股利增长率；D_1 是预计第 1 年股利。

『老贾点拨』①股利增长率一般根据可持续增长率计算。即在不发行股票（包含不回购股票）、经营效率和财务政策不变时，根据可持续增长率来确定股利增长率。

②如果公司从当前就已经进入可持续增长状态，则 $D_1 = D_0 \times (1+$可持续增长率$)$。

③r_s 一般根据资本资产定价模型或债券收益率风险调整模型计算。

④如果采用现金流量折现模型进行企业价值评估，当未来现金流量将无限期地以固定增长率增长时，即可运用该公式计算。

【例题 7·单选题】☆甲公司已进入稳定增长状态，固定股利增长率4%，股东要求的必要报酬率10%。公司最近一期每股股利0.75 元，预计下一年的股票价格是（　）元。

A. 7.5　　　　　　B. 12.5

C. 13　　　　　　D. 13.52

解析 ▶ 目前的股票价格 = 0.75×（1+4%）/（10%－4%）= 13（元），由于在稳定状态下，股价增长率＝股利增长率，所以，下一年的股票价格 = 13×（1+4%）= 13.52（元）。

答案 ▶ D

3. 非固定增长股票的价值

如果公司的股利是不固定的，要分段计算股票的价值，具体内容见表6-5。

表6-5　分段计算股票的价值

类型	计算方法
高增长后的零增长	高增长阶段股利的现值与零增长阶段股利的现值之和
高增长后的固定增长	高增长阶段股利的现值与固定增长阶段股利的现值之和

【例题 8·单选题】投资者拟对甲公司股票进行投资。甲公司预计第 1 年支付股利每股 1 元，第 2 年支付股利每股 1.5 元，第 3 年支付股利每股1.8 元，第 4 年支付股利每股 2 元，第 5 年支付股利每股 2.5 元，从第 6 年起股利年增长率5%，投资必要报酬率为15%。则该股票预计第 3 年年末的每股股价最接近（　）元。

A. 25.28　　　　　B. 23.53

C. 23.74　　　　　D. 23.48

解析 ▶ 计算资产价值时，只考虑未来的现金流量现值，所以，本题中不能考虑前三年的股利现值，第 3 年年末预计股价＝第 4 年以及以后年度的股利现值＝第 4 年股利现值+第 5 年股利现值+第 6 年及以后年度的股利现值＝ 2×（P/F，15%，1）+ 2.5×（P/F，15%，2）+ 2.5×（1+5%）/（15%－5%）×（P/F，15%，2）= 23.48（元）或者 = 2×（P/F，15%，1）+ 2.5/（15%－5%）×（P/F，15%，1）= 23.48（元）。注意：2.5×（1+5%）/（15%－5%）表示的是第 6 年及以后年度的股利在第 6 年初的现值，所以，进一步折现到第 3 年年末（即第 4 年初）时应该复利折现两期。

答案 ▶ D

五、普通股的期望报酬率

（一）期望报酬率的概念 ★★

普通股的期望报酬率指使得未来现金流入现值等于股票购买价格的折现率。见图6-1。

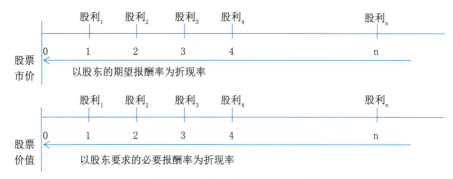

图 6-1 股票市价和股票价值有着不同的折现率

『老贾点拨』 如果股票价值大于股票市价，必要报酬率小于期望报酬率，该股票可以投资；相反不可投资。

(二)期望报酬率计算★★

根据固定增长股利模型，即可计算股票的期望报酬率：

$$r_s = \frac{D_1}{P_0} + g$$

『老贾点拨』 ①股票的期望报酬率包含两部分，即：一是股利收益率，即预期现金股利除以当前股票价格；二是股利增长率(即股价增长率、资本利得收益率)。

②在可持续增长假设条件下，可持续增长率等于股价增长率。

【例题 9·单选题】 ☆甲、乙公司已进入稳定增长状态，股票信息如下：

	甲	乙
最近一期每股股利	0.75 元	0.55 元
股利稳定增长率	6%	8%
股票价格	15 元	18 元

下列关于甲、乙股票投资的说法中，正确的是(   )。

A. 甲、乙股票股利收益率相同

B. 甲、乙股票股价增长率相同

C. 甲、乙股票资本利得收益率相同

D. 甲、乙股票期望报酬率相同

解析 根据普通股期望报酬率计算公式，普通股期望报酬率＝股利收益率＋股利增长率(即预计股价增长率或资本利得收益率)。股利收益率＝预期现金股利/当前股价，甲股票的股利收益率＝0.75×(1+6%)/15×100%＝5.3%，乙股票的股利收益率＝0.55×(1+8%)/18×100%＝3.3%，选项 A 错误。甲股票和乙股票的股价增长率和资本利得收益率不同，选项 BC 错误。甲股票的期望报酬率＝5.3%+6%＝11.3%，乙股票的期望报酬率＝3.3%+8%＝11.3%，选项 D 正确。

答案 D

【例题 10·单选题】 ☆在其他条件不变的情况下，下列事项中能够引起股票期望报酬率上升的是(   )。

A. 当前股票价格上升

B. 资本利得收益率上升

C. 预期现金股利下降

D. 预期持有该股票的时间延长

解析 普通股的期望报酬率 r＝D_1/P_0+g。第一部分是股利收益率，与当前股票价格反向变化，与预期现金股利同向变化，选项 AC 不是答案；第二部分是资本利得收益率(或股利增长率)，资本利得收益率与股票期望报酬率同向变化，选项 B 是答案；预期持有该股票的时间延长不会影响普通股的期望报酬率，选项 D 不是答案。

答案 B

六、混合筹资工具价值评估

(一)优先股的特殊性★★

1. 优先分配利润

优先股股东按照约定的票面股息率，优

先于普通股股东分配公司利润。

2. 优先分配剩余财产

公司财产在按照公司法和破产法有关规定进行清偿后的剩余财产，优先向优先股股东支付未派发股息和公司章程约定的清算金额。

3. 表决权限制

优先股股东出席股东大会，行使表决权的主要情形包括：①修改公司章程中与优先股有关的内容；②一次或累计减少注册资本超过10%；③合并、分立、解散或变更公司形式；④发行优先股。

【例题11·多选题】 ☆相对于普通股而言，下列各项中，属于优先股特殊性的有(　　)。

A. 当公司分配利润时，优先股股息优先于普通股股利支付

B. 当公司破产清算时，优先股股东优先于普通股股东求偿

C. 当公司选举董事会成员时，优先股股东优先于普通股股东当选

D. 当公司决定合并、分立时，优先股股东表决权优先于普通股股东

解析 ▶ 优先股的特殊性有：(1)优先股股东按照约定的票面股息率，优先于普通股股东分配公司利润；(2)公司破产清算时，清偿后的剩余财产优先向优先股股东支付未派发的股息和公司章程约定的清算金额；(3)表决权限制。　　**答案** ▶ **AB**

(二)优先股价值的评估方法★★

当优先股在存续期内采用相同的固定股息率时，每期股息就形成了无限期定额支付的年金，即永续年金。其估值公式为：

$$V_p = \frac{D_p}{r_p}$$

式中：V_p 是优先股价值；D_p 是优先股每期股息；r_p 是优先股资本成本或投资的必要报酬率。

永续债的估值与优先股类似，其公式为：

永续债价值=年利息/当前等风险投资的市场利率

(三)优先股的期望报酬率★★

优先股期望报酬率 = 优先股每股年股息/优先股当前股价

永续债期望报酬率 = 永续债每年的利息/永续债当前价格

扫我做试题

一、单项选择题

1. 计算债券到期收益率时，不需要考虑的因素是(　　)。

　　A. 债券面值

　　B. 债券期限

　　C. 票面利率

　　D. 等风险投资的市场利率

2. 甲公司平价发行5年期的公司债券，债券票面利率为10%，每半年付息一次，到期一次偿还本金，该债券有效年折现率

为(　　)。

　　A. 9.5%　　　　　　　　B. 10%

　　C. 10.25%　　　　　　 D. 10.5%

3. 假设市场上有甲、乙两种债券，甲债券目前距到期日还有3年，乙债券目前距到期日还有5年。两种债券除到期日不同外，其他方面均无差异。如果市场利率出现了急剧上涨，则下列说法中正确的是(　　)。

　　A. 甲债券价值上涨得更多

　　B. 甲债券价值下跌得更多

　　C. 乙债券价值上涨得更多

D. 乙债券价值下跌得更多

4. ☆假设折现率保持不变，溢价发行的平息债券自发行后债券价值（　　）。

　A. 直线下降，至到期日等于债券面值

　B. 波动下降，到期日之前一直高于债券面值

　C. 波动下降，到期日之前可能等于债券面值

　D. 波动下降，到期日之前可能低于债券面值

5. 有一债券面值为 1 000 元，票面利率为 8%，每半年支付一次利息，2 年期。假设有效年折现率为 10.25%，则发行 9 个月后该债券的价值为（　　）元。

　A. 991.44　　　　B. 922.768

　C. 996.76　　　　D. 1 021.376

6. 某公司平价购买刚发行的面值为 1 000 元，票面利率为 8%，每半年支付一次利息的 5 年期债券，该债券有效年到期收益率为（　　）。

　A. 4%　　　　B. 7.84%

　C. 8%　　　　D. 8.16%

7. ☆甲上市公司 2013 年度的利润分配方案是每 10 股派发现金股利 12 元，预计公司股利可以 10% 的速度稳定增长，股东要求的收益率为 12%。于股权登记日，甲公司股票的预期价格为（　　）元。

　A. 60　　　　B. 61.2

　C. 66　　　　D. 67.2

8. 某企业长期持有 A 股票，目前每股现金股利为 2 元，每股市价 20 元，在保持目前的经营效率和财务政策不变，且不发行股票（包含不回购股票）的情况下，其预计收入增长率为 10%，则该股票的期望报酬率是（　　）。

　A. 10%　　　　B. 11%

　C. 20%　　　　D. 21%

9. 对股票的内在价值不会产生影响的是（　　）。

　A. 股票的贝塔系数

　B. 现金股利增长率

　C. 无风险利率

　D. 股票的当前市价

10. 某公司股票的贝塔系数为 1.5，预计支付每股股利 2 元，股利预计稳定增长率为 4%。无风险利率为 6%，股票市场风险溢价为 8%，则该股票的当前价格最接近（　　）元。

　A. 14.86　　　　B. 40

　C. 41.6　　　　D. 14.29

二、多项选择题

1. 对于每半年付息一次的平价债券来说，若票面利率为 10%，下列说法中正确的有（　　）。

　A. 报价利率为 10%

　B. 计息期利率为 5%

　C. 计息期利率为 5.125%

　D. 有效的等风险投资市场年利率为 10.25%

2. 下列因素中，与固定增长股票内在价值呈反方向变化的有（　　）。

　A. 股利年增长率

　B. 最近一次发放的股利

　C. 投资的必要报酬率

　D. β 系数

3. 能够同时影响债券价值和债券期望报酬率的因素有（　　）。

　A. 债券价格　　　B. 必要报酬率

　C. 票面利率　　　D. 债券面值

4. 下列各项中，能够影响债券到期收益率的因素有（　　）。

　A. 债券的价格

　B. 债券的计息方式（单利还是复利）

　C. 当前的市场利率

　D. 债券的付息方式（分期付息还是到期一次付息）

5. 在股利稳定增长的情况下，股票的资本利得收益率等于该股票的（　　）。

　A. 股利收益率　　　B. 股利增长率

　C. 期望收益率　　　D. 股价增长率

6. ☆优先股股东比普通股股东的优先权体现在（　　）。

A. 优先取得剩余财产

B. 优先出席股东大会

C. 公司重大决策的优先表决权

D. 优先获得股息

三、计算分析题

1. ☆小 W 因购买个人住房向甲银行借款 300 000 元，年报价利率为 6%，每半年计息一次，期限为 5 年，自 2014 年 1 月 1 日起至 2019 年 1 月 1 日止。小 W 选择等额本息还款方式偿还贷款本息，还款日在每年的 7 月 1 日和 1 月 1 日。

2015 年 12 月末，小 W 收到单位发放的一次性年终奖 60 000 元，正在考虑这笔奖金的两种使用方案：

(1) 2016 年 1 月 1 日提前偿还银行借款 60 000 元(当日仍需偿还原定的每期还款额)。

(2) 购买乙国债并持有至到期。乙国债为 5 年期债券，每份债券面值 1 000 元，票面利率为 4%，单利计息，到期一次还本付息。乙国债还有 3 年到期，当前价格 1 020 元。

要求：

(1) 计算投资乙国债到期收益率，回答小 W 应选择提前偿还银行借款还是投资国债，为什么？

(2) 计算当前每期还款额，如果小 W 选择提前偿还银行借款，计算提前还款后的每期还款额。

2. 甲投资者现在准备购买一种债券进行投资，要求的必要收益率为 5%，现有 A、B、C 三种债券可供选择：

(1) A 债券目前价格为 1 020 元，面值为 1 000 元，票面利率为 4%，每半年支付一次利息(投资后可以立即收到一次利息)，到期还本并支付最后一次利息，债券期限为 5 年，已经发行 3 年，甲打算持有至到期。

(2) B 债券为可转换债券，目前价格为 1 100 元，面值为 1 000 元，票面利率为 3%，债券期限为 5 年，已经发行 2 年，到期一次还本付息，购买 2 年后每张债券可以转换为 20 股普通股，预计可以按每股 60 元的价格售出，甲投资者打算 2 年后转股并立即出售。

(3) C 债券为纯贴现债券，面值为 1 000 元，期限为 5 年，已经发行 3 年，到期一次还本，目前价格为 900 元，甲打算持有至到期。

要求：

(1) 计算 A、B、C 三种债券的有效年期望报酬率。

(2) 回答甲投资者应该投资哪种债券。

3. 上市公司本年度的净利润为 20 000 万元，每股支付股利 2 元。预计该公司未来三年进入成长期，净利润第 1 年增长 14%，第 2 年增长 14%，第 3 年增长 8%。第 4 年及以后将保持第 3 年净利润水平。该公司一直采用固定股利支付率政策，并打算今后继续实行该政策。该公司没有增发普通股和发行优先股的计划。

要求：

(1) 假设投资人要求的报酬率为 10%，计算股票的价值(精确到 0.01 元)；

(2) 如果股票的价格为 24.88 元，计算股票的期望报酬率(精确到 1%)。

4. 2007 年 7 月 1 日发行的某债券，面值 100 元，期限 3 年，票面年利率 8%，每半年付息一次，付息日为 6 月 30 日和 12 月 31 日。

要求：

(1) 假设等风险证券的有效年利率是 10.25%，计算 2007 年 7 月 1 日该债券的价值。

(2) 假设等风险证券的有效年利率是 12.36%，2008 年 7 月 1 日该债券的市价是 85 元，试问该债券当时是否值得购买？

同步训练答案及解析

一、单项选择题

1. D 【解析】债券到期收益率是债券未来现金流量现值等于债券购入价格的折现率，债券面值、债券期限和票面利率影响未来现金流量。等风险投资的市场利率是计算债券内在价值的折现率，不影响债券到期收益率计算。所以选项 D 是答案。

2. C 【解析】因为是平价发行，所以计息期折现率等于计息期票面利率，即 $10\%/2 = 5\%$。则该债券有效年折现率 $= (1+5\%)^2 - 1 = 10.25\%$。

3. D 【解析】由于市场利率和债券价值之间存在反向变动关系，因此市场利率上涨时，债券价值会下跌，选项 AC 的说法错误；由于距离到期日越短，市场利率变动对债券价值的影响越小，所以，选项 B 的说法错误，选项 D 的说法正确。

4. B 【解析】对于溢价发行的平息债券而言，在折现率不变的情况下，发行后价值逐渐升高，在付息日由于割息导致价值下降(但是注意债券价值不会低于面值，因为每次割息之后的价值最低，而此时相当于重新发行债券，由于票面利率高于市场利率，所以，一定还是溢价发行，债券价值仍然高于面值)，然后又逐渐上升，总的趋势是波动下降，最终等于债券面值。

5. C 【解析】半年期折现率 $= \sqrt{1+10.25\%} - 1 = 5\%$，债券的期限为 2 年，共计 24 个月，半年支付一次利息，金额 $= 1\,000 \times 8\%/2 = 40(元)$。从发行 9 个月计算，未来 3 个月(即发行 12 个月)后支付利息 40 元，9 个月(即发行 18 个月)后支付利息 40 元，15 个月(即发行 24 个月)之后支付利息 40 元以及本金 1 000 元。所以，发行 9 个月后债券价值 $= 40 \times (P/F, 5\%,$ $3/6) + 40 \times (P/F, 5\%, 1) \times (P/F, 5\%,$ $3/6) + 40 \times (P/F, 5\%, 2) \times (P/F, 5\%,$ $3/6) + 1\,000 \times (P/F, 5\%, 2) \times (P/F, 5\%,$ $3/6) = 40 \times (P/F, 5\%, 1/2) + 40 \times$ $(P/F, 5\%, 1) \times (P/F, 5\%, 1/2) + 40 \times (P/F,$ $5\%, 2) \times (P/F, 5\%, 1/2) + 1\,000 \times (P/F,$ $5\%, 2) \times (P/F, 5\%, 1/2) = [40 + 40 \times$ $(P/F, 5\%, 1) + 40 \times (P/F, 5\%, 2) +$ $1\,000 \times (P/F, 5\%, 2)] \times (P/F, 5\%,$ $1/2) = [40 + 40 \times (P/A, 5\%, 2) + 1\,000 \times$ $(P/F, 5\%, 2)] \times (P/F, 5\%, 1/2) =$ $[40 + 40 \times 1.859\,4 + 1\,000 \times 0.907\,0] \times$ $0.975\,9 = 996.76(元)$。注意：由于半年支付一次利息，所以，折现率必须是半年的折现率 5%，复利折现 3 个月时，不能按照折现率为 2.5% 计算，而应该按照折现率为 5% 计算。由于半年为 6 个月，所以，折现 3 个月时，折现的期数为 3/6 期，即复利现值系数为 $(P/F, 5\%, 3/6)$，而不是 $(P/F, 2.5\%, 1)$。

6. D 【解析】由于是平价购买刚发行的债券，所以，有效年到期收益率 = 有效年票面利率 $= (1+8\%/2)^2 - 1 = 8.16\%$。

7. D 【解析】股票的预期价格 = 未来股利的现值，本题中，2013 年的每股股利 $= 12/10 = 1.2(元)$，预计 2014 年的每股股利 $= 1.2 \times (1+10\%)$，2014 年以及以后各年的股利现值 $= 1.2 \times (1+10\%)/(12\% - 10\%) = 66(元)$，股权登记日持有股票的股东有权领取本次股利，很快(几天内)就会收到，所以，对于 2013 年的每股股利，不用复利折现，股权登记日甲公司股票的预期价格 $= 1.2 + 66 = 67.2(元)$。注意：如果该题问的是"除息日"的股票价格，则不能加上 1.2 元，因为在除息日持有股票的股东不能获得 2013 年的 1.2 元的股利。

8. D　【解析】在保持经营效率和财务政策不变，且不发行股票(包含不回购股票)的情况下，即处于可持续增长状态，此时股利增长率等于收入增长率=100%。股利收益率=2×(1+10%)/20=11%；期望报酬率=11%+10%=21%。

9. D　【解析】股票的内在价值是未来现金流量折现的结果，贝塔系数和无风险利率影响折现率，现金股利增长率会影响未来的现金流量。内在价值与股票当前市价无关，所以选项 D 是答案。

10. D　【解析】股东要求的必要报酬率=6%+1.5×8%=18%，当前股票价值=2×(P/F，18%，1)+2×(1+4%)/(18%-4%)×(P/F，18%，1)=14.29(元)，或者当前股票价值=2/(18%-4%)=14.29(元)。

提示：2×(P/F，18%，1)+2×(1+4%)/(18%-4%)×(P/F，18%，1)=[2/(18%-4%)]×(P/F，18%，1)×(18%-4%)+[2/(18%-4%)]×(P/F，18%，1)×(1+4%)=[2/(18%-4%)]×(P/F，18%，1)×[(18%-4%)+(1+4%)]=[2/(18%-4%)]×(P/F，18%，1)×(1+18%)=2/(18%-4%)。

二、多项选择题

1. ABD　【解析】对于一年内付息多次的债券来说，给出的票面利率指的是报价利率，即报价利率为10%，选项 A 的说法正确；计息期利率=报价利率/一年内付息次数=10%/2=5%，选项 B 的说法正确，选项 C 的说法错误；有效等风险投资市场年利率=(1+10%/2)^2-1=10.25%，选项 D 的说法正确。

2. CD　【解析】固定增长股票的内在价值=D_0×(1+g)/(r_s-g)，由公式看出，股利增长率 g，最近一次发放的股利 D_0，均与股票内在价值呈同方向变化；投资的必要报酬率(或资本成本率)r_s 与股票内在价值呈反向变化，而 β 系数与投资的必要报酬率(或资本成本率)呈同向变化，因此 β 系数与股票内在价值亦呈反方向变化。

3. CD　【解析】债券价值等于债券未来现金流入量按照必要报酬率折现的现值。债券的到期收益率是使未来现金流入量现值等于债券购入价格的折现率。债券价格影响到期收益率但不影响债券价值；必要报酬率影响债券价值但不影响到期收益率。票面利率和债券面值影响债券未来的现金流量，因此既影响债券价值又影响债券到期收益率。

4. ABD　【解析】债券的到期收益率是指以特定价格购买债券并持有至到期日所能获得的报酬率，它是使未来现金流入现值等于债券购入价格的折现率。由此可知，影响债券到期收益率的因素有：债券的价格、计息方式(单利还是复利)、付息方式(分期付息还是到期一次付息)、债券票面利率、债券期限、债券面值、到期时间。

5. BD　【解析】在股利稳定增长的情况下，目前的股票价格 P_0=D_1/(R-g)，其中的 g 指的是股利增长率；一年后的股票价格 P_1=D_2/(R-g)=D_1×(1+g)/(R-g)=P_0×(1+g)。所以，股价增长率=股利增长率；由于股价增长率=资本利得收益率，所以，股价增长率=资本利得收益率=股利增长率，即选项 BD 是答案。期望收益率=股利收益率+股利增长率，其中：股利收益率=下期每股股利/目前的股价，所以，选项 AC 不是答案。

6. AD　【解析】相对普通股而言，优先股特殊性包括：(1)优先分配利润；(2)优先分配剩余财产；(3)表决权限制。除规定情形外，优先股股东不出席股东大会会议，所持股份没有表决权。所以正确选项是 AD。

三、计算分析题

1.【答案】

(1)(1 000+1 000×4%×5)×(P/F，r_d，3)=1 020

$(P/F, r_d, 3) = 0.85$

查表：$(P/F, 5\%, 3) = 0.863\ 8$，$(P/F, 6\%, 3) = 0.839\ 6$。

$(r_d - 5\%)/(6\% - 5\%) = (0.85 - 0.863\ 8)/(0.839\ 6 - 0.863\ 8)$

$r_d = 5.57\%$

借款的有效年利率为：

有效年利率 $= (1 + 6\%/2)^2 - 1 = 6.09\%$

由于投资国债的收益率小于借款的有效年利率，所以应该提前偿还借款。

提示：乙国债是单利计息、到期一次还本付息，所以，到期时收到的本利和 $= 1\ 000 + 1\ 000 \times 4\% \times 5$；由于还有 3 年到期，因此，复利折现时折现 3 期。

（2）当前每期偿还额 $= 300\ 000/(P/A, 3\%, 10) = 35\ 169.16$（元）

假设提前偿还借款后的每期还款额为 A：

则：$A \times (P/A, 3\%, 6) = 35\ 169.16 \times (P/A, 3\%, 6) - 60\ 000$

$A = [35\ 169.16 \times (P/A, 3\%, 6) - 60\ 000]/(P/A, 3\%, 6)$

$= 35\ 169.16 - 60\ 000/(P/A, 3\%, 6)$

$= 35\ 169.16 - 60\ 000/5.417\ 2$

$= 24\ 093.33$（元）

2.【答案】

（1）① A 债券每次收到的利息 $= 1\ 000 \times 4\%/2 = 20$（元），投资后至到期日共计可收到 5 次利息，则：

$20 + 20 \times (P/A, r, 4) + 1\ 000 \times (P/F, r, 4) = 1\ 020$

当 $r = 2\%$ 时，$20 + 20 \times (P/A, 2\%, 4) + 1\ 000 \times (P/F, 2\%, 4) = 1\ 020$

即半年期期望报酬率是 2%，则：

有效年期望报酬率 $= (1 + 2\%)^2 - 1 = 4.04\%$

② B 债券为到期一次还本付息债券，由于没有持有至到期日，所以在投资期间没有利息收入。两年后投资者将债券转换为股票，获得股票出售收入 $20 \times 60 = 1\ 200$（元），则：

$1\ 100 = 1\ 200 \times (P/F, r, 2)$

即 $(P/F, r, 2) = 0.916\ 7$

$(r - 4\%)/(5\% - 4\%) = (0.916\ 7 - 0.924\ 6)/(0.907\ 0 - 0.924\ 6)$

$r = 4.45\%$

③ $900 = 1\ 000 \times (P/F, r, 2)$

即 $(P/F, r, 2) = 0.9$

$(r - 5\%)/(6\% - 5\%) = (0.9 - 0.907\ 0)/(0.890\ 0 - 0.907\ 0)$

$r = 5.41\%$

（2）A、B 债券的有效年期望报酬率低于必要收益率，因此，不应选择 A、B 债券；C 债券的有效年期望报酬率高于必要收益率，因此，甲投资者应选择 C 债券。

3.【答案】

（1）股票价值 $= 2 \times (1 + 14\%) \times (P/F, 10\%, 1) + 2 \times (1 + 14\%)^2 \times (P/F, 10\%, 2) + [2 \times (1 + 14\%)^2 \times (1 + 8\%)/10\%] \times (P/F, 10\%, 2) = 27.42$（元）

注意：题中说的是"第 4 年及以后将保持第 3 年的净利润水平"，其含义是"第 4 年及以后每年的净利润都等于第 3 年的净利润"。不能误认为是"第 4 年及以后将保持第 3 年的增长率"。

（2）折现率为 11% 时，

$2 \times (1 + 14\%) \times (P/F, 11\%, 1) + 2 \times (1 + 14\%)^2 \times (P/F, 11\%, 2) + [2 \times (1 + 14\%)^2 \times (1 + 8\%)/11\%] \times (P/F, 11\%, 2) = 24.88$（元）

即股票市价为 24.88 元时，股票的期望报酬率是 11%。

4.【答案】

（1）半年期折现率 $= \sqrt{1 + 10.25\%} - 1 = 5\%$

$100 \times 8\%/2 \times (P/A, 5\%, 6) + 100 \times (P/F, 5\%, 6) = 94.92$（元）

（2）半年期折现率 $= \sqrt{1 + 12.36\%} - 1 = 6\%$

$100 \times 8\%/2 \times (P/A, 6\%, 4) + 100 \times (P/F, 6\%, 4) = 93.07$（元）

该债券的市价是 85 元，低于债券价值，故值得购买。

第七章 期权价值评估

历年考情概况

本章是考试的较为重点章节，内容相对独立。主要考核期权类型、期权投资策略、金融期权价值的影响因素和评估方法等内容。考试形式以客观题为主，主观题也有涉及。考试预计分值 8 分左右。

近年考点直击

主要考点	主要考查题型	考频指数	考查角度
期权类型	客观题和主观题	★★	期权到期日价值和净损益的计算
期权投资策略	客观题和主观题	★★★	(1)期权投资策略、构造与适用情形；(2)期权投资策略的组合净收入和组合净损益计算
金融期权价值的影响因素	客观题	★★★	(1)金融期权价值的构成；(2)内在价值影响因素；(3)实值期权、虚值期权和平价期权识别；(4)金融期权价值影响因素
金融期权价值的评估方法	客观题和主观题	★★★	(1)套期保值原理运用；(2)风险中性原理运用；(3)二叉树期权定价模型运用；(4)期权平价定理

2022 年考试变化

无实质性变化。

考点详解及精选例题

一、期权的概念与类型

(一)期权的概念 ★★

期权是指持有人在某一特定日期或该日之前的任何时间以固定价格购进或售出约定数量某种资产的权利。

『老贾点拨』 本章期权的标的资产，没有特殊说明，均是以股票为标的资产。股票期权交易，发行股票公司不从期权市场上筹集资金，期权持有人没有投票权和分享股利的权利。

(二)期权的类型 ★★

期权按照不同的标准可以分为不同的类型，具体见表 7-1。

表 7-1　期权的分类

分类标准	类型	阐释
期权执行时间	美式期权	在到期日或到期日之前任何时间均可执行
	欧式期权	到期日执行
合约赋予期权持有人的权利	看涨期权	在到期日或到期日之前，以固定价格购买标的资产的权利
	看跌期权	在到期日或到期日之前，以固定价格卖出标的资产的权利

（三）期权到期日价值（净收入）与净损益 ★ ★

1. 买入看涨期权（或称多头看涨期权）到期日价值（净收入）与净损益计算

买入看涨期权见图 7-1。

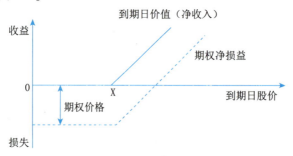

图 7-1　买入看涨期权

买入看涨期权到期日价值（净收入）及净损益的计算见表 7-2。

表 7-2　买入看涨期权到期日价值（净收入）与净损益的计算

项目	内容
期权到期日价值（净收入）计算	买入看涨期权到期日价值（净收入）= Max(S_T-X，0) S_T—到期日标的资产市价； X—执行价格。 『老贾点拨』 如果 S_T 大于 X，会执行期权，买入看涨期权到期日价值（净收入）等于"S_T-X"；如果 S_T 小于 X，不会执行期权，买入看涨期权到期日价值（净收入）等于零
期权净损益计算	买入看涨期权净损益=买入看涨期权到期日价值（净收入）-期权价格 『老贾点拨』 买入看涨期权最大净损失是期权价格

2. 卖出看涨期权（或称空头看涨期权）到期日价值（净收入）与净损益计算

卖出看涨期权见图 7-2。

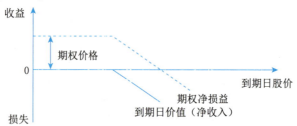

图 7-2　卖出看涨期权

卖出看涨期权到期日价值（净收入）及净损益的计算见表 7-3。

表7-3　卖出看涨期权到期日价值(净收入)与净损益的计算

项目	内容
期权到期日价值(净收入)计算	卖出看涨期权到期日价值(净收入)= -Max(S_T-X, 0) 『老贾点拨』 如果S_T大于X,买入期权一方会执行期权,卖出看涨期权到期日价值(净收入)等于"-(S_T-X)";如果S_T小于X,买入期权一方不会执行期权,卖出看涨期权到期日价值等于零
期权净损益计算	卖出看涨期权净损益=卖出看涨期权到期日价值(净收入)+期权价格 『老贾点拨』 卖出看涨期权最大净收益为期权价格

3. 买入看跌期权(或称多头看跌期权)到期日价值(净收入)与净损益计算
买入看跌期权见图7-3。

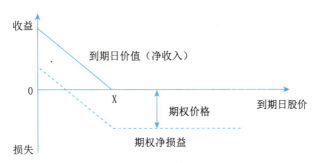

图7-3　买入看跌期权

看跌期权买方拥有以执行价格出售股票的权利,具体的期权到期日价值(净收入)及净损益的计算见表7-4。

表7-4　买入看跌期权到期日价值(净收入)与净损益的计算

项目	内容
期权到期日价值(净收入)计算	买入看跌期权到期日价值(净收入)= Max(X-S_T, 0) 『老贾点拨』 如果S_T小于X,买入看跌期权一方会执行期权,买入看跌期权到期日价值(净收入)等于"(X-S_T)";如果S_T大于X,不会执行期权,买入看跌期权到期日价值(净收入)等于零
期权净损益计算	买入看跌期权净损益=买入看跌期权到期日价值(净收入)-期权价格 『老贾点拨』 买入看跌期权最大净损失为期权价格,最大净收益为"X-期权价格"(即期权到期日股票市价变为零)

4. 卖出看跌期权(或称空头看跌期权)到期日价值(净收入)与净损益计算
卖出看跌期权见图7-4。

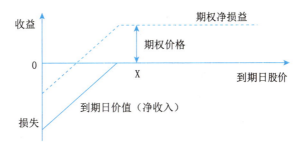

图7-4　卖出看跌期权

看跌期权的出售者收取期权费，具体的期权到期日价值(净收入)及净损益的计算见表7-5。

表7-5　卖出看跌期权到期日价值(净收入)与净损益的计算

项目	内容
期权到期日价值(净收入)计算	卖出看跌期权到期日价值(净收入)= -Max(X-S_T, 0) 『老贾点拨』 如果 S_T 小于 X，买入期权一方会执行期权，卖出看跌期权到期日价值等于"-(X-S_T)"；如果 S_T 大于 X，买入期权一方不会执行期权，卖出看跌期权到期日价值等于零
期权净损益计算	卖出看跌期权净损益=卖出看跌期权到期日价值(净收入)+期权价格 『老贾点拨』 卖出看跌期权最大净收益为期权价格，最大净损失为"X-期权价格"(即期权到期日股票市价变为零)

『老贾点拨』①期权到期日价值(净收入)与净损益的关系。

ⅰ.买入期权净损益=期权到期日价值(净收入)-期权价格

ⅱ.卖出期权净损益=期权到期日价值(净收入)+期权价格

期权到期日价值(净收入)如图7-5所示。

②看涨期权与看跌期权到期日价值(净收入)与净损益的比较。

具体的到期日价值(净收入)及净损益的比较见表7-6。

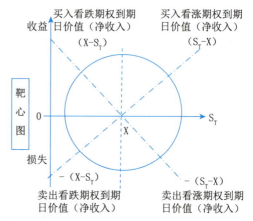

图7-5　期权到期日价值(净收入)

表7-6　到期日价值(净收入)与净损益的比较

类型	阐释
看涨期权	①市价大于执行价格，买入期权与卖出期权到期日价值的金额绝对值相等，符号相反； ②若市价小于或等于执行价格，买入期权与卖出期权到期日价值均为0； ③买入期权有最大净损失(期权价格)； ④卖出期权有最大净收益(期权价格)
看跌期权	①市价小于执行价格，买入期权与卖出期权到期日价值的金额绝对值相等，符号相反； ②若市价大于或等于执行价格，买入期权与卖出期权到期日价值均为0； ③买入期权有最大净损失(期权价格)，净收益最大为"执行价格-期权价格"； ④卖出期权有最大净收益(期权价格)，净损失最大为"执行价格-期权价格"

③如果标的股票的价格上涨，对于买入看涨期权和卖出看跌期权的投资者有利；相反，对于卖出看涨期权和买入看跌期权的投资者有利。

【例题1·多选题】以股票为标的资产的欧式看涨期权，期权价格为2元，执行价格

20元，6个月到期后的股价如果是25元，则计算结果正确的有(　　)。

A. 买入期权到期价值是5元

B. 卖出期权到期价值是-5元

C. 买入期权到期净损益是7元

D. 卖出期权到期净损益是-3元

解析 期权到期股票价格大于执行价格，买入期权方到期价值＝25－20＝5（元），买入期权方到期净损益＝5－2＝3（元）；卖出

期权方到期价值＝－（25－20）＝－5（元），卖出期权方到期净损益＝－5＋2＝－3（元）。

答案 ▶ ABD

二、期权投资策略

(一)保护性看跌期权 ★★★

1. 保护性看跌期权构建(如图7-6所示)

即购买1股股票与购买该股票的1份看跌期权的组合。

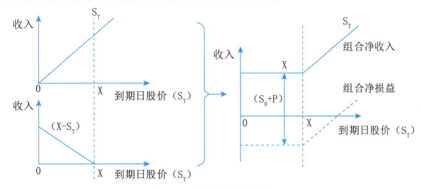

图7-6　保护性看跌期权

2. 保护性看跌期权净损益计算

(1)根据净损益之和计算

保护性看跌期权的净损益是股票净损益与买入看跌期权净损益之和，具体见表7-7。

表7-7　股票净损益与买入看跌期权净损益之和

项目	股价小于执行价格	股价大于执行价格
股票净损益	$S_T - S_0$	$S_T - S_0$
买入看跌期权净损益	$(X - S_T) - P$	$0 - P$
组合净损益	$X - S_0 - P$	$S_T - S_0 - P$

(2)根据组合净收入减去组合的初始成本计算

组合净损益等于组合净收入减去组合的初始成本，具体见表7-8。

表7-8　保护性看跌期权的损益

项目	股价小于执行价格	股价大于执行价格
股票净收入	S_T	S_T
买入看跌期权净收入	$X - S_T$	0
组合净收入	X	S_T
初始成本	$S_0 + P$	
组合净损益	$X - (S_0 + P)$	$S_T - (S_0 + P)$

3. 保护性看跌期权特点

保护性看跌期权与单纯股票投资相比，可以降低投资风险。保护性看跌期权锁定了最低净收入(执行价格)和最低净损益。同时

净损益的预期也因此降低了：当股价高于执行价格时，比单一投资股票获得的收益低（其差异等于期权价格）。

『老贾点拨』保护性看跌期权净收入和净损益无上限。

【例题 2·单选题】甲公司股票当前市价 32 元，以该股票为标的资产的欧式看涨期权和欧式看跌期权，每份看涨期权可买入 1 股股票，每份看跌期权可卖出 1 股股票，看涨期权每份市场价格 5 元，看跌期权每份市场价格 4 元，执行价格均为 30 元，到期日相同，如果到期日股票价格为 25 元，则保护性看跌期权的净损益是( )元。

A. -6　　　　　B. -11
C. 1　　　　　D. 0

解析 ▶ 保护性看跌期权是买入 1 股股票同时买入该股票的 1 份看跌期权。由于到期日股价小于执行价格，其组合净收入是执行价格，即 30 元；组合成本 = 32+4 = 36(元)，组合净损益 = 30-36 = -6(元)。　　答案 ▶ A

(二)抛补性看涨期权★★★

1. 抛补性看涨期权构建(如图 7-7 所示)
即购买 1 股股票与出售该股票的 1 份看涨期权组合。

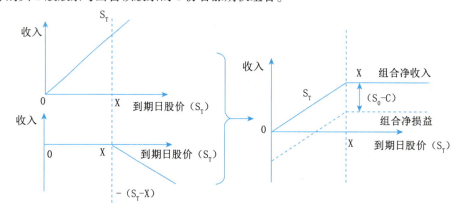

图 7-7　抛补性看涨期权

2. 抛补性看涨期权净损益计算
(1)根据净损益之和计算
抛补性看涨期权的净损益是股票净损益与出售看涨期权净损益之和，具体见表 7-9。

表 7-9　股票净损益与出售看涨期权净损益之和

项目	股价小于执行价格	股价大于执行价格
股票净损益	S_T-S_0	S_T-S_0
出售看涨期权净损益	$0+C$	$-(S_T-X)+C$
组合净损益	S_T-S_0+C	$X-S_0+C$

(2)根据组合净收入减去组合的初始成本计算
组合净损益等于组合净收入减去组合的初始成本，具体见表 7-10。

表 7-10　抛补性看涨期权的损益

项目	股价小于执行价格	股价大于执行价格
股票净收入	S_T	S_T
出售看涨期权净收入	0	$-(S_T-X)$

续表

项目	股价小于执行价格	股价大于执行价格
组合净收入	S_T	X
初始成本	S_0-C	
组合净损益	$S_T-(S_0-C)$	$X-(S_0-C)$

3. 抛补性看涨期权的特点

抛补性看涨期权缩小了未来的<u>不确定性</u>,是<u>机构投资者</u>常用的投资策略。如果到期日股价高于执行价格,锁定了<u>最高净收入</u>(执行价格)和<u>最高净收益</u>。如果到期日股价低于执行价格,净损失比单纯购买股票要小,其差额等于<u>期权价格</u>。

『老贾点拨』存在最大净收入与净损失(当期权到期日股票价格为零时,净损失最大等于初始的组合成本"S_0-C")。

【例题 3·单选题】 甲公司股票当前市价33 元,以该股票为标的资产的欧式看涨期权和欧式看跌期权,每份看涨期权可买入 1 股股票,每份看跌期权可卖出 1 股股票,看涨期权每份市场价格 5 元,看跌期权每份市场价格 4 元,执行价格均为 30 元,到期日相同,如果到期日股票价格为 32 元,则抛补看涨期权的净损益是( )元。

A. -7　　　　　B. -5

C. 4　　　　　D. 2

解析 抛补看涨期权是买入 1 股股票同时卖出该股票的 1 份看涨期权。由于到期日股价大于执行价格,其组合净收入是执行价格,即 30 元;组合成本=33-5=28(元),组合净损益=30-28=2(元)。 **答案** D

(三)多头对敲★★★

1. 多头对敲的构建(如图 7-8 所示)

同时购买 1 只股票的看涨期权和看跌期权,它们的执行价格和到期日都相同。

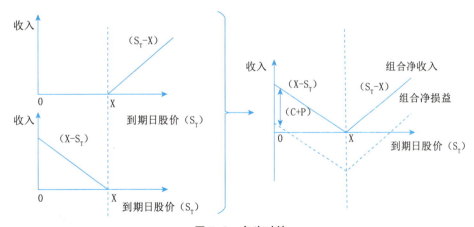

图 7-8　多头对敲

2. 多头对敲净损益计算

(1)根据净损益之和计算

多头对敲的净损益是买入看涨期权净损益与买入看跌期权净损益之和,具体见表7-11。

表7-11　买入看涨期权净损益与买入看跌期权净损益之和

项目	股价小于执行价格	股价大于执行价格
买入看涨期权净损益	0-C	$(S_T-X)-C$
买入看跌期权净损益	$(X-S_T)-P$	0-P
组合净损益	$X-S_T-C-P$	$S_T-X-C-P$

（2）根据组合净收入减去组合的初始成本计算

组合净损益等于组合净收入减去组合的初始成本，具体见表7-12。

表7-12　多头对敲的损益

项目	股价小于执行价格	股价大于执行价格
买入看涨期权净收入	0	S_T-X
买入看跌期权净收入	$X-S_T$	0
组合净收入	$X-S_T$	S_T-X
初始成本	C+P	
组合净损益	$X-S_T-(C+P)$	$S_T-X-(C+P)$

3. 多头对敲的特点

多头对敲策略适用于预计市场价格将发生剧烈变动（即股价大幅度上升或大跌）的情形。多头对敲的最坏结果是期权到期日股价与执行价格一致，损失看涨期权和看跌期权的购买成本。股价偏离执行价格的差额超过期权购买成本，才能给投资者带来净收益。多头对敲存在最低净收入和最低净损益（此时期权到期日股价等于执行价格）。

【例题4·单选题】 ☆市场上有以甲公司股票为标的资产的欧式看涨期权和欧式看跌期权，每份看涨期权可买入1股股票，每份看跌期权可卖出1股股票，看涨期权每份市场价格5元，看跌期权每份市场价格3元，执行价格均为60元，到期日相同，如果到期日股票价格为64元，购入一份看涨期权同时购入一份看跌期权的投资组合的净损益是（　）元。

A. -4　　　　B. -8

C. 8　　　　D. 4

解析 ▶ 投资组合的净损益=多头看涨期

权净损益+多头看跌期权净损益=（多头看涨期权净收入-期权价格）+（多头看跌期权净收入-期权价格）=（64-60-5）+（0-3）=-4（元）。提示：由于股价高于执行价格，所以，看跌期权持有人不会行权，即多头看跌期权净收入为0。　　　　**答案** ▶ A

【例题5·多选题】 ☆甲投资者同时买进一只股票的看涨期权和看跌期权，该投资策略适合的情形有（　）。

A. 预计标的股票市场价格将小幅下跌

B. 预计标的股票市场价格将大幅上涨

C. 预计标的股票市场价格将大幅下跌

D. 预计标的股票市场价格将小幅上涨

解析 ▶ 同时买进一只股票的看涨期权和看跌期权，它们的执行价格、到期日都相同，该策略属于多头对敲。多头对敲策略适用于股票市场价格将发生剧烈变动的情形，即股价大幅度上涨或股价大幅度下跌，选项BC是答案。　　　　**答案** ▶ BC

（四）空头对敲★★★

1. 空头对敲的构建（如图 7-9 所示）

同时卖出 1 只股票看涨期权和看跌期权，它们的执行价格和到期日都相同。

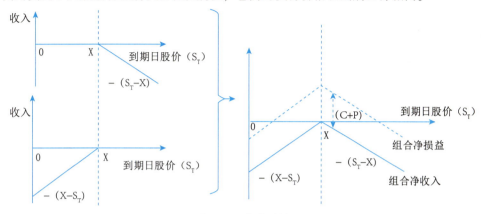

图 7-9　空头对敲

2. 空头对敲净损益计算

（1）根据净损益之和计算

空头对敲的净损益是卖出看涨期权净损益与卖出看跌期权净损益之和，具体见表7-13。

表 7-13　卖出看涨期权净损益与卖出看跌期权净损益之和

项目	股价低于执行价格	股价高于执行价格
卖出看涨期权净损益	$0+C$	$-(S_T-X)+C$
卖出看跌期权净损益	$-(X-S_T)+P$	$0+P$
组合净损益	$-(X-S_T)+C+P$	$-(S_T-X)+C+P$

（2）根据组合净收入加上组合的初始收入计算

组合净损益等于组合净收入加上组合的初始收入，具体见表 7-14。

表 7-14　空头对敲的损益

项目	股价低于执行价格	股价高于执行价格
卖出看涨期权净收入	0	$-(S_T-X)$
卖出看跌期权净收入	$-(X-S_T)$	0
组合净收入	$-(X-S_T)$	$-(S_T-X)$
初始收入	\multicolumn{2}{c}{$(C+P)$}	
组合净损益	$-(X-S_T)+(C+P)$	$-(S_T-X)+(C+P)$

3. 空头对敲特点

空头对敲策略适用于预计市场价格<u>比较稳定</u>，股价变化较小的情况。空头对敲的<u>最好结果</u>是股价与执行价格一致，可以得到看涨期权和看跌期权的出售收入。股价偏离执行价格的差额小于收取的期权费，能给投资者带来净收益。空头对敲存在<u>最高净收入</u>和<u>最高净损益</u>（此时期权到期日股价等于执行价格）。

【例题 6·单选题】☆同时售出甲股票的 1 份看涨期权和 1 份看跌期权，执行价格均为 50 元，到期日相同，看涨期权的价格为

5 元，看跌期权的价格为 4 元。如果到期日的股票价格为 48 元，该投资组合的净收益是（　　）元。

A. 5 　　　　　　B. 7

C. 9 　　　　　　D. 11

解析 ▶ 投资组合的净损益=空头看涨期权净损益+空头看跌期权净损益=（空头看涨期权净收入+期权价格）+（空头看跌期权净收入+期权价格）=（0+5）+（48−50+4）=7（元）。提示：由于股价低于执行价格，所以，看涨期权持有人不会行权，即空头看跌期权净收入为 0。

答案 ▶ B

【例题 7·单选题】 ☆同时卖出一只股票的看涨期权和看跌期权，它们的执行价格和到期日均相同。该投资策略适用的情况是（　　）。

A. 预计标的资产的市场价格将会发生剧烈波动

B. 预计标的资产的市场价格将会大幅度上涨

C. 预计标的资产的市场价格将会大幅度下跌

D. 预计标的资产的市场价格稳定

解析 ▶ 空头对敲策略适用于预计市场价格比较稳定的情况。所以选项 D 是答案。

答案 ▶ D

【例题 8·计算分析题】 ☆甲公司是一家上市公司，上年刚发现金股利 2.2 元，资本成本 10%，甲公司未来股利增长率 6%，股票现在市价为 50 元，市场上有两种以甲公司股票为标的资产的期权。欧式看涨期权和欧式看跌期权，每份看涨期权可买入 1 股股票，每份看跌期权可卖出 1 股股票，看涨期权 5 元/份，看跌期权 3 元/份。期权一年后到期，执行价格为 50 元。小王和小张都花了 53 000 元，小王买了 1 000 股甲公司股票及 1 000 份看跌期权，小张买了看涨期权 10 600 份。

要求：

（1）利用股利增长模型计算一年后股票内在价值。

（2）根据第（1）问结果计算一年后小王和小张的投资净损益。

（3）若一年后甲公司股票跌至 40 元/股，计算小王和小张的投资净损益。

答案 ▶

（1）一年后股票内在价值=2.2×（F/P，6%，2）/（10%−6%）=61.8（元）或者=目前的股票价值×（1+6%）=[2.2×（1+6%）/（10%−6%）]×（1+6%）=61.8（元）

（2）此时，一年后的股价为 61.8 元。

小王投资后的净损益

=股票净损益+期权净损益

=股票净收入+期权净收入−投资成本

=股票净收入+期权净收入−53 000

其中：股票净收入=1 000×61.8=61 800（元）

由于股价高于执行价格，所以，小王不会行权，期权净收入=0（元）

因此，小王投资后的净损益=61 800+0−53 000=8 800（元）

小张投资后的净损益=期权净收入−投资成本=期权净收入−53 000

由于股价高于执行价格，所以，小张会行权。

期权净收入=10 600×（61.8−50）=125 080（元）

小张投资后的净损益=125 080−53 000=72 080（元）

（3）小王投资后的净损益=股票净收入+期权净收入−53 000

其中：股票净收入=1 000×40=40 000（元）

由于股价低于执行价格，所以，小王会行权，期权净收入=1 000×（50−40）=10 000（元）

因此，小王投资后的净损益=40 000+10 000−53 000=−3 000（元）

由于股价低于执行价格，所以，小张不会行权，期权净收入=0

小张投资后的净损益=0−53 000=−53 000（元）

三、金融期权价值影响因素

(一)金融期权价值构成★★★

期权价值由内在价值和时间溢价两部分构成。

1. 期权的内在价值

期权的内在价值是期权立即执行产生的经济价值，影响因素包括期权标的资产现行市价和期权执行价格。

由于标的资产的价格是随时间变化的，所以期权的内在价值也是变化的，具体见表7-15。

表7-15　期权的内在价值的状态

价值状态	看涨期权	看跌期权
实值期权(内在价值>0)	标的资产现行市价高于执行价格	标的资产现行市价低于执行价格
平价期权(内在价值=0)	标的资产现行市价等于执行价格	标的资产现行市价等于执行价格
虚值期权(内在价值=0)	标的资产现行市价低于执行价格	标的资产现行市价高于执行价格

『老贾点拨』内在价值不同于到期日价值。股票期权的到期日价值取决于"到期日"标的股票市价与执行价格的高低。如果现在还未到期，则内在价值与到期日价值不相同。

2. 期权的时间溢价

期权的时间溢价是期权购买方愿意支付超过内在价值的溢价，是寄希望于标的股票价格变化可以增加期权的价值。

期权的时间溢价是一种等待价值，也称为期权的时间价值，即标的股票价格未来不确定性而产生的"波动的价值"，其计算公式为：

时间溢价=期权价值-内在价值

『老贾点拨』美式期权到期时间越长，期权时间溢价越大。期权到期日时间溢价为零，即到期日期权价值等于内在价值。期权价值下限是内在价值，即时间溢价不会小于零。

【例题9·多选题】☆现有一份甲公司股票的欧式看涨期权，1个月后到期，执行价格50元，目前甲公司股票市价60元，期权价格12元，下列说法中正确的有(　　)。

A. 期权时间溢价2元

B. 期权目前应该被执行

C. 期权到期时应被执行

D. 期权处于实值状态

解析　对于看涨期权来说，现行资产价格高于执行价格时，内在价值=现行价格-执行价格，所以，本题的期权的内在价值=60-50=10(元)，由于时间溢价=期权价值-内在价值，并且期权估价时，默认期权价格等于期权价值，所以，本题的时间溢价=12-10=2(元)，即选项A是答案。由于欧式期权只能在到期日行权，所以，目前无法执行，即选项B不是答案。由于题目没有告诉到期日的股价，所以，无法判断期权到期时是否应被执行，即选项C不是答案。对于看涨期权来说，标的资产现行市价高于执行价格时，处于实值状态。所以，选项D是答案。

答案　AD

【例题10·单选题】☆在其他条件不变的情况下，下列关于股票的欧式看涨期权内在价值的说法中，正确的是(　　)。

A. 股票市价越高，期权的内在价值越大

B. 期权到期期限越长，期权的内在价值越大

C. 期权执行价格越高，期权的内在价值越大

D. 股票波动率越大，期权的内在价值越大

解析 ▶ 股票期权的内在价值，是指期权立即执行产生的经济价值，其价值大小由两个因素影响，即股票市价和执行价格。对于欧式股票看涨期权来说，内在价值高低与市价同向变化，与执行价格反向变化。选项 BCD 的说法错误。　　**答案** ▶ A

提示：本题考核的是对"内在价值"的影响，不是对"期权价值"的影响。

（二）影响期权价值的主要因素 ★★★

期权价值是期权的现值，不同于期权到期价值。影响期权价值的主要因素有股票市价、执行价格、到期期限、股票价格的波动率、无风险利率和预期红利。具体影响因素及影响方向见表 7-16。

表 7-16　期权价值的主要影响因素及影响方向

影响因素	影响方向
股票市价	与看涨期权价值同向变动，看跌期权价值反向变动
执行价格	与看涨期权价值反向变动，看跌期权价值同向变动
到期期限	对于美式期权来说，到期期限越长，其价值越大；对于欧式期权来说，较长的时间不一定能增加期权价值
股价波动率	股价波动率增加会使看涨期权和看跌期权价值增加 『老贾点拨』期权价值不依赖于股票价格的期望值，而是依赖于股票价格的波动性（方差或标准差），即股票价格变动的不确定性。股价的波动性是影响期权价值的最重要的因素
无风险利率	无风险利率越高，执行价格的现值越低。所以，无风险利率与看涨期权价值同向变动，与看跌期权价值反向变动
预期红利	在除息日后，红利发放会引起股票价格下降，因此，预期红利大小与看涨期权价值呈反方向变动，与看跌期权价值呈同方向变动

【例题 11·单选题】 ☆假设其他条件不变，下列影响期权价值的各项因素中，会引起期权价值同向变动的是（　）。

A. 执行价格
B. 无风险利率
C. 标的股票市价
D. 标的股票股价波动率

解析 ▶ 执行价格与看涨期权价值呈反向变化，与看跌期权价值呈同向变化。标的股票市价和无风险利率与看涨期权价值呈同向变化，与看跌期权价值呈反向变化。不管是看涨期权还是看跌期权，股价波动率越大，都会使期权价值上升。选项 D 是答案。

　　答案 ▶ D

【例题 12·单选题】 ☆在其他因素不变的情况下，下列变动中能够引起看跌期权价值上升的是（　）。

A. 股价波动率下降　B. 执行价格下降
C. 股票价格上升　　D. 预期红利上升

解析 ▶ 期权价值＝内在价值+时间溢价，股价波动率下降导致时间溢价下降，所以期权价值下降，选项 A 不是答案。实值看跌期权的内在价值＝执行价格-股票价格，选项 BC 导致内在价值下降，从而导致期权价值下降，所以不是答案。由于在除息日后，红利的发放引起股票价格降低，所以，选项 D 导致实值看跌期权的内在价值上升，从而导致看跌期权价值上升，即选项 D 是答案。

　　答案 ▶ D

（三）美式看涨期权价值范围的确定 ★

影响期权价值的因素如图7-10所示。

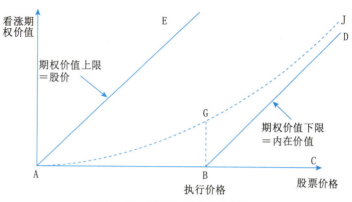

图7-10　影响期权价值的因素

图形解读：

（1）股票价格为零时，期权的价值也为零（即原点A）。

（2）看涨期权的价值上限是股价（AE线），下限是内在价值（BD线）。

（3）只要尚未到期，期权的价格就会高于其价值的下限（ABD线）。

（4）股价足够高时（执行期权几乎是可以肯定的），期权价值线 AGJ 与最低价值线 ABD 的上升部分逐步接近。

（5）如果期权价格等于股票价格，无论未来股价高低（只要不为零），购买股票总比购买期权有利，即投资人必定抛售期权，购入股票，促使期权价格下降。即期权价值上限是股价。

四、金融期权价值的评估方法

（一）期权估值原理 ★★

1. 套期保值原理（或复制原理）的计算步骤

（1）确定期权到期日上行和下行的股票价格。

上行股票价格 S_u＝股票当前市价 S_0×上行乘数 u

下行股票价格 S_d＝股票当前市价 S_0×下行乘数 d

『老贾点拨』上行乘数 u＝1+股价上升百分比；下行乘数 d＝1-股价下降百分比。

（2）确定期权到期日股票价格上行和下行时的期权价值（以看涨期权为例）。

股价上行时期权到期日价值 C_u＝Max$(S_u-X, 0)$

股价下行时期权到期日价值 C_d＝Max$(S_d-X, 0)$

（3）确定套期保值比率（H）。

$$H=\frac{C_u-C_d}{S_u-S_d}$$

（4）确定借款的金额（D）。

$$D=\frac{H×S_d-C_d}{1+r}$$

式中：r 是周期无风险利率

（5）确定投资组合的成本，即期权价值（C_0）。

期权价值（C_0）＝H×S_0-D

『老贾点拨』①复制原理是假设未来收入相同，则投资成本相同，即借款买股票的组合成本等于买入期权的成本（即期权的价值）。

②套期保值原理是从另一个角度解释了复制组合中股票数量（即套期保值比率）的计算问题。关于期权价值计算，复制原理与套期保值原理没有实质区别。

③只要期权现价不等于期权现值，就会有套利的可能性。期权市价低于期权现值，应买入股票看涨期权，卖空股票，同时借出资金。相反，当期权市价高于期权现值，应卖出看涨期权，买入股票，同时借入资金。

通俗地说，"借款买股票"等同于按照期权价值购入期权，所以，期权价格大于期权价值时，按照期权价值购入期权，然后按照期权价格出售，可以获得价格和价值差额的收益，实现套利。反过来说，"卖股票贷出资金"等同于按照期权价值出售期权，所以，期权价格小于期权价值时，按照期权价格买入期权，然后按照期权价值出售，可以获得价格和价值差额的收益，实现套利。

2. 风险中性原理计算步骤

（1）确定期权到期日上行和下行的股票价格（同套期保值原理）

（2）确定期权到期日股票价格上行和下行时的期权价值（同套期保值原理）

（3）计算上行概率和下行概率

期望报酬率＝上行概率×股价上升百分比＋（1－上行概率）×（－股价下降百分比）

『老贾点拨』由于不考虑股利的发放，所以股票投资报酬率可以用股价变动百分比表示。当股价下降时，用变动百分比的负值表示投资报酬率。另外，期望报酬率为周期无风险利率。

（4）计算期权价值

期权价值＝（上行概率×C_u＋下行概率×C_d）/（1＋周期无风险利率）

（二）二叉树期权定价模型

1. 基本假设★

（1）市场上投资没有交易成本；

（2）投资者是价格接受者；

（3）允许完全使用卖空所得款项；

（4）允许以无风险利率借入或贷出款项；

（5）未来股票价格将是两种可能值（上升或下降）中一个。

2. 单期二叉树定价模型★★

如果期权到期时间很短，可以假设股价只

有两种可能。此时可以采用单期二叉树定价模型，股价和期权的二叉树图形如图7-11所示。

图7-11 股价和期权的二叉树

单期二叉树定价模型为：

$$C_0 = \frac{1+r-d}{u-d} \times \frac{C_u}{1+r} + \frac{u-1-r}{u-d} \times \frac{C_d}{1+r}$$

『老贾点拨』根据风险中性原理，计算上行概率，即：

r＝上行概率×（u－1）＋（1－上行概率）×（d－1）

上行概率＝(1＋r－d)/(u－d)

下行概率＝1－上行概率＝(u－1－r)/(u－d)

所以，C_0＝（上行概率×C_u＋下行概率×C_d）/（1＋r）

结论：二叉树期权定价模型与风险中性原理实质是一样的。

3. 两期二叉树定价模型★★

如果到期时间很长，如6个月，可以将到期时间分割成两部分，即每期3个月，这样可以增加股价的选择。此时可以采用两期二叉树定价模型，股价和期权的二叉树图形如图7-12所示。

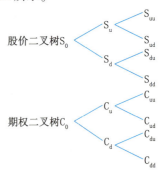

图7-12 股价和期权的二叉树图形

（1）利用单期定价模型，根据 C_{uu} 和 C_{ud} 计算节点 C_u 的价值，利用 C_{ud} 和 C_{dd} 计算 C_d 的价值。

$$C_u = \left[\frac{1+r-d}{u-d} \times C_{uu} + \left(1-\frac{1+r-d}{u-d}\right) \times C_{ud}\right] \div (1+r)$$

$$C_d = \left[\frac{1+r-d}{u-d} \times C_{ud} + \left(1-\frac{1+r-d}{u-d}\right) \times C_{dd}\right] \div (1+r)$$

（2）再利用单期定价模型，根据 C_u 和 C_d 计算节点 C_0 的价值。

$$C_0 = \left[\frac{1+r-d}{u-d} \times C_u + \left(1-\frac{1+r-d}{u-d}\right) \times C_d\right] \div (1+r)$$

4. 多期二叉树模型★

多期二叉树模型与两期二叉树模型的原理一样，从后向前逐级推进。在期数增加后，要保障股票年报酬率的标准差不变，需要调整股价升降百分比。把股票年报酬率标准差和股价升降百分比联系起来的公式：

$u = 1 + 上升百分比 = e^{\sigma\sqrt{t}}$

$d = 1 - 下降百分比 = 1/u$

式中：

e 是自然常数，约等于 2.718 3；

σ 是标的资产连续复利报酬率的标准差；

t 是以年表示的时段长度。

（三）布莱克-斯科尔斯期权定价模型（简称 BS 模型）

1. BS 模型的假设★

（1）期权寿命期内，买方期权标的股票不发放股利，也不做其他分配。

（2）股票与期权的买卖没有交易成本。

（3）短期无风险利率已知并在期权寿命期内保持不变。

（4）任何证券购买者均能以短期无风险利率借得任何数量的资金。

（5）允许卖空，并且能够立即得到卖空股票当天价格的资金。

（6）看涨期权只能在到期日执行。

（7）所有证券交易均连续发生，标的股票价格随机游走。

2. BS 模型的基本公式★

$C_0 = S_0[N(d_1)] - Xe^{-r_c t}[N(d_2)]$

或 $C_0 = S_0[N(d_1)] - PV(X)[N(d_2)]$

$$d_1 = \frac{\ln(S_0 \div X) + (r_c + \sigma^2 \div 2)t}{\sigma\sqrt{t}}$$

或 $d_1 = \frac{\ln[S_0 \div PV(X)]}{\sigma\sqrt{t}} + \frac{\sigma\sqrt{t}}{2}$

$d_2 = d_1 - \sigma\sqrt{t}$

式中：

C_0 是看涨期权的当前价值；

S_0 是标的股票的当前价格；

$N(d)$ 是标准正态分布中离差小于 d 的概率；

X 是期权的执行价格；

r_c 是连续复利的年度无风险利率；

t 是期权到期前的时间（用年表示）；

σ^2 是连续复利的以年计的股票回报率的方差。

3. BS 模型参数的估计★★

决定期权价值的主要因素有五个：股票价格、股价波动率、利率、执行价格和期权到期日前的时间。

（1）无风险利率的估计

无风险利率指的是按照连续复利计算的与期权到期日相同或接近的政府债券的到期收益率。

$$r_c = \frac{\ln\left(\frac{F}{P}\right)}{t}$$

式中：

F 是终值；

P 是现值；

r_c 是连续复利率；

t 是时间（年）。

由于期权价值对利率变化并不敏感，为了简便，手工计算时通常使用分期复利作为连续复利的近似替代。使用分期复利时，有两种选择：

①按有效年利率折算。如有效年利率为 4%，则半年期利率（即周期利率）是 $(1+4\%)^{1/2} - 1 = 1.98\%$。

②按报价利率折算。如报价年利率为 4%，则半年期利率（即周期利率）是 2%（= 4%/2）。

（2）股票报酬率标准差的估计

股票报酬率的标准差可以使用历史报酬率来估计。

$$\sigma = \sqrt{\frac{1}{n-1}\sum_{t=1}^{n}(R_t - \bar{R})^2}$$

『老贾点拨』BS 模型中的股票报酬率采用连续复利计算：

连续复利股票报酬率 $R_t = \ln(\frac{P_t + D_t}{P_{t-1}})$

【例题 13·单选题】用 BS 模型对期权进行估价，其基本假设中的期权是( )。

A. 美式看涨期权

B. 美式看跌期权

C. 欧式看涨期权

D. 欧式看跌期权

解析 BS 模型的假设中期权是指只能在到期日执行的看涨期权，即欧式看涨期权，选项 C 是答案。 答案 C

（四）派发股利的期权定价★

股利的现值是股票价值的一部分，但只有股东可以享有该收益，期权持有者不能享有。即期权估价时需要从股价中扣除期权到期日前所派发的全部股利的现值。也就是说期权到期日前预期发放的未来的股利视同已经发放，将其现值从现行股价中扣除。

（五）美式期权估值★

美式期权价值至少等于相应的欧式期权价值，在某种情况下，比欧式期权价值更大。

（六）看涨期权—看跌期权平价定理 ★★★

对于欧式期权，假定看涨期权和看跌期权有相同的标的股票、执行价格和到期日，则下述等式成立：

看涨期权价格–看跌期权价格＝标的资产的价格–执行价格的现值

【例题 14·单选题】☆某股票现行价格为 20 元，以该股票为标的资产的欧式看涨期权和欧式看跌期权的执行价格均为 24.96 元，都在 6 个月后到期，年无风险利率为 8%，如果看涨期权的价格为 10 元，看跌期权的价格应为( )元。

A. 6   B. 6.89

C. 13.11   D. 14

解析 根据平价定理：看涨期权价格 C–看跌期权价格 P＝标的资产价格 S–执行价格现值 PV(X)。所以看跌期权的价格 P＝10–20+24.96/(1+8%/2)＝14(元)。 答案 D

同步训练

限时 135min

扫我做试题

一、单项选择题

1. 对股票期权价值影响最主要的因素是( )。

A. 执行价格   B. 股价波动率

C. 无风险利率   D. 股票价格

2. 某看涨期权标的资产现行市价为 40 元，执行价格为 50 元，则该期权目前处于( )。

A. 实值状态   B. 虚值状态

C. 平价状态   D. 不确定状态

3. 关于欧式股票看涨期权价值的表述中，错误的是( )。

A. 股票价格越高，其价值越大

B. 执行价格越高，其价值越小

C. 到期时间越长，其价值越大

D. 预期红利越高，其价值越小

4. 甲公司股票当前市价 35 元，以该股票为标的资产的欧式看涨期权和欧式看跌期权，每份看涨期权可买入1股股票，每份看跌期权可卖出一股股票，看涨期权每份市场价格5元，看跌期权每份市场价格3元，执行价格均为35元，到期日相同，如果到期日股票价格为32元，则买入1股股票和买入该股票的1份看跌期权的净损益是（　　）元。

A. -3　　　　　　B. -6

C. -5　　　　　　D. 5

5. 如果已知期权的价值为10元，期权的内在价值为9元，则该期权的时间溢价为（　　）元。

A. 0　　　　　　B. 19

C. 1　　　　　　D. -1

6. ☆甲公司股票当前市价20元，有一种以该股票为标的资产的6个月到期的看涨期权，执行价格为25元，期权价格为4元，该看涨期权的内在价值为（　　）元。

A. 0　　　　　　B. 1

C. 4　　　　　　D. 5

7. 假设其他因素不变，期权有效期内预计发放的红利增加时，下列正确的是（　　）。

A. 美式看涨期权价格降低

B. 欧式看跌期权价格降低

C. 欧式看涨期权价格不变

D. 美式看跌期权价格降低

8. 甲公司股票当前市价为20元，有一种以该股票为标的资产的6个月到期的看跌期权，执行价格为18元，期权价格为4元，该看跌期权的内在价值为（　　）元。

A. 2　　　　　　B. -2

C. 4　　　　　　D. 0

9. 如果期权到期日股价大于执行价格，则下列各项中，不正确的是（　　）。

A. 保护性看跌期权的净损益＝到期日股价-股票买价-期权价格

B. 抛补性看涨期权的净损益＝期权费

C. 多头对敲的净损益＝到期日股价-执行价格-多头对敲投资额

D. 空头对敲的净损益＝执行价格-到期日

股价+期权费收入

10. 某公司股票看涨期权和看跌期权的执行价格均为30元，均为欧式期权，期限为1年，目前该股票的价格为20元，期权费（期权价格）均为2元。如果在到期日该股票的价格为15元，则购进股票、购进看跌期权与购进看涨期权组合的到期净损益为（　　）元。

A. 13　　　　　　B. 6

C. -5　　　　　　D. -2

11. 如果一个期权赋予持有人在到期日或到期日之前以固定价格购买标的资产的权利，则该期权属于（　　）。

A. 美式看涨期权

B. 美式看跌期权

C. 欧式看涨期权

D. 欧式看跌期权

12. ☆下列关于期权投资策略的表述中，正确的是（　　）。

A. 保护性看跌期权可以锁定最低净收入和最低净损益，但不改变净损益的预期值

B. 抛补性看涨期权可以锁定最低净收入和最低净损益，是机构投资者常用的投资策略

C. 多头对敲组合策略有最低净收入和最低净损益，其最坏的结果是损失期权的购买成本

D. 空头对敲组合策略有最低净收入和最低净损益，其最低收益是出售期权收取的期权费

13. 甲公司股票目前每股20元，市场上有X、Y两种该股票看涨期权，执行价格分别为15元、25元，到期日相同。下列选项中，正确的是（　　）。

A. X期权内在价值5元

B. Y期权时间溢价0元

C. 股票价格上涨5元，X、Y期权内在价值均上涨5元

D. X期权价值低于Y期权

14. 某股票当前市场价格 24 元，6 个月后的股票价格可能是 30 元和 19.2 元两种情况。有 1 份以该股票为标的资产的看涨期权，期限 6 个月，执行价格 25 元。投资者拟按 4% 无风险利率借入资金购入该股票，并同时出售一份该股票的看涨期权，则套期保值比率是（　）。

A. 0.2　　　　　　B. 0.463

C. 0.3　　　　　　D. 0.7

15. 某股票期权到期时间 6 个月，股票连续复利收益率标准差 0.4，且保持不变，则采用两期二叉树模型计算的股价上升百分比是（　）。

A. 17.13%　　　　B. 22.14%

C. 32.69%　　　　D. 37.19%

16. 欧式看涨期权和欧式看跌期权的执行价格均为 19 元，12 个月后到期，若无风险年利率为 6%，股票的现行价格为 18 元，看跌期权的价格为 0.5 元，则看涨期权的价格为（　）元。

A. 0.5　　　　　　B. 0.58

C. 1　　　　　　　D. 1.5

17. 某公司股票的当前市价为 10 元，有一种以该股票为标的资产的看跌期权，执行价格为 8 元，到期时间为 3 个月，期权价格为 3.5 元。下列关于该看跌期权的说法中，正确的是（　）。

A. 该期权处于实值状态

B. 该期权的内在价值为 2 元

C. 该期权的时间溢价为 3.5 元

D. 买入一份该看跌股权的最大净收入为 4.5 元

二、多项选择题

1. ☆在其他因素不变的情况下，下列各项变动中，引起美式看跌期权价值下降的有（　）。

A. 股票市价下降

B. 到期期限缩短

C. 股价波动率下降

D. 无风险利率降低

2. 在其他因素不变的情况下，下列事项中，会导致欧式看涨期权价值增加的有（　）。

A. 期权执行价格提高

B. 期权到期期限延长

C. 股票价格的波动率增加

D. 无风险利率提高

3. 空头对敲组合是指同时出售一只股票的看涨期权和看跌期权，它们的执行价格、到期日都相同，则下列结论正确的有（　）。

A. 空头对敲的组合净损益大于净收入，二者的差额为收取的期权费用

B. 如果股票价格>执行价格，则组合的净收入=执行价格-股票价格

C. 如果股票价格<执行价格，则组合的净收入=股票价格-执行价格

D. 只有当股票价格偏离执行价格的差额小于收取的期权费用时，才能给投资者带来净收益

4. 下列关于期权投资策略的表述中，正确的有（　）。

A. 股价小于执行价格时，保护性看跌期权锁定的最低净收入等于执行价格

B. 如果股价大于执行价格，抛补性看涨期权锁定最高的净收入等于执行价格

C. 预计市场价格将发生剧烈变动，适合采用多头对敲策略

D. 只要股价偏离执行价格，多头对敲就能给投资者带来净收益

5. 看涨期权的执行价格 50 元，标的股票现行市价 45 元，期权价格 6 元，则下列说法正确的有（　）。

A. 该期权属于实值期权

B. 该期权内在价值为 0

C. 该期权时间溢价为 6 元

D. 该期权时间溢价为 5 元

6. 采用布莱克-斯科尔斯期权定价模型进行股票期权价值评估时，需要考虑的因素有（　）。

A. 股票价格

B. 利率

C. 期权到期日前的时间

D. 股票报酬率的贝塔系数

7. 下列关于看涨期权的价值说法中，正确的有（　）。

A. 看涨期权的价值的上限是股价

B. 股票价格为零，则期权价值为零

C. 只要期权未到期，其价格就高于内在价值

D. 股价足够高时，期权价值逐渐接近股价

8. ☆甲投资人同时买入一只股票的 1 份看涨期权和 1 份看跌期权，执行价格均为 50 元，到期日相同，看涨期权的价格为 5 元，看跌期权的价格为 4 元。如果不考虑期权费的时间价值，下列情形中能够给甲投资人带来净收益的有（　）。

A. 到期日股票价格低于 41 元

B. 到期日股票价格介于 41 元至 50 元之间

C. 到期日股票价格介于 50 元至 59 元之间

D. 到期日股票价格高于 59 元

9. 如果期权已经到期，则下列结论中成立的有（　）。

A. 时间溢价为 0

B. 内在价值等于到期日价值

C. 期权价值大于内在价值

D. 期权价值等于时间溢价

10. 下列各项中，会使美式看涨期权内在价值增加的有（　）。

A. 股票价格波动率增大

B. 股票的市价提高

C. 到期期限延长

D. 执行价格降低

三、计算分析题

1. ☆甲公司是一家制造业上市公司。当前每股市价 50 元。市场上有两种以该股票为标的资产的期权：欧式看涨期权和欧式看跌期权。每份看涨期权可买入 1 股股票，每份看跌期权可卖出 1 股股票；看涨期权

每份 6 元，看跌期权每份 4 元。两种期权执行价格均为 50 元，到期时间均为 6 个月。目前，有四种投资组合方案可供选择：保护性看跌期权、抛补性看涨期权、多头对敲、空头对敲。

要求：

(1)投资者希望将净收益限定在有限区间内。应选择哪种投资组合？该投资组合应如何构建？假设 6 个月后该股票价格下降 20%，该投资组合的净损益是多少？（注：计算组合净损益时，不考虑期权价格、股票价格的货币时间价值）。

(2)投资者预期未来股价波动较小，应选择哪种投资组合？该投资组合应如何构建？假设 6 个月后股票价格上升 5%，该投资组合的净收益是多少？（注：计算组合净损益时，不考虑期权价格、股票价格的货币时间价值）。

2. A 公司目前的股价为 20 元，市场上有以该股票为标的资产的期权交易，看涨期权和看跌期权的执行价格均为 22 元，期权价格均为 3 元，一年后到期。甲投资者采取的是保护性看跌期权策略，乙投资者采取的是抛补性看涨期权策略，丙投资者采取的是多头对敲策略，丁投资者采取空头对敲期权策略。

预计到期时股票市场价格的变动情况如下：

股价变动幅度	-40%	-20%	20%	40%
概率	0.3	0.2	0.1	0.4

要求：

(1)回答甲投资者的期权策略如何构建？计算该投资组合的期望收益。

(2)回答乙投资者的期权策略如何构建？计算该投资组合的期望收益。

(3)回答丙投资者的期权策略如何构建？计算该投资组合的期望收益。

(4)回答丁投资者的期权策略如何构建？计算该投资组合的期望收益。

3. D股票当前市价每股25元，市场上有该股为标的资产的期权交易，有关资料如下：

(1)D股票到期时间为半年的看涨期权和看跌期权，执行价格均为25.3元。

(2)根据D股票历史数据测算的连续复利收益率标准差为0.4。

(3)无风险年利率为4%。

(4)1元连续复利终值如下表所示：

$\sigma\sqrt{t}$	0.1	0.2	0.3	0.4	0.5
$e^{\sigma\sqrt{t}}$	1.105 2	1.221 4	1.349 9	1.491 8	1.648 7

要求：

(1)如果年收益率标准差不变，利用两期二叉树模型计算股价上行乘数和下行乘数，并确定以该股票为标的资产的看涨期权价格。

(2)利用看涨期权—看跌期权平价定理确定看跌期权价格。

4. ☆甲公司股票当前每股市价50元，6个月以后股价有两种可能，上升20%或下降17%，市场上有两种以该股票为标的资产的期权：看涨期权和看跌期权。每份看涨期权可买入1股股票，每份看跌期权可卖出1股股票，两种期权执行价格均为55元，到期时间均为6个月，期权到期前，甲公司不派发现金股利，半年无风险利率为2.5%。

要求：

(1)利用套期保值原理，计算看涨期权的股价上行时到期日价值、套期保值比率及期权价值，利用看涨期权—看跌期权平价

定理，计算看跌期权的期权价值。

(2)假设目前市场上每份看涨期权价格2.5元，每份看跌期权价格6.5元，投资者同时买入1份看涨期权和1份看跌期权，计算确保该组合不亏损的股票价格区间；如果6个月后的标的股票价格实际下降10%，计算该组合的净损益。(注：计算股票价格区间和组合净损益时，均不考虑期权价格的货币时间价值)。

5. 甲公司股票当前每股市价40元，6个月以后股价有两种可能，上升25%或下降20%，市场上有两种以该股票为标的资产的期权：看涨期权和看跌期权。每份看涨期权可买入1股股票，每份看跌期权可卖出1股股票，两种期权执行价格均为45元，到期时间均为6个月，期权到期前，甲公司不派发现金股利，半年无风险报酬率为2%。

要求：

(1)利用风险中性原理，计算看涨期权的股价上行时到期日价值、上行概率及期权价值，利用看涨期权——看跌期权平价定理，计算看跌期权的期权价值。

(2)假设目前市场上每份看涨期权价格2.5元，每份看跌期权价格6.5元，投资者同时卖出一份看涨期权和一份看跌期权，计算确保该组合不亏损的股票价格区间；如果6个月后的标的股票价格实际上涨20%，计算该组合的净损益。(注：计算股票价格区间和组合净损益时，均不考虑期权价格的货币时间价值)。

同步训练答案及解析

一、单项选择题

1. B 【解析】在期权估值过程中，股票价格的波动性(用股价波动率表示)是最重要的

因素，如果股票价格的波动性很小，其期权价值也很小。

2. B 【解析】对于看涨期权来说，资产现行市价低于执行价格时，该期权处于"**虚值**

状态"；当资产现行市价高于执行价格时，该期权处于"**实值状态**"。

3. C 【解析】对于欧式期权来说，较长的时间不一定能增加期权价值。因为欧式期权只有在到期日才能行权，虽然较长的时间可以降低执行价格的现值，但是并不增加执行的机会，到期日的股票价格降低可能超过时间价值的差额。

4. A 【解析】买入 1 股股票的净损益 = $32-35=-3$（元）；买入该股票的 1 份看跌期权的净损益 = 净收入 - 期权购买成本 = $(35-32)-3=0$（元）；所以，买入 1 股股票和买入该股票的 1 份看跌期权的净损益 = $-3+0=-3$（元）。

5. C 【解析】期权价值 = 内在价值 + 时间溢价，由此可知，时间溢价 = 期权价值 - 内在价值 = $10-9=1$（元）。

6. A 【解析】内在价值是期权立即执行产生的经济价值，其价值大小由标的资产现行市价和执行价格决定。对于股票看涨期权来说，当前股票市价低于执行价格时，期权处于虚值状态，内在价值为 0。

7. A 【解析】在除息日后，红利的发放会引起股票市场价格下降，进而引起看涨期权价值降低，而看跌期权价值上升，选项 A 是答案。

8. D 【解析】期权的内在价值，是指期权立即执行产生的经济价值。内在价值的大小，取决于期权标的资产的现行市价与期权执行价格的高低。对于看跌期权来说，资产的现行市价等于或高于执行价格时，立即执行不会给持有人带来净收入，持有人也不会去执行期权，此时看跌期权的内在价值为 0。

9. B 【解析】保护性看跌期权指的是股票加看跌期权组合，即购买 1 股股票之后，再购入该股票的 1 份看跌期权，如果期权到期日股价大于执行价格，则期权净收入 = 0，期权净损益 = 0 - 期权价格 = - 期权价格。由于股票净损益 = 到期日股价 - 股票

买价，因此，保护性看跌期权的净损益 = 到期日股价 - 股票买价 - 期权价格，即选项 A 正确。抛补性看涨期权是指购买 1 份股票，同时出售该股票的 1 份看涨期权。如果期权到期日股价大于执行价格，抛补性看涨期权的净损益 = 执行价格 - 股票买价 + 期权费，由于执行价格不一定等于股票买价，所以，选项 B 不正确。多头对敲是同时买进一份股票的看涨期权和看跌期权，它们的执行价格、到期日都相同。如果期权到期日股价大于执行价格，则看跌期权不会行权，看涨期权会行权，因此，多头对敲的净损益 = 到期日股价 - 执行价格 - 多头对敲投资额，即选项 C 正确。空头对敲是同时出售一份股票的看涨期权和看跌期权，它们的执行价格、到期日都相同。如果期权到期日股价大于执行价格，则看跌期权不会行权，看涨期权会行权，因此，空头对敲的净损益 = 空头看涨期权净收入 + 期权费收入 = - (到期日股价 - 执行价格) + 期权费收入 = 执行价格 - 到期日股价 + 期权费收入，即选项 D 正确。

10. B 【解析】目前股票购买价格为 20 元，到期日出售价格为 15 元，即购进股票的到期日净损益 = $15-20=-5$（元）；购进看跌期权到期日净损益 = $(30-15)-2=13$（元）；购进看涨期权到期日净损益 = $0-2=-2$（元）。即购进股票、购进看跌期权与购进看涨期权组合的到期净损益 = $-5+13-2=6$（元）。

11. A 【解析】看涨期权授予权利的特征是"购买"，由此可知，选项 BD 不是答案；由于欧式期权只能在到期日执行，而美式期权可以在到期日或到期日之前的任何时间执行，因此，选项 C 不是答案，选项 A 是答案。

12. C 【解析】保护性看跌期权可以锁定最低净收入和最低净损益，但净损益的预期也因此降低了，选项 A 的表述错误；抛补性看涨期权可以锁定最高净收入和

最高净损益，选项 B 的表述错误；空头对敲组合策略有最高净收入和最高净损益，其最高收益是出售期权收取的期权费，选项 D 的表述错误。

13. A 【解析】X 期权内在价值 = 20 − 15 = 5（元），因此，选项 A 的说法正确；因为没有到期，所以 Y 期权时间溢价大于0，选项 B 的说法错误；期权价值 = 内在价值 + 时间溢价，对于看涨期权而言，在股价小于或等于执行价格时，内在价值 = 0，对于 Y 期权而言，即使股价上涨 5 元达到 25 元，内在价值仍然是 0，没有上涨 5 元，所以，选项 C 的说法错误；由于目前 X 期权的内在价值大于 Y 期权，并且 X 期权和 Y 期权的到期日相同，即时间溢价相同，所以 X 期权价值高于 Y 期权，选项 D 的说法错误。

14. B 【解析】由于股价上行时到期日价格30 元高于执行价格 25 元，所以，C_u = 到期日股价 − 执行价格 = 30 − 25 = 5，由于股价下行时到期日价格 19.2 元低于执行价格 25 元，所以，C_d = 0。所以，套期保值比率 = (5 − 0)/(30 − 19.2) = 0.463。

15. B 【解析】上行乘数 = $e^{0.4 \times \sqrt{0.25}}$ = 1.221 4，股价上升百分比 = 1.221 4 − 1 = 22.14%。

16. B 【解析】根据"看涨期权价格 − 看跌期权价格 = 标的股票价格 − 执行价格现值"可知：看涨期权价格 − 0.5 = 18 − 19/(1 + 6%)，解得：看涨期权价格 = 0.58（元）。

17. C 【解析】对于看跌期权来说，资产现行市价高于执行价格时，处于"虚值状态"，即内在价值等于零，选项 AB 的说法错误；由于期权价格 3.5 元，时间溢价 = 期权价格 − 内在价值 = 3.5 − 0 = 3.5（元），选项 C 的说法正确；如果买入 1 份该股票看跌期权，当股票市价高于执行价格时，其净收入为零；当股票市价低于执行价格时，其净收入为（执行价格 − 股票市价），即当股票市价为 0 时，获得最大净收入 8 元，选项 D 的说法错误。

二、多项选择题

1. BC 【解析】看跌期权执行时，其收入是执行价格与股票价格的差额，股票市价越低，看跌期权价值越大，选项 A 不是答案；对于美式期权来说，到期期限越长，股价变动的范围越大，期权价值越大，选项 B 是答案；期权价值 = 内在价值 + 时间溢价，股价波动率下降导致时间溢价下降，所以期权价值下降，选项 C 是答案。无风险利率降低，执行价格的现值增加，看跌期权的价值增加，所以，选项 D 不是答案。

2. CD 【解析】看涨期权执行时，其收入是股票价格与执行价格的差额，执行价格越高，看涨期权价值越低，选项 A 不是答案；到期期限延长，对于欧式期权价值不一定增加，选项 B 不是答案；期权价值 = 内在价值 + 时间溢价，股价波动率增加导致时间溢价增加，所以期权价值增加，选项 C 是答案；无风险利率提高，会导致执行价格的现值降低，看涨期权价格提高，选项 D 是答案。

3. ABCD 【解析】空头对敲组合净损益 = 组合净收入 + 收取的期权费用，所以，选项 A 的说法正确。由于组合净收入 = 空头看涨期权净收入 + 空头看跌期权净收入，因此，如果股票价格 > 执行价格，则：组合净收入 = −（股票价格 − 执行价格）+ 0 = 执行价格 − 股票价格；如果股票价格 < 执行价格，则：组合净收入 = 0 + [−（执行价格 − 股票价格）] = 股票价格 − 执行价格，由此可知，选项 BC 的说法正确。如果股票价格 > 执行价格，则：组合净损益 = 收取的期权费用 −（股票价格 − 执行价格）；如果股票价格 < 执行价格，则：组合净损益 = 收取的期权费用 −（执行价格 − 股票价格），因此，只有当股票价格和执行价格的差额小于收取的期权费用时，组合的净损益才大于 0，即才能给投资者带来净收益，所以，

选项 D 的说法正确。

4. ABC 【解析】股票价格低于执行价格时，保护性看跌期权组合净收入是单独股票投资的净收入（即股价）与单独买入看跌期权净收入（执行价格-股价）的合计，即锁定在执行价格水平，形成最低净收入，选项 A 的表述正确；如果股价大于执行价格，抛补性看涨期权组合净收入是单独股票投资的净收入（即股价）与单独出售看涨期权净收入[-（股价-执行价格）]的合计，即锁定在执行价格水平，形成最高净收入，选项 B 的表述正确；对于多头对敲而言，如果股价偏离执行价格的差额大于期权购买成本，则会给投资人带来净收益，所以，选项 C 的说法正确，选项 D 的说法不正确。

5. BC 【解析】看涨期权执行价格大于股票现行市价，属于虚值期权，选项 A 的说法错误；虚值期权，内在价值为 0，选项 B 的说法正确；期权价值包括内在价值和时间溢价两部分，所以，6 元的期权价格均为时间溢价，选项 C 的说法正确，选项 D 的说法错误。

6. ABC 【解析】根据 BS 模型可以看出，决定期权价值的因素有五个：股票价格、股价波动率、利率、执行价格和期权到期日前的时间。

7. ABC 【解析】股价足够高时，期权持有人几乎肯定会执行期权，此时期权价值接近内在价值（即立即执行的价值）。

8. AD 【解析】该投资策略是多头对敲，只要股票价格偏离执行价格的差额大于付出的期权成本 9 元（=4+5），就可以给投资人带来净收益。所以，答案是 AD。股价低于 41 元（=50-9），或股价高于 59 元（=50+9）。

9. AB 【解析】期权的时间溢价是一种等待的价值，如果期权已经到期，因为不能再等待了，因此时间溢价为 0，选项 A 的结论正确。内在价值的大小，取决于期权标的资产的现行市价与期权执行价格的高低，期权的到期日价值取决于"到期日"标的资产市价与执行价格的高低，因此如果期权已经到期，内在价值与到期日价值相同，选项 B 的结论正确选项 C 的结论不正确，选项 D 的结论错误。

10. BD 【解析】内在价值是期权立即执行产生的经济价值。期权内在价值的大小取决于期权标的资产的现行市价和期权的执行价格。标的资产的现行市价（即股票市价）越高，执行价格越低，则看涨期权价值越高，所以选项 BD 是答案；选项 AC 影响期权的时间溢价。

三、计算分析题

1.【答案】

（1）应该采取的是抛补性看涨期权。

抛补性看涨期权构建方法是购买 1 股股票，同时出售该股票的 1 份看涨期权。

假设 6 个月后该股票价格下降 20%，则：

股票净收入=50×（1-20%）=40（元）

空头看涨期权净收入=0

组合净收入=40+0=40（元）

组合净损益=40-（50-6）=-4（元）

提示：对于抛补性看涨期权而言，未来的股价等于 0 时，净收益最低，等于（期权价格-股票购买价格）；未来的股价大于执行价格时，净收益最高，等于（期权价格-股票购买价格+执行价格）。所以，抛补性看涨期权将净收益锁定在有限区间内。

（2）预计未来价格波动较小，采用空头对敲策略。

空头对敲构建方法是同时出售 1 只股票的 1 份看涨期权和 1 份看跌期权，它们的执行价格、到期日都相同。

假设 6 个月后股票价格上升 5%，则：

空头看涨期权净收入=-[50×（1+5%）-50]=-2.5（元）

空头看跌期权净收入=0

组合净收入＝−2.5+0＝−2.5(元)

组合净损益＝−2.5+(6+4)＝7.5(元)

2.【答案】

（1）甲投资者的保护性看跌期权投资策略构建：买入1股股票同时买入该股票的1份看跌期权。

单位：元

股价变动幅度	−40%	−20%	20%	40%
概率	0.3	0.2	0.1	0.4
股票净收入	12	16	24	28
买入看跌期权净收入	10	6	0	0
组合净收入	22	22	24	28
组合成本	20+3	20+3	20+3	20+3
组合净损益	−1	−1	1	5

保护性看跌期权投资策略的期望收益＝(−1)×0.3+(−1)×0.2+1×0.1+5×0.4＝1.6(元)

（2）乙投资者的抛补性看涨期权投资策略构建：买入1股股票同时卖出该股票的1份看涨期权。

单位：元

股价变动幅度	−40%	−20%	20%	40%
概率	0.3	0.2	0.1	0.4
股票净收入	12	16	24	28
出售看涨期权净收入	0	0	−2	−6
组合净收入	12	16	22	22
组合成本	20−3	20−3	20−3	20−3
组合净损益	−5	−1	5	5

抛补性看涨期权投资策略的期望收益＝(−5)×0.3+(−1)×0.2+5×0.1+5×0.4＝0.8(元)

（3）丙投资者的多头对敲投资策略构建：买入同一股票的1份看涨期权和看跌期权。

单位：元

股价变动幅度	−40%	−20%	20%	40%
概率	0.3	0.2	0.1	0.4
买入看涨期权净收入	0	0	2	6
买入看跌期权净收入	10	6	0	0
组合净收入	10	6	2	6
组合成本	3+3	3+3	3+3	3+3
组合净损益	4	0	−4	0

多头对敲投资策略的期望收益＝4×0.3+0×0.2+(−4)×0.1+0×0.4＝0.8(元)

（4）丁投资者的空头对敲投资策略构建：卖出同一股票的1份看涨期权和看跌期权。

单位：元

股价变动幅度	-40%	-20%	20%	40%
概率	0.3	0.2	0.1	0.4
出售看涨期权净收入	0	0	-2	-6
出售看跌期权净收入	-10	-6	0	0
组合净收入	-10	-6	-2	-6
期权收入	3+3	3+3	3+3	3+3
组合净损益	-4	0	4	0

空头对敲投资策略的期望收益 = (-4)×0.3+0×0.2+4×0.1+0×0.4 = -0.8(元)

3. 【答案】

(1) $u = e^{\sigma\sqrt{t}} = e^{0.4\sqrt{0.25}} = 1.221\,4$，$d = 1/u = 1/1.221\,4 = 0.818\,7$。

期数	0	1	2
时间(年)	0	0.25	0.5
股票价格	25	30.54	37.3
		20.47	25
			16.76
看涨期权价格	2.65	5.64	12
		0	0
			0

计算说明：

4%/4 = 上行概率×(1.221 4-1)+(1-上行概率)×(0.818 7-1)

上行概率 = 0.475 0

[12×0.475 0+0×(1-0.475 0)]/(1+1%) = 5.64(元)

[5.64×0.475 0+0×(1-0.475 0)]/(1+1%) = 2.65(元)

(2)看涨期权价格-看跌期权价格=标的资产价格-执行价格的现值

2.65-看跌期权价格 = 25-25.3/(1+2%)

看跌期权价格 = 2.45(元)

4. 【答案】

(1) 股价上升时的股票价格 = 50×(1+20%) = 60(元)

股价上升时的看涨期权到期日价值 = 60-55 = 5(元)

股价下降时的股票价格 = 50×(1-17%) =

41.5(元)

股价下降时的看涨期权到期日价值 = 0

套期保值比率 = (5-0)/(60-41.5) = 0.27

借款金额 = 41.5×0.27/(1+2.5%) = 10.93(元)

期权价值 = 50×0.27-10.93 = 2.57(元)

根据平价定理计算看跌期权价值，即

2.57-看跌期权价值 = 50-55/(1+2.5%)

看跌期权价值 = 6.23(元)

(2)对于多头对敲组合，股价偏离执行价格的差额大于或等于付出的期权费用，即可保障不亏损。

因为支付期权费用合计 = 2.5+6.5 = 9 (元)，所以，股价大于或等于64元(= 55+9)或小于等于46元(= 55-9)均可保障不亏损。

如果股票价格下降10%，即价格 = 50× (1-10%) = 45(元)

组合净损益 = 组合净收入-组合初始成本 = [(55-45)+0]-(2.5+6.5) = 1(元)

5. 【答案】

(1) 股价上行时到期日股价 = 40×(1+25%) = 50(元)

股价上行时到期日价值 = 50-45 = 5(元)

2% = 上行概率×25%+(1-上行概率)× (-20%)

上行概率 = 0.488 9

或者：上行乘数 = 1+25% = 1.25，下行乘数 = 1-20% = 0.8

上行概率 = (1+2%-0.8)/(1.25-0.8) = 0.488 9

股价下行时到期日股价 = 40×(1-20%) =

32(元)

股价下行时到期日价值＝0(元)

看涨期权 6 个月后的期望价值 = 5×0.488 9+0×0.511 1=2.44(元)

看涨期权的期权价值 = 2.44÷(1+2%) = 2.39(元)

2.39−看跌期权价值=40−45/(1+2%)

看跌期权的期权价值=6.51(元)

(2)对于空头对敲组合，股票市价与执行价格的差额不超过收取的期权费用，就可以保障不亏损，即：

最高股价=45+(2.5+6.5)=54(元)

最低股价=45−(2.5+6.5)=36(元)

如果 6 个月后股票价格上涨 20%，即：40×(1+20%)=48(元)，则股票市价大于执行价格，其组合净损益为：

该组合净损益 = −(48−45)+(2.5+6.5)=6(元)

第八章　企业价值评估

考 情 解 密

历年考情概况

本章是考试的重点章节，与财务报表分析和财务预测、资本成本计算等相关章节的内容联系密切。主要考核企业价值评估对象、现金流量折现模型和相对价值评估模型等内容。考试形式以主观题为主，客观题也有涉及。考试分值预计 10 分左右。

近年考点直击

主要考点	主要考查题型	考频指数	考查角度
企业价值评估的对象	客观题	★★★	(1)整体价值的理解；(2)经济价值的理解；(3)整体经济价值的类型
现金流量折现模型	客观题和主观题	★★★	(1)资本成本计算；(2)股权现金流量和实体现金流量计算；(3)实体价值和股权价值计算；(4)预计的管理用利润表和管理用资产负债表主要项目的编制
相对价值评估模型	客观题和主观题	★★★	(1)市盈率、市净率、市销率的计算(本期的和内在的)、驱动因素、优缺点、适用性分析；(2)修正平均市价比率(市盈率、市净率和市销率)；(3)股价平均法

2022 年考试变化

修改股权现金流量模型中两阶段增长模型公式参数。

考点详解及精选例题

一、企业价值评估的概念和目的 ★

企业价值评估简称企业估值，其概念和目的见表 8-1。

表 8-1　企业价值评估的概念和目的

	阐释	备注
概念	分析和衡量一个企业或一个经营单位的公平市场价值	价值评估是一种定量分析，一方面由于定量分析模型的使用，评估具有一定的科学性和客观性；另一方面，由于主观数据的使用，评估又有一定的主观估计性质

续表

	阐释	备注
目的	帮助投资人和管理者改善决策，可用于投资分析、战略分析和以价值为基础的管理	不要过分关注价值评估结果而忽略评估过程产生的大量信息；价值评估就是利用市场不完全有效去寻找被低估的资产；企业价值评估的结论具有时效性

二、企业价值评估的对象

企业价值评估的一般对象是企业整体的经济价值。

(一)企业整体经济价值的含义★★

企业整体的经济价值是指企业作为一个整体的公平市场价值。"企业整体的经济价值"包括两层意思：

(1)企业的整体价值。企业的整体价值观念主要体现在三个方面：①整体不是各部分的简单相加；②整体价值来源于要素的结合方式；③部分只有在整体中才能体现出其价值。

(2)企业的经济价值。经济价值是指一项资产的公平市场价值，通常用该资产所产生的未来现金流量的现值来计量。注意与会计价值和现时市场价值的区分，见表8-2。

表8-2 会计价值和现时市场价值

项目	内容
会计价值	是指资产、负债和所有者权益账面价值
现时市场价值	是指按照现行市场价格计量的资产价值，可能公平，也可能不公平。『老贾点拨』如果市场是有效的，现时市场价值等于公平市场价值

(二)企业整体经济价值的类别★★

企业整体经济价值可以从三个方面进行分类，具体的类别见表8-3。

表8-3 企业整体经济价值的类别

类别	含义	说明
实体价值与股权价值	实体价值指的是企业全部资产的总体价值	企业实体价值=股权价值+净债务价值。实体价值、股权价值和净债务价值都是指公平市场价值
	股权价值指的是股权的公平市场价值	
持续经营价值与清算价值	持续经营价值是指由营业所产生的未来现金流量的现值	一个企业的公平市场价值，应当是其持续经营价值与清算价值中较高的一个
	清算价值是指停止经营，出售资产产生的现金流	
少数股权价值与控股权价值	少数股权价值是现有管理和战略条件下企业能够给股东带来的现金流量的现值	控股权溢价是由于转变控股权而增加的价值，即：控股权溢价=V(新控股权)-V(当前控股权)
	控股权价值是企业进行重组，改进管理和经营战略后可以为股东带来的未来现金流量的现值	

【例题1·多选题】☆甲上市公司目前普通股市价每股30元，净资产每股8元。如果资本市场是有效的，下列关于甲公司价值的说法中，正确的有( )。

A. 会计价值是每股8元

B. 清算价值是每股8元

C. 现时市场价值是每股30元

D. 少数股权价值是每股30元

解析 会计价值指的是账面价值，所以，选项A的说法正确；清算价值指的是停止经营，出售资产产生的现金流，题中没有给出相关的资料，所以，选项 B 的说法不正确；现时市场价值指的是按照现行市场价格计量的资产价值，即选项 C 的说法正确；少数股权价值指的是企业当前的公平市场价值，由于资本市场有效，所以，目前的每股市价等于目前的每股公平市场价值，即选项 D 的说法正确。

答案 ▶ ACD

【例题 2·多选题】 ☆下列关于企业价值的说法中，错误的有(　　)。

A. 企业的实体价值等于各单项资产价值的总和

B. 企业的实体价值等于企业的现时市场价格

C. 企业的实体价值等于股权价值和净债务价值之和

D. 企业的股权价值等于少数股权价值和控股权价值之和

解析 ▶ 企业作为一个整体虽然是由部分组成的，但是它不是各部分的简单相加，而是有机的结合，所以选项 A 的说法错误；企业价值是公平市场价值，并不是现时市场价值(现时市场价值不一定是公平的)，所以选项 B 的说法错误；少数股权价值是现有管理和战略条件下企业能够给股东带来的现金流量的现值，控股权价值是企业进行重组，改进管理和经营战略后可以为股东带来的未来现金流量的现值，在进行企业价值评估时，需要明确拟评估的对象是少数股权价值还是控股权价值，两者是不同的概念，所以选项 D 的说法错误。

答案 ▶ ABD

三、现金流量折现模型

(一)现金流量折现的基本模型 ★

$$价值 = \sum_{t=1}^{n} \frac{现金流量_t}{(1 + 资本成本)^t}$$

依据现金流量的不同种类，企业估值的现金流量折现模型也可分为股利现金流量模型、股权现金流量模型和实体现金流量模型三种，现金流量折现模型的类型见表8-4。

表8-4　现金流量折现模型的类型

类型	现金流量	折现率(资本成本)	评估结果
股利现金流量模型	股利现金流量	股权资本成本	股权价值
股权现金流量模型	股权现金流量	股权资本成本	
实体现金流量模型	实体自由现金流量	加权平均资本成本	实体价值

『老贾点拨』 ①股利现金流量是企业分配给股东的现金流量；股权现金流量是一定期间企业可以提供给股东的现金流量。如果把股权现金流量全部作为股利分配，则两个模型相同。股利现金流量模型实质是"债券、股票价值评估"中普通股价值评估方法。

②实体现金流量是企业一定期间可以提供给股东和债权人的税后现金流量。

③股权价值计算有两种思路(由于计算的假设条件不同，两种思路的计算结果通常不相等，考试需结合题中条件和要求计算)。一是根据股权现金流量(或股利现金流量)用股权资本成本作折现率计算；二是根据实体现金流量用加权平均资本成本作折现率，先计算实体价值，之后再减去净负债价值，即：

股权价值 = 实体价值 - 净债务价值

其中：

净债务价值

$$= \sum_{t=1}^{n} \frac{偿还债务现金流量_t}{(1 + 等风险债务成本)^t}$$

(二)现金流量折现模型应用的基本步骤 ★★★

1. 确定资本成本

在折现时注意**匹配原则**，即股权现金流量(或股利现金流量)采用股权资本成本作为折现率；实体现金流量采用加权平均资本成本作为折现率。

2. 确定预测期间

（1）预测基期。确定预测基期数据的方法有两种：一是以上年实际数据作为基期数据；二是以修正后的上年数据作为基期数据（修正不具有可持续性的数据）。

（2）详细预测期和后续期。详细预测期是企业增长不稳定的时期。后续期是预测期以后的无限时期，在此期间，假设企业进入稳定状态，有一个稳定增长率。

『老贾点拨1』详细预测期和后续期的划分与竞争均衡理论有关。竞争均衡理论认为，一个企业的增长率不可能一直高于宏观经济增长率；同时在竞争的市场中不可能长期获得超额利润，即其净投资资本报酬率将逐渐恢复正常水平。

（1）如果一个企业的业务范围仅限于国内市场，宏观经济增长率是指国内的预期经济增长率；如果业务范围是世界性的，宏观经济增长率则是指世界经济增长率。

（2）净投资资本报酬率是指税后经营净利润与净投资资本（净负债加股东权益）的比率，它反映企业净投资资本的盈利能力。

『老贾点拨2』做题时如何确定进入稳定状态（即后续期）？

假设未来销售收入增长情况如下表所示：

年份	基期	2017 年	2018 年	2019 年	2020 年	2021 年	……
销售收入增长率	10%	8%	6%	5%	5%	5%	

按照理论上划分方法，从 2021 年开始真正进入稳定状态，即增长率稳定在 5%。根据教材中例题，其划分方法是自 2020 年进入稳定增长状态，即进入后续期（划分方法值得商榷，但是不影响最终评估结果）。需要特别强调：当计算 2020 年实体现金流量和股权现金流量时，不能用 2019 年现金流量乘以（1+5%）。

3. 详细预测期内现金流量估计

（1）实体现金流量估计

方法一：实体现金流量=税后经营净利润+折旧与摊销-经营营运资本增加-资本支出

『老贾点拨』①"税后经营净利润"项目根据预计的管理用利润表计算得出，即：

税后经营净利润=税前经营利润×（1-企业所得税税率）

或：税后经营净利润=净利润+利息费用×（1-企业所得税税率）

②"折旧与摊销"项目根据预计的假设确定（如占收入的百分比不变）；

③"经营营运资本增加"项目根据预计的管理用资产负债表确定，即：

经营营运资本=经营流动资产-经营流动负债

经营营运资本增加=年末经营营运资本-年初经营营运资本

或：经营营运资本增加=经营流动资产增加-经营流动负债增加

如果经营营运资本占收入的百分比不变，则：

经营营运资本增加=年初经营营运资本×销售收入增长率

④"资本支出"项目根据预计管理用资产负债表计算，即：

资本支出=净经营性长期资产增加+折旧与摊销

净经营性长期资产=经营性长期资产-经营性长期负债

净经营性长期资产增加=年末净经营性长期资产-年初净经营性长期资产

如果净经营性长期资产占收入的百分比不变（即净经营性长期资产周转率不变），则：

净经营性长期资产增加=年初净经营性长期资产×销售收入增长率

方法二：实体现金流量=税后经营净利润−净经营资产增加

『老贾点拨』①"净经营资产增加"项目根据预计的管理用资产负债表确定，即：

净经营资产增加=年末净经营资产−年初净经营资产

如果净经营资产占收入百分比不变，则：

净经营资产增加=年初净经营资产×销售收入增长率

②净经营资产占收入比=1/经营营运资本周转率+1/净经营性长期资产周转率

（2）股权现金流量估计

方法一：股权现金流量=实体现金流量−债务现金流量=实体现金流量−（税后利息−净负债增加）

『老贾点拨』①税后利息根据题中假设条件，按年初或年末净负债与预计的税后利息率计算；如果没有假设，按期末净负债计算。

②"净负债增加"项目根据预计管理用资产负债表确定，即：

净负债增加=年末净负债−年初净负债

如果净负债占收入百分比不变，则：

净负债增加=年初净负债×销售收入增长率

方法二：股权现金流量=税后净利润−股东权益增加

『老贾点拨』①"税后净利润"项目根据预计的管理用利润表计算得出，即：

税后净利润=税后经营净利润−利息费用×（1−企业所得税税率）

②"股东权益增加"项目根据预计管理用资产负债表确定，即：

股东权益增加=年末股东权益−年初股东权益

①股权现金流量折现模型

股权价值=详细预测期价值+后续期价值

$$=详细预测期股权现金流量现值+\frac{股权现金流量_{n+1}/（股权资本成本−永续增长率）}{（1+股权资本成本）^{n}}$$

②实体现金流量折现模型

实体价值=详细预测期价值+后续期价值

$$=详细预测期实体现金流量现值+\frac{实体现金流量_{n+1}/（加权平均资本成本−永续增长率）}{（1+加权平均资本成本）^{n}}$$

或：股东权益增加=净经营资产增加−净负债增加

4. 后续期现金流量增长率的估计

进入稳定状态后，实体现金流量、股权现金流量、债务现金流量、净经营资产、税后经营净利润等的增长率都与销售增长率相同。

『老贾点拨』稳定状态下，即经营效率（税后经营净利率、净经营资产周转次数）和财务政策（净财务杠杆、股利分配率）不变，并且不发行新股或回购股票，所以，销售收入增长率=税后经营净利润增长率=净经营资产增长率=净负债增长率=股东权益增长率=可持续增长率，即实体现金流量增长率、股权现金流量增长率和债务现金流量增长率也与上述增长率相同。

5. 现金流量的折现

（1）永续增长模型

模型使用条件：企业处于永续状态，即企业有永续的增长率和净投资资本报酬率。

①股权现金流量折现模型

$$股权价值=\frac{下期股权现金流量}{股权资本成本−永续增长率}$$

②实体现金流量折现模型

$$实体价值=\frac{下期实体现金流量}{加权平均资本成本−永续增长率}$$

（2）两阶段增长模型

模型使用条件：适用于增长呈两阶段的企业（假设详细预测期为 n）。通常，第二个阶段具有永续增长的特征。

『老贾点拨』①股权价值也可采用另一个思路计算。根据实体现金流量先计算出企业实体价值，然后扣除净债务价值，即：

股权价值＝实体价值－净债务价值

②采用两阶段增长模型时，不同阶段的资本成本可以不同，折现时，不同的阶段要用不同的折现率折现。

【例题3·计算分析题】☆2017年初，甲投资基金对乙上市公司普通股股权进行估值。乙公司2016年销售收入6 000万元，销售成本（含销货成本、销售费用、管理费用等）占销售收入的60%，净经营资产4 000万元。该公司自2017年开始进入稳定增长期。可持续增长率为5%，目标资本结构（净负债/股东权益）为1∶1，2017年初流通在外普通股1 000万股，每股市价22元。该公司债务税前利率8%，股权相对债权风险溢价5%，企业所得税税率25%。为简化计算，假设现金流量均在年末发生，利息费用按净负债期初余额计算。

要求：

（1）预计2017年乙公司税后经营净利润、实体现金流量、股权现金流量。

（2）计算乙公司股权资本成本，使用股权现金流量法估计乙公司2017年初每股价值，并判断每股市价是否高估。

答案

（1）2017年乙公司税后经营净利润＝6 000×（1＋5%）×（1－60%）×（1－25%）＝1 890（万元）

2017年税后利息＝4 000×1/2×8%×（1－25%）＝120（万元）

2017年净利润＝1 890－120＝1 770（万元）

实体现金流量＝1 890－4 000×5%＝1 690（万元）

股权现金流量＝1 770－4 000×5%×1/2＝1 670（万元）

或：股权现金流量＝实体现金流量－债务现金流量＝1 690－（120－4 000×5%×1/2）＝1 670（万元）

（2）股权资本成本＝8%×（1－25%）＋5%＝11%

股权价值＝1 670/（11%－5%）＝27 833.33（万元）

每股价值＝27 833.33/1 000＝27.83（元）

每股价值高于每股市价22元，股价被低估。

【例题4·综合题】☆甲公司是一家制造业上市公司，乙公司是一家制造业非上市公司，两家公司生产产品不同，且非关联方关系。甲公司发现乙公司的目标客户多是小微企业，与甲公司的市场能有效互补，拟于2020年年末通过对乙公司原股东非公开增发新股的方式换取乙公司100%股权，以实现对其的收购。目前，甲公司已完成该项目的可行性分析，拟采用实体现金流量折现法估计乙公司价值。相关资料如下：

（1）乙公司成立于2017年初，截至目前仅运行了4年，但客户数量增长较快。乙公司2017~2020年主要财务报表数据如下：

单位：万元

资产负债表项目	2017年末	2018年末	2019年末	2020年末
货币资金	80	120	160	250
应收账款	120	180	240	260
存货	240	290	320	400
固定资产	540	610	710	827.5
资产总计	980	1 200	1430	1 737.5
应付账款	180	200	280	300

资产负债表项目	2017 年末	2018 年末	2019 年末	2020 年末
长期借款	220	300	420	600
股东权益	580	700	730	837.5
负债及股东权益合计	980	1 200	1 430	1 737.5
利润表项目	**2017 年**	**2018 年**	**2019 年**	**2020 年**
营业收入	2 000	2 300	2 760	3 450
减：营业成本	1 000	1 100	1 200	1 600
税金及附加	14	16	22	30
销售和管理费用	186	356	250	348
财务费用	16	20	28	40
利润总额	784	808	1 260	1 432
减：所得税费用	196	202	315	358
净利润	588	606	945	1 074

乙公司货币资金均为经营活动所需，财务费用均为利息支出。

（2）甲公司预测，乙公司 2021 年、2022 年营业收入增长率分别为 20% 和 12%，自 2023 年开始进入增长率为 4% 的稳定增长状态。假设收购不影响乙公司正常运营，收购后乙公司净经营资产周转率、税后经营净利率按 2017~2020 年的算术平均值估计。假设所有现金流量均发生在年末，资产负债表期末余额代表全年平均水平。

（3）乙公司目标资本结构（净负债/股东权益）为 2/3，等风险债券税前资本成本 8%，普通股 β 系数 1.4，无风险报酬率 4%，市场组合的必要报酬率 9%，企业所得税税率 25%。

（4）甲公司非公开增发新股的发行价格按定价基准日前 20 个交易日公司股票价格均价的 80% 确定。定价基准日前 20 个交易日相关交易信息如下：

定价基准日前 20 个交易日	累计交易金额（亿元）	累计交易数量（亿股）	平均收盘价（元/股）
	4 000	160	24

要求：

（1）编制乙公司 2017~2020 年管理用资产负债表和利润表（结果填入下方表格中，不用列出计算过程）。

单位：万元

管理用财务报表项目	2017 年	2018 年	2019 年	2020 年
净经营资产				
净负债				
股东权益				
税后经营净利润				
税后利息费用				
净利润				

（2）预测乙公司2021年及以后年度净经营资产周转率、税后经营净利率。

（3）采用资本资产定价模型，估计乙公司的股权资本成本。按照目标资本结构，估计乙公司的加权平均资本成本。

（4）基于上述结果，计算2021～2023年乙公司实体现金流量，并采用实体现金流量折现法，估计2020年年末乙公司实体价值（计算过程和结果填入下方表格中）。

单位：万元

	2020 年末	2021 年末	2022 年末	2023 年末
实体现金流量				
折现系数				
现值				
实体价值				

（5）假设乙公司净负债按2020年年末账面价值计算，估计2020年年末乙公司股权价值。

（6）计算甲公司非公开增发新股的发行价格和发行数量。

答案 ▶

（1）

单位：万元

管理用财务报表项目	2017 年	2018 年	2019 年	2020 年
净经营资产	800	1 000	1 150	1 437.5
净负债	220	300	420	600
股东权益	580	700	730	837.5
税后经营净利润	600	621	966	1 104
税后利息费用	12	15	21	30
净利润	588	606	945	1 074

（2）

相关项目	2017 年	2018 年	2019 年	2020 年
净经营资产周转率	2.5	2.3	2.4	2.4
税后经营净利率	30%	27%	35%	32%

由于收购后乙公司净经营资产周转率、税后经营净利率按2017～2020年的算术平均值估计，则：

2021年及以后年度净经营资产周转率＝（2.5+2.3+2.4+2.4）/4＝2.4（次）

2021年及以后年度税后经营净利率＝（30%+27%+35%+32%）/4＝31%

（3）乙公司的股权资本成本＝4%+1.4×（9%-4%）＝11%

乙公司的加权平均资本成本＝8%×（1-25%）×2/5+11%×3/5＝9%

（4）

单位：万元

	2020 年末	2021 年末	2022 年末	2023 年末
营业收入	3 450	4 140	4 636.8	4 822.27
税后经营净利润（税后经营净利率31%）		1 283.4	1 437.41	1 494.90
净经营资产（净经营资产周转率2.4）	1 437.5	1 725	1932	2 009.28
净经营资产增加		287.5	207	77.28
实体现金流量		995.9	1 230.41	1 417.62
折现系数		0.917 4	0.841 7	
现值	1 949.275	913.639	1 035.636	
	23 864.215		28 352.4	
实体价值	25 813.49			

（5）2020 年年末乙公司股权价值＝25 813.49－600＝25 213.49（万元）

（6）甲公司非公开增发新股的发行价格＝4 000/160×80%＝20（元）（注意：第十章"长期筹资"讲述发行价格计算方法）

发行数量＝25 213.49/20＝1 260.67（万股）

四、相对价值评估模型

（一）相对价值法的概念★

相对价值法是以可比企业为基准，衡量目标企业价值，是相对于可比企业的价值，而非内在价值。现金流量折现法评估的是企业的内在价值。

（二）相对价值模型的原理★★★

1. 市盈率模型

（1）市盈率的驱动因素分析

本期市盈率＝股利支付率×（1＋增长率）/（股权成本－增长率）

内在市盈率（或预期市盈率）＝股利支付率/（股权成本－增长率）

驱动因素包括企业的增长潜力、股利支付率和风险（股权成本的高低与其风险有关），其中关键因素是增长潜力（不仅具有相同增长率，并且增长模式类似）。可比企业是三个比率类似的企业，同业企业不一定具有这种类似性。

『老贾点拨』处在生命周期同一阶段的同业企业，大体上有类似的增长率，可以作为判断增长率类似的主要依据。

【例题5·单选题】☆甲公司2021年每股收益0.8元，每股分配现金股利0.4元，如果公司每股收益增长率预计为6%，股权资本成本为10%，股利支付率不变，公司的预期市盈率为（　　）。

A. 8.33　　　　B. 11.79

C. 12.50　　　　D. 13.25

解析　股利支付率＝0.4/0.8×100%＝50%，预期市盈率＝股利支付率/（股权资本成本－增长率）＝50%/（10%－6%）＝12.50。

答案　C

（2）市盈率估值模型

目标企业每股价值＝可比企业市盈率×目标企业每股收益

『老贾点拨』估值模型必须遵循匹配原则，即"本期市盈率"对应"本期每股收益"；"内在（预期）市盈率"对应"预期每股收益"。其他估值模型类同。

（3）市盈率估值模型的优缺点及适用范围

市盈率估值模型的优点、局限性和适用范围的具体内容见表8-5。

表 8-5　市盈率估值模型的优点、局限性及适用范围

项目	知识点
优点	①计算市盈率的数据容易取得，并且计算简单； ②市盈率把价格和收益联系起来，直观地反映投入和产出的关系； ③市盈率涵盖了风险、增长率、股利支付率的影响，具有很高的综合性
局限性	如果收益是负值或零，市盈率就失去了意义
适用范围	市盈率模型最适合连续盈利的企业

（4）市盈率模型的修正

增长率的差异是市盈率差异的关键驱动因素，用增长率修正市盈率，排除了增长率对市盈率的影响（即剩余部分由股利支付率和股权成本影响），消除增长率差异对同业企业可比性的影响。具体修正方法有两种：

①修正平均市盈率法（思路是"先平均后修正"）。

第一步：计算可比公司平均市盈率。

$$可比公司平均市盈率 = \sum_{i=1}^{n} 可比公司市盈率_i / n$$

第二步：计算可比公司平均预期增长率。

$$可比公司平均预期增长率 = \sum_{i=1}^{n} 可比公司预期增长率_i / n$$

第三步：计算修正平均市盈率。

修正平均市盈率 = 可比公司平均市盈率/（可比公司平均预期增长率×100）

第四步：计算目标公司每股价值。

目标公司每股价值 = 修正平均市盈率×目标公司预期增长率×100×目标公司每股收益

②股价平均法（思路是"先修正后平均"）。

即根据各个可比公司修正的市盈率分别计算目标公司的每股价值，之后，再将各估值结果进行算术平均。

第一步：计算各可比公司的修正市盈率。

修正市盈率$_i$ = 可比公司市盈率$_i$/（可比公司预期增长率$_i$×100）

第二步：根据各可比公司修正市盈率分别计算目标公司每股价值。

目标公司每股价值$_i$ = 修正市盈率$_i$×目标公司预期增长率×100×目标公司每股收益

第三步：计算各估值结果的算术平均值作为目标公司每股价值。

$$算术平均值 = \sum_{i=1}^{n} 目标公司每股价值_i / n$$

式中：n 是可比公司的数量。

【例题 6·单选题】☆甲公司是一家制造业企业，每股收益 0.5 元，预期增长率 4%，与甲公司可比的 4 家制造业企业的平均市盈率 25 倍，平均预期增长率是 5%，用修正平均市盈率法估计的甲公司每股价值是（　　）元。

A. 10　　　　　　　B. 13

C. 12.5　　　　　　D. 13.13

解析　修正平均市盈率 = 25/（5%×100）= 5，甲公司每股价值 = 5×4%×100×0.5 = 10（元）。　答案　A

2. 市净率模型

（1）市净率的驱动因素分析

本期市净率 = [股利支付率×权益净利率×（1+增长率）]/（股权成本−增长率）

内在市净率（或预期市净率）=（股利支付率×权益净利率）/（股权成本−增长率）

『老贾点拨』市净率是在市盈率基础上乘以"权益净利率"。

驱动因素包括权益净利率、增长潜力、股利支付率和风险，其中关键因素是权益净利率。可比企业是四个比率类似的企业，同业企业不一定具有这种类似性。

【例题 7·单选题】☆甲公司采用固定股利支付率政策，股利支付率 50%。2021 年，甲公司每股收益 2 元，预期可持续增长率 4%，股权资本成本 12%，期末每股净资产 10 元，没有优先股。2021 年年末甲公司的本

期市净率为(　　)。

　　A. 1.20　　　　　　　B. 1.25

　　C. 1.30　　　　　　　D. 1.35

　　解析 ▶ 本期权益净利率 = 2/10×100% = 20%，本期市净率 = 50%×20%×(1+4%)/(12%-4%) = 1.30。　　　　**答案** ▶ C

(2)市净率估值模型

　　目标企业每股价值=可比企业市净率×目标企业每股净资产

(3)市净率估值模型的优缺点及适用范围

　　市净率估值模型的优点、局限性和适用范围的具体内容见表8-6。

表8-6　市净率估值模型的优点、局限性及适用范围

项目	知识点
优点	①市净率极少为负值，可用于大多数企业； ②净资产账面价值的数据容易取得，并且容易理解； ③净资产账面价值比净利润稳定； ④如果会计标准合理并且各企业会计政策一致，市净率的变化可以反映企业价值的变化
局限性	①企业执行不同会计标准或会计政策，市净率失去可比性； ②固定资产很少的服务性企业和高科技企业，净资产与企业价值的关系不大，比较市净率没有什么实际意义； ③少数企业的净资产是0或负值，市净率没有意义
适用范围	主要适用于需要拥有大量资产、净资产为正值的企业

(4)市净率模型的修正

　　权益净利率的差异是市净率差异的关键驱动因素，用权益净利率修正市净率，消除权益净利率差异对同业企业可比性的影响。

　　①修正平均市净率法(思路是"先平均后修正")。

　　第一步：计算可比公司平均市净率。

　　可比公司平均市净率 = $\sum_{i=1}^{n}$ 可比公司市净率$_i$/n

　　第二步：计算可比公司平均预期权益净利率。

　　可比公司平均预期权益净利率 = $\sum_{i=1}^{n}$ 可比公司预期权益净利率$_i$/n

　　第三步：计算修正平均市净率。

　　修正平均市净率 = 可比公司平均市净率/(可比公司平均预期权益净利率×100)

　　第四步：计算目标公司每股价值。

　　目标公司每股价值=修正平均市净率×目标公司预期权益净利率×100×目标公司每股净资产

　　②股价平均法(思路是"先修正后平均")。

即根据各个可比公司修正的市净率分别计算目标公司的每股价值，之后，再将各估值结果进行算术平均。

　　第一步：计算各可比公司的修正市净率。

　　修正市净率$_i$=可比公司市净率$_i$/(可比公司预期权益净利率$_i$×100)

　　第二步：根据各可比公司修正市净率分别计算目标公司每股价值。

　　目标公司每股价值$_i$=修正市净率$_i$×目标公司预期权益净利率×100×目标公司每股净资产

　　第三步：计算各估值结果的算术平均值作为目标公司每股价值。

　　算术平均值 = $\sum_{i=1}^{n}$ 目标公司每股价值$_i$/n

　　式中：n 是可比公司的数量。

　　【例题8·计算分析题】☆甲公司是一家尚未上市的高科技企业，固定资产较少，人工成本占销售成本的比重较大。为了进行以价值为基础的管理，公司拟采用相对价值评估模型对股权价值进行评估，有关资料如下：

　　(1)甲公司 2020 年度实现净利润 3 000 万元，年初股东权益总额为 20 000 万元，年末

股东权益总额为 21 800 万元，2020 年股东权益的增加全部源于利润留存。公司没有优先股，2020 年年末普通股股数为 10 000 万股，公司当年没有增发新股，也没有回购股票。

可比公司	每股收益（元）	每股净资产（元）	预期权益净利率	每股市价（元）	预期利润增长率
A 公司	0.4	2	21.20%	8	8%
B 公司	0.5	3	17.50%	8.1	6%
C 公司	0.5	2.2	24.30%	11	10%

要求：

（1）使用市盈率模型下的修正平均市盈率法计算甲公司的每股股权价值。

（2）使用市净率模型下的修正平均市净率法计算甲公司的每股股权价值。

（3）判断甲公司更适合使用市盈率模型和市净率模型中的哪种模型进行估值，并说明原因。

答案 ▶

（1）甲公司每股收益 = 3 000 ÷ 10 000 = 0.3（元）

可比公司平均市盈率 = （8/0.4 + 8.1/0.5 + 11/0.5）÷ 3 = 19.4

可比公司平均预期增长率 = （8% + 6% + 10%）÷ 3 = 8%

甲公司每股股权价值 = 19.4/（8% × 100）× 9% × 100 × 0.3 = 6.55（元）

（2）甲公司每股净资产 = 21 800 ÷ 10 000 = 2.18（元）

甲公司 2020 年权益净利率 = 3 000/[（20 000 + 21 800）÷ 2] = 14.35%

由于权益净利率保持不变，2021 年权益净利率为 14.35%。

可比公司平均市净率 = （8/2 + 8.1/3 + 11/2.2）÷ 3 = 3.9

可比公司平均预期权益净利率 = （21.2% + 17.5% + 24.3%）÷ 3 = 21%

甲公司每股股权价值 = 3.9/（21% × 100）× 14.35% × 100 × 2.18 = 5.81（元）

（3）由于甲公司属于高科技企业、固定资产较少，净资产与企业价值关系不大，因

预计甲公司 2021 年及以后年度的利润增长率为 9%，权益净利率保持不变。

（2）甲公司选择了同行业的 3 家上市公司作为可比公司，并收集了以下相关数据：

此市净率模型不适用；由于甲公司是连续盈利的企业，因此用市盈率模型估值更合适。

3. 市销率模型

（1）市销率的驱动因素分析

本期市销率 = [股利支付率 × 营业净利率 × （1 + 增长率）]/（股权成本 - 增长率）

内在市销率（或预期市销率）= （股利支付率 × 营业净利率）/（股权成本 - 增长率）

『老贾点拨』 市销率是在市盈率的基础上乘以"营业净利率"。

驱动因素包括营业净利率、增长潜力、股利支付率和风险，其中关键因素是营业净利率。可比企业是四个比率类似的企业，同业企业不一定具有这种类似性。

【例题 9·单选题】 ☆甲公司进入可持续增长阶段，股利支付率为 50%，销售净利率 16%，股利增长率 5%，股权资本成本 8%，甲公司的内在市销率是（　　）。

A. 2.67　　　　　B. 2.8

C. 10　　　　　　D. 10.5

解析 ▶ 由于处于可持续增长阶段，本期和预期的股利支付率与营业净利率相同。内在市销率 = （50% × 16%）/（8% - 5%）= 2.67。

答案 ▶ A

（2）市销率估值模型

目标企业每股价值 = 可比企业市销率 × 目标企业每股营业收入

（3）市销率估值模型的优缺点及适用范围

市销率估值模型的优点、局限性和适用范围的具体内容见表 8-7。

表8-7　市销率估值模型的优点、局限性及适用范围

项目	知识点
优点	①它不会出现负值，对于亏损企业和资不抵债的企业，也可以计算出一个有意义的市销率； ②它比较稳定、可靠，不容易被操纵； ③市销率对价格政策和企业战略变化敏感，可以反映这种变化的后果
局限性	不能反映成本的变化，而成本是影响企业现金流量和价值的重要因素之一
适用范围	主要适用于销售成本率较低的服务类企业，或者销售成本率趋同的传统行业的企业

（4）修正市销率模型

营业净利率的差异是市销率差异的关键驱动因素，用营业净利率修正市销率，消除营业净利率差异对同业企业可比性的影响。

①修正平均市销率法（思路是"先平均后修正"）。

第一步：计算可比公司平均市销率。

可比公司平均市销率 $= \sum_{i=1}^{n}$ 可比公司市销率$_i$/n

第二步：计算可比公司平均预期营业净利率。

可比公司平均预期营业净利率 $= \sum_{i=1}^{n}$ 可比公司预期营业净利率$_i$/n

第三步：计算修正平均市销率。

修正平均市销率 = 可比公司平均市销率/（可比公司平均预期营业净利率×100）

第四步：计算目标公司每股价值。

目标公司每股价值=修正平均市销率×目标公司预期营业净利率×100×目标公司每股营业收入

②股价平均法（思路是"先修正后平均"）。

即根据各个可比公司修正的市销率分别计算目标公司的每股价值，之后，再将各估值结果进行算术平均。

第一步：计算各可比公司的修正市销率。

修正市销率$_i$=可比公司市销率$_i$/（可比公司预期营业净利率$_i$×100）

第二步：根据各可比公司修正市销率分别计算目标公司每股价值。

目标公司每股价值$_i$=修正市销率$_i$×目标公司预期营业净利率×100×目标公司每股营业收入

第三步：计算各估值结果的算术平均值作为目标公司每股价值。

算术平均值 $= \sum_{i=1}^{n}$ 目标公司每股价值$_i$/n

式中：n是可比公司的数量。

【例题10·单选题】☆甲公司是一家制造业企业，每股营业收入40元，销售净利率5%，与甲公司可比的3家制造业企业的平均市销率是0.8，平均销售净利率4%，用修正平均市销率法估计的甲公司每股价值是（　）元。

A. 32　　　　　　　　B. 25.6

C. 40　　　　　　　　D. 33.6

解析 ▶ 修正平均市销率 = 0.8/（4%×100）= 0.2，甲公司每股价值 = 0.2×5%×100×40 = 40（元）。　　　　答案 ▶ C

同步训练 限时 155min

扫我做试题

一、单项选择题

1. 下列关于企业整体经济价值类别的说法中，不正确的是(　　)。
   A. 企业实体价值是股权价值和净债务价值之和
   B. 公平市场价值是持续经营价值与清算价值两者中较高的一个
   C. 控股权价值是现有管理和战略条件下企业能够给股票投资人带来的现金流量的现值
   D. 控股权价值和少数股权价值的差额称为控股权溢价，它是由于转变控股权而增加的价值

2. 按照市销率模型评估企业价值，以下四种因素中不属于该模型驱动因素的是(　　)。
   A. 股利支付率
   B. 权益净利率
   C. 企业的增长潜力
   D. 风险

3. 某公司本年的每股收益为 2 元，将净利润的 30% 作为股利支付，预计净利润和股利长期保持 6% 的增长率，该公司的 β 值为 0.8。若同期无风险报酬率为 5%，市场平均收益率为 10%，采用市盈率模型计算的公司每股股票价值为(　　)元。
   A. 20.0
   B. 20.7
   C. 21.2
   D. 22.7

4. 市净率的关键驱动因素是(　　)。
   A. 增长潜力
   B. 销售净利率
   C. 权益净利率
   D. 股利支付率

5. ☆甲公司进入可持续增长状态，股利支付率 50%，权益净利率 20%，股利增长率 5%，股权资本成本 10%，甲公司的内在市净率为(　　)。
   A. 2
   B. 10.5
   C. 10
   D. 2.1

6. 某公司利润留存率 40%，净利润和股利增长率 5%。该公司股票贝塔值 1.2，国库券利息率 3%，市场股票平均收益率 8%，则该公司本期市盈率是(　　)。
   A. 15.75
   B. 15.00
   C. 6.56
   D. 6.25

7. 下列关于相对价值估价模型适用性的说法中，错误的是(　　)。
   A. 市盈率估价模型不适用于亏损的企业
   B. 市净率估价模型不适用于资不抵债的企业
   C. 市净率估价模型不适用于固定资产较少的企业
   D. 市销率估价模型不适用于销售成本率较低的企业

二、多项选择题

1. ☆甲公司 2019 年 6 月 30 日资产负债表显示，总资产 10 亿元，所有者权益 6 亿元，总股份数为 1 亿股，当日甲公司股票收盘价为每股 25 元，下列关于当日甲公司股权价值的说法中，正确的有(　　)。
   A. 清算价值是 6 亿元
   B. 持续经营价值是 10 亿元
   C. 现时市场价值是 25 亿元
   D. 会计价值是 6 亿元

2. 下列关于公平市场价值的表述中，错误的有(　　)。
   A. 公平市场价值等于少数股权价值与控

股权价值之和

B. 实体价值等于股权公平市场价值与净债务公平市场价值之和

C. 企业公平市场价值等于清算价值和持续经营价值两者之中较低者

D. 企业公平市场价值等于按现行价格计算的各项资产价值之和

3. ☆下列关于实体现金流量计算的公式中，正确的有(　　)。

A. 实体现金流量=税后经营净利润-净经营资产增加

B. 实体现金流量=税后经营净利润-经营营运资本增加-资本支出

C. 实体现金流量=税后经营净利润-经营资产增加-经营负债增加

D. 实体现金流量=税后经营净利润-经营营运资本增加-净经营长期资产增加

4. 市盈率、市净率和市销率的共同驱动因素有(　　)。

A. 增长潜力

B. 股利支付率

C. 营业净利率

D. 权益净利率

5. 下列关于现金流量的计算表达式中，正确的有(　　)。

A. 股权现金流量=实体现金流量-债务现金流量

B. 股权现金流量=净利润-股权资本净增加

C. 债务现金流量=税后利息-净负债增加

D. 实体现金流量=税后经营净利润-净经营资产增加

6. 采用市盈率模型进行价值评估时，选择的可比企业具备的特征包括(　　)。

A. 与目标企业在同一行业

B. 与目标企业的股权资本成本类似

C. 与目标企业的股利支付率类似

D. 与目标企业处在生命周期同一阶段的同业企业

7. 下列各项中，会导致内在市销率提高的有(　　)。

A. 预期权益净利率提高

B. 预期营业净利率提高

C. 股利支付率提高

D. 股权资本成本提高

三、计算分析题

1. ☆甲公司是一家投资公司，拟于2020年初以18 000万元收购乙公司全部股权，为分析收购方案可行性，收集资料如下：

(1)乙公司是一家传统汽车零部件制造企业，收购前处于稳定增长状态，增长率7.5%。2019年净利润750万元。当年取得的利润在当年分配，股利支付率80%。2019年年末(当年利润分配后)净经营资产4 300万元，净负债2 150万元。

(2)收购后，甲公司将通过拓宽销售渠道、提高管理水平、降低成本费用等多种方式，提高乙公司的销售增长率和营业净利润。预计乙公司2020年营业收入6 000万元，2021年营业收入比2020年增长10%，2022年进入稳定增长状态，增长率8%。

(3)收购后，预计乙公司相关财务比率保持稳定，具体如下：

营业成本/营业收入	65%
销售和管理费用/营业收入	15%
净经营资产/营业收入	70%
净负债/营业收入	30%
债务利息率	8%
企业所得税税率	25%

(4)乙公司股票等风险投资必要报酬率收购前 11.5%，收购后 11%。

(5)假设各年现金流量均发生在年末。

要求：

(1)如果不收购，采用股利现金流量折现模型，估计 2020 年初乙公司股权价值。

(2)如果收购，采用股权现金流量折现模型，估计 2020 年初乙公司股权价值(计算过程和结果填入下方表格中)。

单位：万元

	2020 年初	2020 年末	2021 年末	2022 年末
股权现金流量				
乙公司股权价值				

(3)计算该收购产生的控股权溢价、为乙公司原股东带来的净现值、为甲公司带来的净现值。

(4)判断甲公司收购是否可行，并简要说明理由。

2. A 公司是一家生物制药上市公司，拟采用股权现金流量法评估每股股权价值。对当前股价是否偏离价值进行评估，2018 年 12 月 31 日每股股票价格为 55 元。相关资料如下：

(1)2018 年每股净经营资产为 30 元，每股税后经营净利润为 6 元，预计未来保持不变。

(2)公司当前资本结构(净负债/净经营资产)是 60%，为了降低财务风险，公司拟调整资本结构并作出公告，目标结构为 50%。

(3)净负债税前资本成本为 6%，未来保持不变，财务费用按期初净负债计算。

(4)2019 年股权资本成本为 12%，2020 年及以后年度为 10%。

(5)公司适用的企业所得税税率为 25%。

要求：

(1)计算 2019 年每股实体现金流量、每股债务现金流量和每股股权现金流量。

(2)计算 2020 年每股实体现金流量、每股债务现金流量和每股股权现金流量。

(3)计算 2018 年 12 月 31 日每股股权价值，判断 A 公司的股价是被高估还是被低估。

3. 甲公司今年每股净利润为 1.5 元，预期增长率为 8%，每股净资产为 12 元，每股营业收入为 14 元，预期权益净利率为 14%，预期营业净利率为 12%。假设同类上市公司中与甲公司类似的有 3 家，但它们与甲公司之间尚存在某些不容忽视的重大差异，相关资料见下表：

公司	本期市盈率	预期增长率	本期市净率	预期股东权益净利率	本期市销率	预期销售净利率
A	10	5%	1.5	10%	1.2	13%
B	10.5	6%	1.2	15%	2.4	12%
C	12.5	8%	1.3	12%	1.3	15%

要求(计算过程和结果均保留两位小数):

(1)如果甲公司属于连续盈利的企业,使用合适的修正平均法评估甲企业每股价值,并说明这种估值模型的优缺点。

(2)如果甲公司属于拥有大量资产、净资产为正值的企业,使用合适的股价平均法评估甲企业每股价值,并说明这种估值模型的优缺点。

(3)如果甲公司属于销售成本率趋同的传统行业的企业,使用合适的修正平均法评估甲企业每股价值,并说明这种估值模型的优缺点。

4. C公司是2017年1月1日成立的高新技术企业。为了进行以价值为基础的管理,该公司采用股权现金流量模型对股权价值进行评估。评估所需的相关数据如下:

(1)C公司2017年的销售收入为1 000万元。根据目前市场行情预测,其2018年、2019年的增长率分别为10%、8%;2020年及以后年度进入永续增长阶段,增长率为5%。

(2)C公司2017年的经营性营运资本周转率为4,净经营性长期资产周转率为2,净经营资产净利率为20%,净财务杠杆为

1。公司税后利息率为6%,股权资本成本为12%。评估时假设以后年度上述指标均保持不变。

(3)公司未来不打算增发或回购股票。为保持当前资本结构,公司采用剩余股利政策分配股利。

要求:

(1)计算C公司2018年至2020年的股权现金流量。

(2)计算C公司2017年12月31日的股权价值。

四、综合题

1. ☆甲公司是一家医疗行业投资机构,拟对乙医院进行投资。乙医院是一家盈利性门诊医院,其营业收入为门诊收入,营业成本包括医生及护士薪酬、药品材料成本等,近年来乙医院发展态势良好,甲公司拟于2020年年末收购其100%股权,目前甲公司已完成该项目的可行性分析,拟采用实体现金流量折现法估计乙医院价值。相关资料如下:

(1)乙医院2018—2020年主要财务报表数据如下:

单位:万元

项目	2018年	2019年	2020年
营业收入	26 600	30 000	33 600
门诊量(万人次)	140	150	160
单位门诊费(元/人次)	190	200	210
营业成本	19 000	21 000	24 000
管理费用	2 280	2 700	3 216
财务费用	480	480	480
利润总额	4 840	5 820	5 904

续表

项目	2018 年	2019 年	2020 年
所得税费用	1 210	1 455	1 476
净利润	3 630	4 365	4 428

乙医院近三年的经营营运资本及净经营性长期资产周转率情况如下：

项目	2018 年	2019 年	2020 年
经营营运资本周转率（次）	9	11	10
净经营性长期资产周转率（次）	1.9	2.0	2.1

2020 年 12 月 31 日，乙医院长期借款账面价值 8 000 万元，合同年利率 6%，每年末付息，无金融资产和其他金融负债。

（2）甲公司预测，乙医院 2021—2022 年门诊量将在 2020 年基础上每年增长 6%，2023 年以及以后年度门诊量保持 2022 年水平不变；2021—2022 年单位门诊费将在 2020 年基础上每年增长 5%，2023 年及以后年度将按照 3% 稳定增长。营业成本及管理费用占营业收入的比例、经营营运资本周转率、净经营性长期资产周转率将保持 2018—2020 年算术平均水平不变。所有现金流量均发生在年末。

（3）2020 年资本市场相关信息如下：

国债品种	发行日期	期限	票面利率	到期收益率
国债 1	2020 年 10 月 12 日	3 年	3.9%	4.0%
国债 2	2019 年 11 月 9 日	5 年	3.8%	4.1%
国债 3	2018 年 12 月 21 日	10 年	4.0%	4.4%

乙医院可比上市公司信息如下：

财务指标	$\beta_{资产}$	净负债/股东权益	市盈率
平均值	1.00	80%	15

（4）假设长期借款市场利率等于合同利率。平均风险股票报酬率 10.65%。企业所得税税率 25%。

要求：

（1）假设以可比上市公司 $\beta_{资产}$ 的平均值作为乙医院的 $\beta_{资产}$，以可比上市公司资本结构的平均值作为乙医院的目标资本结构（净负债/股东权益），计算乙医院的股权资本成本、加权平均资本成本。

（2）预测 2021 年及以后年度乙医院净经营资产占营业收入的比例、税后经营净利率。

（3）基于上述结果，计算 2021—2023 年乙医院实体现金流量，并采用实体现金流量折现法，估计 2020 年年末乙医院实体价值（计算过程和结果填入下方表格中）。

单位：万元

	2020 年末	2021 年末	2022 年末	2023 年末

	2020 年末	2021 年末	2022 年末	2023 年末
实体现金流量				
折现系数				
现值				
实体价值				

（4）假设乙医院净负债按 2020 年年末账面价值计算，估计 2020 年年末乙医院股权价值。

（5）采用市盈率法，计算 2020 年年末乙医院股权价值。

（6）简要说明在企业价值评估中市盈率法与现金流量折现法的主要区别。

2. 采用实体现金流量法对甲公司进行价值评估，相关资料如下：

（1）以 2018 年为预测基期，甲公司管理用利润表和资产负债表（简表）如下：

资产负债表项目（年末）	金额（万元）
经营营运资本	1 000
净经营长期资产	10 000
净经营资产	11 000
净负债	5 500
股本（每股面值 1 元）	1 000
年末未分配利润	4 500
股东权益	5 500
净负债及股东权益总计	11 000
利润表项目（本年）	**金额（万元）**
经营损益：	
营业收入	10 000
营业成本	6 000
税金及附加	600
销售费用	700
利润表项目（年末）	**金额（万元）**

管理费用	1 000
资产减值损失（经营）	50
投资收益（经营）	175
营业外收入	95
营业外支出	20
税前经营利润	1 900
税后经营净利润	1 520
金融损益：	
财务费用	345
资产减值损失（金融）	220
投资收益（金融）	200
税前利息费用	365
税后利息费用	292
净利润	1 228

假设资产减值损失、营业外收入、营业外支出、投资收益（金融）项目金额不具有可持续性，预测时可以忽略不计；投资收益（经营）项目金额具有可持续性，并随收入同比例变化。平均企业所得税税率 20%。

（2）甲公司的税后经营净利润、经营营运资本、净经营长期资产项目占营业收入比维持预测基期水平（以修正后数据为准）。

（3）甲公司的资本结构（净负债/净经营资产）维持基期水平，并一直采用剩余股利政策。

（4）甲公司净负债的平均税后利息率 5%，

利息费用按年初净负债数额计算。

（5）甲公司加权平均资本成本10%。

（6）甲公司2019年预计营业收入增长率10%，2020年及以后增长率预计稳定为5%。

要求：

（1）编制企业价值评估所需要的资产负债表和利润表（计算结果填入表格中，不需要列示计算过程）。

年份	2018	2019	2020
资产负债表（年末）			
经营营运资本			
净经营长期资产			
净经营资产			
净负债			
股本			
年末未分配利润			
股东权益			
净负债及股东权益总计			
利润表项目（本年）			
营业收入			
税后经营净利润			
税后利息			
净利润			

（2）计算2019年和2020年实体现金流量、债务现金流量和股权现金流量。

（3）计算甲公司的实体价值和股权价值（注：净负债价值按照账面价值计算）。

同步训练答案及解析

一、单项选择题

1. C 【解析】少数股权价值是现有管理和战略条件下企业能够给股票投资人带来的现金流量的现值。控股权价值是企业进行重组，改进管理和经营战略后可以为投资人带来的未来现金流量的现值。所以选项C的说法不正确。

2. B 【解析】市销率模型的驱动因素有营业净利率、股利支付率、增长潜力和风险，所以选项B不属于该模型驱动因素。

3. C 【解析】股权资本成本 = 5% + 0.8 × (10% − 5%) = 9%，本期市盈率 = 股利支付率 × (1 + 增长率) / (股权成本 − 增长率) = 30% × (1 + 6%) / (9% − 6%) = 10.6，公司股票价值 = 本期市盈率 × 本期每股收益 = 10.6 × 2 = 21.2（元）。或：预期市盈率 = 股利支付率 / (股权成本 − 增长率) = 30% / (9% − 6%) = 10，下期每股收益 = 2 × (1 + 6%) = 2.12（元），公司股票价值 = 预期市盈率 × 下期每股收益 = 10 × 2.12 = 21.2（元）。

4. C 【解析】市净率的驱动因素有股利支付率、增长率、风险和权益净利率，但关键驱动因素是权益净利率。

5. A 【解析】内在市净率 = 50% × 20% / (10% − 5%) = 2

6. A 【解析】股利支付率 = 1 − 40% = 60%，

股权资本成本＝3％+1.2×（8％−3％）＝9％，本期市盈率＝60％×（1+5％）/（9％−5％）＝15.75。

7. D　【解析】市销率估价模型主要适用于销售成本率较低的服务类企业，或者销售成本率趋同的传统行业的企业，所以选项 D 的说法错误。

二、多项选择题

1. CD　【解析】现时市场价值是股票市价乘以股数得到的，所以本题中现时市场价值＝25×1＝25（亿元），选项 C 正确。会计价值是指账面价值，本题中股权的会计价值为 6 亿元，选项 D 正确。持续经营价值是营业所产生的未来现金流量的现值，清算价值是停止经营出售资产产生的现金流，本题中没有给出相应的数据，所以无法计算持续经营价值和清算价值。

2. ACD　【解析】少数股权价值和控股权价值是分别站在少数股权股东和控股股东角度评估的企业整体经济价值，公平市场价值同样也是整体价值概念，选项 A 的表述错误；企业公平市场价值是清算价值和持续经营价值两者中较高者，选项 C 的表述错误；公平市场价值是未来现金流量的现值，而现行市场价格可能公平，也可能不公平，选项 D 的表述错误。

3. AD　【解析】实体现金流量＝税后经营净利润+折旧与摊销−经营营运资本增加−资本支出＝税后经营净利润−经营营运资本增加−净经营性长期资产增加＝税后经营净利润−净经营资产增加＝税后经营净利润−经营资产增加+经营负债增加。选项 AD 正确。

4. AB　【解析】市盈率的驱动因素包括增长潜力、股利支付率和风险；市净率的驱动因素包括权益净利率、股利支付率、增长潜力和风险；市销率的驱动因素包括营业净利率、股利支付率、增长潜力和风险。市盈率、市净率和市销率的共同驱动因素有增长潜力、股利支付率和风险。

5. ACD　【解析】股权现金流量＝实体现金流量−债务现金流量＝（税后经营净利润−净经营资产增加）−（税后利息−净负债增加）＝（税后经营净利润−税后利息）−（净经营资产增加−净负债增加）＝净利润−股东权益增加，选项 B 的表达式错误。

6. BCD　【解析】市盈率取决于三个因素，即增长潜力、股利支付率和股权资本成本，三个因素相似就是可比企业，同行业不一定能保证三个因素相似。处在生命周期同一阶段的同业企业，具有类似增长率。

7. BC　【解析】内在市销率＝营业净利率×股利支付率/（股权资本成本−增长率），根据公式可知，营业净利率和股利支付率提高，会导致内在市销率提高。

三、计算分析题

1.【答案】

（1）2020 年初乙公司股权价值＝750×80％×（1+7.5％）/（11.5％−7.5％）＝16 125（万元）

（2）

单位：万元

	2020 年初	2020 年末	2021 年末	2022 年末
营业收入		6 000	6 600	7 128
营业成本		3 900	4 290	4 633.2
销售和管理费用		900	990	1 069.2

续表

	2020 年初	2020 年末	2021 年末	2022 年末
利息费用		144	158.4	171.07
利润总额		1 056	1 161.6	1 254.53
净利润		792	871.2	940.90
净经营资产		4 200	4 620	4 989.6
净负债		1 800	1 980	2 138.4
股东权益		2 400	2 640	2 851.2
股东权益增加		250	240	211.2
股权现金流量		542	631.2	729.70
折现系数		0.900 9	0.811 6	0.731 2
预测期股权现金流量现值	1 534.13	488.29	512.28	533.56
后续期价值	19 208.04			26 269.2
乙公司股权价值	20 742.17			

计算说明：

①关于利息费用的计算，可以根据题中的约定按照期初净负债金额或期末净负债金额计算；如果没有约定的，通常按照期末净负债金额计算。

②729.70×(1+8%)/(11%-8%)=26 269.2(万元)

(3)控股权溢价=20 742.17-16 125=4 617.17(万元)

为乙公司原股东带来的净现值=18 000-16 125=1 875(万元)

为甲公司带来的净现值=20 742.17-18 000=2 742.17(万元)

(4)为甲公司带来的净现值大于0，所以收购可行。

2.【答案】

(1)2019 年每股实体现金流量=每股税后经营净利润-每股净经营资产增加=6-0=6(元)

2018 年每股净负债=30×60%=18(元)

2019 年每股净负债=30×50%=15(元)

每股净负债增加=15-18=-3(元)

2019 年每股债务现金流量=每股税后利息-每股净负债增加=18×6%×(1-25%)-(-3)=3.81(元)

2018 年每股股东权益=30×(1-60%)=12(元)

2019 年每股股东权益=30×(1-50%)=15(元)

每股股东权益增加=15-12=3(元)

2019 年每股股权现金流量=净利润-股东权益增加=6-18×6%×(1-25%)-3=2.19(元)

或：每股股权现金流量=每股实体现金流量-每股债务现金流量=6-3.81=2.19(元)

(2)由于每股税后经营净利润和每股净经营资产不变，所以每股实体现金流量不变：

2020 年每股实体现金流量=6(元)

2020 年每股债务现金流量=每股税后利息-每股净负债增加=15×6%×(1-25%)-0=0.68(元)

2020 年每股股权现金流量=每股实体现金流量-每股债务现金流量=6-0.68=5.32(元)

(3)每股股权价值=2.19×(P/F，12%，1)+(5.32/10%)×(P/F，12%，1)=49.46(元)

股票市价 55 元高于每股股权价值 49.46 元，被市场高估。

3.【答案】

(1)应该采用修正平均市盈率法评估甲公

司每股价值：

可比企业平均市盈率 = (10 + 10.5 + 12.5)/3 = 11

可比企业平均预期增长率 = (5% + 6% + 8%)/3 = 6.33%

修正平均市盈率 = 11/(6.33% × 100) = 1.74

甲企业每股价值 = 1.74 × 8% × 100 × 1.5 = 20.88(元/股)

市盈率模型的优缺点如下：

优点：

①计算市盈率的数据容易取得，并且计算简单；

②市盈率把价格和收益联系起来，直观地反映投入和产出的关系；

③市盈率涵盖了风险补偿率、增长率、股利支付率的影响，具有很高的综合性。

缺点：

如果收益是 0 或负值，市盈率就失去了意义。

(2) 应该采用修正市净率模型评估甲公司每股价值：

①根据 A 公司评估：

修正市净率 = 1.5/(10% × 100) = 0.15

甲公司每股价值 = 0.15 × 14% × 100 × 12 = 25.2(元/股)

②根据 B 公司评估：

修正市净率 = 1.2/(15% × 100) = 0.08

甲公司每股价值 = 0.08 × 14% × 100 × 12 = 13.44(元/股)

③根据 C 公司评估：

修正市净率 = 1.3/(12% × 100) = 0.11

甲公司每股价值 = 0.11 × 14% × 100 × 12 = 18.48(元/股)

综上，甲公司每股价值 = (25.2 + 13.44 + 18.48)/3 = 19.04(元/股)

市净率模型的优缺点如下：

优点：

①市净率极少为负值，可用于大多数企业；

②净资产账面价值的数据容易取得，并且容易理解；

③净资产账面价值比净利润稳定，也不像

利润那样经常被人为操纵；

④如果会计标准合理并且各企业会计政策一致，市净率的变化可以反映企业价值的变化。

缺点：

①账面价值受会计政策选择的影响，如果各企业执行不同的会计标准或会计政策，市净率会失去可比性；

②固定资产很少的服务性企业和高科技企业，净资产与企业价值的关系不大，其市净率比较没有实际意义；

③少数企业的净资产是 0 或负值，市净率没有意义，无法用于比较。

(3) 应该采用修正平均市销率法评估甲公司每股价值：

可比企业平均市销率 = (1.2 + 2.4 + 1.3)/3 = 1.63

可比企业平均预期销售净利率 = (13% + 12% + 15%)/3 = 13.33%

修正平均市销率 = 1.63/(13.33% × 100) = 0.12

甲企业每股价值 = 0.12 × 12% × 100 × 14 = 20.16(元/股)

市销率模型的优缺点如下：

优点：

①它不会出现负值，对于亏损企业和资不抵债的企业，也可以计算出一个有意义的市销率；

②它比较稳定、可靠，不容易被操纵；

③市销率对价格政策和企业战略变化敏感，可以反映这种变化的后果。

缺点：

不能反映成本的变化，而成本是影响企业现金流量和价值的重要因素之一。

4. 【答案】

(1) 2017 年净经营资产销售百分比 = 1/4 + 1/2 = 75%

2017 年净经营资产 = 1 000 × 75% = 750(万元)

2017 年税后经营净利润 = 750 × 20% = 150(万元)

2017 年税后利息费用 =（750/2）×6% = 22.5（万元）

2017 年净利润 = 150−22.5 = 127.5（万元）

2018 年股权现金流量 = 127.5×（1+10%）−（750/2）×10% = 102.75（万元）

2019 年股权现金流量 = 127.5×（1+10%）×（1+8%）−（750/2）×（1+10%）×8% = 118.47（万元）

2020 年股权现金流量 = 127.5×（1+10%）×（1+8%）×（1+5%）−（750/2）×（1+10%）×（1+8%）×5% = 136.77（万元）

（2）股权价值 = 102.75×（P/F，12%，1）+118.47×（P/F，12%，2）+[136.77/（12%−5%）]×（P/F，12%，2）= 1 743.80（万元）

四、综合题

1.【答案】

（1）$\beta_{权益}$ = 1×[1+80%×（1−25%）] = 1.6，利用资本资产定价模型估计股权资本成本时，最常见的做法是选用 10 年期的政府债券到期收益率作为无风险利率的代表，因此，无风险利率 = 4.4%。

乙医院的股权资本成本 = 4.4%+1.6×（10.65%−4.4%）= 14.4%

净负债/股东权益 = 80%，则净负债：股东权益 = 80：100。

加权平均资本成本 = 6%×（1−25%）×80/（80+100）+14.4%×100/（80+100）= 10%

（2）2021 年及以后年度经营营运资本周转率 =（9+11+10）/3 = 10（次）

2021 年及以后年度净经营长期资产周转率 =（1.9+2+2.1）/3 = 2（次）

2021 年及以后年度净经营资产占营业收入的比例 =（经营营运资本+净经营长期资产）/营业收入 = 经营营运资本/营业收入+净经营长期资产/营业收入 = 1/经营营运资本周转率+1/净经营长期资产周转率 = 1/10+1/2 = 60%

2021 年及以后年度营业成本及管理费用占营业收入的比例 = [（19 000+2 280）/26 600+（21 000+2 700）/30 000+（24 000+3 216）/33 600]/3 = 80%

2021 年及以后年度税后经营净利率 =（1−80%）×（1−25%）= 15%

（3）

单位：万元

	2020 年末	2021 年末	2022 年末	2023 年末
营业收入	33 600	37 396.8	41 622.64	42 871.32
税后经营净利润		5 609.52	6 243.396	6 430.698
净经营资产	19 360	22 438.08	24 973.584	25 722.792
净经营资产增加		3 078.08	2 535.50	749.21
实体现金流量		2 531.44	3 707.896	5 681.488
折现系数	1	0.909 1	0.826 4	0.751 3
预测期价值	9 634.039	2 301.332	3 064.205	4 268.502
后续期价值	62 807.957			
实体价值	72 442.00			

计算说明：

2021—2022 年每年营业收入增长率 =（1+6%）×（1+5%）−1 = 11.3%

2023 年以后每年营业收入增长率为 3%。

税后经营净利润 = 营业收入×15%

2020 年年末净经营资产 = 经营营运资本+净经营长期资产 = 营业收入/经营营运资本周转率+营业收入/净经营长期资产周转率 = 33 600/10+33 600/2.1 = 19 360（万元）

预测期价值=2 301.332+3 064.205+4 268.502=9 634.039(万元)

后续期价值=5 681.488×(1+3%)/(10%−3%)×0.751 3=62 807.957(万元)

(4)2020年乙医院股权价值=72 442.00−8 000=64 442.00(万元)

(5)2020年年末乙医院股权价值=净利润×市盈率=4 428×15=66 420(万元)

(6)市盈率法,利用可比公司的市盈率来评估目标公司的股权价值,得出的是相对价值。而现金流量折现法则是利用目标公司预测的未来的现金流量的数据估计目标公司的股权价值,计算的是内在价值。

2.【答案】

(1)

年份	2018(修正后)	2019	2020
资产负债表(年末)			
经营营运资本	1 000	1 100	1 155
净经营长期资产	10 000	11 000	11 550
净经营资产	11 000	12 100	12 705
净负债	5 500	6 050	6 352.5
股本	1 000	1 000	1 000
年末未分配利润	4 500	5 050	5 352.5
股东权益	5 500	6 050	6 352.5
净负债及股东权益总计	11 000	12 100	12 705
利润表项目(本年)			
营业收入	10 000	11 000	11 550
税后经营净利润	1 500	1 650	1 732.5
税后利息	276	275	302.5
净利润	1 224	1 375	1 430

计算说明:

2018年税后经营净利润=(1 900+50+20−95)×(1−20%)=1 500(万元)

2018年税后利息=345×(1−20%)=276(万元)

(2)2019年现金流量计算

实体现金流量=1 650−11 000×10%=550(万元)

债务现金流量=275−5 500×10%=−275(万元)

股权现金流量=550−(−275)=825(万元)

或:股权现金流量=1 375−5 500×10%=825(万元)

2020年现金流量计算

实体现金流量=1 732.5−12 100×5%=1 127.5(万元)

债务现金流量=302.5−6 050×5%=0(万元)

股权现金流量=1 127.5−0=1 127.5(万元)

或:股权现金流量=1 430−6 050×5%=1 127.5(万元)

(3)企业实体价值=550×(P/F,10%,1)+[1 127.5/(10%−5%)]×(P/F,10%,1)=21 000(万元)

股权价值=21 000−5 500=15 500(万元)

第九章　资本结构

历年考情概况

本章是考试较为重点章节，与资本成本计算、本量利分析等相关章节内容联系紧密。主要考核资本结构理论的基本观点、资本结构决策分析方法和杠杆系数的衡量等内容。考试形式以主观题为主，客观题也有涉及。考试分值预计 10 分左右。

近年考点直击

主要考点	主要考查题型	考频指数	考查角度
资本结构理论	客观题	★★★	(1)有税和无税的 MM 理论基本观点；(2)权衡理论和代理理论基本观点；(3)优序融资理论基本观点
资本结构决策分析方法	客观题和主观题	★★★	(1)每股收益无差别点；(2)资本成本比较法；(3)企业价值比较
杠杆系数的衡量	客观题和主观题	★★★	(1)经营杠杆系数、财务杠杆系数和联合杠杆系数的计量与运用；(2)经营杠杆系数、财务杠杆系数和联合杠杆系数的影响因素

2022 年考试变化

无实质性变化。

考点详解及精选例题

一、资本结构的 MM 理论

（一）MM 理论的基本假设 ★

MM 理论的假设条件包括：

(1)具有相同经营风险的公司称为风险同类。经营风险用息税前利润的方差衡量。

(2)投资者对公司未来收益与风险的预期相同。

(3)资本市场是完善的。即在股票与债券进行交易的市场中没有交易成本，并且个人与机构投资者的借款利率与公司相同。

(4)借债是无风险的。即公司或个人投资者的所有债务利率均为无风险利率，与债务数量无关。

(5)全部现金流是永续的。即公司息税前利润预期不变，所有债券也是永续的。

『老贾点拨』MM 理论相关字母含义。

V_L：有负债企业价值(Leverage)；

V_U：无负债企业价值(Unleverage)；

r^0_{WACC}：无所得税下的加权平均资本成本；

r^T_{WACC}：有所得税下的加权平均资本成本；

r^u_s：无负债企业的权益资本成本；

r_s^L：有负债企业的权益资本成本；

r_d：税前债务资本成本；

D：负债价值(Debt)；

E：权益价值(Equity)。

（二）无税MM理论★★★

1. 命题Ⅰ的基本观点及推论

命题Ⅰ的基本观点及推论见表9-1。

表9-1　无税MM理论命题Ⅰ的基本观点及推论

项目	阐释
基本观点	在没有企业所得税的情况下，有负债企业的价值与无负债企业的价值相等，即企业的资本结构与企业价值无关，即： $$V_L = \frac{EBIT}{r_{WACC}^0} = V_U = \frac{EBIT}{r_s^u}$$ 『老贾点拨』 无税的MM理论不存在最优资本结构
推论	(1)有负债企业的加权平均资本成本等于经营风险等级相同的无负债企业的权益资本成本； (2)企业加权平均资本成本与资本结构无关，仅取决于企业的经营风险

2. 命题Ⅱ的基本观点

命题Ⅱ的基本观点见表9-2。

表9-2　无税MM理论命题Ⅱ的基本观点

项目	阐释
基本观点	在没有企业所得税的情况下，有负债企业的权益资本成本等于无负债企业的权益资本成本加上风险溢价。其中，风险溢价同负债/股东权益比(按市值计算)呈正比。即： $$r_s^L = r_s^u + 风险溢价 = r_s^u + \frac{D}{E}(r_s^u - r_d)$$

（三）有税MM理论★★★

1. 命题Ⅰ的基本观点

命题Ⅰ的基本观点见表9-3。

表9-3　有税MM理论命题Ⅰ的基本观点

项目	阐释
基本观点	在考虑企业所得税的情况下，有负债企业的价值等于具有相同风险等级的无负债企业的价值加上债务利息抵税收益的现值。即： $$V_L = V_U + T \times D$$

2. 命题Ⅱ的基本观点

命题Ⅱ的基本观点见表9-4。

表 9-4　有税 MM 理论命题 II 的基本观点

项目	阐释
基本观点	在考虑企业所得税的情况下，有负债企业的权益资本成本等于相同风险等级的无负债企业的权益资本成本加风险报酬(即风险溢价)。其中，风险报酬高低取决于企业的负债/股东权益比(按市值计算)以及企业所得税税率。即： $r_s^L = r_s^u + 风险报酬 = r_s^u + (r_s^u - r_d)(1-T)\dfrac{D}{E}$

『老贾点拨』 在考虑所得税条件下，有负债企业的加权平均资本成本随着债务筹资比例增加而降低，即：

$$r_{WACC}^T = \frac{E}{E+D} \times r_s^L + \frac{D}{E+D} \times r_d \times (1-T)$$

$$r_{WACC}^T = \frac{E}{E+D} \times r_s^L + \frac{D}{E+D} \times r_d - \frac{D}{E+D} \times r_d \times T$$

【例题 1 · 单选题】☆在考虑企业所得税但不考虑个人所得税的情况下，下列关于资本结构有税 MM 理论的说法中，错误的是(　　)。

A. 财务杠杆越大，企业价值越大

B. 财务杠杆越大，企业利息抵税现值越大

C. 财务杠杆越大，企业权益资本成本越高

D. 财务杠杆越大，企业加权平均资本成本越高

解析 在考虑企业所得税的情况下，有负债企业的加权平均资本成本随着债务筹资比例的增加而降低。因此，财务杠杆越大，企业加权平均资本成本越低。 答案 D

【例题 2 · 多选题】☆下列关于 MM 理论的说法中，正确的有(　　)。

A. 在不考虑企业所得税的情况下，企业加权平均资本成本的高低与资本结构无关，仅取决于企业经营风险的大小

B. 在不考虑企业所得税的情况下，有负债企业的权益成本随负债比例的增加而增加

C. 在考虑企业所得税的情况下，企业加权平均资本成本的高低与资本结构有关，随负债比例的增加而增加

D. 一个有负债企业在有企业所得税情况下的权益资本成本要比无企业所得税情况下的权益资本成本高

解析 在没有企业所得税的情况下，MM 理论认为有负债企业的价值与无负债企业的价值相等，即企业的资本结构与企业价值无关，企业加权平均资本成本与其资本结构无关，仅取决于企业的经营风险，选项 A 的说法正确；在没有企业所得税的情况下，MM 理论认为权益成本随着财务杠杆提高而增加，选项 B 的说法正确；在考虑所得税的情况下，MM 理论认为企业加权平均资本成本随着负债比例的增加而降低，即选项 C 的说法错误；一个有负债企业在有企业所得税情况下的权益成本比无企业所得税情况下的权益成本低，其原因是多乘以一个(1-企业所得税税率)，选项 D 的说法错误。

答案 AB

二、资本结构的其他理论

(一)权衡理论

1. 主要观点 ★★★

权衡理论强调在平衡债务利息的抵税收益与财务困境成本的基础上，实现企业价值最大化时的最佳资本结构。此时所确定的债务比率是债务抵税收益的边际价值等于增加的财务困境成本的现值。即有负债企业的价值表示为：

有负债企业的价值=无负债企业的价值+利息抵税的现值-财务困境成本的现值

2. 财务困境成本的概念及影响因素 ★

(1)财务困境成本的概念

即企业陷入财务困境引发的成本，包括直接成本和间接成本。直接成本是指企业因

破产、清算或重组发生的法律费用和管理费用等；间接成本是指企业因财务困境引发的资信状况恶化以及持续经营能力下降导致的企业损失，如客户、供应商流失，融资成本增加等。

（2）财务困境成本影响因素

①发生财务困境的可能性。与企业收益现金流的波动程度有关，现金流稳定可靠、资本密集企业，发生财务困境可能性低。

②企业发生财务困境的成本大小。高科技企业财务困境成本高，不动产密集性高的企业财务困境成本低。

（二）代理理论

1. 债务代理成本★★

一方面表现为企业采用不盈利或高风险项目而产生损害股东以及债权人利益并降低企业价值的"过度投资"问题；另一方面表现为在企业陷入财务困境且债务比例较高时，放弃净现值为正的项目而使债权人利益受损并降低企业价值的"投资不足"问题。

过度投资和投资不足具体发生情形见表9-5。

表 9-5　过度投资和投资不足

	过度投资问题	投资不足问题
发生情形	（1）当企业经理与股东之间存在利益冲突时，经理的自利行为产生的过度投资问题； （2）当企业股东与债权人之间存在利益冲突时，经理代表股东利益采纳成功率低甚至净现值为负的高风险项目产生的过度投资问题。 『老贾点拨』选择高风险项目提高了债务资金的实际风险水平，降低了债务价值，通过高风险项目的过度投资实现把债权人的财富转移到股东手中的现象被称为"资产替代问题"	发生在企业陷入财务困境且债务比例较高的时候，股东如果预见采纳新投资项目会以牺牲自身利益为代价补偿了债权人，因股东与债权人之间存在着利益冲突，股东不会积极选择该项目进行投资

【例题3·计算分析题】甲公司陷入财务困境，需偿还债务1 000万元，目前资产市值900万元。依据资本结构的代理理论，回答下列互不相关的问题：

（1）公司实施一项新策略，并且不需要预先投资，成功的资产市值是1 300万元，失败的资产市值是300万元，概率均为50%。计算分析股东希望公司是维持现有策略还是实施新策略，并解释什么是投资过度问题。

（2）公司存在一有吸引力的投资项目，投资额100万元，预期报酬率50%，等风险投资报酬率5%，企业无充裕资金投资该项目，如果股东投入所需资金，计算分析股东是否希望公司该项目，并解释什么是投资不足问题。

答案 （1）如果维持现有策略：

资产市值小于债务价值，股权价值是0。

如果实施新策略：

公司资产的预期市值 = 1 300 × 50% +

300×50% = 800（万元）

债权人的预期值 = 1 000 × 50% + 300 × 50% = 650（万元），

股东的预期值 = 300 × 50% + 0 × 50% = 150（万元）

即实施新策略，债权人损失250万元，其中包含给股东150万元，新策略风险加大导致公司资产预期损失100万元。所以股东可以从新策略中获利，债权人则会遭受损失。所以股东希望公司实施新策略。

过度投资问题，是指因企业采用不盈利项目或高风险项目而产生的损害股东以及债权人的利益并降低企业价值的现象。发生过度投资问题的两种情形：一是当企业经理与股东之间存在利益冲突时，经理的自利行为产生的过度投资问题；二是当企业股东与债权人之间存在利益冲突时，经理代表股东利益采纳成功率低甚至净现值为负的高风险项目产生的过度投资问题。

（2）如果不投资该项目：

资产市值小于债务价值，股权价值是0。

如果投资该项目：

资产市值 = 900 + 100 × (1 + 50%) = 1 050（万元）

高于投资前的资产市值900万元，差额是150万元。项目产生的100万元流向债权人（即获得项目大部分收入），全额偿还债务1 000万元；股东投资100万元，只能收回50万元，对公司来说，尽管投资了净现值大于0的项目，但对于股东来说，得到的净现值是负的投资回报。所以股东不希望公司投资该项目。

投资不足问题：企业放弃净现值为正的投资项目而使债权人利益受损并降低企业价值的现象。通常发生在企业陷入财务困境且债务比例较高时，如果用股东资金去投资一个净现值为正的项目，当债务价值增加超过股权价值增加时，即使从企业整体角度净现值大于零，但是对股东而言净现值为负，即财富由股东转移至债权人。

2. 债务代理收益★

债务的代理收益将有利于减少企业的价值损失或增加企业价值，具体表现债权人保护条款引入（如提高利率、资产担保能力要求）、法律与资本市场的相关规定保护债权人利益、对经理提升企业业绩的激励措施以及对经理随意支配现金流并浪费企业资源的约束（如增加债务和债务利息支付的约束）等。

3. 债务代理成本与代理收益的权衡★★★

在考虑企业债务代理成本和代理收益后，资本结构的权衡理论模型扩展为：

有负债企业的价值 = 无负债企业的价值 + 利息抵税的现值 - 财务困境成本的现值 - 债务的代理成本现值 + 债务的代理收益现值

【例题4·多选题】根据资本结构的代理理论，下列各项中会影响企业价值的有（　）。

A. 财务困境成本

B. 债务代理收益

C. 债务代理成本

D. 债务利息抵税

解析 根据代理理论，有负债企业的价值 = 无负债企业的价值 + 利息抵税的现值 - 财务困境成本的现值 - 债务的代理成本现值 + 债务的代理收益现值，即债务利息抵税、债务代理成本、债务代理收益和财务困境成本均会影响企业价值。 答案 ABCD

（三）优序融资理论★★★

优序融资理论是当企业存在融资需求时，首先选择内源融资，其次会选择债务融资（先普通债券、后可转换债券），最后选择股权融资（先优先股、后普通股）。

『老贾点拨』当股票价值被低估时，发行新股融资时新投资者将获得超额收益，公司会偏向于内源融资和债务融资；相反，公司会增发新股融资，让新股东分担投资风险。优序融资理论只是在考虑了信息不对称与逆向选择行为对融资顺序的影响，解释了企业筹资时对不同筹资方式选择的顺序偏好，但该理论并不能解释现实生活中所有的资本结构规律。

【例题5·单选题】☆甲公司目前存在融资需求。如果采用优序融资理论，管理层应当选择的融资顺序是（　）。

A. 内部留存收益、公开增发新股、发行公司债券、发行可转换债券

B. 内部留存收益、公开增发新股、发行可转换债券、发行公司债券

C. 内部留存收益、发行公司债券、发行可转换债券、公开增发新股

D. 内部留存收益、发行可转换债券、发行公司债券、公开增发新股

解析 优序融资理论认为企业在筹集资本的过程中，遵循着先内源融资后外源融资的基本顺序。在需要外源融资时，按照风险程度的差异，优先考虑债务融资（先普通债券后可转换债券），不足时再考虑股权融资。 答案 C

三、资本结构决策分析

(一)资本结构的影响因素★

资本结构的影响因素分为内部因素和外部因素,具体内容见表9-6。

表9-6 资本结构的影响因素

类型	阐释
内部因素	(1)收益与现金流量稳定企业负债水平高; (2)成长性好的企业负债水平高; (3)一般性用途资产比例高的企业负债水平高; (4)盈利能力强的企业负债水平低(即内源融资能力强); (5)管理层偏好风险的企业负债水平高; (6)财务灵活性大的企业负债能力强
外部因素	税率、利率、资本市场、行业特征等

【例题6·多选题】下列关于资本结构影响因素的表述,正确的有( )。

A. 成长性好的企业,负债水平一般较低

B. 现金流量波动较大的企业,负债水平一般较低

C. 利率提高,企业的负债水平一般会降低

D. 企业所得税率提高,企业的负债水平一般会提高

解析 成长性好的企业,通常未来发展迅速,资金需要大,负债水平一般较高,选项A不是答案;现金流量波动较大的企业,经营风险较高,负债水平一般较低,选项B是答案;利率提高,债务资金负担加重,企业的负债水平一般会降低,选项C是答案;企业所得税率提高,负债利息抵税收益增加,企业的负债水平一般会提高,选项D是答案。

答案 BCD

(二)资本结构决策分析方法★★★

1. 资本成本比较法

通过计算各种基于市场价值的长期融资组合方案的加权平均资本成本,并根据计算结果选择加权平均资本成本最小的融资方案,确定为相对最优的资本结构。该方法不考虑各种融资方式在数量与比例上的约束以及财务风险的差异。

『老贾点拨』该考点与资本成本计算属于相同考核内容,通常包括普通债券、附认股权证债券、可转换债券、普通股和优先股等筹资方式资本成本计算以及加权平均资本成本计算。

2. 每股收益无差别点法

每股收益的高低不仅受资本结构影响,还受销售水平或息税前利润影响。该方法通过计算两种不同融资方案下每股收益相等的销售水平或息税前利润(即每股收益无差别点),利用无差别点选择每股收益最大的融资方案。该方法没有考虑资本结构变化对财务风险的影响。

(1)计算每股收益的无差别点

每股收益的计算公式:

$EPS=[(S-VC-F-I)(1-T)-PD]/N$

或:$EPS=[(EBIT-I)(1-T)-PD]/N$

式中:EPS是每股收益;S是营业收入;VC是变动成本总额;F是固定成本总额;I是利息费用;PD是优先股股息;N是普通股股数;T是企业所得税税率;EBIT是息税前利润。

用EPS_1和EPS_2分别代表两种不同融资方式的每股收益,每股收益无差别点为$EPS_1=EPS_2$,即:

$$[(S_1-VC_1-F_1-I_1)(1-T)-PD_1]/N_1 =$$
$$[(S_2-VC_2-F_2-I_2)(1-T)-PD_2]/N_2$$

或：$[(EBIT_1-I_1)(1-T)-PD_1]/N_1 =$
$[(EBIT_2-I_2)(1-T)-PD_2]/N_2$

式中：当 $S_1=S_2$ 时为无差别点的销售额；

当 $EBIT_1=EBIT_2$ 时为无差别点的息税前利润。

（2）决策原则

当预计销售水平或息税前利润大于无差别点的销售或息税前利润时，采用负债融资（即选择普通股股数少的融资方案，简称"利大股少"）；反之，采用普通股融资（即选择普通股股数多的融资方案，简称"利小股多"）。

『老贾点拨』

①I_1 和 I_2 是分别表示两个方案融资后的总利息，包括融资前的债务利息和该融资方案新增债务利息；N_1 和 N_2 分别表示两个方案融资后的普通股股数，包括融资前普通股股数和该融资方案新增普通股股数。

②关于决策原则也可从另外角度去理解。发行普通股融资会增加普通股股数，因此债务融资的每股收益直线斜率大于普通股融资的斜率。当预计息税前利润大于无差别点的息税前利润时，债务融资的每股收益增加幅度大于普通股融资，会形成更高每股收益，应选择债务融资；当预计息税前利润小于无差别点的息税前利润时，债务融资的每股收益下降幅度大于普通股融资，会形成更低每股收益，应选择普通股融资。

【例题7·单选题】★甲公司因扩大经营规模需要筹集长期资本，有发行长期债券、发行优先股、发行普通股三种筹资方式可供选择。经过测算，发行长期债券与发行普通股的每股收益无差别点为120万元，发行优先股与发行普通股的每股收益无差别点为180万元。如果采用每股收益无差别点法进行筹资方式决策，下列说法中，正确的是（　）。

A．当预期的息税前利润为100万元时，甲公司应当选择发行长期债券

B．当预期的息税前利润为150万元时，

甲公司应当选择发行普通股

C．当预期的息税前利润为180万元时，甲公司可以选择发行普通股或发行优先股

D．当预期的息税前利润为200万元时，甲公司应当选择发行长期债券

解析 发行长期债券的每股收益直线与发行优先股的每股收益直线是平行的，并且发行长期债券的每股收益永远大于发行优先股的每股收益。在决策时只需考虑发行长期债券与发行普通股的每股收益无差别点120万元即可。当追加筹资后预期的息税前利润大于120万元时，该公司应当选择发行长期债券筹资；当追加筹资后的预期息税前利润小于120万元时，该公司应当选择发行普通股筹资。 **答案** D

3. 企业价值比较法

（1）最佳资本结构判断标准

最佳资本结构应当是市净率最高的资本结构（假设市场有效），而不一定是每股收益最大的资本结构。假设股东投资资本和债务价值不变，该资本结构也是使企业价值最大化的资本结构。同时，公司的加权平均资本成本也是最低的。

（2）企业价值比较法确定资本结构的具体步骤

第一，根据资本资产定价模型计算普通股资本成本。

$$r_s=r_f+\beta\times(r_m-r_f)$$

『老贾点拨』 β 系数的确定结合第五章"投资项目折现率估计"。

第二，计算普通股市场价值（S）。假定公司的经营利润（此处用息税前利润表示）是可以永续的，股东要求的回报率（普通股资本成本）不变。

$$S=\frac{(EBIT-I)(1-T)-PD}{r_s}$$

第三，确定长期债务价值（B）和优先股价值（P）。假设长期债务（长期借款和长期债券）和优先股的现值等于其账面价值，且长期债券和优先股的账面价值等于其面值。

第四，确定企业总价值。

V = S+B+P

第五，计算加权平均资本成本，其公式为：

加权平均资本成本 = 税前债务资本成本×(1−企业所得税税率)×债务价值占总价值的比重+普通股资本成本×普通股市场价值占总价值的比重+优先股资本成本×优先股价值占总价值的比重

[例题 8·计算分析题] 某企业目前的长期资本构成均为普通股，无长期债务资本和优先股资本。股票的账面价值为 3 000 万元。预计未来每年息税前利润为 600 万元，所得税税率为 25%。企业准备采用两种方式筹集资金回购部分股票，一是按面值发行债券 600 万元，票面利率 10%，每年付息一次，期限 10 年；二是按面值发行优先股 1 000 万元，股息率 12%。无风险利率为 8%，平均风险股票报酬率为 12%，资本结构调整后的股票贝塔系数为 1.4。债券和优先股的市场价值等于账面价值。

要求：计算资本结构调整后的普通股资本成本、普通股市场价值、企业总价值和加权平均资本成本。

答案

(1)计算普通股资本成本

普通股资本成本 = 8% + 1.4×(12% − 8%) = 13.6%

(2)计算普通股市场价值

普通股市场价值 = [(600 − 600×10%)(1 − 25%) − 1 000×12%]/13.6% = 2 095.59(万元)

(3)计算企业总价值

企业总价值 = 2 095.59 + 600 + 1 000 = 3 695.59(万元)

(4)计算加权平均资本成本

加权平均资本成本 = 10%×(1 − 25%)×600/3 695.59 + 13.6%×2 095.59/3 695.59 + 12%×1 000/3 695.59 = 12.18%

四、杠杆系数的衡量

(一)经营杠杆系数的衡量 ★★★

1. 息税前利润与盈亏平衡分析

(1)息税前利润的计算

$EBIT = Q(P-V) - F$

$M = Q(P-V)$

式中：EBIT—息税前利润；Q—产品销售量；P—单位销售价格；V—单位变动成本；M—边际贡献总额；F—固定成本总额。

(2)盈亏平衡分析

当企业息税前利润等于零时，达到盈亏平衡点，此时的销售量为：

盈亏平衡点销售量 = 固定成本/(单位销售价格 − 单位变动成本)

『老贾点拨』销售量超过盈亏临界点时，企业处于盈利状态，此时距离盈亏临界点越远，利润越大。

2. 经营杠杆系数的衡量

经营杠杆系数的衡量见表 9-7。

表 9-7　经营杠杆系数的衡量

项目	阐释
概念	由于固定经营成本的存在，息税前利润变动率大于营业收入变动率的现象就是经营杠杆效应
计算方法	(1)按定义公式计算。 经营杠杆系数(DOL) = 息税前利润变化百分比/营业收入变化百分比 = $(\Delta EBIT/EBIT)/(\Delta S/S)$ 『老贾点拨』在单价不变的情况，营业收入变化百分比等同于销量变化百分比，即： DOL = 息税前利润变化百分比/销售量变化百分比 = $(\Delta EBIT/EBIT)/(\Delta Q/Q)$ 此时也表示"本量利分析"中的销售量敏感系数。 (2)按简化公式计算(根据基期数据计算预计杠杆系数)。 经营杠杆系数(DOL) = 基期边际贡献/基期息税前利润 = $Q(P-V)/[Q(P-V)-F]$

项目	阐释
经营杠杆系数与经营风险关系	(1)经营风险是指企业未使用债务时经营的内在风险,其影响因素有:产品需求、产品售价、产品成本、调整价格能力、固定成本比重等。 (2)固定经营成本和息税前利润共同决定经营杠杆的大小。经营杠杆系数越高,表明经营风险越大。经营杠杆系数等于1,不存在放大效应。只要存在固定经营成本,就存在经营杠杆放大效应。 (3)企业可以通过增加营业收入、降低产品单位变动成本、降低固定成本比重等措施使经营杠杆系数下降,降低经营风险

【例题 9·多选题】下列关于经营杠杆的说法中,正确的有(   )。

A. 如果不存在固定经营成本,就不存在经营杠杆效应

B. 经营杠杆的大小由固定经营成本与息税前利润共同决定

C. 其他条件不变,降低单位变动成本可以降低经营杠杆系数

D. 固定经营成本不变的情况下,营业收入越大,经营杠杆效应越大

解析 ▶ 经营杠杆系数=边际贡献/(边际贡献-固定成本)=(息税前利润+固定成本)/息税前利润=1+固定成本/息税前利润。如果固定经营成本不存在,则经营杠杆系数等于1,就不存在经营杠杆效应,选项 A 是答案;从计算公式可以看出,经营杠杆的大小由固定经营成本与息税前利润共同决定,选项 B 是答案;息税前利润=销售量×(单价-单位变动成本)-固定成本,单位变成本

降低,则息税前利润提高,经营杠杆系数降低,选项 C 是答案;同理,营业收入越大,则息税前利润越高,经营杠杆系数越低,经营杠杆效应越小,选项 D 不是答案。

答案 ▶ ABC

【例题 10·单选题】☆甲公司 2018 年边际贡献总额 300 万元,2019 年经营杠杆系数为 3,假设其他条件不变,如果 2019 年销售收入增长 20%,息税前利润预计是(   )万元。

A. 100   B. 150

C. 120   D. 160

解析 ▶ 2018 年息税前利润=300/3=100(万元),2019 年息税前利润增长率=20%×3=60%,2019 年息税前利润=100×(1+60%)=160(万元)。

答案 ▶ D

(二)财务杠杆系数的衡量 ★★★

财务杠杆系数的衡量见表9-8。

表9-8 财务杠杆系数的衡量

项目	阐释
概念	由于固定融资成本(利息和优先股股息)的存在,息税前利润的变化引起每股收益更大幅度变动的现象
计算方法	(1)按定义公式计算。 财务杠杆系数(DFL)=每股收益变化百分比/息税前利润变化百分比=$(\Delta EPS/EPS)/(\Delta EBIT/EBIT)$ (2)按简化公式计算。 财务杠杆系数(DFL)=基期息税前利润/(基期息税前利润-利息-优先股税前股息)=$EBIT/[EBIT-I-PD/(1-T)]$
财务杠杆系数与财务风险关系	(1)只要存在固定性融资成本,就会有财务杠杆效应。财务杠杆系数越高,表明财务风险越大。财务杠杆系数等于1,即债务利息和优先股股息为0,不存在财务杠杆效应。 (2)企业可以通过合理安排资本结构,适度负债,使财务杠杆利益抵销财务风险提高带来的不利影响

【例题 11·单选题】☆甲公司只生产一种产品,产品单价为 6 元,单位变动成本为 4 元,产品销量为 10 万件/年,固定成本为 5 万元/年,利息支出为 3 万元/年。甲公司的财务杠杆

为（　　）。

$\qquad$ A. 1.18　　　　　　B. 1.25　　　　　　C. 1.33　　　　　　D. 1.66

解析 ▷ 甲公司的财务杠杆＝息税前利润/（息税前利润－利息费用）＝［10×（6-4）-5］/［10×（6-4）-5-3］=1.25

答案 ▷ B

（三）联合杠杆系数的衡量 ★★★

联合杠杆系数的衡量见表9-9。

表9-9　联合杠杆系数的衡量

项目	阐释
概念	由于固定经营成本和固定融资成本（利息和优先股股息）的存在，而导致的每股收益变动率大于营业收入变动率的现象就是联合杠杆效应
计算方法	(1)按定义公式计算。 联合杠杆系数（DTL）＝每股收益变化百分比/营业收入变化百分比＝（ΔEPS/EPS）/（ΔS/S） (2)按简化公式计算。 联合杠杆系数（DTL）＝基期边际贡献/（基期息税前利润－利息－优先股税前股息）＝Q（P-V）/［EBIT-I-PD/（1-T）］ (3)按关系公式计算。 DTL＝DOL×DFL
联合杠杆系数对公司管理层的意义	(1)在一定的成本结构和融资结构下，当营业收入变化时，能够判断对每股收益的影响程度； (2)有利于对经营风险和财务风险进行管理，即控制一定的联合杠杆系数，经营杠杆和财务杠杆可以有不同的组合

【例题12·单选题】 ☆甲公司2021年营业收入1 000万元，变动成本率60%，固定成本200万元，利息费用40万元。假设不存在资本化利息且不考虑其他因素，该企业联合杠杆系数是（　　）。

$\qquad$ A. 1.25　　　　　　B. 2

$\qquad$ C. 2.5　　　　　　D. 3.75

解析 ▷ 该企业联合杠杆系数＝边际贡献/（边际贡献－固定成本－利息费用）＝1 000×（1-60%）/［1 000×（1-60%）-200-40］=2.5

答案 ▷ C

【例题13·单选题】 ☆甲公司2015年每股收益1元，2016年经营杠杆系数1.2，财务杠杆系数1.5。假设甲公司不进行股票分割，如果2016年每股收益想达到1.9元，根据杠杆效应，其营业收入应比2015年增加（　　）。

$\qquad$ A. 50%　　　　　　B. 90%

$\qquad$ C. 75%　　　　　　D. 60%

解析 ▷ 每股收益增长率＝（1.9-1）/1×100%＝90%，联合杠杆系数＝1.2×1.5＝1.8，则1.8＝每股收益增长率/营业收入增长率，所以，营业收入增长率＝每股收益增长率/1.8＝90%/1.8＝50%。

答案 ▷ A

【例题14·计算分析题】 ☆甲公司是一家上市公司，目前的长期投资资金来源包括：长期借款7 500万元，年利率5%，每年付息一次，5年后还本；优先股30万股，每股面值100元，票面股息利率8%；普通股500万股，每股面值1元。为扩大生产规模，公司现需筹资4 000万元，有两种筹资方案可供选择：

方案一是平价发行长期债券，债券面值1 000元，期限10年，票面利率6%，每年付息一次；

方案二是按当前每股市价16元增发普通股，假设不考虑发行费用。

目前公司年销售收入10 000万元，变动成本率为60%,除财务费用外的固定成本2 000万元。预计扩大规模后,每年新增销售收入3 000万元,变动成本率不变,除财务费用外的固定成本新增500万元。公司的企业所得税税率25%。

要求:

(1)计算追加筹资前的经营杠杆系数、财务杠杆系数、联合杠杆系数。

(2)计算方案一和方案二的每股收益无差别点的销售收入,并据此对方案一和方案二作出选择。

(3)基于要求(2)的结果,计算追加筹资后的经营杠杆系数,财务杠杆系数,联合杠杆系数。

答案 ▶(1)筹资前的边际贡献=10 000×(1-60%)=4 000(万元)

筹资前的息税前利润=4 000-2 000=2 000(万元)

筹资前的经营杠杆系数=4 000/2 000=2

筹资前的财务杠杆系数=2 000/[2 000-7 500×5%-30×100×8%/(1-25%)]=1.53

筹资前的联合杠杆系数=2×1.53=3.06

(2)假设每股收益无差别点的销售收入为S,则:

$\{[S\times(1-60\%)-2\ 500-7\ 500\times5\%-4\ 000\times6\%]\times(1-25\%)-30\times100\times8\%\}/500=$
$\{[S\times(1-60\%)-2\ 500-7\ 500\times5\%]\times(1-25\%)-30\times100\times8\%\}/(500+4\ 000/16)$

S=9 787.5(万元)

扩大规模后,公司销售收入为13 000万元,大于每股收益无差别点的销售收入,应该选择方案一。

(3)筹资后的边际贡献=13 000×(1-60%)=5 200(万元)

筹资后的息税前利润=5 200-2 500=2 700(万元)

筹资后的经营杠杆系数=5 200/2 700=1.93

筹资后的财务杠杆系数=2 700/[2 700-7 500×5%-4 000×6%-30×100×8%/(1-25%)]=1.53

筹资后的联合杠杆系数=1.93×1.53=2.95

同步训练

限时 150min

扫我做试题

一、单项选择题

1. 如果无负债企业的权益资本成本10%,债务税前资本成本5%,企业所得税税率25%,如果负债/权益等于1,根据有税的MM理论,考虑企业所得税的加权平均资本成本是( )。
   A. 7.5%   B. 8.75%
   C. 9.38%   D. 10.25%

2. ☆根据有税的MM理论,下列各项中会影响企业价值的是( )。
   A. 财务困境成本

B. 债务代理收益

C. 债务代理成本

D. 债务利息抵税

3. 下列关于权衡理论的表述中,不正确的是( )。

A. 权衡理论认为,负债在为企业带来抵税收益的同时也给企业带来了陷入财务困境的成本

B. 随着债务比率的增加,财务困境成本的现值会减少

C. 有负债企业的价值是无负债企业价值加上利息抵税收益的现值,再减去财务困

境成本的现值

D. 财务困境成本的现值由发生财务困境的可能性以及企业发生财务困境的成本大小这两个因素决定

4. ☆根据有税的 MM 理论，当企业负债比例提高时，（　　）。

A. 股权资本成本上升

B. 债务资本成本上升

C. 加权平均资本成本上升

D. 加权平均资本成本不变

5. 在有企业所得税的情况下，下列关于 MM 理论的表述中，不正确的是（　　）。

A. 有负债企业的权益资本成本低于不考虑所得税时的权益资本成本

B. 有负债企业的价值等于无负债企业的价值减去利息抵税现值

C. 有负债企业权益资本成本随着负债比例增加而增加

D. 有负债企业加权平均资本成本随着债务比例增加而递减

6. 甲公司设立于上年年末，预计今年年底投产。假定目前的证券市场属于成熟市场，根据优序融资理论的基本观点，甲公司在确定今年的筹资顺序时，应当优先考虑的筹资方式是（　　）。

A. 内部筹资　　　B. 发行可转换债券

C. 增发股票　　　D. 发行普通债券

7. ☆在信息不对称和逆向选择的情况下，根据优序融资理论，选择融资方式的先后顺序应该是（　　）。

A. 普通股、可转换债券、优先股、公司债券

B. 普通股、优先股、可转换债券、公司债券

C. 公司债券、可转换债券、优先股、普通股

D. 公司债券、优先股、可转换债券、普通股

8. ☆甲公司用每股收益无差别点法进行长期筹资决策，已知长期债券与普通股的无差

别点的年息税前利润是 200 万元，优先股与普通股的无差别点的年息税前利润是 300 万元，如果甲公司预测未来每年息税前利润是 360 万元，正确的是（　　）。

A. 应该用普通股融资

B. 应该用优先股融资

C. 可以用长期债券也可以用优先股融资

D. 应该用长期债券融资

9. 下列因素中，与经营杠杆系数大小呈反向变动的是（　　）。

A. 单价　　　　　　B. 单位变动成本

C. 固定成本　　　　D. 利息费用

10. ☆下列关于经营杠杆的说法中，错误的是（　　）。

A. 经营杠杆反映的是营业收入的变化对每股收益的影响程度

B. 如果没有固定经营成本，则不存在经营杠杆效应

C. 经营杠杆的大小是由固定经营成本和息税前利润共同决定的

D. 如果经营杠杆系数为 1，表示不存在经营杠杆效应

11. 某公司当期利息全部费用化，没有优先股，其利息保障倍数为 5，则财务杠杆系数为（　　）。

A. 1.25　　　　　　B. 1.52

C. 1.33　　　　　　D. 1.2

12. 甲企业上年的资产总额为 800 万元，资产负债率为 50%，负债利息率为 8%，固定成本为 60 万元，优先股股利为 30 万元，企业所得税税率为 25%，根据这些资料计算出的财务杠杆系数为 2，则边际贡献为（　　）万元。

A. 184　　　　　　B. 204

C. 169　　　　　　D. 164

13. 根据财务分析师对某公司的分析，该公司无负债的企业价值为 3 000 万元，利息抵税可以为公司带来 200 万元的额外收益现值，财务困境成本现值为 100 万元，债务的代理成本现值和代理收益现值分别为

20 万元和 40 万元，那么，根据资本结构的权衡理论，该公司有负债的企业价值为（　）万元。

A. 3 160　　　　　B. 3 080

C. 3 100　　　　　D. 3 200

14. ☆甲公司 2019 年净利润 150 万元，利息费用 100 万元，优先股股利 37.5 万元。企业所得税税率 25%。甲公司财务杠杆系数为（　）。

A. 1.85　　　　　B. 2

C. 2.15　　　　　D. 3

15. 甲公司 2018 年利息费用 500 万元，2019 年财务杠杆系数为 1.5，假设没有优先股，如果 2019 年每股收益增长 15%，息税前利润预计是（　）万元。

A. 1 500　　　　　B. 1 650

C. 1 200　　　　　D. 1 600

16. 已知经营杠杆系数 4，每年固定成本 9 万元，利息费用 2 万元，则利息保障倍数是（　）。

A. 1.5　　　　　B. 3

C. 3.5　　　　　D. 4

17. ☆联合杠杆可以反映（　）。

A. 营业收入变化对边际贡献的影响程度

B. 营业收入变化对息税前利润的影响程度

C. 营业收入变化对每股收益的影响程度

D. 息税前利润变化对每股收益的影响程度

18. 某公司 2020 年普通股收益为 100 万元，2021 年息税前利润预计增长 20%，假设 2021 年财务杠杆系数为 3，则 2021 年普通股收益预计为（　）万元。

A. 300　　　　　B. 120

C. 100　　　　　D. 160

二、多项选择题

1. ☆下列关于有企业所得税情况下的 MM 理论的说法中，正确的有（　）。

A. 高杠杆企业的债务资本成本大于低杠杆企业的债务资本成本

B. 高杠杆企业的权益资本成本大于低杠杆企业的权益资本成本

C. 高杠杆企业的加权平均资本成本大于低杠杆企业的加权平均资本成本

D. 高杠杆企业的价值大于低杠杆企业的价值

2. ☆下列关于资本结构理论的表述中，正确的有（　）。

A. 根据 MM 理论，当存在企业所得税时，企业负债比例越高，企业价值越大

B. 根据权衡理论，平衡债务利息的抵税收益与财务困境成本是确定最优资本结构的基础

C. 根据代理理论，当负债程度较高的企业陷入财务困境时，股东通常会选择投资净现值为正的项目

D. 根据优序融资理论，当存在外部融资需求时，企业倾向于债务融资而不是股权融资

3. 资本结构决策分析方法有（　）。

A. 每股收益无差别点法

B. 因素分析法

C. 企业价值比较法

D. 资本成本比较法

4. 根据无税 MM 理论，当企业负债的比例提高时，下列说法中正确的有（　）。

A. 权益资本成本上升

B. 加权平均资本成本上升

C. 加权平均资本成本不变

D. 债务资本成本上升

5. 下列各种资本结构理论中，认为企业价值与资本结构有关的有（　）。

A. 无税 MM 理论　　B. 有税 MM 理论

C. 代理理论　　　　D. 权衡理论

6. 下列各项中，属于影响资本结构的外部因素的有（　）。

A. 资本市场　　　　B. 资产结构

C. 盈利能力　　　　D. 利率

7. 假设不考虑其他因素，根据企业价值比较

法进行资本结构决策，则最佳资本结构的标准有( )。

A. 每股收益最大

B. 加权平均资本成本最低

C. 企业价值最大

D. 财务风险最低

8. 下列各项中，会导致经营杠杆系数增加的有( )。

A. 增加固定成本

B. 盈亏临界点提高

C. 提高销售单价

D. 所得税率提高

9. 下列各项中，影响财务杠杆系数的有( )。

A. 销售量 B. 企业所得税税率

C. 优先股股息 D. 利息费用

三、计算分析题

1. 甲公司正在考虑改变它的资本结构，有关资料如下：

(1)公司目前债务的账面价值1 000万元，利息率为5%，债务的市场价值与账面价值相同；普通股4 000万股，每股价格1元，所有者权益账面金额4 000万元(与市价相同)；每年的息税前利润为500万元。该公司的企业所得税税率为15%。

(2)公司将保持现有的资产规模和资产息税前利润率，每年将全部税后净利分派给股东，因此预计未来增长率为零。

(3)为了提高企业价值，降低资本成本，该公司拟改变资本结构，举借新的债务，替换旧的债务并回购部分普通股。可供选择的资本结构调整方案有两个：方案一：举借新债务的总额为2 000万元，预计利息率为6%；方案二：举借新债务的总额为3 000万元，预计利息率为7%。

(4)假设当前资本市场上无风险利率为4%，市场风险溢价为5%(计算结果均保留小数点后四位)。

要求：

(1)计算该公司目前的权益资本成本、贝

塔系数和加权平均资本成本。

(2)计算该公司无负债的贝塔系数和无负债的权益资本成本(提示：根据账面价值的权重调整贝塔系数，下同)。

(3)计算两种资本结构调整方案的权益贝塔系数、权益资本成本、企业市场价值和加权平均资本成本(企业市场价值计算结果保留整数，以万元为单位)。

(4)判断企业应否调整资本结构并说明依据，如果需要调整应选择哪一个方案？

2. 某公司原有资本700万元，其中债务资本200万元(每年负担利息24万元)，普通股资本500万元(发行普通股10万股，每股面值50元)。由于扩大业务，需追加筹资300万元，公司适用的企业所得税税率为25%。假设没有筹资费用。其筹资方案有三种：

方案一：全部按面值发行普通股，增发6万股，每股发行价50元；

方案二：全部增加长期借款，借款利率仍为12%，利息36万元；

方案三：增发新股4万股，每股发行价47.5元；剩余部分用发行债券筹集，债券按10%溢价发行，票面利率为10%。

要求：

计算每股收益无差别点的息税前利润，并据此做出筹资方式的决策。

四、综合题

1. A公司是一个生产和销售通信器材的股份公司。假设该公司适用的所得税率为25%。对于明年的预算出现三种方案：

方案1：维持目前的生产和财务政策。预计销售45 000件，售价为240元/件，单位变动成本为200元，固定成本为120万元。公司的资本结构为400万元负债(利息率5%)，20万股普通股。

方案2：更新设备并用负债筹资。预计更新设备需投资600万元，生产和销售量及售价不会发生变化，但单位变动成本将降

227

低至 180 元/件，固定成本将增加至 150 万元。借款筹资 600 万元，预计新增借款的利率为 6.25%。

方案 3：更新设备并用股权筹资。更新设备后的情况与第 2 方案相同，不同的只是用发行新的普通股筹资。预计新股发行价为每股 30 元，需要发行 20 万股，以筹集 600 万元资金。

要求：

(1)计算 3 个方案下的每股收益、经营杠杆、财务杠杆和联合杠杆(请将结果填写在下列表格中，不必列示计算过程)。

金额单位：万元

方案	1	2	3
营业收入			
变动成本			
边际贡献			
固定成本			
息税前利润			
利息			
税前利润			
所得税			
税后净利润			
股数			
每股收益			
经营杠杆			
财务杠杆			
联合杠杆			

(2)计算 3 个方案下，每股收益为零的销售量。

(3)根据上述结果分析：哪个方案的总风险最大？哪个方案的报酬最高？如果公司销售量下降至 3 万件，第 2 和第 3 方案哪一个更好些？请分别说明理由。

2. 甲公司目前有长期债务 10 000 万元，年利率 6%，流通在外普通股 1 000 万股，每股面值 1 元，无优先股。

资料一：公司目前生产两种产品，相关资料如下：

项目	A 产品	B 产品
销售量(件)	600	520
单位售价(万元)	4	6
单位变动成本(万元)	1.6	3.5
固定成本总额(万元)	1 000	

资料二：公司为了扩大规模，拟筹资 10 000 万元。扩大规模后预计边际贡献总额达到 4 260 万元，新增年固定成本 600 万元，原固定成本总额 1 000 万元照常发生。现有两种筹资方案可供选择：

方案 1：平价发行优先股筹资 6 000 万元，面值 100 元，票面股息率 10%；按每份市价 1 250 元发行债券筹资 4 000 万元，期限 10 年，面值 1 000 元，票面利率 9%。

方案 2：平价发行优先股筹资 6 000 万元，面值 100 元，票面股息率 10%；按每份市价 10 元发行普通股筹资 4 000 万元。

公司的企业所得税税率为25%。

要求：

(1)根据资料一，计算公司的经营杠杆、财务杠杆和联合杠杆各是多少？

(2)根据资料二，采用每股收益无差别点法，计算两个方案每股收益无差别点的息税前利润，并判断公司应选择哪一个筹资方案。在该筹资方案下，公司的经营杠杆、财务杠杆、每股收益各是多少？

(3)结合要求(1)、(2)的结果，需要说明经营杠杆、财务杠杆发生变化的主要原因。

同步训练答案及解析

一、单项选择题

1. B 【解析】在考虑企业所得税的情况下，有负债企业的权益资本成本 = 10% + 1×(10%−5%)×(1−25%) = 13.75%，考虑所得税的加权平均资本成本 = 13.75%×50% + 5%×(1−25%)×50% = 8.75%。

2. D 【解析】有税MM理论认为，有负债企业的价值等于具有相同风险等级的无负债企业的价值加上债务利息抵税收益的现值。所以选项D是答案。

3. B 【解析】权衡理论认为，随着债务比率的增加，财务困境成本的现值也会增加，当增加的债务抵税收益的现值与增加的财务困境成本的现值相等时，企业价值达到最大。所以选项B的表述不正确。

4. A 【解析】根据有税MM理论，有负债企业的股权资本成本随着负债比例的提高而增加，而债务资本成本不变，加权平均资本成本降低。

5. B 【解析】在有企业所得税的情况下，MM理论认为，有负债企业的价值等于无负债企业的价值加上利息抵税的现值。选项B的表述不正确。

6. D 【解析】根据优序融资理论的基本观点，企业筹资时首选留存收益筹资，然后是债务筹资，而将发行新股作为最后的选择。但本题甲公司今年年底才投产，因而在确定今年的筹资顺序时不存在留存收益，应选择债务筹资并且是选择发行普通债券筹资。

7. C 【解析】优序融资理论认为，在信息不对称和逆向选择的情况下，企业在筹集资本的过程中，遵循着先内源融资、后外源融资的基本顺序。在需要外源融资时，按照风险程度的差异，优先考虑债务融资(先普通债券、后可转换债券)，不足时再考虑股权融资(先优先股、后普通股)。

8. D 【解析】发行长期债券的每股收益直线与发行优先股的每股收益直线是平行的，并且发行长期债券的每股收益大于发行优先股的每股收益。在决策时只需考虑发行长期债券与发行普通股的每股收益无差别点200万元即可。当预测未来每年息税前利润大于200万元时，该公司应当选择发行长期债券筹资；当预测未来每年息税前利润小于200万元时，该公司应当选择发行普通股筹资。

9. A 【解析】经营杠杆系数 = 边际贡献/(边际贡献−固定成本)，边际贡献 = (单价−单位变动成本)×销售量，可见在其他因素不变的情况下，单价越高，边际贡献越大，经营杠杆系数越小。单位变动成本或固定成本越大，经营杠杆系数越大。利息费用不影响经营杠杆系数。

10. A 【解析】经营杠杆反映的是营业收入变化对息税前利润变动的影响程度，选项A的说法错误；由于经营杠杆系数 = (息税前利润+固定经营成本)/息税前利润，所以选项C说法正确；如果没有固定经营成本，则经营杠杆系数为 1，此时不存在经营杠杆效应，选项 BD 的说法正确。

11. A　【解析】根据利息保障倍数＝EBIT/I＝5，可知 EBIT＝5I，而财务杠杆系数＝EBIT/（EBIT-I），所以，财务杠杆系数＝5I/（5I-I）＝1.25。

12. B　【解析】负债利息＝800×50%×8%＝32（万元），2＝EBIT/[EBIT－32－30/（1-25%）]，解得：EBIT＝144（万元），边际贡献＝EBIT+固定成本＝144+60＝204（万元）。

13. C　【解析】根据权衡理论，有负债的企业价值＝无负债的企业价值+利息抵税的现值-财务困境成本的现值＝3 000＋200-100＝3 100（万元）。

14. B　【解析】甲公司财务杠杆系数＝基期息税前利润/（基期息税前利润-利息费用-税前优先股股利），基期息税前利润＝150/（1-25%）+100＝300（万元），甲公司财务杠杆系数＝300/[300－100－37.5/（1-25%）]＝2。

『老贾点拨』本题实际上计算的是 2020 年的财务杠杆系数。

15. B　【解析】假设 2018 年息税前利润是 EBIT，则 EBIT/（EBIT－500）＝1.5，EBIT＝1 500（万元），2019 年息税前利润增长率＝15%/1.5＝10%，2019 年息税前利润＝1 500×（1+10%）＝1 650（万元）。

16. A　【解析】（9+息税前利润）/息税前利润＝4，息税前利润＝3（万元），利息保障倍数＝3/2＝1.5。

17. C　【解析】联合杠杆反映营业收入变化对每股收益的影响程度，选项 C 是答案，选项 A 不是答案；经营杠杆反映营业收入变化对息税前利润的影响程度，选项 B 不是答案；财务杠杆则反映息税前利润变化对每股收益的影响程度，选项 D 不是答案。

18. D　【解析】财务杠杆系数＝普通股每股

收益变动率/息税前利润变动率，得出 2021 年普通股每股收益增长率＝20%×3＝60%，由于普通股股数没变化，所以普通股收益增长率也是 60%。2021 年普通股收益＝100×（1+60%）＝160（万元）。

二、多项选择题

1. BD　【解析】MM 理论假设债务利率是无风险利率，与债务数量无关，选项 A 不是答案。有负债企业权益资本随着财务杠杆的提高而增加，选项 B 是答案。考虑所得税情况下，加权平均资本成本随着债务比例增加而递减，选项 C 不是答案。有负债企业价值等于无负债企业价值加利息抵税现值，负债比例越高，利息抵税现值越大，企业价值越高，选项 D 是答案。

2. ABD　【解析】根据 MM 理论，当存在企业所得税时，有负债企业的价值等于具有相同风险等级的无负债企业的价值加债务利息抵税收益的现值，企业负债比例越高，则债务利息抵税收益现值越大，企业价值越大，所以选项 A 的表述是正确的；权衡理论强调在平衡债务利息抵税收益与财务困境成本的基础上，实现企业价值最大化时的最佳资本结构，所以选项 B 的表述是正确的；根据代理理论，当负债程度较高的企业陷入财务困境时，股东如果投资净现值为正的项目后，预计债务价值的增加会超过权益价值的增加，则会放弃投资，所以选项 C 的表述是错误的；优序融资理论认为当企业存在融资需求时，首先选择内源融资，其次会选择债务融资，最后选择股权融资，所以选项 D 的表述是正确的。

3. ACD　【解析】常用的资本结构决策分析法包括每股收益无差别点法、资本成本比较法和企业价值比较法。因素分析法是财务报表分析方法。所以选项 ACD 是答案。

4. AC　【解析】在不考虑所得税的情况下，负债比例提高，财务风险加大，股东要求的报酬率提高，所以权益资本成本上升，选项 A 的说法正确；在不考虑所得税的情况下，无论企业是否有负债，加权平均资本成本将保持不变，选项 C 的说法正确，选项 B 的说法不正确；根据 MM 理论的假设条件可知，债务资本成本与负债比例无关，选项 D 的说法不正确。

5. BCD　【解析】无税 MM 理论认为有负债企业的价值与无负债企业的价值相等，即无论企业是否有负债，企业的资本结构与企业价值无关，即选项 A 不是答案；有税 MM 理论认为，随着企业负债比例的提高，企业价值也随之提高，在理论上，全部融资来源于负债时，企业价值达到最大；权衡理论是有企业所得税条件下的 MM 理论的扩展，而代理理论又是权衡理论的扩展。所以选项 BCD 是答案。

6. AD　【解析】影响资本结构的内部因素主要包括营业收入、成长性、资产结构、盈利能力、管理层偏好、财务灵活性以及股权结构等；影响资本结构的外部因素主要包括税率、利率、资本市场、行业特征等。

7. BC　【解析】根据企业价值比较法进行资本结构决策，应该选择企业价值最大的资本结构。企业价值是未来现金流量的折现值，折现率是加权平均资本成本。因此，企业价值最大时，加权平均资本最低。企业价值最大，不一定每股收益最高，但加权平均资本成本最低，财务风险不一定最低，选项 BC 是答案。

8. AB　【解析】经营杠杆系数＝边际贡献／（边际贡献－固定成本），根据公式可知，增加固定成本，会增加经营杠杆系数，提高单价会降低经营杠杆系数，选项 A 是答案，选项 C 不是答案；所得税率不影响经营杠杆系数，选项 D 不是答案；因为经营杠杆系数＝边际贡献／（边际贡献－固定成本）＝1／（1－固定成本／边际贡献）＝1／（1－盈亏临界点销售额×边际贡献率／正常销售额×边际贡献率）＝1／安全边际率，提

高盈亏临界点销售额，所以安全边际率下降，经营杠杆系数提高，选项 B 是答案。

9. ABCD　【解析】根据财务杠杆系数计算的简化公式可知，影响财务杠杆系数的因素有销售量、单价、单位变动成本、固定成本、企业所得税税率、优先股股息和利息费用。

三、计算分析题

1.【答案】

（1）净利润＝（500－1 000×5%）×（1－15%）＝382.5（万元）

权益资本成本＝382.5／4 000＝9.56%

依据资本资产定价模型，有 4%＋β×5%＝9.56%。

解得：β＝1.112 0

（2）$\beta_{资产}=\beta_{权益}\div[(1+(1-企业所得税税率)×负债/权益]=1.112\ 0\div[1+1/4×(1-15\%)]=0.917\ 1$

无负债的权益资本成本＝4%＋0.917 1×5%＝8.59%

（3）方案一：以 2 000 万元债务替换原 1 000 万元债务，并回购 1 000 万元普通股。

$\beta_{权益}=\beta_{资产}×[(1+(1-企业所得税税率)×负债/权益]=0.917\ 1×[1+2/3×(1-15\%)]=1.436\ 8$

权益资本成本＝4%＋5%×1.436 8＝11.18%

股权价值＝（500－2 000×6%）×（1－15%）／11.18%＝323／11.18%＝2 889（万元）

债务价值＝2 000（万元）

企业市场价值＝2 889＋2 000＝4 889（万元）

加权平均资本成本＝6%×（1－15%）×2 000／4 889＋11.19%×2 889／4 889＝8.7%

方案二：以 3 000 万元债务替换原 1 000 万元债务，并回购 2 000 万元普通股。

$\beta_{权益}=\beta_{资产}×[(1+(1-企业所得税税率)×负债/权益]=0.917\ 1×[1+3/2×(1-15\%)]=2.086\ 4$

权益资本成本＝4%＋5%×2.086 4＝14.43%

股权价值 = (500 - 3 000 × 7%) × (1 - 15%)/14.43% = 246.5/14.43% = 1 708（万元）

债务价值 = 3 000（万元）

企业市场价值 = 1 708 + 3 000 = 4 708（万元）

加权平均资本成本 = 7% × (1 - 15%) × 3 000/4 708 + 14.44% × 1 708/4 708 = 9.03%

（4）目前的股权价值为 4 000 万元，债务价值为 1 000 万元，即企业市场价值为 5 000 万元，当前的加权平均资本成本 8.5%；而改变资本结构后企业市场价值均降低了，加权平均资本成本均提高了，所以公司不应调整资本结构。

2.【答案】

方案一和方案二比较：

(EBIT - 24) × (1 - 25%)/(10 + 6) = (EBIT - 24 - 36) × (1 - 25%)/10

得：EBIT = 120（万元）

方案一和方案三比较：

方案三的利息 = (300 - 4 × 47.5)/(1 + 10%) × 10% = 10（万元）

(EBIT - 24) × (1 - 25%)/(10 + 6) = (EBIT - 24 - 10) × (1 - 25%)/(10 + 4)

得：EBIT = 104（万元）

方案二和方案三比较：

(EBIT - 24 - 36) × (1 - 25%)/10 = (EBIT -

24 - 10) × (1 - 25%)/(10 + 4)

得：EBIT = 125（万元）

结论：当 EBIT 小于 104 万元时，应该采用方案一；当 EBIT 介于 104 万元 ~ 125 万元之间时，应该采用方案三；当 EBIT 大于 125 万元时，应该采用方案二。

『老贾点拨』根据每股收益无差别点做筹资方式决策时，决策的原则是选择每股收益高的方案，简单地说，当息税前利润小于每股收益无差别点的息税前利润时，选择利息少的方案。反之，当息税前利润大于每股收益无差别点的息税前利润时，选择利息多的方案。由此可知，方案一和方案三比较，息税前利润小于 104 万元时，选择方案一；息税前利润大于 104 万元时，选择方案三。方案二和方案三比较，息税前利润大于 125 万元时，选择方案二；息税前利润小于 125 万元时，选择方案三。方案一和方案二比较，息税前利润小于 120 万元时，选择方案一；息税前利润大于 120 万元时，选择方案二。

综合以上分析可知，息税前利润小于 104 万元时，选择方案一；息税前利润在 104 万元与 125 万元之间时，选择方案三；息税前利润大于 125 万元时，选择方案二。

四、综合题

1.【答案】

（1）

方案	1	2	3
营业收入	1 080	1 080	1 080
变动成本	900	810	810
边际贡献	180	270	270
固定成本	120	150	150
息税前利润	60	120	120
利息	20	57.5	20
税前利润	40	62.5	100
所得税	10	15.625	25

方案	1	2	3
税后净利润	30	46.875	75
股数	20	20	40
每股收益	1.5	2.34	1.875
经营杠杆	3	2.25	2.25
财务杠杆	1.5	1.92	1.2
联合杠杆	4.5	4.32	2.7

(2)假设方案1(维持目前生产和财务政策)的每股收益为零(即税前利润为零)的销量为A，则：

A×(240-200)-120-400×5%=0

解得：A=3.5(万件)

假设方案2(更新设备并用负债融资)的每股收益为零(即税前利润为零)的销量为B，则：

B×(240-180)-150-400×5%-600×6.25%=0

解得：B=3.46(万件)

假设方案3(更新设备并用股权融资)的每股收益为零(即税前利润为零)的销量为C，则：

C×(240-180)-150-400×5%=0

解得：C=2.83(万件)

(3)由于方案1的联合杠杆系数最大(4.5)，方案1总风险最大；方案2的每股收益最大，即方案2报酬最大。

如果销售量下降到3万件，方案2的每股收益为负数(因为每股收益为零的销售量为3.46万件)；但是方案3的每股收益则会大于零(因为每股收益为零的销售量为2.83万件)，所以方案3更好。

2.【答案】

(1)边际贡献=600×(4-1.6)+520×(6-3.5)=2740(万元)

息税前利润=2740-1000=1740(万元)

经营杠杆系数=2740/1740=1.57

财务杠杆系数=1740/(1740-10000×6%)=1.53

联合杠杆系数=1.57×1.53=2.40

(2)[(EBIT-10000×6%-4000/1250×1000×9%)×(1-25%)-6000×10%]/1000=[(EBIT-10000×6%)×(1-25%)-6000×10%]/(1000+4000/10)

解得：EBIT=2408(万元)

扩大规模后的息税前利润=4260-1000-600=2660(万元)

由于预计息税前利润2660万元大于每股收益无差别点的息税前利润2408万元，所以应该选择财务杠杆高的方案1进行筹资。

方案1融资后的经营杠杆系数=4260/2660=1.6

方案1融资后的财务杠杆系数=2660/[2660-10000×6%-4000/1250×1000×9%-6000×10%/(1-25%)]=2.74

每股收益=[(2660-10000×6%-4000/1250×1000×9%)×(1-25%)-6000×10%]/1000=0.73(元)

(3)经营杠杆提高的主要原因是固定经营成本增加，财务杠杆提高的主要原因是债务利息和优先股股息等固定融资成本增加了。

第十章　长期筹资

历年考情概况

本章是考试的重点章节，与债券价值评估、资本成本计算以及投资项目资本预算联系紧密。主要考核的内容包括股权再融资、可转换债券、附认股权证债券以及租赁决策分析等内容。考试形式以主观题为主，客观题也有涉及。考试分值预计 10 分左右。

近年考点直击

主要考点	主要考查题型	考频指数	考查角度
长期借款筹资	客观题	★★	(1)长期借款筹资的优缺点；(2)长期借款的成本；(3)长期借款的保护性条款
长期债券筹资	客观题	★★	(1)债券筹资的优缺点；(2)债券发行价格计算
普通股筹资	客观题	★★	(1)普通股筹资的优缺点；(2)公开发行与非公开发行；(3)直接发行和间接发行
股权再融资	客观题和主观题	★★★	(1)增发新股和配股的条件；(2)配股除权参考价格、每股股票配股权价值的计算；(3)增发新股对股东财富的影响
优先股筹资	客观题	★	(1)上市公司公开发行优先股的特别规定；(2)优先股的筹资成本；(3)优先股筹资的优缺点
附认股权证债券筹资	客观题和主观题	★★★	(1)认股权证和股票看涨期权的共同点与区别；(2)附认股权证债券筹资成本的计算与调整措施；(3)附认股权证债券筹资的优缺点
可转换债券筹资	客观题和主观题	★★★	(1)可转换债券的主要条款；(2)可转换债券筹资成本的计算与调整措施；(3)可转换债券筹资的优缺点
租赁筹资	客观题和主观题	★★★	(1)租赁存在的原因；(2)租赁的划分(直接租赁、杠杆租赁和售后租回)；(3)租赁的决策分析

2022 年考试变化

普通股的首次公开发行增加了发行人不得影响持续盈利能力的 6 种情形。

考点详解及精选例题

一、长期债务筹资的特点

(一)债务筹资特点(与股票筹资相比)★

到期需要偿还;需要固定支付利息;资本成本较低;不会分散公司控制权。

(二)长期负债筹资特点(与短期负债筹资相比)★

优点:解决公司长期资金的不足;偿债压力或风险较小。缺点:资本成本较高;限制条件多。

二、长期借款筹资

(一)长期借款的保护性条款★

具体包括一般性保护条款和特殊性保护条款两大类,见表10-1。

表10-1 保护性条款

条款类型	具体内容
一般性保护条款	(1)规定流动资金保持量;(2)限制现金股利支付和再购入股票;(3)限制净经营性长期资产投资规模;(4)限制其他长期债务;(5)不准在正常情况下出售较多资产;(6)定期提交财务报表;(7)如期缴纳税费和清偿到期债务;(8)不准以任何资产作其他承诺的担保或抵押;(9)不准贴现应收票据或出售应收账款;(10)限制租赁固定资产规模
特殊性保护条款	(1)贷款专款专用;(2)不准企业投资于短期内不能收回资金的项目;(3)限制企业高级职员的薪金和奖金总额;(4)要求企业主要领导人在合同有效期间担任领导职务;(5)要求企业主要领导人购买人身保险

(二)长期借款的成本★

(1)长期借款的利率包括固定利率和浮动利率。对借款企业来说,预计利率将要上升,则签订固定利率合同。

(2)长期借款的成本除了利息外,还包括银行收取的其他费用,如周转信贷协定的承诺费和保持补偿余额形成的间接费用。

(三)长期借款偿还方式★

(1)定期支付利息、到期一次性偿还本金;(2)定期等额偿还;(3)平时逐期偿还小额本金和利息、期末偿还余下的大额部分。

(四)长期借款筹资的优缺点★★★

(1)优点:筹资速度快;借款弹性好。

(2)缺点:财务风险高;限制条款较多。

【例题1·多选题】 ☆下列各项中,属于企业长期借款合同一般性保护条款的有( )。

A. 限制企业股权再融资

B. 限制企业租入固定资产的规模

C. 限制企业高级职员的薪金和奖金总额

D. 限制企业增加具有优先求偿权的其他长期债务

解析 长期借款合同的保护性条款是指有助于保证贷款按时足额偿还的条件。而股权再融资可以增加股权资金,有助于保证贷款按时足额偿还,选项A不是答案;限制企业高级职员的薪金和奖金总额是特殊性保护条款,选项C不是答案。 答案 BD

三、长期债券筹资

(一)债券的发行价格★★

债券发行价格(即投资者购买时支付的价格)是将债券持续期间的各期的利息现金流与债券到期支付的面值现金流按照债券发行时的市场利率进行贴现并求和。分期付息、到期还本债券发行价格计算的基本模型为:

发行价格 = 面值×票面利率×(P/A, i, n)+面值×(P/F, i, n)

公司债券的发行价格通常有三种:平价、溢价和折价。

(1)当市场利率等于票面利率时,发行价格等于债券面值,属于平价发行;

(2)当市场利率大于票面利率时,发行价格小于债券面值,属于折价发行;

(3)当市场利率小于票面利率时,发行价格大于债券面值,属于溢价发行。

(二)债券的偿还★

债券的偿还时间和偿还形式见表10-2。

表 10-2 债券的偿还时间和偿还形式

项目	具体内容	备注
偿还时间	(1)到期偿还(分批偿还和一次偿还) (2)提前偿还 (3)滞后偿还	具有提前偿还条款债券可使企业融资有较大的弹性。当企业资金有结余时,可提前赎回债券;当预测利率下降时,也可提前赎回债券,而后以较低的利率来发行新债券。提前偿还支付价格通常高于债券面值,并随着到期日的临近而逐渐下降
偿还形式	(1)用现金偿还债券 (2)以新债券换旧债券 (3)用普通股偿还债券	债券调换的原因包括: (1)原有债券契约中较多限制性条款不利于企业发展 (2)多批未清偿债券合并管理以减少管理费 (3)债券到期但现金不足

(三)债券筹资的优缺点★★★

优点:(1)筹资规模较大;(2)具有长期性和稳定性;(3)有利于资源优化配置。

缺点:(1)发行成本高;(2)信息披露成本高;(3)限制条件多(与发行优先股和短期债务相比)。

【例题 2·多选题】 与长期借款筹资相比,长期债券筹资的特点有( )。

A. 筹资规模较大

B. 筹资速度快

C. 具有长期性和稳定性

D. 信息披露成本高

解析 债券筹资属于直接融资,发行对象广,市场容量大,筹资资金数量大,选项 A 是答案;债券期限长,投资者一般不能在到期前赎回,选项 C 是答案;公开发行债券上市后需要定期披露报告,披露成本高,选项 D 是答案;发行债券筹集长期资金所需时间一般较长,而向金融机构借款一般所需时间较短,可以迅速获得资金,选项 B 不是答案。

答案 ACD

四、普通股筹资

(一)普通股筹资的优缺点★★★

普通股具有股票的基本特征,其筹资优缺点见表10-3。

表 10-3　普通股筹资的优缺点

优点	(1)没有固定利息负担；(2)没有固定到期日；(3)财务风险小；(4)能增加公司的信誉；(5)筹资限制较少；(6)容易吸收资金(在通货膨胀期间，预期收益较高，并能在一定程度上抵销通货膨胀影响)
缺点	(1)资本成本较高；(2)可能会分散公司的控制权；(3)如果股票上市，需要承担较高的信息披露成本，也增加了公司保护商业秘密的难度；(4)股票上市会增加公司被收购的风险

【例题 3·多选题】与长期债券筹资相比，普通股筹资的特点有(　　)。

A. 具有长期性和稳定性

B. 财务风险高

C. 资本成本高

D. 容易分散控制权

解析　普通股筹资没有固定到期日，没有固定利息负担，经营期间不需要归还，财务风险低，选项 A 是答案，选项 B 不是答案；发行股票筹资会增加新股东数量，可能会分散公司控制权，选项 D 是答案；股东承担风险高于债券投资者，要求报酬率高，同时，股利在税后支付，没有抵税收益，所以普通股资本成本高于债券，选项 C 是答案。

答案　ACD

(二)普通股的发行方式与发行定价★★

1. 普通股的发行方式

(1)以发行对象为标准，可划分为公开发行和非公开发行，具体内容见表 10-4。

表 10-4　公开发行和非公开发行的含义及优缺点

股票的发行方式	含义	优缺点
公开发行	是指向不特定对象公开募集股份。『老贾点拨』有下列情形之一的，为公开发行：①向不特定对象发行证券；②向特定对象发行证券累计超过 200 人，但依法实施员工持股计划的员工人数不计算在内；③法律、行政法规规定的其他发行行为	优点：①发行范围广、发行对象多，易于足额募集资本；②股票的变现性强、流通性好；③有助于提高发行公司的知名度，扩大其影响力。缺点：手续繁杂、发行成本高
非公开发行	上市公司采用非公开方式，向特定对象发行股票的行为。『老贾点拨』非公开发行股票的特定对象应当符合下列规定：①特定对象符合股东大会决议规定的条件；②发行对象不超过 35 名	优点：灵活性较大，发行成本低；缺点：发行范围小，股票变现性差

【例题 4·单选题】与非公开发行股票方式相比，公开发行股票方式(　　)。

A. 手续简单

B. 发行范围小

C. 发行成本高

D. 股票变现性差

解析　公开发行方式的发行范围广、发行对象多，易于足额募集资本；股票的变现性强，流通性好；股票的公开发行还有助于提高发行公司的知名度和扩大其影响力。缺点是手续繁杂，发行成本高。答案　C

（2）以发行中是否有中介机构（证券承销商）协助为标准，可划分为直接发行和间接发行。具体内容见表10-5。

表10-5　直接发行和间接发行方式的含义及优缺点

股票的发行方式	含义	优缺点
直接发行	指发行公司自己承担股票发行的一切事务和发行风险，直接向认购者推销出售股票的方式	优点：可由发行公司直接控制发行过程，并可节省发行费用 缺点：筹资时间长，发行公司要承担全部发行风险，并需要发行公司有较高的知名度、信誉和实力
间接发行	指发行公司将股票销售业务委托给证券经营机构代理，委托销售又分为包销和代销	对发行公司来说，包销的方式可及时筹足资本，免于承担发行风险（股款未募足的风险由承销商承担），但股票以较低的价格出售给承销商会损失部分溢价。代销方式下证券经营机构不承担股款未募足的风险（即由发行公司承担）

（3）以发行股票能否带来现款为标准，可划分为有偿增资发行、无偿增资发行和搭配增资发行，具体内容见表10-6。

表10-6　有偿增资发行、无偿增资发行和搭配增资发行

股票的发行方式	含义	相关说明
有偿增资发行	指认购者必须按股票的某种发行价格支付现款，才能获得股票的一种发行方式	公开增发、配股和定向增发都采用有偿增资的方式。采用这种方式发行股票，可以直接从外界募集股本，增加公司的资本金
无偿增资发行	指认购者不必向公司缴纳现金就可获得股票的发行方式	一般只在分配股票股利、资本公积或盈余公积转增资本时采用。采用该方式发行的股票，是依靠减少公司资本公积或留存收益来增加资本金
搭配增资发行	指发行公司向原股东发行新股时，仅让股东支付发行价格的一部分就可获得一定数额股票的发行方式	该发行方式是对原有股东的一种优惠

【例题5·多选题】下列各项中，属于有偿增资发行的有（　　）。

A. 公开增发　　　B. 资本公积转增股本　　　C. 配股　　　D. 定向增发

解析 ▶ 有偿增资发行是指认购者必须按股票的某种发行价格支付现款，才能获得股票的一种发行方式，即可以从企业外部筹集股权资金，资金总额增加。资本公积转增股本，只是股东权益内部不同项目之间的增减变化，公司资金总额没有增加，选项B不是答案。

答案 ▶ ACD

2. 普通股发行定价

普通股发行定价有等价、时价和中间价三种，具体内容见表10-7。

表10-7　等价、时价和中间价

类型	相关说明
等价	以股票面额为发行价格，也称平价发行或面值发行
时价	以公司原发行同种股票的现行市场价格为基准来确定增发新股的发行价格，也称市价发行
中间价	以股票市场价格和面额的中间值作为发行价格

我国《公司法》规定公司发行股票**不准折价**发行，即不准以低于股票面额的价格发行。

根据我国《证券法》的规定，股票采取溢价发行的，其发行价格由发行人与承销的证券公司协商确定。

我国《证券发行与承销管理办法》规定，首次公开发行股票，可以通过向网下投资者询价方式确定发行价格，也可以通过发行人与主承销商自主协商确定。

我国《上市公司证券发行管理办法》规定，公开增发股票的发行价格，应不低于公告招股意向书前20个交易日公司股票均价或前1个交易日的均价；非公开发行股票的发行价格不低于定价基准日前20个交易日公司股票交易均价的80%。股票均价的计算公式为：定价基准日前20个交易日公司股票交易均价＝定价基准日前20个交易日股票交易总额/定价基准日前20个交易日股票交易总量。

（三）股权再融资

1. 配股★★

配股是指向原普通股股东按其持股比例、以低于市价的某一特定价格配售一定数量新发行股票的融资行为，应掌握的内容见表10-8。

表 10-8　配股

项目名称	阐释
配股权	配股权是指股份公司为增加公司股本而决定发行新股时，原普通股股东享有的按其持股数量、以低于市价的某一特定价格优先购买一定数量新发行股票的权利。 配股权是普通股股东的优惠权，实际上是一种短期的**看涨期权**，在股权登记日及之前购买股票，股票市价中含有配股权价值
配股价格	配股一般采取网上定价发行的方式，配股价格由主承销商和发行人**协商确定**
配股条件	除符合公开发行股票的基本条件外，还应符合： (1)**拟配售股份数量**不超过本次配售股份前股本总额的**30%**； (2)控股股东应当在股东大会召开前**公开承诺**认配股份的数量； (3)采用证券法规定的**代销方式**发行 『老贾点拨』控股股东不履行认配股份的承诺，或者代销期限届满，原股东认购股票的数量未达到拟配售数量70%的，发行人应当按照发行价并加算银行同期存款利息返还已经认购的股东
配股除权价格	股权登记日后的第二个交易日，对股票进行除权处理，其除权参考价格计算公式为： 配股除权参考价格 ＝(配股前股票市值+配股价格×配股数量)/(配股前股数+配股数量) ＝(配股前每股价格+配股价格×股份变动比例)/(1+股份变动比例) 『老贾点拨』①当所有股东均参与配股时，股份变动比例(即实际配售比例)等于拟配售比例。如果有部分股东放弃配股权，则：股份变动比例＝拟配售比例×参加配股的股份比例。②如果除权后股票交易市价高于该除权基准价格，参与配股的股东财富较配股前有所增加，称为"填权"；反之，称为"贴权"
配股权价值	每股股票配股权价值＝(配股除权参考价格−配股价格)/购买一股新配股所需的原股数 『老贾点拨』原股东可以以**低于**配股前股票市价的价格购买所配发的股票，即配股权的执行价格**低于**当前股票价格，此时配股权是**实值**期权，因此配股权具有价值

【例题6·单选题】 ☆甲公司股票每股市价10元，以配股价格每股8元向全体股东每10股配售10股。拥有甲公司80%股权的投资者行使了配股权，乙投资者持有甲公司股票1 000股，未行使配股权，配股除权使乙投资者的财富(　　)。

A. 增加 220 元　　B. 减少 890 元

C. 减少 1000 元　　D. 不发生变化

解析 ▶ 由于每 10 股配售 10 股，有 80% 股权投资者行使配股权，即实际股份变动比例 = 80%×10/10 = 80%。配股后每股价格 = (10+8×80%)/(1+80%) = 9.11(元)，配股后乙投资者拥有的股票价值 = 9.11×1 000 = 9 110(元)，乙投资者财富变化 = 9 110 - 10×1 000 = -890(元)。　　**答案** ▶ B

【例题 7·单选题】 ☆甲公司采用配股方式进行融资，拟每 10 股配 1 股，配股前价格每股 9.1 元，配股价格每股 8 元。假设所有股东均参与配股，则配股除权参考价是( )元。

A. 8　　　　　　B. 10.1

C. 9　　　　　　D. 8.8

解析 ▶ 配股除权参考价 = (9.1 + 8× 10%)/(1+10%) = 9(元)　　**答案** ▶ C

2. 增发新股★★

增发新股指上市公司为了筹集权益资本而再次发行股票的融资行为，包括公开增发和非公开增发(定向增发)，具体内容见表10-9。

表 10-9　增发新股

项目	公开增发	非公开增发
增发对象	没有特定的发行对象，股票市场上的投资者均可以认购	机构投资者(财务投资者和战略投资者)、大股东和关联方
增发条件	①最近 3 个会计年度连续盈利(扣除非经常性损益后的净利润与扣除前的净利润相比，以低者作为计算依据)；②最近 3 个会计年度加权平均净资产收益率平均不低于6%(扣除非经常性损益后的净利润与扣除前的净利润相比，以低者作为计算依据)；③最近 24 个月内曾公开发行证券的，不存在发行当年营业利润比上年下降50%以上情形；④最近 3 年以现金方式累计分配的利润不少于最近 3 年实现的年均可分配利润的30%；⑤除金融类企业外，最近 1 期期末不存在持有金额较大的交易性金融资产和可供出售的金融资产、借予他人款项、委托理财等财务性投资的情形；⑥发行价格不低于公告招股意向说明书前 20 个交易日公司股票均价或前一个交易日的均价	发行价格不低于定价基准日前 20 个交易日公司股票均价的80% 其中：定价基准日前 20 个交易日公司股票均价不是每天收盘价加起来除以 20，而是按照(定价基准日前 20 个交易日股票交易总额/定价基准日前 20 个交易日股票交易总量)计算
认购方式	现金认购	现金以及股权、债权、无形资产、固定资产等非现金资产

3. 股权再融资对企业的影响★

股权再融资对公司资本结构、财务状况和控制权均有一定影响，具体内容见表10-10。

表 10-10　股权再融资对公司的影响

影响角度	阐释
对公司资本结构的影响	股权融资会降低资产负债率，由于权益资本成本高于债务资本成本，可能会使公司资本成本增大；如果股权融资有助于目标资本结构的实现，增强企业的财务稳健性，降低债务违约风险，会在一定程度上降低企业加权平均资本成本，增加企业价值

续表

影响角度		阐释
对企业财务状况的影响		在企业运营及盈利状况不变的情况下，采用股权再融资的形式筹集资金会降低企业的财务杠杆水平，并降低净资产报酬率；如果将股权再融资的资金投入到净现值为正的项目，有利于增加企业价值
对控制权的影响	配股	控股股东只要不放弃认购的权利，就不会削弱控制权
	公开增发	由于会引入新的股东，股东的控制权会受到增发认购数量的影响
	非公开增发	(1)若对财务投资者和战略投资者增发，一般不会对控股股东的控制权形成威胁； (2)若面向控股股东的增发是为了收购其优质资产或实现集团整体上市，则会增强控股股东对上市公司的控制权

【例题8·单选题】下列关于普通股筹资定价的说法中，正确的是( )。

A. 首次公开发行股票时，发行价格可以由发行人与主承销商协商确定

B. 上市公司向原有股东配股时，发行价格可由发行人自行确定

C. 上市公司公开增发新股时，发行价格不能低于公告招股意向书前20个交易日公司股票均价的80%

D. 上市公司非公开增发新股时，发行价格不能低于定价基准日前20个交易日公司股票的均价

解析 ▶ 首次公开发行股票，发行价格可以通过向网下投资者询价方式确定，也可以通过发行人与主承销商协商直接定价，选项A是答案。配股一般采取网上定价发行的方式。配股价格由主承销商和发行人协商确定，选项B错误；上市公司公开增发新股的定价通常按照"发行价格应不低于公开招股意向书前20个交易日公司股票均价或前1个交易日的均价"来确定，选项C错误；上市公司非公开增发新股时，发行价格应不低于定价基准日前20个交易日公司股票均价的80%，选项D错误。 **答案 ▶ A**

【例题9·单选题】下列股权融资方式中，有利于引进战略投资者的是( )。

A. 首次公开发行新股

B. 公开增发新股

C. 非公开增发新股

D. 配股

解析 ▶ 非公开增发有特定的发行对象，包括财务投资者、战略投资者、大股东和关联方等。选项C是答案。 **答案 ▶ C**

五、优先股筹资

(一)优先股筹资成本★★

从投资者来看，优先股投资的风险比债券大，对于同一个公司来说，优先股股东要求的必要报酬率比债权人高。

优先股投资的风险比普通股低，对于同一个公司来说，优先股股东要求的必要报酬率比普通股股东低。

(二)优先股筹资的优点与缺点★★

1. 优先股筹资的优点

(1)与债券相比，不支付股利不会导致公司破产；没有到期期限，不需要偿还本金。

(2)与普通股相比，不会稀释股东权益(每股净资产)。

2. 优先股筹资的缺点

(1)优先股股利在税后分配，没有抵税优势。

(2)固定的股利负担会增加公司的财务风险并进而增加普通股的成本。

『老贾点拨』 永续债虽具有权益属性，但是持有者不能参与企业决策和股利分配，在正常经营期间，一般不能要求偿还本金，只能定期获取利息。将来发行方破产，其偿还顺序在一般债券之后普通股之前。

六、附认股权证债券筹资

(一)认股权证的特征

1. 认股权证的概念及发行认股权证的用途★

认股权证是公司向股东发放的一种凭证，授权其持有者在一个特定期间以特定价格购买特定数量的公司股票。发行认股权证的用途包括：

(1)在公司发行新股时，为避免原有股东每股收益和股权被稀释，给原有股东配发一定数量的认股权证，使其可以按优惠价格认购新股，或者直接出售认股权证，以弥补新股发行的稀释损失；

(2)作为奖励发给公司管理人员(实质是"奖励期权"，与股票看涨期权并不完全相同)；

(3)作为筹资工具(通常与债券一起发行)。

2. 认股权证与股票看涨期权的比较★★★

认股权证和股票看涨期权的异同见表10-11。

表 10-11　认股权证和股票看涨期权的异同

项目		具体内容
共同点		(1)均以股票为标的资产，其价值随股票价格变动； (2)均在到期前可以选择执行或不执行，具有选择权； (3)均有一个固定的执行价格
不同点	执行时的股票来源不同	股票看涨期权执行时，股票来自二级市场； 认股权证执行时，股票来自一级市场
	稀释问题	认股权证的执行会引起股份数的增加，从而稀释每股收益和股价； 股票看涨期权行权时不涉及股票交易，不存在稀释问题
	期限不同	股票看涨期权的期限短，通常只有几个月； 认股权证的期限长，可以长达10年，甚至更长
	对于BS模型的适用	BS模型假设没有股利支付，股票看涨期权可以适用； 认股权证不能假设有效期内不分红，不能用BS模型定价

【例题 10　单选题】 ☆下列关于认股权证与股票看涨期权共同点的说法中，正确的是(　)。

A. 两者均有固定的行权价格

B. 两者行权后均会稀释每股价格

C. 两者行权后均会稀释每股收益

D. 两者行权时买入的股票均来自二级市场

解析 股票看涨期权的持有人行权，股票来自二级市场，不会引起股数的增加，不会稀释每股价格和每股收益，即选项BC错误；认股权证的持有人行权时，涉及的股票是新发行股票，来自一级市场，选项D错误。

答案 ▶ A

(二)附认股权证债券的筹资成本

1. 附认股权证债券的概念及类型★

附认股权证债券是指公司债券附认股权证，持有人依法享有在一定期间内按约定价格(执行价格)认购公司股票的权利，是债券加认股权证的产品组合，其类型见表10-12。

表 10-12　附认股权证债券的类型

类型	阐释
分离型与非分离型	(1)分离型是指股权证和公司债券可以分开，单独在市场上自由买卖。 (2)非分离型是指股权证无法与公司债券分开，两者存续期一致，同时流通转让，自发行至交易均合二为一，不得分开转让。非分离型附认股权证债券近似于可转换债券
现金汇入型和抵缴型	(1)现金汇入型是指持有人行使认股权利时，必须再拿出现金来认购股票。 (2)抵缴型是指公司债券票面金额可按一定比例直接转股，如可转换公司债券形式

2. 附认股权证债券资本成本计算方法 ★★★

附认股权证债券的税前债务资本成本（即投资者期望报酬率），可用投资人的内含报酬率来估计，即：

债券利息现值+到期面值现值+每份债券附认股权证的行权净流入的现值=购买价格

求解的折现率就是内含报酬率，即附认股权证债券税前资本成本。

『老贾点拨』①每份债券附认股权证的行权净流入＝每份债券附认股权证行权取得股票市价-行权支出。②求解折现率采用内插法进行测试时，通常按照给出的等风险债券市场利率或附认股权证债券的票面利率为参照标准进行测试。

3. 决策方法 ★★★

内含报酬率在等风险债券必要报酬率（市场利率）和税前普通股资本成本之间，才可以被发行人和投资人共同接受，即附认股权证债券才能发行成功。如果内含报酬率低于等风险债券必要报酬率，要增加投资者的吸引力，发行公司需要提高投资者期望报酬率，其具体措施包括降低执行价格或提高票面利率。

『老贾点拨』附认股权证债券和可转换债券的期望报酬率计算之后，要判断发行是否可行，需要等风险债券市场利率和税前普通股资本成本。等风险债券的必要报酬率如果需要计算，通常计算普通债券的税前资本成本（如到期收益率法、风险调整法、考虑发行费用的资本成本计算等）；普通股成本计算可采用资本资产定价模型、股利增长模型和债券收益率风险调整模型。

【例题 11·单选题】☆某公司拟发行附带认股权证的债券筹集资金，已知目前等风险公司债券市场利率为6%，该公司税后普通股成本为10%，所得税税率为25%。要使得本次发行附认股权证债券的筹资方案可行，则其内含报酬率的范围为（　　）。

A. 大于6%，小于10%

B. 大于6%，小于13.33%

C. 大于4.5%，小于13.33%

D. 大于4.5%，小于10%

解析　附带认股权证的债券的内含报酬率必须处在债务市场利率和税前普通股资本成本10%/(1-25%)＝13.33%之间。所以本题的答案为选项 B。　　答案　B

（三）附认股权证债券筹资的优缺点★

1. 附认股权证债券筹资的优点

可以起到一次发行、二次融资的作用，有效降低融资成本。

2. 附认股权证债券筹资的缺点

(1)灵活性较差。相对于可转换债券筹资，附认股权证债券筹资的灵活性较差，因为附认股权证债券无赎回和强制转股条款。

(2)承销费用高于普通债务融资。

【例题 12·计算分析题】甲公司是一家从事新材料研发、生产和销售的上市公司，为了投资新项目，公司拟发行"分离型"附认股权证债券筹资，相关资料如下：

(1)每份债券面值1 000元，期限10年，票面利率6%，每年末付息一次，到期还本，债券按面值发行。每份债券同时附送50张认股权证，每张认股权证可按55元价格购买一股普通股。认股权证期限5年，自债券发行日开始计算，假定认股权证在第五年年末行权。

（2）公司预计未来7年的股权自由现金流量分别为30 000万元、42 000万元、50 000万元、54 000万元、57 000万元、63 000万元和66 000万元。以后保持5%的增长率永续增长。

（3）公司目前发行在外普通股2亿股，股权资本成本10.5%，等风险普通债券市场利率8%，所得税税率25%。

要求：

（1）回答什么是认股权证；什么是"分离型"附认股权证债券；附认股权证债券筹资有什么优缺点。

（2）预计第5年年末甲公司股票每股价值。

（3）计算甲公司分离型认股权证债券的税前资本成本。

（4）判断该筹资方案是否合理，并说明理由。如果不合理，计算票面利率的合理区间。

答案 ▶

（1）认股权证是公司向股东发放的一种凭证，授权其持有者在一个特定期间以特定价格购买特定数量的公司股票。"分离型"附认股权证债券是指认股权证和公司债券可以分开，单独在市场上自由买卖。

优点是可以起到一次发行两次融资作用，有效降低融资成本。缺点是灵活性差；承销费高于债务融资。

（2）第5年年末股权价值

= [63 000 + 66 000/（10.5% - 5%）] / (1+10.5%)

= 1 142 986（万元）

『老贾点拨』计算股票价值时，只考虑未来的现金流量，所以，计算第5年年末股权价值时，不考虑未来5年内的股权现金流量，只考虑未来第6年以及以后各年的股权现金流量。

第5年年末股权价值

= 63 000×（P/F，10.5%，1）+ 66 000×（P/F，10.5%，2）+ 66 000×（1 + 5%）/（10.5%-5%）×（P/F，10.5%，2）

= 63 000×（P/F，10.5%，1）+ 66 000/（10.5% - 5%）×（P/F，10.5%，2）×（10.5%-5%）+66 000/（10.5%-5%）×（P/F，10.5%，2）×（1+5%）

= 63 000×（P/F，10.5%，1）+ 66 000/（10.5% - 5%）×（P/F，10.5%，2）× [（10.5%-5%）+（1+5%）]

= 63 000×（P/F，10.5%，1）+ 66 000/（10.5% - 5%）×（P/F，10.5%，2）×（1+10.5%）

= 63 000×（P/F，10.5%，1）+ 66 000/（10.5%-5%）×（P/F，10.5%，1）

= [63 000 + 66 000/（10.5% - 5%）] ×（P/F，10.5%，1）

= [63 000 + 66 000/（10.5% - 5%）] / (1+10.5%)

每股价值 = 1 142 986/20 000 = 57.15（元）

（3）第5年年末每份债券附送认股权证行权现金净流入 = 50×（57.15-55）= 107.5（元）

1 000×6%×（P/A，i，10）+ 1 000×（P/F，i，10）+107.5×（P/F，i，5）= 1 000

假设i = 8%，则：

1 000×6%×（P/A，8%，10）+ 1 000×（P/F，8%，10）+ 107.5×（P/F，8%，5）= 938.97

假设i = 7%，则：

1 000×6%×（P/A，7%，10）+ 1 000×（P/F，7%，10）+ 107.5×（P/F，7%，5）= 1 006.36

（i - 7%）/（8% - 7%）=（1 000 - 1 006.36）/（938.97-1 006.36）

i = 7.09%

（4）附认股权证债券税前资本成本小于等债券风险普通债券市场利率，对投资人没有吸引力，所以，该筹资方案不合理。

税前资本成本是8%时，假设票面利率为

r_1，则：

1 000×r_1×（P/A，8%，10）+1 000×（P/F，8%，10）+107.5×（P/F，8%，5）=1 000

r_1=6.91%

普通股税前资本成本＝10.5%/（1－25%）=14%

税前资本成本是14%时，假设票面利率

为 r_2，则：

1 000×r_2×（P/A，14%，10）+1 000×（P/F，14%，10）+107.5×（P/F，14%，5）=1 000

r_2=12.93%

即附认股权证债券的票面利率区间是6.91%至12.93%。

七、可转换债券筹资

（一）可转换债券的主要条款★

可转换债券是一种特殊的债券，它在一定期间内依据约定的条件可以转换成普通股，其主要条款见表10-13。

表 10-13　可转换债券的主要条款

主要条款	相关说明
可转换性	可转换债券在一定期间内依据约定条件可以转换为特定公司的普通股。转换时只是负债转换为普通股，并不增加额外的资本（注意认股权证行权会增加新的资本）；这种转换是一种期权，证券持有人可以选择转换，也可以选择不转换而继续持有债券
转换价格	转换价格是指转换发生时投资者为取得普通股每股所支付的实际价格，也称转股价格。转换价格通常比发行时的股价高出 20%~30%
转换比率	转换比率是债权人通过转换一张债券可获得的普通股股数。转换比率=债券面值÷转换价格
转换期	转换期指可转换债券转换为股份的起始日至结束日的期间，转换期≤债券期限。超过转换期后的可转换债券，不再具有转换权，自动成为普通债券
赎回条款	赎回条款是可转换债券发行公司可以在债券到期日之前提前赎回债券的相关规定，包括不可赎回期、赎回期、赎回价格和赎回条件等。其中不可赎回期设立的目的是保护债券持有人利益，防止发行公司滥用赎回权。 设置赎回条款的目的一是促使债券持有人转换股份；二是能使发行公司避免市场利率下降后，继续向债券持有人按较高的债券票面利率支付利息（注：该条款对发行公司有利）
回售条款	回售条款是可转换债券发行公司的股票价格达到某种恶劣程度时，债券持有人有权按照约定的价格将可转换债券卖给发行公司的有关规定。 设置回售条款的目的是保护债券投资人的利益，降低投资风险。同时可以使投资者具有安全感，因而有利于吸引投资者（注：该条款对投资者有利）
强制性转换条款	强制性转换条款是在某些条件具备之后，债券持有人必须将可转换债券转换为股票，无权要求偿还债券本金的规定。 设置强制性转换条款目的是保证可转换债券顺利地转换成股票，实现发行公司扩大权益筹资的目的

【例题13·多选题】 下列可转换债券的主要条款中，对发行公司有利的有(   )。

A. 回售条款

B. 赎回条款

C. 转换比率条款

D. 强制性转换条款

解析 回售条款对债券持有人有利，选项A不是答案；赎回条款是可转换债券发行公司可以在债券到期日之前提前赎回债券的相关规定，对发行公司有利，选项B是答案；转换比率条款是可转换债券可以按转换价格转换为普通股股数的规定，转换价格高，转换比率就低，总金额没变，谈不上对哪一方有利的问题，选项C不是答案；强制性转换条款是在某些条件具备后，债券持有人必须将可转换债券转换为股票，对发行公司有利，选项D是答案。 **答案** BD

【例题14·单选题】 ☆可转换债券在赎回条款中设置不可赎回期，其目的是(   )。

A. 防止赎回溢价过高

B. 保证可转换债券顺利转换成股票

C. 保证发行公司长期使用资金

D. 防止发行公司过度使用赎回权

解析 设置不可赎回期的目的，在于保护债券持有人的利益，防止发行企业滥用赎回权。 **答案** D

(二)可转换债券的筹资成本 ★★★

1. 可转换债券的底线价值

底线价值是可转换债券的最低价值，应该是纯债券价值和转换价值两者中较高者。

(1)纯债券的价值=未来利息的现值+面值的现值

(2)债券的转换价值=转股时的股票市价×转换比率

2. 可转换债券的税前资本成本

(1)计算方法

通过计算投资人的内含报酬率来估计可转换债券税前资本成本，其计算公式为：

买价=转换之前利息的现值+转换价值或赎回价格(两者较高者)的现值

上式中求出的折现率，就是投资人的内含报酬率，即可转换债券的税前资本成本。

『老贾点拨』 发行公司在赎回债券之前，通常要向债券持有人发出通知，债券持有人可以在转换普通股和被发行公司赎回之间进行选择，一般而言，债券持有人会将债券转为普通股(即转换价值高于赎回价格)。

(2)决策方法

可转换债券的税前资本成本应在等风险普通债券市场利率与税前普通股资本成本之间，投资人和发行公司双方才能共同接受，即可转换债券才能发行成功。

如果可转换债券的税前资本成本低于等风险普通债券的市场利率，则可以通过提高每年支付的利息(即提高票面利率)，提高转换比率(即降低转换价格)或延长赎回保护期间等措施提高投资人的报酬率，以保证该可转换债券对投资人有吸引力。

【例题15·单选题】 ☆甲公司拟发行可转换债券，当前等风险普通债券的市场利率为5%，股东权益成本为7%。甲公司的企业所得税税率为20%。要使发行方案可行，可转换债券的税后资本成本的区间为(   )。

A. 4%～7%　　　B. 5%～7%

C. 4%～8.75%　　D. 5%～8.75%

解析 如果可转换债券的税后资本成本高于普通股资本成本，则不如直接增发普通股，所以，要使发行方案可行，可转换债券的税后资本成本的最大值为7%；如果可转换债券的税后成本低于普通债券的税后利率，则对投资人没有吸引力。所以，要使发行方案可行，可转换债券的税后资本成本的最小值为4%[=5%×(1-20%)]。 **答案** A

（三）可转换债券筹资的优缺点★

可转换债券筹资的优缺点见表10-14。

表10-14　可转换债券筹资的优缺点

优缺点		阐释
优点	降低前期筹资成本	可转换债券的票面利率比同一条件下的普通债券低，降低了公司前期筹资成本
	有利于稳定公司股价	与普通股相比，可转换债券使得公司取得了以高于当前股价出售普通股的可能性，避免了直接发行新股导致公司股价进一步下降
缺点	股价上涨风险	如果转换时股票价格大幅上涨，公司只能以较低的固定转换价格换出股票，会降低公司的股权筹资额
	股价低迷风险	如果股价低迷，可转换债券持有人不愿意转成股票，公司继续承担债务；如果有回售条款，增加短期偿还债务的压力
	筹资成本高于普通债券	尽管可转换债券的票面利率比普通债券低，但是加入转股成本之后的总筹资成本比普通债券要高

（四）可转换债券与附认股权证债券的区别★★★

可转换债券和附认股权证债券的区别见表10-15。

表10-15　可转换债券和附认股权证债券的区别

区别	可转换债券	附认股权证债券
新增资本	转换时不会增加公司资本	认购股份时会增加权益资本
灵活性	灵活性高	灵活性低
发行目的	发行可转换债券的主要目的是发行股票而不是债券，只是因为当前股价偏低，希望通过将来转股以实现较高的股票发行价	发行附认股权证债券的主要目的是发行债券而不是股票，是为了发债而附带期权，只是因为当前利率要求高，希望通过捆绑期权吸引投资者以降低利率
发行费用	与普通债券类似	介于债务融资与普通股融资之间

【例题16·计算分析题】A公司当前股价每股35元，预计未来可持续增长率6%。拟按面值发行可转换债券筹资5 000万元，每份债券面值1 000元，可转换债券期限15年，票面利率10%，转换价格50元。可转换债券的不可赎回期10年，不可赎回期结束，进入赎回期，赎回价格1 050元，此后每年递减10元，到期按照面值赎回。公司的股权资本成本15%，等风险普通债券市场利率12%，企业所得税税率25%。

要求：

（1）回答什么是可转换债券？可转换债券筹资有什么优缺点？

（2）计算第10年年末的纯债券价值、转换价值和底线价值。并分析投资者如何选择？

（3）计算可转换债券的税前资本成本，并判断发行方案是否可行。

（4）如果发行方案不可行，在其他因素不变时确定票面利率的上下限（保留到1%）。

答案

（1）可转换债券在一定期间依据约定条件可以转换为特定公司的普通股。

可转换债券筹资优点是降低了公司前期的筹资成本；有利于稳定股价。缺点是存在股价上涨风险、低迷风险、筹资成本高于普通债券。

（2）纯债券价值 = 1 000×10%×（P/A，12%，5）+1 000×（P/F，12%，5）= 927.88（元）

转换价值＝股价×转换比率＝35×(1+6%)^{10}×(1 000/50)＝1 253.56(元)

底线价值是两者较高者,即1 253.56元。第10年年末债券赎回价格1 050元,促使投资者尽快转换为普通股。

(3) 1 000 × 10% × (P/A, i, 10) + 1 253.56×(P/F, i, 10)＝1 000

假设折现率是11%,则:

1 000 × 10% × (P/A, 11%, 10) + 1 253.56×(P/F, 11%, 10)＝1 030.42

假设折现率是12%,则:

1 000 × 10% × (P/A, 12%, 10) + 1 253.56×(P/F, 12%, 10)＝968.67

(i − 11%)/(12% − 11%)＝(1 000 − 1 030.42)/(968.67−1 030.42)

i＝11.49%

可转换债券税前资本成本11.49%低于等风险普通债券市场利率12%,发行方案不可行。

(4)①确定票面利率的下限(以等风险普通债券市场利率为折现率)

1 000×r×(P/A, 12%, 10) + 1 253.56×(P/F, 12%, 10)＝1 000

求解: r＝10.55%

即票面利率的下限为11%。

②确定票面利率的上限(以普通股的税前资本成本为折现率)

普通股的税前资本成本为:

15%÷(1−25%)＝20%

1 000×r×(P/A, 20%, 10) + 1 253.56×(P/F, 20%, 10)＝1 000

求解: r＝19.02%

即票面利率的上限为19%。

【例题17·多选题】☆为确保债券平价发行,假设其他条件不变,下列各项可导致票面利率降低的有( )。

A. 附转换条款　　B. 附赎回条款

C. 附回售条款　　D. 附认股权证

解析 ▶ 为确保债券平价发行,假设其他条件不变,公司可以附转换条款发行可转换债券,或者附认股权证发行附认股权证债券,由于债券持有人有可能获得股票投资收益,从而导致票面利率降低,所以选项A、D是答案。由于回售条款可以保护债券投资人的利益,合理的回售条款可以使投资者具有安全感,从而有利于吸引投资者,所以,附有回售条款的债券的票面利率可以低一些,即选项C也是答案。赎回条款是发行企业在债券到期之前提前赎回债券的规定,赎回条款的设置是促使债券持有人转换股份,对发行公司有利,不会降低票面利率,所以选项B不是答案。

答案 ▶ ACD

八、租赁筹资

(一)租赁的分类★

租赁按照不同的分类标准可以有不同的类别,具体类型及相关说明见表10-16。

表10-16　租赁的分类

分类依据	类型	阐释
当事人之间的关系	直接租赁	出租人直接向承租人提供资产的租赁形式,只涉及出租人和承租人两方
	杠杆租赁	该租赁是有贷款者参与的一种租赁形式,涉及出租人、承租人、贷款人三方。其中的出租人也是款项的借入者
	售后租回	承租人先将某资产卖给出租人,再将该资产租回的一种租赁形式,涉及出租人和承租人两方。其中承租方也是资产的出售方,出租方也是资产的买方

续表

分类依据	类型	阐释
租赁期长短	短期租赁	租期明显短于租赁资产的经济寿命
	长期租赁	租期接近于租赁资产的经济寿命
全部租赁费是否超过资产的成本	不完全补偿租赁	租赁费不足以补偿资产的全部成本
	完全补偿租赁	租赁费超过资产的全部成本
租赁是否可以随时解除	可以撤销租赁	承租人可随时解除（提前终止合同，承租人要支付一定的赔偿费）
	不可撤销租赁	合同到期前不可以单方面解除（如果经过出租人同意或者承租人支付一笔足够大的额外款项从而得到对方认可，不可撤销租赁也可以提前终止）
出租人是否负责租赁资产的维护	毛租赁	出租人负责资产维护
	净租赁	承租人负责资产维护

【例题18·单选题】 甲公司向乙公司购买了土地，随后转租给丙公司。甲公司以自有资金向乙公司支付总价款的30%，同时甲公司以该土地作为抵押向丁银行借入余下的70%价款。这种租赁方式是（　　）。

A. 经营租赁　　B. 售后租回

C. 杠杆租赁　　D. 直接租赁

解析 ▶ 该租赁涉及三方当事人，即出租方甲公司、承租方丙公司和资金出借者丁银行，其中甲公司同时也是资金借入者。

答案 ▶ C

（二）租赁存在的原因★

租赁存在的原因见表10-17。

表10-17　租赁存在的原因

原因	阐释
节税	若承租方有效税率高于出租方，并且租赁费可以抵税，通过租赁可以节税。即资产使用方处于高税率级别，在购买方式下从折旧中获得的抵税收益小于在租赁方式下获得的抵税收益，资产使用方倾向于租赁（长期租赁存在的重要原因）
降低交易成本	租赁公司购置资产价格更优惠，维修可能更内行或更有效率。出租方融资成本往往比承租人低（短期租赁存在的主要原因）
减少不确定性	承租人不拥有租赁资产所有权，不承担与此有关的风险

（三）租赁费用★

租赁费用的经济内容包括出租人的全部出租成本和利润。出租成本包括出租资产的购置成本、营业成本以及相关利息。出租人收取的租赁费用大于出租成本的部分即为利润。租赁费用的报价形式有三种，即：

（1）合同分别约定租赁费、利息和手续费；

（2）合同分别约定租赁费和手续费；

（3）合同只约定一项综合租赁费。

（四）租赁的税务处理

以融资租赁方式租入固定资产发生的租赁费支出，按照规定构成融资租入固定资产价值的部分应当提取折旧费用，分期扣除。

『老贾点拨』融资租入固定资产以租赁合同约定的付款总额（包括租金以及租赁期满固定资产归承租方时，付给出租方的名义价款）和承租人在签订租赁合同过程中发生的相关费用为计税基础；租赁合同未约定付款总额的，以该资产的公允价值和承租人在签订租赁合同过程中发生的相关费用为计税基础。

（五）租赁的决策分析（承租人）★★★

1. 租赁决策分析的基本模型

租赁净现值＝租赁现金流量总现值－借款购买现金流量总现值

租赁净现值大于零，采用租赁方案；相反，采用购买方案。

『老贾点拨』采用有担保债券的税后利率作为折现率。

2. 融资租赁现金流量的确定

融资租赁现金流量的确定见表10-18。

表10-18 融资租赁现金流量的确定

项目	现金流量的确定
租赁期	①-租金(注意租金支付的时点)； ②折旧抵税=折旧×企业所得税税率
期满所有权不转移	①变现收入为0； ②变现损失=账面净值=按税法计算的账面原值-已提折旧 变现损失抵税=变现损失×企业所得税税率
期满所有权转移	①支付给出租方名义买价(-)； ②变现收入(+)； ③变现收入大于账面价值的差额要交所得税(-)； 或：账面价值大于变现收入的差额可以抵减所得税(+)

3. 购买方案现金流量的确定

购买方案现金流量的确定见表10-19。

表10-19 购买方案现金流量的确定

项目	现金流量的确定
初始现金流量	-资产购置支出
营业现金流量	折旧×所得税税率
期满资产余值的现金流量	期末资产余值的变现价值+变现损失抵税(或-变现收益缴税)

『老贾点拨』如果合同约定设备维护费用等由承租方负担，则在两个方案中视为不相关现金流量；如果合同约定设备维护费用等由出租方负担，则在购买方案中需要计算税后的设备维护费用，并视为现金流出量。

4. 租赁分析的折现率

从原则上说，折现率应当体现现金流量的风险，租赁涉及的各种现金流风险并不同，应当使用不同的折现率。

除非租赁涉及的金额巨大，在实务中的惯例是采用简单的办法，就是统一使用有担保债券的税后利率作为折现率，它比无风险报酬率稍微高一点。与此同时，对于折旧抵税额和期末资产余值进行比较谨慎的估计，即根据风险大小适当调整预计现金流量。

5. 租赁决策对投资决策的影响

有时一个投资项目按常规筹资有负的净现值，如果租赁的价值较大，抵补常规分析负的净现值后还有剩余，即项目的调整净现值大于零，则采用租赁筹资可能使该项目具有投资价值。其项目的调整净现值为：

项目的调整净现值=项目的常规净现值+租赁净现值

（六）售后租回的税务处理★

融资性售后租回业务中，承租人出售资产的行为，不确认为销售收入，对融资性租赁的资产，仍按承租人出售前原账面价值作为计税基础计提折旧。租赁期间，承租人支付的属于融资利息的部分，作为企业财务费用在税前扣除。

【例题 19·计算分析题】 ☆甲公司是一家制造业企业，产品市场需求处于上升阶段。为提高产能，公司拟新建一个生产车间。该车间运营期 6 年。有两个方案可供选择：

方案一：设备购置。预计购置成本 320 万元，首年年初支付；设备维护费用每年 2 万元，年末支付。

方案二：设备租赁。租赁期 6 年，租赁费每年 50 万元，年初支付。租赁公司负责设备的维护，不再另外收费。租赁期内不得撤租，租赁期满时租赁资产所有权以 60 万元转让。

6 年后该设备可按 85 万元出售，但需支付处置费用 5 万元。根据税法相关规定，设备折旧年限 8 年，净残值 4%，按直线法计提折旧。

税前有担保借款利率 8%，企业所得税税率 25%。

要求：

(1)计算设备租赁相对于购置的差额现金流量及其净现值(计算过程和结果填入下列表格中)。

单位：万元

	T = 0	T = 1	T = 2	T = 3	T = 4	T = 5	T = 6
差额现金流量							
折现系数							
现值							
净现值							

(2)判断企业应该选择何种方案，简要说明理由。

答案

(1)

单位：万元

	T = 0	T = 1	T = 2	T = 3	T = 4	T = 5	T = 6
租赁方案：							
租金支付	−50	−50	−50	−50	−50	−50	
计税基础	360						
折旧		43.2	43.2	43.2	43.2	43.2	43.2
折旧抵税		10.8	10.8	10.8	10.8	10.8	10.8

	T = 0	T = 1	T = 2	T = 3	T = 4	T = 5	T = 6
转让费							−60
变现流入							80
账面价值							100.8
损失抵税							5.2
现金流量	−50	−39.2	−39.2	−39.2	−39.2	−39.2	36
购置方案:							
购置成本	−320						
税后维护费		−1.5	−1.5	−1.5	−1.5	−1.5	−1.5
折旧		38.4	38.4	38.4	38.4	38.4	38.4
折旧抵税		9.6	9.6	9.6	9.6	9.6	9.6
变现流入							80
账面价值							89.6
损失抵税							2.4
现金流量	−320	8.1	8.1	8.1	8.1	8.1	90.5
差额现金流量	270	−47.3	−47.3	−47.3	−47.3	−47.3	−54.5
折现系数	1	0.943 4	0.890 0	0.839 6	0.792 1	0.747 3	0.705 0
现值	270	−44.62	−42.10	−39.71	−37.47	−35.35	−38.42
净现值	32.33						

计算说明:

计税基础=50×6+60=360(万元),租赁方案年折旧额=360×(1−4%)/8=43.2(万元),年折旧抵税=43.2×25%=10.8(万元)。第6年年末账面价值=360−43.2×6=100.8(万元),变现损失抵税=(100.8−80)×25%=5.2(万元)。

自行购置方案年折旧额=320×(1−4%)/8=38.4(万元),年折旧抵税=38.4×25%=9.6(万元)。第6年年末账面价值=320−38.4×6=89.6(万元),变现损失抵税=(89.6−80)×25%=2.4,由于是流入,用正数表示。

(2)由于租赁相对于购买方案的净现值大于0,因此应该采用租赁方案。

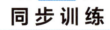

同步训练

限时 235min

扫 我 做 试 题

一、单项选择题

1. 与公开发行股票相比,下列关于非公开发行股票的说法中,不正确的是( )。

   A. 发行成本低

   B. 发行范围小

   C. 股票变现性差

   D. 灵活性小

2. 某公司拟发行 5 年期债券进行筹资,债券票面金额为 100 元,每年付息一次,票面利率为 12%，而当时市场利率为 10%，那么，该公司债券发行价格应为（　）元。

 A. 93.22   B. 100

 C. 105.35   D. 107.58

3. 长期借款筹资与长期债券筹资相比，其特点是（　）。

 A. 资本成本高

 B. 筹资费用大

 C. 筹资弹性小

 D. 筹资速度快

4. A 公司拟采用配股的方式进行融资。以该公司 2018 年 12 月 31 日总股数 3 000 万股为基数，每 10 股配 3 股。配股说明书公布之前 20 个交易日平均股价为 15 元/股，配股价格为 10 元/股。假设所有股东都参与配股，则配股除权参考价和每股股票配股权价值分别为（　）。

 A. 13.85 元/股；1.06 元

 B. 13.85 元/股；1.16 元

 C. 13.55 元/股；1.16 元

 D. 13.55 元/股；1.06 元

5. 相对于负债筹资而言，普通股筹资的特点是（　）。

 A. 资本成本低

 B. 财务风险高

 C. 分散控制权

 D. 固定财务负担

6. ☆与长期借款相比，发行债券筹资的优点是（　）。

 A. 筹资速度较快

 B. 筹资规模较大

 C. 筹资费用较小

 D. 筹资灵活性较好

7. 便于引进战略投资，提升公司治理水平的融资方式是（　）。

 A. 长期借款

 B. 可转换债券

 C. 附认股权证债券

 D. 定向增发普通股

8. 与间接发行方式相比，股票直接发行的特点是（　）。

 A. 发行费用高

 B. 筹资时间长

 C. 损失发行溢价

 D. 免于承担发行风险

9. 下列关于配股与增发新股的说法中，不正确的是（　）。

 A. 配股一般采用网上定价发行方式

 B. 拟配售股份数量不超过本次配售前股本总额的 30%

 C. 公开增发要求最近三个会计年度加权平均净资产收益率每年不低于 6%

 D. 非公开增发的发行价格不低于定价基准日前 20 个交易日公司股票均价的 80%

10. 与长期借款筹资相比较，普通股筹资的优点是（　）。

 A. 筹资速度快   B. 财务风险小

 C. 筹资成本小   D. 筹资弹性好

11. ☆甲公司采用配股方式进行融资，每 10 股配 5 股，配股价 20 元；配股前股价 27 元。最终参与配股的股权占 80%。乙在配股前持有甲公司股票 1 000 股，若其全部行使配股权，乙的财富（　）。

 A. 增加 500 元   B. 增加 1000 元

 C. 减少 1000 元   D. 不发生变化

12. 甲公司采用配股方式进行融资，每 10 股配 2 股，配股前股价为 6.2 元，配股价为 5 元。如果除权日股价为 5.85 元，所有股东都参加了配股，除权日股价下跌（　）。

 A. 2.42%   B. 2.50%

 C. 2.56%   D. 5.65%

13. 与股票看涨期权相比，认股权证的不同点在于（　）。

 A. 行权的股票来自二级市场

 B. 行权会稀释每股收益

 C. 固定行权价格

 D. 价值随股票价格变动

14. 下列关于可转换债券和附认股权证债券的说法中，不正确的是（　）。

 A. 分离型附认股权证债券的认股权证和

公司债券可以分开

B. 可转换债券转换和认股权证行权都会带来新的资本

C. 对于可转换债券的持有人而言，为了执行看涨期权必须放弃债券

D. 可转换债券的持有人和附认股权证债券的持有人均具有选择权

二、多项选择题

1. 下列各项中，属于有偿增资发行股票的有( )

A. 股票股利

B. 资本公积转增资本

C. 配股

D. 定向增发

2. 下列属于公开发行方式发行股票特点的有( )

A. 灵活性大

B. 股票变现性强、流通性好

C. 发行成本高

D. 有利于提高公司知名度

3. 下列各项中，属于股票包销方式特点的有( )。

A. 发行公司承担股款未募足的风险

B. 发行公司会损失部分股票溢价

C. 发行公司不承担发行风险

D. 发行公司及时筹足资本

4. 长期债券筹资的优点有( )。

A. 筹资规模较大

B. 发行成本低

C. 具有长期性和稳定性

D. 信息披露成本低

5. 下列关于附认股权证债券的说法中，错误的有( )。

A. 附认股权证债券的筹资成本应该高于公司直接增发普通股的资本成本

B. 提高认股权证的执行价格可以提高附认股权债券投资人的内含报酬率

C. 附认股权证债券可以吸引投资者购买票面利率低于市场要求的长期债券

D. 认股权证在认购股份时会给公司带来新的权益资本，但股权不会被稀释

6. ☆配股是上市公司股权再融资的一种方式。下列关于配股的说法中，不正确的有( )。

A. 配股价格一般采取网上竞价方式确定

B. 配股价格低于市场价格，会减少老股东的财富

C. 配股权是一种看涨期权，其执行价格等于配股价格

D. 每股股票配股权价值等于配股除权参考价减配股价格

7. ☆某公司是一家生物制药企业，目前正处于高速成长阶段。公司计划发行 10 年期限的附认股权证债券进行筹资。下列说法中，正确的有( )。

A. 认股权证是一种看涨期权，可以使用布莱克-斯科尔斯模型对认股权证进行定价

B. 使用附认股权证债券筹资的主要目的是当认股权证执行时，可以以高于债券发行日股价的执行价格给公司带来新的权益资本

C. 使用附认股权证债券筹资的缺点是当认股权证执行时，会稀释股价和每股收益

D. 为了使附认股权证债券顺利发行，其内含报酬率应当介于债务市场利率和税前普通股资本成本之间

8. 下列关于认股权证和股票看涨期权的共同点的说法中，正确的有( )。

A. 都有固定的执行价格

B. 都能作为筹资工具

C. 都以股票为标的资产

D. 行权时都可以稀释每股收益

9. 可转换债券的税前资本成本小于等风险普通债券的市场利率，为了提高投资者对该可转换债券的吸引力，可采用的调整措施有( )。

A. 提高债券票面利率

B. 降低转换比率

C. 降低转换价格

D. 延长赎回保护期

10. 下列属于租赁存在的主要原因的有（　　）。

A. 租赁双方的实际税率不同，通过租赁可以减税

B. 通过租赁可以优化资本结构，降低资本成本

C. 通过租赁合同减少不确定性

D. 通过租赁降低交易成本

11. 下列关于可转换债券特点的描述，正确的有（　　）。

A. 与普通股相比，有利于股价的稳定

B. 与普通债券相比，有利于以较低利率取得资金

C. 与附认股权证债券相比，灵活性更大

D. 发行可转换债券的目的是提高财务杠杆比例

12. 下列关于可转换债券主要条款的描述中不正确的有（　　）。

A. 设置不可赎回期的目的，在于保护债券发行公司的利益，防止债券持有人过早转换债券

B. 设置赎回条款是为了促使债券持有人转换股份，保护债券投资者的利益

C. 设置回售条款是为了保护债券投资人的利益，使他们能够避免遭受过大的投资损失

D. 设置强制性转换条款，是为了保证可转换债券顺利地转换为股票，实现发行公司扩大权益筹资的目的

13. 在其他条件一定的情况下，可转换债券的转换比率越高，则（　　）。

A. 对债券持有人越有利

B. 对发行公司越有利

C. 转换价格越低

D. 转换价值越大

14. 下列各项中，属于发行可转换债券筹资优点的有（　　）。

A. 筹资成本低于普通债券

B. 票面利率低于普通债券

C. 股价较低时可以避免直接发行新股而造成损失

D. 有利于稳定公司股价

15. 下列有关可转换债券和附认股权证债券的说法中，不正确的有（　　）。

A. 可转换债券转换和附认股权证债券行权都会增加公司资本

B. 可转换债券的灵活性比附认股权证债券强

C. 可转换债券转换和附认股权证债券行权都会增加权益资本

D. 发行附认股权证债券和发行可转换债券的主要目的都是发行股票而不是债券

16. ☆在其他条件不变的情况下，关于单利计息，到期一次还本付息的可转换债券的内含报酬率，下列各项说法中正确的有（　　）。

A. 债券期限越长，债券内含报酬率越高

B. 票面利率越高，债券内含报酬率越高

C. 转换比率越高，债券内含报酬率越高

D. 转换价格越高，债券内含报酬率越高

17. 下列选项中，属于发行人不得影响持续盈利能力的情形有（　　）。

A. 发行人的经营模式、产品或服务的品种结构已经或者将发生重大变化，并对发行人的持续盈利能力构成重大不利影响

B. 发行人最近1个会计年度的营业收入或净利润对关联方或者存在重大不确定性的客户存在重大依赖

C. 发行人最近2个会计年度的净利润主要来自合并财务报表范围以外的投资收益

D. 发行人的行业地位或发行人所处行业的经营环境已经或者将发生重大变化，并对发行人的持续盈利能力构成重大不利影响

三、计算分析题

1. 甲公司目前有一个好的投资机会，急需资金1 000万元。该公司财务经理通过与几家银行进行洽谈，初步拟订了四个备选借

款方案。四个方案的借款本金均为1 000万元，借款期限均为五年，具体还款方式如下：

方案一：采取定期支付利息，到期一次性偿还本金的还款方式，每半年末支付一次利息，每次支付利息40万元。

方案二：采取等额偿还本息的还款方式，每年年末偿还本息一次，每次还款额为250万元。

方案三：采取定期支付利息，到期一次性偿还本金的还款方式，每年年末支付一次利息，每次支付利息80万元。此外，银行要求甲公司按照借款本金的10%保持补偿性余额，对该部分补偿性余额，银行按照3%的银行存款利率每年年末支付企业存款利息。（不考虑货币时间价值）

方案四：采用到期一次偿还本金和利息方式（利息按单利计算），一次偿还本利和1 450万元。

要求：计算四种借款方案的有效年利率。如果仅从资本成本的角度分析，甲公司应当选择哪个借款方案？

2. A公司是一家上市公司，目前总股本5 000万元，每股面值1元。股东大会通过决议，拟每10股配2股，配股价25元/股，配股除权日期定为2018年3月2日。假定配股前每股价格为56元，不考虑新募集投资的净现值引起的企业价值的变化。

要求：

(1)假设所有股东都参与配股，计算该公司股票的配股除权参考价、每股股票的配股权价值(计算结果保留三位小数)。

(2)假定投资者李某持有100万股A公司股票，其他的股东都决定参与配股，分别计算李某参与配股和不参与配股对其股东财富的影响(计算结果保留整数)，并判断李某是否应该参与配股。

(3)如果把配股改为公开增发新股，增发1 000万股，增发价格为60元/股，增发

前一个交易日股票均价为56元/股。老股东认购了800万股，新股东认购了200万股。不考虑新募集资金投资的净现值引起的企业价值的变化，计算老股东和新股东的财富增加(增发后每股价格的计算结果保留四位小数，财富增加的计算结果保留整数)。

3. ☆甲公司为扩大产能，拟平价发行分离型附认股权证债券进行筹资，方案如下：

债券每份面值1 000元，期限5年，票面利率5%。每年付息一次。同时附送20份认股权证。认股权证在债券发行3年后到期，到期时每份认股权证可按11元的价格购买1股甲公司普通股股票。

甲公司目前有发行在外的普通债券，5年后到期，每份面值1 000元，票面利率6%，每年付息一次，每份市价1 020元(刚刚支付过最近一期利息)。

公司目前处于生产的稳定增长期，可持续增长率5%。普通股每股市价10元。公司企业所得税税率25%。

要求：

(1)计算公司普通债券的税前资本成本。

(2)计算分离型附认股权证债券的税前资本成本。

(3)判断筹资方案是否合理，并说明理由，如果不合理，给出调整建议。

4. ☆甲公司是一家制造业企业，产品市场需求处于上升阶段，为增加产能，公司拟于2018年初添置一台设备，有两种方案可供选择：

方案一：自行购置。预计设备购置成本1 600万元。按税法规定，该设备按直线法计提折旧，折旧年限5年，净残值率为5%，预计该设备使用4年，每年年末支付维护费用16万元，4年后变现价值400万元。

方案二：租赁。甲公司租用设备进行生产，租赁期4年，设备的维护费用由提供租赁服务的公司承担，租赁期内不得撤

租，租赁期满时设备所有权不转让，租赁费总计 1 480 万元，分 4 年偿付，每年年初支付 370 万元

甲公司的企业所得税税率为 25%，税前有担保的借款利率为 8%。

要求：

(1)计算方案一的初始投资额、每年折旧抵税额、每年维护费用税后净额、4 年后设备变现税后净额，并计算考虑货币时间价值的平均年成本。

(2)判断租赁性质，计算方案二的考虑货币时间价值的平均年成本。

(3)比较方案一和方案二的平均年成本，判断甲公司应该选择方案一还是方案二。

5. 甲公司目前因项目扩建急需筹资 1 亿元。由于当前公司股票价格较低，公司拟通过发行可转换债券的方式筹集资金，并初步拟订了筹资方案。有关资料如下：

(1)可转换债券按面值发行，期限 5 年。每份可转换债券的面值为 1 000 元，票面利率为 5%，每年年末付息一次，到期还本。可转换债券发行一年后可以转换为普通股，转换价格为 25 元。

(2)可转换债券设置有条件赎回条款，当股票价格连续 20 个交易日不低于转换价格的 120% 时，甲公司有权以 1 050 元的价格赎回全部尚未转股的可转换债券。

(3)甲公司股票的当前价格为 22 元，预期股利为 0.715 元/股，股利年增长率预计为 8%。

(4)当前市场上等风险普通债券的市场利率为 10%。

(5)甲公司适用的企业所得税税率为 25%。

(6)为方便计算，假定转股必须在年末进行，赎回在达到赎回条件后可立即执行。

要求：

(1)计算发行日每份纯债券的价值。

(2)计算第 4 年年末每份可转换债券的底线价值。

(3)计算可转换债券的税前资本成本，判

断拟订的筹资方案是否可行并说明原因。

(4)如果筹资方案不可行，甲公司拟采取修改票面利率的方式修改筹资方案。假定修改后的票面利率须为整数，计算使筹资方案可行的票面利率区间。

四、综合题

1. ☆甲公司是一家制造业公司。目前公司股票每股 45 元。预计股价未来年增长率 8%；长期借款合同中保护性条款约定甲公司长期资本负债率不可高于 50%、利息保障倍数不可低于 5 倍。为占领市场并优化资本结构，公司拟于 2019 年年末发行附认股权证债券筹资 20 000 万元。为确定筹资方案是否可靠，收集资料如下：

资料一：甲公司 2019 年预计财务报表主要数据。

单位：万元

资产负债表项目	2019 年末
资产总计	105 000
流动负债	5 000
长期借款	40 000
股东权益	60 000
负债和股东权益总计	105 000
利润表项目	2019 年度
营业收入	200 000
财务费用	2 000
利润总额	12 000
所得税费用	3 000
净利润	9 000

甲公司 2019 年财务费用均为利息费用，资本化利息 200 万元。

资料二：筹资方案。

甲公司拟平价发行附认股权证债券，面值 1 000 元，票面利率 6%，期限 10 年，每年末付息一次，到期还本。每份债券附送 20 张认股权证，认股权证 5 年后到期，在到期前每张认股权证可按 60 元的价格购买 1 股普通股。不考虑发行成本等其他

费用。

资料三：甲公司尚无上市债券，也找不到合适的可比公司。评级机构评定甲公司的信用级别为 AA 级。目前上市交易的同行业其他公司债券及与之到期日相近的政府债券信息如下：

公司债券				政府债券	
发行公司	信用等级	到期日	到期收益率	到期日	到期收益率
乙	AAA	2021 年 2 月 15 日	5.05%	2021 年 1 月 31 日	4.17%
丙	AA	2022 年 11 月 30 日	5.63%	2022 年 12 月 10 日	4.59%
丁	AA	2025 年 1 月 1 日	6.58%	2024 年 11 月 15 日	5.32%
戊	AA	2029 年 11 月 30 日	7.20%	2029 年 12 月 1 日	6.75%

甲公司股票目前 β 系数 1.5，市场风险溢价 4%，企业所得税税率 25%，假设公司所筹资金全部用于购置资产，资本结构以长期资本账面价值计算权重。

资料四：如果甲公司按筹资方案发债，预计 2020 年营业收入比 2019 年增长 20%，财务费用在 2019 年财务费用基础上增加新发债券利息，资本化利息保持不变，企业应纳税所得额为利润总额，营业净利率保持 2019 年水平不变，不分配现金股利。

要求：

(1)根据资料一，计算筹资前的长期资本负债率、利息保障倍数。

(2)根据资料二，计算发行附认股权证债券的资本成本。

(3)为判断筹资方案是否可行，根据资料三，利用风险调整法，计算甲公司税前债务资本成本；假设无风险利率参考 10 年期政府债券到期收益率，计算筹资后股权

资本成本。

(4)为判断是否符合借款合同的保护性条款的要求，根据资料四，计算筹资方案执行后 2020 年年末长期资本负债率、利息保障倍数。

(5)基于上述结果，判断筹资方案是否可行，并简要说明理由。

2. H 公司目前每股价格为 20 元，每股股利为 1 元，股利预期增长率为 6%。

公司现在急需筹集资金 5 000 万元，有以下 3 个备选方案：

方案 1：按照目前市价增发股票 250 万股。

方案 2：平价发行 10 年期的长期债券。目前新发行的 10 年期政府债券的到期收益率为 3.6%。H 公司的信用级别为 AAA 级，目前上市交易的 AAA 级公司债券有 3 种。这 3 种公司债券及与其到期日接近的政府债券的到期收益率如下表所示：

债券发行公司	上市债券到期日	上市债券到期收益率	政府债券到期日	政府债券到期收益率
甲	2013 年 7 月 1 日	6.5%	2013 年 6 月 30 日	3.4%
乙	2014 年 9 月 1 日	6.25%	2014 年 8 月 1 日	3.05%
丙	2016 年 6 月 1 日	7.5%	2016 年 7 月 1 日	3.6%

方案 3：发行 10 年期的可转换债券，债券面值为每份 1 000 元，票面利率为 5%，每年年末付息一次，转换价格为 25 元；不可赎回期为 5 年，5 年后可转换债券的赎回价格为 1 050 元，此后每年递减 10 元。假设等风险普通债券的市场利率

为 7%。

要求：

(1)计算按方案 1 发行股票的资本成本。

(2)计算按方案 2 发行债券的税前资本成本。

(3)根据方案 3 计算第 5 年年末可转换债

券的底线价值，并计算按方案 3 发行可转换债券的税前资本成本。

(4)判断方案 3 是否可行并解释原因。如方案 3 不可行，请提出三种可行的具体修改建议(例如：票面利率至少提高到多少，方案才是可行的。修改发行方案时，债券的面值、期限、付息方式均不能改变，不可赎回期的改变以年为最小单位，赎回价格的确定方式不变)。

3. A 公司是一家生产包装材料的上市公司。公司目前发行在外的普通股为 10 000 万股，每股价格为 10 元，预计公司未来可持续增长率 6%，公司普通股资本成本 15%，公司所得税税率 25%。目前等风险普通债券的市场利率为 10%。公司现在急需筹集资金 16 000 万元，用于投资材料切割生产线项目，有如下四个备选筹资方案：

方案一：以 10 000 万股为基数，每 10 股配 2 股，配股价格为 8 元/股。

方案二：按照目前市价公开增发股票 1 600 万股。

方案三：发行 10 年期的公司债券，债券面值为每份 1 000 元，票面利率为 9%，每年年末付息一次，到期还本，发行价格拟定为 950 元/份。

方案四：按面值发行 20 年期的附认股权证债券，债券面值为每份 1 000 元，票面利率为 9%，每年年末付息一次，到期还本。每份债券附送 20 张认股权证，认股权证只能在第 10 年年末行权，行权时每张认股权证可按 15 元的价格购买 1 股普通股。

假设上述各方案的发行费用均可忽略不计。

要求：

(1)如果要使方案一可行，企业应在拟配售股份数量方面满足什么条件？假设该方案可行并且所有股东均参与配股，计算配股除权参考价及每股股票配股权价值。

(2)如果要使方案二可行，企业应在盈利持续性、现金股利分配和净资产报酬率方面满足什么条件？应遵循的公开增发新股的定价原则是什么？如果符合增发条件，判断新老股东财富水平的变化。

(3)如果要使方案三可行，计算每份债券价值，判断拟定的债券发行价格是否合理并说明原因。

(4)根据方案四，计算每份债券所附认股权证第 10 年年末的行权净流入、附认股权证债券的税前资本成本，判断方案四是否可行并说明原因，如果不可行，请提出解决措施。

同步训练答案及解析

一、单项选择题

1. D　【解析】非公开发行股票方式灵活性较大，发行成本低，但发行范围小，股票变现性差。

2. D　【解析】发行价格 = 100×12%×(P/A，10%，5)+100×(P/F，10%，5)= 107.58(元)

3. D　【解析】发行债券筹集资金，其准备和发行都需要一定时间，而长期借款可以迅速获取资金。

4. B　【解析】配股除权参考价 = (3 000×15+3 000/10×3×10)/(3 000+3 000/10×3)= 13.85(元/股)；每股股票配股权价值 = (13.85-10)/(10/3)= 1.16(元)。

5. C　【解析】普通股筹资会增加新股东，这可能会分散公司的控制权，削弱原有股东对公司的控制。

6. B　【解析】长期债券筹资的优点包括筹资

规模大、具有长期性和稳定性、有利于资源优化配置。

7. D 【解析】定向增发（即非公开增发）普通股的主要发行对象中包括战略投资者。

8. B 【解析】直接发行时公司自己控制发行过程，承担全部发行风险，可以节省发行费用，但是筹资时间长，所以选项 AD 不是答案，选项 B 是答案；间接发行中的包销发行公司会损失发行溢价，选项 C 不是答案。

9. C 【解析】公开增发要求最近三个会计年度加权平均净资产收益率平均不低于 6%，选项 C 错误。

10. B 【解析】普通股筹资没有固定到期日、没有固定利息负担，财务风险小，选项 B 是答案。

11. A 【解析】配股除权参考价 = (27 + 20 × 50% × 80%)/(1 + 50% × 80%) = 25 (元)；乙财富的变化 = 1 000 × (1 + 50%) × 25 − 1 000 × 50% × 20 − 1 000 × 27 = 500(元)，乙的财富增加 500 元。

12. B 【解析】由于所有股东都参加了配股，因此，配股除权参考价 = (6.2 + 5 × 2/10)/(1 + 2/10) = 6(元)，除权日股价下跌(6 − 5.85)/6 × 100% = 2.50%。

13. B 【解析】认股权证的持有人行权，其股票来自一级市场，因此，行权会引起股数的增加，稀释每股收益，选项 B 是答案，选项 A 不是答案；认股权证和股票看涨期权均有固定行权价格，均以股票为标的资产，其价值随股票价格变动，选项 CD 不是答案。

14. B 【解析】可转换债券转换时只是债务资本转换为股权资本，这是资本之间的转换，不会带来新的资本。

二、多项选择题

1. CD 【解析】有偿增资发行是指按发行价格支付现款后才可以获得股票，包括公开增发、定向增发、配股等。股票股利和资本公积转增资本，股东获得股票不需要支付现款。所以选项 CD 是答案。

2. BCD 【解析】非公开的发行方式灵活性大。

3. BCD 【解析】代销时发行公司承担股款未募足的风险。

4. AC 【解析】债券筹资的优点：（1）筹资规模较大；（2）具有长期性和稳定性；（3）有利于资源优化配置。缺点：（1）发行成本高；（2）信息披露成本高；（3）限制条件多。

5. ABD 【解析】附认股权证债券的筹资成本低于公司直接发行普通股筹资的税前资本成本时，发行人才愿意发行，所以选项 A 错误；提高认股权证的执行价格会增加行权支出，降低内含报酬率，所以选项 B 错误；作为筹资工具，认股权证与公司债券一起发行，用来吸引投资者购买票面利率低于市场要求的长期债券，所以，选项 C 正确；认股权证在认购股份时会增加普通股股数，所以，股权会被稀释，选项 D 的说法不正确。

6. ABD 【解析】配股价格由主承销商和发行人协商确定，所以选项 A 的说法不正确；配股价格低于市场价格时，如果所有的股东均参与配股，则老股东的财富不变，所以选项 B 的说法不正确；配股权是普通股股东的优惠权，实际上是一种短期的看涨期权，其执行价格等于配股价格，所以选项 C 的说法正确；每股股票配股价值等于配股除权参考价减配股价格的差额再除以购买一股新配股所需的原股数，所以选项 D 的说法不正确。

7. CD 【解析】布莱克-斯科尔斯模型假设没有股利支付，认股权证不能假设有效期内不分红，不能使用布莱克-斯科尔斯模型定价，选项 A 的说法不正确。认股权证与公司债券同时发行，用来吸引投资者购买票面利率低于市场要求的长期债券，选项 B 的说法不正确。使用附认股权证债券筹资时，行权会增加普通股股数，稀释股价和每股收益,选项 C 的说法正确。使用附认股权证债券筹资时,如果内含报酬率低于债务市场利率,投资人不会购买,如果内含报酬率高于税前普通股资本成本,发行公司不会发行,选项 D 的说法正确。

8. AC 【解析】两者的共同点包括都以股票为标的资产,其价值随股票价格而变动;到期前均可选择执行或不执行;均有一个固定执行价格。股票看涨期权行权时,其股票来自二级市场,不会增加普通股股数,所以,不会稀释每股收益。由于不会增加权益资金,所以,股票看涨期权不能作为筹资工具。

9. ACD 【解析】为了提高投资者对可转换债券的吸引力,应该增加债券的未来现金净流入量,即提高票面利率、延长赎回保护期、提高转换比率或降低转换价格。

10. ACD 【解析】租赁存在的原因主要有:(1)节税(长期租赁存在的主要原因);(2)降低交易成本(短期租赁存在的主要原因);(3)减少不确定性。

11. ABC 【解析】发行可转换债券目的是发行股票而不是债券,只是当前股价偏低,拟通过将来转股实现较高的股票发行价,所以不是为了提高财务杠杆比例,选项 D 错误。

12. AB 【解析】设置不可赎回期的目的,在于保护债券持有人的利益,防止发行企业滥用赎回权,选项 A 的说法错误。设置赎回条款是为了促使债券持有人转换股份,同时也能使发行公司避免市场利率下降后,继续向债券持有人按较高的债券票面利率支付利息所蒙受的损失,保护的是债券发行公司的利益,选项 B 的说法错误。

13. ACD 【解析】转换比率指的是债券持有人将一份债券转换成普通股可以获得的普通股股数,所以,在其他条件一定的情况下,可转换债券的转换比率越高,对债券持有人越有利。选项 A 的说法正

确,选项 B 的说法不正确。转换比率 = 债券面值/转换价格,所以,在其他条件一定的情况下,可转换债券的转换比率越高,转换价格越低。选项 C 的说法正确。由于转换价值 = 转换比率×转换时的股价,所以,选项 D 的说法正确。

14. BCD 【解析】尽管可转换债券的票面利率低于普通债券,但是加入转股成本后,总筹资成本高于普通债券。

15. AD 【解析】可转换债券转股时,公司资本总额不变,选项 A 错误;发行附认股权证债券的主要目的是发行债券而不是股票,是为了发债而附带期权,只是因为当前利率要求高,希望通过捆绑期权吸引投资者以降低利率,选项 D 错误。

16. BC 【解析】在其他条件不变的情况下,可转换债券的内含报酬率与债券期限没有必然的联系,选项 A 错误;如果在到期前没有转股,票面利率越高,则投资人在到期日收到利息越多,内含报酬率越高,选项 B 正确;如果在到期前转股,则投资人只能收到按照转换价值计算的现金流入,不能收到利息,而转换价值 = 股价×转换比率,所以转换比率越高,债券内含报酬率越高,选项 C 正确;由于在其他条件不变的情况下,转换价格越高,意味着转换比率越低,选项 D 错误。

17. ABD 【解析】发行人不得有下列影响持续盈利能力的情形:(1)发行人的经营模式、产品或服务的品种结构已经或者将发生重大变化,并对发行人的持续盈利能力构成重大不利影响;(2)发行人的行业地位或发行人所处行业的经营环境已经或者将发生重大变化,并对发行人的持续盈利能力构成重大不利影响;(3)发行人最近 1 个会计年度的营业收入或净利润对关联方或者存在重大不确定性的客户存在重大依赖;(4)发行人最近 1 个会计年度的净利润主要来自合并财务报表范围以外的投资收益;(5)发行人在用

的商标、专利、专有技术以及特许经营权等重要资产或技术的取得或者使用存在重大不利变化的风险；(6)其他可能对发行人持续盈利能力构成重大不利影响的情形。

三、计算分析题

1.【答案】

方案一：半年期的利率 = 40/1 000 × 100% = 4%

有效年利率 = $(1+4\%)^2 - 1 = 8.16\%$

方案二：假设折现率为 i

1 000 = 250 × (P/A, i, 5)

内插法求解：i = 7.93%

方案三：

有效年利率 = (80 − 1 000 × 10% × 3%)/(1 000 − 1 000 × 10%) × 100% = 8.56%

方案四：假设折现率为 i

1 450 × (P/F, i, 5) = 1 000

内插法求解：i = 7.72%

方案四的有效年利率最低，应该选择方案四筹资。

2.【答案】

(1)配股前总股数 = 5 000/1 = 5 000(万股)

配股除权参考价 = (5 000 × 56 + 25 × 5 000 × 2/10)/(5 000 + 5 000 × 2/10) = 50.833(元)

或：配股除权参考价 = (56 + 25 × 2/10)/(1 + 2/10) = 50.833(元)

每股股票的配股权价值 = (50.833 − 25)/(10/2) = 5.167(元)。

(2)如果李某参与配股，则配股后每股价格为 50.833 元，配股后拥有的股票总市值 = (100 + 100 × 2/10) × 50.833 = 6 100(万元)，李某股东财富增加 = 6 100 − 100 × 56 − 100 × 2/10 × 25 = 0(万元)。

如果李某不参与配股，则配股后每股价格 = [5 000 × 56 + 25 × (5 000 − 100) × 2/10]/[5 000 + (5000 − 100) × 2/10] = 50.92(元)，李某股东财富增加 = 50.92 × 100 − 56 × 100 = −508(万元)。

结论：李某应该参与配股。

(3)由于不考虑新募集资金投资的净现值引起的企业价值的变化，所以，普通股市场价值增加 = 增发新股的融资额，增发后每股价格 = (增发前股票市值 + 增发新股的融资额)/增发后的总股数。

增发后每股价格 = (5 000 × 56 + 1 000 × 60)/(5 000 + 1 000) = 56.666 7(元)

老股东财富增加 = 56.666 7 × (5 000 + 800) − 5 000 × 56 − 800 × 60 = 667(万元)

新股东财富增加 = 200 × 56.666 7 − 200 × 60 = −667(万元)

3.【答案】

(1)假设税前资本成本为 r：

1 000 × 6% × (P/A, r, 5) + 1 000 × (P/F, r, 5) = 1 020

r = 4% 时，1 000 × 6% × 4.451 8 + 1 000 × 0.821 9 = 1 089

r = 6% 时，1 000 × 6% × 4.212 4 + 1 000 × 0.747 3 = 1 000

(r − 4%)/(6% − 4%) = (1 020 − 1 089)/(1 000 − 1 089)

r = 5.55%

(2)第 3 年年末行权支出 = 11 × 20 = 220(元)

取得股票的市价 = 10 × (F/P, 5%, 3) × 20 = 231.525(元)

行权现金净流入 = 231.525 − 220 = 11.525(元)

假设税前资本成本为 i：

1 000 × 5% × (P/A, i, 5) + 11.525 × (P/F, i, 3) + 1 000 × (P/F, i, 5) = 1 000

i = 5% 时，1 000 × 5% × 4.329 5 + 11.525 × 0.863 8 + 1 000 × 0.783 5 = 1 009.93(元)

i = 6% 时，1 000 × 5% × 4.212 4 + 11.525 × 0.839 6 + 1 000 × 0.747 3 = 967.60(元)

(i − 5%)/(6% − 5%) = (1 000 − 1 009.93)/(967.60 − 1 009.93)

i = 5.23%

(3)筹资方案不合理，原因是附认股权证债券的税前资本成本低于普通债券的税前资本成本，对投资人没有吸引力，很难发行成功。可以通过降低执行价格或提高票面利率等方式，使得附认股权证债券的税前资本成本大于普通债券的税前资本成本。

4.【答案】

(1)方案一的初始投资额为1 600(万元)

每年折旧额 = 1 600 × (1 − 5%)/5 = 304 (万元)

年折旧抵税额=304×25%=76(万元)

每年维护费用税后净额=16×(1−25%)= 12(万元)

4 年后设备账面价值 = 1 600 − 304 × 4 = 384(万元)

4 年后设备变现收益纳税额 = (400 − 384)×25%=4(万元)

4 年后设备变现税后现金净流量=400−4= 396(万元)

购置方案折现率=8%×(1−25%)=6%

购置方案现金流出总现值 = 1 600 + 12 × (P/A，6%，4) − 76 × (P/A，6%，4) − 396×(P/F，6%，4) = 1 600 + 12 × 3.465 1 − 76 × 3.465 1 − 396 × 0.792 1 = 1 064.56 (万元)

考虑货币时间价值的平均年成本 = 1 064.56/(P/A，6%，4) = 1 064.56/ 3.465 1 = 307.22(万元)

(2)该租赁不属于采用简化处理的短期租赁和低价值资产租赁，因此属于融资租赁。租金不可以直接抵税。租赁方案折现率=8%×(1−25%)=6%

每年折旧额 = (1 480 − 1 480 × 5%)/5 = 281.2(万元)

年折旧抵税额=281.2×25%=70.3(万元)

设备租赁期满时设备所有权不转让，期末资产变现流入=0

期末资产账面价值 = 1 480 − 281.2 × 4 = 355.2(万元)

期末资产变现损失抵税 = 355.2 × 25% = 88.8(万元)

租赁方案的现金流出总现值 = 370 + 370 × (P/A，6%，3) − 70.3 × (P/A，6%，4) − 88.8×(P/F，6%，4) = 370 + 370 × 2.673 0 − 70.3 × 3.465 1 − 88.8 × 0.792 1 = 1 045.07(万元)

考虑货币时间价值的平均年成本 = 1 045.07/(P/A，6%，4) = 1 045.07/ 3.465 1 = 301.60(万元)

(3)方案一的平均年成本大于方案二的平均年成本，所以甲公司应选择方案二。

5.【答案】

(1)发行日每份纯债券的价值 = 1 000 × 5%×(P/A，10%，5)+1 000×(P/F，10%，5)=810.44(元)

(2)第 4 年年末的纯债券价值 = (1 000 + 1 000×5%)×(P/F，10%，1)=954.55(元)

可转换债券的转换比率=1 000/25=40

第 4 年年末每份可转换债券的转换价值 = 40×22×(F/P，8%，4)=1 197.24(元)，大于纯债券价值 954.55 元，所以第 4 年年末每份可转换债券的底线价值为1 197.24 元。

『老贾点拨』这类题目中，默认股利年增长率=股价年增长率，即股价年增长率为8%，而当前股价是22元，所以，4年后的股价 = 22×(1+8%)⁴ = 22×(F/P，8%，4)。

(3)因为甲公司股票的价格到第4年年末是22×(F/P，8%，4)=29.93(元)，非常接近转换价格的120%(25×1.2=30元)，并且股价按照每年8%的增长率增长，所以如果在第4年年末不转换，则在第5年肯定要按照1 050元的价格被赎回，因此，理性投资人会在第4年年末就转股，获得转股收入1 197.24元。

假设可转换债券的税前资本成本为 i，则有：

1 000×5%×(P/A，i，4)+1 197.24×(P/F，i，4)=1 000

当利率为 9% 时，50×(P/A，9%，4)+ 1 197.24×(P/F，9%，4)=1 010.11

当利率为10%时，$50 \times (P/A, 10\%, 4) + 1\,197.24 \times (P/F, 10\%, 4) = 976.21$

$(i - 9\%)/(10\% - 9\%) = (1\,000 - 1\,010.11)/(976.21 - 1\,010.11)$

$i = 9.30\%$

因为可转换债券的税前资本成本（9.30%）小于等风险普通债券的市场利率（10%），对投资人没有吸引力，所以，筹资方案不可行。

（4）目前的普通股资本成本 $= 0.715/22 + 8\% = 11.25\%$

税前普通股资本成本 $= 11.25\%/(1 - 25\%) = 15\%$

可转换债券税前资本成本在10%至15%之间，对投资者和发行方双方才有利。

假设按税前资本成本为10%测算的票面利率为r_1，则：

$1\,000 \times r_1 \times (P/A, 10\%, 4) + 1\,197.24 \times (P/F, 10\%, 4) = 1\,000$

$r_1 = 5.75\%$，因为要求必须为整数，所以票面利率最低为6%。

假设按税前资本成本15%测算的票面利率为r_2，则：

$1\,000 \times r_2 \times (P/A, 15\%, 4) + 1\,197.24 \times (P/F, 15\%, 4) = 1\,000$

$r_2 = 11.05\%$，因为要求必须为整数，所以票面利率最高为11%。

结论：使筹资方案可行的票面利率区间为6%至11%。

四、综合题

1.【答案】

（1）长期资本负债率 $= 40\,000/(40\,000 + 60\,000) \times 100\% = 40\%$

利息保障倍数 $= (12\,000 + 2\,000)/(2\,000 + 200) = 6.36$

（2）假设附认股权证税前资本成本为k，则：

$1\,000 \times 6\% \times (P/A, k, 10) + 20 \times [45 \times (F/P, 8\%, 5) - 60] \times (P/F, k, 5) + 1\,000 \times$

$(P/F, k, 10) = 1\,000$

$60 \times (P/A, k, 10) + 122.37 \times (P/F, k, 5) + 1\,000 \times (P/F, k, 10) = 1\,000$

当k=7%时，

$60 \times (P/A, 7\%, 10) + 122.37 \times (P/F, 7\%, 5) + 1\,000 \times (P/F, 7\%, 10)$

$= 60 \times 7.023\,6 + 122.37 \times 0.713\,0 + 1\,000 \times 0.508\,3$

$= 1\,016.97(元)$

当k=8%时，

$60 \times (P/A, 8\%, 10) + 122.37 \times (P/F, 8\%, 5) + 1\,000 \times (P/F, 8\%, 10)$

$= 60 \times 6.710\,1 + 122.37 \times 0.680\,6 + 1\,000 \times 0.463\,2$

$= 949.09(元)$

$(k - 7\%)/(8\% - 7\%) = (1\,000 - 1\,016.97)/(949.09 - 1\,016.97)$

$k = 7.25\%$

（3）税前债务资本成本 $= 6.75\% + [(5.63\% - 4.59\%) + (6.58\% - 5.32\%) + (7.20\% - 6.75\%)]/3 = 7.67\%$

卸载财务杠杆：

$\beta_{资产} = 1.5/[1 + (1 - 25\%) \times 40\,000/60\,000] = 1$

加载财务杠杆：

$\beta_{权益} = 1 \times [1 + (1 - 25\%) \times (40\,000 + 20\,000)/60\,000] = 1.75$

筹资后的股票β系数 $= 1.75$

筹资后的股权资本成本 $= 6.75\% + 1.75 \times 4\% = 13.75\%$

『老贾点拨』由于筹资后资本结构发生了变化，所以，需要通过卸载和加载财务杠杆重新计算筹资后的股票β系数。由于流动负债的金额经常变化，非流动负债较为稳定，所以，资本结构通常使用长期资本结构衡量。做题时，如果知道长期资本结构，则加载和卸载财务杠杆公式中的"产权比率"应该改为"非流动负债/股东权益"。另外，筹资后的β系数指的是2020年初的β系数，不是2020年年末的

β系数，所以，在资本结构中不考虑2020年的股东权益增加。

(4) 股东权益增加 = 9 000×(1+20%) = 10 800(万元)

长期资本负债率 = (40 000 + 20 000)/(40 000 + 20 000 + 60 000 + 10 800) × 100% = 45.87%

利息保障倍数 = [12 000×(1+20%)+2 000+20 000 × 6%]/(2 000 + 200 + 20 000 × 6%) = 5.18

(5) 虽然筹资后的长期资本负债率和利息保障倍数符合借款合同的保护性条款的要求，但是，由于发行附认股权证债券的税前资本成本低于甲公司税前债务资本成本，所以筹资方案不可行。

2. 【答案】

(1) 股票的资本成本 = 1×(1+6%)/20 + 6% = 11.3%

(2) 债券的税前资本成本 = 3.6% + (6.5% − 3.4% + 6.25% − 3.05% + 7.5% − 3.6%)/3 = 7%

(3) 纯债券价值 = 1 000×5%×(P/A, 7%, 5)+1 000×(P/F, 7%, 5) = 918.01(元)

转换价值 = 1 000/25×20×(F/P, 6%, 5) = 1 070.56(元)

底线价值为 1 070.56 元。

假设折现率为 r：

1 000×5%×(P/A, r, 5)+1 070.56×(P/F, r, 5) = 1 000

当 r=6% 时，

1 000×5%×(P/A, 6%, 5) + 1 070.56×(P/F, 6%, 5) = 1 010.65

当 r=7% 时，

1 000×5%×(P/A, 7%, 5) + 1 070.56×(P/F, 7%, 5) = 968.32

(r − 6%)/(7% − 6%) = (1 000 − 1 010.65)/(968.32−1 010.65)

r=6.25%

(4) 股权的税前资本成本 = 11.3%/(1−25%) = 15.07%

由于 6.25% 小于等风险普通债券的市场利率 7%，所以，方案 3 不可行。

修改意见 1：

至少提高票面利率至 i，其他因素不变，则：

1 000×i×(P/A, 7%, 5)+1 070.56×(P/F, 7%, 5) = 1 000

i = 5.77%

即票面利率至少提高到 5.77%。

修改意见 2：

降低转换价格到 Y 元，其他条件不变，则：

底线价值 = 1 000/Y×20×(F/P, 6%, 5) = 1 000 × 20 × (F/P, 6%, 5)/Y = 1 000 × 20×1.338 2/Y = 26 764/Y

1 000×5%×(P/A, 7%, 5) + 26 764/Y × (P/F, 7%, 5) = 1 000

Y = 24.00(元)

即转换价格至少降低到 24.00 元。

修改意见 3：

延长不可赎回期，假设应该延长到 n 年，其他因素不变，则：

1 000×5%×(P/A, 7%, n) + (1 000/25) × 20×(F/P, 6%, n)×(P/F, 7%, n)>1 000

当 n=6 时，

50 × (P/A, 7%, 6) + 800 × (F/P, 6%, 6)×(P/F, 7%, 6) = 994.44

当 n=7 时，

50 × (P/A, 7%, 7) + 800 × (F/P, 6%, 7)×(P/F, 7%, 7) = 1 018.50

所以，至少应该把不可赎回期延长到 7 年。

3. 【答案】

(1) 企业拟配售股份数量不超过本次配售股份前股本总额的 30%。

配股除权参考价 = (10 000 × 10 + 8 × 10 000×2/10)/(10 000 + 10 000×2/10) = 9.67(元/股)

每股股票配股权价值 = (9.67 − 8)/(10/2) = 0.33(元)

(2) 连续盈利方面：最近三个会计年度连

续盈利(扣除非经常性损益后的净利润与扣除前的净利润相比,以低者作为计算依据)。

现金股利分配方面:最近三年以现金方式累计分配的利润不少于最近三年实现的年均可分配利润的30%。

净资产报酬率方面:最近三个会计年度加权平均净资产报酬率平均不低于6%(扣除非经常性损益后的净利润与扣除前的净利润相比,以低者作为加权平均净资产报酬率的计算依据)。

公开增发新股的定价原则:发行价格应不低于公告招股意向书前20个交易日公司股票均价或前1个交易日的均价。

由于增发价格等于当前市价,所以新老股东财富没变化。

(3)债券价值=1 000×9%×(P/A,10%,10)+1 000×(P/F,10%,10)= 90×6.144 6+1 000×0.385 5=938.51(元)

拟定发行价格(950元)高于每份债券价值,投资人投资该债券获得的报酬率小于等风险普通债券利率,因此拟定发行价格不合理。

(4)第10年年末每份债券所附认股权证的行权净流入:

20×[10×(1+6%)^{10}-15]=58.17(元)

假设附认股权证债券税前资本成本为i:

NPV = 1 000 × 9% × (P/A,i,20)+58.17×(P/F,i,10)+1 000×(P/F,i,20)-1 000=0

i=9%时,NPV=24.54(元)

i=10%时,NPV=-62.75(元)

(i-9%)/(10%-9%)=(0-24.54)/(-62.75-24.54)

i=9.28%

附认股权证债券的税前资本成本9.28%小于等风险普通债券市场利率10%,对投资人没有吸引力,发行不会成功。

为了增加投资人吸引力,需要提高债券票面利率或降低认股权证的执行价格。但是附认股权证债券税前资本成本不能高于普通股的税前资本成本20%[15%/(1-25%)]。

应试指南

财务成本管理

2022年

注册会计师全国统一考试

下册

■ 贾国军 主编

■ 正保会计网校 编

感恩22年相伴 助你梦想成真

中国商业出版社

目录 CONTENTS

下 册

第三部分　脉络梳理

第四部分　考前模拟

附录　系数表

第十一章　股利分配、 股票分割与股票回购

考情解密

历年考情概况

本章是考试的较重点章节，内容相对独立。主要考核股利理论的基本观点、股利政策的类型和影响因素以及现金股利、股票股利、股票分割和股票回购的财务影响的比较等内容。考试形式以客观题为主，主观题也有涉及。考试分值预计 5 分左右。

近年考点直击

主要考点	主要考查题型	考频指数	考查角度
股利理论	客观题	★★★	股利无关论、税差理论、客户效应理论、"一鸟在手"理论、代理理论及信号理论的基本观点
股利政策的类型	客观题	★★★	各种股利政策的优缺点以及剩余股利政策股利的确定
股利政策的影响因素	客观题	★★	法律限制、股东因素、公司因素和其他限制对股利支付率高低的影响
股利种类与支付程序	客观题	★	（1）股利种类的划分及概念；（2）股权登记日与除息日的区分
股票股利、股票分割与股票回购	客观题	★★★	（1）股票的除权参考价的计算；（2）股票股利和股票分割的异同；（3）股票分割及回购的目的与意义

2022 年考试变化

无实质性变化。

考点详解及精选例题

一、股利理论

（一）股利无关论（完全市场理论）★★

股利无关论是米勒与莫迪格利安尼（简称 MM）基于完美资本市场假设提出的，该理论认为股利分配对公司的市场价值（或股票价格）不会产生影响，其假设和观点见表 11-1。

表 11-1　股利无关论的假设和观点

假设	观点
(1)公司的投资政策已确定并且已经为投资者所理解； (2)不存在股票的发行和交易费用； (3)不存在个人或公司所得税； (4)不存在信息不对称； (5)经理与外部投资者之间不存在代理成本	(1)投资者不关心公司股利的分配，即投资者对股利和资本利得并无偏好； (2)股利的支付比率不影响公司的价值，即公司价值完全由投资政策及其获利能力决定

【例题 1·单选题】 ☆下列各项股利理论中，认为股利政策不影响公司市场价值的是( )。

A. 客户效应理论

B. 信号理论

C. "一鸟在手"理论

D. 无税 MM 理论

解析 ▶ 股利政策不影响公司市场价值，是股利无关论的观点。该理论是米勒与莫迪格利安尼(简称 MM)基于完美资本市场假设(其中包括不存在公司和个人所得税)提出的，可以称为无税 MM 理论，所以，选项 D 是答案。客户效应理论、信号理论、"一鸟在手"理论均为股利相关论，即股利政策会影响公司市场价值，所以，ABC 不是答案。

答案 ▶ D

(二)股利相关论 ★★★

股利相关论认为股利分配会对公司价值(或股票价格)产生影响，包括税差理论、客户效应理论、"一鸟在手"理论、代理理论和信号理论。各理论的主要观点见表 11-2。

表 11-2　各种股利相关论的观点

股利理论	主要观点
税差理论	(1)如果不考虑股票交易成本，因为股利收益的税率高于资本利得税率，企业应采取低现金股利比率的分配政策； (2)如果存在股票的交易成本，当资本利得税与交易成本之和大于股利收益税时，偏好现金股利收益的股东自然会倾向于企业采用高现金股利支付率政策
客户效应理论	(1)边际税率较高的投资者(即高收入投资者)偏好低股利支付率的股票(即少分现金股利或不分现金股利，以更多的留存收益进行再投资)； (2)边际税率较低的投资者(即低收入投资者)喜欢高股利支付率的股票(即支付较高且稳定的现金股利)
"一鸟在手"理论	(1)股东偏好现金股利，倾向于股利支付率高的股票； (2)股利支付率提高时，股东承担风险越小，要求的权益资本报酬率越低，权益资本成本相应越低，从而提高了企业权益价值
代理理论	(1)股东与债权人之间的代理冲突。债权人为保护自身利益，希望企业采取低股利支付率。 (2)经理人员与股东之间的代理冲突。为了抑制经理人员随意支配自由现金流的代理成本，同时，满足股东取得股利收益的愿望，应该采用高股利支付率政策。 (3)控股股东与中小股东之间的代理冲突。为防止控制股东侵害中小股东利益，中小股东希望企业采用高股利支付率政策
信号理论	(1)由于内部经理人员与外部投资者存在信息不对称，股利分配可以作为信息传递机制，依据股利信息判断公司经营状况和发展前景； (2)由于投资者对股利信号信息的理解不同，其所作出的对企业价值的判断也不同

【例题 2·单选题】 ☆根据"一鸟在手"股利理论，公司的股利政策应采用(　　)。

A. 低股利支付率

B. 高股利支付率

C. 用股票股利代替现金股利

D. 不分配股利

解析 ▶ 根据"一鸟在手"理论所体现的收益与风险的选择偏好，股东更偏好于现金股利而非资本利得，倾向于选择股利支付率高的股票。因此，公司应该采用高股利支付率政策。　　　　**答案** ▶ B

【例题 3·单选题】 下列关于股利分配的说法中，错误的是(　　)。

A. 税差理论认为，当股票资本利得税与股票交易成本之和大于股利收益税时，应采用高现金股利支付率政策

B. 客户效应理论认为，对于高收入阶层的投资者，应采用高现金股利支付率政策

C. "一鸟在手"理论认为，由于股东偏好当期股利收益胜过未来预期资本利得，应采用高现金股利支付率政策

D. 代理理论认为，为解决控股股东和中小股东之间的代理冲突，应采用高现金股利支付率政策

解析 ▶ 客户效应理论认为，由于高收入阶层的边际税率较高，所以希望少分现金股利或不分现金股利，以更多的留存收益进行再投资，即选择实施低股利支付率的股票。选项 B 是答案。　　　　**答案** ▶ B

二、股利政策类型

(一)剩余股利政策 ★★★

1. 剩余股利政策的概念

剩余股利政策是在公司有着良好的投资机会时，根据一定的目标资本结构(最佳资本结构)，测算出投资所需的权益资本，先从净利润当中留用，然后将剩余的盈余作为股利予以分配。

2. 剩余股利政策的优点

该股利政策可以保持理想资本结构，使加权平均资本成本最低。

『老贾点拨』(1)资本结构是指长期有息负债(长期借款和公司债券)和所有者权益的比率。符合目标资本结构是指利润分配后(特定时点)新增长期资本的资本结构符合既定目标。

(2)分配股利的现金问题，是营运资金管理问题，如果现金不足，可以通过短期借款解决，与筹集长期资本没有直接关系。

(3)未来投资需要增加的长期资本，并非等同于资产增加额。由于增加的长期资本中有一部分来源于利润留存，同时，还要支付股利(导致资产减少)，所以，增加长期资本后的资产与利润分配之前资产相比，增加的资产数额应该等于"外部筹集的资金数额−支付股利的数额"。

(4)法律上关于法定盈余公积金提取的规定，实际上是对本年利润留存数额的限制，并非对股利分配的限制。

(5)在剩余股利政策下，如果企业有补充权益资金的需求，则在分配股利时不能动用以前年度的未分配利润，只能分配本年净利润的剩余部分。

【例题 4·单选题】 ☆甲公司 2020 年年初未分配利润为−100 万元，2020 年实现净利润 1 200 万元。公司计划 2021 年新增投资资本 1 000 万元，目标资本结构(长期债务：权益)为 3：7。法律规定，公司须按抵减年初累计亏损后的本年净利润的 10% 提取公积金。若该公司采取剩余股利政策，2020 年发放现金股利(　　)万元。

A. 310

B. 380

C. 400

D. 500

解析 ▶ 目标资本结构中长期负债与股东权益比例是 3：7，因此股东权益占全部资本的 70%，应发放现金股利金额 = 1 200 −

1 000×70%＝500(万元)。　　　　答案▶D

【例题 5·多选题】 ☆公司基于不同的考虑会采用不同的股利分配政策。采用剩余股利政策的公司更多地关注(　　)。

A. 盈余的稳定性

B. 公司的流动性

C. 投资机会

D. 资本成本

解析▶剩余股利政策是在公司有着良好的投资机会时，根据一定的目标资本结构(最佳资本结构)，测算出投资所需的权益资金，先从净利润中留用，然后将剩余的净利润作为股利予以分配。实行剩余股利政策，根本理由是为了保持理想的资本结构，使加权平均资本成本最低。　　　答案▶CD

(二)固定股利或稳定增长股利政策★★

1. 固定股利或稳定增长股利政策的概念

固定股利政策是将每年发放的股利固定在某一相对稳定的水平上，并在较长时期内保持不变，只有当公司认为未来盈余会显著地、不可逆转地增长时，才提高年度的股利发放额。

稳定增长股利政策是每年发放的股利在上年股利的基础上按固定增长率稳定增长。

固定股利或稳定增长股利政策的理论依据是"一鸟在手"理论和股利信号理论。

2. 固定股利或稳定增长股利政策的优点与缺点

使用该股利政策的优点及缺点见表11-3。

表 11-3　固定股利或稳定增长股利政策的优点与缺点

项目	具体内容
优点	(1)可以消除投资者内心的不确定性，向市场传递公司经营业绩正常或稳定增长的信息，有利于树立公司良好形象，增强投资者对公司的信心，使公司股票价格保持稳定或上升； (2)固定或稳定增长的股利有利于投资者安排股利收入和支出
缺点	(1)股利的支付与盈余脱节； (2)不能像剩余股利政策那样保持较低的资本成本

3. 固定股利或稳定增长股利政策适用的企业

该股利政策适用于成熟的、盈利充分且获利能力比较稳定的、扩张需求减少的公司。稳定增长期的企业可采用稳定增长股利政策，成熟期的企业可采用固定股利政策。

(三)固定股利支付率政策★★

1. 固定股利支付率政策的概念

公司确定一个股利占盈余的比率，并长期按此比率支付股利的政策。

2. 固定股利支付率政策的优点及缺点

(1)优点：使股利与公司盈余紧密结合，以体现多盈多分、少盈少分、无盈不分的原则。

(2)缺点：各年的股利变动较大，极易造成公司不稳定的感觉，对稳定股票价格不利。

【例题 6·单选题】 ☆公司采用固定股利支付率政策时，考虑的理由通常是(　　)。

A. 稳定股票市场价格

B. 维持目标资本结构

C. 保持较低的资本成本

D. 使股利与公司盈余紧密结合

解析▶固定股利支付率政策是长期按照净利润的一定比例支付股利，体现多盈多分、少盈少分、无盈不分的原则，使股利与盈余紧密结合。　　　　答案▶D

(四)低正常股利加额外股利政策★★

1. 低正常股利加额外股利政策的概念

公司在一般情况下，每年只支付一个固

定的、数额较低的股利,在盈余较多的年份,再根据实际情况向股东发放额外股利。

『老贾点拨』 额外股利并不固定化,不意味着公司永久地提高了规定的股利率。

2. 低正常股利加额外股利政策的使用理由

(1)公司具有较大灵活性。当盈余较少或投资需要较多资金时,维持较低正常股利;当盈余较大幅度增加时,适度增加股利,增强股东对公司信心,有利于稳定股价;

(2)股利作为主要收入来源的股东会偏好该股利政策,因为可以获得较低但比较稳定的股利收入。

【例题7·多选题】 下列关于股利政策的说法中,正确的有(   )。

A. 采用剩余股利政策,可以保持理想的资本结构,使加权平均资本成本最低

B. 采用固定股利支付率政策,可以使股利和公司盈余紧密配合,但不利于稳定股票价格

C. 采用固定股利或稳定增长股利政策,

当盈余较低时,容易导致公司资金短缺,增加公司风险

D. 采用低正常股利加额外股利政策,股利和盈余不匹配,不利于增强股东对公司的信心

解析 ▶ 采用低正常股利加额外股利政策具有较大的灵活性。当公司盈余较少或投资需用较多资金时,可维持较低但正常的股利;而当盈余有较大幅度增加时,则可适度增发股利,增强股东对公司的信心,这有利于稳定股票的价格。所以,选项 D 的说法不正确。

答案 ▶ ABC

三、股利政策的影响因素

(一)法律限制 ★

为了促进公司长期稳定发展,有关法规对公司的股利分配作出了限制,具体内容见表 11-4。

表 11-4 影响股利政策的法律限制

内容	阐释
资本保全限制	不能用资本(包括股本和资本公积)发放股利
企业积累限制	税后利润必须先提取法定公积金,达到注册资本的50%后才可以不再提取;鼓励公司提取任意公积金;提取法定公积金后的利润净额才可以用于支付股利
净利润限制	以前年度亏损足额弥补,累计净利润是正数才可以发放股利
超额累积利润限制	规定公司不得超额累积利润,一旦公司的保留盈余超过法律认可的水平,将被加征额外税额
无力偿付限制	无力偿付债务或支付股利将导致失去偿债能力,则不允许发放股利

(二)股东因素 ★★

股东从自身经济利益需要出发,对公司股利分配往往会产生一些影响,具体内容见表11-5。

表 11-5 影响股利政策的股东因素

内容	阐释
稳定收入	主要收入来源是股利的股东要求支付稳定的股利,反对公司留存较多利润(即喜欢高股利支付),认为通过股价上升获得资本利得风险较高

内容	阐释
避税	边际税率较高的股东反对公司发放较多股利(股利收益税率高于资本利得税率)
控制权稀释	发行新股会稀释公司控制权,持有控制权的股东,主张实施低股利政策

(三)公司因素★★

公司的经营情况和经营能力影响其股利政策,具体内容见表11-6。

表 11-6　影响股利政策的公司因素

内容	阐释
盈余的稳定性	盈余稳定的公司筹资能力强,股利支付能力高
公司的流动性	公司流动性强,股利支付率高
举债能力	举债能力强的公司,采取高股利政策
投资机会	有良好投资机会的公司,实施低股利政策。如成长中公司多采用低股利政策;收缩中公司多采取高股利政策
资本成本	保留盈余不需筹资费用,有扩大资金需要的公司,实施低股利政策
债务需要	有较高债务需要偿还的公司,可能实施低股利政策

(四)其他限制★

除了上述的因素以外,还有一些影响股利政策的因素见表11-7。

表 11-7　影响股利政策的其他因素

内容	阐释
债务合同约束	长期债务合同约束,采用低股利政策
通货膨胀	预期发生通货膨胀,实施偏紧股利政策

四、股利的种类、 支付程序与分配方案

(一)股利的种类★

股利主要有四种,具体内容见表11-8。

表 11-8　股利的种类

种类	阐释
现金股利	用现金支付股利,是股利支付的主要方式,公司在支付现金股利前需筹备充足的现金
股票股利	以增发的股票作为股利的支付方式
财产股利	以现金以外的资产支付股利,主要是以公司所拥有的其他企业的有价证券(如债券、股票)作为股利支付给股东
负债股利	以负债支付股利,通常以公司的应付票据支付给股东,也有发行公司债券抵付股利的

【例题 8·单选题】 ☆如果甲公司以所持有的乙公司股票作为股利支付给股东，这种股利属于（　）。

A. 现金股利　　　B. 负债股利

C. 财产股利　　　D. 股票股利

解析 财产股利是以现金以外的资产支付的股利，主要是以公司所拥有的其他企业的有价证券，如债券、股票，作为股利支付给股东。　　　　　　　　**答案** C

（二）股利支付程序

1. 决策程序★

（1）董事会：根据公司盈利水平和股利政策，制定股利分配方案，提交股东大会审议；

（2）股东大会：审议股利分配方案，审议通过后生效。

『**老贾点拨**』 我国股利分配决策权属于股东大会。我国上市公司的现金分红一般是按年度进行，也可以进行中期现金分红。

2. 股利支付过程中的重要日期★★

股利支付过程中需要确定几个重要日期，具体内容见表 11-9。

表 11-9　股利支付过程中的重要日期

日期	阐释
股利宣告日	公司董事会将股东大会通过本年度利润分配方案的情况以及股利支付情况予以公告的日期
股权登记日	有权领取本期股利的股东资格登记截止日期。只有在股权登记日登记在册的股东（在此日及之前持有或买入股票的股东）才有权领取本期分配的股利
除息日	也称除权日，是指股利所有权与股票本身分离的日期。即在除息日及以后买入股票的股票价格中不再包含本次派发的股利。在我国，通常股权登记日的下一个交易日为除息日
股利支付日	公司确定的向股东正式发放股利的日期

【例题 9·多选题】 下列有关表述中正确的有（　）。

A. 在股利支付日之前买入股票，有权领取本期分配股利

B. 从除息日开始，新购入股票的股东不能分享本次已宣告发放的股利

C. 在股权登记日之前持有或买入股票的股东才有资格领取本期股利，在当天买入股票的股东没有资格领取本期股利

D. 自除息日起的股票价格中不包含本次派发的股利

解析 凡是在股权登记日这一天登记在册的股东（即在此日及之前持有或买入股票的股东）才有资格领取本期股利。所以选项 AC 错误；在除息日当日及以后买入股票，不再享有本次股利分配权利，并且其股价中不包含本次派发的股利，所以选项 BD 正确。　　　　　　　　**答案** BD

（三）股利分配方案★

股利分配方案包括股利支付形式（种类）、股利支付率、股利政策类型和股利支付程序四项内容。

五、 股票股利、 股票分割与股票回购

（一）股票股利★★★

1. 发放股票股利的财务影响

股票股利是以增发的股票作为股利支付方式，发放股票股利的财务影响见表 11-10。

表 11-10　发放股票股利的财务影响

受到影响的项目	不受影响的项目
(1)所有者权益的内部结构发生变化； (2)股数增加； (3)每股收益和每股市价下降(假设市盈率不变)	(1)资产总额、负债总额、所有者权益总额均不变； (2)股东持股比例不变； (3)若市盈率不变，股票股利发放不会改变股东持股的市场价值总额

『老贾点拨』(1)股票股利发放如果按面值计算，则按面值减少未分配利润的同时增加股本；如果按市价计算，则按市价减少未分配利润，按面值增加股本，按市价与面值的差额增加资本公积。

(2)发放股票股利后每股收益=发放股票股利前每股收益/(1+股票股利发放率)；发放股票股利后每股除权参考价=股权登记日收盘价/(1+股票股利发放率)。

(3)资本公积转增股本与发放股票股利都会使股东具有相同的股份增持效果，如果市盈率不变，并未增加股东持有股份的价值。

2. 除权参考价的计算

在除息日，上市公司发放现金股利、股票股利和资本公积转增资本后的股票的除权参考价的计算公式为：

股票的除权参考价=(股权登记日收盘价-每股现金股利)/(1+送股率+转增率)

[例题10·单选题] ☆甲公司是一家上市公司，公司利润分配方案如下：每10股送2股并派发现金红利10元(含税)，资本公积每10股转增3股。如果股权登记日的股票收盘价为每股25元，除息日的股票参考价格为( )元。

A. 10　　　　　　B. 15

C. 16　　　　　　D. 16.67

解析 ▶ 除息日的股票参考价=(股权登记日收盘价-每股现金股利)/(1+送股率+转增率)=(25-10/10)/(1+20%+30%)=16(元)

答案 ▶ C

(二)股票分割

1. 股票分割的概念与目的★★

股票分割是指将面额较高的股票交换成面额较低的股票的行为，其目的包括：

(1)增加股票股数，降低每股市价，吸引更多的投资者；

(2)传递公司正处于发展之中的信息，有利于在短时间内提高股价。

2. 股票分割与股票股利的比较★★★

股票分割与股票股利具有很多相同点和不同点，具体内容见表 11-11。

表 11-11　股票分割与股票股利的异同

项目		股票分割	股票股利
相同点		普通股股数增加；每股收益和每股市价下降(假设市盈率不变)；股东权益总额不变；股东持股比例和总价值不变(假设市盈率不变)	
不同点		面值变小	面值不变
		股东权益内部结构不变	股东权益内部结构变化

『老贾点拨』①反分割(也称股票合并)是将面额较低的股票合并为一股面额较高的股票的行为。主要目的是减少普通股股数，提高每股市价。②股票合并后，每股面值增加，股本、资本公积、盈余公积、未分配利润的数额不变。由于股东权益总额不变，普通股股数减少，所以，每股净资产提高。由于每股收益提高，如果市盈率不变，则每股市价提高。

[例题11·多选题] ☆甲公司拟按1股

换 2 股的比例进行股票分割，分割前后其下列项目中保持不变的有(　　)。

A. 每股收益　　B. 股权结构

C. 净资产　　　D. 资本结构

解析　股票分割时，流通在外的股数增加，每股收益下降，选项 A 不是答案。

答案　BCD

(三)股票回购

1. 股票回购的概念★★

股票回购是指公司出资购回自身发行在外的股票。

2. 股票回购与现金股利比较★★★

(1)相同点：股东均会得到现金，均会导致公司股东权益减少和现金减少。

(2)不同点：股票回购后股东得到资本利得收益缴纳资本利得税；发放现金股利后股东缴纳股息税；两者税收效应影响不同。

【例题 12·多选题】　☆下列关于股票回购和现金股利影响的说法中，属于二者共同点的有(　　)。

A. 均减少所有者权益

B. 均降低股票市场价格

C. 均改变所有者权益结构

D. 均减少公司现金

解析　现金股利，导致未分配利润减少，从而减少所有者权益、改变所有者权益结构，另外，导致现金流出企业，也会降低股票市场价格。股票回购导致现金流出企业，普通股股数减少，减少股本和资本公积，所以，减少所有者权益并且改变所有者权益结构。另外，由于流通在外的普通股股数减少，所以，在市盈率不变的情况下，会提高普通股市场价格。综上所述，本题答案为 ACD。

答案　ACD

3. 股票回购对公司的作用★★★

(1)向市场传递了股价被低估的信号，有助于提升股价。

(2)用自由现金流进行股票回购，有助于降低管理层代理成本，提高每股收益。

(3)避免股利波动带来的负面影响，即用暂时的或不稳定的剩余现金流量通过股票回购维持相对稳定的股利。

(4)发挥财务杠杆的作用，即通过股票回购提高负债率，增加财务杠杆，改变资本结构，降低加权平均资本成本。

(5)股票回购减少了外部流通股数，提高了市价，在一定程度上降低了公司被收购的风险。

(6)股票回购可以调节所有权结构并且可以避免发行新股带来每股收益的稀释。

【例题 13·多选题】　☆甲公司盈利稳定，有多余现金，拟进行股票回购用于将来奖励本公司职工。在其他条件不变的情况下，股票回购产生的影响有(　　)。

A. 每股面额下降

B. 每股收益提高

C. 资本结构变化

D. 自由现金流减少

解析　股票回购不影响每股面值，选项 A 不是答案；股票回购减少企业外部流通股的数量，每股收益提高，选项 B 是答案；股票回购会减少企业的股东权益，但不影响长期负债，选项 C 是答案；股票回购是利用企业多余现金回购企业股票，因此，减少了企业的自由现金流量，选项 D 是答案。

答案　BCD

4. 股票回购的情形★

(1)减少注册资本。

(2)与持有本公司股份的其他公司合并。

(3)将股份奖励给本公司职工。

(4)股东因对股东大会作出的合并、分立决议持有异议，要求公司收购其股份。

5. 股票回购方式★

股票回购的方式可以按照不同的标准进行分类，具体情况见表 11-12。

表 11-12　股票回购方式的类别

分类		阐释
按照股票回购的地点不同划分	场内公开收购	等同于潜在投资者，委托证券公司按照股票当前价格回购
	场外协议收购	与某一类或几类投资者直接见面协商回购股票
按照股票回购的对象不同划分	在资本市场上随机回购	最为普遍，但是受到监管机构严格监控
	向全体股东招标回购	回购价格高于市价，成本费用高
	向个别股东协商回购	回购价格必须保证公正合理，避免损害其他股东利益
按照筹资方式的不同划分	举债回购	防御其他公司恶意兼并与收购
	现金回购	利用公司剩余资金回购股票
	混合回购	二者兼有之
按照回购价格的确定方式不同划分	固定价格要约回购	所有股东具有均等机会，在回购数量不足时，公司有权取消回购计划或延长要约有效期
	荷兰式拍卖回购	在回购价格确定方面给予公司更大的灵活性

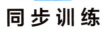 同步训练

扫 我 做 试 题

一、单项选择题

1. 下列关于股利分配的说法中，错误的是(　　)。

A. 税差理论认为，当股票资本利得税与股票交易成本之和大于股利收益税时，应采用高现金股利支付率政策

B. 客户效应理论认为，高收入投资者希望采用高现金股利支付率政策

C. "一鸟在手"理论认为，由于股东偏好当期股利收益胜过未来预期资本利得，所以应采用高现金股利支付率政策

D. 代理理论认为，为解决控股股东和中小股东之间的代理冲突，应采用高现金股利支付率政策

2. 容易造成股利支付额与本期净利润相脱节的股利分配政策是(　　)。

A. 剩余股利政策

B. 固定股利政策

C. 固定股利支付率政策

D. 低正常股利加额外股利政策

3. 某公司采用剩余股利政策分配股利，董事会正在制定本年度的股利分配方案。在计算股利分配额时，不需要考虑的因素是(　　)。

A. 公司的目标资本结构

B. 本年年末的货币资金

C. 本年实现的净利润

D. 下年需要的投资资本

4. 企业采用剩余股利政策的根本理由是(　　)。

A. 最大限度地用收益满足筹资的需要

B. 向市场传递企业不断发展的信息

C. 使企业保持理想的资本结构

D. 使企业在资金使用上有较大的灵活性

5. 下列情形中，会使企业提高股利支付水平的是(　　)。

A. 市场竞争加剧，企业收益的稳定性减弱

B. 企业财务状况不好，无力偿还负债

C. 经济增长速度减慢，企业缺乏良好的投资机会

D. 企业的举债能力不强

6. 下列关于股利分配政策的表述中，不正确的是( )。

A. 剩余股利政策可以使加权平均资本成本最低

B. 固定股利政策有利于稳定股票价格

C. 固定股利支付率政策使股利分配与公司盈余脱节

D. 低正常股利加额外股利政策使公司具有较大的灵活性

7. 与发放现金股利相比，属于发放股票股利的优点的是( )。

A. 提高每股市价

B. 改善公司资本结构

C. 提高每股收益

D. 避免公司现金流出

8. 为了解决股东与经理之间的代理冲突，实施高股利支付政策的理论依据是( )。

A. 信号理论

B. 客户效应理论

C. "一鸟在手"理论

D. 代理理论

9. 甲公司 2021 年实现税后利润 1 000 万元，2021 年年初未分配利润为 200 万元，公司按 10% 提取法定盈余公积。预计 2022 年需要新增长期资本 500 万元，目标资本结构(长期债务/权益)为 4/6，公司执行剩余股利分配政策，2021 年可分配现金股利( )万元。

A. 600   B. 700

C. 800   D. 900

10. 某公司现有发行在外的普通股 1 000 000 股，每股面值 1 元，资本公积 3 000 000 元，未分配利润 8 000 000 元，股票市价 20 元；若按 10% 的比例发放股票股利并按市价计算，公司资本公积的报表列示将为( )元。

A. 1 900 000   B. 2 900 000

C. 4 900 000   D. 3 000 000

11. 实施股票分割和股票股利产生的效果相似，它们都会( )。

A. 降低股票每股面值

B. 降低股票每股价格

C. 减少股东权益总额

D. 改变股东权益结构

12. 甲公司目前普通股 400 万股，每股面值 1 元，股东权益 1 400 万元。如果按照 2 股换成 1 股进行股票反分割，下列各项中正确的是( )。

A. 甲公司股数 200 万股

B. 甲公司每股面值 0.5 元

C. 甲公司股本 200 万元

D. 甲公司股东权益 700 万元

13. ☆在净利润和市盈率不变的情况下，公司实行股票反分割导致的结果是( )。

A. 每股面额下降

B. 每股收益上升

C. 每股市价下降

D. 每股净资产不变

二、多项选择题

1. 一般情况下，股票回购所产生的效果有( )。

A. 稀释公司控制权

B. 提高每股收益

C. 改变资本结构

D. 增强负债能力

2. 发放股票股利带来的财务影响有( )。

A. 资本结构发生变化

B. 发行在外股数发生变化

C. 股东权益内部结构发生变化

D. 每股面值发生变化

3. 公司采用剩余股利政策，考虑的理由有( )。

A. 可以使公司加权平均资本成本最低

B. 可以保持理想的资本结构

C. 可以稳定公司股票价格

D. 可以有利于股东安排股利收入和支出

4. 某公司发行在外的普通股股数为 500 万股，每股面值为 1 元，每股市价为 10 元，若按照每 10 股送 2 股的政策发放股票股利并按市价计算，则下列关于发放股票股利的说法中，正确的有( )。

   A. 股数增加 100 万股

   B. 资本公积增加 900 万元

   C. 股本总额增加 1 000 万元

   D. 未分配利润减少 1 000 万元

5. ☆甲持有乙公司股票，乙公司 2020 年利润分配方案是每 10 股派发现金股利 2 元，同时以资本公积金向全体股东每 10 股转增 10 股。假设利润分配及资本公积金转增股本后股价等于除权参考价。下列关于利润分配结果说法中，正确的有( )。

   A. 甲财富不变

   B. 甲持有乙的股数不变

   C. 甲持有乙的股份比例不变

   D. 乙公司股价不变

6. 下列关于股票回购方式的表述中，正确的有( )。

   A. 随机回购通常会受到监管机构严格监控

   B. 向全体股东招标回购的回购价格通常低于当时市价

   C. 固定价格要约回购赋予股东均等出售其所持股份的机会

   D. 荷兰式拍卖回购赋予公司确定回购价格的更大灵活性

7. ☆在其他条件相同的情况下，下列关于公司股利政策的说法中，正确的有( )。

   A. 成长中的公司倾向于采取高股利支付率政策

   B. 股东边际税率较高的公司倾向于采取高股利支付率政策

   C. 盈余稳定的公司倾向于采取高股利支付率政策

   D. 举债能力强的公司倾向于采取高股利支付率政策

8. 下列关于股票股利、股票分割和股票回购的表述中，正确的有( )。

   A. 发放股票股利会导致股价下降，因此股票股利会使股票总市场价值下降

   B. 如果发放股票股利后股票的市盈率增加，则原股东所持股票的市场价值增加

   C. 发放股票股利和进行股票分割对企业的所有者权益各项目的影响是相同的

   D. 股票回购本质上是现金股利的一种替代选择，但是两者带给股东的净财富效应不同

三、计算分析题

1. ☆甲公司是一家能源类上市公司，当年取得的利润在下年分配，2018 年公司净利润为 10 000 万元，2019 年分配现金股利 3 000 万元。预计 2019 年净利润为 12 000万元，2020 年只投资一个新项目，总投资额为 8 000 万元。

   要求：

   (1)如果甲公司采用固定股利政策，计算 2019 年净利润的股利支付率。

   (2)如果甲公司采用固定股利支付率政策，计算 2019 年净利润的股利支付率。

   (3)如果甲公司采用剩余股利政策，目标资本结构是负债∶权益 = 2∶3，计算 2019 年净利润的股利支付率。

   (4)如果甲公司采用低正常股利加额外股利政策，低正常股利为 2 000 万元，额外股利为 2019 年净利润扣除低正常股利后余额的 16%，计算 2019 年净利润的股利支付率。

   (5)比较上述股利政策的优点和缺点。

2. 某公司今年年底的股东权益总额为 9 000万元，普通股 6 000 万股。目前的资本结构为长期负债占 55%，股东权益占 45%，没有需要付息的流动负债。该公司的企业所得税税率为 25%。预计继续增加长期债务不会改变目前的 11%的平均利率水平。利息支出均计入财务费用。董事会在讨论明年资金安排时提出：

   (1)计划年度分配现金股利 0.05 元/股。

（2）为新的投资项目筹集4 000万元的资金。

（3）计划年度维持目前的资本结构，并且不增发新股，不举借短期借款。

要求：

（1）测算实现董事会上述要求所需要的息税前利润。

（2）指出该股利政策的类型并说明其优缺点。

3. 某公司股利分配前的股东权益项目资料如下：

项目	金额（万元）
普通股股本 （每股面值2元，200万股）	400
资本公积	100
盈余公积	50
未分配利润	850
股东权益合计	1 400

公司股票的每股现行市价为35元。

要求：回答下述互不关联的问题。

（1）计划按每10股送1股的方案发放股票股利，并按发放股票股利后的股数派发每股现金股利0.2元，股票股利的金额按现行市价计算。计算完成这一分配方案后的股东权益各项目数额。

（2）公司计划每10股送3股派发现金红利0.6元（含税），转增5股。股权登记日股票收盘价24.45元，除息日开盘价13.81元，计算除息日的股票除权参考价。

（3）如若按1∶2的比例进行股票分割，计算股东权益各项目数额、普通股股数。

（4）假设股利分配不改变市净率，公司按每10股送1股的方案发放股票股利，股票股利按现行市价计算，并按新股数发放现金股利，且希望普通股市价达到每股30元，计算每股现金股利应是多少。

4. ☆甲公司是一家高科技上市公司，流通在外普通股加权平均股数2 000万股，2018年净利润为5 000万元，为回馈投资者，甲公司董事会正在讨论相关分配方案，资料如下：

方案一：每10股发放现金股利6元；

方案二：每10股发放股票股利10股。

预计股权登记日：2019年10月20日；现金红利到账日：2019年10月21日；除权（除息）日：2019年10月21日；新增无限售条件流通股份上市日：2019年10月22日。

假设甲公司股票2019年10月20日收盘价为30元。

要求：

（1）如果使用方案一，计算甲公司每股收益、每股股利，如果通过股票回购将等额现金支付给股东，回购价格每股30元，设计股票回购方案，并简述现金股利与股票回购的异同。

（2）若采用方案二，计算发放股票股利后甲公司每股股益，每股除权参考价。如果通过股票分割方式达到同样的每股收益稀释效果，设计股票分割方案，并简述股票股利与股票分割的异同。

同步训练答案及解析

一、单项选择题

1. B　【解析】客户效应理论认为，收入高的投资者，因其边际税率较高，希望少分现金股利或者不分现金股利。

2. B　【解析】固定股利政策是指股利固定在一个相对稳定的水平，并在较长时期内不变，所以选项B是答案。

3. B　【解析】股利分配政策属于筹集长期资本的问题，至于分配股利的现金（货币资金)属于营运资金管理内容,如果现金存量不足,可以通过短期借款解决,所以不需要考虑货币资金的余额。

4. C 【解析】实施剩余股利政策的根本理由是保持理想资本结构,使加权平均资本成本最低。所以,选项 C 是答案。

5. C 【解析】经济增长速度减慢,企业缺乏良好的投资机会时,保留大量现金会造成资金的闲置,所以应提高股利支付水平。

6. C 【解析】固定股利支付率政策能使股利与盈余紧密配合,体现多盈多分、少盈少分、无盈不分的原则。

7. D 【解析】发放股票股利,节约现金流出企业,所以选项 D 是答案。

8. D 【解析】代理理论认为,有较多的自由现金流量时,为了解决股东与经理之间的代理冲突,应该采用高股利支付政策。

9. B 【解析】2022 年新增长期资本 500 万元,需要的权益资金 = $500 \times 6/(4+6)$ = 300(万元),2021 年可分配现金股利 = $1\,000 - 300 = 700$(万元)。

10. C 【解析】资本公积 = $3\,000\,000 + (20 - 1) \times 1\,000\,000 \times 10\% = 4\,900\,000$(元)

11. B 【解析】股票分割和股票股利都会使股数增加,如果市盈率不变,降低每股价格。

12. A 【解析】按照 2 股换成 1 股进行反分割,股数 = 400/2 = 200(万股),每股面值 = $1 \times 2 = 2$(元),股本 = $2 \times 200 = 400$(万元),股东权益总额不变。

13. B 【解析】股票反分割也称股票合并,是股票分割的相反行为,即将数股面额较低的股票合并为一股面额较高的股票,因此将会导致每股面额上升;由于股数减少,在净利润和市盈率不变的情况下,会导致每股收益上升,每股市价上升;股票反分割后股东权益总额不变,由于股数减少,所以每股净资产上升。

二、多项选择题

1. BC 【解析】股票回购减少流通股在外股

数,控制权更集中,选项 A 不是答案;股票回购提高资产负债率,增加了财务杠杆,降低了负债能力,选项 D 不是答案。

2. BC 【解析】发放股票股利,发行在外股数增加,每股面值不变,股东权益总额不变,资本结构不变,但是股东权益内部结构发生变化。

3. AB 【解析】由于采用剩余股利政策时,按照理想资本结构确定股利的数额,而在理想资本结构下,加权平均资本成本最低,所以,答案为 AB。

4. ABD 【解析】每 10 股送 2 股,发放比例 = 2/10 = 20%,股数增加 $500 \times 20\%$ = 100(万股),股本总额增加 $100 \times 1 = 100$(万元),按照市价计算股票股利,则从未分配利润项目划转出的金额为 100×10 = $1\,000$(万元),资本公积增加 = $1\,000 - 100$ = 900(万元)。

5. AC 【解析】资本公积转增股本,对股东而言可以按照持有股份比例获得相应的转增股份,即股数增加,持股比例不变,选项 B 不是答案,选项 C 是答案;由于股数增加,导致每股股价被稀释,即股票交易价格下降,选项 D 不是答案;支付现金股利会降低每股市价,资本公积转增股本会进一步稀释每股市价,两者共同作用会影响除权参考价(本题假设等于股价),即甲投资者利润分配及资本公积金转增股本后的总市值加上获取现金股利等于之前的总市值,总财富水平不变,选项 A 是答案。

6. ACD 【解析】向全体股东招标回购的回购价格通常高于当时市价,选项 B 的表述错误。

7. CD 【解析】成长期的企业,投资机会比较多,需要有强大的资金支持,所以应该采取低股利政策,选项 A 的说法不正确。边际税率较高的股东出于避税的考虑(股利收益税率高于资本利得税率),希望低股利支付,所以选项 B 的说法不正确。盈余稳定的企业相对于盈余不稳定的企业而言具有较高的股利支付能力，所以选项 C 的说法正确。举债能力强的企业，因为能够及时地筹措到所需的资金，所以选项 D 的说法正确。

8. BD 【解析】发放股票股利会导致股数增加，如果市盈率不变，则每股市价下降，并且(股数×股价)的数值不变，即不会使股票总市场价值发生变化，选项 A 的表述错误；发放股票股利之后的股票市场价值等于净利润乘以市盈率，如果发放股票股利后股票的市盈率增加，则股票市场价值将增加，选项 B 的表述正确；发放股票股利导致企业所有者权益内部项目之间发生增减变化，而股票分割则不会，选项 C 的表述错误；股票回购本质上是现金股利的一种替代选择，但股票回购股东需要缴纳资本利得税，而发放现金股利股东则需要缴纳股息所得税，两者税负效应不同，所以给股东的净财富效应也是不一样的，选项 D 的表述正确。

三、计算分析题

1.【答案】

（1）2019 年股利为 3 000 万元。

2019 年股利支付率 = 3 000/12 000 × 100% = 25%

（2）2019 年股利支付率 = 2018 年股利支付率 = 3 000/10 000×100% = 30%

（3）2019 年股利额 = 12 000－8 000×3/5 = 7 200(万元)

2019 年股利支付率 = 7 200/12 000 × 100% = 60%

（4）2019 年股利额 = 2 000 +（12 000 － 2 000)×16% = 3 600(万元)

2019 年股利支付率 = 3 600/12 000 × 100% = 30%

（5）①剩余股利政策

优点：保持理想的资本结构，加权平均资本成本最低。

缺点：受到当年盈利水平和未来投资规模

影响，每年股利发放额不稳定。

②固定股利政策

优点：可以消除投资者内心的不确定性，向市场传递公司经营业绩正常的信息，有利于树立公司良好形象，增强投资者对公司的信心，稳定股票的价格；固定的股利有利于投资者安排股利收入和支出。

缺点：股利的支付与盈余脱节，可能造成公司资金短缺；不能像剩余股利政策那样保持较低的资本成本。

③固定股利支付率政策

优点：使股利与公司盈余紧密结合，以体现多盈多分、少盈少分、无盈不分的原则。

缺点：各年的股利变动较大，极易造成公司不稳定的感觉，对稳定股票价格不利。

④低正常加额外股利政策

优点：公司具有较大灵活性。股利作为主要收入来源的股东会偏好该股利政策，因为可以获得较低但比较稳定的股利收入。

2.【答案】

（1）发放现金股利需要的税后利润 = 0.05×6 000 = 300(万元)

满足投资项目需要的税后利润 = 4 000× 45% = 1 800(万元)

计划年度需要的税后利润 = 300+1 800 = 2 100(万元)

计划年度需要税前利润 = 2 100/（1－25%）= 2 800(万元)

计划年度长期债务利息 =（原长期债务+新增长期债务）×利率 =［（9 000/45%）× 55%+4 000×55%］×11% = 1 452(万元)

息税前利润=税前利润+借款利息 = 2 800+ 1 452 = 4 252(万元)

（2）该股利政策是剩余股利政策。

优点：保持目标资本结构，并且加权平均资本成本最低。

缺点：每年分配股利的多少取决于当年盈利水平和未来投资规模，股利不稳定导致股价不稳定。

3. 【答案】

(1) 发放股票股利后的普通股股数 = $200 \times (1 + 10\%) = 220$ (万股)

发放股票股利后的普通股股本 = $2 \times 220 = 440$ (万元)

发放股票股利后的资本公积 = $100 + (35 - 2) \times 20 = 760$ (万元)

现金股利 = $0.2 \times 220 = 44$ (万元)

股利分配后的未分配利润 = $850 - 35 \times 20 - 44 = 106$ (万元)

盈余公积没有变化, 为 50 万元。

(2) 除权参考价 = $(24.45 - 0.06)/(1 + 30\% + 50\%) = 13.55$ (元)

(3) 股票分割后的普通股股数 = $200 \times 2 = 400$ (万股)

股票分割后的普通股股本 = $1 \times 400 = 400$ (万元)

股票分割后的资本公积、盈余公积和未分配利润均不变, 分别为 100 万元、50 万元、850 万元。

(4) 股利分配前的市净率 = $35/(1\,400/200) = 5$

在市净率不变时, 每股市价为 30 元的情况下, 其每股净资产为:

每股净资产 = $30/5 = 6$ (元)

股利分配后的股东权益 = $6 \times (200 + 200 \times 10\%) = 1\,320$ (万元)

每股现金股利 = $(1\,400 - 1\,320)/220 = 0.36$ (元)

『老贾点拨』 发放股票股利不影响股东权益总额, 导致股东权益减少的是支付现金股利, 所以, 现金股利的数额等于股利分配减少的股东权益数额($1\,400 - 1\,320$)。

4. 【答案】

(1) 每股收益 = $5\,000/2\,000 = 2.5$ (元)

每股股利 = $6/10 = 0.6$ (元)

回购方案: 回购 40 万股股票, 即:

回购的股数 = $2\,000 \times 0.6/30 = 40$ (万股)

『老贾点拨』 现金股利总额的计算应该是用发行在外期末股数计算。但是, 本题未给出相关资料, 只能按照给出的信息计算。

现金股利与股票回购的异同:

相同点: 都可以使股东获得现金。

不同点:

①发放现金股利不会减少普通股股数, 股票回购会减少普通股股数。

②发放现金股利, 股东要缴纳股利收益税; 而股票回购后股东需要缴纳资本利得税。

(2) 每股收益 = $5\,000/(2\,000 + 2\,000 \times 10/10) = 1.25$ (元)

每股除权参考价 = $30/(1 + 10/10) = 15$ (元)

股票分割方案: 将 1 股分割成 2 股。

股票股利和股票分割的异同:

①相同点: 都不会导致公司的资产或负债发生变化, 都可以增加普通股股数, 在盈利总额和市盈率不变的情况下, 都可以降低每股收益和每股市价, 但公司价值不变, 股东权益总额和每位股东持有股票的市场价值不变。

②不同点: 股票股利属于股利方式, 股票分割不属于股利方式; 发放股票股利之后, 股东权益内部结构会发生变化, 每股股票面值不变; 股票分割之后, 股东权益内部结构不会发生变化, 每股股票面值降低。

第十二章 营运资本管理

历年考情概况

本章属于考试重点章节，内容独立性较强。主要考核营运资本管理策略的不同类型、最佳现金持有量分析、应收账款信用政策分析、存货经济批量分析和短期借款的信用条件等内容。考试形式客观题、主观题都有涉及。考试分值预计 10 分左右。

近年考点直击

主要考点	主要考查题型	考频指数	考查角度
营运资本投资策略	客观题	★★★	三种营运资本投资策略的持有成本、短缺成本与风险比较
营运资本筹资策略	客观题	★★★	(1)三种营运资本筹资策略的判断及特点；(2)易变现率的计算
最佳现金持有量分析	客观题	★★★	(1)成本分析模式的相关成本；(2)存货模式的相关成本及计算；(3)随机模式中最优现金返回线、上限的计算及应用
信用政策分析	客观题和主观题	★★★	(1)应收账款占用资金的应计利息的计算；(2)信用政策的制定以及决策分析方法
存货管理	客观题和主观题	★★★	(1)储备存货成本构成；(2)存货经济订货量基本模型；(3)经济订货量基本模型的扩展
放弃现金折扣成本	客观题	★★	(1)放弃现金折扣成本的计算公式；(2)放弃现金折扣成本的影响因素
短期借款信用条件	客观题	★★	(1)信贷限额与周转信贷协定的比较；(2)承诺费计算；(3)有补偿性余额的有效年利率计算
借款利息支付方法	客观题	★★	收款法、贴现法和加息法下有效年利率的计算

2022 年考试变化

无实质性变化。

一、营运资本投资策略

(一)流动资产最优投资规模 ★

流动资产最优投资规模就是使短缺成本

和持有成本之和最小(或两个成本相等)时对应的投资额。

1. 短缺成本

短缺成本是随着流动资产投资水平的降低而增加的成本。

2. 持有成本

持有成本是随着流动资产投资水平的上升而增加的成本，即与流动资产相关的机会成本。持有成本低于企业的加权平均资本成本，也低于总资产平均报酬率。

（二）营运资本投资策略的类型 ★★★

营运资本投资策略包括适中型投资策略、保守型投资策略和激进型投资策略，具体内容见表12-1。

表12-1　营运资本投资策略

类型	特点
适中型投资策略	(1)按照最优投资规模，安排流动资产的投资； (2)短缺成本和持有成本大体相等
保守型投资策略	(1)安排较高的流动资产与收入比率； (2)承担较大的流动资产持有成本，较低的短缺成本
激进型投资策略	(1)安排较低的流动资产与收入比率； (2)承担较大的流动资产短缺成本，较低的持有成本

【例题1·单选题】☆与激进型营运资本投资策略相比，适中型营运资本投资策略的（　　）。

A. 持有成本和短缺成本均较低

B. 持有成本和短缺成本均较高

C. 持有成本较高，短缺成本较低

D. 持有成本较低，短缺成本较高

解析 ▶ 相比于激进型营运资本投资策略，适中型营运资本投资策略流动资产/收入比率较高，所以持有成本较高，而短缺成本较低。　　　　　　　答案 ▶ C

二、营运资本筹资策略

（一）流动资产筹资结构与易变现率 ★★

制定营运资本筹资策略，就是确定流动资产所需资金中短期资金和长期资金的比例。通常用经营性流动资产中长期筹资来源的比重来衡量，该比率称为易变现率。

易变现率=[（股东权益+长期债务+经营性流动负债）-长期资产]/经营性流动资产

易变现率高，资金来源的持续性强，偿债压力小，风险越低，称为保守型筹资策略。

易变现率低，资金来源的持续性弱，偿债压力大，风险越高，称为激进型筹资策略。

『老贾点拨』此处的长期资金不同于一般意义的长期资本。长期资本包括长期负债与股东权益。此处长期资金是指具有"长期"性质的资金，包括长期负债、股东权益和经营性流动负债。对于经营性流动负债，只要企业持续经营，就会存在该项负债，具有"长期"性质。

【例题2·单选题】某企业2020年年末资产负债表显示，股东权益和长期负债合计5 000万元，长期资产3 000万元，经营性流动资产2 000万元，经营性流动负债1 000万元，则该企业的易变现率是（　　）。

A. 300%　　　　　B. 250%

C. 150%　　　　　D. 100%

解析 ▶ 易变现率=（5 000 + 1 000 - 3 000）/2 000=150%　　答案 ▶ C

（二）营运资本筹资策略的类型 ★★★

1. 流动资产和流动负债的重新划分

确定营运资本筹资策略过程中，流动资产和流动负债的分类见表12-2。

表 12-2　流动资产和流动负债的分类

分类		阐释
流动资产	波动性流动资产（临时性流动资产）	受季节性、周期性影响的流动资产，该类资产所需资金是短期需求，应该用短期资金来源支持
	稳定性流动资产	经营淡季仍保持的、用于满足企业长期稳定运行需要的流动资产，稳定性流动资产是长期需求，应当用长期资金支持
流动负债	临时性负债	即短期金融负债（如短期借款）
	经营性流动负债	视为长期资金来源

『老贾点拨』在现实中，根据筹资的匹配原则，长期占用资金（包含稳定性流动资产投资）由长期资金来源支持；短期占用资金（即临时性流动资产需求）由短期资金来源支持。

2. 三种筹资策略下资产和资金来源的关系及特点

营运资本筹资策略包括适中型筹资策略、激进型筹资策略和保守型筹资策略，三种筹资策略的比较见表 12-3。

表 12-3　营运资本筹资策略的比较

种类	特征	营业低谷期易变现率	风险与收益
适中型筹资策略	(1)波动性流动资产=短期金融负债 (2)稳定性流动资产+长期资产=长期债务+经营性流动负债+股东权益	等于1	适中
激进型筹资策略	(1)波动性流动资产<短期金融负债 (2)稳定性流动资产+长期资产>长期债务+经营性流动负债+股东权益	小于1	较高
保守型筹资策略	(1)波动性流动资产>短期金融负债 (2)稳定性流动资产+长期资产<长期债务+经营性流动负债+股东权益	大于1	较低

『老贾点拨』(1)营业低谷期由于不存在波动性流动资产，营业低谷期的易变现率=（股东权益+长期债务+经营性流动负债-长期资产)/稳定性流动资产。

(2)三种营运资本筹资策略在营业高峰期的易变现率均小于1。在营业高峰期，存在短期金融负债的情况下，三种筹资策略都满足这个等式：

稳定性流动资产+长期资产+波动性流动资产=长期债务+经营性流动负债+股东权益+短期金融负债

即：股东权益+长期债务+经营性流动负债-长期资产<稳定性流动资产+波动性流动资产

所以：高峰期易变现率=（股东权益+长期债务+经营性流动负债-长期资产)/（稳定性流动资产+波动性流动资产)<1

(3)资金来源的有效期结构和资产需求的有效期结构的匹配，可以有利于降低利率风险和偿债风险，但并不是所有企业在所有时间里的最佳筹资策略。

(4)与适中型筹资策略相比，保守型筹资策略短期金融负债占全部资金来源比重较小，易变现率较大，风险与收益均较低；激进型筹资策略相反。

【例题3·单选题】☆甲公司是一家啤酒生产企业，淡季占用 300 万元货币资金、200 万元应收账款、500 万元存货、1 000 万元固定资产以及 200 万元无形资产(除此以外无其他资产)，旺季需额外增加 300 万元季节性存货。经营性流动负债、长期负债和股东权益总额始终保持在2 000万元，其余靠短期借款提供资金。甲公司的营运资本筹资策略是( )。

A. 保守型策略　　B. 适中型策略

C. 激进型策略　　D. 无法确定

解析 ▶ 由于稳定性流动资产+长期资产=300+200+500+1 000+200=2 200（万元），股东权益+长期债务+经营性流动负债=2 000（万元），2 200万元>2 000万元，所以，甲公司的营运资本筹资策略为激进型筹资策略。　　　　　　**答案** ▶ C

【例题4·多选题】 ☆已知某企业在营业高峰期，波动性流动资产200万元，经营性流动负债100万元，金融性流动负债100万元，下列说法中正确的有( )。

A. 属于保守型筹资策略

B. 低谷时易变现率小于1

C. 高峰时易变现率小于1

D. 低谷时有闲置资金

解析 ▶ 由于波动性流动资产大于金融性流动负债，即属于保守型筹资策略，即选项A的说法正确；保守型筹资策略在营业低谷时，稳定性流动资产+长期资产<股东权益+长期债务+经营性流动负债，即：稳定性流动资产<股东权益+长期债务+经营性流动负债-长期资产，所以此时易变现率大于1，说明在满足稳定性流动资产后还有闲置资金，选项B说法不正确，选项D说法正确；在营业高峰期，由于：波动性流动资产+稳定性流动资产+长期资产=金融性流动负债+股东权益+长期债务+经营性流动负债，所以：波动性流动资产+稳定性流动资产>股东权益+长期债务+经营性流动负债-长期资产，即高峰期易变现率小于1，选项C说法正确。

答案 ▶ ACD

【例题5·单选题】 ☆下列关于适中型营运资本筹资策略的说法中，正确的是( )。

A. 波动性流动资产通过经营性流动负债筹集资金

B. 长期资产和稳定性流动资产通过股东权益、长期债务和经营性负债筹集资金

C. 部分波动性流动资产通过股东权益、长期债务和经营性负债筹集资金

D. 部分波动性流动资产通过经营性流动负债筹集资金

解析 ▶ 适中型筹资策略下波动性流动资产通过临时性负债筹集资金，稳定性流动资产和长期资产通过经营性流动负债、长期债务和股东权益筹集资金，所以选项ACD不正确，选项B正确。　　　**答案** ▶ B

三、企业持有现金的原因

（一）企业置存现金的原因★

企业置存现金的原因，主要是满足交易性需要、预防性需要和投机性需要，具体内容见表12-4。

表12-4　企业置存现金的原因

原因	阐释
交易性需要	指置存现金用于日常业务的现金支付
预防性需要	指置存现金以防发生意外的支付。现金流量的不确定性越大，预防性现金的数额也应越大；企业的借款能力强，可以减少预防性现金的数额
投机性需要	指置存现金用于不寻常的购买机会，如廉价原材料或其他资产供应的机会；适当时机购入价格有利的股票或其他有价证券等

【例题6·多选题】 企业在确定为预防性需要而持有现金数额时，需考虑的因素有( )。

A. 企业现金流量的可预测性

B. 企业临时举债能力的强弱

C. 企业销售水平的高低

D. 金融市场投资机会的多少

解析 ▶ 预防性需要是指置存现金以防发生意外的支付。企业有时会出现意想不到的开支，现金流量的不确定性越大，预防性现金的数额也应越大；反之，企业现金流量的可预测性强，预防性现金数额则可小些。此

外，预防性现金数额还与企业的借款能力有关，如果企业能够很容易地随时借到短期资金，也可以减少预防性现金的数额；若非如此，则应扩大预防性现金数额。选项 C 是确定交易性需要的现金时需要考虑的因素，选项 D 是确定投机性需要的现金时需要考虑的因素。

答案 ▶ AB

(二)现金管理的方法★

为了提高现金使用效率，可采用的现金管理方法见表 12-5。

表 12-5 现金管理的方法

方法	阐释
力争现金流量同步	尽量使现金流入与现金流出发生的时间趋于一致，可以使交易性现金余额降到最低水平
使用现金浮游量	尽管企业已经开出支票，却仍可动用在活期存款账户上银行尚未划出企业账户的资金
加速收款	缩短应收账款时间
推迟应付账款的支付	在不影响自己信誉的前提下，尽可能推迟应付账款的支付期

『老贾点拨』 机会成本＝现金平均持有量×机会成本率

【例题8·多选题】 ☆甲公司采用成本分析模式确定最佳现金持有量，下列说法中，正确的有( )。

A. 现金机会成本和短缺成本相等时的现金持有量是最佳现金持有量

【例题7·单选题】 企业为了使其持有的交易性现金余额降到最低，可采取的方法为( )。

A. 力争现金流量同步

B. 使用现金浮游量

C. 加速收款

D. 推迟应付账款的支付

解析 ▶ 交易性现金需要是用于企业日常业务的收支。如果企业能够尽量使现金流入和现金流出发生时间趋于一致，即现金流量同步，可使其持有的交易性现金余额降到最低水平。选项 A 是答案。

答案 ▶ A

四、最佳现金持有量分析★★★

(一)成本分析模式

成本分析模式是通过分析持有现金的成本，寻求持有成本最低的现金持有量，具体内容见表 12-6。

表 12-6 成本分析模式

相关成本	概念	与现金持有量关系	决策原则
机会成本	由于持有现金丧失的等风险投资期望收益	同向变动	最佳现金持有量是使三项成本之和最小(或机会成本与短缺成本之和最小、或机会成本等于短缺成本)的现金持有量
管理成本	由于持有现金发生的管理费用	无明显的比例关系(固定成本)	
短缺成本	由于现金短缺不能满足业务开支需要而给企业造成的损失或付出的转换成本等	反向变动	

B. 现金机会成本最小时的现金持有量是最佳现金持有量

C. 现金机会成本、管理成本和短缺成本之和最小时的现金持有量是最佳现金持有量

D. 现金机会成本和管理成本相等时的现金持有量是最佳现金持有量

解析 ▶ 在成本分析模式下，需要考虑的

287

成本包括机会成本、管理成本和短缺成本，三项成本之和最小的现金持有量，就是最佳现金持有量，所以选项C是答案。由于管理成本是固定成本，在一定范围内不变，因此，机会成本与短缺成本之和最小（即两者相等）时对应的现金持有量就是最佳现金持有量，选项A是答案。 **答案 ▶ AC**

【例题9·多选题】 ☆企业采用成本分析模式管理现金，在最佳现金持有量下，下列各项中正确的有（ ）。

A. 机会成本等于短缺成本

B. 机会成本与管理成本之和最小

C. 机会成本与短缺成本之和最小

D. 机会成本等于管理成本

解析 ▶ 在成本分析模式下，机会成本、管理成本、短缺成本之和最小的现金持有量是最佳现金持有量。管理成本是一种固定成本，与现金持有量之间无明显的比例关系，因此机会成本和短缺成本之和最小时的现金持有量为最佳现金持有量，此时机会成本等于短缺成本，选项AC正确。 **答案 ▶ AC**

（二）存货模式

存货模式涉及的相关成本有机会成本和交易成本，相关内容见表12-7。

表12-7 存货模式

相关成本	概念与计算公式	与现金持有量关系	决策原则与计算公式
机会成本	由于持有现金丧失的等风险投资期望收益。假设现金机会成本率是K，现金持有量是C，则：机会成本=(C/2)×K	同向变动	最佳现金持有量是使两项成本之和最小（或机会成本等于交易成本）的现金持有量。
交易成本	出售有价证券以补充现金所付出的代价。假设每次的交易成本是F，一定期间现金需要量是T，则：交易成本=(T/C)×F	反向变动	最佳现金持有量=$\sqrt{2TF/K}$ 相关最低总成本=$\sqrt{2TFK}$

【例题10·单选题】 ☆甲公司采用存货模式确定最佳现金持有量。在现金需求量保持不变的情况下，当有价证券转换为现金的交易费用从每次100元下降至50元，有价证券投资报酬率从4%上涨至8%时，甲公司现金管理应采取的措施是（ ）。

A. 最佳现金持有量保持不变

B. 将最佳现金持有量提高50%

C. 将最佳现金持有量降低50%

D. 将最佳现金持有量提高100%

解析 ▶ 存货模式下，最佳现金持有量=$\sqrt{2TF/K}$。K上涨为原来的2倍，F下降为原来的1/2，根据公式可知，根号里面的式子变为原来的1/4，开平方后变为原来的1/2，即下降50%。 **答案 ▶ C**

（三）随机模式

随机模式是在现金需求量难以预知的情况下进行现金持有量控制的方法，具体内容见表12-8。

表12-8 随机模式

项目	阐述
基本原理	企业根据历史经验和现实需要，测算出一个现金持有量的控制范围，即制定出现金持有量的上限和下限，将现金持有量控制在上下限之内。 ①当现金存量达到或超过控制上限，则用现金购入有价证券，使现金持有量回落到现金返回线水平； ②当现金存量达到或低于控制下限，则抛售有价证券，使现金持有量回升至现金返回线水平； ③当现金存量在上下限之间时，不进行现金和有价证券的转换

288

续表

项目	阐述
计算公式	(1) 现金返回线：$R = \sqrt[3]{\dfrac{3b\delta^2}{4i}} + L$ (2) 下限 L 的影响因素：受企业每日的最低现金需要量、管理人员的风险承受倾向等因素的影响。 (3) 上限 H 的确定：$H = 3R - 2L$
符号说明	b 表示每次有价证券的固定转换成本；i 表示有价证券的日利息率；δ 表示预期每日现金余额变化的标准差

『老贾点拨』随机模式建立在企业的现金未来需求总量和收支不可预测的前提下，确定的现金持有量相对较高，是一个比较保守的现金持有量。

【例题11·多选题】甲公司采用随机模式进行现金管理，下列说法中正确的有（　）。

A. 影响现金返回线的因素包括机会成本与转换成本

B. 当现金余额在上下限之间时，不需要进行现金与有价证券的转换

C. 当现金持有量达到控制上限时，买入有价证券，使现金持有量回落到控制下限

D. 当现金持有量达到控制下限时，卖出有价证券，使现金持有量上升到现金返回线

解析 ▷ 根据现金返回线的公式可知，每次有价证券的固定转换成本、每日现金余额波动的标准差、现金存量的下限与现金返回线同方向变化，日利息率（即机会成本率）与现金返回线呈反方向变化，即影响因素包含了机会成本和转换成本，选项 A 是答案；当现金余额在上下限之间时，不需要进行现金与有价证券的转换，选项 B 是答案；当现金量达到或超过控制上限时，买入有价证券，使现金持有量回落到现金返回线，选项 C 不是答案；当现金量达到或低于控制下限时，卖出有价证券，使现金持有量上升到现金返回线，选项 D 是答案。　答案 ▷ ABD

【例题12·多选题】☆甲公司采用随机模式进行现金管理，确定最低现金持有量是10万元，现金返回线是40万元，下列操作中正确的有（　）。

A. 当现金余额为50万元时，应用现金10万元买入有价证券

B. 当现金余额为8万元时，应转让有价证券换回现金2万元

C. 当现金余额为110万元时，应用现金70万元买入有价证券

D. 当现金余额为80万元时，不用进行有价证券与现金之间的转换操作

解析 ▷ 现金持有量的上限 = 3×40 - 2×10 = 100（万元）。现金余额50万元和80万元，在上下限之间，不需要进行现金与有价证券之间的转换，选项 A 不是答案，选项 D 是答案；现金余额8万元低于下限，需要将有价证券转为现金32万元，以达到返回线40万元，选项 B 不是答案；现金余额110万元高于上限，需要将70万元现金转为有价证券，以达到返回线40万元，选项 C 是答案。　答案 ▷ CD

【例题13·多选题】☆甲公司采用随机模式确定最佳现金持有量，最优现金返回线水平为7 000元，现金存量下限为2 000元。公司财务人员的下列做法中，正确的有（　）。

A. 当持有的现金余额为1 000元时，转让6 000元的有价证券

B. 当持有的现金余额为5 000元时，转让2 000元的有价证券

C. 当持有的现金余额为12 000元时，购买5 000元的有价证券

D. 当持有的现金余额为18 000元时，购买11 000元的有价证券

解析 ▷ 现金持有量的上限 = 3×7 000 - 2×2 000 = 17 000（元）。现金余额1 000元低于

下限，需要转让 6 000 元有价证券，使现金持有量回到现金返回线水平，选项 A 是答案；现金余额 5 000 元和 12 000 元均在上下限之间，不需要进行现金与有价证券之间转换，选项 BC 不是答案；现金余额 18 000 元高于上限，需要购买 11 000 元有价证券，使现金持有量回落到现金返回线水平，选项 D 是答案。

答案 ▶ AD

五、应收账款产生的原因及管理方法 ★

应收款项是指因对外销售产品、材料、供应劳务及其他原因，应向购货单位或接受劳务单位或其他单位收取的款项，包括应收账款、应收票据和其他应收款等。

1. 应收账款产生的原因

(1)商业竞争。出于扩大销售的竞争需要，而采取赊销方式形成的应收账款，属于商业信用。

(2)销售和收款的时间差距。这种由于

结算原因形成的应收账款，不属于商业信用，也不是应收账款管理的主要内容。

2. 应收账款管理方法

(1)应收账款回收情况的监督。为了对应收账款回收情况进行监督，一般通过编制账龄分析表进行。

(2)收账政策的制定。对于超过信用期的款项，在制定收账政策时，要在收账费用和减少坏账损失之间作出权衡。

『老贾点拨』 应收账款管理就是在应收账款信用政策所增加的盈利和增加的成本之间作出权衡。只有在增加的盈利超过增加的成本时，才实施应收账款赊销。

六、信用政策分析

(一)信用政策的内容 ★★

信用政策包括信用期间、信用标准和现金折扣政策，具体内容见表 12-9。

表 12-9　信用政策的内容

构成	概念	财务影响
信用期间	允许顾客从购货到付款的时间	信用期间延长，销售额增加，应收账款占用水平增加，机会成本、收账费用和坏账损失增加。收益增加大于成本增加，可以延长信用期
信用标准	顾客获得企业的交易信用所应具备的条件	信用标准严格，销售额减少，应收账款占用水平降低，机会成本、收账费用和坏账损失减少。成本降低大于收益降低，可以提高信用标准
现金折扣政策	为了吸引顾客提前付款，缩短企业的平均收款期，对顾客在商品价格上提供的一种优惠	现金折扣程度大，减少应收账款占用时间，节约相关成本，但同时也增加了现金折扣成本。成本节约大于现金折扣成本，可以加大现金折扣程度

[例题 14·多选题] ☆下列各项措施中，可降低应收账款周转天数的有(　　)。

A. 提高信用标准　　　　　　　　B. 提高现金折扣率

C. 延长信用期限　　　　　　　　D. 提高坏账准备计提比率

解析 ▶ 提高信用标准，客户赖账的可能性降低，所以会降低应收账款的周转天数，即选项 A 是答案；提高现金折扣百分比，会有更多顾客在折扣期内付款，缩短了平均收现期，周转天数降低，选项 B 是答案；延长信用期间会延长平均收现期，周转天数提高，选项 C 不是答案；计算应收账款周转率时，不扣除坏账准备，坏账准备计提比率高低不影响应收账款周转天数，所以选项 D 不是答案。

答案 ▶ AB

(二)"5C"评估方法★★

企业在设定某一顾客的信用标准时,先要评估其赖账的可能性,这可以通过"5C"系统来进行,具体内容见表12-10。

表 12-10　"5C"系统

项目	阐释
品质	指顾客的信誉,即履行偿债义务的可能性,是评价顾客信用的首要因素
能力	指顾客偿债能力,即流动资产数量和质量以及与流动负债的比例
资本	指顾客的财务实力和财务状况
抵押	指顾客无力支付或拒付时提供的抵押资产
条件	指可能影响顾客付款能力的经济环境

【例题15·单选题】☆应用"5C"系统评估顾客信用标准时,客户的"能力"是指(　　)。

A. 偿债能力　　　　　　　　　B. 营运能力

C. 盈利能力　　　　　　　　　D. 发展能力

解析 ▶ "5C"系统中,"能力"指的是企业的偿债能力,即其流动资产的数量和质量以及与流动负债的比例。　　　　　　　　　　　　　　　　　　　　　　　　答案 ▶ A

(三)应收账款相关成本★★★

在信用政策决策中通常考虑的成本见表12-11。

表 12-11　应收账款相关成本

相关成本	计算公式
应收账款占用资金的应计利息	应收账款占用资金×资本成本 =应收账款平均余额×变动成本率×资本成本 =日销售额×平均收现期×变动成本率×资本成本
存货占用资金的应计利息	存货占用资金×资本成本 自制存货:存货占用资金=平均存量×单位变动生产成本 外购存货:存货占用资金=平均存量×外购单价
应付账款节省资金的应计利息 (即减少营运资金的应计利息,用负数表示)	应付账款平均余额×资本成本
收账费用	根据给出条件确定,一般为已知数
坏账损失	销售额×坏账损失率
现金折扣成本	销售额×享受现金折扣的顾客比例×现金折扣率
其他相关成本	根据给出的条件确定

『老贾点拨』①关于平均收现期的计算。如果题目中只给出信用期,没有其他附带条件,平均收现期就是信用期;如果给出相关的收款百分比,则按加权平均法计算。

②"应收账款占用资金"是按照"应收账款平均余额乘以变动成本率"计算确定，因为需要增加的营运资金仅指变动成本，不是全部销售额，也不是全部制造成本。

③"应付账款节省资金的应计利息"以负数的形式计入应收账款相关成本。

【例题16·单选题】 甲公司全年销售额为30 000元（一年按300天计算），信用政策是1/20、N/30，平均有40%的顾客（按销售额计算）享受现金折扣优惠，没有顾客逾期付款。甲公司应收账款的年平均余额是

（　）元。

A. 2 000　　　　B. 2 400

C. 2 600　　　　D. 3 000

解析 应收账款平均周转天数 = 20×40%+30×（1-40%）= 26（天），应收账款年平均余额 = 30 000/300×26 = 2 600（元）。

答案 C

（四）信用政策决策分析方法★★★

信用政策决策分析通常采用的方法有总额分析法和差量分析法，具体内容见表12-12。

表12-12　信用政策决策分析方法

总额分析法		差量分析法	
计算各信用政策的收益	销售收入-变动成本-固定成本	增加的收益	增加的收入-增加的变动成本-增加的固定成本
各信用政策的相关成本	占用资金应计利息（应收账款、存货、应付账款等）	增加的相关成本	增加的占用资金应计利息（应收账款、存货、应付账款等）
	收账费用		增加的收账费用
	坏账损失		增加的坏账损失
	现金折扣成本		增加的现金折扣成本
各信用政策的税前损益	收益-相关成本	增加的税前损益	增加的收益-增加的相关成本
决策方法	选择税前损益最大的方案	决策方法	增加的税前损益大于零，即可改变信用政策

【例题17·计算分析题】 C公司生产和销售甲、乙两种产品。目前的信用政策为"2/15，N/30"，占销售额60%的客户在折扣期内付款并享受公司提供的折扣；不享受折扣的应收账款中，有80%可以在信用期内收回，另外20%在信用期满后10天（平均数）收回。逾期账款的收回，需要支出占逾期账款额10%的收账费用。如果明年继续保持目前的信用政策，预计甲产品销售量为4万件，单价100元，单位变动成本60元，平均每件存货的变动成本为50元；乙产品销售量为2万件，单价300元，单位变动成本240元。平均每件存货的变动成本为200元。固定成本总额为120万元，平均库存量为销售量的20%，平均应付账款为存货平均占用

资金的30%。

如果明年将信用政策改为"5/10，N/20"，预计不会影响坏账损失、产品的单价、单位变动成本、每件存货的平均变动成本和销售的品种结构，而销售额将增加到1 200万元。与此同时，享受折扣的比例将上升至销售额的70%；不享受折扣的应收账款中，有50%可以在信用期内收回，另外50%可以在信用期满后20天（平均数）收回。这些逾期账款的收回，需要支出占逾期账款额10%的收账费用。固定成本总额为130万元，平均库存量为销售量的25%，平均应付账款为存货平均占用资金的40%。

该公司的资本成本率为12%（一年按360天计算；金额以万元为单位；计算结果

保留两位小数)。

要求:

(1)信用政策包括哪些内容?什么是信用期间和现金折扣?如何确定信用期间和现金折扣政策?

(2)假设公司继续保持目前的信用政策,计算其平均收现期和应收账款占用资金应计利息,以及存货占用资金的应计利息和平均应付账款的应计利息。

(3)假设公司采用新的信用政策,计算其平均收现期和应收账款占用资金应计利息,以及存货占用资金的应计利息和平均应付账款的应计利息。

(4)计算改变信用政策引起的损益变动净额,并据此判断公司是否应该改变信用政策。

答案

(1)信用政策包括信用期间、信用标准和现金折扣政策。

信用期间是允许顾客从购货到付款之间的时间;现金折扣是为了吸引顾客提前付款,缩短企业的平均收账期,对顾客在商品价格上提供的一种优惠。

信用期间的确定:需要分析改变信用期间对成本和收入的影响,信用期间延长,销售额增加,应收账款占用水平增加,机会成本、收账费用和坏账损失增加。如果收益增加大于成本增加,可以延长信用期。

现金折扣政策确定:企业给顾客提供一定程度现金折扣,应该考虑折扣带来的收益与成本进行权衡。现金折扣程度大,减少应收账款占用时间,节约相关成本,但增加了现金折扣成本。如果成本节约大于现金折扣成本,可以加大现金折扣程度。

(2)不改变信用政策:

平均收现期 = 60% × 15 + 40% × 80% × 30 + 40% × 20% × 40 = 21.8(天)

应收账款占用资金应计利息 = 4 × 100/360 × 21.8 × 60/100 × 12% + 2 × 300/360 × 21.8 × 240/300 × 12% = 5.23(万元)

存货占用资金的应计利息 = (4 × 20% × 50 + 2 × 20% × 200) × 12% = 14.4(万元)

平均应付账款应计利息 = (4 × 20% × 50 + 2 × 20% × 200) × 30% × 12% = 4.32(万元)

(3)改变信用政策后:

平均收现期 = 70% × 10 + 30% × 50% × 20 + 30% × 50% × 40 = 16(天)

应收账款占用资金应计利息 = 1 200 × 40%/360 × 16 × 60/100 × 12% + 1 200 × 60%/360 × 16 × 240/300 × 12% = 4.61(万元)

『老贾点拨』40%指的是甲产品所占的销售比重,60%指的是乙产品所占的销售比重。因为,题中给出预计甲产品销售量为4万件,单价100元,乙产品销售量为2万件,单价300元,从这个可以得出甲产品的销售比重为4 × 100/(4 × 100 + 2 × 300) = 40%,而乙产品的销售比重为2 × 300/(4 × 100 + 2 × 300) = 60%。由于信用政策的改变不影响产品的单价和销售的品种结构,因此,销售额增加到1 200万元以后,这个比例是不变的。

存货占用资金的应计利息 = [(1 200 × 40%/100) × 25% × 50 + (1 200 × 60%/300) × 25% × 200] × 12% = 21.6(万元)

平均应付账款应计利息 = [(1 200 × 40%/100) × 25% × 50 + (1 200 × 60%/300) × 25% × 200] × 40% × 12% = 8.64(万元)

(4)每年损益变动额:

增加的收入 = 1 200 - (4 × 100 + 2 × 300) = 200(万元)

增加的变动成本 = (1 200 × 40% × 60/100 - 4 × 60) + (1 200 × 60% × 240/300 - 2 × 240) = 144(万元)

增加的现金折扣 = 1 200 × 70% × 5% - (4 × 100 + 2 × 300) × 60% × 2% = 30(万元)

增加的应收账款占用资金应计利息 = 4.61 - 5.23 = -0.62(万元)

增加的应付账款节省的利息 = 8.64 - 4.32 = 4.32(万元)

增加的存货占用资金应计利息 = 21.6 - 14.4 = 7.2(万元)

增加的固定成本 = 130−120 = 10（万元）

增加的收账费用 = 1 200×30%×50%×10%−(4×100+2×300)×40%×20%×10% = 10（万元）

增加的坏账损失 = 0

增加的税前收益 = 200 − 144 − 30 − (−0.62)−10+4.32−7.2−10 = 3.74（万元）

由于信用政策改变后增加的税前收益大于零，所以公司应该改变信用政策。

七、存货管理

（一）存货管理的目标★

1. 存货的概念

存货是指企业在日常活动中持有的以备出售的产成品或商品、处于生产过程的在产品、在生产过程或提供劳务过程中耗用的材料或物料等。

2. 储备存货的原因

（1）保证生产或销售的需要；

（2）出自价格考虑。

3. 存货管理目标

存货成本（如占用资金应计利息、仓储费、保险费、维护费、管理人员工资等）与存货效益权衡，达到最佳结合。

（二）储备存货的成本★★

与储备存货有关的成本包括取得成本、储存成本和缺货成本，具体内容见表12-13。

表 12-13　储备存货的成本

类别	具体项目		特征或计算公式
取得成本	购置成本。指存货本身价值		年需要量（D）×单价（U）
	订货成本	订货的固定成本。指取得订单的成本中与订货次数无关的成本	与订货批量无关
		订货的变动成本。指取得订单的成本中与订货次数有关的成本	（1）与订货批量呈反方向变化 （2）年订货次数（D/Q）×每次订货的变动成本（K）
储存成本	固定储存成本。指为保持存货而发生的成本中，与存货数量无关的成本，如仓库折旧等		与订货批量无关
	变动储存成本。指为保持存货而发生的成本中，与存货数量有关的成本，如存货占用资金应计利息、存货破损和变质损失、存货保险费等		（1）与订货批量呈同向变化 （2）平均库存量（Q/2）×单位变动储存成本（K_c）
缺货成本	指由于存货供应中断而造成的损失，如停工损失、丧失销售机会损失等		与订货批量呈反方向变化

【例题18·多选题】下列属于储存变动成本的有（　）。

A. 仓库管理人员工资

B. 存货保险费用

C. 存货资金的应计利息

D. 存货的破损与变质损失

解析　存货变动储存成本是为保持存货而发生的与存货数量有关的成本，包括存货占用资金的应计利息、存货的破损和变质损失、存货的保险费用等，仓库管理人员工资是固定储存成本，因此选项BCD是答案。

答案　BCD

（三）存货经济批量分析★★★

1. 经济订货量的含义

经济订货量是按照存货管理目的，通过

确定合理的进货批量和进货时间，使存货的总成本最低的进货批量。

2. 经济订货量的基本模型

经济订货量基本模型的假设条件及计算公式见表 12-14。

表 12-14　经济订货量基本模型的假设条件及计算公式

假设条件	计算公式
(1)能及时补充存货，即需要订货时便可立即取得存货； (2)集中到货，不是陆续入库； (3)不允许缺货，即无缺货成本； (4)货物年需求量稳定，并且能预测； (5)存货单价不变； (6)企业现金充足，不会因现金短缺而影响进货； (7)所需存货市场供应充足	(1)经济订货量$(Q^*) = \sqrt{\dfrac{2KD}{K_C}}$ (2)订货变动成本$= \dfrac{D}{Q^*}K$ (3)储存变动成本$= \dfrac{Q^*}{2}K_C$ (4)与经济批量相关的总成本=订货变动成本+储存变动成本$= \sqrt{2KDK_C}$ (5)最佳订货次数$= \dfrac{D}{Q^*}$ (6)最佳订货周期 = 1[①]/最佳订货次数 (7)经济订货量占用资金$= \dfrac{Q^*}{2}×$单价

『**老贾点拨**』 当储存变动成本与订货变动成本相等时，与批量相关成本最低。

【**例题 19·多选题**】☆根据存货经济批量模型，下列各项中，导致存货经济订货批量增加的情况有(　　)。

A. 单位储存成本增加

B. 订货固定成本增加

C. 存货年需求量增加

D. 单位订货变动成本增加

解析 ▶ 经济订货批量$= \sqrt{\dfrac{2KD}{K_C}}$，单位储存成本$(K_C)$增加导致经济订货批量减少，选项 A 不是答案；订货固定成本不影响经济订货批量，选项 B 不是答案；存货年需求量(D)和单位订货的变动成本(K)与经济订货批量正向相关，选项 CD 是答案。**答案** ▶ CD

3. 经济订货量基本模型的扩展

基本模型的扩展及涉及的计算公式见表 12-15。

表 12-15　基本模型的扩展及涉及的计算公式

扩展模型	阐释或计算公式
订货提前期	(1)再订货点是指企业再次发出订货单时尚有存货的库存量，计算公式为： 再订货点＝平均交货时间×每日平均需用量 (2)订货提前期对每次订货量、订货次数、订货间隔时间等并无影响

---

① 此处"1"表示 1 年，如果题目条件中给出的是 1 年的天数，那么根据题目条件代入相应的天数即可。

扩展模型	阐释或计算公式
存货陆续供应与使用	(1)经济订货量$(Q^*)=\sqrt{\dfrac{2KD}{K_c(1-\dfrac{d}{P})}}$ (2)订货变动成本$=\dfrac{D}{Q^*}K$ (3)储存变动成本$=\dfrac{Q^*}{2}K_c(1-\dfrac{d}{P})$ (4)与经济批量相关的总成本=订货变动成本+储存变动成本$=\sqrt{2KDK_c(1-\dfrac{d}{P})}$ (5)最佳订货次数$=\dfrac{D}{Q^*}$ (6)最佳订货周期=1[①]/最佳订货次数 (7)经济订货量占用资金$=\dfrac{Q^*}{2}(1-\dfrac{d}{P})\times$单位成本 式中：d是每日耗用量；P是每日送货量(或每日产量) 『老贾点拨』①陆续供应和使用模型的经济订货量高于基本模型，与批量相关的总成本低于基本模型；②一次订货变动成本、年需要量、每天耗用量与经济订货量呈同向变化，单位储存变动成本、每天送货量与经济订货量呈反向变化
保险储备	(1)保险储备量概念：按照经济订货批量和再订货点发出订单后，为防止交货期内需求量增加或交货延迟，需要多储备存货以备应急之需，即保险储备量； (2)保险储备量的确定原则：合理的保险储备量是使缺货或供应中断形成的损失与储备成本之和最小，计算公式为： $TC(B,S)=BK_c+SNK_U$ 式中： B是保险储备量； K_c是单位储存变动成本； S是每次订货的缺货数量； N是年订货次数； K_U是单位缺货成本。 (3)考虑保险储备的再订货点。 再订货点=平均交货时间×平均日需求量+保险储备 『老贾点拨』对于延迟交货引起的缺货，在确定保险储备时，可以将延迟的天数折算成增加的需求量

『老贾点拨』 由于保险储备是备用的，在正常情况下不会被耗用，所以，计算平均库存量时，简化处理，直接加上保险储备量，而不是加上保险储备量的一半。

【例题20·单选题】 ☆甲公司生产产品所需某种原料的需求量不稳定，为保障产品生产的原料供应，需要设置保险储备。确定合理保险储备量的判断依据是( )。

A. 缺货成本与保险储备成本之差最大

B. 缺货成本与保险储备成本之和最小

C. 边际保险储备成本大于边际缺货成本

D. 边际保险储备成本小于边际缺货成本

解析 ▶ 合理的保险储备量是使缺货或供应中断形成的损失与储备成本之和最小，所

---

① 此处"1"表示1年，如果题目条件中给出的是1年的天数，那么根据题目条件代入相应的天数即可。

以选项 B 是答案。　　　　答案▶ B

【例题 21·单选题】 ☆某公司生产所需的零件全部通过外购取得，公司根据扩展的经济订货量模型确定进货批量。下列情形中，能够导致零件经济订货量增加的是(　)。

A. 供货单位需要的订货提前期延长

B. 每次订货的变动成本增加

C. 供货单位每天的送货量增加

D. 供货单位延迟交货的概率增加

解析▶ 供货单位需要的订货提前期延长不会影响经济订货量，所以选项 A 不是答案。根据陆续供应和使用模型，每次订货的变动成本、每年需求量、每天耗用量与经济订货量呈同向变化；单位储存变动成本、每天送货量与经济订货量呈反向变化，选项 B 正确，选项 C 错误。供货单位延迟交货的概率增加会增加保险储备，但不会影响经济订货量，所以选项 D 不是答案。　　答案▶ B

【例题 22·计算分析题】 假定某企业材料年需要量 3 600 千克(一年按 360 天计算)，材料单位成本 10 元，单位材料年储存变动成本 2 元，一次订货成本 25 元。材料集中到货，正常情况下从订货至到货需要 10 天。当材料缺货时，单位缺货成本 4 元。如果设置保险储备，以一天的材料消耗量为最小单位。交货期内的存货需要量及其概率分布见下表。

需要量（千克）	90	100	110	120
概率	0.10	0.60	0.20	0.10

要求：

(1)什么是保险储备量？如何确定合理的保险储备量？

(2)计算材料的经济订货量；分别计算不同保险储备量的相关总成本，并确定最合理的保险储备量；确定再订货点；计算储备材料的总成本。

答案▶

(1)按照经济订货批量和再订货点发出订单后，为防止交货期内需求量增加或交货延迟，需要多储备存货以备应急之需，即保险储备量。

合理保险储备量是保险储备量的储存成本与缺货成本之和最低的保险储备量。

(2)经济订货量 $=\sqrt{2\times25\times3600/2}=300$(千克)

最佳订货次数$=3600/300=12$(次)

与批量相关的总成本 $=\sqrt{2\times25\times3600\times2}=600$(元)

由于每天需要量 10 千克($=3\,600/360$)，交货期 10 天内，交货期需要量为 100 千克。

①不设置保险储备量

一次订货的缺货数量$=(110-100)\times0.2+(120-100)\times0.1=4$(千克)

与保险储备相关的成本$=$缺货成本$+$保险储备成本$=4\times4\times12+0=192$(元)

②设置 10 千克保险储备量

一次订货的缺货数量$=(120-110)\times0.1=1$(千克)

与保险储备相关的成本$=$缺货成本$+$保险储备成本$=1\times4\times12+10\times2=68$(元)

③设置 20 千克保险储备量

一次订货的缺货数量$=0$(千克)

与保险储备相关的成本$=$缺货成本$+$保险储备成本$=0+20\times2=40$(元)

即：最佳保险储备量为 20 千克。

再订货点$=100+20=120$(千克)

材料总成本$=$购置成本$+$与批量相关成本$+$保险储备相关成本$=3\,600\times10+600+40=36\,640$(元)

【例题 23·计算分析题】 ☆甲公司是一家机械加工企业，产品生产需要某种材料，年需求量为 720 吨(一年按 360 天计算)。该公司材料采购实行供应商招标制度，年初选定供应商并确定材料价格，供应商根据甲公司指令发货，运输费由甲公司承担。目前有两个供应商方案可供选择，相关资料如下：

方案一：选择 A 供应商，材料价格为每吨 3 000 元，每吨运费 100 元，每次订货还需支付返空、路桥等固定运费 500 元。材料集中到货，正常情况下从订货至到货需要 10 天，正常到货的概率为 50%，延迟 1 天到货的概率为 30%，延迟 2 天到货的概率为 20%。

当材料缺货时，每吨缺货成本为 50 元。如果设置保险储备，以一天的材料消耗量为最小单位。材料单位储存成本为 200 元/年。

方案二：选择当地 B 供应商，材料价格为每吨 3 300 元，每吨运费 20 元，每次订货还需支付固定运费 100 元。材料在甲公司指令发出当天即可送达，但每日最大送货量为 10 吨。材料单位储存成本为 200 元/年。

要求：

（1）计算方案一的经济订货量；分别计算不同保险储备量的相关总成本，并确定最合理的保险储备量；计算方案一的总成本。

（2）计算方案二的经济订货量和总成本。

（3）从成本角度分析，甲公司应选择哪个方案？

答案 ▷

（1）经济订货量 $= \sqrt{2 \times 500 \times 720 / 200} = 60$（吨）

最佳订货次数 $= 720 \div 60 = 12$（次）

与批量相关的存货成本

$= \sqrt{2 \times 500 \times 720 \times 200} = 12\ 000$（元）

购置成本 = 年需求量 ×（单价 + 单位运费）$= 720 \times (3\ 000 + 100) = 2\ 232\ 000$（元）

不设置保险储备时：

缺货成本 $= (2 \times 30\% + 4 \times 20\%) \times 12 \times 50 = 840$（元）

保险储备成本 $= 0$

缺货成本 + 保险储备成本 $= 840$（元）

设置 2 吨的保险储备时：

缺货成本 $= 2 \times 20\% \times 12 \times 50 = 240$（元）

保险储备成本 $= 2 \times 200 = 400$（元）

缺货成本 + 保险储备成本 $= 240 + 400 = 640$（元）

设置 4 吨的保险储备时：

缺货成本 $= 0$

保险储备成本 $= 4 \times 200 = 800$（元）

缺货成本 + 保险储备成本 $= 800$（元）

经比较，设置 2 吨保险储备时的缺货成本与保险储备成本之和最低，应设置 2 吨的保险储备。

方案一的总成本 $= 2\ 232\ 000 + 12\ 000 + 640 = 2\ 244\ 640$（元）

（2）经济订货量

$= \sqrt{2 \times 100 \times 720 / [200 \times (1 - 2/10)]}$

$= 30$（吨）

与批量相关存货成本

$= \sqrt{2 \times 100 \times 720 \times 200 \times (1 - 2/10)}$

$= 4\ 800$（元）

方案二总成本 $= 720 \times (3\ 300 + 20) + 4\ 800 = 2\ 395\ 200$（元）

（3）方案一的总成本（2 244 640 元）低于方案二的总成本（2 395 200 元），应当选择方案一。

八、短期债务管理

（一）短期债务筹资的特点 ★

（1）筹资速度快，容易取得；（2）筹资富有弹性；（3）筹资成本较低；（4）筹资风险高。

（二）商业信用筹资 ★ ★

1. 商业信用筹资的概念与形式

商业信用筹资是商品交易中由于延期付款或预收货款所形成的企业间的借贷关系，是一种"自发性筹资"，包括应付账款、应付票据和预收账款等。

2. 商业信用筹资的优缺点

（1）优点是资金容易取得；如果没有现金折扣或使用不带息票据，商业信用筹资不负担成本。

（2）缺点是如果有现金折扣，放弃现金折扣时所付出的成本较高。

3. 放弃现金折扣成本的计算（不考虑复利）

根据应付账款的付款期和折扣条件的不

同，应付账款的信用包括：

（1）免费信用。即买方企业在规定的折扣期内享受折扣而获得的信用。

（2）有代价信用。买方企业放弃现金折扣付出代价而获得的信用。

放弃现金折扣成本

$$=\frac{折扣百分比}{1-折扣百分比}\times\frac{360}{信用期-折扣期}$$

（3）展期信用。买方企业超过规定的信用期推迟付款而强制获得的信用。

放弃现金折扣成本（展期）

$$=\frac{折扣百分比}{1-折扣百分比}\times\frac{360}{付款期-折扣期}$$

『老贾点拨』 放弃现金折扣成本的影响因素包括：折扣百分比（同向变化）；折扣期（同向变化）；信用期（或付款期）（反向变化）。

4. 利用现金折扣的决策方法

（1）如果放弃现金折扣成本>短期借款利率（或短期投资报酬率），则应在折扣期内付款，享受现金折扣；相反，则放弃现金折扣。

（2）企业因展延付款降低的放弃现金折扣成本>展延付款带来的损失，则可以展延付款。

（3）如果面对两家以上提供不同信用条件的卖方，应通过衡量放弃现金折扣成本的大小，选择放弃现金折扣成本最小（或所获利益最大）的一家。

【例题24·单选题】 ☆供应商向甲公司提供的信用条件是"2/30，N/90"，一年按360天计算，不考虑复利，甲公司放弃现金折扣的成本是（ ）。

A. 12.88% B. 12%

C. 12.24% D. 12.62%

解析 ▶ 放弃现金折扣成本=折扣百分比/（1-折扣百分比）×[360/（信用期-折扣期）]=2%/（1-2%）×[360/（90-30）]=12.24%

答案 ▶ C

【例题25·多选题】 计算放弃现金折扣成本时，下列各项中会导致放弃现金折扣成本增加的有（ ）。

A. 延长信用期

B. 延长折扣期

C. 提高现金折扣百分比

D. 推迟展延付款期中的付款日

解析 ▶ 放弃现金折扣的成本=[折扣百分比/（1-折扣百分比）]×[360/（信用期-折扣期）]，由公式可知，折扣百分比、折扣期与放弃现金折扣的成本同方向变动，信用期（或展延付款时的付款期）与放弃现金折扣的成本反方向变动，选项BC是答案。

答案 ▶ BC

（三）短期借款筹资 ★★

1. 短期借款的信用条件

短期借款的信用条件包括信贷限额、周转信贷协定、补偿性余额、借款抵押、偿还条件等，具体含义及说明见表12-16。

表12-16 短期借款的信用条件

信用条件	含义	说明
信贷限额	银行对借款人规定的无担保贷款的最高额	无法律效应，银行并不承担必须提供全部信贷限额的义务
周转信贷协定	银行具有法律义务的、承诺提供不超过某一最高限额的贷款协定	有法律效应，银行必须满足企业不超过最高限额的借款，企业享用周转信贷协定，通常对于贷款限额未使用的部分，企业需要支付承诺费
补偿性余额	银行要求借款企业在银行中保持按贷款限额或实际借用额一定百分比的最低存款余额	补偿性余额提高了借款的有效年利率。有效年利率=报价利率÷（1-补偿性余额比率）『老贾点拨』上式未考虑补偿性余额的利息收入

续表

信用条件	含义	说明
借款抵押	银行向财务风险较高企业或对其信誉没有把握的企业发放贷款，需提供抵押担保，以减少银行风险	抵押品通常包括应收账款、存货、股票和债券。贷款金额一般为面值的30%~90%（其比例高低取决于抵押品变现能力和银行风险偏好）。抵押借款成本一般高于非抵押借款（银行视为风险投资）
偿还条件	到期一次偿还、在贷款期内定期（每月、季）等额偿还	企业希望一次偿还；银行希望在贷款期内定期等额偿还，这会提高企业有效年利率

【例题26·单选题】 企业与银行签订了为期一年的周转信贷协定，周转信贷额为1 000万元，年承诺费率为0.5%，借款企业年度内使用了600万元（使用期为半年），借款年利率为6%，则该企业当年应向银行支付利息和承诺费共计（ ）万元。

A. 20　　　　　B. 21.5

C. 38　　　　　D. 39.5

解析 利息=600×6%×1/2=18（万元），承诺费包括400万全年未使用额度的承诺费和600万半年未使用额度的承诺费，即：400×0.5%+600×0.5%×1/2=3.5（万元），则该企业当年应向银行支付利息和承诺费共计21.5万元。　　**答案** B

【例题27·单选题】 ☆甲公司向银行借款900万元，年利率为8%，期限1年，到期还本付息，银行要求按借款金额的15%保持补偿性余额（银行按2%付息）。该借款的有效年利率为（ ）。

A. 7.70%　　　B. 9.06%

C. 9.41%　　　D. 10.10%

解析 由于年利息支出=900×8%=72（万元），年利息收入=900×15%×2%=2.7（万元），实际可使用的资金=900×（1-15%）=765（万元），所以，该借款的有效年利率=（72-2.7）/765×100%=9.06%。

答案 B

2. 借款利息的支付方法

不同借款利息支付方法下的有效年利率计算及其与报价利率的关系见表12-17。

表12-17　不同借款利息支付方法下的有效年利率和报价利率

项目	概念	有效年利率计算
收款法付息	在借款到期时向银行支付利息的方法	有效年利率=报价利率
贴现法付息	银行向企业发放贷款时，利息先从本金中扣除，到期偿还贷款全部本金的方法（有效年利率高于报价利率）	有效年利率=报价利率/（1-报价利率）
加息法付息	银行发放分期等额偿还贷款时采用的利息收取方法（有效年利率高于报价利率）	有效年利率≈2×报价利率

【例题28·单选题】 某公司拟使用短期借款进行筹资。下列借款条件中，不会导致有效年利率高于报价利率的是（ ）。

A. 按贷款一定比例在银行保持补偿性余额

B. 按贴现法支付银行利息

C. 按收款法支付银行利息

D. 按加息法支付银行利息

解析 对于借款企业来说，补偿性余额会提高借款的有效年利率，选项A错误；贴现法会使贷款的有效年利率高于报价利率，选项B错误；收款法下有效年利率等于报价利率，选项C正确；加息法会使企业的有效年利率高于报价利率大约1倍，选项D错误。

答案 C

一、单项选择题

1. ☆企业采用保守型流动资产投资策略时，流动资产的(　)。
   A. 持有成本较高
   B. 短缺成本较高
   C. 管理成本较低
   D. 机会成本较低

2. 某企业在生产经营的淡季占用 100 万元的流动资产和 500 万元的长期资产。在生产经营的高峰期，额外增加 150 万元的季节性存货需求。如果企业的股东权益为 340 万元，长期负债为 320 万元，经营性流动负债为 40 万元。则生产经营淡季时的易变现率是(　)。
   A. 200%　　　　　　B. 80%
   C. 133%　　　　　　D. 40%

3. ☆甲公司在生产经营淡季占用 200 万元货币资金、300 万元应收账款、500 万元存货、900 万元固定资产以及 100 万元无形资产(除此以外无其他资产)，在生产经营高峰期会额外增加 400 万元季节性存货。经营性流动负债、长期负债和股东权益总额始终保持在 2 000 万元，其余靠短期借款提供资金。甲公司的营运资本筹资策略是(　)。
   A. 适中型策略
   B. 激进型策略
   C. 无法确定
   D. 保守型策略

4. 如果企业经营在季节性低谷时除了经营性流动负债外不再使用短期金融负债，其所采用的营运资本筹资策略属于(　)。
   A. 适中型筹资策略
   B. 激进型筹资策略
   C. 适中型或激进型筹资策略
   D. 适中型或保守型筹资策略

5. 以下营运资本筹资策略中，临时性流动负债占全部资金来源比重最大的是(　)。
   A. 适中型筹资策略
   B. 激进型筹资策略
   C. 保守型筹资策略
   D. 紧缩型筹资策略

6. 某企业在生产经营的淡季占用 100 万元的流动资产和 500 万元的长期资产。在生产经营的高峰期，额外增加 200 万元的季节性存货需求。如果企业的股东权益为 340 万元，长期债务为 320 万元，经营性流动负债为 40 万元。则下列说法不正确的是(　)。
   A. 企业实行的是保守型筹资策略
   B. 营业高峰期易变现率为 67%
   C. 营业低谷期易变现率为 200%
   D. 该企业的收益和风险均较高

7. ☆甲公司是一家生产和销售冷饮的企业，冬季是其生产经营淡季，应收账款、存货和应付账款处于正常状态。根据如下甲公司资产负债表，该企业的营运资本筹资策略是(　)。

甲公司 2021 年 12 月 31 日资产负债表

单位：万元

资产	金额	负债与股东权益	金额
货币资金(经营)	20	短期借款	50
应收账款	80	应付账款	100
存货	100	长期借款	150
固定资产	300	股东权益	200
资产总计	500	负债与股东权益合计	500

A. 适中型筹资策略

B. 保守型筹资策略

C. 激进型筹资策略

D. 无法判断

8. 采用随机模式控制现金持有量，计算现金返回线 R 的各项参数中不包括(　　)。

　A. 每次现金与有价证券转换时发生的固定转换成本

　B. 现金存量的上限

　C. 有价证券的日利息率

　D. 预期每日现金余额波动的标准差

9. ☆使用成本分析模式确定现金持有规模时，在最佳现金持有量下，现金的(　　)。

　A. 机会成本与管理成本相等

　B. 机会成本与短缺成本相等

　C. 机会成本等于管理成本与短缺成本之和

　D. 短缺成本等于机会成本与管理成本之和

10. 甲公司采用存货模式确定最佳现金持有量。如果在其他条件保持不变的情况下，资本市场的投资回报率从 4% 上涨为 16%，那么企业在现金管理方面应采取的对策是(　　)。

　A. 将最佳现金持有量提高 29.29%

　B. 将最佳现金持有量降低 29.29%

　C. 将最佳现金持有量提高 50%

　D. 将最佳现金持有量降低 50%

11. 运用存货模式和成本分析模式计算最佳现金持有量，均会涉及现金的(　　)。

　A. 机会成本　　B. 管理成本

C. 短缺成本　　D. 交易成本

12. 下列关于现金返回线的表述中，正确的是(　　)。

　A. 现金返回线的确定与企业最低现金每日需求量无关

　B. 有价证券利息率增加，会导致现金返回线上升

　C. 有价证券的每次固定转换成本上升，会导致现金返回线上升

　D. 当现金的持有量高于或低于现金返回线时，应立即购入或出售有价证券

13. 某公司根据存货模式确定的最佳现金持有量为 100 000 元，有价证券的年利率为 10%。在最佳现金持有量下，该公司与现金持有量相关的总成本为(　　)元。

　A. 5 000　　B. 10 000

　C. 15 000　　D. 20 000

14. 某公司持有有价证券的平均年利率为 5%，公司的现金最低持有量为 1 500 元，现金返回线为 8 000 元。如果公司现有现金 20 000 元，根据确定现金持有量的随机模式，应当投资于有价证券的金额是(　　)元。

　A. 0　　B. 6 500

　C. 12 000　　D. 18 500

15. 在依据"5C"系统评估顾客信用品质时，应掌握客户"能力"方面的信息，下列各项指标中最能反映客户"能力"的是(　　)。

　A. 净经营资产利润率

　B. 杠杆贡献率

　C. 现金流量比率

D. 长期资本负债率

16. 应收账款赊销效果的好坏，依赖于企业的信用政策。公司在对是否改变信用期间进行决策时，不需要考虑的因素是（　　）。

    A. 等风险投资的最低报酬率

    B. 产品的变动成本率

    C. 应收账款的坏账损失率

    D. 公司的所得税税率

17. 甲公司全年销售额 36 000 元（一年按 360 天计算），信用政策是"1/20，N/50"，平均有 40% 顾客（按销售额计算）享受现金折扣，没有顾客逾期付款，变动成本率 60%，则应收账款的平均余额是（　　）元。

    A. 2 280　　　　　B. 3 000

    C. 3 800　　　　　D. 5 000

18. 甲公司与乙银行签订了一份周转信贷协定，周转信贷限额为 1 000 万元，借款利率为 6%，承诺费率为 0.5%，甲公司需按照实际借款额维持 10% 的补偿性余额。甲公司年度内使用借款 600 万元，则该笔借款的实际税前资本成本是（　　）。

    A. 6%　　　　　　B. 6.33%

    C. 6.67%　　　　　D. 7.04%

19. 某企业向银行取得一年期贷款 4 000 万元，按 6% 计算全年利息，银行要求贷款本息分 12 个月等额偿还，则该项借款的有效年利率大约为（　　）。

    A. 6%　　　　　　B. 10%

    C. 12%　　　　　　D. 18%

20. ☆甲公司与银行签订周转信贷协议：银行承诺一年内随时满足甲公司最高 8 000 万元的贷款，承诺费按承诺贷款额度的 0.5% 于签订协议时支付；公司取得贷款部分已支付的承诺费在一年后返还。甲公司在签订协议同时申请一年期贷款 5 000 万元，年利率 8%，按年单利计息，到期一次还本付息，在此期间未使用承诺贷款额度的其他贷款。该笔贷款的实际成本最接近（　　）。

    A. 8.06%　　　　　B. 8.80%

    C. 8.37%　　　　　D. 8.30%

21. 某企业生产需要 A 零件，年需要量为 3 600 件，平均每次交货时间为 10 天，设保险储备量为 200 件，假设一年为 360 天，那么再订货点是（　　）件。

    A. 200　　　　　　B. 300

    C. 400　　　　　　D. 500

22. 根据存货陆续供应与使用模型，下列情形中能够导致经济批量降低的是（　　）。

    A. 存货需求量增加

    B. 一次订货成本增加

    C. 单位储存变动成本增加

    D. 每日消耗量增加

23. 在存货的管理中，与建立保险储备量无关的因素是（　　）。

    A. 缺货成本　　　B. 平均库存量

    C. 交货期　　　　D. 存货需求量

24. 某零件年需要量 16 200 件，日供应量 60 件，一次订货成本 25 元，单位储存成本 1 元/年。假设一年为 360 天。需求是均匀的，不设置保险库存并且按照经济订货量进货，下列各项计算结果中错误的是（　　）。

    A. 经济订货量为 1 800 件

    B. 最高库存量为 450 件

    C. 平均库存量为 225 件

    D. 与进货批量有关的总成本为 600 元

25. ☆甲公司按年利率 10% 向银行借款 1 000 万元，期限 1 年，若银行要求甲公司维持借款金额 10% 的补偿性余额，该项借款的有效年利率为（　　）。

    A. 9.09%　　　　　B. 10%

    C. 11%　　　　　　D. 11.11%

26. 甲公司按 2/10，N/40 的信用条件购入货物，该公司放弃现金折扣的年成本（一年按 360 天计算，不考虑复利）是（　　）。

    A. 18%　　　　　　B. 18.37%

    C. 24%　　　　　　D. 24.49%

27. 如果在信用期末付款，下列各项中，能使放弃现金折扣成本降低的是（ ）。

A. 信用期、折扣期不变，折扣百分比降低

B. 折扣期、折扣百分比不变，信用期缩短

C. 折扣百分比不变，信用期和折扣期等量延长

D. 折扣百分比、信用期不变，折扣期延长

二、多项选择题

1. ☆与采用激进型营运资本筹资策略相比，企业采用保守型营运资本筹资策略时（ ）。

A. 资本成本较高

B. 易变现率较高

C. 举债和还债的频率较高

D. 蒙受短期利率变动损失的风险较高

2. 下列关于易变现率的表述中，正确的有（ ）。

A. 易变现率表示的是经营性流动资产中长期筹资来源的比重

B. 易变现率高，说明资金来源的持续性强

C. 激进型筹资策略在营业低谷期时的易变现率小于1

D. 保守型筹资策略在营业高峰期时的易变现率大于1

3. 在激进型筹资策略下，临时性负债的资金用来满足（ ）。

A. 全部波动性流动资产的资金需要

B. 部分稳定性流动资产的资金需要

C. 全部稳定性流动资产和长期资产的资金需要

D. 部分波动性流动资产的资金需要

4. ☆某企业的波动性流动资产为120万元，经营性流动负债为20万元，短期金融负债为100万元。下列关于该企业营运资本筹资策略的说法中，正确的有（ ）。

A. 该企业采用的是适中型营运资本筹资策略

B. 该企业在营业低谷时的易变现率大于1

C. 该企业在营业高峰时的易变现率小于1

D. 该企业在生产经营淡季，可将20万元闲置资金投资于短期有价证券

5. 与激进型营运资本筹资策略相比，属于保守型营运资本筹资策略特点的有（ ）。

A. 易变现率较高

B. 风险和收益较高

C. 长期资金来源比重偏高

D. 营业低谷时不存在临时性流动负债

6. 甲公司的生产经营存在季节性，公司的稳定性流动资产300万元，营业低谷时的易变现率为120%。下列各项说法中，正确的有（ ）。

A. 公司采用的是激进型筹资策略

B. 波动性流动资产全部来源于短期资金

C. 稳定性流动资产全部来源于长期资金

D. 营业低谷时，公司有60万元的闲置资金

7. 在最佳现金持有量的存货模式中，若现金总需求量不变，每次证券变现的交易成本提高一倍，持有现金的机会成本率降低50%，则（ ）。

A. 机会成本降低50%

B. 交易成本提高100%

C. 总成本不变

D. 最佳现金持有量提高一倍

8. 某企业采用随机模式控制现金的持有量。下列事项中，能够使最优现金返回线上升的有（ ）。

A. 有价证券的年利率提高

B. 管理人员对风险的偏好程度提高

C. 企业每日的最低现金需要量提高

D. 企业每日现金余额变化的标准差增加

9. 甲公司采用随机模式进行现金管理，确定的最低现金持有量是20万元，现金返回线是60万元，下列操作中正确的有（ ）。

A. 当现金余额为50万元时，应出售10万元有价证券使得现金余额为60万元

B. 当现金余额为100万元时，应购入40万元有价证券使得现金余额为60万元

C. 当现金余额为 160 万元时，应用现金 100 万元买入有价证券

D. 当现金余额为 120 万元时，不用进行有价证券与现金之间的转换操作

10. 与长期债务筹资相比，短期债务筹资的特点有(　　)。

A. 筹资成本高　　B. 筹资风险高

C. 限制条件少　　D. 筹资速度快

11. 制定企业的信用政策，需要考虑的因素包括(　　)。

A. 等风险投资的最低报酬率

B. 收账费用

C. 存货数量

D. 现金折扣

12. 商业信用筹资的特点包括(　　)。

A. 容易取得　　B. 限制条件少

C. 没有筹资成本　D. 筹资风险高

13. 下列各项中，与企业储备存货有关的成本有(　　)。

A. 取得成本　　B. 管理成本

C. 储存成本　　D. 缺货成本

14. 经济订货量的存货陆续供应和使用模型需要设立的假设条件包括(　　)。

A. 不允许缺货

B. 企业现金充足，不会因现金短缺而影响进货

C. 需求量稳定，并且能预测

D. 能集中到货

15. 确定合理的保险储备量，就是使缺货或供应中断损失与储备成本之和最小，此时应该考虑的因素有(　　)。

A. 存货的每天需求量

B. 存货交货时间

C. 存货单位缺货成本

D. 存货的单位储存变动成本

16. C 公司生产中使用的甲标准件，全年共需耗用 9 000 件，该标准件通过自制方式取得。其日产量 50 件，单位生产成本 50 元；每次生产准备成本 200 元，固定生产准备成本每年 10 000 元；储存变动

成本每件 5 元，固定储存成本每年 20 000 元。假设一年按 360 天计算，下列各项中，正确的有(　　)。

A. 经济生产批量为 1 200 件

B. 经济生产批次为每年 12 次

C. 经济生产批量占用资金为 30 000 元

D. 与经济生产批量相关的总成本是3 000 元

17. 存货模式和随机模式是确定最佳现金持有量的两种方法。以下对这两种方法的表述中，正确的有(　　)。

A. 两种方法都考虑了现金的交易成本和机会成本

B. 存货模式简单、直观，比随机模式有更广泛的适用性

C. 随机模式可以在企业现金未来需要总量和收支不可预测的情况下使用

D. 随机模式确定的现金持有量，更易受到管理人员主观判断的影响

18. 下列各项因素中，影响经济订货批量大小的有(　　)。

A. 仓库人员的固定月工资

B. 存货的年耗用量

C. 存货资金的应计利息

D. 保险储备量

19. 下列各项中，会导致短期借款的有效年利率高于报价利率的有(　　)。

A. 补偿性余额　　B. 收款法付息

C. 加息法付息　　D. 贴现法付息

三、计算分析题

1. ☆C 企业在生产经营淡季，需占用1 250 万元的流动资产和 1 875 万元的固定资产；在生产经营高峰期，会额外增加 650 万元的季节性存货需求。企业目前有两种营运资本筹资方案。

方案 1：权益资本、长期债务和经营性流动负债始终保持在 3 400 万元，其余靠短期借款提供资金来源。

方案 2：权益资本、长期债务和经营性流动负债始终保持在 3 000 万元，其余靠短

期借款提供资金来源。

要求：

(1)如采用方案1，计算C企业在营业高峰期和营业低谷时的易变现率，分析其采取的是哪种营运资本筹资策略。

(2)如采用方案2，计算C企业在营业高峰期和营业低谷时的易变现率，分析其采取的是哪种营运资本筹资策略。

(3)比较分析方案1与方案2的优缺点。

2. 甲公司是一家化工原料生产企业，生产经营无季节性。股东使用管理用财务报表分析体系对公司2021年度业绩进行评价，主要的管理用财务报表数据如下：

单位：万元

项目	2021年	2020年
资产负债表项目(年末)：		
经营性流动资产	7 500	6 000
减：经营性流动负债	2 500	2 000
经营性长期资产	20 000	16 000
净经营资产合计	25 000	20 000
短期借款	2 500	0
长期借款	10 000	8 000
净负债合计	12 500	8 000
股本	10 000	10 000
留存收益	2 500	2 000
股东权益合计	12 500	12 000
利润表项目(年度)：		
营业收入	25 000	20 000
税后经营净利润	3 300	2 640
减：税后利息费用	1 075	720
净利润	2 225	1 920

使用权益净利率作为业绩评价指标，2021年的权益净利率超过2020年的权益净利率即视为完成业绩目标。

甲公司的企业所得税税率为25%。为简化计算，计算相关财务指标时，涉及的资产负债表数据均使用其年末数据。

要求：

(1)计算甲公司2020年、2021年的权益净利率，评价甲公司2021年是否完成业绩目标。

(2)使用改进的杜邦分析体系，计算影响甲公司2020年、2021年权益净利率高低的三个驱动因素，定性分析甲公司2021年的经营管理业绩和理财业绩是否得到提高。

(3)计算甲公司2020年年末、2021年年末的易变现率，分析甲公司2020年、2021年采用了哪种营运资本筹资策略。如果营运资本筹资策略发生变化，给公司带来什么影响？

3. 某公司现金收支平稳，预计全年现金需要量为156 250元，现金与有价证券的转换成本为400元/次，有价证券年利率为5%。该公司采用存货模式确定最佳现金持有量，一年按360天计算。

要求：

(1)计算最佳现金持有量。

(2)计算全年最低现金总成本、全年最低现金转换成本、机会成本和最佳有价证券交易间隔期。

(3)若企业全年现金的相关总成本想控制在2 000元以内，如果通过控制现金与有价证券的转换成本达到此目标，则每次转换成本的限额为多少？

4. ☆E公司生产、销售一种产品，该产品的单位变动成本是60元，单位售价是80元。公司目前采用30天按发票金额付款的信用政策，80%的顾客(按销售量计算，下同)能在信用期内付款，另外20%的顾客平均在信用期满后20天付款，逾期应收账款的收回需要支出占逾期账款5%的收账费用，公司每年的销售量为36 000件，平均存货水平为2 000件。

为了扩大销售量、缩短平均收现期，公司拟推出"5/10、2/20、N/30"的现金折扣政策。采用该政策后，预计销售量会增加15%，40%的顾客会在10天内付款，30%的顾客会在20天内付款，20%的顾客会在

30 天内付款，另外 10% 的顾客平均在信用期满后 20 天付款，逾期应收账款的收回需要支出占逾期账款 5% 的收账费用。为了保证及时供货，平均存货水平需提高到 2 400 件，其他条件不变。

假设等风险投资的必要报酬率为 12%，一年按 360 天计算。

要求：

(1)计算改变信用政策后边际贡献、收账费用、应收账款应计利息、存货应计利息、现金折扣成本的变化。

(2)计算改变信用政策后的净损益增加，并回答 E 公司是否应推出该现金折扣政策。

5. ☆甲公司是一家设备制造企业，常年大量使用某种零部件。该零部件既可以外购，也可以自制。如果外购，零部件单价为 100 元/件，每次订货的变动成本为 20 元，订货的固定成本较小，可以忽略不计。如果自制，有关资料如下：

(1)需要购买一套价值为 100 000 元的加工设备，该设备可以使用 5 年，使用期满无残值。

(2)需要额外聘用 4 名操作设备的工人，工人采用固定年薪制，每个工人的年薪为 25 000 元。

(3)每次生产准备成本为 400 元，每日产量为 15 件。

(4)生产该零部件需要使用加工其他产品剩下的一种边角料，每个零部件耗用边角料 0.1 千克。公司每年产生该种边角料 1 000 千克，如果对外销售，单价为 100 元/千克。

(5)除上述成本外，自制零部件还需发生单位变动成本 50 元。

该零部件的全年需求量为 3 600 件，每年按 360 天计算。公司的资金成本为 10%，除资金成本外，不考虑其他储存成本。

要求：

(1)计算甲公司外购零部件的经济订货量、与批量有关的总成本、外购零部件的全年总成本。

(2)计算甲公司自制零部件的经济生产批量、与批量有关的总成本、自制零部件的全年总成本(提示：加工设备在设备使用期内按平均年成本法分摊设备成本)。

(3)判断甲公司应该选择外购方案还是自制方案，并说明原因。

6. 甲公司是一家电子产品制造企业，生产需要使用 X 零件。该零件单价 5 元。全年需求量 72 000 件(一年按 360 天计算)。一次订货成本 250 元，单位储存成本 1 元/年，单位缺货成本为 0.5 元。

零件集中到货，从订货至到货需要 5 天，正常到货概率为 100%。在 5 日交货期内，甲公司零件需求量及概率如下：

需求量(件)	800	1 000	1 200	1 400
概率	10%	40%	30%	20%

如果设置保险设备，以每天平均需求量为最小单位。

要求：

(1)计算 X 零件的经济订货量、年订货次数、与批量相关的年存货总成本。

(2)计算 X 零件不同保险储备量的年相关总成本，并确定最佳保险储备量。

7. A 公司是电脑经销商，预计今年需求量为 3 600 台，平均购进单价为 1 500 元，平均每日供货量 100 台，每日销售量为 10 台(一年按 360 天计算)，单位缺货成本为 100 元。与订货和储存有关的成本资料预计如下：

(1)采购部门全年办公费为 100 000 元，平均每次差旅费为 800 元，每次装卸费为 200 元。

(2)仓库职工的工资每月 2 000 元，仓库年折旧 40 000 元，银行存款利息率为 4%，平均每台电脑的破损损失为 80 元，每台电脑的保险费用为 60 元。

(3)从发出订单到第一批货物运到需要的

时间有五种可能，分别是 8 天（概率 10%），9 天（概率 20%），10 天（概率 40%），11 天（概率 20%），12 天（概率 10%）。

要求：

(1)计算经济订货批量、送货期和订货次数。

(2)确定合理的保险储备量和再订货点(确定保险储备量时，以 10 台为间隔)。

(3)计算今年与批量相关的存货总成本。

(4)计算今年与储备存货相关的总成本。

8. 甲商场季节性采购一批商品，供应商报价为 1 000 万元，付款条件为"3/10，2.5/30，N/90"，目前甲商场资金紧张，预计到第 90 天才有资金用于支付，若要在 90 天内付款只能通过银行借款解决，银行借款年利率为 6%，假设一年按 360 天计算。应付账款折扣分析如下表所示：

金额单位：万元

付款日	折扣百分比	付款额	现金折扣额	放弃现金折扣成本	银行借款利息	享受折扣的净收益
第 10 天	3%	*	30	*	A	B
第 30 天	2.5%	*	C	D	*	15.25
第 90 天	0	1 000	0	0	0	0

注：表中"*"表示省略的数据。

要求：

(1)确定表中字母代表的数值(不需要列示计算过程)。

(2)指出甲商场应选择哪一天付款，并说明理由。

同步训练答案及解析

一、单项选择题

1. A 【解析】保守型流动资产投资政策，就是企业持有较多的现金和有价证券，充足的存货，提供给客户宽松的付款条件并保持较高的应收账款水平。这种政策需要较多的流动资产投资，承担较大的流动资产持有成本，主要是资金的机会成本，有时还包括其他的持有成本。

2. A 【解析】生产经营淡季的易变现率 = [(340+320+40)−500]/100 = 200%

3. A 【解析】稳定性流动资产+长期资产 = 200+300+500+900+100 = 2 000(万元)，股东权益+长期债务+经营性流动负债 = 2 000(万元)，由于两者相等，所以是适中型筹资策略。

4. D 【解析】适中型筹资策略，波动性流动资产等于短期金融负债，即季节性低谷时不存在短期金融负债；保守型筹资策略，波动性流动资产大于短期金融负债，即季节性低谷时也不存在短期金融负债。所以选项 D 是答案。

5. B 【解析】在适中型筹资策略下，临时性流动负债等于临时性流动资产；在保守型筹资策略下，临时性流动负债小于临时性流动资产，相比其他策略，临时性流动负债占全部资金来源比重最小；在激进型筹资策略下，临时性流动负债大于临时性流动资产，相比其他策略，临时性流动负债占全部资金来源比重最大。

6. D 【解析】该企业的稳定性流动资产与长期资产之和 600 万元低于股东权益、长期债务与经营性流动负债之和 700 万元，所以，企业实行的是保守型筹资策略，选项 A 说法正确。营业高峰期易变现率 =（长期资金来源−长期资产）/营业高峰期经营性流动资产 =（700−500）/（100+200）= 67%，选项 B 的说法正确。营业低谷期易变现率 =（长期资金来源−长期资产）/营业低谷经营性流动资产 =（700−500）/100 = 200%，选项 C 的说法正确。保守型筹资策略是风险和收益均较低的营运资本筹资策略，选项 D 的说法不正确。

7. C 【解析】甲公司处于经营淡季，不存在波动性流动资产，但是存在临时性负债（短期借款），因此属于激进型筹资策略，选项 C 正确。

8. B 【解析】现金存量的下限会影响现金返回线的计算，上限不影响，选项 B 是答案。

9. B 【解析】成本分析模式下，企业持有的现金有三种成本，机会成本、管理成本和短缺成本，其中管理成本是一种固定成本，因此使用成本分析模式确定现金持有规模时，不必考虑管理成本。随着现金持有量的增加，机会成本逐渐增加，短缺成本逐渐变小，二者数值相等时，二者之和最小，企业持有的现金成本最小，现金持有量为最佳，选项 B 是答案。

10. D 【解析】根据最佳现金持有量确定的存货模式的公式，如果在其他条件保持不变的情况下，资本市场的投资回报率从 4% 上涨为 16%，最佳现金持有量将降低 50%。

11. A 【解析】在成本分析模式中，持有现金有三种成本，即机会成本、短缺成本和管理成本，其中短缺成本和机会成本均属于相关成本；在存货模式中，需要考虑现金的交易成本和机会成本。所以，运用存货模式和成本分析模式计算最佳现金持有量，均会涉及现金的机会成本，选项 A 正确。

12. C 【解析】企业最低现金每日需求量影响下限，根据现金返回线的公式，下限影响现金返回线，选项 A 错误；有价证券利息率增加，会导致现金返回线下降，选项 B 错误；有价证券的每次固定转换成本上升，会导致现金返回线上升，选项 C 正确；当现金持有量达到或超过上限时，应购入有价证券，当现金持有量达到或低于下限时，应出售有价证券，选项 D 错误。

13. B 【解析】在存货模式下，达到最佳现金持有量时，机会成本等于交易成本，即与现金持有量相关的总成本应为机会成本的 2 倍，机会成本 =（100 000/2）× 10% = 5 000（元），所以，与现金持有量相关的总成本 = 2×5 000 = 10 000（元）。

14. A 【解析】现金存量上限 = 3×8 000 − 2×1 500 = 21 000（元），公司现金20 000元在现金存量的上下限之间（上限 21 000 元，下限 1 500 元），不必进行现金与有价证券转换，即应当投资于有价证券的金额是 0，选项 A 正确。

15. C 【解析】所谓"5C"系统，是评估顾客信用品质的五个方面，即品质、能力、资本、抵押和条件。其中"能力"指顾客的偿债能力，即其流动资产的数量和质量以及与流动负债的比例，主要指的是短期偿债能力。所有选项中只有选项 C 属于短期偿债能力的指标，即经营活动现金流量净额/流动负债。

16. D 【解析】公司在对是否改变信用期间进行决策时，需要分析其收益增加是否大于相关成本增加。其中收益增加受到边际贡献率（或变动成本率）影响，相关成本增加包括应收账款应计利息的增加、收账费用增加、坏账损失增加、现金折扣成本增加和存货占用资金应计利息增加等，不需要考虑所得税问题。

17. C 【解析】平均收现期 = 20×40% + 50×60% = 38（天），应收账款平均余额 =（36 000/360）×38 = 3 800（元）。

18. D 【解析】税前资本成本 = [6%×600 +

（1 000−600）×0.5%〕/（600−600×10%）×
100% = 7.04%

19. C 【解析】由于贷款分期均衡偿还，平均使用了贷款本金的一半，但是支付了全额利息，有效年利率高于报价利率约1倍。选项 C 是答案。

20. C 【解析】支付的利息 = 5 000×8% = 400（万元），支付的承诺费 = （8 000 − 5 000）×0.5% = 15（万元），实际成本 = （400 + 15）/（5 000 − 8 000 × 0.5%）× 100% = 8.37%。

21. B 【解析】再订货点 = 平均交货时间×每日平均需要量 + 保险储备量 = 10 × （3 600/360）+200 = 300（件）

22. C 【解析】根据陆续供应和使用模型，

经济订货量$(Q^*) = \sqrt{\dfrac{2KD}{K_C\left(1-\dfrac{d}{P}\right)}}$，每次

订货的变动成本（K）、每年需求量（D）、每天耗用量（d）与经济订货量呈同向变化；单位储存变动成本（K_C）、每天送货量（P）与经济订货量呈反向变化，选项 C 正确。

23. B 【解析】如果需求量增加或交货期延长，都会发生缺货或供应中断而给企业造成损失（即缺货成本），所以选项 ACD 均与保险储备量的设置有关，选项 B 是指正常情况下存货的平均占用水平，与保险储备的设置无关。

24. D 【解析】每天消耗量是 45 件（16 200/360），根据存货陆续供应和使用的模型，经济订货量为：$Q^* = \sqrt{\dfrac{2\times25\times16\,200}{1\times(1-45/60)}} = 1\,800$（件）；最高库存量 = $1\,800\times(1-45/60) = 450$（件）；平均库存量 = 450/2 = 225（件）；与进货批量有关的总成本为：TC（Q^*） = $\sqrt{2\times25\times16\,200\times1\times(1-45/60)} = 450$（元）。

25. D 【解析】有效年利率 = 10%/（1−10%）= 11.11%

26. D 【解析】放弃现金折扣成本 = 2%/（1−2%）×360/（40−10）= 24.49%

27. A 【解析】如果在信用期末付款，放弃现金折扣成本 = 折扣百分比/（1−折扣百分比）×360/（信用期−折扣期），由此可知，选项 A 会使放弃现金折扣成本降低，选项 BD 会导致放弃现金折扣成本提高，选项 C 不会影响放弃现金折扣成本的数值。

二、多项选择题

1. AB 【解析】与采用激进型营运资本筹资策略相比，企业采用保守型营运资本筹资策略时，短期金融负债所占比重较小，长期债务占的比重大，所以，资本成本较高，举债还债的频率低，短期利率变动损失的风险较低。易变现率 = （长期性资金−长期资产）/经营性流动资产，与采用激进型营运资本筹资策略相比，企业采用保守型营运资本筹资策略时，长期资金来源较多，因此，易变现率较高。

2. ABC 【解析】在营业高峰时，长期资金+临时性流动负债 = 长期资产+经营性流动资产，只要存在临时性流动负债，（长期资金来源−长期资产）就会小于经营性流动资产，三种营运资本筹资策略高峰时的易变现率均小于1，选项 D 错误。

3. AB 【解析】激进型筹资策略的特点是：临时性流动负债不但融通全部波动性流动资产的资金需要，还解决部分长期性资产的资金需要。极端激进的筹资策略是全部稳定性流动资产都采用临时性流动负债。

4. BCD 【解析】根据短期金融负债（100 万元）小于波动性流动资产（120 万元）可知，该企业采用的是保守型筹资策略，选项 A 错误；在保守型筹资策略下，低谷时长期资金来源与长期资产的差额大于稳定性流动资产，易变现率大于1，选项 B 正确；在高峰时，长期资金来源与长期资产之差小于稳定性流动资产与波动性流动资产之和，三种筹资策略的易变现率均小于1，

选项 C 正确；在保守型筹资策略下，经营淡季没有波动性流动资产和短期金融负债，经营性流动负债 20 万元形成闲置资金，选项 D 正确。

5. ACD 【解析】与激进型营运资本筹资策略相比，保守型营运资本筹资策略的长期资金来源比重大，风险与收益均较低，选项 B 不是答案。

6. CD 【解析】在营业低谷期的易变现率大于 1，则说明企业采用的是保守型筹资策略。在该政策下，短期金融负债只满足部分波动性流动资产的资金需求，另一部分波动性流动资产、稳定性流动资产和长期资产，则由长期资金来源支持。因为营业低谷易变现率为 120%，即：（股东权益+长期债务+经营性流动负债）-长期资产=300×120%＝360（万元），而稳定性流动资产 300 万元，则营业低谷期的公司闲置资金为 60 万元。

7. CD 【解析】最佳现金持有量 $C^* = \sqrt{2 \times T \times F / K}$，F 提高一倍之后变为 2F，K 降低 50% 之后变为 K/2，结果导致 C^* 较之前增加一倍；机会成本 $= C^*/2 \times K$，由于 C^* 增加一倍，而 K 降低 50%，因此，机会成本不变；交易成本 $= T/C^* \times F$，由于 C^* 增加一倍，而 F 也提高一倍，因此交易成本不变；总成本 = 机会成本+交易成本，所以总成本不变。

8. CD 【解析】根据现金返回线的公式可知，有价证券的年利率提高，最优返回线下降，选项 A 错误；管理人员对风险的偏好程度提高，现金存量的下限降低，最优返回线下降，选项 B 错误；企业每日的最低现金需要量提高，下限上升，最优返回线上升，选项 C 正确；企业每日现金余额变化的标准差增加，最优返回线上升，选项 D 正确。

9. CD 【解析】在随机模式下，如果现金存量在上下限之间，不必进行现金与有价证券的转换，否则，应该进行现金与有价

券的转换，使得现金持有量回到现金返回线。本题中，现金持有量的上限 H = 3R-2L＝3×60-2×20＝140（万元），现金持有量的下限为 20 万元，所以，如果现金持有量在 20～140 万元之间，不必进行现金与有价证券的转换，否则，应该进行现金与有价证券的转换，使得现金持有量回到 60 万元。由此可知，选项 AB 的说法错误，选项 CD 的说法正确。

10. BCD 【解析】短期债务筹资的筹资成本低，所以选项 A 不是答案。

11. ABCD 【解析】信用政策包括信用期间、信用标准和现金折扣政策，选项 D 正确。信用期的确定，主要是分析改变现行信用政策对收入和成本的影响，此时需要考虑收账费用、坏账损失、应收账款占用资金应计利息以及存货占用资金应计利息等，计算应收账款占用资金应计利息以及存货占用资金应计利息时，按照等风险投资的最低报酬率作为利率，所以，选项 ABC 正确。

12. ABD 【解析】在没有现金折扣或使用不带息票据时，商业信用筹资才会不负担成本。存在现金折扣时，放弃现金折扣所付出的成本较高。

13. ACD 【解析】与企业储备存货有关的成本包括取得成本、储存成本和缺货成本。管理成本属于持有现金和应收账款的成本。

14. ABC 【解析】存货陆续供应和使用模型与基本模型假设条件的唯一区别在于：存货陆续入库，而不是集中到货。

15. ABCD 【解析】如果每天存货需求量增加或交货时间延迟，缺货数量增加，会增加缺货成本。由于合理保险储备量是缺货成本与保险储备量储存成本两者之和最小，所以 ABCD 均是答案。

16. AD 【解析】每日供应量为 50 件，每日使用量为 9 000/360＝25（件），经济生产批量 $= \sqrt{\dfrac{2 \times 200 \times 9\ 000}{5 \times (1-25/50)}} = 1\ 200$（件）；每

年经济生产批次 = 9 000/1 200 = 7.5（次）；平均库存量 = 1 200/2×（1-25/50） = 300（件）；经济生产批量占用资金 = 300×50 = 15 000（元）；与经济生产批量相关的总成本 = $\sqrt{2×200×9\,000×5×(1-25/50)}$ = 3 000（元）。

17. ACD 【解析】存货模式假定现金的流出量稳定不变，在实务中很少出现，所以适用范围更窄。

18. BC 【解析】根据经济订货量的基本模型，影响经济订货量的因素有每次变动订货成本、每年需要量、单位储存变动成本，选项 A 和 D 均不影响经济订货量；选项 C 属于单位储存变动成本。

19. ACD 【解析】收款法付息是借款到期时向银行支付利息，有效年利率等于报价利率，选项 B 不是答案。

三、计算分析题

1.【答案】

（1）C 企业在营业低谷期的易变现率 = （3 400-1 875）/1 250 = 122%

驱动因素	2021 年	2020 年
净经营资产净利率	3 300÷25 000 = 13.20%	2 640÷20 000 = 13.20%
税后利息率	1 075÷12 500 = 8.60%	720÷8 000 = 9.00%
净财务杠杆	12 500÷12 500 = 1	8 000÷12 000 = 0.67

2021 年的净经营资产净利率与 2020 年相同，公司的经营管理业绩没有提高。

2021 年的税后利息率低于 2020 年，净财务杠杆高于 2020 年，公司的理财业绩得到提高。

（3）2020 年年末的易变现率 = （12 000+8 000+2 000-16 000）÷6 000 = 1

2021 年年末的易变现率 = （12 500+10 000+2 500-20 000）÷7 500 = 0.67

甲公司生产经营无季节性，年末易变现率可以视为营业低谷时的易变现率。

2020 年采用的是适中型营运资本筹资策略。

C 企业在营业高峰期的易变现率 = （3 400-1 875）/（1 250+650） = 80.26%

该方案采用的是保守型营运资本筹资策略。

（2）C 企业在营业低谷期的易变现率 = （3 000-1 875）/1 250 = 90%

C 企业在营业高峰期的易变现率 = （3 000-1 875）/（1 250+650） = 59.21%

该方案采用的是激进型营运资本筹资策略。

（3）方案 1 是一种风险和收益均较低的营运资本筹资策略。方案 2 是一种风险和收益均较高的营运资本筹资策略。

2.【答案】

（1）2020 年的权益净利率 = 1 920÷12 000×100% = 16%

2021 年的权益净利率 = 2 225÷12 500×100% = 17.8%

2021 年的权益净利率高于 2020 年，甲公司 2021 年完成业绩目标。

（2）

2021 年采用的是激进型营运资本筹资策略。

营运资本筹资策略由适中型改为激进型，短期借款在全部资金来源中的比重加大，税后利息率下降，公司收益提高，风险相应加大。

3.【答案】

（1）最佳现金持有量 = $\sqrt{2×156\,250×400/5\%}$ = 50 000（元）

（2）最低现金总成本 = $\sqrt{2×156\,250×400×5\%}$ = 2 500（元）

转换成本 = （156 250/50 000）×400 = 1 250（元）

机会成本 = (50 000/2)×5% = 1 250(元)

有价证券交易间隔期 = 360/(156 250/50 000) = 115.2(天)

(3) 2 000 = $\sqrt{2×156\ 250×F×5\%}$

每次转换成本的限额 F = 256(元/次)

4.【答案】

(1) 改变信用政策后的销售额增加 = 36 000×15%×80 = 432 000(元)

改变信用政策后边际贡献增加额 = 432 000×(80−60)/80 = 108 000(元)

改变信用政策后收账费用减少额 = 36 000 × 80 × 20% × 5% − 36 000 × (1 + 15%)×80×10%×5% = 12 240(元)

改变信用政策前平均收账天数 = 30×80% + 20%×(30+20) = 34(天)

改变信用政策前应收账款应计利息 = (36 000 × 80/360) × 34 × (60/80) × 12% = 24 480(元)

改变信用政策后平均收账天数 = 40%×10 + 30%×20 + 20% × 30 + 10% × (30 + 20) = 21(天)

改变信用政策后应收账款应计利息 = [36 000 × (1 + 15%) × 80/360] × 21 × (60/80)×12% = 17 388(元)

改变信用政策后应收账款应计利息减少额 = 24 480−17 388 = 7 092(元)

改变信用政策后存货应计利息增加额 = (2 400−2 000)×60×12% = 2 880(元)

改变信用政策后现金折扣成本增加额 = 36 000 × (1 + 15%) × 80 × 40% × 5% + 36 000×(1 + 15%)×80×30%×2% = 86 112(元)

(2) 改变信用政策后的净损益增加 = 108 000+ 12 240 + 7 092 − 2 880 − 86 112 = 38 340(元)

由于改变信用政策后的净损益增加额大于0，所以该公司应该推出该现金折扣政策。

5.【答案】

(1)外购零部件的单位储存变动成本 = 100×10% = 10(元)

外购零部件的经济订货量 = $\sqrt{2×3\ 600×20/10}$ = 120(件)

外购零部件与批量相关总成本 = $\sqrt{2×3\ 600×20×10}$ = 1 200(元)

外购零部件全年总成本 = 100×3 600 + 1 200 = 361 200(元)

(2)自制零部件的单位变动生产成本 = 50+ 100×0.1 = 60(元)

自制零部件的单位储存变动成本 = 60× 10% = 6(元)

每日耗用量 = 3 600÷360 = 10(件)

自制零部件的经济生产批量 = $\sqrt{2×3\ 600×400/[6×(1−10/15)]}$ = 1 200(件)

自制零部件与批量相关总成本 = $\sqrt{2×3\ 600×400×6×(1−10/15)}$ = 2 400(元)

设备使用期内年平均成本 = 100 000/(P/A，10%，5) = 26 379.66(元)

自制零部件的全年总成本 = 60×3 600 + 2 400 + 25 000×4 + 26 379.66 = 344 779.66(元)

(3) 由于自制零部件的全年总成本(344 779.66元)比外购零部件的全年总成本(361 200 元)低，甲公司应该选择自制方案。

6.【答案】

(1)X 零件的经济订货量 = (2×72 000× 250/1)$^{1/2}$ = 6 000(件)

年订货次数 = 72 000/6 000 = 12(次)

与批量相关的年存货总成本 = (2 × 72 000×250×1)$^{1/2}$ = 6 000(元)

(2)每天需求量 = 72 000/360 = 200(件)

交货期内的平均需求量 = 200×5 = 1 000(件)

如果不设置保险储备，则再订货点为1 000 件：

一次订货的平均缺货量 = (1 200−1 000)× 30%+(1 400−1 000)×20% = 140(件)

年相关总成本 = 140×0.5×12 = 840(元)

如果设置 200 件的保险储备, 再订货点为 1 200 件:

一次订货的平均缺货量 = (1 400-1 200)× 20% = 40(件)

年相关总成本 = 40×0.5×12+200×1 = 440 (元)

如果设置 400 件的保险储备, 再订货点为 1 400 件:

一次订货的平均缺货量 = 0

年相关总成本 = 400×1 = 400(元)

通过比较, 设置 400 件保险储备的相关总成本最低, 即最佳保险储备量是 400 件。

7. 【答案】

(1) 每次订货的变动成本 = 800+200 = 1 000(元)

单位变动储存成本 = 1 500×4%+80+60 = 200(元)

经济订货批量 = $\sqrt{\dfrac{2×1000×3600}{200×(1-10/100)}}$ = 200(台)

送货期 = 200/100 = 2(天)

订货次数 = 3 600/200 = 18(次)

(2) 平均交货时间 = 8×10%+9×20%+ 10×40%+11×20%+12×10% = 10(天)

交货期内平均需要量 = 10×3 600/360 = 100(台)

再订货点 = 100+保险储备量

①当再订货点为 100 台(即保险储备量 =

0 台)时:

平均缺货量 = 10×20%+20×10% = 4(台)

TC(S, B) = 100×4×18+0×200 = 7 200(元)

②当再订货点为 110 台(即保险储备量 = 10 台)时:

平均缺货量 = 10×10% = 1(台)

TC(S, B) = 100×1×18+10×200 = 3 800 (元)

③当再订货点为 120 台(即保险储备量 = 20 台)时:

平均缺货量 = 0(台)

TC(S, B) = 100×0×18+20×200 = 4 000 (元)

根据上述计算结果可知, 合理的保险储备量为 10 台, 再订货点为 110 台。

(3) 与批量相关的存货总成本

= $\sqrt{2×1000×3600×200×(1-10/100)}$

= 36 000(元)

(4) 与储备存货相关的总成本 = 36 000+ 3 800+3 600×1 500+100 000+2 000×12+ 40 000 = 5 603 800(元)

8. 【答案】

(1) A = 1 000×(1-3%)×6%×80/360 = 12.93(万元)

B = 30-12.93 = 17.07(万元)

C = 1 000×2.5% = 25(万元)

D = 2.5%/(1-2.5%)×360/(90-30) = 15.38%

(2) 应该选择在第 10 天付款, 因为在第 10 天付款享受折扣的净收益最大。

第十三章 产品成本计算

历年考情概况

本章是考试的重点章节，内容独立性较强。主要考核品种法、分批法、逐步综合结转分步法和平行结转分步法等内容。考试形式以主观题为主，客观题也有涉及。考试分值预计10分左右。

近年考点直击

主要考点	主要考查题型	考频指数	考查角度
基本生产费用的分配	客观题和主观题	★★	材料费用、人工费用和制造费用在不同成本对象之间的分配
辅助生产费用的分配	客观题和主观题	★★	直接分配法、交互分配法的具体运用和优缺点
完工产品和在产品的成本分配	客观题和主观题	★★★	(1)约当产量法、在产品成本按定额成本计算法、定额比例法的具体运用；(2)完工程度的计算
联产品和副产品的成本分配	客观题和主观题	★★	分离点售价法和可变现净值法的运用
产品成本的计算方法	客观题和主观题	★★★	(1)品种法、分批法和分步法的特点及适用的企业；(2)平行结转分步法和综合结转分步法特点比较；(3)综合结转分步法的成本还原；(4)运用品种法、分批法、平行结转分步法和综合结转分步法核算产品成本

2022 年考试变化

无实质性变化。

考点详解及精选例题

一、成本的分类★

成本是对象化的费用。为了适用不同目的和需要，成本可以按照不同的标准进行分类，成本的分类见表13-1。

表 13-1 成本的分类

分类	阐释
制造成本与非制造成本	制造成本包括直接材料成本、直接人工成本和制造费用。直接材料成本是能够直接追溯到每个产品，并构成产品实体的原材料、辅助材料等；直接人工成本是能够直接追溯到每个产品上的人工成本（包括生产人员的薪酬和福利费）；制造费用是企业各生产单位为组织和管理生产而发生的各项间接费用
	非制造成本包括销售费用、管理费用和财务费用，不构成产品的制造成本
产品成本与期间成本	产品成本与产品的生产直接相关，包括直接材料成本、直接人工成本和制造费用
	期间成本是企业经营活动中发生的与该会计期间的销售、管理、筹资等活动相关的成本，包括销售费用、管理费用和财务费用
直接成本与间接成本	直接成本与成本对象直接相关、可以用经济合理方式直接追溯到成本对象
	间接成本不能用经济合理方式追溯到成本对象

『老贾点拨』 当产品成本计算方法采用制造成本法时，产品成本与制造成本内容一致。但当采用变动成本法等其他方法时，产品成本与制造成本内容不一致，只包括变动制造费用，即直接材料、直接人工和变动制造费用。

二、基本生产费用的归集与分配★★

（一）产品成本项目

基本生产部门生产产品涉及的成本项目有直接材料、直接人工、燃料与动力和制造费用。

（二）基本生产费用归集与分配

能够直接确认某一成本对象发生的基本生产费用，直接归集在相应的成本项目中；不能直接归集的生产费用，采用一定的标准进行分配。其分配方法为：

分配率 = 待分配的生产费用/各分配对象分配标准的合计

某分配对象应分配的生产费用 = 分配率×该分配对象分配标准

『老贾点拨』 材料分配标准如定额消耗量或定额成本；人工成本分配标准如实用工时；制造费用分配标准如生产工时、定额工时或机器工时等。具体分配标准题中会明确告知。

【例题 1·单选题】 ☆企业在生产中为生产工人发放安全头盔所产生的费用，应计入（　）。

A. 直接材料　　　B. 管理费用

C. 制造费用　　　D. 直接人工

解析 ▶ 制造费用是指企业各生产单位为组织和管理生产而发生的各项间接费用。它包括工资和福利费、折旧费、修理费、办公费、机物料消耗、劳动保护费、租赁费、保险费、排污费等。为生产工人发放安全头盔所产生的费用属于劳动保护费，所以，应该计入"制造费用"。　　　答案 ▶ C

【例题 2·计算分析题】 某企业的材料费用和人工费用按照实际成本核算，制造费用采用计划成本核算。6 月生产甲、乙两种产品，实际耗用的共同原材料费用 42 120 元，实际人工成本 44 000 元，该月制造费用计划总额 45 000 元，制造费用的计划成本差异率是 2.5%。其他相关材料如下表。

项目	甲产品	乙产品
直接领用其他材料成本（元）	30 040	12 840

续表

项目	甲产品	乙产品
生产工时(小时)	56 000	32 000
消耗定额(千克/件)	1.2	1.1
生产数量(件)	400	300

要求：

(1)计算甲、乙产品分别耗用的原材料成本(其中共同耗用的原材料费用按照定额消耗量标准分配)。

(2)计算甲、乙产品分别耗用的人工成本(按照生产工时标准分配)。

(3)计算甲、乙产品分别承担的制造费用(按照生产工时标准分配)。

(4)计算甲、乙产品总生产成本与单位生产成本。

答案 ▶

(1)分配率 = 42 120/(400×1.2 + 300×1.1) = 52

甲产品耗用原材料成本 = 30 040 + 400×1.2×52 = 55 000(元)

乙产品耗用原材料成本 = 12 840 + 300×1.1×52 = 30 000(元)

(2)分配率 = 44 000/(56 000 + 32 000) = 0.5

甲产品耗用人工成本 = 0.5×56 000 = 28 000(元)

乙产品耗用人工成本 = 0.5×32 000 = 16 000(元)

(3)甲产品承担制造费用 = [45 000×(1 + 2.5%)/(56 000 + 32 000)] × 56 000 = 29 352.27(元)

乙产品承担制造费用 = [45 000×(1 + 2.5%)/(56 000 + 32 000)] × 32 000 = 16 772.73(元)

(4)产品总生产成本 = 材料成本 + 人工成本 + 制造费用

甲产品总生产成本 = 55 000 + 28 000 + 29 352.27 = 112 352.27(元)

甲产品单位生产成本 = 112 352.27/400 = 280.88(元)

乙产品总生产成本 = 30 000 + 16 000 + 16 772.73 = 62 772.73(元)

乙产品单位生产成本 = 62 772.73/300 = 209.24(元)

三、辅助生产费用的分配方法

辅助生产车间提供的产品和劳务，主要为基本生产车间和管理部门使用和服务，有时辅助生产车间之间也有相互提供产品和劳务的情况。辅助生产费用的分配通常采用直接分配法和交互分配法等。

(一)直接分配法 ★★

1.直接分配法的概念

直接分配法是直接将各辅助生产车间发生的费用分配给辅助生产以外的各个受益单位或产品，即不考虑辅助生产内部相互提供的劳务量。

2.直接分配法的流程(如图 13-1 所示)

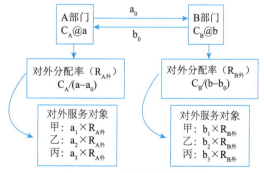

图 13-1 直接分配法的流程

3. 直接分配法的计算公式、优缺点及适用范围

直接分配法的计算公式、优缺点及适用范围见表 13-2。

表 13-2　直接分配法的计算公式、优缺点及适用范围

项目	阐释
计算公式	(1)辅助生产的单位成本=辅助生产费用总额/[辅助生产的产品(或劳务)总量-对其他辅助部门提供的产品(或劳务)量] (2)各受益车间、产品或各部门应分配的费用=辅助生产的单位成本×该车间、产品或部门的耗用量
优缺点	优点：只进行对外分配，计算工作简便； 缺点：当辅助生产车间相互提供产品或劳务量差异较大时，分配结果往往与实际不符
适用范围	辅助生产内部相互提供产品或劳务不多

【例题 3·单选题】☆甲公司基本生产车间生产 X 和 Y 两种产品，供电和锅炉两个辅助生产车间分别为 X 产品、Y 产品、行政管理部门提供动力和蒸汽，同时也相互提供服务。若采用直接分配法分配辅助生产费用，供电车间的生产费用不应分配给(　　)。

A. X 产品

B. Y 产品

C. 行政管理部门

D. 锅炉辅助生产车间

解析 ➤ 直接分配法的特点是不考虑辅助生产内部相互提供的劳务量，直接将各辅助生产车间发生的费用分配给辅助生产以外的各个受益单位或产品。所以本题答案为选项 D。

答案 ➤ D

(二)交互分配法★★

1. 交互分配法的概念

交互分配法是根据供应劳务总量计算的分配率先进行辅助生产车间之间的交互分配；其次将交互分配后的实际费用(交互分配前的成本费用加交互分配转入的成本费用，减去交互分配转出的成本费用)根据对外提供的劳务量在辅助生产车间以外的其他各受益单位进行分配。

2. 交互分配法的流程(如图 13-2 所示)

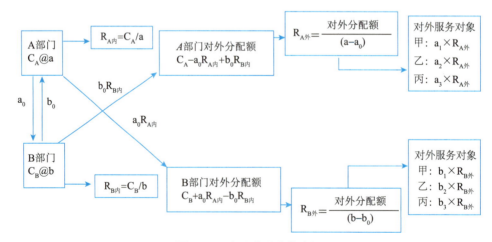

图 13-2　交互分配法的流程

3. 交互分配的计算公式及优缺点

交互分配法的计算公式及优缺点见表 13-3。

表 13-3　交互分配法的计算公式及优缺点

项目	阐释
计算公式	(1)对内分配分配率=辅助生产车间交互分配前发生的费用/该辅助生产车间提供的产品或劳务总数量 (2)对外分配分配率=(辅助生产车间交互分配前的费用+交互分配转入的费用-交互分配转出的费用)/该辅助生产车间对外提供产品或劳务的数量 (3)各受益车间、产品或各部门应分配的费用=对外分配率×该车间、产品或部门的耗用量
优缺点	优点：辅助生产内部相互提供产品或劳务全都进行了交互分配，从而提高了分配结果的正确性； 缺点：各辅助生产费用要计算两个单位成本(费用分配率)，进行两次分配，因而增加了计算工作量

【例题 4·单选题】甲公司有机修和供电两个辅助生产车间，分别为第一车间、第二车间、行政管理部门提供维修和电力服务，两个辅助生产车间之间也相互提供产品或服务。机修车间 1 月发生费用 6 500 元，提供维修服务 100 小时，其中供电车间耗用 20 小时；供电车间 1 月生产费用 8 800 元，提供电力 22 000 度，其中机修车间耗用 2 000 度。按照交互分配法分配辅助生产费用，供电车间对外分配的费用是(　)元。

A. 8 800

B. 9 300

C. 6 500

D. 8 300

解析 ▶ 维修车间对内交互分配率=6 500/100=65(元/小时)，供电车间对外交互分配率=8 800/22 000=0.4(元/小时)。供电车间对外分配的费用=8 800+65×20-0.4×2 000=9 300(元)，选项 B 是答案。

答案 ▶ B

四、 完工产品和在产品的成本分配★★★

1. 分配的基本思路

(1)将待分配费用按一定比例在完工产品与月末产品之间进行分配，从而求得完工产品成本和在产品成本，其表达式为：

月初在产品成本+本月发生生产费用=本月完工产品成本+月末在产品成本

(2)先确定月末在产品成本，再用待分配费用减月末在产品成本得出完工产品的成本，其表达式为：

月初在产品成本+本月发生生产费用-月末在产品成本=本月完工产品成本

2. 完工产品和在产品的成本分配方法

企业应该根据在产品数量多少、各月在产品数量变化的大小、各项费用比重的大小和定额管理基础的好坏等具体条件，选择合理简便的分配方法。完工产品和在产品的成本分配方法见表 13-4。

表 13-4　完工产品和在产品的成本分配方法

分配方法	完工产品和在产品成本的确定	适用条件
不计算在产品成本	(1)完工产品成本=本月发生的产品生产费用 (2)月末在产品成本=0	月末在产品数量很少，价值很低，并且各月在产品数量较稳定
在产品成本按年初数固定计算	(1)月末在产品成本=年初在产品成本 (2)完工产品成本=本月发生的生产费用 『老贾点拨』年终时(即 12 月末)，根据实地盘点的在产品数量，重新调整计算在产品成本，以避免在产品成本与实际出入过大，影响成本计算的正确性	月末在产品数量很小，或者在产品数量虽大但各月之间在产品数量变动不大，月初、月末在产品成本的差额对完工产品成本影响不大

分配方法	完工产品和在产品成本的确定	适用条件
在产品成本按其所耗用的原材料费用计算	(1)材料费用分配率=(月初在产品材料费用+本月发生材料费用)/(完工产品数量+在产品数量) (2)月末在产品成本=材料费用分配率×在产品数量 (3)完工产品成本=材料费用分配率×完工产品数量+本月发生的其他费用	原材料费用在产品成本中所占比重较大，而且原材料在生产开始时一次性投入
约当产量法	(1)加权平均法 ①在产品约当产量=在产品数量×完工程度 ②分配率=(月初在产品成本+本月发生的生产费用)/(完工产品产量+月末在产品约当产量) ③月末在产品成本=分配率×月末在产品约当产量 ④完工产品成本=分配率×完工产品产量 (2)先进先出法 假定月初在产品先于本月投产的产品完工。月初在产品成本全部计入本月完工产品成本，而本月发生的生产费用按照本月完工产品约当产量和月末在产品约当产量比例进行分配。具体步骤如下： 首先，分配直接材料费用。 月初在产品本月生产的约当产量=月初在产品数量×(1-月初在产品已投料比例) 本月投产本月完工产品数量=本月完工产品数量-月初在产品数量 本月完工产品的约当产量=月初在产品本月生产的约当产量+本月投产本月完工产品数量 月末在产品的约当产量=月末在产品数量×月末在产品本月已投料比例 单位成本(分配率)=本月直接材料费用/(本月完工产品的约当产量+月末在产品的约当产量) 完工产品承担的本月直接材料费用=单位成本×本月完工产品的约当产量 在产品承担的本月直接材料费用=单位成本×月末在产品的约当产量 其次，分配直接人工和制造费用(转换成本)。 月初在产品本月生产的约当产量=月初在产品数量×(1-月初在产品完工程度) 本月投产本月完工产品数量=本月完工产品数量-月初在产品数量 本月完工产品的约当产量=月初在产品本月生产的约当产量+本月投产本月完工产品数量 月末在产品的约当产量=月末在产品数量×月末在产品完工程度 单位成本(分配率)=本月转换成本/(本月完工产品的约当产量+月末在产品的约当产量) 完工产品承担的本月转换成本=单位成本×本月完工产品的约当产量 在产品承担的本月转换成本=单位成本×月末在产品的约当产量 最后，计算完工产品成本和月末在产品成本。 完工产品成本=月初在产品成本+完工产品承担的本月直接材料费用+完工产品承担的本月转换成本 月末在产品成本=在产品承担的本月直接材料费用+在产品承担的本月转换成本 『老贾点拨』在先进先出法下计算完工产品单位成本时，通常情况下，将月初在产品本月完工产品和本月投产本月完工产品分别计算单位成本	能够确定比较可靠的在产品完工程度

续表

分配方法	完工产品和在产品成本的确定	适用条件
在产品成本按定额成本计算	(1)月末在产品成本=月末在产品数量×在产品定额单位成本 (2)完工产品成本=(月初在产品成本+本月发生费用)-月末在产品成本	在产品数量稳定或者数量较少,并且制定了比较准确的定额成本
定额比例法	(1)分配率=(月初在产品成本+本月发生的生产费用)/(完工产品定额+月末在产品定额) (2)月末在产品成本=分配率×月末在产品定额 (3)完工产品成本=分配率×产成品定额 『老贾点拨』分配材料费用一般按照定额材料成本分配;分配工资费用和制造费用一般按照定额工时标准分配	能够制定比较准确的消耗定额,各月末在产品数量变动较大

『老贾点拨』关于约当产量法的完工程度计算。

(1)分配直接人工费用和制造费用完工程度的计算公式如下:

某道工序完工程度=(到本工序为止的累计定额工时+本道工序定额工时×本工序完工程度)/单位产品定额工时

(2)分配原材料投料程度的计算,视原材料的投入方式不同而定。

①原材料在生产开始时一次投入:

每件在产品与每件完工产品负担同样材料费用,即在产品的原材料投料程度为100%。

②分工序一次投料。即在每道工序开始时全部投入,然后各工序陆续加工后成为产成品,计算公式为:

某工序总体投料程度=到本工序为止累计投入材料数量/单位产品投料总量

③分工序陆续投料。即在每道工序均是陆续投入,然后经过各工序连续加工后成为产成品,计算公式为:

某工序总体投料程度=(到本工序为止累计投入材料数量+本工序投入材料数量×本道工序的投料程度)/单位产品投料总量

【例题5·单选题】☆甲企业基本生产车间生产乙产品,依次经过三道工序,工时定额分别为40小时、35小时和25小时,月末完工产品和在产品采用约当产量法(加权平均法)分配。假设制造费用随加工进度在每道工序陆续均匀发生,各工序月末在产品平均完工程度60%,第三道工序月末在产品数量6 000件。分配制造费用时,第三道工序在产品约当产量是( )件。

A. 3 660　　　　B. 3 450

C. 6 000　　　　D. 5 400

解析 ▶ 第三道工序在产品完工程度=(40+35+25×60%)/(40+35+25)×100%=90%,约当产量=6 000×90%=5 400(件)。

答案 ▶ D

『老贾点拨』前述完工产品和在产品成本分配方法中,约当产量法、定额比例法属于比例分配法,不计算在产品成本法、在产品成本按年初数固定计算法、在产品成本按其所耗用的原材料费用计算法、在产品成本按定额成本计算法都属于扣除分配法。

实际上,比例分配法和扣除分配法所包含的范围非常广泛,基本生产费用的分配、辅助生产费用的分配、联产品加工成本的分配都属于比例分配法,副产品加工成本的分配属于扣除分配法。

五、联产品和副产品的成本分配

1. 联产品和副产品的概念★

联产品是指在同一生产过程中,使用同样的原料,同时生产出两种及以上主要产品;副产品是指在同一生产过程中,使用同样的原料,在生产主要产品的同时附带生产出来的非主要产品。

2. 副产品成本计算 ★

在分配主产品和副产品加工成本时，由于副产品成本价值较低，并且在全部产品生产中占的比重较小，通常先采用简化方法确定副产品的成本(如预先规定的固定单价确定成本)，总成本扣除副产品成本后就是主产品成本。

主产品成本=总成本–副产品成本

3. 联产品(主产品)加工成本分配 ★★

联合成本是指在联产品生产中，投入相同原材料，经过同一生产过程，分离为各种联产品的时点(即分离点)之前发生的成本。

联产品成本计算方法分为两个阶段：一是联合成本按照成本核算对象设置成本明细账进行归集，之后将其总额按照一定的分配方法在各联产品之间进行分配；二是分离后按照各产品设置明细账，归集分离后发生的加工成本。联产品成本的分配方法见表13-5。

表 13-5　联产品成本分配方法

分配方法	计算公式
分离点售价法	(1)联合成本分配率=待分配联合成本÷(A产品分离点的总售价+B产品分离点的总售价) (2)A产品应分配联合成本=联合成本分配率×A产品分离点的总售价 (3)B产品应分配联合成本=联合成本分配率×B产品分离点的总售价 『老贾点拨』该方法适用于联产品在分离时销售价格能可靠计量
可变现净值法	(1)某产品的可变现净值=分离点产量×该产成品的单位售价–分离后的该产品的后续单独加工成本 (2)联合成本分配率=待分配联合成本÷(A产品可变现净值+B产品可变现净值) (3)A产品应分配联合成本=联合成本分配率×A产品可变现净值 (4)B产品应分配联合成本=联合成本分配率×B产品可变现净值 『老贾点拨』该方法适用于联产品需进一步加工才可销售的情况
实物数量法	(1)联合成本分配率=待分配联合成本÷(A产品实物数量+B产品实物数量) (2)A产品应分配联合成本=联合成本分配率×A产品实物数量 (3)B产品应分配联合成本=联合成本分配率×B产品实物数量 『老贾点拨』该方法适用联产品价格不稳定或无法直接确定的情况

【例题6·单选题】甲工厂生产联产品 X 和 Y，9月产量分别为690件和1 000件。分离点前发生联合成本40 000元，分离点后分别发生深加工成本10 000元和18 000元，X和Y的最终售价总额分别为970 000元和1 458 000元。按照可变现净值法，X和Y的总加工成本分别为(　　)。

A. 16 000元和24 000元

B. 26 000元和42 000元

C. 22 000元和46 000元

D. 12 000元和28 000元

解析 ▶ X产品可变现净值＝970 000 – 10 000＝960 000(元)

Y产品可变现净值＝1 458 000 – 18 000＝1 440 000(元)

X产品的总加工成本＝960 000 × 40 000/(960 000 + 1 440 000) + 10 000＝26 000(元)

Y产品的总加工成本＝1 440 000 × 40 000/(960 000 + 1 440 000) + 18 000＝42 000(元)

答案 ▶ B

六、 产品成本计算的基本方法 ★★★

产品成本计算的基本方法包括品种法、分批法和分步法，其对比见表13-6。

表 13-6　产品成本计算基本方法的比较

计算方法	适用的企业	特点
品种法	(1)适用于**大量大批**的**单步骤**生产的企业，该类企业产品的生产技术过程不能从技术上划分步骤； (2)生产是按流水线组织的，管理上不要求按照生产步骤计算产品成本	(1)成本计算对象是产品品种； (2)一般定期(每月月末)计算产品成本； (3)如果企业月末有在产品，要将生产费用在完工产品和在产品之间进行分配
分批法	(1)**单件小批类型**的生产，如造船业、重型机器制造业等； (2)一般企业中的新产品试制或试验的生产； (3)在建工程以及设备修理作业等	(1)成本计算对象是产品的批别； (2)产品成本计算是不定期的，成本计算期与产品生产周期基本一致，而与会计核算的报告期不一致； (3)计算月末产品成本时，一般不存在完工产品与在产品之间分配费用的问题。 『老贾点拨』同一批次产品跨月陆续完工，为了提供月末完工产品成本，则需将归集生产费用在完工产品和在产品之间分配
分步法	**大量大批多步骤**生产的企业，即管理上要求按产品品种计算成本，同时还要求按生产步骤计算成本，如纺织、冶金、汽车制造等大量大批的机械制造企业	(1)成本计算对象是产品生产步骤和产品品种； (2)一般定期(每月月末)计算产品成本； (3)月末需要把各步骤生产费用合计数在完工产品和在产品之间进行分配，同时，为了计算各种成品成本，还需要按照产品品种结转各步骤成本(或份额)

【例题7·单选题】甲制药厂正在试制生产某流感疫苗。为了核算此疫苗的试制生产成本，该企业最适合选择的成本计算方法是(　)。

A. 品种法
B. 分步法
C. 分批法
D. 品种法与分步法相结合

解析　产品成本计算的分批法主要适用于单件小批类型的生产，也可用于一般企业中的新产品试制或试验的生产、在建工程以及设备修理作业等。**答案**　C

【例题8·计算分析题】甲公司是一家制造业企业，下设一基本生产车间生产 X 产品。公司按品种法核算产品成本，直接材料、直接人工和制造费用在发生时直接计入产品成本。原材料在开工时一次投入，直接人工、制造费用随加工进度陆续发生。

X 产品有两个型号 X-1 和 X-2，使用相同工艺切割同一材料，经过三个工序加工完成，材料和加工成本不易按型号分别核算。公司确定 X-1 为标准产品，经测算，X-2 的直接材料成本是标准产品的 1.2 倍，直接人工、制造费用是标准产品的 1.25 倍，在成本分配时，将 X-2 折算为标准产品。

2021 年 7 月相关资料如下：

(1)月初及本月生产费用(单位：元)。

项目	直接材料	直接人工	制造费用	合计
月初在产品成本	552 000	244 000	477 000	1 273 000
本月生产费用	3 600 000	1 400 000	2 400 000	7 400 000
合计	4 152 000	1 644 000	2 877 000	8 673 000

(2)本月完工产量(单位：件)。

项目	X-1	X-2
完工产品数量	100 000	80 000

（3）月末在产品数量及累计完工程度。

工序	X-1		X-2	
	数量（件）	累计完工程度	数量（件）	累计完工程度
1	2 000	20%	1 000	20%
2	2 500	40%	2 000	40%
3	2 000	80%	1 250	80%
合计	6 500	-	4 250	-

要求：

（1）计算 X-1、X-2 月末在产品直接材料、直接人工、制造费用的约当产量。

（2）编制 X 产品成本计算单（结果填入下方表格中，不用列示计算过程）。

项目	直接材料	直接人工	制造费用	合计
月初在产品成本				
本月生产费用				
合计				
分配率				
完工产品成本				
月末在产品成本				

（3）编制 X 产品单位产品成本计算单（结果填入下方表格中，不用列示计算过程）。

产品型号	单位产品成本（元）			
	直接材料	直接人工	制造费用	合计
X-1				
X-2				

答案 ▶

（1）X-1 月末在产品

分配直接材料费用的约当产量 = 2 000+2 500+2 000 = 6 500（件）

分配直接人工和制造费用的约当产量 = 2 000×20%+2 500×40%+2 000×80% = 3 000（件）

X-2 月末在产品

分配直接材料费用的约当产量 = 1 000+2 000+1 250 = 4 250（件）

分配直接人工和制造费用的约当产量 = 1 000×20%+2 000×40%+1 250×80% = 2 000（件）

（2）

项目	直接材料	直接人工	制造费用	合计
月初在产品成本	552 000	244 000	477 000	1 273 000
本月生产费用	3 600 000	1 400 000	2 400 000	7 400 000

项目	直接材料	直接人工	制造费用	合计
合计	4 152 000	1 644 000	2 877 000	8 673 000
分配率	20	8	14	—
完工产品成本	3 920 000	1 600 000	2 800 000	8 320 000
月末在产品成本	232 000	44 000	77 000	353 000

计算说明：

直接材料费用分配率 = 4 152 000/(100 000+6 500+80 000×1.2+4 250×1.2) = 20

直接人工成本分配率 = 1 644 000/(100 000+3 000+80 000×1.25+2 000×1.25) = 8

制造费用分配率 = 2 877 000/(100 000+3 000+80 000×1.25+2 000×1.25) = 14

（3）

产品型号	单位产品成本（元）			
	直接材料	直接人工	制造费用	合计
X-1	20	8	14	42
X-2	24	10	17.5	51.5

计算说明：

① X-1 单位产品直接材料成本 = 3 920 000/(100 000+80 000×1.2) = 20（元）

X-2 单位产品直接材料成本 = 20×1.2 = 24（元）

② X-1 单位产品直接人工成本 = 1 600 000/(100 000+80 000×1.25) = 8（元）

X-2 单位产品直接人工成本 = 8×1.25 = 10（元）

③ X-1 单位产品制造费用 = 2 800 000/(100 000+80 000×1.25) = 14（元）

X-2 单位产品制造费用 = 14×1.25 = 17.5（元）

【例题 9 · 计算分析题】 某企业 2022 年 6 月 1 日投产甲产品 100 件，批号 601#，在 6 月全部完工；6 月 10 日投产乙产品 150 件，批号 602#，当月完工 40 件；6 月 20 日投产丙产品 200 件，批号 603#，尚未完工。其他资料如下：

（1）601#产品耗用原材料 125 000 元，602#产品耗用原材料 167 000 元，603#产品耗用原材料 226 000 元，生产车间耗用原材料 8 600 元。

（2）生产工人工资 22 344 元，车间管理人员工资 2 394 元，行政管理人员工资 58 900 元。

（3）车间耗用外购水电费 2 400 元，车间固定资产折旧 3 800 元，车间负担其他费用 250 元。

（4）原材料采用计划成本计价，差异率是+4%。生产工人工资和制造费用按照耗用工时比例分配，其中：601#产品工时 18 000 小时，602#产品工时 20 000 小时，603#产品工时11 000小时。

（5）602#产品完工 40 件按计划成本转出，602#产品计划单位成本为：直接材料 1 100 元，直接人工 75 元，制造费用 60 元。

要求：

（1）分别计算 601#产品、602#产品和 603#产品承担的生产工人工资和制造费用。

（2）编制 601#产品、602#产品、603#产品成本计算单（将计算结果填入表格中，不需要列出计算过程）。

601#产品成本计算单

单位：元

项目	直接材料	直接人工	制造费用	合计
月初在产品成本				
本月生产费用				
生产费用合计				
完工产品成本				
月末在产品成本				

602#产品成本计算单

单位：元

项目	直接材料	直接人工	制造费用	合计
月初在产品成本				
本月生产费用				
生产费用合计				
完工产品成本				
月末在产品成本				

603#产品成本计算单

单位：元

项目	直接材料	直接人工	制造费用	合计
月初在产品成本				
本月生产费用				
生产费用合计				
完工产品成本				
月末在产品成本				

答案 ▶

（1）

601#产品承担生产工人工资 = [22 344/(18 000+20 000+11 000)] ×18 000 = 8 208(元)

602#产品承担生产工人工资 = [22 344/(18 000+20 000+11 000)] ×20 000 = 9 120(元)

603#产品承担生产工人工资 = [22 344/(18 000+20 000+11 000)] ×11 000 = 5 016(元)

制造费用 = 8 600×1.04+2 394+2 400+3 800+250 = 17 788(元)

601#产品承担制造费用 = [17 788/(18 000+20 000+11 000)] ×18 000 = 6 534(元)

602#产品承担制造费用 = [17 788/(18 000+20 000+11 000)] ×20 000 = 7 260(元)

603#产品承担制造费用 = [17 788/(18 000+20 000+11 000)] ×11 000 = 3 994(元)

（2）

601#产品成本计算单

单位：元

项目	直接材料	直接人工	制造费用	合计
月初在产品成本	0	0	0	0
本月生产费用	130 000	8 208	6 534	144 742
生产费用合计	130 000	8 208	6 534	144 742

项目	直接材料	直接人工	制造费用	合计
完工产品成本	130 000	8 208	6 534	144 742
月末在产品成本	0	0	0	0

计算说明：

直接材料费用 = 125 000 × 1.04 = 130 000(元)

602#产品成本计算单　　　　　　　　　　　单位：元

项目	直接材料	直接人工	制造费用	合计
月初在产品成本	0	0	0	0
本月生产费用	173 680	9 120	7 260	190 060
生产费用合计	173 680	9 120	7 260	190 060
完工产品成本	44 000	3 000	2 400	49 400
月末在产品成本	129 680	6 120	4 860	140 660

计算说明：

本月直接材料 = 167 000 × 1.04 = 173 680(元)

完工产品成本：直接材料 = 1 100 × 40 = 44 000(元)，直接人工 = 75 × 40 = 3 000(元)，制造费用 = 60 × 40 = 2 400(元)。

603#产品成本计算单　　　　　　　　　　　单位：元

项目	直接材料	直接人工	制造费用	合计
月初在产品成本	0	0	0	0
本月生产费用	235 040	5 016	3 994	244 050
生产费用合计	235 040	5 016	3 994	244 050
完工产品成本	0	0	0	0
月末在产品成本	235 040	5 016	3 994	244 050

计算说明：

本月直接材料费用 = 226 000 × 1.04 = 235 040(元)

七、　逐步结转分步法与平行结转分步法★★★

(一)逐步结转分步法

1. 逐步结转分步法概念与类型

逐步结转分步法是按照产品加工的顺序，逐步计算并结转半成品成本，直到最后加工步骤才能计算出产成品成本的方法。

(1)综合结转法是指上一步骤转入下一步骤的半成品成本，以"直接材料"或"半成品"项目综合列入下一步骤成本计算单。

(2)分项结转法是指上一步骤半成品成本按照原始成本项目分别转入下一步骤成本计算单的相应成本项目内。

2. 逐步结转分步法优缺点(见表13-7)

表 13-7　逐步结转分步法优缺点

优点	缺点
(1)能够提供各个生产步骤的半成品成本资料； (2)能为各生产步骤的在产品实物管理及资金管理提供资料； (3)能够全面地反映各生产步骤的生产耗费水平，更好满足各生产步骤成本管理的要求	如果采用逐步综合结转分步法，计算得出的结果不符合产品成本构成的实际情况，不能据以从整个企业角度分析和考核产品成本的构成和水平。为此，需要进行成本还原，增加工作量

『老贾点拨』每一步骤生产费用应在完工产品和在产品之间进行分配，此处完工产品是指该步骤完工的产品，在产品是指该步骤尚未加工完的产品。

3. 逐步综合结转分步法的流程(如图 13-3 所示)

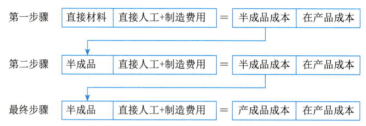

图 13-3　逐步综合结转分步法的流程

『老贾点拨』半成品通过半成品库收发核算时，其计价方法可采用先进先出法或加权平均法。

4. 逐步综合结转法下成本的还原

(1)成本还原的概念。成本还原是指从最后一个步骤起，把所耗上一步骤半成品的综合成本还原为直接材料、直接人工和制造费用等原始项目，以求得按照原始成本项目反映的产成品成本资料。

(2)成本还原的方法。把最后一步的产品成本计算单中的"直接材料"或专设的"半成品"项目的数据(一般按照前一步骤半成品的成本构成比例)逐步还原，直至把其中包括的直接材料、直接人工和制造费用完全分离开，其还原流程图如图 13-4 所示。

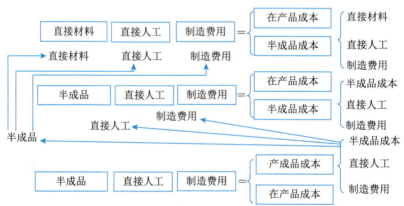

图 13-4　成本还原流程

【例题 10·多选题】☆下列关于产品成本计算逐步结转分步法的说法中，正确的有(　　)。

A. 能够全面反映各步骤的生产耗费水平

B. 半成品成本随半成品实物在各步骤间转移

C. 应进行成本还原

D. 半成品对外销售的企业一般适宜采用逐步结转分步法

解析　逐步结转分步法核算各步骤的半

成品成本，所以，选项 A、B、D 的说法正确。所谓成本还原，是指从最后一个步骤起，把所耗上一步骤半成品的综合成本还原成直接材料、直接人工、制造费用等原始成本项目，从而求得按原始成本项目反映的产成品成本资料。逐步结转分步法分为综合结转和分项结转两种方法。逐步分项结转分步法中，上一步骤半成品成本按原始成本项目分别转入下一步骤的成本计算单中相应的成本项目内，因此，不需要进行成本还原，所以，选项 C 的说法不正确。逐步综合结转分步法需要进行成本还原。

答案 ▶ ABD

【**例题 11·计算分析题**】某企业采用逐步结转分步法分三个步骤计算产品成本，三个步骤成本计算的资料整理如下(单位：元)：

项目	第一步骤半成品成本	第二步骤半成品成本	第三步骤产成品成本(100 件)
半成品		70 000	77 760
直接材料	40 000		
直接人工	16 000	8 000	4 000
制造费用	4 000	3 000	12 000
成本合计	60 000	81 000	93 760

要求：根据上述资料进行成本还原，并将计算结果填入表格中。

成本还原计算表　　　　　　　　　　　　　　　　单位：元

项目	产量	还原分配率	半成品	直接材料	直接人工	制造费用	成本合计
还原前产成品成本							
本月所产半成品成本							
第 1 步还原							
本月所产半成品成本							
第 2 步还原							
还原后产成品成本							
还原后产成品单位成本							

答案 ▶

成本还原计算表　　　　　　　　　　　　　　　　单位：元

项目	产量	还原分配率	半成品	直接材料	直接人工	制造费用	成本合计
还原前产成品成本			77 760		4 000	12 000	93 760
本月所产半成品成本			70 000		8 000	3 000	81 000
第 1 步还原		0.96	67 200		7 680	2 880	77 760
本月所产半成品成本				40 000	16 000	4 000	60 000
第 2 步还原		1.12		44 800	17 920	4 480	67 200
还原后产成品成本	100			44 800	29 600	19 360	93 760
还原后产成品单位成本				448	296	193.6	937.6

计算说明：

第 1 步还原分配率＝77 760/81 000＝0.96

还原半成品＝70 000×0.96＝67 200(元)

还原直接人工＝8 000×0.96＝7 680(元)

还原制造费用 = 3 000×0.96 = 2 880(元)

第 2 步还原分配率 = 67 200/60 000 = 1.12

还原直接材料 = 40 000×1.12 = 44 800(元)

还原直接人工 = 16 000×1.12 = 17 920(元)

还原制造费用 = 4 000×1.12 = 4 480(元)

还原后产成品单位成本 = 93 760/100 = 937.6(元/件)

【例题 12·计算分析题】 甲公司是一家机械制造企业,只生产销售一种产品。生产过程分为两个步骤,第一步骤产出的半成品直接转入第二步骤继续加工,每件半成品加工成一件产品。产品成本计算采用逐步综合结转分步法,月末完工产品和在产品之间采用约当产量法(加权平均法)分配生产成本。

第一步骤耗用的原材料在生产开工时一次投入,其他成本费用陆续发生;第二步骤除耗用第一步骤半成品外,还需要追加其他材料,追加材料及其他成本费用陆续发生;第一步骤和第二步骤月末在产品完工程度均为本步骤的50%。

(1)月初在产品成本(单位:元)。

	半成品	直接材料	直接人工	制造费用	合计
第一步骤		3 750	2 800	4 550	11 100
第二步骤	6 000	1 800	780	2 300	10 880

(2)本月生产量(单位:件)。

	月初在产品数量	本月投产数量	本月完工数量	月末在产品数量
第一步骤	60	270	280	50
第二步骤	20	280	270	30

(3)本月发生的生产费用(单位:元)。

	直接材料	直接人工	制造费用	合计
第一步骤	16 050	24 650	41 200	81 900
第二步骤	40 950	20 595	61 825	123 370

要求:

(1)什么是逐步结转分步法?具体分为哪几种类型?指出逐步结转分步法的优点有哪些?

(2)编制第一、第二步骤成本计算单(结果填入下列表格,不用列出计算过程)。

第一步骤成本计算单　　　　　　　　　　　　　　　　单位:元

	直接材料	直接人工	制造费用	合计
月初在产品成本				
本月生产费用				
合计				
分配率				
完工半成品转出				
月末在产品				

第二步骤成本计算单　　　　　　　　　单位：元

	半成品	直接材料	直接人工	制造费用	合计
月初在产品成本					
本月生产费用					
合计					
分配率					
完工半成品转出					
月末在产品					

（3）说明什么是成本还原，并编制产成品成本还原计算表（结果填入下列表格，不用列出计算过程）。

产成品成本还原计算表　　　　　　　　　单位：元

	半成品	直接材料	直接人工	制造费用	合计
还原前产成品成本					
本月所产半成品成本					
成本还原					
还原后产成品成本					
还原后产成品单位成本					

答案

（1）逐步结转分步法是按照产品加工的顺序，逐步计算并结转半成品成本，直到最后加工步骤才能计算出产成品成本的方法。具体可以分为综合结转法和分项结转法。

逐步结转分步法优点：能够提供各个生产步骤的半成品成本资料；能为各生产步骤的在产品实物管理及资金管理提供资料；能够全面地反映各生产步骤的生产耗费水平，更好满足各生产步骤成本管理的要求。

（2）

第一步骤成本计算单　　　　　　　　　单位：元

	直接材料	直接人工	制造费用	合计
月初在产品成本	3 750	2 800	4 550	11 100
本月生产费用	16 050	24 650	41 200	81 900
合计	19 800	27 450	45 750	93 000
分配率	60	90	150	
完工半成品转出	16 800	25 200	42 000	84 000
月末在产品	3 000	2 250	3 750	9 000

计算说明：

直接材料分配率＝19 800÷（280+50）＝60（元/件）

完工半成品转出直接材料＝280×60＝16 800（元）

直接人工分配率＝27 450÷（280+50×50%）＝90（元/件）

完工半成品转出直接人工＝280×90＝25 200(元)

制造费用分配率＝45 750÷(280+50×50%)＝150(元/件)

完工半成品转出制造费用＝280×150＝42 000(元)

第二步骤成本计算单　　　　　　　单位：元

	半成品	直接材料	直接人工	制造费用	合计
月初在产品成本	6 000	1 800	780	2 300	10 880
本月投入成本	84 000	40 950	20 595	61 825	207 370
合计	90 000	42 750	21 375	64 125	218 250
分配率	300	150	75	225	
完工产成品转出	81 000	40 500	20 250	60 750	202 500
月末在产品	9 000	2 250	1 125	3 375	15 750

计算说明：

半成品分配率＝90 000÷(270+30)＝300(元/件)

完工产成品转出半成品＝270×300＝81 000(元)

直接材料分配率＝42 750÷(270+30×50%)＝150(元/件)

完工产成品转出直接材料＝270×150＝40 500(元)

直接人工分配率＝21 375÷(270+30×50%)＝75(元/件)

完工产成品转出直接人工＝270×75＝20 250(元)

制造费用分配率＝64 125÷(270+30×50%)＝225(元/件)

完工产成品转出制造费用＝270×225＝60 750(元)

(3)成本还原是指从最后一个步骤起，把所耗上一步骤半成品的综合成本还原为直接材料、直接人工和制造费用等原始项目，以求得按照原始成本项目反映的产成品成本资料。

产成品成本还原计算表　　　　　　　单位：元

	半成品	直接材料	直接人工	制造费用	合计
还原前产成品成本	81 000	40 500	20 250	60 750	202 500
本月所产半成品成本		16 800	25 200	42 000	84 000
成本还原	−81 000	16 200	24 300	40 500	0
还原后产成品成本		56 700	44 550	101 250	202 500
还原后产成品单位成本		210	165	375	750

计算说明：

成本还原直接材料＝81 000÷84 000×16 800＝16 200(元)

成本还原直接人工＝81 000÷84 000×25 200＝24 300(元)

成本还原制造费用＝81 000÷84 000×42 000＝40 500(元)

还原后产成品单位成本＝202 500÷270＝750(元/件)

(二)平行结转分步法

1. 平行结转分步法的概念

平行结转分步法不计算各步骤所产半成品成本，也不计算各步骤所耗用上一步骤半成品成本，只计算本步骤发生的各项其他费用，以及该费用应计入产成品的份额，即将同产品的各步骤中属于产成品的份额平行汇总，计算出产成品成本。

平行结转分步法的成本计算对象是各种产成品及其经过的各步骤中的成本份额，各步骤的生产费用不随半成品的实物转移而结转。

2. 平行结转分步法的优缺点（见表13-8）

表 13-8　平行结转分步法的优缺点

优点	缺点
(1)各步骤可以同时计算产品成本，平行汇总计入产成品成本，不需要逐步结转半成品成本； (2)能够直接提供按原始项目反映的成本资料，不需要成本还原，可以简化和加速成本计算工作	(1)不能提供各步骤的半成品成本资料；在产品费用在最后完成前，不随实物而转移，不能为各生产步骤在产品的实物管理及资金管理提供资料； (2)各步骤产品成本不包括所耗半成品成本，不能全面反映各步骤产品的生产耗费水平(第一步骤除外)，不能更好满足成本管理要求

『老贾点拨』平行结转分步法的各步骤成本分配强调生产费用在最终完工产成品与广义在产品之间分配。广义在产品包括本步骤尚未加工完成的在产品和该步骤已经完工但尚未最终完工的所有后续仍需继续加工的在产品、半成品。

【例题 13·多选题】下列关于成本计算分步法的说法中，正确的有(　　)。

A. 平行结转分步法不利于各步骤在产品的实物管理和成本管理

B. 当企业经常外销半成品时，应采用逐步结转分步法

C. 采用逐步结转分步法时，无须进行成本还原

D. 采用平行结转分步法时，无须将产品生产费用在完工产品和在产品之间进行分配

解析 ▶ 平行结转分步法下，在产品费用在最后完成前，不随实物而转移，不能提供各步骤在产品的实物管理和资金管理资料，选项 A 是答案；逐步结转分步法能提供各个步骤的半成品成本资料，适用于经常对外销售半成品的企业，选项 B 是答案；逐步结转分步法分为综合结转和分项结转，分项结转不需要成本还原，选项 C 不是答案；平行结转分步法下在月末需要将生产费用在完工产品与广义在产品之间进行分配，某步骤广义在产品是指该步骤尚未加工完成的在产品和该步骤已完工但尚未最终完成的产品，完工产品是指完成最终步骤的产品，选项 D 不是答案。　　　　　答案 ▶ AB

3. 平行结转分步法流程（如图13-5所示）

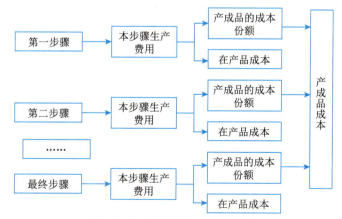

图 13-5　平行结转分步法流程

4. 平行结转分步法的完工产品与在产品的约当产量

在平行结转分步法中，计算某一步骤完工产品和在产品的约当产量，其实就是相对于本步骤来讲的完工产品的数量。

【例题 14 · 计算分析题】 某企业投产100件产品，顺序经过两个步骤，第一步骤完工后直接投入第二步骤生产，每生产一件产成品耗用半成品数量 1 件。假设生产过程中的各项成本费用均是陆续发生，采用平行结转分步法进行成本计算，月末在产品和产成品的成本分配采用约当产量法。有关材料如下。

步骤	1	2
完工产品(件)	80	50
在产品(件)	20	30
在产品完工程度(%)	60	40

要求：计算两个步骤的完工产品和在产品的约当产量。

答案

第一步骤完工产品的约当产量＝50(件)

第一步骤在产品的约当产量＝20×60%＋30＝42(件)

第二步骤完工产品约当产量＝50(件)

第二步骤在产品的约当产量＝30×40%＝12(件)

【例题 15 · 计算分析题】 某企业投产100件产品，顺序经过两个步骤，第一步骤完工后直接投入第二步骤生产，每生产一件产成品耗用半成品数量 2 件。假设生产过程中的各项成本费用均是陆续发生，采用平行结转分步法进行成本计算，月末在产品和产成品的成本分配采用约当产量法。有关材料如下。

步骤	1	2
完工产品(件)	80	30
在产品(件)	20	10
在产品完工程度(%)	60	40

要求：计算两个步骤的完工产品和在产品的约当产量。

答案

第一步骤完工产品的约当产量＝30×2＝60(件)

第一步骤在产品的约当产量＝20×60%＋10×2＝32(件)

第二步骤完工产品的约当产量＝30(件)

第二步骤在产品的约当产量＝10×40%＝4(件)

【例题 16 · 单选题】 ☆甲公司生产 X 产品，需要经过三个步骤，第一步骤半成品直接转入第二步骤，第二步骤半成品直接转入第三步骤，第三步骤生产出产成品。各步骤加工费用随加工进度陆续发生。该公司采用平行结转分步法计算产品成本。月末盘点：第一步骤月末在产品 100 件，完工程度 60%；第二步骤月末在产品 150 件，完工程度 40%；第三步骤完工产品 540 件，在产品 200 件，完工程度 20%。按照约当产量法(加权平均法)，第二步骤加工费用应计入完工产品成本的份额占比是(   )。

A. 40% B. 60%
C. 67.5% D. 80%

解析 平行结转分步法下，在产品是广义的在产品，某步骤月末广义在产品约当产量＝该步骤月末狭义在产品数量×在产品完工程度＋以后各步骤月末狭义在产品数量×每件狭义在产品耗用的该步骤的完工半成品的数量。本题中没有说明第三步骤每件狭义在产品耗用的第二步骤完工半成品的数量，默认为耗用 1 件，所以，第二步骤广义在产品约当产量＝第二步骤月末狭义在产品数量×在产品完工程度＋第三步骤月末狭义在产品数量＝150×40%＋200＝260(件)，第二步骤加工费用应计入完工产品成本的份额占比＝540/(260＋540)×100%＝67.5%。 **答案** C

【例题 17 · 计算分析题】 甲企业使用同种原料生产联产品 A 和 B，采用平行结转分步法计算产品成本。产品生产分为两个步骤，第一步骤对原料进行预处理后，直接转移到第二步骤进行深加工，生产出 A、B 两种产品，原料只在第一步骤生产开工时一次性投放，两个步骤的直接人工和制造费用随加工进度陆续发生，第一步骤和第二步骤均采用约当产量法（加权平均法）在产成品和在产品之间分配成本，月末留存在本步骤的实物在产品的完工程度分别为 60% 和 50%，联产品成本按照可变现净值法进行分配，其中：A 产品可直接出售，售价为 8.58 元/千克；B 产品需继续加工，加工成本为 0.336 元/千克，售价为 7.2 元/千克。A、B 两种产品的产量比例为 6∶5。

相关成本核算资料如下：

（1）本月产量资料（单位：千克）。

	月初留存在本步骤的实物在产品	本月投产	合计	本月本步骤完成的产品	月末留存在本步骤的实物在产品
第一步骤	8 000	92 000	100 000	90 000	10 000
第二步骤	7 000	90 000	97 000	88 000	9 000

（2）月初在产品成本（单位：元）。

	直接材料	直接人工	制造费用	合计
第一步骤	50 000	8 250	5 000	63 250
第二步骤		3 350	3 600	6 950

（3）本月发生成本（单位：元）。

	直接材料	直接人工	制造费用	合计
第一步骤	313 800	69 000	41 350	424 150
第二步骤		79 900	88 900	168 800

要求：

（1）指出平行结转分步法的优缺点。

（2）编制各步骤产品成本计算单以及产品成本汇总计算单（结果填入下方表格中，不用列出计算过程）。

第一步骤成本计算单

单位：元

	直接材料	直接人工	制造费用	合计
月初在产品成本				
本月生产成本				
合计				
分配率				
产成品成本中本步骤份额				
月末在产品				

第二步骤成本计算单 单位：元

	直接材料	直接人工	制造费用	合计
月初在产品成本				
本月生产成本				
合计				
分配率				
产成品成本中本步骤份额				
月末在产品				

产品成本汇总计算单 单位：元

	直接材料	直接人工	制造费用	合计
第一步骤				
第二步骤				
合计				

（3）计算 A、B 产品的单位成本。

答案

（1）优点：一是各步骤可以同时计算产品成本，平行汇总计入产成品成本，不需要结转半成品成本；二是能够直接提供按原始项目反映的成本资料，不需要成本还原，可以简化和加速成本计算工作。

缺点：一是不能提供各步骤的半成品成本资料；在产品费用在最后完成前，不随实物而转移，不能为各生产步骤在产品的实物管理及资金管理提供资料；二是各步骤产品成本不包括所耗半成品成本，不能全面反映各步骤产品的生产耗费水平（第一步骤除外），不能更好满足成本管理要求。

（2）

第一步骤成本计算单 单位：元

	直接材料	直接人工	制造费用	合计
月初在产品成本	50 000	8 250	5 000	63 250
本月生产成本	313 800	69 000	41 350	424 150
合计	363 800	77 250	46 350	487 400
分配率	3.4	0.75	0.45	
产成品成本中本步骤份额	299 200	66 000	39 600	404 800
月末在产品	64 600	11 250	6 750	82 600

计算说明：

直接材料分配率 = 363 800/（10 000 + 9 000 + 88 000）= 3.4（元/千克）

直接人工分配率 = 77 250/（10 000 × 60% + 9 000 + 88 000）= 0.75（元/千克）

制造费用分配率 = 46 350/（10 000 × 60% + 9 000 + 88 000）= 0.45（元/千克）

产成品成本中本步骤份额：

直接材料 = 88 000 × 3.4 = 299 200（元）

直接人工 = 88 000×0.75 = 66 000(元)

制造费用 = 88 000×0.45 = 39 600(元)

月末在产品成本:

直接材料 = (10 000+9 000)×3.4 = 64 600(元)或 363 800−299 200 = 64 600(元)

直接人工 = (10 000×60%+9 000)×0.75 = 11 250(元)或 77 250−66 000 = 11 250(元)

制造费用 = (10 000×60%+9 000)×0.45 = 6 750(元)或 46 350−39 600 = 6 750(元)

第二步骤成本计算单

单位:元

	直接材料	直接人工	制造费用	合计
月初在产品成本		3 350	3 600	6 950
本月生产成本		79 900	88 900	168 800
合计		83 250	92 500	175 750
分配率		0.9	1	
产成品成本中本步骤份额		79 200	88 000	167 200
月末在产品		4 050	4 500	8 550

计算说明:

直接人工分配率 = 83 250/(9 000×50%+88 000) = 0.9(元/千克)

制造费用分配率 = 92 500/(9 000×50%+88 000) = 1(元/千克)

产成品成本中本步骤份额:

直接人工 = 88 000×0.9 = 79 200(元)

制造费用 = 88 000×1 = 88 000(元)

月末在产品成本:

直接人工 = 9 000×50%×0.9 = 4 050(元)或 83 250−79 200 = 4 050(元)

制造费用 = 9 000×50%×1 = 4 500(元)或 92 500−88 000 = 4 500(元)

产品成本汇总计算单

单位:元

	直接材料	直接人工	制造费用	合计
第一步骤	299 200	66 000	39 600	404 800
第二步骤		79 200	88 000	167 200
合计	299 200	145 200	127 600	572 000

(3)A 产品产量 = 88 000×6/(6+5) = 48 000(千克)

B 产品产量 = 88 000×5/(6+5) = 40 000(千克)

A 产品可变现净值 = 48 000×8.58 = 411 840(元)

B 产品可变现净值 = 40 000×(7.2−0.336) = 274 560(元)

A 产品分配的成本 = 572 000×411 840/(411 840+274 560) = 343 200(元)

B 产品分配的成本 = 572 000×274 560/(411 840+274 560) = 228 800(元)

A 产品单位成本 = 343 200/48 000 = 7.15(元/千克)

B 产品单位成本 = 228 800/40 000+0.336 = 6.056(元/千克)

同步训练 限时 185min

扫我做试题

一、单项选择题

1. 下列各项中属于间接成本的是( )。
   A. 企业管理人员工资
   B. 办公楼的折旧费
   C. 长期借款的利息支出
   D. 生产工人的劳动保护费

2. 某企业生产甲、乙两种产品。有锅炉和供电两个辅助车间,本月供电车间辅助生产明细账所归集的费用为 18 000 元。供电车间为生产甲乙产品、各车间管理部门和企业行政管理部门提供了 30 000 度电,其中锅炉车间耗用 2 000 度、甲产品耗用 14 000 度、乙产品耗用 12 000 度。如果采用直接分配法分配供电车间的费用,则计算得出的甲产品本月负担的电费是( )元。
   A. 8 400
   B. 9 000
   C. 18 000
   D. 12 000

3. 某企业只生产一种产品,生产分两个步骤在两个车间进行,第一车间为第二车间提供半成品,第二车间将半成品加工成产成品。月初两个车间均没有在产品。本月第一车间投产 100 件,有 80 件完工并转入第二车间,月末第一车间尚未加工完成的在产品相对于本步骤的完工程度为 60%;第二车间完工 50 件,月末第二车间尚未加工完成的在产品相对于本步骤的完工程度为 50%。该企业按照平行结转分步法计算产品成本,各生产车间按约当产量法(加权平均法)在完工产品和在产品之间分配生产费用。月末第一车间的在产品约当产量为( )件。
   A. 12
   B. 27
   C. 42
   D. 50

4. 某企业月初在产品成本 50 万元,本月发生生产费用 200 万元,月末在产品成本按定额成本计算,月末在产品数量 10 000 件,在产品单位定额成本 15 元,则本月产成品成本是( )万元。
   A. 200
   B. 235
   C. 250
   D. 265

5. 某公司生产的 A 产品和 B 产品为联产品。4 月发生加工成本 60 万元。A 产品的销售总额为 45 万元,B 产品的销售总额为 30 万元。采用分离点售价法分配联合成本,A 产品应承担的联合成本为( )万元。
   A. 24
   B. 36
   C. 30
   D. 45

6. ☆下列成本核算方法中,不利于考察企业各类存货资金占用情况的是( )。
   A. 品种法
   B. 分批法
   C. 逐步结转分步法
   D. 平行结转分步法

7. ☆下列关于平行结转分步法的说法中,正确的是( )。
   A. 平行结转分步法适用于经常对外销售半成品的企业
   B. 平行结转分步法有利于考察在产品存货资金占用情况
   C. 平行结转分步法有利于各步骤在产品的实物管理和成本管理
   D. 平行结转分步法的在产品是尚未最终完成的产品

8. ☆下列关于成本计算分步法的表述中,正确的是( )。
   A. 逐步结转分步法不利于各步骤在产

的实物管理和成本管理

B. 当企业经常对外销售半成品时，应采用平行结转分步法

C. 采用逐步分项结转分步法时，无须进行成本还原

D. 采用平行结转分步法时，无须将产品生产费用在完工产品和在产品之间进行分配

9. ☆甲公司生产甲、乙两种联产品，2018 年 9 月，甲、乙产品在分离前发生联合成本 32 万元，甲产品在分离后无须继续加工，直接出售，销售总价 30 万元；乙产品需继续加工，尚需发生加工成本 10 万元，完工后销售总价 20 万元。采用可变现净值法分配联合成本，甲产品应分摊的联合成本是( )万元。

A. 8　　　　　　　　B. 19.2

C. 12.8　　　　　　D. 24

10. 在基本生产车间均进行产品成本计算的情况下，不便于为在产品的实物管理和资金管理提供资料的成本计算方法是( )。

A. 品种法

B. 分批法

C. 逐步结转分步法

D. 平行结转分步法

二、多项选择题

1. ☆甲公司有供电、燃气两个辅助生产车间，公司采用交互分配法分配辅助生产成本。本月供电车间供电 20 万度，成本费用为 10 万元，其中燃气车间耗用 1 万度电；燃气车间供气 10 万吨，成本费用为 20 万元，其中供电车间耗用 0.5 万吨燃气。下列计算中，正确的有( )。

A. 供电车间分配给燃气车间的成本费用为 0.5 万元

B. 燃气车间分配给供电车间的成本费用为 1 万元

C. 供电车间对外分配的成本费用为 9.5 万元

D. 燃气车间对外分配的成本费用为 19.5 万元

2. 成本计算分批法的特点有( )。

A. 产品成本计算期与产品生产周期基本一致，成本计算不定期

B. 月末无须进行在产品与完工产品之间的费用分配

C. 比较适用于冶金、纺织等制造业企业

D. 适用于新产品的试制生产

3. 逐步结转分步法的优点有( )。

A. 能够提供各个生产步骤的半成品成本资料

B. 能为各生产步骤的在产品实物管理及资金管理提供资料

C. 能够全面地反映各步骤的生产耗费水平

D. 能够简化和加速成本计算工作

4. 辅助生产费用的分配方法包括( )。

A. 人工工时比例法

B. 直接分配法

C. 交互分配法

D. 定额比例法

5. 下列关于辅助生产费用的分配，表述正确的有( )。

A. 直接分配法只考虑辅助生产内部相互提供的劳务量

B. 交互分配法只考虑辅助生产对外提供的劳务量

C. 直接分配法只考虑辅助生产对外提供的劳务量

D. 交互分配法考虑辅助生产提供的总劳务量

6. 选择完工产品与在产品的成本分配方法时，应考虑的条件包括( )。

A. 在产品数量的多少

B. 各月在产品数量变化的大小

C. 各项费用比重的大小

D. 定额管理基础的好坏

7. 如果月末在产品数量很少，对生产成本在完工产品与在产品之间进行分配可能采用的方法包括( )。

A. 不计算在产品成本

B. 在产品成本按年初数固定计算

C. 在产品成本按其所耗用的原材料费用计算

D. 定额比例法

8. F公司是一个家具制造企业。该公司按生产步骤的顺序，分别设置加工、装配和油漆三个生产车间。公司的产品成本计算采用平行结转分步法，按车间分别设置成本计算单。装配车间成本计算单中的"月末在产品成本"项目的"月末在产品"范围应包括（　　）。

A. "加工车间"正在加工的在产品

B. "装配车间"正在加工的在产品

C. "装配车间"已经完工的半成品

D. "油漆车间"正在加工的在产品

9. 下列成本分配中，属于扣除分配方法的有（　　）。

A. 联产品的可变现净值法

B. 完工产品与在产品成本分配中的约当产量法

C. 完工产品与在产品成本分配中的在产品按定额成本计算法

D. 主产品和副产品加工成本的分配

三、计算分析题

1. 甲公司生产A产品，定额资料完备，相关信息如下：

（1）A产品每件的直接材料定额成本为120元，每件工时定额为45小时，本月完工A产品250件。

（2）A产品的各种零部件定额资料和数量见下表。

零部件	单件定额		月末数量	
	原材料（元）	工时（小时）	半成品（件）	加工中的零部件（件）
B	42	15	70	40
C	30	12	80	100
D	37	10	60	30
E	11	8	150	110

（3）A产品的直接材料在生产开始时一次投入，加工中的在产品加工程度均为50%。

（4）该企业小时的人工费是0.55元，小时制造费用是0.5元。

（5）A产品月初在产品和本月生产费用见下表。

单位：元

项目	直接材料	直接人工	制造费用	合计
月初在产品成本	3 220	1 513	1 773	6 506
本月生产费用	44 880	8 627	9 183	62 690
合计	48 100	10 140	10 956	69 196

要求：按定额比例法在完工产品和月末在产品之间分配生产成本（计算结果填入表格中，不需要列示计算过程）。

单位：元

成本项目	生产费用			定额成本			实际生产费用占定额成本（%）	实际成本	
	月初余额	本月生产费用	合计	完工产品	月末在产品	合计		完工产品	月末在产品
直接材料									
直接人工									

续表

成本项目	生产费用			定额成本			实际生产费用占定额成本(%)	实际成本	
	月初余额	本月生产费用	合计	完工产品	月末在产品	合计		完工产品	月末在产品
制造费用									
合计									

2. 某产品由两道工序制成,第一道工序材料消耗定额为 280 公斤,月末在产品数量 3 250 件;第二道工序消耗定额 220 公斤,月末在产品数量 2 420 件。完工产品数量 8 460 件,月初和本月发生的实际原材料费用累计是 533 400 元。

要求:

(1)如果原材料在每道工序开始一次投入,分别计算两道工序按照原材料消耗程度表示的在产品完工率和在产品约当产量,并按照约当产量法分配完工产品和月末在产品的原材料费用。

(2)如果原材料在每道工序开始以后陆续投入,每道工序的在产品均按照 50% 投料程度计算,分别计算两道工序按照原材料消耗程度表示的在产品完工率和在产品约当产量,并按照约当产量法分配完工产品和月末在产品的原材料费用。

3. 某企业生产甲产品,经过两道工序,原材料在生产开始时一次投入,每道工序的在产品耗用工时均按照 50% 计算。9 月生产完工产品 1 200 件,月末在产品 500 件。单位产品的原材料费用定额是 250 元,每小时费用定额为:燃料与动力 0.6 元,直接人工费用 0.8 元,制造费用 0.95 元。各工序工时定额和 9 月月末在产品数量如下。

工序	工时定额(小时/件)	在产品数量(件)
1	30	300
2	20	200
合计	50	500

9 月该企业生产甲产品应负担的各项费用如下。

单位:元

项目	直接材料	燃料与动力	直接人工	制造费用
月初在产品成本	50 000	12 000	12 400	13 600
本月生产费用	257 000	35 000	40 000	55 000
合计	307 000	47 000	52 400	68 600

要求:如果月末在产品成本按照定额成本计算,填制甲产品成本计算单(将计算结果填入表格中,不需要列示计算过程)。

单位:元

成本项目	月初在产品成本	本月生产费用	合计	完工产品成本	月末在产品成本
直接材料					
燃料与动力					
直接人工					
制造费用					

续表

成本项目	月初在产品成本	本月生产费用	合计	完工产品成本	月末在产品成本
合计					

4. A公司是一个化工生产企业，生产甲、乙、丙三种产品。这三种产品是联产品，本月发生联合生产成本748 500元。该公司采用可变现净值法分配联合生产成本。由于在产品主要是生产装置和管线中的液态原料，数量稳定并且数量不大，在成本计算时不计算月末在产品成本。产成品存货采用先进先出法计价。

本月的其他有关数据如下：

产品	甲	乙	丙
月初产成品成本(元)	39 600	161 200	5 100
月初产成品存货数量(千克)	18 000	52 000	3 000
销售量(千克)	650 000	325 000	150 000
生产量(千克)	700 000	350 000	170 000
单独加工成本(元)	1 050 000	787 500	170 000
产成品售价(元)	4	6	5

要求：

(1)分配本月联合生产成本。

(2)确定月末产成品存货成本。

5. ☆甲公司基本生产车间生产X、Y产品，采用品种法核算成本。原材料日常收发按计划成本核算，月末按材料成本差异率对发出材料计划成本进行调整。X、Y产品分别领用直接材料并于开工时一次性投入。其他加工费用随加工进度陆续发生，按实际工时比例在X、Y产品之间分配。月末分配本月完工产品与月末在产品成本时，直接材料按照定额成本比例分配，直接人工和制造费用按定额工时比例分配。

X、Y单位完工产品定额资料如下：

产品	材料单耗定额(元)	工时单耗定额(小时)
X	60	6
Y	40	4

资料一：月初在产品成本。

单位：元

产品	直接材料	直接人工	制造费用	合计
X	25 900	2 850	5 040	33 790
Y	45 000	5 600	7 000	57 600

资料二：本月产量。

单位：件

产品	月初在产品	本月投入	本月完工	月末在产品
X	1 800	4 200	5 000	1 000

续表

产品	月初在产品	本月投入	本月完工	月末在产品
Y	100	900	1 000	0

资料三：本月生产与管理费用。

(1)耗用材料的计划成本及材料成本差异率。

单位：元

耗用材料计划成本	X	Y	基本车间一般耗用	行政管理部门
	340 000	400 000	40 000	8 000
本月材料计划价格差异率为+2.5%				

(2)实际工时和工资。

实际工时	X	30 000 小时
	Y	45 000 小时
基本生产车间	生产工人工资	30 000 元
	管理人员工资	5 000 元

(3)本月基本车间折旧费用 10 000 元，其他生产费用 4 000 元。

资料四：月末在产品定额成本。

	产量	材料定额（元）		工时定额（小时）		
		材料单耗定额	材料定额成本	工时单耗定额	平均完工程度	工时定额总数
X	1 000	60	60 000	6	50%	3 000
Y	0	40	0	4	0	0

要求：

(1)按照 X、Y 产品当月实际工时比例分配基本生产车间本月生产工人工资。

(2)计算本月基本生产车间的制造费用，按照 X、Y 产品当月实际工时比例分配。

(3)编制 X 产品的产品成本计算单(结果填入下方表格中，不用列出计算过程)。

产品成本计算单

产品：X 产品　　　　　　　　　　　　　　　　　　　　　　　　单位：元

	直接材料	直接人工	制造费用	合计
月初在产品成本				
本月生产费用				
合计				
分配率				
完工产品总成本				
完工产品单位成本				
月末在产品成本				

6.甲公司有锅炉和供电两个辅助生产车间，分别为基本生产车间和行政管理部门提供蒸汽和电力，两个辅助生产车间之间也相互提供产品。今年 9 月的辅助生产及耗用情况如下：

（1）辅助生产情况：

项目	锅炉车间	供电车间
生产费用	60 000 元	100 000 元
生产数量	15 000 吨	200 000 度

（2）各部门耗用辅助生产产品情况：

耗用部门		锅炉车间	供电车间
辅助生产车间	锅炉车间		75 000 度
	供电车间	2 500 吨	
基本生产车间		12 000 吨	100 000 度
行政管理部门		500 吨	25 000 度

要求：

（1）分别采用直接分配法和交互分配法对辅助生产费用进行分配（结果填入下方表格中，不用列出计算过程）。

辅助生产费用分配表（直接分配法）　　　　　　单位：元

项目		锅炉车间	供电车间	合计
待分配费用				
分配	基本生产成本			
	管理费用			

辅助生产费用分配表（交互分配法）　　　　　　单位：元

项目		锅炉车间	供电车间	合计
待分配费用				
交互分配	锅炉车间			
	供电车间			
对外分配辅助生产费用				
对外分配	基本生产成本			
	管理费用			

（2）说明直接分配法和交互分配法的优缺点，并指出甲公司适合采用哪种方法对辅助生产费用进行分配。

7. 某公司生产甲乙两种产品，采用品种法计算产品成本。各产品所耗用原材料费用均是开工时一次投入，直接人工费用和制造费用随加工进度陆续均匀发生，月末在产品按照定额成本计算。不可修复的乙产品的废品损失全部由本月乙产品完工成本负担。8 月有关资料如下：

（1）本月完工产品和月末在产品数量

项目	甲产品	乙产品
本月完工产品数量(件)	2 500	2 000
月末在产品数量(件)	800	500
月末在产品消耗工时总计(小时)	2 500	1 000

(2)单位产品定额成本资料

单位：元

产品	直接材料单件定额成本(元)	单位工时人工费用定额(元)	单位工时制造费用定额(元)
甲产品	18	10	5
乙产品	15	8	3

(3)废品损失资料

单位：元

项目	直接材料	直接人工	制造费用
不可修复的乙产品	1 500	1 900	1 100

(4)月初在产品和本月生产费用

单位：元

产品	项目	直接材料	直接人工	制造费用
甲产品	月初在产品成本	8 000	37 000	11 000
	本月生产费用	16 000	17 000	5 000
乙产品	本月生产费用	30 000	20 400	8 600

要求：编制甲产品和乙产品的成本计算单(将计算结果填入表格中，不需要列示计算过程)。

甲产品成本计算单

单位：元

项目	直接材料	直接人工	制造费用	合计
月初在产品成本				
本月生产费用				
合计				
月末在产品成本				
完工产品成本				
完工产品单位成本				

乙产品成本计算单

单位：元

项目	直接材料	直接人工	制造费用	废品损失	合计
本月生产费用					
转出不可修复废品成本					
转入废品损失					

续表

项目	直接材料	直接人工	制造费用	废品损失	合计
本月生产费用净额					
月末在产品成本					
完工产品成本					
完工产品单位成本					

8. 甲公司生产 A、B、C 三种产品，三种产品的原材料和工艺过程相近，归为一类计算产品成本，月末在产品按照定额成本计算。有关资料如下：

(1)9 月月初、月末在产品定额总成本和本月生产费用如下表。

单位：元

项目	直接材料	直接人工	制造费用	合计
月初在产品定额成本	2 500	3 500	3 900	9 900
本月生产费用	40 400	41 000	50 600	132 000
月末在产品定额成本	1 900	7 900	2 100	11 900

(2)该类各产品成本的分配方法是直接材料费用按照用料系数比例分配，其他各项成本费用按照工时比例分配。公司规定 A 产品为标准产品，A 产品用料系数为 1，B 产品用料系数为 0.8，C 产品用料系数为 1.5。工时消耗定额：A 产品 8 小时，B 产品 15 小时，C 产品 14 小时。本月完工产品的产量：A 产品 1 800 件，B 产品 3 500 件，C 产品 4 500 件。

要求：

(1)计算完工产品承担的直接材料、直接人工和制造费用。

(2)编制该类产品成本计算表(将计算结果填入表格中，不需要列示计算过程)。

单位：元

项目	直接材料	直接人工	制造费用	合计
A 产品				
B 产品				
C 产品				
合计				

同步训练答案及解析

一、单项选择题

1. D 【解析】间接成本是产品成本中不能用经济合理方式追溯到成本对象、不适宜直接计入的部分，选项 ABC 均属于期间成本，不属于产品成本的范畴。

2. B 【解析】分配率 = 18 000/(30 000−2 000)，

甲产品本月负担的电费 = 18 000/(30 000−2 000)×14 000 = 9 000(元)。

3. C 【解析】在平行结转分步法中，计算的某步骤的广义在产品的约当产量，其实就是相对于本步骤来讲的完工产品数量，由于后面步骤的狭义在产品耗用的是该步骤的完工产品，所以，计算该步骤的广义在产品的约当产量时，对于后面步骤的狭义在产品的数量，不用乘以其所在步骤的完工程度。即第一车间月末在产品约当产量 = (100−80)×60%+(80−50) = 42(件)。

4. B 【解析】本月产成品成本 = 50+200−15×10 000/10 000 = 235(万元)

5. B 【解析】A 产品应承担的联合成本 = 60÷(45+30)×45 = 36(万元)

6. D 【解析】平行结转分步法下，不能提供各个步骤的半成品成本资料，所以不利于考察企业各类半成品资金占用情况。

7. D 【解析】逐步结转分步法能提供各个步骤的半成品成本资料，适用于经常对外销售半成品的企业，选项 A 不是答案。逐步结转分步法能为各生产步骤的在产品实物管理及资金管理提供资料，能够全面地反映各生产步骤的生产耗费水平和存货资金占用情况，选项 B 和选项 C 不是答案。平行结转分步法的某步骤在产品是指该步骤尚未加工完成的在产品和该步骤已完工但尚未最终完成的产品，选项 D 是答案。

8. C 【解析】逐步结转分步法能为各生产步骤的在产品进行实物管理及资金管理提供资料，能够全面反映各步骤生产耗费水平，选项 A 错误；平行结转分步法不计算半成品成本，当企业经常对外销售半成品时不宜采用该方法，选项 B 错误；采用逐步分项结转分步法，将各步骤所耗用的上一步骤半成品成本，按照成本项目分项转入该步骤产品成本明细账，可以直接提供按原始成本项目反映的产品成本信息，无须进行成本还原，选项 C 正确；平行结转分步法下每个生产步骤的生产费用要在其完工产品与月末在产品之间分配，只是这里的完工产品是指最终完工的产成品，在产品是指广义的在产品，选项 D 错误。

9. D 【解析】乙产品的可变现价值 = 20−10 = 10(万元)，甲产品应分摊的联合成本 = 32/(30+10)×30 = 24(万元)。

10. D 【解析】平行结转分步法不能提供各

个步骤的半成品成本资料，在产品的费用在产品最后完成以前，不随实物转出而转出，不能为各步骤的在产品的实物和资金管理提供资料。

二、多项选择题

1. ABD 【解析】供电车间分配给燃气车间的成本费用 = 10/20×1 = 0.5(万元)，所以选项 A 的计算正确；燃气车间分配给供电车间的成本费用 = 20/10×0.5 = 1(万元)，所以选项 B 的计算正确；供电车间对外分配的成本费用 = 10+1−0.5 = 10.5(万元)，所以选项 C 的计算不正确；燃气车间对外分配的成本费用 = 20−1+0.5 = 19.5(万元)，所以选项 D 的计算正确。

2. AD 【解析】如果同一批次产品跨月陆续完工时，为了提供月末完工产品成本，需要将归集的生产费用在完工产品和月末在产品之间分配，选项 B 不是答案。冶金、纺织等制造业企业属于大量大批多步骤生产企业，适用分步法成本计算，选项 C 不是答案。

3. ABC 【解析】逐步结转分步法是按照产品加工的顺序，逐步计算并结转半成品成本，直到最后加工步骤才能计算产成品成本的一种方法。优点包括：(1)能够提供各个生产步骤的半成品成本资料；(2)能为各生产步骤的在产品实物管理及资金管理提供资料；(3)能够全面地反映各生产步骤的生产耗费水平。缺点是逐步综合结转分步法需要进行成本还原，增加工作量。

4. BC 【解析】辅助生产费用的分配通常采用直接分配法和交互分配法等。

5. CD 【解析】直接分配法不考虑辅助生产内部相互提供的劳务量，选项 A 错误，选项 C 正确；交互分配法是根据供应劳务总量计算的分配率先进行辅助生产车间之间的交互分配，其次将交互分配后的实际费用根据对外提供的劳务量在辅助生产车间以外的其他各受益单位进行分配，所以，选项 B 错误，选项 D 正确。

6. ABCD 【解析】生产成本在完工产品与在产品之间的分配，在成本计算工作中是一个重要而又比较复杂的问题。企业应当根据在产品数量的多少、各月在产品数量变化的大小、各项费用比重的大小以及定额管理基础的好坏等具体条件，选择既合理又简便的分配方法。

7. AB 【解析】如果月末在产品数量很少，价值很低，并且各月在产品数量比较稳定，由于月末在产品成本可以忽略不计，因此可以不计算在产品成本，所以选项 A 是答案。在产品成本按年初数固定计算的方法适用于月末在产品数量很小，或者在产品数量虽大但各月之间在产品数量变动不大，月初、月末在产品成本的差额对完工产品成本影响不大的情况，所以选项 B 是答案。在产品成本按其所耗用的原材料费用计算的方法适合于原材料费用在产品成本中所占比重较大，而且原材料是在生产开始时一次就全部投入的情况，所以选项 C 不是答案。定额比例法适用于各月末在产品数量变动较大，但制定了比较准确

的消耗定额的情况，所以选项 D 不是答案。

8. BCD 【解析】采用平行结转分步法，在产品是指各步骤尚未加工完成的在产品和各步骤已完工但后续步骤尚未最终完成的产品。由于加工车间在装配车间之前，选项 A 错误，选项 BCD 正确。

『老贾点拨』选项 C 中的"装配车间"已经完工尚未领取的半成品，指的是装配车间的半成品中没有转入油漆车间的部分，或者说，指的是月末时，在库中能看到的"装配车间"已经完工的半成品。

9. CD 【解析】联合成本在不同联产品之间按照可变现净值比例分配属于比例分配法，选项 A 不是答案；生产成本在完工产品和在产品之间采用约当产量的比例进行分配属于比例分配法，选项 B 不是答案；在产品按照定额成本计算，则完工产品成本就是期初在产品成本加本期生产成本减去月末在产品成本，属于扣除分配法，选项 C 是答案；加工成本在主产品和副产品之间分配，先确定副产品成本，再确定主产品成本，属于扣除分配法，选项 D 是答案。

三、计算分析题

1.【答案】

单位：元

| 成本项目 | 生产费用 | | | 定额成本 | | | 实际生产费占定额成本（%） | 实际成本 | |
	月初余额	本月生产费用	合计	完工产品	月末在产品	合计		完工产品	月末在产品
直接材料	3 220	44 880	48 100	30 000	16 210	46 210	1.040 9	31 227	16 873
直接人工	1 513	8 627	10 140	6 187.5	2 915	9 102.5	1.114 0	6 892.75	3 247.25
制造费用	1 773	9 183	10 956	5 625	2 650	8 275	1.324 0	7 447.43	3 508.57
合计	6 506	62 690	69 196	41 812.5	21 775	63 587.5		45 567.18	23 628.82

计算说明：

（1）完工产品直接材料定额成本 = 120 × 250 = 30 000（元）

完工产品定额工时 = 45 × 250 = 11 250（小时）

完工产品直接人工定额成本 = 11 250 ×

0. 55 = 6 187. 5(元)

完工产品制造费用定额成本 = 11 250 × 0. 5 = 5 625(元)

(2)月末在产品直接材料定额成本 = (70 + 40) × 42 + (80 + 100) × 30 + (60 + 30) × 37 + (150 + 110) × 11 = 16 210(元)

月末在产品定额工时 = (70 + 40 × 50%) × 15 + (80 + 100 × 50%) × 12 + (60 + 30 × 50%) × 10 + (150 + 110 × 50%) × 8 = 5 300(小时)

月末在产品的直接人工定额成本 = 5 300 × 0. 55 = 2 915(元)

月末在产品的制造费用定额成本 = 5 300 × 0. 5 = 2 650(元)

(3)完工产品承担直接材料费用 = [48 100/(30 000 + 16 210)] × 30 000 = 31 227(元)

月末在产品承担直接材料费用 = [48 100/(30 000 + 16 210)] × 16 210 = 16 873(元)

完工产品承担直接人工费用 = [10 140/(11 250 + 5 300)] × 11 250 = 6 892. 75(元)

月末在产品承担直接人工费用 = [10 140/(11 250 + 5 300)] × 5 300 = 3 247. 25(元)

完工产品承担制造费用 = [10 956/(11 250 + 5 300)] × 11 250 = 7 447. 43(元)

月末在产品承担制造费用 = [10 956/(11 250 + 5 300)] × 5 300 = 3 508. 57(元)

『老贾点拨』计算完工产品和月末在产品的实际成本也可以用定额成本的金额来计算分配率,具体做法为:

完工产品承担直接材料费用 = 30 000 × 1. 040 9 = 31 227(元)

月末在产品承担直接材料费用 = 48 100 −

31 227 = 16 873(元)(倒推)

完工产品承担直接人工费用 = 6 187. 5 × 1. 114 0 = 6 892. 88(元)

月末在产品承担直接人工费用 = 10 140 − 6 892. 88 = 3 247. 12(元)(倒推)

完工产品承担制造费用 = 5 625 × 1. 324 0 = 7 447. 5(元)

月末在产品承担制造费用 = 10 956 − 7 447. 5 = 3 508. 5(元)(倒推)

2.【答案】

(1)第一道工序在产品完工率 = 280/(280 + 220) = 56%,月末在产品的约当产量 = 3 250 × 56% = 1 820(件)。

第二道工序在产品完工率 = (280 + 220)/(280 + 220) = 100%,月末在产品的约当产量 = 2 420 × 100% = 2 420(件)。

两道工序月末在产品的约当产量 = 1 820 + 2 420 = 4 240(件)

完工产品的原材料费用 = [533 400/(8 460 + 4 240)] × 8 460 = 355 320(元)

月末在产品的原材料费用 = [533 400/(8 460 + 4 240)] × 4 240 = 178 080(元)

(2)第一道工序在产品完工率 = 280 × 50%/(280 + 220) = 28%,月末在产品的约当产量 = 3 250 × 28% = 910(件)。

第二道工序在产品完工率 = (280 + 220 × 50%)/(280 + 220) = 78%,月末在产品的约当产量 = 2 420 × 78% = 1 887. 6(件)。

两道工序月末在产品的约当产量 = 910 + 1 887. 6 = 2797. 6(件)

完工产品的原材料费用 = [533 400/(8 460 + 2 797. 6)] × 8 460 = 400 846(元)

月末在产品的原材料费用 = [533 400/(8 460 + 2 797. 6)] × 2 797. 6 = 132 554(元)

3.【答案】

单位:元

成本项目	月初在产品成本	本月生产费用	合计	完工产品成本	月末在产品成本
直接材料	50 000	257 000	307 000	182 000	125 000
燃料与动力	12 000	35 000	47 000	39 500	7 500

成本项目	月初在产品成本	本月生产费用	合计	完工产品成本	月末在产品成本
直接人工	12 400	40 000	52 400	42 400	10 000
制造费用	13 600	55 000	68 600	56 725	11 875
合计	88 000	387 000	475 000	320 625	154 375

计算说明：

月末在产品直接材料费用 $= 250 \times 500 = 125\,000$（元）

月末在产品第一道工序耗用工时 $= 30 \times 50\% \times 300 = 4\,500$（小时）

月末在产品第二道工序耗用工时 $= (30 + 20 \times 50\%) \times 200 = 8\,000$（小时）

月末在产品耗用总工时 $= 4\,500 + 8\,000 = 12\,500$（小时）

月末在产品燃料与动力费用 $= 12\,500 \times 0.6 = 7\,500$（元）

月末在产品直接人工费用 $= 12\,500 \times 0.8 = 10\,000$（元）

月末在产品制造费用 $= 12\,500 \times 0.95 = 11\,875$（元）

4.【答案】

（1）用可变现净值法分配联合生产成本。

产品	甲	乙	丙	合计
产量（千克）	700 000	350 000	170 000	
单价（元/千克）	4	6	5	
本月产量售价总额（元）	2 800 000	2 100 000	850 000	5 750 000
单独加工成本（元）	1 050 000	787 500	170 000	2 007 500
可变现净值（元）	1 750 000	1 312 500	680 000	3 742 500
分配率	0.2	0.2	0.2	0.2
分配联合生产成本（元）	350 000	262 500	136 000	748 500

计算说明：

联合生产成本分配率 = 联合生产成本/可变现净值 $= 748\,500/3\,742\,500 = 0.2$

（2）

产品	甲	乙	丙
期初存量（千克）	18 000	52 000	3 000
本期产量（千克）	700 000	350 000	170 000
本期销量（千克）	650 000	325 000	150 000
期末存量（千克）	68 000	77 000	23 000
单独加工成本（元）	1 050 000	787 500	170 000
分配成本（元）	350 000	262 500	136 000
总成本（元）	1 400 000	1 050 000	306 000
单位成本（元）	2	3	1.8
期末存货成本（元）	136 000	231 000	41 400

5.【答案】

（1）X 产品分配基本生产车间本月生产工人工资 $= 30\,000 \times 30\,000/(30\,000 + 45\,000) = 12\,000$（元）

Y产品分配基本生产车间本月生产工人工资＝45 000×30 000/（30 000+45 000）＝18 000（元）

（2）本月基本生产车间的制造费用＝40 000×（1+2.5%）+10 000+5 000+4 000＝60 000（元）

X产品分配制造费用＝30 000×60 000/（30 000+45 000）＝24 000（元）

Y产品分配制造费用＝45 000×60 000/（30 000+45 000）＝36 000（元）

（3）

产品成本计算单

产品：X产品 单位：元

	直接材料	直接人工	制造费用	合计
月初在产品成本	25 900	2 850	5 040	33 790
本月生产费用	348 500	12 000	24 000	384 500
合计	374 400	14 850	29 040	418 290
分配率	1.04	0.45	0.88	
完工产品总成本	312 000	13 500	26 400	351 900
完工产品单位成本	62.4	2.7	5.28	70.38
月末在产品成本	62 400	1 350	2 640	66 390

计算说明：

本月生产费用（直接材料）＝340 000×（1+2.5%）＝348 500（元）

直接材料费用分配率＝374 400/（5 000×60+60 000）＝1.04

直接人工费用分配率＝14 850/（5 000×6+3 000）＝0.45

制造费用分配率＝29 040/（5 000×6+3 000）＝0.88

6.【答案】

（1）

辅助生产费用分配表（直接分配法）

单位：元

项目		锅炉车间	供电车间	合计
待分配费用		60 000	100 000	160 000
分配	基本生产成本	57 600	80 000	137 600
	管理费用	2 400	20 000	22 400

计算说明：

①基本生产成本。

锅炉车间：12 000×60 000/（15 000-2 500）＝57 600（元）

供电车间：100 000×100 000/（200 000-75 000）＝80 000（元）

②管理费用。

锅炉车间：500×60 000/（15 000-2 500）＝2 400（元）

供电车间：25 000×100 000/（200 000-75 000）＝20 000（元）

辅助生产费用分配表（交互分配法）

单位：元

项目	锅炉车间	供电车间	合计
待分配费用	60 000	100 000	160 000

项目		锅炉车间	供电车间	合计
交互分配	锅炉车间	37 500	−37 500	
	供电车间	−10 000	10 000	
对外分配辅助生产费用		87 500	72 500	160 000
对外分配	基本生产成本	84 000	58 000	142 000
	管理费用	3 500	14 500	18 000

计算说明:

锅炉车间需承担的供电车间的费用 = 75 000×100 000/200 000 = 37 500(元)

供电车间需承担的锅炉车间的费用 = 2 500×60 000/15 000 = 10 000(元)

锅炉车间对外分配辅助生产费用 = 60 000+37 500−10 000 = 87 500(元)

供电车间对外分配辅助生产费用 = 100 000−37 500+10 000 = 72 500(元)

基本生产成本需要承担的锅炉车间的费用 = 12 000×87 500/(15 000−2 500) = 84 000(元)

基本生产成本需要承担的供电车间的费用 = 100 000×72 500/(200 000−75 000) = 58 000(元)

管理费用需要承担的锅炉车间的费用 = 500×87 500/(15 000−2 500) = 3 500(元)

管理费用需要承担的供电车间的费用 = 25 000×72 500/(200 000−75 000) = 14 500(元)

(2)直接分配法的优点:各辅助生产费用只对外分配,计算工作简便。

直接分配法的缺点:当辅助生产车间相互提供产品或劳务量差异较大时,分配结果往往与实际不符。

交互分配法的优点:由于进行了辅助生产内部的交互分配,提高了分配结果的正确性。

交互分配法的缺点:由于各辅助生产费用要计算两个单位成本(费用分配率),进行了两次分配,因而增加了计算工作量。

甲公司适合采用交互分配法进行辅助生产费用分配。

7.【答案】

甲产品成本计算单

单位:元

项目	直接材料	直接人工	制造费用	合计
月初在产品成本	8 000	37 000	11 000	56 000
本月生产费用	16 000	17 000	5 000	38 000
合计	24 000	54 000	16 000	94 000
月末在产品成本	14 400	25 000	12 500	51 900
完工产品成本	9 600	29 000	3 500	42 100
完工产品单位成本	3.84	11.6	1.4	16.84

计算说明:

月末在产品直接材料成本 = 18×800 = 14 400(元)

月末在产品直接人工成本 = 10×2 500 = 25 000(元)

月末在产品制造费用 = 5×2 500 = 12 500(元)

乙产品成本计算单

项目	直接材料	直接人工	制造费用	废品损失	合计
本月生产费用	30 000	20 400	8 600	-	59 000
转出不可修复废品成本	1 500	1 900	1 100	-	4 500
转入废品损失	-	-	-	4 500	4 500
本月生产费用净额	28 500	18 500	7 500	4 500	59 000
月末在产品成本	7 500	8 000	3 000	-	18 500
完工产品成本	21 000	10 500	4 500	4 500	40 500
完工产品单位成本	10.5	5.25	2.25	2.25	20.25

计算说明：

月末在产品直接材料成本 = 15×500 = 7 500（元）

月末在产品直接人工成本 = 8×1 000 = 8 000（元）

月末在产品直接材料成本 = 3×1 000 = 3 000（元）

8.【答案】

（1）完工产品负担的直接材料成本 = 2 500 + 40 400 - 1 900 = 41 000（元）

完工产品负担的直接人工成本 = 3 500 + 41 000 - 7 900 = 36 600（元）

完工产品负担的制造费用 = 3 900 + 50 600 - 2 100 = 52 400（元）

（2）

项目	直接材料	直接人工	制造费用	合计
A 产品	6 502.20	4 057.27	5 808.78	16 368.25
B 产品	10 114.54	14 792.15	21 177.83	46 084.52
C 产品	24 383.26	17 750.58	25 413.39	67 547.23
合计	41 000	36 600	52 400	130 000

计算说明：

A 产品直接材料费用 = [41 000/(1 800×1 + 3 500×0.8 + 4 500×1.5)]×(1 800×1) = 6 502.20（元）

B 产品直接材料费用 = [41 000/(1 800×1 + 3 500×0.8 + 4 500×1.5)]×(3 500×0.8) = 10 114.54（元）

C 产品直接材料费用 = [41 000/(1 800×1 + 3 500×0.8 + 4 500×1.5)]×(4 500×1.5) = 24 383.26（元）

A 产品直接人工费用 = [36 600/(1 800×8 + 3 500×15 + 4 500×14)]×(1 800×8) = 4 057.27（元）

B 产品直接人工费用 = [36 600/(1 800×8 + 3 500×15 + 4 500×14)]×(3 500×15) = 14 792.15（元）

C 产品直接人工费用 = [36 600/(1 800×8 + 3 500×15 + 4500×14)]×(4 500×14) = 17 750.58（元）

A 产品制造费用 = [52 400/(1 800×8 + 3 500×15 + 4 500×14)]×(1 800×8) = 5 808.78（元）

B 产品制造费用 = [52 400/(1 800×8 + 3 500×15 + 4 500×14)]×(3 500×15) = 21 177.83（元）

C 产品制造费用 = [52 400/(1 800×8 + 3 500×15 + 4 500×14)]×(4 500×14) = 25 413.39（元）

第十四章　标准成本法

考 情 解 密

历年考情概况

本章是考试中较为重要的章节，内容独立性较强。主要考核标准成本的种类、标准成本的制定、标准成本的差异分析等内容。考试形式以客观题为主，主观题也有涉及。考试分值预计10分左右。

近年考点直击

主要考点	主要考查题型	考频指数	考查角度
标准成本的种类	客观题	★★★	(1)理想标准成本和正常标准成本、基本标准成本和现行标准成本的基本概念理解和确定方法；(2)现行标准成本和基本标准成本需要修订的情况
标准成本的制定	客观题	★★	(1)直接材料标准成本(标准消耗量和标准价格)制定；(2)直接人工标准成本(标准工时和标准工资率)制定；(3)制造费用标准成本(标准工时和标准分配率)制定；(4)单位产品标准成本构成(变动成本计算和完全成本计算)
变动成本差异的分析	客观题和主观题	★★★	(1)变动成本差异的计算；(2)变动成本差异责任的归属
固定制造费用差异的分析	客观题和主观题	★★★	(1)二因素分析法的差异计算；(2)三因素分析法下各成本差异计算

2022年考试变化

将固定制造费用差异分析中的"能量差异"改为"生产能力利用差异"，简称能力差异，将"闲置能量差异"改为"闲置能力差异"，将"生产能量"改为"生产能力"。

考点详解及精选例题

一、标准成本的概念与种类

(一)标准成本的概念★

标准成本是通过精确的调查、分析与技术测定而制定的，用来评价实际成本、衡量工作效率的一种目标成本，是一种应该发生的成本。具体有两种含义：

（1）单位产品的标准成本 = 单位产品标准消耗量×标准单价

『老贾点拨』单位产品标准成本包括单位产品直接材料标准成本、单位产品直接人工标准成本和单位产品制造费用标准成本。每个成本项目的标准成本在计算时，均是"单位产品标准消耗量×标准单价"。

（2）标准成本（总额）= 实际产量×单位产品标准成本

（二）标准成本的种类 ★★★

标准成本按照不同的分类依据，可以分为不同的种类，具体内容见表14-1。

表 14-1　标准成本的种类

分类依据	种类	概念	评价
生产技术和经营管理水平	理想标准成本	在最优的生产条件下，利用现有的规模和设备能够达到的最低成本。制定依据是理论上业绩标准、生产要素的理想价格，可能实现的最高生产经营能力利用水平	要求太高，不宜作为考核的依据
	正常标准成本	在效率良好的条件下，根据下期一般应该发生的生产要素消耗量、预计价格和预计生产经营能力利用程度制定出来的标准成本	具体数量上，应该大于理想标准成本，但小于历史平均水平。可以调动职工的积极性，在标准成本系统中广泛使用，具有客观性、科学性、现实性、激励性、稳定性
适用期	现行标准成本	根据其适用期间应该发生的价格、效率和生产经营能力利用程度等预计的标准成本	既可以成为评价实际成本的依据，也可以用来对存货和销货成本计价
	基本标准成本	生产的基本条件发生重大变化时才予以修订的标准成本	基本标准成本与各期实际成本对比，可以反映成本变动趋势；如果基本标准成本不按各期实际进行动态修订，就不宜用来直接评价工作效率和成本控制的有效性

『老贾点拨』生产的基本条件的重大变化是指产品的物理结构变化，重要原材料和劳动力价格的重要变化，生产技术和工艺的根本变化等。只有这些条件发生变化，基本标准成本才需要修订。由于市场供求变化导致的售价变化和生产经营能力利用程度变化，由于工作方法改变引起的效率变化等，不属于生产的基本条件，对此不需要修订基本标准成本。

【例题1·多选题】☆下列各项中，需要修订产品基本标准成本的有（　　）。

A. 产品生产能力利用程度显著提升

B. 生产工人技术操作水平明显改进

C. 产品主要材料价格发生重要变化

D. 产品物理结构设计出现重大改变

解析 ▶ 基本标准成本是指一经制定，只要生产的基本条件无重大变化，就不予以

变动的一种标准成本。所谓生产的基本条件的重大变化是指产品的物理结构变化，重要原材料和劳动力价格的重要变化，生产技术和工艺的根本变化等，选项CD正确；由于市场供求变化导致的售价变化和生产经营能力利用程度的变化，由于工作方法改变而引起的效率变化等，不属于生产的基本条件变化，对此不需要修订基本标准成本，选项AB错误。　答案 ▶ CD

二、标准成本的制定 ★★

单位产品标准成本由直接材料标准成本、直接人工标准成本和制造费用标准成本构成。每个成本项目的成本标准的制定都需要分别确定其用量标准和价格标准。

(一)用量标准与价格标准★

用量标准与价格标准具体内容见表14-2。

表14-2　用量标准与价格标准

项目	用量标准	价格标准
直接材料	单位产品材料消耗量	原材料单价
直接人工	单位产品直接人工工时	小时工资率
制造费用	单位产品直接人工工时(或台时)	小时制造费用分配率

(二)单位产品标准成本的确定★★

单位产品标准成本的确定,一般根据正常标准成本制定,具体内容见表14-3。

表14-3　用量标准和价格标准的确定

成本项目	用量标准	价格标准
直接材料标准成本	标准消耗量是现有技术条件生产单位产品所需的材料数量,包括必不可少的消耗、各种难以避免的损失	价格标准是预计下一年度实际需要支付的进料单位成本,包括发票价格、运费、检验和正常损耗等成本,是取得材料的完全成本
直接人工标准成本	标准工时是指在现有生产技术条件下,生产单位产品所需要的时间,包括直接加工操作必不可少的时间、必要的间歇和停工(如加工间休息、调整设备时间)、不可避免的废品耗用工时等	标准工资率可以是预定的工资率,也可以是正常的工资率。(1)计件工资制:每件产品支付的工资/标准工时;(2)月工资制:月工资总额/可用工时总量
变动制造费用标准成本	单位产品标准工时通常采用单位产品直接人工工时标准,有的企业采用机器工时或其他用量标准	标准分配率=变动制造费用预算总额/直接人工标准总工时
固定制造费用标准成本	与变动制造费用的用量标准相同,包括直接人工工时、机器工时、其他用量标准等,并且两者要保持一致,以便进行差异分析	标准分配率=固定制造费用预算总额/直接人工标准总工时 『老贾点拨』 直接人工标准总工时=预算产量×单位产品标准工时

『老贾点拨』 如果企业采用变动成本计算,固定制造费用不计入产品成本,因此单位产品的标准成本中不包括固定制造费用的标准成本。

【例题2·单选题】 ☆甲公司是一家模具制造企业,正在制定某模具的标准成本。加工一件该模具需要的必不可少的加工操作时间为90小时,设备调整时间为1小时,必要的工间休息为5小时。正常的废品率为4%。该模具的直接人工标准工时是( )小时。

A. 93.6　　　　　　B. 96

C. 99.84　　　　　　D. 100

解析 该模具的直接人工标准工时=(90+1+5)/(1-4%)=100(小时)　答案 D

【例题3·单选题】 ☆甲公司是一家化工生产企业,生产单一产品,按正常标准成本进行成本控制。公司预计下一年度的原材料采购价格为13元/千克,运输费为2元/千克,运输过程中的正常损耗为5%,原材料入库后的储存成本为1元/千克。该产品的直接材料价格标准为( )元/千克。

A. 15　　　　　　B. 15.75

C. 15.79　　　　D. 16.79

解析 ▶ 直接材料的价格标准，是预计下一年度实际需要支付的进料单位成本，包括发票价格、运费、检验和正常损耗等成本，即：(13+2)/(1-5%) = 15.79(元/千克)。

答案 ▶ C

三、标准成本的差异分析

实际成本与标准成本之间的差额称为标准成本差异。标准成本差异分为**变动成本差异**和**固定制造费用差异**两类。

（一）变动成本差异的分析

1. 变动成本差异分析的基本思路 ★

变动成本项目成本差异分析方法基本相同，成本差异均可归结为**价格差异**和**数量差异**，其基本思路如图 14-1 所示。

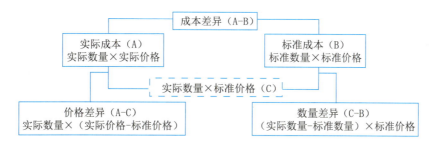

图 14-1　变动成本差异分析的基本思路

『**老贾点拨**』(1)变动成本项目的差异分为价格差异和数量差异，中间的"桥梁"是"实际数量×标准价格"。

(2)标准数量是基于实际产量的标准耗用量，即：标准数量=实际产量×单位产品标准用量。

2. 变动成本差异分析的具体公式 ★★★

变动成本差异分析的具体公式见表 14-4。

表 14-4　变动成本差异分析的具体公式

变动成本项目	价格差异	数量差异
直接材料	材料价格差异=实际数量×(实际价格-标准价格)	材料数量差异=(实际数量-实际产量×单位产品的标准耗用量)×标准价格
直接人工	工资率差异=实际工时×(实际工资率-标准工资率)	人工效率差异=(实际工时-实际产量×单位产品的标准工时)×标准工资率
变动制造费用	耗费差异=实际工时×(实际分配率-标准分配率)	效率差异=(实际工时-实际产量×单位产品的标准工时)×标准分配率

『**老贾点拨**』计算结果是正数表示超支，属于不利差异；计算结果是负数表示节约，属于有利差异。

【**例题 4·单选题**】某公司 9 月实际生产产品 500 件，实际工时 960 小时，实际支付工资 14 400 元，直接人工标准成本 25 元/件，产品的标准工时 2 小时，则直接人工的效率差异是( )元。

A. 2 400　　　　B. 2 500

C. -500　　　　D. -1 000

解析 ▶ 直接人工效率差异=(960-500×2)×(25/2)=-500(元)

答案 ▶ C

【例题 5 · 单选题】 ☆甲公司生产销售乙产品，当月预算产量 1 200 件，材料标准用量 5 千克/件，材料标准单价 2 元/千克，当月实际产量 1 100 件，购买并耗用材料 5 050 千克。实际采购价格比标准价格低 10%。则当月直接材料成本数量差异是（　）元。

A. -900　　　　B. -1 100

C. -1 060　　　D. -1 900

解析 ▶ 直接材料成本数量差异=（5 050-1 100×5）×2=-900（元）

答案 ▶ A

3. 变动成本项目差异形成原因及责任归属★★

不同的变动成本项目差异形成的原因是不同的，因此责任归属也不一样，具体内容见表 14-5。

表 14-5　变动成本项目差异形成的原因及责任归属

差异	主要负责部门	具体原因
材料价格差异	采购部门	(1)供应厂家价格变动；(2)未按批量进货；(3)未能及时订货造成紧急订货；(4)采购时舍近求远等
材料数量差异	生产部门	(1)操作疏忽造成废品或废料增加；(2)操作技术改进而节省材料；(3)新工人上岗造成多用料；(4)机器或工具不适造成用料增加等
工资率差异	人力资源部门	(1)工人升降级使用；(2)奖励制度未产生实效；(3)工资率调整；(4)加班或使用临时工；(5)出勤率变化等。 『老贾点拨』上述情况均会导致每小时工资水平发生变化
人工效率差异和变动制造费用效率差异	生产部门	(1)工作环境不良；(2)工人经验不足；(3)劳动情绪不佳；(4)新工人上岗太多；(5)机器或工具选用不当；(6)设备故障较多；(7)生产计划安排不当；(8)产量规模太少无法发挥经济批量优势等。 『老贾点拨』上述情况均会导致每件产品耗用工时增加
变动制造费用耗费差异	生产部门	变动制造费用的实际小时分配率脱离标准

【例题 6 · 多选题】 ☆下列关于直接人工标准成本制定及其差异分析的说法中，正确的有（　）。

A. 直接人工工资率差异受使用临时工影响

B. 直接人工效率差异受工人经验影响

C. 直接人工效率差异=（实际工时-标准工时)×实际工资率

D. 直接人工标准工时包括调整设备时间

解析 ▶ 直接人工工资率差异的形成原因，包括直接生产工人升级或降级使用、奖励制度未产生实效、工资率调整、加班或使用临时工（选项 A 正确）、出勤率变化等。直接人工效率差异的形成原因很多，包括工作环境不良、工人经验不足（选项 B 正确）、劳动情绪不佳、新工人上岗太多、机器或工具选用不当、设备故障较多、生产计划安排不

当、产量规模太少而无法发挥经济批量优势等。直接人工效率差异=（实际工时-标准工时）×标准工资率，选项 C 不正确。标准工时是指在现有生产技术条件下，生产单位产品所需要的时间，包括直接加工操作必不可少的时间、必要的间歇和停工（如工间休息、设备调整准备时间）、不可避免的废品耗用工时等，选项 D 正确。

答案 ▶ ABD

【例题 7 · 多选题】 ☆下列各项原因中，属于材料价格差异形成原因的有（　）。

A. 材料运输保险费率提高

B. 运输过程中的损耗增加

C. 加工过程中的损耗增加

D. 储存过程中的损耗增加

解析 ▶ 材料价格差异是在采购过程中形成的，与加工过程和储存过程无关。

答案 ▶ AB

（二）固定制造费用差异分析 ★★★

1. 固定制造费用差异分析的基本思路

固定制造费用不随业务量变动而变动，固定制造费用差异分析不同于变动成本差异分析。其分析思路有"二因素分析法"和"三因素分析法"，具体如图 14-2 所示。

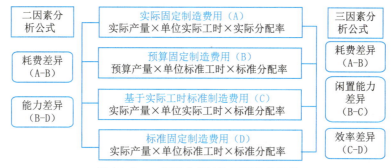

图 14-2 二因素分析法和三因素分析法

2. 固定制造费用差异分析的具体公式

（1）二因素分析法（将固定制造费用成本差异分为耗费差异和能力差异）。

固定制造费用耗费差异 = 固定制造费用实际数 – 固定制造费用预算数

固定制造费用能力差异 = 固定制造费用预算数 – 固定制造费用标准成本

= （生产能力 – 实际产量标准工时）× 固定制造费用标准分配率

『老贾点拨』①固定制造费用差异分为耗费差异和能力差异，中间的"桥梁"是"预算数 = 预算产量×单位标准工时×标准分配率 = 生产能力×标准分配率"。

②耗费差异是固定制造费用实际金额与预算金额之间的差额，实际数超过预算数视为耗费过多。能力差异是固定制造费用预算数与固定制造费用标准成本的差额，反映实际产量下标准工时未达到生产能力（即预算产量下的标准工时）而形成的损失，即实际产量未达到预算产量造成的差异。

③此处"生产能力"是用预算产量下的标准工时表示。考试时也可以用产量表示。

固定制造费用标准分配率 = 固定制造费用预算数÷预算产量下的标准工时

（2）三因素分析法（将固定制造费用成本差异分为耗费差异、效率差异和闲置能力差异三部分，其中：效率差异+闲置能力差异=能力差异）。

固定制造费用耗费差异 = 固定制造费用实际数 – 固定制造费用预算数

固定制造费用闲置能力差异 = 固定制造费用预算数 – 实际工时×固定制造费用标准分配率

= （生产能力 – 实际工时）× 固定制造费用标准分配率

固定制造费用效率差异 = （实际工时 – 实际产量标准工时）× 固定制造费用标准分配率

『老贾点拨』①能力差异分为闲置能力差异和效率差异，中间的"桥梁"是"实际工时×标准分配率"。

②闲置能力差异是实际工时未达到生产能力（预算产量下标准工时）形成的差异。效率差异是实际工时脱离实际产量下的标准工时形成的差异。

[例题 8 · 单选题] ☆甲公司本月发生固定制造费用 15 800 元，实际产量 1 000 件，实际工时 1 200 小时。企业生产能力 1 500 小时；每件产品标准工时 1 小时，固定制造费用标准分配率 10 元/小时。固定制造费用耗费差异是（　）。

A. 不利差异 800 元

B. 不利差异 2 000 元

C. 不利差异 3 000 元

D. 不利差异 5 000 元

解析 固定制造费用耗费差异是指固定

制造费用的实际金额与固定制造费用预算金额之间的差额。固定制造费用预算金额 = 1 500×10 = 15 000(元)，所以固定制造费用耗费差异 = 15 800 - 15 000 = 800(元)，属于不利差异。

答案 ▶ A

【例题 9·计算分析题】 ☆甲公司下属乙部门生产 A 产品，全年生产能力为 1 200 000 机器工时，单位产品标准工时为 120 小时/件。2018 年实际产量为 11 000 件，实际耗用机器工时 1 331 000 小时。

2018 年标准成本资料如下：

(1)直接材料标准消耗 10 千克/件，标准价格 22 元/千克；

(2)变动制造费用预算额为 3 600 000 元；

(3)固定制造费用预算额为 2 160 000 元。

2018 年完全成本法下的实际成本资料如下：

(1)直接材料实际耗用 121 000 千克，实际价格 24 元/千克；

(2)变动制造费用实际额为 4 126 100 元；

(3)固定制造费用实际额为 2 528 900 元。

该部门作为成本中心，一直采用标准成本法控制和考核业绩，最近，新任部门经理提出按完全成本法下的标准成本考核业绩不合理，建议公司调整组织结构，将销售部门和生产部门合并为事业部，采用部门可控边际贡献考核经理业绩。目前，该产品年销售 10 000 件，每件售价 1 000 元。经分析，40% 的固定制造费用为部门可控成本，60% 的固定制造费用为部门不可控成本。

要求：

(1)什么是正常标准成本，正常标准成本有哪些特点？

(2)计算 A 产品的单位标准成本和单位实际成本。

(3)分别计算 A 产品总成本的直接材料的价格差异和数量差异、变动制造费用的价格差异和数量差异，用三因素分析法计算固定制造费用的耗费差异、闲置能力差异和效率差异，并指出各项差异是有利差异还是不利差异。

(4)计算乙部门实际的部门可控边际贡献。

答案 ▶

(1)正常标准成本是在效率良好的条件下，根据下期一般应该发生的生产要素消耗量、预计价格和预计生产经营能力利用程度制定出来的标准成本。

正常标准成本特点：根据客观实验和实践，用科学方法经过充分研究后制定出来的，具有客观性和科学性；排除了各种偶然性和意外情况，保留了目前条件下难以避免的损失，代表正常情况下的消耗水平，具有现实性；是应该发生的成本，可以作为评价业绩的尺度，具有激励性；工艺技术水平和管理有效性水平变化不大时，不需经常修订，具有稳定性。

(2)变动制造费用标准分配率 = 3 600 000/1 200 000 = 3(元/小时)

固定制造费用标准分配率 = 2 160 000/1 200 000 = 1.8(元/小时)

单位标准成本 = 22×10 + 3×120 + 1.8×120 = 796(元)

单位实际成本 = (121 000/11 000)×24 + (4 126 100 + 2 528 900)/11 000 = 869(元)

(3)直接材料价格差异 = 121 000×(24 - 22) = 242 000(元)(不利差异)

直接材料数量差异 = (121 000 - 11 000×10)×22 = 242 000(元)(不利差异)

变动制造费用价格差异(耗费差异) = (4 126 100/1 331 000 - 3)×1 331 000 = 133 100(元)(不利差异)

变动制造费用数量差异(效率差异) = (1 331 000 - 11 000×120)×3 = 33 000(元)(不利差异)

固定制造费用耗费差异 = 2 528 900 - 2 160 000 = 368 900(元)(不利差异)

固定制造费用闲置能力差异 = (1 200 000 - 1 331 000)×1.8 = -235 800(元)(有利差异)

固定制造费用效率差异 = (1 331 000 - 11 000×120)×1.8 = 19 800(元)(不利差异)

(4)乙部门实际的部门可控边际贡献 = 10 000×1 000 - (121 000×24 + 4 126 100)/11 000×10 000 - 2 528 900×40% = 2 597 440(元)

同步训练

限时 105min

扫我做试题

一、单项选择题

1. 甲公司制定成本标准时采用基本标准成本。出现下列情况时，不需要修订基本标准成本的是( )。

A. 主要原材料的价格大幅度上涨

B. 操作技术改进，单位产品的材料消耗大幅度减少

C. 市场需求增加，机器设备的利用程度大幅度提高

D. 技术研发改善了产品性能，产品售价大幅度提高

2. 根据其适用期间应该发生的价格、效率和生产经营能力利用程度等预计的标准成本称为( )。

A. 理想标准成本　　B. 现行标准成本

C. 基本标准成本　　D. 正常标准成本

3. 下列关于正常标准成本制定的说法中，不正确的是( )。

A. 直接材料的价格标准是指预计下年度实际需要支付的材料市价

B. 由于设备意外故障产生的停工工时不属于"直接人工标准工时"的组成内容

C. 变动制造费用效率差异与直接人工效率差异的形成原因相似

D. 如果企业采用变动成本法计算，则不需要制定固定制造费用的标准成本

4. 在进行标准成本差异分析时，公式"成本差异＝实际成本－标准成本"中的"标准成本"是指( )。

A. 预算产量下的标准成本

B. 单位产品的标准成本

C. 实际产量的标准成本

D. 单位产品的标准消耗量

5. ☆甲公司是一家制造业企业，生产 W 产品。生产工人每月工作 22 天，每天工作 8 小时，平均月薪 6 600 元。该产品的直接加工必要时间为每件 1.5 小时，正常工间休息和设备调整等非生产时间每件 0.1 小时，正常的废品率为 4%，单位产品直接人工标准成本是( )元。

A. 56.25　　　　　B. 58.5

C. 62.4　　　　　D. 62.5

6. 下列变动成本差异中，不属于生产部门责任的是( )。

A. 变动制造费用效率差异

B. 变动制造费用耗费差异

C. 材料价格差异

D. 直接人工效率差异

7. 在标准成本差异分析中，材料价格差异是根据实际数量与价格脱离标准的差额计算的，其中实际数量是指材料的( )。

A. 采购数量　　　B. 入库数量

C. 领用数量　　　D. 耗用数量

8. ☆甲公司采用标准成本法进行成本控制。某种产品的变动制造费用标准分配率为 3 元/小时，每件产品的标准工时为 2 小时。2014 年 9 月，该产品的实际产量为 100 件，实际工时为 250 小时，实际发生变动制造费用 1 000 元，变动制造费用耗费差异为( )元。

A. 150　　　　　B. 200

C. 250　　　　　D. 400

9. 固定制造费用的实际金额与固定制造费用的预算金额之间的差额称为( )。

A. 耗费差异　　　B. 效率差异

C. 闲置能力差异　D. 能力差异

10. 甲公司采用标准成本法进行成本控制。某

种产品的变动制造费用标准分配率为 2 元/小时，每件产品的标准工时为 2 小时。该产品的实际产量为 100 件，实际工时为 300 小时，实际发生变动制造费用 900 元，变动制造费用效率差异为(   )元。

A. 300   B. 200

C. 250   D. 400

11. ☆使用三因素法分析固定制造费用差异时，固定制造费用闲置能力差异是(   )。

A. 实际工时偏离生产能力而形成的差异

B. 实际费用与预算费用之间的差异

C. 实际工时脱离实际产量标准工时形成的差异

D. 实际产量标准工时偏离生产能力形成的差异

12. 在进行成本差异分析时，固定制造费用的差异可以分解为(   )。

A. 价格差异和数量差异

B. 耗费差异和效率差异

C. 能力差异和效率差异

D. 耗费差异和能力差异

13. 甲企业生产能力 1 100 件，每件产品标准工时 1.1 小时，固定制造费用标准分配率 8 元/小时。本月实际产量 1 200 件，实际工时 1 000 小时，固定制造费用 12 000 元。固定制造费用预算数是(   )元。

A. 9 680   B. 8 000

C. 10 560   D. 14 520

14. ☆使用三因素分析法分析固定制造费用差异时，固定制造费用的效率差异反映(   )。

A. 实际耗费与预算金额的差异

B. 实际工时脱离生产能力形成的差异

C. 实际工时脱离实际产量标准工时形成的差异

D. 实际产量标准工时脱离生产能力形成的差异

15. 企业进行固定制造费用差异分析时可以使用三因素分析法。下列关于三因素分析法的说法中，正确的是(   )。

A. 固定制造费用耗费差异 = 固定制造费

用实际成本 - 固定制造费用标准成本

B. 固定制造费用闲置能力差异 = (生产能力 - 实际工时) × 固定制造费用标准分配率

C. 固定制造费用效率差异 = (实际工时 - 标准产量标准工时) × 固定制造费用标准分配率

D. 三因素分析法中的闲置能力差异与二因素分析法中的能力差异相同

16. 下列有关制定正常标准成本的表述中，正确的是(   )。

A. 直接材料的价格标准不包括购进材料发生的检验成本

B. 直接人工标准工时包括自然灾害造成的停工工时

C. 直接人工的价格标准是指标准工资率，它可能是预定的工资率，也可能是正常的工资率

D. 企业可以在采用机器工时作为变动制造费用的用量标准时，采用直接人工工时作为固定制造费用的用量标准

17. 甲企业采用标准成本法进行成本控制，当月产品实际产量大于预算产量，导致的成本差异是(   )。

A. 直接材料数量差异

B. 直接人工效率差异

C. 变动制造费用效率差异

D. 固定制造费用能力差异

18. ☆甲企业生产 X 产品，固定制造费用预算 125 000 元。全年产能 25 000 工时，单位产品标准工时 10 小时。2019 年实际产量 2 000 件，实际耗用工时 24 000 小时。固定制造费用闲置能力差异是(   )。

A. 不利差异 5 000 元

B. 有利差异 5 000 元

C. 不利差异 20 000 元

D. 有利差异 20 000 元

二、多项选择题

1. 下列情况中，需要对现行标准成本进行修订的有(   )。

A. 生产工艺变化引起效率降低

B. 劳动力紧张导致人工成本增加

C. 由市场供求关系变化引起的售价变化

D. 季节变化引起设备利用率下降

2. 制定正常标准成本时，直接材料价格标准应包括（　）。

A. 运输费

B. 仓储费

C. 入库检验费

D. 运输途中的合理损耗

3. ☆甲公司制定产品标准成本时采用基本标准成本。下列情况中，需要修订基本标准成本的有（　）。

A. 季节原因导致材料价格上升

B. 订单增加导致设备利用率提高

C. 采用新工艺导致生产效率提高

D. 工资调整导致人工成本上升

4. 下列各项差异中，属于数量差异的有（　）。

A. 工资率差异

B. 人工效率差异

C. 变动制造费用耗费差异

D. 变动制造费用效率差异

5. 在制定正常标准成本时，标准工时应该包括（　）。

A. 外部供电中断导致的停工时间

B. 正常废品耗用的生产时间

C. 产品加工的必要生产时间

D. 更换产品生产的设备调整时间

6. ☆下列各项中，易造成材料数量差异的情况有（　）。

A. 优化操作技术节约材料

B. 机器或工具不合适多耗材料

C. 材料运输保险费提高

D. 工人操作疏忽导致废品增加

7. 下列属于直接人工效率差异形成原因的有（　）。

A. 新工人上岗太多

B. 出勤率的变化

C. 设备故障较多

D. 生产计划安排不当

8. ☆下列各项中，需要修订基本标准成本的有（　）。

A. 生产工艺变化

B. 产品物理结构变化

C. 需求导致价格变化

D. 重要原材料价格变化

9. 下列关于直接材料标准成本制定及其差异分析的说法中，正确的有（　）。

A. 材料价格差异会受进货批量的影响

B. 直接材料价格标准应考虑运输中的正常损耗

C. 数量差异全部应由生产部门负责

D. 直接材料用量标准应考虑生产中的正常废品损耗

三、计算分析题

1. ☆甲公司是一家制造业企业，只生产和销售防滑瓷砖一种产品。产品生产工艺流程比较成熟，生产工人技术操作比较熟练，生产组织管理水平较高，公司实行标准成本制度，定期进行标准成本差异分析。甲公司生产能力 6 000 平方米/月，2016 年 9 月实际生产 5 000 平方米。其他相关资料如下：

（1）实际消耗量

项目	直接材料	直接人工	变动制造费用	固定制造费用
实际使用量	24 000 千克	5 000 人工小时	8 000 机器小时	8 000 机器小时
实际单价	1.5 元/千克	20 元/小时	15 元/小时	10 元/小时

（2）标准成本资料

项目	用量标准	价格标准
直接材料	5 千克/平方米	1.6 元/千克

项目	用量标准	价格标准
直接人工	1.2 小时/平方米	19 元/小时
变动制造费用	1.6 小时/平方米	12.5 元/小时
固定制造费用	1.5 小时/平方米	8 元/小时

要求：

(1)计算直接材料的价格差异、数量差异和成本差异。

(2)计算直接人工的工资率差异、人工效率差异和成本差异。

(3)计算变动制造费用的耗费差异、效率差异和成本差异。

(4)计算固定制造费用的耗费差异、闲置能力差异、效率差异和成本差异。

(5)计算产品成本差异总额和单位成本差异。

2. 某企业每月生产乙产品100件，实际耗用 A 材料 1 200 千克，实际成本 30 000 元。产品标准消耗量每件 10 千克，预计采购价格 19 元/千克，途中合理损耗 5%。单位产品标准工时 25 小时，每小时工资 100 元。月实际工资 300 000 元，实际耗用总工时 2 000 小时。

要求：

(1)计算直接材料的数量差异、价格差异

和总差异。

(2)计算直接人工的效率差异、工资率差异和总差异。

3. 某企业生产甲产品，该产品直接加工时间每件 4 小时，设备调整准备时间和工间休息时间为每件 0.8 小时，正常的废品率 4%。

企业预算的年产量 1 200 件，固定制造费用预算总额 36 000 元，变动费用预算总额 18 000 元。企业实际产量 1 150 件，实际耗用工时 6 400 小时，实际固定制造费用总额 32 000 元，实际变动制造费用 16 000元。

要求：

(1)计算变动制造费用的耗费差异、效率差异和总差异。

(2)计算固定制造费用的耗费差异、闲置能力差异、效率差异和总差异。

(3)如果产品成本计算采用变动成本计算法，计算单位产品的制造费用差异。

同步训练答案及解析

一、单项选择题

1. C 【解析】基本标准成本只有在生产的基本条件发生重大变化时才需要进行修订，生产的基本条件的重大变化是指产品的物理结构变化，重要原材料和劳动力价格的重要变化，生产技术和工艺的根本变化等。本题 ABD 都属于生产的基本条件的重大变化。

2. B 【解析】现行标准成本是指根据其适用期间应该发生的价格、效率和生产经营能力利用程度等预计的标准成本。

3. A 【解析】直接材料的价格标准是指预

计下一年度实际需要支付的进料单位成本，包括发票价格、运费、检验和正常损耗等成本，是取得材料的完全成本，而不仅仅是材料市价，所以选项 A 错误。

4. C 【解析】标准成本有两种含义，一是单位产品的标准成本，即：单位产品标准成本=标准单价×单位产品标准消耗量；二是实际产量的标准成本总额，即标准成本总额=实际产量×单位产品标准成本。在计算标准成本差异计算时，采用的是实际产量下的标准成本。

5. D 【解析】标准工资率 = 6 600/(22×8) = 37.5(元/小时)。正常的废品率 4%，即生

产 100 件产品中有 96 件合格品，每件产品正常加工时间 = 1.5 + 0.1 = 1.6（小时），则单位产品的标准工时 = 1.6/（1 − 4%）= 1.666 7（小时），单位产品直接人工标准成本 = 37.5 × 1.666 7 = 62.5（元）。

6. C 【解析】材料价格差异是在采购过程中形成的，不应由耗用材料的生产部门负责，而应由采购部门负责。

7. D 【解析】标准成本差异分析，是分析实际成本与实际产量的标准成本间的差异，所以实际数量应该是指材料的耗用数量。选项 D 是答案。

8. C 【解析】变动制造费用耗费差异 = 实际工时 ×（变动制造费用实际分配率 − 变动制造费用标准分配率）= 250 ×（1 000/250 − 3）= 250（元）

9. A 【解析】能力差异是固定制造费用预算数与固定制造费用标准成本的差额；闲置能力差异是实际工时未达到生产能力（即预算产量的标准工时）形成的差异；效率差异是实际工时脱离实际产量的标准工时形成的差异。所以选项 A 是答案。

10. B 【解析】变动制造费用效率差异 =（实际工时 − 实际产量下的标准工时）× 变动制造费用标准分配率 =（300 − 100 × 2）× 2 = 200（元）

11. A 【解析】固定制造费用闲置能力差异 =（生产能力 − 实际工时）× 固定制造费用标准分配率，所以选项 A 是答案；选项 B 形成的是固定制造费用耗费差异；选项 C 形成的是固定制造费用效率差异；选项 D 形成的是固定制造费用能力差异。

12. D 【解析】固定制造费用差异就是实际固定制造费用与实际产量下标准固定制造费用的差异，可分为实际金额与预算金额之间的耗费差异，以及预算金额与实际产量下标准金额之间的能力差异，选项 D 是答案。

13. A 【解析】固定制造费用预算数 = 生产能力的标准工时 × 标准分配率 = 1 100 ×

1.1 × 8 = 9 680（元）

14. C 【解析】选项 A 反映固定制造费用耗费差异；选项 B 反映固定制造费用闲置能力差异；选项 C 反映固定制造费用的效率差异；选项 D 反映固定制造费用能力差异。

15. B 【解析】固定制造费用耗费差异 = 固定制造费用实际数 − 固定制造费用预算数，选项 A 错误；固定制造费用闲置能力差异 =（生产能力 − 实际工时）× 固定制造费用标准分配率，固定制造费用能力差异 =（生产能力 − 实际产量标准工时）× 固定制造费用标准分配率，选项 B 正确，选项 D 错误；固定制造费用效率差异 =（实际工时 − 实际产量标准工时）× 固定制造费用标准分配率，选项 C 错误。

16. C 【解析】直接材料的价格标准是预计下一年度实际需要支付的进料单位成本，包括发票价格、运费、检验和正常损耗等，选项 A 不是答案。直接人工标准工时是在现有技术条件下生产单位产品所需时间，包括直接加工必不可少的时间和必要的间歇和停工时间，选项 B 不是答案。固定制造费用和变动制造费用的用量标准应该保持一致，以便于进行差异分析，选项 D 不是答案。

17. D 【解析】固定制造费用能力差异 = 固定制造费用预算数 − 固定制造费用标准成本 = 预算产量下标准固定制造费用 − 实际产量下标准固定制造费用。因此实际产量大于预算产量时，成本差异表现为固定制造费用能力差异。

18. A 【解析】固定制造费用闲置能力差异 = 固定制造费用预算数 − 实际工时 × 固定制造费用标准分配率 = 125 000 − 24 000 × 125 000/25 000 = 5 000（元），由于结果为正数，因此是不利差异，选项 A 正确。

二、多项选择题

1. ABCD 【解析】现行标准成本是指根据其适用期间应该发生的价格、效率和生产经营能力利用程度等预计的标准成本，只要涉及这三方面变化的，均需修订现行标准成本。

2. ACD 【解析】直接材料的价格标准，是预计下一年度实际需要支付的进料单位成本，包括发票价格、运费、检验和正常损耗等成本，是取得材料的完全成本。

3. CD 【解析】基本标准成本是指一经制定，只要生产的基本条件无重大变化，就不予以变动的一种标准成本。所谓生产的基本条件的重大变化是指产品的物理结构变化，重要原材料和劳动力价格的重要变化，生产技术和工艺的根本变化等，选项 CD 是答案；由于市场供求变化导致的售价变化和生产经营能力利用程度的变化，由于工作方法改变而引起的效率变化等，不属于生产的基本条件变化，对此不需要修订基本标准成本，选项 AB 不是答案。

4. BD 【解析】直接人工成本差异的"量差"是指直接人工实际工时脱离标准工时，其差额按标准工资率计算确定的金额，又称人工效率差异，选项 B 是答案。变动制造费用差异的"量差"是指实际工时脱离标准工时，按标准的小时费用率计算确定的金额，反映工作效率变化引起的费用节约或超支，故称为变动制造费用效率差异，选项 D 是答案。选项 AC 均属于价格差异。

5. BCD 【解析】标准工时是生产单位产品所需时间，包括直接加工产品必不可少的时间、必要的工间休息时间、调整设备时间和不可避免的废品耗用时间。外部供电中断属于偶然的意外事件，其所耗用工时不属于标准工时内容。

6. ABD 【解析】影响每件产品生产耗用材料数量多少的因素是形成材料数量差异的原因。优化操作技术节约材料会使材料耗用量减少，机器或工具不合适以及工人操作疏忽导致废品增加会增加材料耗用量，选项 ABD 是答案。运输保险费用提高会使材料价格上升，是材料的价格差异形成原因，选项 C 不是答案。

7. ACD 【解析】出勤率的变化是人工工资率变化形成的原因。

8. ABD 【解析】基本标准成本是指一经确定，只要生产的基本条件无重大变化，就不予变动的一种标准成本。所谓生产的基本条件的重大变化是指产品的物理结构变化，重要原材料和劳动力价格的重要变化，生产技术和工艺的根本变化等。由于市场供求变化导致的售价变化和生产经营能力利用程度的变化，由于工作方法改变而引起的效率变化等，不属于生产的基本条件变化。

9. ABD 【解析】影响材料采购价格的因素是形成材料价格差异的原因，进货批量影响材料价格，所以选项 A 是答案。直接材料的价格标准，是预计下一年度实际需要支付的进料单位成本，包括发票价格、运费、检验和正常损耗等成本，所以选项 B 是答案。直接材料数量差异主要由生产部门负责，但是由于购入材料质量低劣、规格不符使用量超过标准，或者由于工艺变更、检验过严使数量差异加大等形成的差异由其他相关部门负责，所以选项 C 不是答案。直接材料用量标准是现有技术条件下生产单位产品所需的材料数量，包括必不可少的消耗以及各种难以避免的损失，所以选项 D 是答案。

三、计算分析题

1. 【答案】

（1）直接材料价格差异 = 24 000×（1.5-1.6）= -2 400（元）

直接材料数量差异 =（24 000-5 000×5）×1.6 = -1 600（元）

直接材料成本差异 = -2 400-1 600 = -4 000（元）

（2）直接人工的工资率差异 = 5 000 × (20−19) = 5 000(元)

直接人工的人工效率差异 = (5 000 − 5 000×1.2)×19 = −19 000(元)

直接人工成本差异 = 5 000 − 19 000 = −14 000(元)

（3）变动制造费用的耗费差异 = 8 000 × (15−12.5) = 20 000(元)

变动制造费用的效率差异 = 12.5 × (8 000−5 000×1.6) = 0(元)

变动制造费用的成本差异 = 20 000(元)

（4）固定制造费用的耗费差异 = 8 000 × 10−6 000×1.5×8 = 8 000(元)

固定制造费用的闲置能力差异 = (6 000×1.5−8 000)×8 = 8 000(元)

固定制造费用的效率差异 = (8 000 − 5 000×1.5)×8 = 4 000(元)

固定制造费用的成本差异 = 8 000 + 8 000 + 4 000 = 20 000(元)

（5）产品成本差异总额 = −4 000−14 000+ 20 000+20 000 = 22 000(元)

单位成本差异 = 22 000/5 000 = 4.4(元/平方米)

2.【答案】

(1) 材料的标准价格 = 19/(1−5%) = 20 (元/千克)

直接材料的数量差异 = (实际耗用量−标准耗用量)×标准价格 = (1 200−100×10)× 20 = 4 000(元)

直接材料的价格差异 = (实际价格−标准价格)×实际耗用量 = (30 000/1 200−20)× 1 200 = 6 000(元)

材料成本的总差异 = 4 000 + 6 000 = 10 000(元)

(2)直接人工的效率差异 = (实际工时−实际产量的标准工时)×标准工资率 = (2 000−100×25)×100 = −50 000(元)

直接人工的工资率差异 = (实际工资率−标准工资率)×实际工时 = (300 000/2 000−

100)×2 000 = 100 000(元)

直接人工成本的总差异 = −50 000+100 000 = 50 000(元)

3.【答案】

（1）单位产品的标准工时 = (4+0.8)/ (1−4%) = 5(小时)

变动制造费用的标准分配率=变动制造费用预算金额/直接人工标准总工时 = 18 000/ (5×1 200) = 3(元/小时)

变动制造费用的实际分配率 = 16 000/ 6 400 = 2.5(元/小时)

变动制造费用的耗费差异 = (实际分配率−标准分配率)×实际工时 = (2.5−3)× 6 400 = −3 200(元)

变动制造费用的效率差异 = (实际工时−实际产量的标准工时)×标准分配率 = (6 400−1 150×5)×3 = 1 950(元)

变动制造费用总差异 = −3 200+1 950 = −1 250(元)

（2）固定制造费用的标准分配率=固定制造费用预算金额/直接人工标准总工时 = 36 000/(5×1 200) = 6(元/小时)

固定制造费用的实际分配率 = 32 000/ 6 400 = 5(元/小时)

固定制造费用的耗费差异 = 实际数−预算数 = 32 000−36 000 = −4 000(元)

固定制造费用的闲置能力差异 = (生产能力−实际工时)×标准分配率 = (1 200×5− 6 400)×6 = −2 400(元)

固定制造费用的效率差异 = (实际工时−实际产量的标准工时)×标准分配率 = (6 400−1 150×5)×6 = 3 900(元)

固定制造费用总差异 = −4 000−2 400+ 3 900 = −2 500(元)

（3）在变动成本计算法下，固定制造费用属于期间费用，不是产品成本的构成项目，只需考虑变动制造费用。

单位产品变动制造费用差异 = −1 250/ 1 150 = −1.087(元)

第十五章 作业成本法

历年考情概况

本章是考试的较重点章节，内容的独立性相对较强。主要考核作业成本法的特点、作业成本的计算等内容。考试形式以客观题为主，主观题也有涉及。考试分值预计6分左右。

近年考点直击

主要考点	主要考查题型	考频指数	考查角度
作业成本法的含义	客观题	★	作业成本法概念理解
成本动因	客观题	★★	(1)资源成本动因概念及用途；(2)作业成本动因的概念及用途
作业成本法的特点	客观题	★★★	(1)作业成本法与传统成本计算法区别；(2)将成本分配到成本对象的具体形式
作业成本计算	客观题和主观题	★★★	(1)作业成本库的划分；(2)作业成本分配到成本对象(作业成本动因选择)；(3)按作业成本计算产品成本
增值作业与非增值作业划分	客观题	★	非增值作业的类型
作业成本法的优点、局限性和适用条件	客观题	★	(1)作业成本法的优点、局限性；(2)作业成本法适用条件

2022年考试变化

无实质性变化。

考点详解及精选例题

一、 作业成本法产生的背景及其含义

（一）作业成本法的产生背景★

伴随高度自动化、智能化的企业经营环境的改变，产品成本结构中的制造费用（主要是折旧费等固定成本）比重大幅度增加，其分配的科学与否决定着产品成本计算的准确性和成本控制的有效性。传统成本计算方法的主要缺陷：

1. 在完全成本法下，将固定制造费用分摊给不同种类产品。产量增加，单位固定制造费用下降，在单位变动成本不变时，平均成本也随着产量增加而下降。在销售收入不变时，增加生产量可以使期末存货吸收部分固定制造费用，增加当期利润，刺激企业过度生产。（变动成本法提出的原因）

2. 在传统成本计算方法下，将固定制造费用按照直接人工工时等按产量基础分配。由于大多数制造费用与产量并不存在因果关系，会产生误导决策的成本信息。（作业成本法提出的原因）

（二）作业成本法含义★

作业成本法是将间接成本和辅助费用更准确地分配到产品和服务中的一种成本计算方法。即按照经营活动发生的各项作业归集成本，计算出作业成本，之后再根据作业成本与成本对象之间的因果关系，将作业成本分配到成本对象。

『老贾点拨』在作业成本法下，直接成本可以直接计入有关产品，与传统的成本计算方法相同，只是直接成本的范围比传统成本计算的要大，强调尽量减少不准确的分配。不能追溯到产品的成本，则先追溯有关作业或分配到有关作业，计算作业成本，然后再将作业成本分配到有关产品。

【例题1·单选题】下列关于传统的成本计算方法和作业成本法的说法中，不正确的是（　　）。

A. 在传统的成本计算方法下，将固定成本分摊给不同产品，可能会刺激经理人员过度生产

B. 在传统的成本计算方法下，可能会产生误导决策的成本信息

C. 在作业成本法下，所有的成本都要按照成本动因分配

D. 在作业成本法下，直接成本的范围比传统成本计算的要大

解析 ▶ 在作业成本法下，直接成本可以采用追溯方法直接计入成本对象；对于不能追溯和动因分配的成本，可以采用强行分摊方法计入成本对象，选项C是答案。

答案 ▶ C

二、 作业成本法的核心概念★★

作业成本法的核心概念是作业和成本动因，具体内容见表15-1。

表15-1　作业成本法的核心概念

核心概念	阐释
作业	作业是指企业中特定组织（成本中心、部门或产品线）重复执行的任务或活动。任何一项产品的形成都要消耗一定作业，任何一项作业都要耗费一定资源。作业在消耗资源的同时生产出产品
成本动因	成本动因是指作业成本或产品成本的驱动因素。分为两种： （1）资源成本动因，即引起作业成本增加的驱动因素，用来衡量一项作业的资源消耗量。依据资源成本动因可以将资源成本分配给各有关作业（如检验专用设备的"设备额定功率乘以开动时间"即资源成本动因）； （2）作业成本动因，作业成本动因是引起产品成本增加的驱动因素，用来衡量一个成本对象需要的作业量。作业成本动因计量各成本对象耗用作业的情况，是作为作业成本的分配基础（如果每一批产品质量检验的发生成本相同，则"检验次数"就是检验作业的成本动因）

【例题2·多选题】下列有关成本动因的说法中，不正确的有（　　）。

A. 成本动因是指产品成本的驱动因素

B. 作业成本动因是引起作业成本增加的驱动因素

C. 资源成本动因是产品成本增加的驱动因素

D. 作业成本动因计量各成本对象耗用作业的情况，资源成本动因用来衡量一项作业的资源消耗量

解析 ▶ 成本动因是指作业成本或产品成本的驱动因素，选项A错误；资源成本动因是引起作业成本增加的驱动因素，作业成本动因是产品成本增加的驱动因素，选项BC错误。

答案 ▶ ABC

三、作业成本法的特点 ★★

(一)作业成本法的成本计算分为两个阶段

(1)根据资源成本动因,将资源消耗分配到作业,形成作业成本。

(2)根据作业成本动因,将作业成本分配到成本对象(产品或服务),形成产品(或服务)成本。

作业成本法的成本计算与传统成本计算方法比较如图 15-1 所示。

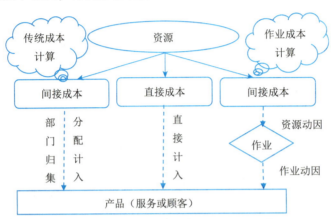

图 15-1　作业成本法的成本计算与传统成本计算方法比较

『老贾点拨』传统成本计算法和作业成本计算法比较

项目	传统成本计算法	作业成本计算法
第一阶段	直接成本追溯到产品	
	间接费用按照部门归集	间接费用分配到作业(资源动因分配)
第二阶段	以产量为基础将间接费用分配到各产品	按照作业消耗与产品之间不同的因果关系将作业成本分配产品(作业动因分配)
分配路径	资源-部门-产品	资源-作业-产品

(二)作业成本法的成本分配强调因果关系

作业成本法的成本分配主要使用追溯和动因分配,尽可能减少分摊,具体内容见表 15-2。

表 15-2　作业成本法的成本分配形式

分配形式	阐释
成本追溯	成本追溯是指把成本直接分配给相关的成本对象。 『老贾点拨』使用追溯方式得到的产品成本是最准确的
动因分配	动因分配是指根据成本动因将成本分配到各成本对象的过程。 『老贾点拨』动因分配虽然不像追溯那样准确,但只要因果关系建立恰当,成本分配的结果同样可以达到较高的准确程度
成本分摊	对于既不能追溯,也不能合理、方便地找到成本动因的成本,只好使用产量等设定的分配标准作为分配基础,将其强行分摊给成本对象

(三)作业成本法的成本分配使用多维成本动因

作业成本法采用不同层面的、众多的成本动因进行成本分配，要比采用单一分配基础更加合理，更能保证成本计算的准确性。

【例题 3 · 多选题】 ☆下列关于作业成本法与传统的成本计算方法(以产量为基础的完全成本计算方法)比较的说法中，正确的有(　)。

A．传统的成本计算方法对全部生产成本进行分配，作业成本法只对变动成本进行分配

B．传统的成本计算方法是按部门归集间接费用，作业成本法按作业归集间接费用

C．作业成本法的直接成本计算范围要比传统的成本计算方法的计算范围小

D．与传统的成本计算方法相比，作业成本法不便于实施责任会计和业绩评价

解析 ▶ 作业成本法只对作业成本进行分配，不是只对变动成本进行分配，选项 A 错误；作业成本法采用不同层面的多个成本动因进行成本分配，凡是便于追溯到产品的材料、人工和其他成本都可以直接归属特定产品，尽量减少不准确的分摊，所以直接成本的范围大于传统的成本计算，选项 C 错误；传统的成本计算方法按部门归集间接费用，作业成本法按作业归集间接费用，而实施责任会计和业绩评价是针对部门的，所以，与传统的成本计算方法相比，作业成本法不便于实施责任会计和业绩评价，即选项 BD 正确。

答案 ▶ BD

四、作业成本的计算

(一)作业认定与作业成本库设计

1. 作业认定★

作业认定就是确认每一项作业完成的工作及执行该作业耗用的资源成本。

2. 作业成本库设计★★

作业成本库按作业成本动因，相应的设置四类作业成本库，见表 15-3。

表 15-3　作业成本库

种类	含义	特点
单位级作业成本库	单位级作业是指每一单位产品至少要执行一次的作业，即每个产品必须执行，如机器加工、组装等	单位级作业成本是直接成本，可以追溯到每个单位产品上，即直接计入成本对象的成本计算单
批次级作业成本库	批次级作业是指同时服务于每批产品或多产品的作业，如机器调试、成批检验与采购等	成本取决于批次，而不是每批中单位产品的数量
品种级(产品级)作业成本库	品种级作业是指服务于某种型号或样式产品的作业，如产品设计、更新、工艺改造等	随产品品种数而变化，不随产量、批次数而变化
生产维持级作业成本库	生产维持级作业，是指服务于整个工厂的作业，如行政管理、维修等	是为维护生产能力而进行的作业，不依赖于产品的数量、批次和种类

【例题 4 · 多选题】 ☆下列各项作业中，属于品种级作业的有(　)。

A．产品组装

B．产品检验

C．产品生产工艺改造

D．产品推广方案制定

解析 ▶ 品种级作业是指服务于某种型号或样式产品的作业。例如，产品设计、产品生产工艺规程规定、工艺改造、产品更新等。选项 A 是单位级作业，选项 B 是批次级作业。

答案 ▶ CD

（二）资源成本分配到作业 ★

资源成本借助于资源成本动因分配到各项作业。资源成本动因和作业成本之间一定要存在因果关系。常用的资源成本动因，见表15-4。

表15-4　常用的资源成本动因

作业	资源成本动因	作业	资源成本动因
机器运行作业	机器小时	人事管理作业	雇员人数、工作时间
安装作业	安装小时	能源消耗	电表、电流表、装机功率和运行时间
清洁作业	平方米	制作订单作业	订单数量
材料移动作业	搬运次数、搬运距离、吨千米	顾客服务作业	服务电话次数、服务产品品种数量、服务时间

（三）作业成本分配到成本对象 ★★★

1. 计算单位作业成本（即作业成本分配率）

在确定了作业成本之后，根据作业成本动因计算单位作业成本（即作业分配率），再根据作业量计算成本对象应负担的作业成本。

单位作业成本＝本期作业成本库归集总成本/作业量

某产品应分配的作业成本＝分配率×该产品耗用的作业量

2. 作业成本动因的种类

作业量的计量单位即作业成本动因有三类：即业务动因、持续动因和强度动因，主要内容及特点见表15-5。

表15-5　作业成本动因的种类、主要内容及特点

种类	主要内容	特　点
业务动因	通常以执行的次数作为作业动因，并假定执行每次作业的成本相等，即： 分配率（单位作业成本）＝归集期内作业总成本/归集期内总作业次数 某产品应分配的作业成本＝分配率×该产品耗用的作业次数	精确度最差，但其执行成本最低
持续动因	指执行一项作业所需的时间标准，并假定单位时间内耗用的资源是相等的，即： 分配率（单位作业成本）＝归集期内作业总成本/归集期内总作业时间 某产品应分配的作业成本＝分配率×该产品耗用的作业时间	精确度和执行成本居中
强度动因	在某些特殊情况下，将作业执行中实际耗用的全部资源单独归集，并将该项单独归集的作业成本直接计入某一特定的产品。适用于某一特殊订单或某种新产品试制	精确度最高，执行成本最高

『老贾点拨』作业成本分配时可以采用实际分配率或预算（计划）分配率。采用预算分配率时，发生的成本差异可以直接结转本期营业成本，也可以计算作业成本差异率并据以分配给有关产品。

【例题5·单选题】☆下列各项中，应使用强度动因作为作业量计量单位的是（　　）。

A. 产品的生产准备

B. 产品的研究开发

C. 产品的分批质检

D. 产品的机器加工

解析▶选项A以执行的次数作为作业动因，即使用业务动因作为作业量计量单位；强度动因是在某些特殊情况下，将作业执行中实际耗用的全部资源单独归集，并将该项单独归集的作业成本直接计入某一特定的产品。适用于某一特殊订单或某种新产品试制，选项B是答案；选项CD以执行作业时间作为作业动因，即使用持续动因作为作业量计量单位。　　答案▶B

【例题6·计算分析题】甲公司为一家制造类企业，主要生产A、B两种产品。A、B

两种产品的产量分别为 500 台和 250 台，单位直接成本分别为 0.4 万元和 0.6 万元。此

外 A、B 两种产品制造费用的作业成本资料如下所示：

作业名称	作业成本（万元）	成本动因	作业量		
			A 产品	B 产品	合计
材料整理	200	人工小时	20	140	160
机器运行	400	机器小时	300	100	400
设备维修	100	维修小时	20	80	100
质量检测	150	质检次数	5	45	50
合计	850	—	—	—	—

要求：

（1）什么是作业成本法和成本动因？指出题目中作业成本动因的分别属于哪种类型。

（2）采用传统成本计算方法，制造费用按照机器小时比例进行分配，分别计算 A、B 两种产品的单位成本。

（3）采用作业成本计算方法，分别计算 A、B 两种产品的单位成本。

（4）分析两种方法计算产品成本差别原因。

答案

（1）作业成本法是将间接成本和辅助费用更准确地分配到产品和服务中的一种成本计算方法。即按照经营活动发生的各项作业归集成本，计算出作业成本，之后再根据作业成本与成本对象之间的因果关系，将作业成本分配到成本对象。

成本动因是指作业成本或产品成本的驱动因素，分为资源成本动因和作业成本动因两种。

人工小时、机器小时和维修小时是持续动因；质检次数是业务动因。

（2）A 产品承担制造费用 = $850/(300+100)\times300=637.5$（万元）

B 产品承担制造费用 = $850/(300+100)\times100=212.5$（万元）

A 产品的单位成本 = $0.4+637.5/500=1.675$（万元）

B 产品的单位成本 = $0.6+212.5/250=$

1.45（万元）

（3）A 产品的制造费用 = $20\times(200/160)+300\times(400/400)+20\times(100/100)+5\times(150/50)=360$（万元）

B 产品的制造费用 = $140\times(200/160)+100\times(400/400)+80\times(100/100)+45\times(150/50)=490$（万元）

A 产品的单位成本 = $0.4+360/500=1.12$（万元）

B 产品的单位成本 = $0.6+490/250=2.56$（万元）

（4）传统方法分配制造费用按照单一标准进行分配，产量大的 A 产品承担更多的制造费用，高估了产量高产品的成本，低估了产量低产品的成本，扭曲了产品成本；作业成本法按照多动因分配，提高了成本分配的准确性。

五、作业成本法的优点、局限性与适用条件★

作业成本法的优点、局限性与适用条件见表 15-6。

表 15-6 作业成本法的优点、局限性与适用条件

优点	（1）成本计算更准确； （2）成本控制与成本管理更有效； （3）为战略管理（如价值链分析和成本领先战略）提供信息支持

续表

局限性	(1)开发和维护费用较高; (2)作业成本法不符合对外财务报告的需要; (3)确定成本动因比较困难; (4)不利于通过组织控制进行管理控制
适用条件	(1)制造费用在产品成本中占有较大比重; (2)产品多样性程度高; (3)面临着的竞争激烈; (4)规模比较大

【例题 7·多选题】 ☆某企业生产经营的产品品种繁多,间接成本比重较高,成本会计人员试图推动该企业采用作业成本法计算产品成本,下列理由中适合用于说服管理层的有( )。

A. 使用作业成本信息有利于价值链分析

B. 通过作业管理可以提高成本控制水平

C. 使用作业成本法可提高成本分配准确性

D. 使用作业成本信息可以提高经营决策质量

解析 作业成本法与价值链分析概念一致,可以为其提供信息支持,所以选项 A 是答案。作业成本法有助于改进成本控制,所以选项 B 是答案。作业成本法可以获得更准确的产品和产品线成本,所以选项 C 是答案。准确的成本信息,可以提高经营决策的质量,包括定价决策、扩大生产规模、放弃产品线等经营决策,所以选项 D 是答案。

答案 ABCD

六、基于作业进行成本管理★

(一)增值作业和非增值作业的划分

增值作业和非增值作业划分标准是能否增加顾客价值(或顾客效用)。作业管理的核心是识别不增加顾客价值的非增值作业,以便加以改进。非增值作业包括等待作业、材料或在

产品的堆积作业、产品或在产品在企业内部迂回运送作业、废品清理作业、次品处理作业、返工作业、无效率重复某工序作业等。

【例题 8·多选题】 下列各项作业中,属于增值作业的有( )。

A. 成型加工　　　B. 产品包装

C. 废品清理　　　D. 返工

解析 成型加工和产品包装作业最终能给顾客带来价值的增加,或者能增加顾客的效用,属于增值作业,选项 AB 是答案;废品清理和返工作业不会增加顾客价值,属于非增值作业,选项 CD 不是答案。**答案** AB

(二)作业成本管理

作业成本管理是利用作业成本提供的信息,从成本角度,在管理中提高增加顾客价值的作业效率(即增值作业效率),消除或抑制不增加顾客价值作业(即非增值作业),实现生产流程和生产经营效率的持续改善,增加企业价值。一般包括四个步骤:

1. 确认与分析作业;

2. 作业链-价值链分析;

3. 成本动因分析;

4. 业绩评价和报告非增值作业成本。

【例题 9·计算分析题】 甲公司是一家制造业企业,生产 A、B 两种产品。生产车间有两台设备,其中,一台属于高端智能制造设备,另一台属于手工加工设备。A、B 产品均需先后经过智能制造和手工加工两道作业工序方可完成。A 产品主要由智能制造设备完成,B 产品主要由手工加工设备完成。直接材料均在开工时一次性投入。公司现采用传统成本计算法计算成本,直接材料、直接人工直接计入产品成本,制造费用先按车间归集,再按直接人工工资比例分配进入产品成本。2019 年 9 月生产成本相关资料如下:

(1)本月生产量(单位:件)。

项目	月初在产品	本月投产	本月完工	月末在产品
A 产品	0	120	80	40
B 产品	0	100	50	50

（2）传统成本计算法下 A、B 产品成本计算单。

A 产品成本计算单

2019 年 9 月

单位：元

项目	直接材料	直接人工	制造费用	合计
月初在产品成本	0	0	0	0
本月生产费用	15 000	12 500	62 500	90 000
合计	15 000	12 500	62 500	90 000
完工产品成本（80 件）	10 000	10 000	50 000	70 000
单位成本	125	125	625	875
月末在产品成本（40 件）	5 000	2 500	12 500	20 000

B 产品成本计算单

2019 年 9 月

单位：元

项目	直接材料	直接人工	制造费用	合计
月初在产品成本	0	0	0	0
本月生产费用	40 000	45 000	225 000	310 000
合计	40 000	45 000	225 000	310 000
完工产品成本（50 件）	20 000	30 000	150 000	200 000
单位成本	400	600	3 000	4 000
月末在产品成本（50 件）	20 000	15 000	75 000	110 000

（3）产品毛利（单位：元）。

项目	单位成本	单位售价	单位毛利
A 产品	875	1 000	125
B 产品	4 000	3 600	−400

目前，A 产品供不应求，B 产品滞销。公司销售经理建议 A 提价，B 降价，以提高公司获利能力。生产经理认为制造费用大部分由智能制造设备引起，按直接人工工资比例分配导致 A、B 产品成本计算不准确，应采用作业成本法对制造费用分配进行优化，从而为调价提供可靠的成本数据。公司财务部门和生产技术部门对生产过程进行了分析，识别出三项作业，分别是设备检修作业、智能制造作业和手工加工作业。设备检修作业负责对智能制造设备、手工加工设备进行检修，作业动因是检修次数；智能制造作业的作业动因是机器工时；手工加工作业的作业动因是人工工时。直接人工成本不再单列成本项目，被归入相应作业库。相关资料如下：

（1）月末在产品。

A 在产品 40 件，全部处于智能制造阶段，尚未进入手工加工阶段，平均完成智能制造作业的 50%；B 在产品 50 件，智能制造作业全部完成，手工加工作业平均完成 60%。

（2）作业成本。

作业成本库	作业成本（元）	作业动因	作业量		
			智能制造作业	手工加工作业	合计
设备检修作业	72 000	检修次数（次）	5	1	6
			A产品	B产品	合计
智能制造作业	53 000	机器工时（小时）	350	150	500
手工加工作业	220 000	人工工时（小时）	20	230	250
合计	345 000		—	—	—

要求：

（1）相对于产量基础的传统成本计算方法，作业成本法有哪些特点？什么是作业成本管理？作业成本管理包括哪些步骤？

（2）编制作业成本分配表（结果填入下方表格中，不用列出计算过程）。

作业名称	分配率	作业成本（元）	
		智能制造作业	手工加工作业
设备检修作业			
—	—	A产品	B产品
智能制造作业			
手工加工作业			

（3）编制产品成本计算单（结果填入下方表格中，不用列出计算过程）。

A产品成本计算单

2019年9月   单位：元

项目	直接材料	作业成本		合计
		智能制造作业	手工加工作业	
月初在产品成本				
本月生产费用				
合计				
完工产品成本				
单位成本				
月末在产品成本				

B产品成本计算单

2019年9月   单位：元

项目	直接材料	作业成本		合计
		智能制造作业	手工加工作业	
月初在产品成本				
本月生产费用				

项目	直接材料	作业成本		合计
		智能制造作业	手工加工作业	
合计				
完工产品成本				
单位成本				
月末在产品成本				

(4)根据作业成本法计算的单位产品成本,判断 A、B 产品目前定价是否合理,并简要说明理由。

答案 ▶

(1)作业成本法特点:一是成本计算分为两个阶段,即将作业执行中的耗费资源分配到作业,计算作业成本,之后将作业成本分配到各成本对象;二是成本分配强调因果关系;三是成本分配使用多维成本动因。

作业成本管理是利用作业成本提供的信息,从成本角度,在管理中提高增加顾客价值的作业效率(即增值作业效率),消除或抑制不增加顾客价值作业(即非增值作业),实现生产流程和生产经营效率的持续改善,增加企业价值。一般包括四个步骤:确认与分析作业;作业链-价值链分析;成本动因分析;业绩评价和报告非增值作业成本。

(2)

作业名称	分配率	作业成本(元)	
		智能制造作业	手工加工作业
设备检修作业	12 000	60 000	12 000
—	—	A 产品	B 产品
智能制造作业	226	79 100	33 900
手工加工作业	928	18 560	213 440

计算说明:

①设备检修作业的分配率=72 000/6=12 000(元/次)

②智能制造作业的分配率=(53 000+60 000)/500=226(元/小时),其中的60 000是智能制造作业应该承担的设备检修作业成本。

③手工加工作业的分配率=(220 000+12 000)/250=928(元/小时),其中的12 000是手工加工作业应该承担的设备检修作业成本。

(3)

A 产品成本计算单

2019 年 9 月   单位:元

项目	直接材料	作业成本		合计
		智能制造作业	手工加工作业	
月初在产品成本	0	0	0	0
本月生产费用	15 000	79 100	18 560	112 660
合计	15 000	79 100	18 560	112 660

项目	直接材料	作业成本		合计
		智能制造作业	手工加工作业	
完工产品成本	10 000	63 280	18 560	91 840
单位成本	125	791	232	1 148
月末在产品成本	5 000	15 820	0	20 820

计算说明：

①直接材料在生产开始时一次投入，即：直接材料单位成本 = 15 000/（80 + 40）= 125（元/件）；

②A产品的月末在产品全部处于智能制造阶段，平均完成智能制造作业的50%，即：智能制造作业的单位成本 = 79 100/（80 + 40 × 50%）= 791（元/件）；

③A产品的月末在产品尚未进入手工加工阶段，月末在产品不分配手工加工作业成本，即：手工加工作业成本单位成本 = 18 560/80 = 232（元/件）。

B产品成本计算单

2019年9月

单位：元

项目	直接材料	作业成本		合计
		智能制造作业	手工加工作业	
月初在产品成本	0	0	0	0
本月生产费用	40 000	33 900	213 440	287 340
合计	40 000	33 900	213 440	287 340
完工产品成本	20 000	16 950	133 400	170 350
单位成本	400	339	2 668	3 407
月末在产品成本	20 000	16 950	80 040	116 990

计算说明：

①直接材料在生产开始时一次投入，即：B产品直接材料单位成本 = 40 000/（50 + 50）= 400（元/件）；

②B产品的月末在产品智能制造作业全部完成，即：智能制造作业单位成本 = 33 900/（50 + 50 × 100%）= 339（元/件）；

③B产品月末在产品手工加工作业平均完成60%，即：手工加工作业单位成本 = 213 440/（50 + 50 × 60%）= 2 668（元/件）。

（4）A产品单位成本1 148元大于目前的单位售价1 000元，所以A产品定价不合理。B产品单位成本3 407元低于单位售价3 600元，所以B产品定价合理。

扫 我 做 试 题

同步训练

限时 80min

一、单项选择题

1. 下列各项中适合作为单位级作业的作业动因的是(　　)。

   A. 生产准备次数

   B. 检验次数

   C. 产品设计次数

   D. 机器加工小时数

2. 在作业成本法下，引起作业成本增加的驱动因素称为(　　)。

   A. 资源成本动因　　B. 作业成本动因

   C. 业务动因　　　　D. 持续动因

3. 当不同产品所需作业量差异较大时，应该采用的作业量计量单位是(　　)。

   A. 资源动因　　　　B. 业务动因

   C. 持续动因　　　　D. 强度动因

4. 关于间接成本的分配，下列表述正确的是(　　)。

   A. 作业成本计算法下，间接成本分配路径是"作业——资源——产品"

   B. 传统成本计算法下，间接成本分配路径是"部门——资源——产品"

   C. 作业成本计算法下间接成本范围小于传统成本计算法

   D. 作业成本计算法下间接成本分配形式有成本追溯和动因分配

5. 在下列作业成本库中的成本，可以直接追溯到单位产品中的是(　　)。

   A. 单位级作业成本

   B. 批次级作业成本

   C. 品种级作业成本

   D. 生产维持级作业成本

6. 下列属于批次级作业的是(　　)。

   A. 设备维修　　　　B. 汽车组装

   C. 产品设计　　　　D. 机器调试

7. 将作业执行中实际耗用的全部资源单独归集，并将该项单独归集的作业成本直接计入特定产品，其依据的成本动因是(　　)。

   A. 资源动因　　　　B. 业务动因

   C. 持续动因　　　　D. 强度动因

8. ☆甲企业采用作业成本法计算产品成本，每批产品生产前需要进行机器调试。对调试中心进行成本分配时，最适合采用的作业成本动因是(　　)。

   A. 产品品种

   B. 产品批次

   C. 产品数量

   D. 每批产品数量

9. ☆按产出方式的不同，企业的作业可以分为以下四类。其中，随产量变动而正比例变动的作业是(　　)。

   A. 单位级作业

   B. 批次级作业

   C. 品种级作业

   D. 生产维持级作业

二、多项选择题

1. ☆甲公司是一家品牌服装生产企业，采用作业成本法核算产品成本，现正进行作业成本库设计。下列说法正确的有(　　)。

   A. 服装设计属于品种级作业

   B. 服装加工属于单位级作业

   C. 服装成品抽检属于批次级作业

   D. 服装工艺流程改进属于生产维持级作业

2. 下列各项中，适合作为单位级作业的作业动因的有(　　)。

   A. 生产前的机器调整次数

B. 机器加工时间

C. 成批采购次数

D. 产品的产量

A. 机器加工

B. 行政管理

C. 半成品检验

D. 工厂安保

3. 下列有关"作业成本动因"表述正确的有( )。

A. 它是引起作业成本变动的因素

B. 它是引起产品成本变动的因素

C. 它被用来计量各项作业对资源的耗用，运用它可以将资源成本分配给各有关作业

D. 它计量各成本对象对作业耗用的情况，并被用来作为作业成本的分配基础

4. 公司管理层不愿意使用作业成本法的原因有( )。

A. 不符合对外提供财务报告的需要

B. 不能为战略管理提供信息支持

C. 确定成本动因比较困难

D. 不利于企业的管理控制

5. ☆甲公司采用作业成本法，下列选项中，属于生产维持级作业的有( )。

6. 采用作业成本法的公司一般应该具备的条件有( )。

A. 公司产品竞争优势较强

B. 公司规模较大

C. 公司产品品种较多

D. 公司产品成本中的制造费用占比较大

三、计算分析题

1. E 公司是一家小型企业，主要生产 A 和 B 两种产品。公司最近开始试行作业成本计算系统，有关资料如下：

(1)2018 年年初制定了全年各月的作业成本预算，其中 2018 年 8 月的预算资料如下：

作业名称	作业动因	作业动因预算数	作业成本预算额(元)
机器焊接	焊接工时	1 000 工时	30 000
设备调整	调整次数	300 次数	1 500 000
发放材料	生产批次	25 批次	62 500
质量抽检	抽检次数	400 次	170 000
合计			1 762 500

(2)8 月 4 日，该公司承接了甲客户购买 500 件 A 产品和 2 000 件 B 产品的订单，有关的实际作业量如下：

产品名称	焊接工时	调整次数	生产批次	抽检次数
A 产品	250	100	10	100
B 产品	500	200	20	200

(3)8 月 31 日，为甲客户加工的产品全部完工。8 月各项作业成本实际发生额如下表所示：

作业名称	机器焊接	设备调整	发放材料	质量检验	合计
作业成本实际发生额(元)	23 850	1 440 000	76 500	128 775	1 669 125

要求：

(1)计算作业成本的预算分配率。

(2)按预算分配率分配作业成本。

(3)计算各项作业的作业成本差异率。

(4)分别计算甲客户 A 产品和 B 产品的实际作业总成本。

2. 某制造厂生产甲、乙两种产品，有关资料如下：

(1)甲、乙两种产品 2018 年 1 月的有关成本资料如下表所示：

产品名称	产量(件)	直接材料单位产品成本(元/件)	直接人工单位产品成本(元/件)
甲	100	50	40
乙	200	80	30

(2)月初甲产品在产品制造费用为 3 600 元，乙产品在产品制造费用为 4 600 元；月末在产品数量，甲为 40 件，乙为 60 件，总体完工率均为 50%；按照约当产量法(加权平均法)在完工产品和在产品之间分配制造费用，本月发生的制造费用总额为 50 000 元。与制造费用发生相关的作业有 4 个，有关资料如下表所示：

作业名称	作业动因	制造费用(元)	甲产品耗用作业量	乙产品耗用作业量
质量检验	检验次数	4 000	5	15
订单处理	生产订单份数	4 000	30	10
机器运行	机器小时数	40 000	200	800
设备调整准备	调整准备次数	2 000	6	4

要求：

(1)什么是作业成本法？采用作业成本法的公司应具备哪些条件。

(2)用作业成本法分配制造费用并计算甲、乙两种产品的单位成本。

(3)以机器小时作为制造费用的分配标准，采用传统成本计算法计算甲、乙两种产品的单位成本。

(4)假设决策者计划让单位售价高于单位成本 10 元，根据第(2)问的结果确定甲产品和乙产品的销售单价，试分析可能造成的不利影响。

3. 甲公司是一家制造企业，生产 A、B 两种产品，按照客户订单分批组织生产，采用分批法核算产品成本。由于产品生产工艺稳定，机械化程度高，制造费用在总成本中比重较大，采用作业成本法按实际分配率分配制造费用。公司设三个作业成本库：材料切割作业库，以切割次数为成本动因；机器加工作业库，以机器小时为成本动因；产品组装作业库，以人工工时为成本动因。

2018 年 9 月，公司将客户本月订购 A 产品的 18 个订单合并为 901A 批，合计生产 2 000 件产品；本月订购 B 产品的 6 个订单合并为 902B 批，合计生产 8 000 件产品。A、B 各自领用 X 材料，共同耗用 Y 材料。两种材料在各批次开工时一次领用，依次经过材料切割、机器加工、产品组装三个作业完成生产。其中，材料切割在各批次开工时一次完成，机器加工、产品组装随完工进度陆续均匀发生。

9 月末，901A 批产品全部完工，902B 批产品有 4 000 件完工，4 000 件尚未完工。902B 批未完工产品机器加工完成进度 50%，产品组装尚未开始。902B 批生产成本采用约当产量法在完工产品和月末在产品之间进行分配。

其他相关资料如下：

(1)本月直接材料费用。

901A、902B 分别领用 X 材料的成本 160 000 元、100 000 元；共同耗用 Y 材料 20 000 千克，单价 5 元/千克，本月 901A、902B 的 Y 材料单耗相同，按照产品产量进行分配。

(2)本月制造费用。

作业成本库	作业成本(元)	成本动因	作业量		
			901A	902B	合计
材料切割	240 000	切割次数(次)	12 000	12 000	24 000
机器加工	900 000	机器小时(小时)	2 000	1 000	3 000
产品组装	435 000	人工小时(小时)	1 700	1 200	2 900
合计	1 575 000	—	—	—	—

要求:

(1)编制直接材料费用分配表、作业成本分配表(结果填入下方表格中,不用列出计算过程)。

直接材料费用分配表 单位:元

产品批次	共同耗用 Y 材料的分配			X 材料费用	直接材料费用总额
	产量(件)	分配率	应分配材料费用		
901A 批					
902B 批					
小计					

作业成本分配表 单位:元

作业成本库	作业成本	成本分配率	901A 批		902B 批	
			作业量	分配金额	作业量	分配金额
材料切割						
机器加工						
产品组装						
小计						

(2)编制 901A 批、902B 批的产品成本计算单(结果填入下方表格中,不用列出计算过程)。

产品批次:901A   **产品成本计算单** 单位:元

项目	月初在产品成本	本月生产成本	合计	完工产品成本	完工产品单位成本	月末在产品成本
直接材料						
制造费用						
其中:材料切割						
机器加工						
产品组装						
制造费用小计						
合计						

产品批次：902B　　　　　　　　产品成本计算单　　　　　　　　单位：元

项目	月初在产品成本	本月生产成本	合计	完工产品成本	完工产品单位成本	月末在产品成本
直接材料						
制造费用						
其中：材料切割						
机器加工						
产品组装						
制造费用小计						
合计						

同步训练答案及解析

一、单项选择题

1. D 【解析】单位级作业是指每单位产品至少要执行一次的作业，机器加工作业每个产品都必须执行，机器加工小时数可作为单位级作业的作业动因，选项 D 是答案；选项 AB 是批次级作业的作业动因；选项 C 是品种级作业的作业动因。

2. A 【解析】成本动因分为两种：（1）资源成本动因，即引起作业成本增加的驱动因素；（2）作业成本动因，即引起产品成本增加的驱动因素，所以选项 A 是答案。

3. C 【解析】当不同产品所需作业量差异较大时，应采用持续动因作为分配基础，即执行一项作业所需要的时间标准。

4. C 【解析】作业成本法下间接成本分配路径是"资源——作业——产品"，选项 A 错误；传统成本计算法下间接成本分配路径是"资源——部门——产品"，选项 B 错误；在作业成本法下，只要是能够追溯到产品的材料、人工和其他成本，均属于直接成本，在传统成本计算法下的某些间接成本，在作业成本法下就会成为直接成本，选项 C 正确；在作业成本法下，作业成本分配形式有三种，即成本追溯、动因分配和成本分摊，选项 D 错误。

5. A 【解析】单位级作业是指每一单位产品至少都要执行一次的作业，该作业成本是直接成本，可以直接追溯到单位产品，选项 A 是答案；批次级作业是同时服务于每批产品或多产品的作业，该成本需要在不同产品之间进行分配，选项 B 不是答案；品种级作业是服务于某种型号或样式产品的作业，该成本需要在某种型号或样式产品的不同数量之间进行分配，选项 C 不是答案；生产维持级作业是服务于整个工厂的作业，无法追溯到单位产品，选项 D 不是答案。

6. D 【解析】批次级作业是同时服务于每批产品或多产品的作业，选项 D 是答案；选项 A 是生产维持级作业；选项 B 是单位级作业；选项 C 是品种级作业。

7. D 【解析】强度动因是在某些特殊情况下，将作业执行中实际耗用的全部资源单独归集，并将该项单独归集的作业成本直接计入某一特定的产品。适用于某一特殊订单或某种新产品试制等，选项 D 是答案。

8. B 【解析】由于每批产品生产前都需要进行机器调试，所以机器调试中心的成本与批次有关，应该以产品批次作为成本动因。

9. A 【解析】单位级作业是指每单位产品至少要执行一次作业，即与单位产品产出相关的作业，这类作业是随着产量变动而正比例变动的，选项 A 是答案；批次级作业是指同时服务于每批产品或多产品的作业，即与产品的批次数量相关的作业，这类作业是随着产品的批次数的变动而变动的，选项 B 不是答案；品种级作业是指服务于某种型号或样式产品的作业，即与产品品种相关的作业，选项 C 不是答案；生产维持级作业是指服务于整个工厂的作业，是为维护生产能力而进行的作业，不依赖于产品的数量、批次和种类，选项 D 不是答案。

二、多项选择题

1. ABC 【解析】单位级作业是指每一单位产品至少要执行一次的作业，例如，机器加工、组装；批次级作业是指同时服务于每批产品或许多产品的作业，例如，生产前机器调试、成批产品转移至下一工序的运输、成批采购和检验等；品种级作业是指服务于某种型号或样式产品的作业，例如，产品设计、产品生产工艺规程制定、工艺改造、产品更新等；生产维持级作业是指服务于整个工厂的作业，例如，工厂

保安、维修、行政管理、保险、财产税等。所以本题的答案为 ABC，其中选项 D 属于品种级作业。

2. BD 【解析】单位级作业是每一单位产品至少要执行一次的作业，产品产量越大，耗用的机器加工时间越多，所以选项 BD 是单位级作业的作业动因；选项 AC 是批次级作业的作业动因。

3. BD 【解析】成本动因分为资源成本动因和作业成本动因。选项 AC 是针对资源成本动因而言的。

4. ACD 【解析】价值链分析和成本领先战略均属于战略管理范畴，作业成本法提供的信息，有助于公司进行价值链分析和实施成本领先战略，也就是说能够为公司的战略管理提供信息支持。

5. BD 【解析】生产维持级作业是服务于整个工厂的作业，例如工厂保安、维修、行政管理、保险、财产税等，选项 BD 是答案。机器加工是单位级作业，选项 A 不是答案。半成品检验是批次级作业，选项 C 不是答案。

6. BCD 【解析】当公司产品具有较强竞争优势时，面对行业内其他公司来说，竞争的程度就会降低，此时传统成本计算方法的缺陷不会明显地显现。

三、计算分析题

1.【答案】

（1）

作业名称	作业动因预算数	作业成本预算额（元）	作业成本预算分配率
机器焊接	1 000 工时	30 000	30
设备调整	300 次数	1 500 000	5 000
发放材料	25 批次	62 500	2 500
质量抽检	400 次	170 000	425

（2）

单位：元

产品名称	机器焊接	设备调整	发放材料	质量检验	合计
A 产品	7 500	500 000	25 000	42 500	575 000

产品名称	机器焊接	设备调整	发放材料	质量检验	合计
B 产品	15 000	1 000 000	50 000	85 000	1 150 000
合计	22 500	1 500 000	75 000	127 500	1 725 000

（3）

作业名称	作业成本差异率
机器焊接	（23 850－22 500）/22 500＝6%
设备调整	（1 440 000－1 500 000）/1 500 000＝－4%
发放材料	（76 500－75 000）/75 000＝2%
质量抽检	（128 775－127 500）/127 500＝1%

（4）

A 产品实际作业总成本

单位：元

项目	机器焊接	设备调整	发放材料	质量检验	合计
预算分配成本	7 500	500 000	25 000	42 500	575 000
差异调整	450	－20 000	500	425	－18 625
合计	7 950	480 000	25 500	42 925	556 375

B 产品实际作业总成本

单位：元

项目	机器焊接	设备调整	发放材料	质量检验	合计
预算分配成本	15 000	1 000 000	50 000	85 000	1 150 000
差异调整	900	－40 000	1 000	850	－37 250
合计	15 900	960 000	51 000	85 850	1 112 750

2.【答案】

（1）作业成本法是将间接成本和辅助费用更准确地分配到产品和服务中的一种成本计算方法。即按照经营活动发生的各项作业归集成本，计算出作业成本，之后再根据作业成本与成本对象之间的因果关系，将作业成本分配到成本对象。

采用作业成本法的企业应具备的条件：从成本结构看，制造费用占比较高；从产品品种看，产品多样性程度高；从外部环境看，公司面临激烈竞争；从公司规模看，公司规模较大。

（2）质量检验的作业动因分配率＝4 000/（5+15）＝200（元/次）

订单处理的作业动因分配率＝4 000/（10+30）＝100（元/份）

机器运行的作业动因分配率＝40 000/（200+800）＝40（元/小时）

设备调整准备的作业动因分配率＝2 000/（6+4）＝200（元/次）

甲产品本月承担的制造费用＝200×5+100×30+40×200+200×6＝13 200（元）

单位产品制造费用＝（3 600+13 200）/（100+40×50%）＝140（元/件）

单位成本＝50+40+140＝230（元/件）

乙产品本月承担的制造费用＝200×15+100×10+40×800+200×4＝36 800（元）

单位产品制造费用＝（4 600+36 800）/（200+60%×50%）＝180（元/件）

单位成本＝80+30+180＝290（元/件）

（3）本月发生的制造费用分配率＝50 000/（200+800）＝50（元/小时）

甲产品分配本月发生的制造费用 = 50 × 200 = 10 000（元）

甲产品单位制造费用 = （3 600 + 10 000）/（100 + 40 × 50%）= 113.33（元/件）

甲产品单位成本 = 50 + 40 + 113.33 = 203.33（元/件）

乙产品分配本月发生的制造费用 = 50 × 800 = 40 000（元）

乙产品单位制造费用 = （4 600 + 40 000）/（200 + 60 × 50%）= 193.91（元/件）

乙产品单位成本 = 80 + 30 + 193.91 = 303.91（元/件）

（4）根据传统成本计算法方法确定甲产品的单位售价 213.33 元（= 203.33 + 10），而按作业成本法计算该产品真实成本是 230 元，定价明显偏低，销售越多，亏损越大；根据传统成本计算法确定乙产品的单位售价 313.91 元（303.91 + 10），而按作业成本法计算该产品真实成本是 290 元，定价偏高，销售不畅，造成产品积压。

3.【答案】

（1）

直接材料费用分配表　　　　　　　　　　单位：元

产品批次	共同耗用 Y 材料的分配			X 材料费用	直接材料费用总额
	产量（件）	分配率	应分配材料费用		
901A 批	2 000	10	20 000	160 000	180 000
902B 批	8 000	10	80 000	100 000	180 000
小计	10 000		100 000	260 000	360 000

作业成本分配表　　　　　　　　　　单位：元

作业成本库	作业成本	成本分配率	901A 批		902B 批	
			作业量	分配金额	作业量	分配金额
材料切割	240 000	10	12 000	120 000	12 000	120 000
机器加工	900 000	300	2 000	600 000	1 000	300 000
产品组装	435 000	150	1 700	255 000	1 200	180 000
小计	1 575 000			975 000		600 000

计算说明：

Y 材料分配率 = （20 000 × 5）÷（2 000 + 8 000）= 10（元/件）

材料切割：成本分配率 = 240 000 ÷ 24 000 = 10（元/次）

机器加工：成本分配率 = 900 000 ÷ 3 000 = 300（元/小时）

产品组装：成本分配率 = 435 000 ÷ 2 900 = 150（元/小时）

（2）

产品批次：901A　　　　　　**产品成本计算单**　　　　　　单位：元

项目	月初在产品成本	本月生产成本	合计	完工产品成本	完工产品单位成本	月末在产品成本
直接材料	0	180 000	180 000	180 000	90	0
制造费用						

项目	月初在产品成本	本月生产成本	合计	完工产品成本	完工产品单位成本	月末在产品成本
其中：材料切割	0	120 000	120 000	120 000	60	0
机器加工	0	600 000	600 000	600 000	300	0
产品组装	0	255 000	255 000	255 000	127.5	0
制造费用小计	0	975 000	975 000	975 000	487.5	0
合计	0	1 155 000	1 155 000	1 155 000	577.5	0

产品批次：902B　　　　　　　　**产品成本计算单**　　　　　　　　单位：元

项目	月初在产品成本	本月生产成本	合计	完工产品成本	完工产品单位成本	月末在产品成本
直接材料	0	180 000	180 000	90 000	22.5	90 000
制造费用						
其中：材料切割	0	120 000	120 000	60 000	15	60 000
机器加工	0	300 000	300 000	200 000	50	100 000
产品组装	0	180 000	180 000	180 000	45	0
制造费用小计	0	600 000	600 000	440 000	110	160 000
合计	0	780 000	780 000	530 000	132.5	250 000

计算说明：

①材料开工时一次领用，即：直接材料的完工产品单位成本 = 180 000/(4 000 + 4 000) = 22.5(元/件)。

②材料切割在各批次开工时完成，即：材料切割的完工产品单位成本 = 120 000/(4 000 + 4 000) = 15(元/件)。

③机器加工随完工进度陆续均匀发生，机器加工完成进度50%，即：机器加工的完工产品单位成本 = 300 000/(4 000 + 4 000×50%) = 50(元/件)。

④产品组装随完工进度陆续均匀发生，未完工产品的产品组装尚未开始，即：产品组装的完工产品单位成本 = 180 000/4 000 = 45(元/件)。

第十六章　本量利分析

📝 历年考情概况

本章是考试的重点章节，其内容与短期经营决策以及杠杆衡量等内容均有联系。主要考核成本性态分析、本量利分析基本模型、保本分析、保利分析和利润敏感分析等内容。考试形式以主观题为主，客观题也有涉及。考试分值预计10分左右。

📋 近年考点直击

主要考点	主要考查题型	考频指数	考查角度
成本性态分析	客观题	★★★	(1)各种成本(包含详细分类)概念的理解；(2)具体运用(给出具体事例判断是哪种类型的成本)；(3)混合成本的分解方法的运用及其适用情形
本量利分析基本模型	客观题和主观题	★★	(1)基本假设的理解；(2)息税前利润的计算方法(基本损益方程式和边际贡献方程式)；(3)本量利关系图(收入线、固定成本线、变动成本、总成本线的斜率)
保本分析	客观题和主观题	★★★	(1)单一产品的保本分析相关指标计算(保本量、保本额、盈亏临界点作业率和安全边际率)；(2)多品种产品的保本分析(加权平均边际贡献率、保本额和各产品的保本量)
保利分析	客观题和主观题	★★★	实现目标利润(税前或税后两种情况)的销售量和销售额的计算
利润敏感分析	客观题和主观题	★★★	(1)影响利润各因素的最大最小值分析法；(2)利润对各因素敏感系数的计算及敏感程度大小比较；(3)根据敏感系数倒推利润或相关因素值的变动率

✏️ 2022年考试变化

增加变动成本法与完全成本法的比较和利润差异分析。

一、成本性态分析 ★★★

成本性态就是指成本总额与业务量之间的内在关系，按照成本性态，成本分为固定成本、变动成本和混合成本。

1. 固定成本

固定成本分为约束性固定成本和酌量性固定成本，具体内容见表16-1。

表 16-1　固定成本的具体内容

项目	阐释	
概念	在一定期间和特定的业务量范围内(合并称为相关范围),总额保持相对稳定的成本。但是单位固定成本随业务量增加而减少	
举例	固定月工资、固定资产折旧、财产保险费、职工培训费、广告费等	
分类	约束性固定成本	(1)提供和维持生产经营所需设施、机构而发生的成本。该成本不能通过当前的管理决策行动加以改变,是企业为了维持一定的业务量所必须负担的最低成本,属于企业"经营能力"成本; (2)降低约束性固定成本,需从合理利用经营能力、增加生产规模,降低单位固定成本入手; (3)典型项目包括固定资产折旧、财产保险、管理人员工资、取暖费、照明费等
	酌量性固定成本	(1)为完成特定活动而发生的固定成本。该成本可以通过管理决策行动改变其数额; (2)典型项目包括科研开发费、广告费、职工培训费等

【例题 1・单选题】　☆下列各项成本费用中,属于酌量性固定成本的是(　　)。

A. 广告费

B. 运输车辆保险费

C. 生产部门管理人员工资

D. 行政部门耗用的水电费

解析　酌量性固定成本指的是可以通过管理决策行动而改变数额的固定成本,包括科研开发费、广告费、职工培训费等,所以选项 A 是答案。　　　　答案　A

2. 变动成本

变动成本分为技术性变动成本和酌量性变动成本,具体内容见表 16-2。

表 16-2　变动成本的具体内容

项目	阐释	
概念	在特定的业务量范围内,其总额随着产量变动而成正比例变动的成本。但是单位变动成本不变	
举例	直接材料、直接人工和外部加工费等	
分类	技术性变动成本	(1)与产量有明确的生产技术或产品结构设计关系的变动成本; (2)典型项目包括直接材料、直接人工等
	酌量性变动成本	(1)可以通过管理决策行动改变的变动成本; (2)典型项目包括按销售额一定百分比开支的销售佣金、新产品研制费、技术转让费等

【例题 2・单选题】　☆下列各项中,属于酌量性变动成本的是(　　)。

A. 直接人工成本

B. 直接材料成本

C. 产品销售税金及附加

D. 按销售额一定比例支付的销售代理费

解析　酌量性变动成本的发生额是由经理人员决定的。例如,按销售额一定的百分比开支的销售佣金、新产品研制费、技术转让费等。　　　答案　D

3. 混合成本

混合成本分为半变动成本、阶梯式成本、延期变动成本和非线性成本,具体内容见表 16-3。

表 16-3　混合成本的具体内容

项目	阐释	
概念	随业务量的变动而变动，但是不成正比例关系的成本	
分类	半变动成本	（1）在初始成本的基础上随业务量正比例增长的成本； （2）用方程式表示，则 $y=a+bx$。式中，y 是总成本；a 是固定成本，b 是单位变动成本；x 是业务量（产量、机器工时等）
	阶梯式成本	总额随业务量呈阶梯式增长，也称半固定成本
	延期变动成本	在一定业务量范围内总额保持稳定，超过特定业务量则开始随业务量同比例增长的成本。如固定月工资加加班费
	非线性成本	包括变化率递增成本和变化率递减成本。 『老贾点拨』变化率递增成本和变化率递减成本，其成本总额均随产量增加而增加；非线性成本在相关范围内，可以近似看成变动成本或半变动成本

【例题 3 · 单选题】☆ 电信运营商推出"手机 29 元不限流量，可免费通话 1 000 分钟，超出部分主叫国内通话每分钟 0.1 元"套餐，若选用该套餐，则消费者每月手机费属于（　　）。

A. 固定成本
B. 阶梯式成本
C. 延期变动成本
D. 半变动成本

解析 ▶ 延期变动成本指在一定业务量范围内总额保持稳定，超出特定业务量则开始随业务量同比例增长的成本。所以选项 C 是答案。　　　　　答案 ▶ C

二、混合成本的分解 ★

对于混合成本，需要运用一定方法分析成本与业务量之间的关系，并建立相应的成本函数模型，具体方法见表 16-4。

表 16-4　混合成本的分解方法

项目	直线回归法	工业工程法
概念	根据历史成本资料，利用数学的最小平方法，确定回归直线的斜率和截距作为单位变动成本和固定成本，计算公式为： $\begin{cases} \sum Y=na+b\sum X \\ \sum XY=a\sum X+b\sum X^2 \end{cases}$ 求解 a 和 b 即可	对目前已投入的成本和产出的数量进行全面科学分析，测定出在最实用、最有效、最经济工作方法下每项投入成本，把与产量有关的部分归集为单位变动成本，与产量无关的部分归集为固定成本
适用情形	掌握了一系列历史成本资料	没有历史成本数据、历史成本数据不可靠，或需要对历史成本分析的结论进行验证。 『老贾点拨』在建立标准成本和制定预算时，工业工程法更为科学

三、变动成本法★

1. 变动成本法和完全成本法的产品成本构成

变动成本法下，产品成本<u>只包括变动生产成本</u>，即直接材料成本、直接人工成本和变动制造费用。固定制造费用、销售与管理费用全部视为<u>期间成本</u>。

完全成本法下，产品成本包括直接材料、直接人工、变动制造费用和固定制造费用。销售与管理费用视为期间成本。

2. 变动成本法和完全成本法下本期利润的差异

完全成本法下的息税前利润＝变动成本法下的息税前利润＋（期末存货中固定制造费用－期初存货中固定制造费用）

『老贾点拨』完全成本法下，存货单位固定制造费用与存货计价方法有关。

2. 变动成本法优势（与完全成本法相比）

（1）可以使企业内部管理者更加注重销售和市场，便于进行更为合理的内部业绩评价，为企业内部管理提供有用的管理信息，为企业预测前景、规划未来和作出正确决策服务；

（2）能够揭示利润与业务量之间关系；

（3）有利于成本控制与业绩评价；

（4）简化了成本计算方法。

【例题4·单选题】如果企业采用变动成本法核算产品成本，产品成本的计算范围是（　　）。

A. 直接材料、直接人工

B. 直接材料、直接人工、间接制造费用

C. 直接材料、直接人工、变动制造费用

D. 直接材料、直接人工、变动制造费用、变动管理及销售费用

解析▷变动成本法下，产品成本只包括变动生产成本，即直接材料成本、直接人工成本和变动制造费用。固定制造费用、销售与管理费用全部视为期间成本。　　答案▷C

四、本量利分析基本模型

（一）本量利分析基本模型的相关假设★

（1）相关范围假设（含期间假设和业务量假设）；

（2）模型线性假设（含固定成本不变假设、变动成本与业务量呈完全线性关系假设、销售收入与销售数量呈完全线性关系假设）；

（3）产销平衡假设（本量利分析中的"量"是指销售数量，在销售价格不变时，有时也指销售收入）；

（4）品种结构不变假设（各种产品收入占总收入比重不变）。

『老贾点拨』上述假设的背后有一条共同假设，即企业全部成本可以合理或比较准确分解为固定成本和变动成本。

（二）损益方程式★★★

息税前利润＝收入－变动成本－固定成本

＝单价×销售量－单位变动成本×销售量－固定成本

（三）边际贡献方程式与边际贡献率方程式★★★

1. 边际贡献与单位边际贡献

边际贡献是销售收入减去变动成本后的差额，单位边际贡献是单价减去单位变动成本的差额。计算公式为：

边际贡献＝销售收入－变动成本

单位边际贡献＝单价－单位变动成本

『老贾点拨』公式中"变动成本"包括产品的变动生产成本（简称产品变动成本）和变动期间成本（即变动的销售及管理费用）。

制造边际贡献＝销售收入－产品变动成本

产品边际贡献＝制造边际贡献－变动销售及管理费用

2. 边际贡献率与变动成本率

（1）边际贡献率是边际贡献占销售收入

的百分比,即:

边际贡献率=边际贡献/销售收入×100%

或:边际贡献率=单位边际贡献/单价×100%

(2)变动成本率是变动成本占销售收入的百分比,即:

变动成本率=变动成本/销售收入×100%

或:变动成本率=单位变动成本/单价×100%

(3)两者关系

变动成本率+边际贡献率=1

3. 边际贡献方程式和边际贡献率方程式

(1)边际贡献方程式

息税前利润=边际贡献-固定成本

=销售量×单位边际贡献-固定成本

(2)边际贡献率方程式

息税前利润

=销售收入×边际贡献率-固定成本

『老贾点拨』边际贡献率方程式可以用于多品种企业,但是需要计算加权平均边际贡献率。

【例题5·单选题】☆某公司月销售收入为50万元,边际贡献率为30%,该公司仅有

K、W 两部门,其中 K 部门变动成本为 30 万元,边际贡献率为 25%,下列各项中错误的是( )。

A. K 部门的变动成本率为 70%

B. K 部门的边际贡献为 10 万元

C. W 部门的边际贡献率为 50%

D. W 部门的销售收入为 10 万元

解析 ▶ 因为 K 部门边际贡献率 25%,则 K 部门的变动成本率=1-25%=75%,选项 A 不正确。K 部门销售收入=30/75%=40(万元),则 K 部门边际贡献=40×25%=10(万元),选项 B 正确。W 部门销售收入=50-40=10(万元),选项 D 正确。该公司边际贡献总额=50×30%=15(万元),W 部门边际贡献=15-10=5(万元),W 部门边际贡献率=5/10×100%=50%,选项 C 正确。 **答案** ▶ A

(四)本量利关系图★★

将成本、销售量和利润的关系反映在直角坐标系中,即形成本量利关系图(也称为盈亏临界图)。其形式有基本的本量利关系图和边际贡献式的本量利关系图。绘制时的关键内容见表16-5。

表16-5　本量利关系图的关键内容

坐标系的横轴	相关说明
销售量	(1)收入线斜率是单价;(2)变动成本线斜率是单位变动成本
销售收入	(1)收入线斜率是1;(2)变动成本线斜率是变动成本率

『老贾点拨』掌握基本的本量利图和边际贡献式本量利图的绘制方法,熟悉每条线的含义。

【例题6·多选题】某企业只生产一种产品,单价20元,单位变动成本12元,固定成本为2 400元,满负荷运转下的正常销售量为400件。以下说法中,正确的有( )。

A. 在"销售"以金额表示的边际贡献式本量利图中,该企业的变动成本线斜率为60%

B. 在"销售"以销售量表示的边际贡献

式本量利图中,该企业的变动成本线斜率为12

C. 在"销售"以金额表示的边际贡献式本量利图中,该企业的销售收入线斜率为20

D. 在"销售"以金额表示的边际贡献式本量利图中,该企业的销售收入线斜率为1

解析 ▶ 在"销售"以金额表示的边际贡献式本量利图中,变动成本线斜率为变动成本率,即60%,销售收入线斜率为1,所以选项 AD 的说法是正确的;在"销售"以销售量表示的边际贡献式本量利图中,变动成本

线斜率是单位变动成本，所以选项 B 的说法是正确的。　　　　　　**答案** ▶ ABD

五、保本分析

(一)保本点的确定★★

保本点(或盈亏临界点)是指企业收入和成本相等的经营状态，即边际贡献等于固定成本时不盈不亏的状态。

1. 单一品种产品保本量与保本额
(1)单一品种产品保本量

$$保本量=\frac{固定成本}{单价-单位变动成本}$$
$$=\frac{固定成本}{单位边际贡献}$$

『老贾点拨』 息税前利润=销售量×(单价-单位变动成本)-固定成本，当息税前利润等于 0 时，即可推导出上个公式；保本销售量与固定成本和单位变动成本呈同向变化，与单价和单位边际贡献呈反向变化。

(2)单一品种产品保本额

保本额=保本量×单价

或：保本额=固定成本/边际贡献率

『老贾点拨』 息税前利润=销售额×边际贡献率-固定成本，当息税前利润等于 0 时，即可推导出上个公式。

【例题 7·单选题】 ☆甲公司销售一种产品，相关信息如下：

单位售价	30 元
单位变动制造成本	7 元
固定制造费用	95 000 元
固定管理费用	65 000 元
销售佣金	售价的 10%

该产品的盈亏临界点销售量是( )件。
A. 3 250　　　　　B. 4 000
C. 4 750　　　　　D. 8 000

解析 ▶ 单位变动成本=7+30×10%=10(元)，固定成本=95 000+65 000=160 000(元)，盈亏临界临界点销售量=

160 000/(30-10)=8 000(件)，选项 D 是答案。　　　　　　　　　**答案** ▶ D

2. 多品种产品的保本量与保本额

多品种产品的保本点确定采用边际贡献法。由于每个产品边际贡献率不同，需采用加权平均边际贡献率。

(1)计算加权平均边际贡献率
加权平均边际贡献率
=所有产品边际贡献总额/所有产品销售收入总额×100%
或：加权平均边际贡献率=Σ(各产品边际贡献率×各产品销售收入占总销售收入比重)

(2)计算保本销售总额
保本销售总额=固定成本/加权平均边际贡献率

(3)计算某产品的保本销售额和保本销售量
某产品的保本销售额=保本销售总额×该产品销售收入/所有产品销售收入总额
某产品的保本销售量=该产品保本销售额/该产品销售单价

【例题 8·计算分析题】 某企业生产 A、B、C 三种产品，固定成本 150 000 元，其他资料如表所示：

产品	销量(件)	单价(元)	单位变动成本(元)
A	2 000	30	20
B	3 000	60	40
C	4 000	40	10

要求：计算加权平均边际贡献率、保本销售总额以及 A 产品的保本销售额和销售量。

答案 ▶

边际贡献总额=2 000×(30-20)+3 000×(60-40)+4 000×(40-10)=200 000(元)

销售收入总额=30×2 000+60×3 000+40×4 000=400 000(元)

加权平均边际贡献率
=200 000/400 000×100%=50%

保本销售总额 = 150 000/50% = 300 000（元）

A 产品保本销售额 = 300 000 × (30 × 2 000/400 000) = 45 000（元）

A 产品保本销售量 = 45 000/30 = 1 500（件）

（二）盈亏临界点作业率 ★★★

盈亏临界点作业率是盈亏临界点销售量（额）占实际或预计销售量（额）的比重。该比率表明企业在保本状态下生产经营能力的利用程度，其计算公式为：

$$盈亏临界点作业率 = \frac{盈亏临界点销售量（额）}{实际或预计销售量（额）} × 100\%$$

（三）安全边际和安全边际率 ★★★

安全边际是实际或预计销售额（量）超过盈亏临界点销售额（量）的差额。差额越大，经营越安全。安全边际率是安全边际额（量）与实际或预计销售额（量）的比值。比值越高，经营越安全。两者的计算公式分别为：

安全边际额（量）= 实际或预计销售额（量）- 盈亏临界点销售额（量）

安全边际率 = 安全边际额（量）/实际或预计销售额（量）× 100%

『老贾点拨』①安全边际率与盈亏临界点作业率两者之和等于1。②盈亏临界点把正常销售分为两部分，一部分是盈亏临界点销售额（量），另一部分是安全边际额（量）。③安全边际是一个安全区间，安全区间越大，风险越小。

（四）安全边际与息税前利润关系 ★★★

（1）息税前利润 = 安全边际额×边际贡献率 = 安全边际量×（单价-单位变动成本）

『老贾点拨』只有安全边际才能提供利润。因为在盈亏临界点上固定成本已经全部补偿，超过盈亏临界点之后只需补偿变动成本即可。

（2）销售息税前利润率 = 安全边际率×边际贡献率

『老贾点拨』要提高销售息税前利润率，就必须提高安全边际率（即降低盈亏临界点作业率）或提高边际贡献率（即降低变动成本率）。

【例题 9 · 多选题】☆甲公司的经营处于盈亏临界点，下列表述正确的有(   )。

A. 安全边际额等于零

B. 经营杠杆系数等于零

C. 边际贡献等于固定成本

D. 销售额等于销售收入线与总成本线交点处销售额

解析 ▶ 在盈亏临界点，销售额 = 盈亏临界点销售额，则安全边际额等于零，选项 A 是答案；在息税前利润等于 0 时，边际贡献 = 固定成本，所以选项 C 是答案；息税前利润为 0 时，收入等于成本，所以选项 D 是答案。在盈亏临界点，经营杠杆系数无穷大，选项 B 不是答案。 答案 ▶ ACD

【例题 10 · 多选题】在本量利分析中，假设其他因素不变，单位变动成本上升时，下列说法中正确的有(   )。

A. 安全边际下降

B. 盈亏临界点作业率下降

C. 销售息税前利润率下降

D. 单位边际贡献下降

解析 ▶ 盈亏临界点销售量 = 固定成本/（单价-单位变动成本），所以，单位变动成本上升时，盈亏临界点销售量提高（盈亏临界点作业率也提高），安全边际下降。选项 A 的说法正确，选项 B 的说法不正确。销售息税前利润率 = 安全边际率×边际贡献率，单位变动成本上升时，边际贡献率下降，安全边际率也下降，所以，销售息税前利润率下降，选项 C 的说法正确。由于单位边际贡献 = 单价-单位变动成本，所以，单位变动成本上升时，单位边际贡献下降，选项 D 的说法正确。 答案 ▶ ACD

【例题 11 · 单选题】☆甲公司只生产销

售一种产品，变动成本率为 30%，盈亏临界点作业率为 40%，甲公司销售息税前利润率为（　　）。

A. 18%　　　　　　B. 28%

C. 12%　　　　　　D. 42%

解析　销售息税前利润率=边际贡献率×安全边际率=（1-30%）×（1-40%）=42%

答案　D

六、保利分析 ★★

保利分析是在单价和成本一定的情况下，为确保实现既定的目标利润，测算应该达到的销售量和销售额。其计算公式为：

保利量=（固定成本+目标利润）/（单价-单位变动成本）

保利额=保利量×单价

或：保利额=（固定成本+目标利润）/边际贡献率

『老贾点拨』 此处的利润是指税前经营利润（或用息税前利润代替）。

【例题 12 · 计算分析题】☆甲公司是一家生物制药企业，研发出一种专利产品，生产该产品的项目已完成可行性分析，厂房建造和设备购置安装工作已完成，该产品将于2016 年开始生产销售，目前，公司正对该项目进行盈亏平衡分析，相关资料如下：

（1）专利研发支出资本化金额为 150 万元，专利有效期 10 年，预计无残值；建造厂房使用的土地使用权，取得成本为 500 万元，使用年限 50 年，预计无残值，两种资产均采用直线法计提摊销。厂房建造成本 400 万元，折旧年限 30 年，预计净残值率为 10%；设备购置成本 200 万元，折旧年限 10 年，预计净残值率为 5%，两种资产均采用直线法计提折旧。

（2）该产品销售价格每瓶 80 元，销量每年可达 10 万瓶，每瓶材料成本 20 元、变动制造费用 10 元、包装成本 3 元。公司管理人员实行固定工资制，生产工人和销售人员实行基本工资加提成制，预计需要新增管理人员 2 人，每人每年固定工资 7.5 万元；新增生产工人 25 人，人均月基本工资 1 500 元，生产计件工资每瓶 2 元；新增销售人员 5 人，人均月基本工资 1 500 元，销售提成每瓶 5 元。预计新增其他费用：财产保险费 4 万元，广告费 50 万元，职工培训费 10 万元，其他固定费用 11 万元。

（3）假设年生产量等于年销售量。

要求：

（1）计算新产品的年固定成本总额和单位变动成本。

（2）计算新产品的盈亏平衡全年销售量、安全边际率和年息税前利润。

（3）计算该项目的经营杠杆系数。

答案

（1）年摊销额=150/10+500/50=25（万元）

年折旧=（400-400×10%）/30+（200-200×5%）/10=31（万元）

年固定成本=25+31+2×7.5+25×0.15×12+5×0.15×12+4+50+10+11=200（万元）

单位变动成本=20+10+3+2+5=40（元）

（2）盈亏平衡全年销售量=200/（80-40）=5（万瓶）

安全边际率=（10-5）/10×100%=50%

年息税前利润=10×（80-40）-200=200（万元）

（3）经营杠杆系数=边际贡献/息税前利润=［10×（80-40）］/200=2

七、利润敏感分析

（一）利润敏感分析的含义 ★

利润敏感分析是研究有关参数（如销售量、销售单价、单位变动成本、固定成本）发生多大变化会使企业由盈利转为盈亏平衡，各参数变化对利润的影响程度以及为保证目标利润实现，各因素变动时如何进行调整应对。

(二)有关参数发生多大变化使盈利转为盈亏平衡(最大最小分析法)★★

销售单价、单位变动成本、销售量和固定成本的变化,会影响利润。当企业由盈利转为盈亏平衡时,计算某个参数的最大(最小)值。

『老贾点拨』 计算出的单价和销量,是企业能忍受的最小值,因为低于这个数值,企业就会亏损;而计算出的单位变动成本和固定成本是企业能忍受的最大值,因为高于这个数值,企业就会亏损。

【例题 13·单选题】某企业只生产一种产品,销售单价 5 元,单位变动成本 3 元,预计明年固定成本 15 000 元,产销量预计 10 000 件。则企业由盈利转为盈亏平衡时,销售单价变化的百分比是( )。

A. 降低 10% B. 上升 10%

C. 上升 25% D. 下降 25%

解析 ▶ 盈亏平衡时,10 000×(单价-3)-15 000=0,单价=4.5(元)。销售单价降至 4.5 元,即降低 10%(0.5/5)时,企业由盈利转为盈亏平衡。选项 A 是答案。 答案 ▶ A

2. 各参数变动对利润变化的影响程度(敏感程度法)★★★

各参数变化都会引起利润的变化,但影响程度是不同的,可以用敏感系数来反映各参数变动对利润的影响程度。具体计算步骤:

(1)根据给定参数的预期值计算基准的息税前利润;

(2)假设其他参数不变,计算某个参数变化引起的息税前利润变化;

(3)计算该参数的敏感系数,即:

敏感系数=目标值变动百分比/选定参数变动百分比

『老贾点拨』 ①单位变动成本和固定成本的敏感系数为负值;单价和销售量的敏感系数为正值。某参数的敏感系数绝对值大于 1,是敏感因素,某参数的敏感系数绝对值小于 1,是不敏感因素。敏感系数的绝对值越大,说明敏感程度越高。

②当企业由盈利转为盈亏平衡,就是指息税前利润变化百分比为-100%。如果已知某个因素的敏感系数,则可计算该因素的变动百分比,并可计算该因素的最大值(或最小值)。

③敏感系数反映了各因素变动百分比与利润变动百分比之间的比例,但是不能直接反应变动后的利润额,为了弥补该缺陷可以编制利润的敏感分析表。

④利润的敏感分析表不能提供变量之间关系的连续变化,为了弥补该缺陷可以设计利润的敏感分析图。

【例题 14·单选题】 ☆甲公司只生产一种产品,每件产品的单价为 5 元,单价敏感系数为 5。假定其他条件不变,甲公司盈亏平衡时的产品单价是( )元。

A. 3   B. 3.5

C. 4   D. 4.5

解析 ▶ 盈亏平衡时利润下降的百分比为 100%,由于单价敏感系数为 5,所以,单价下降的百分比=100%/5=20%,即盈亏平衡时的产品单价=5×(1-20%)=4(元)。

答案 ▶ C

同步训练

限时 130min

扫我做试题

一、单项选择题

1. ☆甲消费者每月购买的某移动通信公司58元套餐，含主叫通话450分钟，超出后主叫国内通话每分钟0.15元。该通信费是( )。
   A. 变动成本　　　B. 延期变动成本
   C. 阶梯式成本　　D. 半变动成本

2. 企业为了维持一定业务量必须负担的最低成本是( )。
   A. 约束性固定成本
   B. 酌量性固定成本
   C. 约束性变动成本
   D. 技术性变动成本

3. ☆电信运营商推出"手机10元保号，可免费接听电话和接收短信，主叫国内通话每分钟0.2元"套餐业务，若选用该套餐，则消费者每月手机费属于( )。
   A. 半变动成本　　B. 固定成本
   C. 阶梯式成本　　D. 延期变动成本

4. 产品边际贡献是指( )。
   A. 销售收入与产品变动成本之差
   B. 销售收入与销售和管理变动成本之差
   C. 销售收入与制造边际贡献之差
   D. 销售收入与全部变动成本(包括产品变动成本和变动期间成本)之差

5. 根据本量利分析的原理，能够提高安全边际但不会降低盈亏临界点的是( )。
   A. 提高产品单价
   B. 增加产品销量
   C. 降低单位变动成本
   D. 降低固定成本

6. 下列关于安全边际和边际贡献的表述中，不正确的是( )。

7. 在正常销售量不变的条件下，盈亏临界点的销售量越大，说明企业的( )。
   A. 经营风险越小　　B. 经营风险越大
   C. 财务风险越小　　D. 财务风险越大

8. 某企业只生产销售一种产品，目前处于盈利状态。受到通货膨胀的影响原材料涨价，经测算已知单位变动成本对利润的敏感系数为−2，为了确保下年度企业不亏损，单位变动成本的最大涨幅为( )。
   A. 25%　　　　　B. 100%
   C. 50%　　　　　D. 30%

9. 已知某企业总成本是销售额x的函数，两者的函数关系为：$y = 10\,000 + 0.6x$，若产品的售价为20元/件。则该企业的盈亏临界点销售量为( )件。
   A. 833.33　　　　B. 1 250
   C. 250　　　　　D. 2 250

10. 甲企业仅产销一种产品，预计销售量550件，单位变动成本为60元，固定成本为10 000元，假设目标利润为12 000元，则保利的单价是( )元。
    A. 100　　　　　B. 200
    C. 120　　　　　D. 300

11. 假设某企业只生产销售一种产品，单价50元，边际贡献率40%(保持不变)，每年固定成本300万元，预计下年产销量20万件，则价格对利润影响的敏感系数

上列6题选项(右栏顶部)：
A. 边际贡献的大小与固定成本的多少无关
B. 安全边际数值越大，企业经营越安全
C. 提高安全边际或提高边际贡献率，可以提高息税前利润
D. 安全边际中的边际贡献在补偿固定成本后就是息税前利润

为( )。

A. 10   B. 8

C. 4   D. 40

12. 甲企业仅产销一种产品，销售单价为100元，单位变动成本为60元，固定成本为10 000元，假设目标税后利润为12 000元，所得税税率为25%，则保利额为( )元。

A. 45 000   B. 55 000

C. 65 000   D. 50 000

13. ☆甲公司只生产一种产品，目前处于盈利状态，单位变动成本10元，息税前利润对变动成本的敏感系数为-4，假设其他条件不变，甲公司盈亏平衡时的单位变动成本为( )元。

A. 7.5   B. 10.4

C. 9.6   D. 12.5

14. ☆甲公司只生产一种产品，变动成本率为40%，盈亏临界点作业率为70%，甲公司的销售息税前利润率是( )。

A. 12%   B. 18%

C. 28%   D. 42%

15. 甲公司只生产一种产品，销售量1 000件，经营杠杆系数为5。假定其他条件不变，甲公司盈亏平衡时的产品销售量是( )件。

A. 1 000   B. 800

C. 200   D. 500

16. C公司的固定成本(包括利息费用)为600万元，资产总额为10 000万元，资产负债率为50%，负债平均利率为8%，净利润为800万元，该公司适用的所得税税率为20%，则息税前利润对销量的敏感系数是( )。

A. 1.43   B. 1.2

C. 1.14   D. 1.08

17. 甲企业6月初产成品库存150件，单位成本300元，其中单位变动成本120元，本月完工产品1 800件，销售1 850件，本月发生固定制造费用360 000元，产成品采用先进先出法计价，则完全成本下的

利润比变动成本法下的利润多( )元。

A. -7 000   B. -12 000

C. 7 000   D. 12 000

二、多项选择题

1. ☆某企业只生产一种产品，当年的税前利润为20 000元。运用本量利关系对影响税前利润的各因素进行敏感分析后得出，单价的敏感系数为4，单位变动成本的敏感系数为-2.5，销售量的敏感系数为1.5，固定成本的敏感系数为-0.5。下列说法中，正确的有( )。

A. 上述影响税前利润的因素中，单价是最敏感的，固定成本是最不敏感的

B. 当单价提高10%时，税前利润将增加8 000元

C. 当单位变动成本的上升幅度超过40%时，企业将转为亏损

D. 企业的安全边际率为66.67%

2. 下列各项中，属于约束性固定成本的有( )。

A. 固定资产折旧   B. 广告宣传费用

C. 管理人员工资   D. 职工培训费

3. 下列关于各项成本的表述中不正确的有( )。

A. 固定成本是指在特定的业务量范围内不受产量变动影响，一定期间的总额能保持固定不变的成本

B. 变化率递减的非线性成本的总额随业务量的增加而减少

C. 在一定业务量范围内总额保持稳定，超过特定业务量则开始随业务量同比例增长的成本叫半变动成本

D. 约束性固定成本是企业为了维持一定的业务量所必须负担的最低成本

4. 根据本量利分析的原理，下列息税前利润的表达式中，正确的有( )。

A. 息税前利润=销售收入-变动成本-固定成本

B. 息税前利润=销售收入-单位边际贡

献×业务量−固定成本

C. 息税前利润＝销量×单位边际贡献−固定成本

D. 息税前利润＝销售收入×边际贡献率−固定成本

5. 某企业只生产一种产品，单价 10 元，单位变动成本 6 元，固定成本为 1 500 元，满负荷运转下的正常销售量为 500 件。以下说法中，正确的有( )。

A. 在横轴以销售金额表示的边际贡献式本量利图中，该企业的变动成本线斜率为 60%

B. 在保本状态下，该企业生产经营能力的利用程度为 75%

C. 安全边际中的边际贡献等于 500 元

D. 该企业的安全边际率为 25%

6. 下列关于多种产品加权平均边际贡献率的计算公式中，正确的有( )。

A. 加权平均边际贡献率＝∑各产品边际贡献/∑各产品销售收入×100%

B. 加权平均边际贡献率＝∑（各产品安全边际率×各产品销售息税前利润率×各产品占总销售比重）

C. 加权平均边际贡献率＝（息税前利润＋固定成本）/∑各产品销售收入×100%

D. 加权平均边际贡献率＝∑（各产品边际贡献率×各产品占总销售比重）

7. 某企业生产销售甲乙两种产品，销售量分别为 10 万件和 15 万件，单价分别为 20 元和 30 元，单位变动成本分别为 12 元和 15 元，固定成本总额为 100 万元，则下列说法中，正确的有( )。

A. 加权平均边际贡献率为 56.92%

B. 加权平均边际贡献率为 46.92%

C. 盈亏临界点销售额为 213.13 万元

D. 甲产品盈亏临界点销售量为 3.28 万件

8. 某企业生产一种产品，单价为 20 元，单位变动成本为 12 元，固定成本为 80 000 元/月，每月正常销售量为25 000件。以一个月为计算期，下列说法中正确的

有( )。

A. 盈亏临界点销售量为 10 000 件

B. 安全边际额为 300 000 元

C. 盈亏临界点作业率为 40%

D. 销售息税前利润率为 24%

三、计算分析题

1. ☆甲公司拟承包乙集团投资开发的主题公园中的游乐场，承包期限 5 年，承包时一次性支付经营权使用费 25 000 万元，按承包年限平均分摊；承包期内每年上交 5 000万元承包费，并且每年按其年收入的 10%向乙集团支付管理费。甲公司目前正在进行 2021 年盈亏平衡分析。相关资料如下：

(1)游乐场售卖两种门票，均当日当次有效。票价如下：

单位：元

	游乐场门票	公园观光和游乐场联票（联票）
成人普通票（普通票）	60	80
儿童及 60 岁以上老人优惠票（优惠票）	30	40

(2)2021 年预计门票售卖情况：游乐场门票 500 万张，联票 400 万张，假设各类已售门票中，普通票和优惠票的比例均为 40%：60%。

(3)联票收入甲、乙分享各占 50%。

(4)物业费为固定费用，2021 年甲公司支付游乐场物业费 10 286 万元。

(5)假设不考虑企业所得税。

要求：

(1)分别计算游乐场 2021 年边际贡献总额、固定成本总额、营业利润。

(2)分别计算游乐场 2021 年平均每人次边际贡献、盈亏临界点游客人次、安全边际率。

(3)如果甲公司计划 2021 年实现营业利润 10 000 万元，拟将游乐场普通票提价至

70元，其他票价不变，联票销售预计增长50%。假设其他条件不变，计算至少需要售卖多少万张游乐场门票才能实现目标利润。

2. ☆甲公司生产 A、B 两种产品。A 产品是传统产品，造价高、定价低、多年亏损，但市场仍有少量需求，公司一直坚持生产。B 产品是最近几年新开发的产品，由于技术性能好，质量高，颇受用户欢迎，目前市场供不应求。2019 年年末，公司计划、销售和财务部门一起编制下一年的生产计划，在该计划基础上，财务部门预测收入、成本和息税前利润。相关信息如下：

2020 年预计利润表

单位：万元

	A	B	合计
营业收入	1 220	560	1 780
营业成本	1 260	440	1 700
息税前利润	−40	120	80

经财务部门测算，A、B 产品的变动成本率分别为70%和40%。

公司领导根据财务部门预测，提出如下几个问题：

(1) 2020 年公司息税前利润能否达到100 万元？

(2) A 产品亏损 40 万元，可否考虑停产？

(3) 若能添置设备，扩大生产能力，增产能否增利？

根据公司领导提出的问题，财务部门和相关部门共同研究，提出如下三个方案：

方案一：停止生产 A 产品，按原计划生产 B 产品。

方案二：停止生产 A 产品，调整生产计划，平衡生产能力，使 B 产品增产80%。

方案三：在 2020 年原生产计划基础上，投资 50 万元购置一台设备，用于生产 B 产品，B 产品增产10%。预计该设备使用年限 5 年，按直线法计提折旧，无残值。

要求：

(1) 分别计算 A、B 产品的变动成本和边际贡献。

(2) 分别计算三个方案的息税前利润，并据以选择最优方案。

(3) 基于要求(2)的结果，依次回答公司领导提出的三个问题，并简要说明理由。

3. 甲企业只生产一种产品，年产销量为 5 万件，单位产品售价为 20 元。为了降低成本，计划购置新生产线。买价为 200 万元，预计使用寿命 10 年，到期收回残值 2 万元，采用直线法计提折旧。据预测可使变动成本降低20%，产销量不变。现有生产线的年折旧额为 6 万元，购置新生产线后现有的生产线不再计提折旧。其他的固定成本不变。目前生产条件下的变动成本为 40 万元，固定成本为 24 万元。

要求：

(1) 计算目前的安全边际率和息税前利润。

(2) 计算购置新生产线之后的安全边际率和息税前利润。

(3) 判断购置新生产线是否经济？

(4) 如果购置新生产线企业经营的安全性水平有何变化？

4. 甲公司 2022 年除草机、树枝剪和喷叶机三种产品的销售预测如下：

项目	除草机	树枝剪	喷叶机
销售量(台)	5 000	5 000	10 000
单位售价(元)	280	360	480
单位变动生产成本(元)	130	120	250
单位变动销售及管理费用(元)	50	40	60

2022 年公司固定制造费用预算 200 000 元，固定销售及管理费用 60 000 元。公司所得税税率 25%。

要求：

（1）计算公司 2022 年边际贡献总额和息前税后利润。

（2）假定销售量的组合保持在预算水平，计算公司 2022 年平均单位边际贡献和盈亏平衡时的每种产品销售数量。

5. ☆甲公司拟加盟乙服装连锁集团，乙集团对加盟企业采取不从零开始的加盟政策：将达到盈亏平衡条件的自营门店整体转让给符合条件的加盟商；加盟经营协议期 5 年，加盟时一次性支付 120 万元加盟费；加盟期内，每年按年营业额 10%向乙集团支付特许经营使用费和广告费。甲公司预计于 2016 年 12 月 31 日正式加盟。目前正进行 2017 年度盈亏平衡分析。其他相关资料如下：

（1）面积 100 平方米，每平方米每年租金 1 500 元。

（2）为扩大营业规模，新增一项固定资产，原值 5 万元，采用直线法计提折旧，折旧年限为 5 年（无残值）。

（3）服装每件售价 1 000 元，变动制造成本率为 40%，每年实际销售 1600 件，每年固定成本、变动成本率保持不变。

要求：

（1）计算每年固定成本总额、单位变动成本、盈亏临界点销售额及实际销量时的安全边际率。

（2）如果计划每年目标税前利润达到 120 万元，计算销量。

（3）其他条件不变，如果销售价格上浮 15%，以目标税前利润 120 万元为基数，计算目标税前利润变动百分比及目标税前利润对单价的敏感系数。

（4）如果计划每年目标税前利润达到 120 万元且销量达到 4 000 件，计算可接受的最低售价。

6. 甲公司 2021 年开始生产并销售一种新产品，2021 年和 2022 年预计生产量 32 000 件和 26 000 件，预计销售量分别为 27 000 件和 30 000 件，存货计价采用先进先出法。产品售价 25 元/件。变动生产成本 6 元/件，其中直接材料费用 2.6 元/件，直接人工费用 3 元/件，变动制造费用 0.4 元/件；固定制造费用每年 35 000 元，变动销售与管理费用是销售收入的 5%，固定销售与管理费用每年 12 000 元。

要求：

（1）采用完全成本法和变动成本法编制甲公司 2021 年和 2022 年利润表（将计算结果填入表格中，不需要列示计算过程）。

完全成本法下的利润表

单位：元

项目	2021 年	2022 年
销售收入		
销售成本		
期初存货成本		
本期生产成本		
期末存货成本		
毛利		
变动销售与管理费用		
固定销售与管理费用		
息税前利润		

变动成本法下的利润表

单位：元

项目	2021 年	2022 年
销售收入		
销售产品变动生产成本		
变动销售与管理费用		
边际贡献		
固定制造费用		
固定销售与管理费用		
息税前利润		

（2）解释说明 2021 年和 2022 年两种成本计算方法产生息税前利润差异的原因。

同步训练答案及解析

一、单项选择题

1. B 【解析】延期变动成本，是指在一定业务量范围内总额保持稳定，超过特定业务量则开始随业务量同比例增长的成本。本题中的通信费，在主叫通话的时间不超过450分钟时，为58元，超过450分钟之后，每一分钟增加0.15元，所以是延期变动成本。

2. A 【解析】约束性固定成本是提供和维持生产经营所需的设施、机构而发生的成本，是企业为了维持一定业务量必须负担的最低成本，属于企业经营能力成本。

3. A 【解析】半变动成本是指在初始成本的基础上随业务量正比例增长的成本。所以选项A是答案。

4. D 【解析】边际贡献分为制造边际贡献和产品边际贡献，其中，制造边际贡献=销售收入-产品变动成本，产品边际贡献=制造边际贡献-变动期间成本。

5. B 【解析】盈亏临界点销售量=固定成本/(单价-单位变动成本)，所以，选项ACD都会降低盈亏临界点，而选项B不会降低盈亏临界点。

6. D 【解析】盈亏临界点的销售额扣除变动成本后正好补偿全部固定成本，安全边际中边际贡献就是息税前利润。所以选项D的表述不正确。

7. B 【解析】盈亏临界点销售量越大，安全边际率越小，因此经营风险越大。

8. C 【解析】确保下年度企业不亏损，意味着利润下降的最大幅度为100%，而单位变动成本对利润的敏感系数为-2，即单位变动成本的最大涨幅为100%÷2=50%。

9. B 【解析】根据题中给出的总成本与销售额的函数关系，可以得出变动成本率为60%，即边际贡献率为40%(1-60%)，则盈亏临界点销售量为：10 000/(40%×20)=1 250(件)。

10. A 【解析】550×(单价-60)-10 000=12 000，所以，单价=100(元)。

11. C 【解析】单价为50元时利润=20×50×40%-300=100(万元)，如果单价提高10%，则利润变动额=20×50×10%×40%=40(万元)，利润变动百分比=40/100×100%=40%，单价敏感系数=40%/10%=4。

12. C 【解析】保利量=[12 000/(1-25%)+10 000]/(100-60)=650(件)。保利额=650×100=65 000(元)。

13. D 【解析】盈亏平衡时息税前利润的变动百分比为-100%。息税前利润对变动成本的敏感系数为-4，因此变动成本的上升百分比为(-100%)/(-4)=25%。盈亏平衡点时的单位变动成本=10×(1+25%)=12.5(元)。

14. B 【解析】销售息税前利润率=安全边际率×边际贡献率=(1-70%)×(1-40%)=18%。

15. B 【解析】经营杠杆系数就是息税前利润对销售量变化的敏感系数，盈亏平衡时息税前利润下降100%，即销售量的变化百分比=-100%/5=-20%，盈亏平衡时的销售量=1 000×(1-20%)=800(件)。

16. C 【解析】目前的息税前利润=800/(1-20%)+10 000×50%×8%=1 400(万元)，息税前利润对销量的敏感系数=息税前利润变动率/销量变动率=经营杠杆系数=目前的边际贡献/目前的息税前利润=[1 400+(600-10 000×50%×8%)]/1 400=1.14。

17. A 【解析】单位产品固定制造费用=

360 000/1 800＝200(元)，本月月末产成品数量＝150+1 800-1 850＝100(件)，由于采用先进先出法，期末产成品单位固定制造费用 200 元，完全成本法下利润与变动成本法下利润的差额＝100×200-150×180＝-7 000(元)。

二、多项选择题

1. ABCD 【解析】敏感系数的绝对值越大，敏感性越强，所以选项 A 的说法正确；根据单价的敏感系数为 4 可知，当单价提高 10% 时，税前利润提高 40%，即提高 20 000×40%＝8 000(元)，所示选项 B 的说法正确；根据单位变动成本的敏感系数为-2.5 可知，当单位变动成本的上升幅度超过 40% 时，税前利润的下降幅度将超过 100%，所以选项 C 的说法正确；根据固定成本的敏感系数为-0.5 可知，固定成本提高 200% 时，税前利润降低 100%(即降低 20 000 元)，而固定成本的提高额＝税前利润的降低额，所以，固定成本＝20 000/200%＝10 000(元)，即当年的销售量×(单价-单位变动成本)＝20 000+10 000＝30 000(元)，盈亏临界点时的销售量×(单价-单位变动成本)＝0+10 000＝10 000(元)，即盈亏临界点时的销售量/当年的销售量＝10 000/30 000＝1/3，安全边际量/当年的销售量＝1-1/3＝2/3，安全边际率＝2/3＝66.67%，所以选项 D 的说法正确。

2. AC 【解析】约束性固定成本指的是不能通过当前的管理决策行动加以改变的固定成本，如固定资产折旧、财产保险、管理人员工资等。

3. ABC 【解析】固定成本是指在特定的业务量范围内不受业务量变动影响，一定期间的总额能保持相对稳定的成本，但这并不意味着每月该项成本的实际发生额都完全一样，选项 A 的说法不正确；变化率递减的非线性成本的总额随业务量的增加而增加，仅仅是变化率递减(即增加的速度递

减)，选项 B 的说法不正确；在一定业务量范围内总额保持稳定，超过特定业务量则开始随业务量同比例增长的成本叫延期变动成本，选项 C 的说法不正确。

4. ACD 【解析】息税前利润＝销售收入-变动成本-固定成本＝边际贡献-固定成本＝销量×单位边际贡献-固定成本＝销售收入×边际贡献率-固定成本，所以选项 ACD 正确。

5. ABCD 【解析】在边际贡献式本量利图中，如果横轴是销售额，则变动成本线的斜率＝变动成本率＝6/10×100%＝60%，所以选项 A 的说法正确；保本量＝1 500/(10-6)＝375(件)，企业生产经营能力的利用程度(即盈亏临界点作业率)＝375/500×100%＝75%，所以选项 B 的说法正确；安全边际中的边际贡献＝(500-375)×(10-6)＝500(元)，所以选项 C 的说法正确；安全边际率＝1-75%＝25%，所以选项 D 的说法正确。

6. ACD 【解析】加权平均边际贡献率＝所有产品边际贡献总额/所有产品销售收入总额×100%＝∑(各产品边际贡献率×各产品占总销售比重)，所以选项 AD 的表达式正确；由于安全边际率×边际贡献率＝销售息税前利润率，即边际贡献率＝销售息税前利润率/安全边际率，所以选项 B 的表达式不正确；由于"所有产品边际贡献总额＝息税前利润+固定成本"，所以选项 C 的表达式正确。

7. BCD 【解析】加权边际贡献率＝[10×(20-12)+15×(30-15)]/(10×20+15×30)×100%＝46.92%，盈亏临界点销售额＝100/46.92%＝213.13(万元)，甲产品盈亏临界点销售额＝[10×20/(10×20+15×30)]×213.13＝65.58(万元)，甲产品盈亏临界点销售量＝65.58÷20＝3.28(万件)。

8. ABCD 【解析】盈亏临界点销售量＝80 000/(20-12)＝10 000(件)，选项 A 的说法正确；安全边际额＝25 000×20-

10 000×20 = 300 000（元），选项 B 的说法正确；盈亏临界点作业率 = 10 000/25 000×100% = 40%，选项 C 的说法正确；安全边际率 = 1 – 40% = 60%，边际贡献率 =（20 – 12）/20×100% = 40%，销售息税前利润率 = 60%×40% = 24%，选项 D 的说法正确。

三、计算分析题

1.【答案】

（1）营业收入总额 = 500×40%×60 + 500×60%×30 +（400×40%×80 + 400×60%×40）×50% = 32 200（万元）

变动成本总额 = 32 200×10% = 3 220（万元）

边际贡献总额 = 32 200 – 3 220 = 28 980（万元）

固定成本总额 = 25 000/5 + 5 000 + 10 286 = 20 286（万元）

营业利润 = 28 980 – 20 286 = 8 694（万元）

（2）平均每人次边际贡献 = 28 980/（500 + 400）= 32.20（元）

32.20×盈亏临界点游客人次 – 20 286 = 0

得出盈亏临界点游客人次 = 20 286/32.20 = 630（万人次）

安全边际率 =（500 + 400 – 630）/（500 + 400）×100% = 30%

或者：盈亏临界点销售额 = 20 286/（1 – 10%）= 22 540（万元）

安全边际率 =（32 200 – 22 540）/32 200×100% = 30%

（3）假设售卖游乐场门票为 X 万张可以实现目标利润

{X×40%×70 + X×60%×30 +［400×（1 + 50%）×40%×80 + 400×（1 + 50%）×60%×40］×50%}×90% – 20 286 = 10 000

解得：X = 366.33（万张）

所以，甲公司需要售卖 366.33 万张游乐场门票才能实现目标利润 10 000 万元。

2.【答案】

（1）A 产品的变动成本 = 1 220×70% = 854（万元）

A 产品的边际贡献 = 1 220 – 854 = 366（万元）

B 产品的变动成本 = 560×40% = 224（万元）

B 产品的边际贡献 = 560 – 224 = 336（万元）

（2）企业总固定成本 =（1260 – 854）+（440 – 224）= 622（万元）

方案一的息税前利润 = 336 – 622 = – 286（万元）

方案二的息税前利润 = 560×（1 + 80%）×（1 – 40%）– 622 = – 17.2（万元）

方案三的息税前利润 = 80 + 560×10%×（1 – 40%）– 50/5 = 103.6（万元）

方案三的息税前利润最大，应选择方案三。

（3）①2020 年公司息税前利润能达 100 到万元。

②由于 A 产品能提供正的边际贡献，在短期内，即使停产 A 产品，其固定成本也不会降低，所以不能停产 A 产品。

③由于方案三可以增加息税前利润，所以增产能增利。

3.【答案】

（1）目前的单位变动成本 = 40/5 = 8（元）

单位边际贡献 = 20 – 8 = 12（元）

盈亏临界点销售量 = 24/12 = 2（万件）

安全边际率 =（5 – 2）/5×100% = 60%

息税前利润 = 5×12 – 24 = 36（万元）

（2）购置新生产线之后的单位变动成本 = 8×（1 – 20%）= 6.4（元）

单位边际贡献 = 20 – 6.4 = 13.6（元）

固定成本 = 24 – 6 +（200 – 2）/10 = 37.8（万元）

盈亏临界点销售量 = 37.8/13.6 = 2.78（万件）

安全边际率 =（5 – 2.78）/5×100% = 44.4%

息税前利润 = 5×13.6 – 37.8 = 30.2（万元）

（3）由于息税前利润下降，所以购置新生产线不经济。

（4）由于安全边际率降低，因此企业经营

的安全性水平下降。

4.【答案】

(1)边际贡献总额 = 5 000×(280-130-50)+5 000×(360-120-40)+10 000×(480-250-60) = 3 200 000(元)

息前税后利润 = (3 200 000-200 000-60 000)×(1-25%) = 2 205 000(元)

(2)平均单位边际贡献 = 3 200 000/(5 000+5 000+10 000) = 160(元)

盈亏平衡点的销售数量 = (200 000+60 000)/160 = 1 625(台)

其中：除草机销售量 = 1 625×1/4 = 406.25(台)

树枝剪销售量 = 1 625×1/4 = 406.25(台)

喷叶机销售量 = 1 625×2/4 = 812.5(台)

5.【答案】

(1)每年固定成本总额 = 120/5+100×1 500/10 000+5/5 = 40(万元)

单位变动成本 = 1 000×(40%+10%) = 500(元)

边际贡献率 = (1 000-500)/1 000×100% = 50%

6.(1)

或：边际贡献率 = 1-(40%+10%) = 50%

盈亏临界点销售额 = 40/50% = 80(万元)

实际销售额 = 1 000×1 600/10 000 = 160(万元)

安全边际率 = (160-80)/160×100% = 50%

(2)单位边际贡献 = (1 000-500)/10 000 = 0.05(万元)

目标税前利润 120 万元的销量 = (120+40)/0.05 = 3 200(件)

(3)单价上浮 15%,则单位边际贡献 = 1 000×(1+15%)×50% = 575(元)

『老贾点拨』题干中说的是"变动成本率保持不变",所以边际贡献率不变。

税前利润 = 3200×575/10 000-40 = 144(万元)

税前利润变动百分比 = (144-120)/120×100% = 20%

税前利润对单价的敏感系数 = 20%/15% = 1.33

(4)4 000×单价×50%/10 000-40 = 120

即：单价 = 800(元)

完全成本法下的利润表

单位：元

项目	2021 年	2022 年
销售收入	675 000	750 000
销售成本	191 531.25	219 122.6
期初存货成本	0	35 468.75
本期生产成本	227 000	19 1000
期末存货成本	35 468.75	7 346.15
毛利	483 468.75	530 877.4
变动销售与管理费用	33 750	37 500
固定销售与管理费用	12 000	12 000
息税前利润	437 718.75	481 377.4

变动成本法下的利润表

单位：元

项目	2021 年	2022 年
销售收入	675 000	750 000
销售产品变动生产成本	162 000	180 000
变动销售与管理费用	33 750	37 500
边际贡献	479 250	532 500
固定制造费用	35 000	35 000
固定销售与管理费用	12 000	12 000
息税前利润	432 250	485 500

（2）2021 年完全成本法下息税前利润比变动成本法下计算的息税前利润多 5 468.75 元（437 718.75-432 250），其原因是在完全成本法下，2021 年期末存货吸收固定制造费用 5 468.75 元（5 000×35 000/32 000），将要转到 2022 年度销售产品负担。

2022 年完全成本法下息税前利润比变动成本法下计算的息税前利润少 4 122.6 元（485 500-481 377.4），其原因是 2022 年年末存货吸收固定制造费用 1 346.15 元（1 000×35 000/26 000）将转到 2023 年销售产品负担，同时，2021 年年末存货在本期销售，该部分固定制造费用 5 468.75 元计入本期销售成本，两者相抵后使 2022 年完全成本法下息税前利润减少 4 122.6 元（5 468.75-1 346.15）。

第十七章　短期经营决策

历年考情概况

本章是考试较为重要的内容，其中的生产决策、定价决策与本量利分析的内容联系紧密。主要考核不同生产决策和定价决策的分析方法。考试形式以主观题为主，客观题也有涉及。考试分值预计 6 分左右。

近年考点直击

主要考点	主要考查题型	考频指数	考查角度
相关成本与不相关成本	客观题	★	相关成本与不相关成本的判断
生产决策	客观题和主观题	★★★	(1)亏损产品是否停产的决策；(2)零部件自制与外购的决策；(3)特殊订单是否接受的决策；(4)约束资源最优利用决策；(5)产品是否进一步深加工的决策
定价决策	客观题	★★	产品销售定价方法的运用

2022 年考试变化

在"相关成本与不相关成本""生产决策的主要方法""约束资源最优利用决策"和"产品销售定价的方法"下增加部分内容，其余无实质性变动。

考点详解及精选例题

一、短期经营决策的概念与成本分类

(一)短期经营决策的概念 ★

短期经营决策是指对企业**一年以内**或**维持当前的经营规模**的条件下所进行的决策。其特点是在既定的规模条件下如何有效地配置资源，获得最大的经济效益。一般不涉及固定资产投资和经营规模的改变。

(二)成本分类 ★★

1. 相关成本

相关成本是指与决策方案相关的、有差别的未来成本，在分析评价时必须予以考虑，它随着决策的改变而改变。具体表现形式有：

(1)边际成本。增加或减少一个单位产量引起的成本的变动。

(2)机会成本。是指实行本方案的一种代价，即失去所放弃方案的潜在收益。

(3)重置成本。目前从市场购置原有资产所需支付的现时成本。

(4)付现成本。在将来或最近期间需要

支付现金的成本。尤其在资金紧张时更应慎重对待。

（5）可避免成本。当方案或决策改变时，该成本可以避免或数额可以发生变化，如酌量性固定成本。

（6）可延缓成本。是指已经选定，但可以延期实施却不会影响大局的某方案相关联的成本。

（7）专属成本。可以明确归属于某种、某批或某个部门的固定成本。

（8）差量成本。两个方案预期成本的差异。

『老贾点拨』 相关成本同时具有两个特点，即相关信息面向未来和相关信息在不同方案之间存在差异。

2. 不相关成本

不相关成本是指与决策无关的成本，在决策分析中不需要考虑。

（1）沉没成本。过去发生的，现在和未来决策无法改变的成本。

（2）不可避免成本。通过管理决策不能改变其数额的成本，如约束性固定成本。

（3）不可延缓成本。计划期间必须发生的成本。

（4）无差别成本。指两个或两个以上方案之间没有差别的成本。

（5）共同成本。由不同种类、批次或有关部门共同分担的固定成本。如企业的管理人员工资、车间的照明费以及需由各种产品共同负担的联合成本，共享企业的共同基础设施等。

【例题1·多选题】 ☆因大米的市场需求增长，南方某农场在决定是否生产双季稻时，下列各项需考虑的有（　　）。

A. 生产双季稻使用现有耕地的年固定租金成本

B. 生产双季稻增加的农场人工支出

C. 生产双季稻放弃的其他经济作物的收益

D. 生产双季稻增加的种子购买成本

解析 ▶ 生产双季稻使用现有耕地的年固定租金成本，是固定的数值，与是否生产双

季稻无关。　　　　　答案 ▶ BCD

【例题2·多选题】 企业在短期经营决策中应该考虑的成本有（　　）。

A. 联合成本　　　B. 共同成本

C. 差量成本　　　D. 专属成本

解析 ▶ 联合成本和共同成本属于短期经营决策中的无关成本。　　答案 ▶ CD

二、生产决策

（一）生产决策的主要方法★★

1. 差量分析法

即分析备选方案之间的差额收入和差额成本，根据差额利润进行选择的方法。

（1）决策指标：差额利润＝差额收入－差额成本。

（2）决策方法：如果差额利润大于零，则前一个方案优；反之，后一个方案优。

2. 边际贡献分析法

即通过比较各备选方案的边际贡献大小来确定最优方案的决策方法。

（1）决策指标：边际贡献＝销售收入－变动成本。

（2）决策方法：选择边际贡献总额最大的方案。

『老贾点拨』 如果有增加专属成本，此时需要计算相关损益，选择相关损益最大的方案。即：相关损益＝相关收入－相关成本＝相关收入－（变动成本＋专属成本）。

3. 本量利分析法

即根据成本、产量和利润之间依存关系进行生产决策的方法。

（1）决策指标：息税前利润＝销售量×（单价－单位变动成本）－固定成本。

（2）决策方法：选择息税前利润最大的方案。

（二）生产决策的类型★★★

1. 亏损产品是否停产决策

（1）决策指标：边际贡献＝销售收入－变

动成本。

（2）决策方法：边际贡献大于零，不应该停产。

【例题3·单选题】 ☆甲公司生产销售乙、丙、丁三种产品，固定成本5万元，除乙产品外，其余两种产品均盈利，乙产品销售2 000件，单价105元，单位成本110元（其中，单位直接材料成本20元，单位直接人工成本35元，单位变动制造费用45元，单位固定制造费用10元），假设生产能力无法转移，在短期经营决策时，决定继续生产乙产品的理由是（　　）。

A. 乙产品单价大于20元
B. 乙产品单价大于80元
C. 乙产品单价大于55元
D. 乙产品单价大于100元

解析 ▶ 在短期内，如果企业的亏损产品能够提供正的边际贡献，就不应该停产。乙产品单位变动成本=20+35+45=100（元），因此只要乙产品的单价大于单位变动成本100元，就应该继续生产。　　**答案** ▶ D

2. 零部件自制与外购的决策

（1）决策指标：相关成本。

零部件自制与外购决策的相关成本如图17-1所示。

$$相关成本\begin{cases}外购（外购买价）\\自制\begin{cases}变动成本\\生产能力转移的机会成本\\专属成本\end{cases}\end{cases}$$

图17-1　零部件自制与外购决策的相关成本

（2）决策方法：选择相关成本最低的方案。

【例题4·单选题】 ☆甲是一家汽车制造企业，每年需要M零部件20 000个，可以自制或外购，自制时直接材料费用为400元/个，直接人工费用为100元/个，变动制造费用为200元/个，固定制造费用为150元/个，甲公司有足够的生产能力，如不自制，设备出租可获得年租金40万元，甲选择外购的条件是单价小于（　　）元。

A. 680　　　　　　B. 720
C. 830　　　　　　D. 870

解析 ▶ 企业自制的相关成本=400+100+200+400 000/20 000=720（元）　　**答案** ▶ B

3. 特殊订单是否接受的决策

（1）决策指标：相关损益=相关收入-相关成本。

特殊订单是否接受决策的相关成本如图17-2所示。

$$相关成本\begin{cases}变动成本\\专属成本\\生产能力转移的机会成本\\减少正常销售的机会成本\end{cases}$$

图17-2　特殊订单是否接受决策的相关成本

（2）决策方法：相关损益大于零，即可接受特殊订单。

【例题5·单选题】 ☆甲公司生产乙产品，生产能力为500件。目前正常订货量为400件，剩余生产能力无法转移。正常销售单价80元，单位产品成本50元，其中变动成本40元。现有客户追加订货100件，报价70元，甲公司如果接受这笔订货。需要追加专属成本1 200元。甲公司若接受这笔订单，将增加利润（　　）元。

A. 800　　　　　　B. 2 000
C. 1 800　　　　　D. 3 000

解析 ▶ 增加利润=100×（70-40）-1 200=1 800（元）　　**答案** ▶ C

4. 约束资源最优利用决策

（1）决策指标：单位约束资源边际贡献=单位产品边际贡献/单位产品需要的约束资源。

（2）决策方法：优先安排生产单位约束资源边际贡献最大的产品，即可产生最大的总边际贡献。

【例题6·计算分析题】 甲公司生产X、Y、Z三种机器，三种机器都需要用同一个生产设备制造，该设备为关键限制资源，年生产能力8 000小时。甲公司年固定成本总额304 000千元，2021年的资料如下：

项目	X 产品	Y 产品	Z 产品
销量(台)	20 000	10 000	16 000
单位售价(千元)	30	39	20
单位变动成本(千元)	18	27	13
关键限制资源消耗(小时/台)	0.2	0.3	0.1

要求:

(1)按照高效利用关键设备,实现最大利润的原则,决定生产的优先顺序,该三种机器 X、Y、Z,各应生产多少台? 税前经营利润总额是多少?

(2)假设只生产 X,明年 X 的生产量为 40 000 台,其他条件不变,要达到问题(1)的税前经营利润总额,最低的售价是多少?

(3)基于问题(2),计算税前经营利润总额对单位售价的敏感系数。

答案 ▶

(1) X 产品单位约束资源边际贡献 = (30-18)/0.2=60(千元/小时)

Y 产品单位约束资源边际贡献 = (39-27)/0.3=40(千元/小时)

Z 产品单位约束资源边际贡献 = (20-13)/0.1=70(千元/小时)

为了实现利润最大化,应该优先生产 Z 产品,其次是 X 产品,最后是 Y 产品。

Z 产品生产 16 000 台,耗用生产能力 = 16 000 × 0.1 = 1 600(小时);X 产品生产 20 000 台,耗用生产能力 = 20 000 × 0.2 = 4 000(小时);剩余生产能力 = 8 000 - 1 600-4 000=2 400(小时),剩余生产能力生产 Y 产品的数量 = 2 400/0.3 = 8 000(台)。

税前经营利润总额 = (20-13)×16 000+ (30-18)×20 000+(39-27)×8 000-304 000= 144 000(千元)

(2)(单价-18)×40 000-304 000 = 144 000

单价=29.2(千元)

(3)如果单价提高 10%,则税前经营利润变动额 = 29.2×10%×40 000 = 116 800(千元),税前经营利润变动百分比 = 116 800/ 144 000 = 81.11%,单价敏感系数 =

81.11%/10% = 8.11。

5. 产品是否应该进一步深加工的决策

(1)决策指标:差额利润=深加工增加的相关收入-深加工追加的相关成本。

(2)决策方法:差额利润大于零,应该进一步深加工。

【例题 7·计算分析题】某企业生产 A 半成品 1 000 件,销售单价 50 元,单位变动成本 20 元,全年固定成本 20 000 元。若加工为产成品销售,则每件需要追加变动成本 20 元,产品销售单价 80 元。

要求:

(1)企业具备进一步加工 1 000 件 A 半成品的生产能力,该生产能力无法转移。如果进一步加工为产成品,需要追加专属固定成本 5 000 元,分析判断是否需要深加工。

(2)企业只具备进一步加工 700 件 A 半成品的生产能力,该生产能力可以用于对外承揽加工业务,预计每年可获得边际贡献 7 500 元,分析判断是否需要深加工。

答案 ▶

(1)深加工增加的收入 = (80-50)× 1 000 = 30 000(元)

深加工增加的成本 = 20×1 000 + 5 000 = 25 000(元)

增加利润 = 30 000-25 000 = 5 000(元)

增加利润大于零,企业应该深加工后再销售。

(2)深加工增加的收入 = (80-50)×700 = 21 000(元)

深加工增加的成本 = 20×700 + 7 500 = 21 500(元)

增加利润 = 21 000-21 500 = -500(元)

增加利润小于零,企业应该直接销售该产品。

三、产品销售定价的方法

(一)成本加成定价法★★

(1)完全成本加成。即以单位产品制造成本为成本基数,"加成"的内容包括非制造成本和合理利润。

(2)变动成本加成。即以单位变动成本为成本基础,"加成"内容包括全部固定成本和合理利润。

『老贾点拨』 成本加成定价法的一般模型为:目标价格=成本×(1+加成率)。

(二)市场定价法★

有活跃市场的产品可以以市场价格来定价,或者根据市场同类或相似产品的价格来定价。

(三)新产品的销售定价方法★★

新产品的销售定价方法,分为撇脂性定价和渗透性定价,具体内容见表17-1。

表 17-1　销售定价方法

方法	阐释
撇脂性定价	新产品试销初期定出较高价格,随着市场扩大,再逐步降低价格,属于短期定价策略。适用生命周期短的产品
渗透性定价	新产品试销初期以较低价格进入市场,市场稳固之后,再逐步提高价格,属于长期定价策略

(四)有闲置能力条件下的定价方法★★

当企业有闲置生产能力时,面对市场需求的变化所采用的定价方法。此时的定价应该在变动成本与目标价格之间选择。

(1)下限:变动成本=直接材料+直接人工+变动制造费用+变动销售及管理费用

(2)上限:目标价格=变动成本+成本加成

【例题8·计算分析题】甲公司是一家汽车制造企业,主营业务是制造和销售 X、Y、Z 三种型号汽车,相关资料如下:

资料一:X、Y、Z 三种型号的制造都需要通过一台生产设备,该设备是公司的关键约束资源,年加工能力4 000 小时,公司年固定成本总额3 000 万元,假设 X、Y、Z 三种型号的汽车均当年生产当年销售,年初年末没有存货,预计 2019 年 X、Y、Z 三种型号汽车有关资料如下:

项目	X	Y	Z
市场正常销售量(辆)	1 500	600	1 000
单位售价(万元)	15	12	8
单位变动成本(万元)	12	8	5
单位约束资源消耗(小时)	3	2	1

资料二:为满足市场需求,公司 2019 年年初拟新增一台与关键约束资源相同的设备,新增关键设备后,X 型号汽车年生产能力增至 1 800 辆,现有乙汽车销售公司向甲公司追加的 X 型号汽车,报价为每辆车 13 万元。相关情况如下:

情景1:假设剩余生产能力无法转移,如果追加订货 300 辆,为满足生产需要,甲公司需另外支付年专属成本 200 万元。

情景2:假设剩余生产能力可以对外出租,年租金 250 万元,如果追加 350 辆,将冲减甲公司原正常销量 50 辆。

要求:

(1)根据资料一,为有效利用现有的一台关键设备,计算甲公司 X、Y、Z 三种型号汽车的生产安排的优先顺序和产量,在该生产安排下,税前营业利润总额是多少?

(2)根据资料二,分别计算并分析两种

情景下甲公司是否应该接受追加订单,并简要说明有闲置能力时产品定价的区间范围。

答案 ▶

(1) X 汽车单位约束资源边际贡献 = (15-12)/3 = 1(万元)

Y 汽车单位约束资源边际贡献 = (12-8)/2 = 2(万元)

Z 汽车单位约束资源边际贡献 = (8-5)/1 = 3(万元)

根据单位约束资源边际贡献从大到小的顺序,优先安排生产 Z 汽车,其次是 Y 汽车,最后是 X 汽车。

Z 汽车产量为 1 000 辆,Y 汽车产量为 600 辆,X 汽车产量 = (4 000-1 000×1-600×2)/3 = 600(辆)。

税前营业利润总额 = (8-5)×1 000 + (12-8)×600 + (15-12)×600-3 000 = 4 200(万元)

(2)情景1:

接受订单增加的损益为:

300×13-300×12-200 = 100(万元)

增加损益大于零,甲公司应该接受追加订单。

可接受的追加订单的最低单价是:

300×单价-300×12-200 = 0

单价 = 12.67(万元)

即追加订单的产品定价区间范围为 12.67 万元至 15 万元。

情景2:

接受订单增加的损益为:

350×13-350×12-50×(15-12)-250 = -50(万元)

增加损益小于零,甲公司不接受追加订单。

可接受的追加订单的最低单价为:

350×单价-350×12-50×(15-12)-250 = 0

单价 = 13.14(万元)

即追加订单的产品定价区间范围为 13.14 万元至 15 万元。

同步训练

限时 80min

扫我做试题

一、单项选择题

1. 酌量性固定成本属于( )。

   A. 可避免成本　　B. 可延缓成本

   C. 专属成本　　　D. 机会成本

2. ☆甲公司生产乙产品,最大产能 90 000 小时,单位产品加工工时 6 小时,目前订货量 13 000 件,剩余生产能力无法转移。乙产品销售单价 150 元,单位成本 100 元,单位变动成本 70 元。现有客户追加订货 2 000 件,单件报价 90 元,接受这笔订单,公司营业利润( )。

   A. 增加 40 000 元　　B. 增加 100 000 元

   C. 增加 180 000 元　　D. 增加 160 000 元

3. 甲公司生产 A、B 两种产品,使用同一关键设备,该设备一年最多加工时间 5 000 小时。A 产品市场需要量 1 000 件,单价 100 元,单位变动成本 70 元,每件加工时间 4 小时;B 产品市场需要量 2 000 件,单价 80 元,单位变动成本 60 元,每件加工时间 2 小时。为了最有效利用该设备,A、B 两种产品的产销量分别为( )。

   A. 1 000 件和 50 件

   B. 1 000 件和 2 000 件

   C. 500 件和 1 000 件

   D. 250 件和 2 000 件

4. 以变动成本加成法定价时,关于成本基数的表述正确的是( )。

   A. 成本基数是单位产品的变动制造成本

   B. 成本基数是单位产品成本

C. 成本基数是单位产品变动制造成本加预期利润

D. 成本基数是单位变动成本

二、多项选择题

1. ☆甲公司是一家电子计算器制造商，计算器外壳可以自制或外购，如果自制，需为此购入一台专用设备，购价 7 500 元(使用 1 年，无残值)，单位变动成本 2 元。如果外购，采购量 10 000 件以内，单位报价 3.2 元；采购量 10 000 件以上，单位报价优惠至 2.6 元，下列关于自制或外购决策的说法中，正确的有(　　)。

A. 预计采购量为 8 000 件时应自制

B. 预计采购量为 12 000 件时应外购

C. 预计采购量为 16 000 件时应外购

D. 预计采购量为 4 000 件时应外购

2. 关于新产品销售定价中渗透性定价法的表述，正确的有(　　)。

A. 在适销初期通常定价较高

B. 在适销初期通常定价较低

C. 是一种长期的市场定价策略

D. 适用产品生命周期较长的产品

3. 在零部件是自制还是外购的短期经营决策分析中，自制的相关成本包括(　　)。

A. 产品的生产成本

B. 追加专用设备投资

C. 产品的变动生产成本

D. 剩余生产能力的出租收入

4. 下列各项中，属于相关成本的有(　　)。

A. 边际成本　　　B. 不可延缓成本

C. 机会成本　　　D. 专属成本

5. 对于产品是否应该进一步深加工的决策中，需要考虑的相关成本有(　　)。

A. 深加工前发生的固定成本

B. 深加工前发生的变动成本

C. 深加工所需的专属固定成本

D. 深加工所需追加的变动成本

三、计算分析题

1. 甲公司生产 A、B、C 三种产品，三种产品共用一条生产线，该生产线每月生产能力为 12 800 机器小时，目前已经满负荷运转。为使公司利润最大，公司正在研究如何调整三种产品的生产结构，相关资料如下：

(1)公司每月固定制造费用为 400 000 元，每月固定管理费用为 247 500 元，每月固定销售费用为 300 000 元。

(2)三种产品当前的产销数据：

项目	产品 A	产品 B	产品 C
每月产销量(件)	1 400	1 000	1 200
销售单价(元)	600	900	800
单位变动成本(元)	400	600	450
生产单位产品所需机器工时(小时)	2	4	5

(3)公司销售部门预测，产品 A 还有一定的市场空间，按照目前的市场情况，每月销售量可以达到 2 000 件，产品 B 和产品 C 的销量不受限制；生产部门提出，产品 B 受技术工人数量的限制，每月最多可以生产 1 500 件，产品 A 和产品 C 的产量不受限制。

要求：

(1)计算当前 A、B、C 三种产品的边际贡献总额、加权平均边际贡献率、盈亏临界点的销售额。

(2)计算调整生产结构后 A、B、C 三种产品的产量、边际贡献总额、甲公司每月的税前利润增加额。

2. 某企业每年现有甲产品的最大生产能力为 7 500 件，正常市场价格为每件 300 元，甲产品每年正常市场产销量 6 000 件，有关甲产品的成本资料如下：

项目	金额（元）
直接材料	120
直接人工	75
变动制造费用	15
固定制造费用	30
单位制造成本	240

要求：

(1)客户订货1 500件，报价每件225元。若接受追加订货，需要购置4 000元专用设备，计算分析是否可以接受该订单。

(2)客户订货1 700件，报价每件225元。若接受追加订货，不需要购置专用设备，但需要减少正常销售量200件，计算分析是否可以接受该订单。

(3)客户订货1 500件，报价每件225元。若接受订单需要追加专属设备投资4 000元。剩余生产能力可以用于生产乙产品，该产品销售收入400 000元，销售变动成本370 000元，计算分析是否可以接受该订单。

四、综合题

☆甲公司是一家智能机器人制造企业，目前生产A、B、C三种型号机器人。最近几年该行业市场需求变化较大，公司正在进行生产经营的调整和决策。相关资料如下：

(1)预计2018年A型机器人销量1 500台，单位售价24万元，单位变动成本14万元；B型机器人销量1 000台，单位售价18万元，单位变动成本10万元；C型机器

人销量2 500台，单位售价16万元，单位变动成本10万元；固定成本总额10 200万元。

(2)A、B、C三种型号机器人都需要通过同一台关键设备加工；该设备是公司的关键约束资源，该设备总的加工能力为5 000小时，A、B、C三种型号机器人利用该设备进行加工的时间分别为1小时、2小时和1小时。

要求：

(1)为有效利用关键设备，该公司2018年A、B、C三种型号机器人各应生产多少台？营业利润总计多少？

(2)基于要求(1)的结果，计算公司2018年的加权平均边际贡献率、加权平均盈亏平衡销售额及A型机器人的盈亏平衡销售额、盈亏平衡销售量、盈亏临界点作业率。

(3)假设公司根据市场需求变化，调整产品结构，计划2019年只生产A型机器人。预计2019年A型机器人销量达到5 000台，单位变动成本保持不变，固定成本增加到11 200万元。若要达到要求(1)的营业利润，2019年公司A型机器人可接受的最低销售单价是多少？

(4)基于要求(3)的单位售价、单位变动成本、固定成本和销量，分别计算在这些参数增长10%时营业利润对各参数的敏感系数，然后按营业利润对这些参数的敏感程度进行排序，并指出对营业利润而言哪些参数是敏感因素。

同步训练答案及解析

一、单项选择题

1. A 【解析】酌量性固定成本指的是可以通过管理决策行动而改变数额的固定成本。对于可避免成本而言，当方案或者决策改变时，可以避免或者其数额发生变化。

2. A 【解析】现有订单加工时间 = 13 000×6 =

78 000（小时），剩余产能 = 90 000 － 78 000 = 12 000（小时），新订单需要的加工时间 = 2 000×6 = 12 000（小时），等于剩余产能，由于剩余生产能力无法转移，不用考虑机会成本，因此公司增加的营业利润 = 2 000×(90－70) = 40 000（元）。

3. D 【解析】A产品单位约束资源边际贡

献=（100－70）/4＝7.5（元），B 产品单位约束资源边际贡献=（80－60）/2＝10（元），因此优先安排 B 产品的生产，按照市场销售量2 000件生产，共耗用4 000小时，剩余1 000小时，用于生产 A 产品的数量=1 000/4＝250（件）。

4. D 【解析】采用变动成本加成，成本基数是单位变动成本，即单位产品变动制造成本加单位产品变动销售及管理费用。

二、多项选择题

1. ABD 【解析】8 000 件自制单位成本=7 500/8 000＋2＝2.937 5（元）小于外购单价3.2 元，应该自制，选项 A 是答案；12 000件自制单位成本=7 500/12 000＋2＝2.625（元）大于外购单价2.6 元，应该外购，选项 B 是答案；16 000 件自制单位成本=7 500/16 000＋2＝2.469（元）小于外购单价2.6 元，应该自制，选项 C 不是答案；4 000 件自制单位成本=7 500/4 000＋2＝3.875（元）大于外购单价3.2 元，应该外购，选项 D 是答案。

2. BCD 【解析】选项 A 是属于撇脂性定价方法。

3. BCD 【解析】产品生产成本包括变动生产成本和固定制造费用，只有变动的生产成本才是与决策相关的成本，选项 A 不是答案，选项 C 是答案；如果企业没有足够的剩余生产能力，需要追加设备投资，则新增加的专属成本也应该属于相关成本。同时还要考虑剩余生产能力的机会成本，选项 BD 是答案。

4. ACD 【解析】相关成本是指与决策方案相关的、有差别的未来成本，主要有边际成本、机会成本、重置成本、付现成本、可避免成本、可延缓成本、专属成本、差量成本。

5. CD 【解析】深加工前发生的成本均属于与决策无关的沉没成本。

三、计算分析题

1.【答案】

（1）产品 A 的边际贡献=1 400×（600－400）＝280 000（元）

产品 B 的边际贡献=1 000×（900－600）＝300 000（元）

产品 C 的边际贡献=1 200×（800－450）＝420 000（元）

边际贡献总额=280 000＋300 000＋420 000＝1 000 000（元）

销售收入总额=1 400×600＋1 000×900＋1 200×800＝2 700 000（元）

加权平均边际贡献率=1 000 000/2 700 000×100%＝37.04%

盈亏临界点的销售额=（400 000＋247 500＋300 000）/37.04%＝2 558 045.36（元）

（2）产品 A 的单位工时边际贡献=（600－400）/2＝100（元）

产品 B 的单位工时边际贡献=（900－600）/4＝75（元）

产品 C 的单位工时边际贡献=（800－450）/5＝70（元）

按产品 A、B、C 的单位工时边际贡献大小顺序安排生产，产品 A 的产量为2 000件，产品 B 的产量为1 500 件，剩余的生产能力安排产品 C 的生产。

产品 C 的产量=（12 800－2 000×2－1 500×4）/5＝560（件）

产品A 的边际贡献=（600－400）×2 000＝400 000（元）

产品 B 的边际贡献=（900－600）×1 500＝450 000（元）

产品 C 的边际贡献=（800－450）×560＝196 000（元）

边际贡献总额=400 000＋450 000＋196 000＝1 046 000（元）

甲公司每月税前利润增加额（即边际贡献增加额）=1 046 000－1 000 000＝46 000（元）

2.【答案】

（1）单位变动成本＝120+75+15＝210（元）

接受订单增加的利润＝1 500×（225－210）－4 000＝18 500（元）

接受订单可以增加利润，可以接受订单。

（2）接受订单增加的利润＝1 700×（225－210）－200×（300－210）＝7 500（元）

接受订单可以增加利润，可以接受订单。

（3）接受订单增加的利润＝1 500×（225－210）－4 000－（400 000－370 000）＝－11 500（元）

接受订单会减少利润，不可以接受订单。

四、综合题

【答案】

（1）A机器人的每小时边际贡献＝（24－14）/1＝10（万元）

B机器人的每小时边际贡献＝（18－10）/2＝4（万元）

C机器人的每小时边际贡献＝（16－10）/1＝6（万元）

在设备总的加工能力为5 000小时内，按照每小时边际贡献大小来选择。即该公司2018年A型号机器人应该生产1500台，C型号机器人应该生产2 500台，剩余加工能力生产B型号机器人，应该生产500台 [＝（5 000－1 500×1－2 500×1）/2]。

营业利润＝1 500×（24－14）+2 500×（16－10）+500×（18－10）－10 200＝23 800（万元）

（2）边际贡献总额＝1 500×10+500×8+2 500×6＝34 000（万元）

销售收入总额＝1 500×24+500×18+2 500×16＝85 000（万元）

加权平均边际贡献率＝34 000/85 000×100%＝40%

加权平均盈亏平衡销售额＝10 200/40%＝

25 500（万元）

A型机器人的盈亏平衡销售额＝25 500×（1 500×24/85 000）＝10 800（万元）

A型机器人的盈亏平衡销售量＝10 800/24＝450（台）

A型机器人的盈亏临界点作业率＝450/1 500×100%＝30%

（3）假设2019年公司A型机器人可接受的最低销售单价是P，则：

5 000×（P－14）－11 200＝23 800

即：P＝21（万元）

（4）假设单位售价增长10%，即增加2.1万元，则营业利润增加＝5 000×2.1＝10 500（万元），营业利润增长率＝10 500/23 800×100%＝44.12%，所以，营业利润对单位售价的敏感系数＝44.12%/10%＝4.41。

假设单位变动成本增长10%，即增加1.4万元，则营业利润减少＝5 000×1.4＝7 000（万元），营业利润增长率＝－7 000/23 800×100%＝－29.41%，所以，营业利润对单位变动成本的敏感系数＝－29.41%/10%＝－2.94。

假设固定成本增长10%，即增加1 120万元，则营业利润减少＝1 120万元，营业利润增长率＝－1 120/23 800×100%＝－4.71%，所以，营业利润对固定成本的敏感系数＝－4.71%/10%＝－0.47。

假设销量增长10%，则营业利润增加＝500×（21－14）＝3 500（万元），营业利润增长率＝3 500/23 800×100%＝14.71%，所以，营业利润对销量的敏感系数＝14.71%/10%＝1.47。

敏感程度由大到小的顺序为：单位售价、单位变动成本、销量、固定成本，其中，单位售价、单位变动成本、销量属于敏感因素。

第十八章　全面预算

考 情 解 密

历年考情概况

本章是考试较为重点的章节，内容独立性较强。主要考核全面预算的编制方法、营业预算和财务预算的编制等内容。考试形式以主观题为主，客观题也有涉及。考试分值预计 10 分左右。

近年考点直击

主要考点	主要考查题型	考频指数	考查角度
全面预算体系	客观题	★	全面预算的分类
全面预算的编制方法	客观题	★★★	(1)不同预算编制方法的理解；(2)不同预算编制方法的优缺点
营业预算的编制	客观题和主观题	★★	(1)各种预算的编制基础；(2)预计生产量；(3)预计材料采购量；(4)预计期末应付账款和应收账款
财务预算的编制	客观题和主观题	★★★	(1)预计利润表和资产负债表的编制；(2)现金预算的编制

2022 年考试变化

无实质性变化。

考点详解及精选例题

一、全面预算的体系 ★

全面预算的体系包括资本预算、经营预算和财务预算等一系列预算。全面预算的分类见表 18-1。

表 18-1　全面预算的分类

分类依据	阐释
按涉及的预算期	(1)长期预算：包括长期销售预算和资本预算，有时还包括长期资本筹措预算、研究与开发预算； (2)短期预算：是指年度预算，或者时间更短的季度或月度预算
按涉及的内容	(1)专门预算：是指反映企业某一方面经济活动的预算，如直接材料预算、制造费用预算； (2)综合预算：是指资产负债表预算和利润表预算，它反映企业的总体状况，是各种专门预算的综合

分类依据	阐释
按涉及的业务活动领域	(1)投资预算：如资本预算； (2)营业预算：是关于采购、生产、销售业务的预算，包括销售预算、生产预算、成本预算等； (3)财务预算：是关于利润、现金和财务状况的预算，包括利润表预算、现金预算和资产负债表预算等

【例题1·单选题】下列预算中，属于财务预算的是（　　）。

A. 销售预算

B. 生产预算

C. 产品成本预算

D. 资产负债表预算

解析 ▶ 财务预算是关于利润、现金、财务状况的预算，包括利润表预算、资产负债表预算和现金预算。　**答案** ▶ D

二、全面预算的编制方法

（一）增量预算法和零基预算法★★

按照出发点的特征不同，营业预算的编制方法分为增量预算法和零基预算法。

增量预算法与零基预算法的比较见表18-2。

表18-2　增量预算法和零基预算法的比较

方法	概念	优缺点
增量预算法（调整预算法）	是指以历史期实际经济活动及其预算为基础，结合预算期经济活动及相关影响因素的变动情况，通过调整历史期经济活动项目及金额形成预算的预算编制方法	缺点：当预算期的情况发生变化时，预算数额会受到基期不合理因素的干扰，导致预算不准确，不利于调动各部门完成预算目标的积极性
零基预算法	是指企业不以历史期经济活动及其预算为基础，以零为起点，从实际需要出发分析预算期经济活动的合理性，经综合平衡，形成预算的预算编制方法	优点：不受前期费用项目和费用水平的制约，能够调动各部门降低费用的积极性。 缺点：编制工作量大

『老贾点拨』①增量预算法的假设条件是现有的业务活动是企业所必需的，并且原有的各项业务都是合理的。

②零基预算法适用于企业各项预算的编制，特别是不经常发生的预算项目或预算编制基础变化较大的预算项目。

【例题2·多选题】☆与增量预算编制方法相比，零基预算编制方法的优点有（　　）。

A. 编制工作量小

B. 可以重新审视现有业务的合理性

C. 可以避免前期不合理费用项目的干扰

D. 可以调动各部门降低费用的积极性

解析 ▶ 零基预算法是指企业不以历史期经济活动及其预算为基础，以零为起点，从实际需要出发分析预算期经济活动的合理性，经综合平衡，形成预算的预算编制方法。应用零基预算法编制费用预算的优点是不受前期费用项目和费用水平的制约，能够调动各部门降低费用的积极性，但其缺点是编制工作量大。　**答案** ▶ BCD

（二）固定预算法和弹性预算法★★

按照业务量基础的数量特征不同，营业预算的编制方法分为固定预算法和弹性预算法。

1. 固定预算法和弹性预算法的比较

固定预算法和弹性预算法的比较见表18-3。

表 18-3　固定预算法和弹性预算法的比较

方法	概念	优缺点	适用情况
固定预算法 （静态预算法）	根据预算期内正常、可实现的某一固定的业务量（如生产量、销售量等）水平作为唯一基础来编制预算	缺点：适应性差和可比性差	一般适用于经营业务稳定，生产产品产销量稳定，能准确预测产品需求及产品成本的企业，或者用于编制固定费用预算
弹性预算法 （动态预算法）	是在成本性态分析的基础上，依据业务量、成本和利润之间的联动关系，按照预算期内相关的业务量（如生产量、销售量、工时等）水平计算其相应预算项目所消耗资源的预算编制方法	优点：（1）扩大了预算适用范围；（2）在预算执行中，可以计算一定实际业务量下的预算成本，便于预算执行的评价与考核	适用于编制全面预算中所有与业务量有关的预算，但实务中主要用于编制成本费用预算和利润预算，尤其是成本费用预算

2. 弹性预算的编制

（1）业务量的选择。

①业务量的计量单位：以手工操作为主的车间应选用人工工时；制造单一产品或零件的部门，可以选用实物数量；修理部门可以选用直接修理工时等。

②业务量范围：一般来说，可定在正常生产能力的70%至110%之间，或以历史上最高业务量和最低业务量为其上下限。

（2）弹性预算法的编制方法。

弹性预算法的编制分为公式法和列表法，两种方法的比较见表18-4。

表 18-4　公式法和列表法的比较

方法	概念	优缺点
公式法	运用总成本性态模型测算预算期的成本费用数额，并编制成本费用预算的方法，其模型为：$y=a+bx$。 式中 y、a、b 分别表示成本预算总额、固定成本预算总额、单位变动成本预算额	优点：便于计算任何业务量的预算成本。 缺点：对于阶梯成本和曲线成本只能用数学方法修正为直线，才能应用公式法；有时还需要备注说明适用不同业务量范围的固定费用和单位变动费用
列表法	在预计的业务量范围内将业务量分为若干个水平，按不同的业务量水平编制预算	优点：可直接找到与业务量相近的预算成本；阶梯成本和曲线成本可按总成本性态模型计算填列，不必用数学方法修正为近似的直线成本。 缺点：在评价和考核实际成本时，往往需要使用插补法来计算"实际业务量的预算成本"，计算比较麻烦

【例题3·单选题】 ☆甲公司生产 X 产品，产量处于 100 000～120 000 件范围内时，固定成本总额 220 000 元，单位变动成本不变。目前，X 产品产量 110 000 件，总成本 440 000 元。预计下年总产量 115 000 件，总成本是（　）元。

A. 460 000　　　B. 440 000
C. 450 000　　　D. 不能确定

解析　单位变动成本 =（440 000 - 220 000）/110 000 = 2（元/件），产量 115 000件时总成本 = 2×115 000 + 220 000 = 450 000（元）。　答案 C

（三）定期预算法和滚动预算法★★

按照预算期的时间特征不同，营业预算的编制方法分为定期预算法和滚动预算法。

定期预算法和滚动预算法的比较见表18-5。

表 18-5　定期预算法和滚动预算法的比较

方法	概念	优缺点
定期预算法	以固定不变的会计期间作为预算期间编制预算的方法	优点：保证预算期间与会计期间在时期上配比，便于依据会计报告的数据与预算的比较，考核和评价预算的执行结果。 缺点：不利于前后各个期间的预算衔接，不能适应连续不断的业务活动过程的预算管理
滚动预算法（连续预算、永续预算法）	在上期预算完成的基础上，调整和编制下期预算，并将预算期间逐期连续向后滚动推移，使预算期间保持一定的时期跨度	优点：(1)能够保持预算的持续性，有利于结合企业近期目标和长期目标考虑未来业务活动；(2)使预算随时间的推进不断加以调整和修订，能使预算与实际情况更相适应，有利于充分发挥预算的指导和控制作用。 缺点：编制工作量大

【例题 4 · 单选题】 ☆下列各项中，不受会计年度制约，预算期始终保持在一定时间跨度的预算方法是(　　)。

A. 固定预算法

B. 弹性预算法

C. 定期预算法

D. 滚动预算法

解析 ▶ 滚动预算法又称连续预算法或永续预算法，是在上期预算完成情况的基础上，调整和编制下期预算，并将预算期间逐期连续向后滚动推移，使预算期间保持一定的时期跨度。　　　　**答案** ▶ D

三、营业预算的编制

(一)销售预算 ★★

销售预算是关于预算期销售数量、销售价格和销售收入的预算，是整个预算编制的起点。销售预算中通常还需要预计现金收入。销售收到的现金计算公式为：

预计销售所收到的现金＝预算期销售本期收现＋以前期赊销本期收现

【例题 5 · 单选题】 某企业年初应收账款 6 200 万元，第 1 季度销售收入 20 000 万元，第 2 季度销售收入 25 000 万元。如果销售当季度收款 60%，销售下季度收款 40%，则前两季度现金收入是(　　)万元。

A. 35 000　　　　B. 26 200

C. 51 200　　　　D. 41 200

解析 ▶ 前两季度现金收入 = 6 200 + 20 000 + 25 000 × 60% = 41 200(万元) **答案** ▶ D

(二)生产预算 ★★

生产预算以销售预算为基础编制，是唯一的以实物量表示的预算。预计生产量的计算公式为：

预计生产量＝预计销售量＋预计期末产成品存货－预计期初产成品存货

【例题 6 · 单选题】 ☆甲公司正在编制下一年度的生产预算，期末产成品存货按照下季度销量的 10% 安排。预计一季度和二季度的销售量分别为 150 件和 200 件，一季度的预计生产量是(　　)件。

A. 145　　　　　B. 150

C. 155　　　　　D. 170

解析 ▶ 预计生产量＝预计销售量＋预计期末产成品存货－预计期初产成品存货 = 150 + 200 × 10% - 150 × 10% = 155(件)。一季度的期初就是上年第四季度的期末，上年第四季度期末的产成品存货为第一季度销售量的 10%，即 150 × 10%，所以一季度的期初产成品存货也是 150 × 10%。　　　　**答案** ▶ C

(三)直接材料预算 ★★

直接材料预算以生产预算为基础编制，预计材料采购量和预计的采购现金支出的计算公式为：

预计材料采购量＝预计生产需用量＋预计期末材料存量－预计期初材料存量

预计采购现金支出＝预算期采购本期支付＋以前期赊购本期支付

【例题 7·单选题】 ☆甲公司正在编制直接材料预算，预计单位产成品材料消耗量 10 千克；材料价格 50 元/千克，第一季度期初、期末材料存货分别为 500 千克和 550 千克；第一季度、第二季度产成品销量分别为 200 件和 250 件；期末产成品存货按下季度销量 10%安排。预计第一季度材料采购金额是（　）元。

　　A. 102 500　　　B. 105 000

　　C. 130 000　　　D. 100 000

解析 第一季度生产量＝200＋250×10%－200×10%＝205（件），第一季度材料生产需要量＝205×10＝2 050（千克），第一季度材料采购量＝2 050＋550－500＝2 100（千克），预计第一季度材料采购金额＝2 100×50＝105 000（元）。　　**答案** B

（四）直接人工预算★★

直接人工预算以生产预算为基础编制，涉及的内容包括预计产量、单位产品工时、人工总工时、每小时人工成本和人工总成本。人工总成本不需要另外预计现金支出，直接汇入现金预算。

『老贾点拨』 单位产品工时和每小时人工成本按照标准成本法确定。

【例题 8·多选题】 ☆编制直接人工预算时，影响直接人工总成本的因素有（　）。

　　A. 预计直接人工工资率

　　B. 预计车间辅助人员工资

　　C. 预计单位产品直接人工工时

　　D. 预计产量

解析 直接人工预算是以生产预算为基础编制的。其主要内容有预计产量、单位产品工时、人工总工时、每小时人工成本（即直接人工工资率）和人工总成本。选项 ACD 是答案。车间辅助人员工资属于间接人工费

用，在制造费用预算中显示，选项 B 不是答案。　　**答案** ACD

（五）制造费用预算★★

变动制造费用预算以生产预算为基础编制。固定制造费用通常与生产量无关，需要逐项进行预计。制造费用的现金支出计算公式为：

制造费用现金支出＝制造费用预算数－非付现费用

『老贾点拨』 如果有完善的标准成本资料，制造费用的预算数＝预算产量×单位产品标准工时×标准分配率

【例题 9·单选题】 某公司 2020 年第四季度预算生产量为 100 万件，单位变动制造费用为 3 元/件，固定制造费用总额为 10 万元（含折旧费 2 万元），除折旧费外，其余均为付现费用，则 2020 年第四季度制造费用的现金支出预算为（　）万元。

　　A. 308　　　　B. 312

　　C. 288　　　　D. 292

解析 制造费用的现金支出预算＝3×100＋（10－2）＝308（万元）。　　**答案** A

（六）产品成本预算★★

产品成本预算是销售预算、生产预算、直接材料预算、直接人工预算和制造费用预算的汇总。其主要内容就是产品的单位成本和总成本。

【例题 10·多选题】 下列各项预算中，属于产品成本预算编制基础的有（　）。

　　A. 销售及管理费用预算

　　B. 直接人工预算

　　C. 制造费用预算

　　D. 生产预算

解析 产品成本预算是销售预算、生产预算、直接材料预算、直接人工预算、制造费用预算的汇总。　　**答案** BCD

（七）销售及管理费用预算★★

销售费用预算以销售预算为基础编制。

管理费用多属于固定成本，一般是以过去的实际开支为基础，按预算期的可预见变化来调整。销售及管理费用的现金支出计算公式：

销售及管理费用现金支出＝销售及管理费用预算数-非付现费用

【例题 11 · 多选题】 ☆甲公司正在编制全面预算。下列各项中，以生产预算为编制基础的有(   )。

A. 销售预算

B. 直接材料预算

C. 直接人工预算

D. 变动制造费用预算

解析 ▶ 生产预算是在销售预算的基础上编制的。直接材料预算、直接人工预算、变动制造费用预算都以生产预算为基础编制。

答案 ▶ BCD

四、财务预算的编制

(一)现金预算 ★★★

现金预算表的基本结构见表 18-6。

表 18-6　现金预算表的基本结构

项目	备注
(1)期初现金	上一期期末数据
(2)销售收到现金	来自销售预算
(3)可供使用现金	(1)+(2)
(4)支出合计	材料采购支出+直接人工支出+制造费用支出+销售及管理费用支出+所得税支出+股利支出+资本支出
(5)现金多余或不足	(3)-(4) 差额大于最低现金余额，则现金多余，应该运用资金；相反，现金不足，应该筹集资金
(6)筹集资金	如转让短期投资(含获取短期投资收益)、借款等
(7)运用资金	如偿还借款、用于短期投资、利息支付等
(8)期末现金余额	(5)+(6)-(7)

『**老贾点拨**』①利息支付方式通常有每期支付利息和利随本清两种方式。如果每期支付利息，利息支出要按照每期期初的借款金额计算；②借款的时点可以在期初或期末；还本通常在期末。时点假设不同，会影响各期利息支付的金额；③计算借款或还本金额时，可以通过不等式进行求解。如果需要借款时，则：现金多余或不足+借款-利息支付≥要求保留的最低余额；如果需要还本时，则：现金多余或不足-还本-利息支付≥要求保留的最低余额。

【例题 12 · 单选题】 某企业编制现金预算，预计 6 月初短期借款为 100 万元，月利率为 1%，该企业不存在长期负债，预计 6 月现金多余或不足项目为-55 万元。现金不足时，通过银行借款解决(利率不变)，借款额为 1 万元的整数倍数，6 月末现金余额要求不低于 20 万元。假设企业每月支付一次利息，借款在期初，还款在期末，则应向银行借款的最低金额为(   )万元。

A. 77   B. 76

C. 55   D. 75

解析 ▶ 6 月初借入的本金在保障补足 55 万元、偿还原有借款 100 万元的月利息和 6 月新增借款月利息后，月末余额不低于 20 万元，假设 6 月初借入金额 X，则：

$$-55+X-X \times 1\%-100 \times 1\% \geq 20$$

$$X \geq 76.77$$

由于借款额是 1 万元的整数倍数，所以应该借入 77 万元。　　　**答案** ▶ A

【例题 13 · 计算分析题】 甲公司是一家制造企业，正在编制 2019 年第一、第二季度现金预算，年初现金余额 160 000 元。相关资料如下：

（1）预计第一、第二、第三季度销量分别为 3 000 件、2 000 件、2 000 件，单位售价 200 元。每季度销售收入 50% 当季收现，50% 下季收现。2019 年初应收账款余额 200 000 元，第一季度收回。

（2）2019 年初产成品存货 300 件，每季末产成品存货为下季销量的 10%。

（3）单位产品材料消耗量 10 千克，单价 10 元/千克，当季所购材料当季全部耗用，季初季末无材料存货，每季度材料采购货款 40% 当季付现，60% 下季付现。2019 年初应付账款余额 100 000 元，第一季度偿付。

（4）单位产品人工工时 2 小时，人工成本 10 元/小时；制造费用按人工工时分配，分配率 5 元/小时。销售和管理费用全年 80 000 元，每季度 20 000 元。假设人工成本、

制造费用、销售和管理费用全部当季付现。全年所得税费用 120 000 元，每季度预缴 30 000 元。

（5）公司计划在上半年安装一条生产线，第一季度支付设备购置款 300 000 元。

（6）每季末现金余额不能低于 150 000 元。低于 150 000 元时，向银行借入短期借款，借款金额为 100 000 元的整数倍。借款季初取得，每季末支付当季利息，季度利率 3%。高于 150 000 元时，高出部分按 100 000元的整数倍偿还借款，季末偿还。年初不存在需要支付利息的债务。

第一、第二季度无其他融资和投资计划。

要求：根据上述资料，编制公司 2019 年第一、第二季度现金预算（结果填入下方表格中，不用列出计算过程）。

现金预算

单位：元

项目	第一季度	第二季度
期初现金余额		
加：销货现金收入		
可供使用的现金合计		
减：各项支出		
材料采购		
人工成本		
制造费用		
销售和管理费用		
所得税费用		
购买设备		
现金支出合计		
现金多余或不足		
加：短期借款		
减：归还短期借款		
减：支付短期借款利息		
期末现金余额		

答案 ▶

现金预算

单位：元

项目	第一季度	第二季度
期初现金余额	160 000	201 000
加：销货现金收入	500 000	500 000
可供使用的现金合计	660 000	701 000
减：各项支出		
材料采购	216 000	254 000
人工成本	58 000	40 000
制造费用	29 000	20 000
销售和管理费用	20 000	20 000
所得税费用	30 000	30 000
购买设备	300 000	
现金支出合计	653 000	364 000
现金多余或不足	7 000	337 000
加：短期借款	200 000	
减：归还短期借款		100 000
减：支付短期借款利息	6 000	6 000
期末现金余额	201 000	231 000

计算说明：

第一季度销售现金收入 = 3 000×200×50%+200 000 = 500 000（元）

第二季度销售现金收入 = 3 000×200×50%+2 000×200×50% = 500 000（元）

第一季度生产数量 = 3 000+2 000×10%−300 = 2 900（件）

第一季度采购现金支出 = 2 900×10×10×40%+100 000 = 216 000（元）

第一季度人工成本 = 2×10×2 900 = 58 000（元）

第一季度制造费用 = 2×5×2 900 = 29 000（元）

第二季度生产数量 = 2 000+2 000×10%−2 000×10% = 2 000（件）

第二季度采购现金支出 = 2 900×10×10×60%+2 000×10×10×40% = 254 000（元）

第二季度人工成本 = 2×10×2 000 = 40 000（元）

第二季度制造费用 = 2×5×2 000 = 20 000（元）

第一季度：7 000+借款−借款×3% ≥ 150 000

借款 ≥ 147 422.68，所以借款额为200 000元。

第二季度：337 000−还款−200 000×3% ≥ 150 000

还款 ≤ 181 000，所以还款额为100 000元。

（二）利润表预算 ★★

利润表预算主要项目的确定如下：

（1）"销售收入"项目的数据，来自销售收入预算；"销售成本"项目的数据，来自产品成本预算；"销售费用和管理费用"项目的数据，来自销售费用及管理费用预算。

（2）"借款利息"项目的数据等于现金预算中的"利息支出"。

（3）所得税项目的金额通常不是根据利润总额乘以所得税税率计算出来的，而是预先估计的数，并已列入现金预算。

【例题 14·多选题】 ☆下列关于全面预算中的利润表预算编制的说法中，正确的有( )。

A. "销售收入"项目的数据，来自销售预算

B. "销货成本"项目的数据，来自生产预算

C. "销售及管理费用"项目的数据，来自销售及管理费用预算

D. "所得税费用"项目的数据，通常是根据利润表预算中的"利润"项目金额和本企业适用的法定所得税税率计算出来的

解析 ▶ 在编制利润表预算时，"销售成本"项目的数据，来自产品成本预算，因此选项 B 的说法不正确；"所得税费用"项目的数据是在利润规划时估计的，并已列入现金预算。它通常不是根据"利润"和所得税税率计算出来的，因此选项 D 的说法不正确。

答案 ▶ AC

(三)资产负债表预算 ★★

资产负债表预算是利用预算期初预计的资产负债表，根据营业预算和财务预算的有关数据调整编制。主要项目确定如下：

(1)"现金"项目数据来自现金预算；

(2)"应收账款"项目数据来自销售预算；

(3)"直接材料"项目数据来自直接材料预算；

(4)"产成品"项目数据来自产品成本预算；

(5)"应付账款"项目数据来自直接材料预算；

(6)"未分配利润"项目数据的确定：期末未分配利润＝期初未分配利润+本期净利润−本期股利。

【例题 15·多选题】 编制资产负债表预算时，下列预算中，能够直接为"存货"项目年末余额提供数据来源的有( )。

A. 销售预算

B. 生产预算

C. 直接材料预算

D. 产品成本预算

解析 ▶ 资产负债表预算中的存货包括直接材料和产成品，所以直接材料预算和产品成本预算能够直接为"存货"项目年末余额提供数据来源，选项 CD 是答案。生产预算中只涉及实物量指标，不涉及价值量指标，不能够对存货项目年末余额产生直接影响，选项 B 不是答案。销售预算可以为应收账款项目的年末余额直接提供数据来源，选项 A 不是答案。

答案 ▶ CD

同步训练

限时 105min

扫我做试题

一、单项选择题

1. 全面预算的编制起点是( )。
   A. 生产预算　　　B. 销售预算
   C. 直接材料预算　D. 直接人工预算

2. 不受现有费用项目和开支水平的影响，并能够克服增量预算法不足的预算编制方法是( )。

A. 固定预算法　　B. 弹性预算法
C. 滚动预算法　　D. 零基预算法

3. 下列预算编制方法中，能够适应多种业务量水平并能够克服固定预算法缺点的是( )。

A. 零基预算法　　B. 弹性预算法
C. 增量预算法　　D. 滚动预算法

4. 甲企业按弹性预算法编制费用预算，预算

直接人工工时为 10 000 小时，变动成本为 60 000 元，固定成本为 20 000 元，总成本费用为 80 000 元；如果预算直接人工工时达到 12 000 小时，总成本费用为（　）元。

A. 80 000　　　　　B. 84 000

C. 96 000　　　　　D. 92 000

5. 某企业销售收现政策是当月收现 40%，次月收现 45%，再次月收现 10%，还有 5% 是坏账。预计明年的第三季度资产负债表期末应收账款账面价值为 500 万元，第四季度各月的销售收入分别为 1 500 万元、1 600 万元、1 800 万元，则第四季度销售现金流入为（　）万元。

A. 3 420.45　　　　B. 2 920.45

C. 3 505　　　　　D. 4 005

6. 某公司生产 A 产品，明年四个季度的预计销量分别为 65 000 件、72 000 件、84 000 件和 66 000 件。公司在每个季度末的产品库存量要保持为下一个季度销量的 50%，但是由于停工事件的影响，第一季度末的存货比应有的持有量少了 8 000 件。则公司第二季度生产产品的数量为（　）件。

A. 75 000　　　　　B. 78 000

C. 80 000　　　　　D. 86 000

7. 某公司生产甲产品，一季度至四季度的预计销售量分别为 1 000 件、800 件、900 件和 850 件，生产每件甲产品需要 2 千克 A 材料。公司的政策是每一季度末的产成品存货数量等于下一季度销售量的 10%，每一季度末的材料存量等于下一季度生产需要量的 20%。该公司二季度的预计材料采购量为（　）千克。

A. 1 600　　　　　B. 1 620

C. 1 654　　　　　D. 1 668

8. 某企业 2021 年第一季度产品生产量预算为 1 500 件，单位产品材料用量 5 千克/件，季初材料库存量 1 000 千克，第一季度还要根据第二季度生产耗用材料的 10% 安排季末存量，预算第二季度生产耗用 7 800 千克材料。材料采购价格预计 12

元/千克，该企业第一季度材料采购的金额为（　）元。

A. 78 000　　　　　B. 87 360

C. 92 640　　　　　D. 99 360

9. 某企业正在编制第四季度的直接材料消耗与采购预算，预计直接材料的期初存量为 1 000 千克，本期生产消耗量为 3 500 千克，期末存量为 800 千克；材料采购单价为每千克 25 元，材料采购货款有 30% 当季付清，其余 70% 在下季付清。该企业第四季度采购材料形成的"应付账款"期末余额预计为（　）元。

A. 3 300　　　　　B. 24 750

C. 57 750　　　　　D. 82 500

二、多项选择题

1. 企业的财务预算通常包括（　）。

A. 生产预算　　　　B. 利润表预算

C. 现金预算　　　　D. 资产负债表预算

2. ☆短期预算可采用定期预算法编制，该方法（　）。

A. 使预算期间与会计期间在时期上配比

B. 有利于前后各个期间的预算衔接

C. 可以适应连续不断的业务活动过程的预算管理

D. 有利于按财务报告数据考核和评价预算的执行结果

3. 编制直接材料预算中的"预计材料采购量"项目时，需要考虑的因素有（　）。

A. 预计生产量

B. 预计材料的采购单价

C. 预计期初材料库存量

D. 预计期末材料库存量

4. 在确定利润表预算中各项目的金额时，能够直接利用的预算包括（　）。

A. 销售预算　　　　B. 产品成本预算

C. 生产预算　　　　D. 现金预算

5. ☆下列各项预算中，以生产预算为基础编制的有（　）。

A. 直接材料预算

B. 直接人工预算

C. 销售费用预算

D. 固定制造费用预算

6. 用列表法编制弹性预算时，下列说法中正确的有（　　）。

　　A. 不管实际业务量是多少，不必经过计算即可找到与业务量相近的预算成本

　　B. 混合成本中的阶梯成本和曲线成本可按其性态计算填列，不必修正

　　C. 评价和考核实际成本时往往需要使用内插法计算实际业务量的预算成本

　　D. 便于计算任何业务量的预算成本

7. ☆编制生产预算中的"预计生产量"项目时，需要考虑的因素有（　　）。

　　A. 预计销售量

　　B. 预计材料采购量

　　C. 预计期初产成品存货

　　D. 预计期末产成品存货

8. 相对于定期预算法，下列关于滚动预算法的优点的说法中正确的有（　　）。

　　A. 使预算期间依时间顺序向后滚动，能够保持预算的持续性

　　B. 有利于结合企业近期目标和长期目标考虑未来业务活动

　　C. 保证预算期间与会计期间在时期上配比，便于依据会计报告的数据与预算的数

据相比较，考核和评价预算的执行结果

　　D. 使预算随时间的推进不断加以调整和修订，能使预算与实际情况更相适应，有利于充分发挥预算的指导和控制作用

9. ☆下列营业预算中，通常需要预计现金支出的有（　　）。

　　A. 生产预算　　　　B. 销售费用预算

　　C. 制造费用预算　　D. 直接材料预算

10. 在编制现金预算中的"现金多余或不足"项目时，不需要考虑的有（　　）。

　　A. 归还借款

　　B. 购买设备

　　C. 以前销售本期收现

　　D. 购买短期债券

11. 产品成本预算是多个预算的汇总，下列预算中通常需要汇总的有（　　）。

　　A. 销售预算

　　B. 生产预算

　　C. 直接人工预算

　　D. 销售及管理费用预算

三、计算分析题

1. 丁公司采用逐季滚动预算和零基预算相结合的方法编制制造费用预算，相关资料如下：

资料一：2018 年分季度的制造费用预算如下表（金额单位：元）。

项目	第一季度	第二季度	第三季度	第四季度	合计
直接人工预算总工时（小时）	11 400	12 060	12 360	12 600	48 420
变动制造费用	91 200	*	*	*	387 360
其中：间接人工费用	50 160	53 064	54 384	55 440	213 048
固定制造费用	56 000	56 000	56 000	56 000	224 000
其中：设备租金	48 500	48 500	48 500	48 500	194 000
生产准备与车间管理费	*	*	*	*	*

注：表中"＊"表示省略的数据。

资料二：2018 年第二季度至 2019 年第一季度滚动预算期间。将发生如下变动：

（1）直接人工预算总工时为 50 000 小时。

（2）间接人工费用预算工时分配率将提高 10%。

（3）2018 年第一季度末重新签订设备租赁合同，新租赁合同中设备年租金将降低 20%。

资料三：2018 年第二季度至 2019 年第一季度，公司管理层决定将固定制造费用总

额控制在 185 200 元以内，固定制造费用由设备租金、生产准备费和车间管理费组成，其中设备租金属于约束性固定成本，生产准备费和车间管理费属于酌量性固定成本，根据历史资料分析，生产准备费的成本效益远高于车间管理费。为满足生产经营需要，车间管理费总预算额的控制区间为 12 000 元~15 000 元。

要求：

(1) 根据资料一和资料二，计算 2018 年第二季度至 2019 年第一季度滚动期间的下列指标：①间接人工费用预算工时分配率；②间接人工费用总预算额；③设备租金总预算额。

(2) 根据资料二和资料三，在综合平衡基础上根据成本效益分析原则，完成 2018 年第二季度至 2019 年第一季度滚动期间的下列事项：①确定车间管理费总预算额；②计算生产准备费总预算额。

2. A 公司是一零售业上市公司，请你协助完成 2019 年的盈利预测工作，2018 年度的财务报表如下：

利润表

单位：万元

项目	金额
销售收入	1 260
销货成本（80%）	1 008
毛利	252
变动销售及管理费用（付现）	63
固定销售及管理费用（付现）	63
折旧	26
利息支出	10
利润总额	90
所得税（20%）	18
税后利润	72

资产负债表

单位：万元

资产	金额	负债与股东权益	金额
货币资金	14	短期借款	200
应收账款	144	应付账款	246
存货	280	股本（500 万股，每股面值 1 元）	500
固定资产	760	未分配利润	172
累计折旧	80		
固定资产净值	680		
资产总计	1 118	负债与股东权益总计	1 118

其他财务信息如下：

(1) 2019 年度的销售收入预计为 1 512 万元。

(2) 预计毛利率上升 5 个百分点。

(3) 预计销售及管理费的变动部分与销售收入的百分比不变。

(4) 预计销售及管理费的固定部分增加 20 万元。

(5) 购置固定资产支出 220 万元，并因此使公司年折旧额达到 30 万元。

(6) 应收账款周转率（按年末余额计算）预

计不变，上年应收账款均可在下年收回。

（7）年末应付账款余额与当年进货金额的比率不变。

（8）期末存货金额不变。

（9）现金短缺时，用短期借款补充，借款的平均利息率不变，借款必须是5万元的整数倍数；假设新增借款需年初借入，所有借款全年计息，年末不归还；年末现金余额不少于10万元。

（10）预计所得税为30万元。

（11）假设年度内现金流动是均衡的，无季节性变化。

要求：

（1）确定2019年度现金流入、现金流出、新增借款数额和期末现金余额；

（2）编制2019年度利润表预算。

3. A公司是一家零售商，正在编制12月的预算，有关资料如下：

（1）预计的2019年11月30日资产负债表如下（单位：万元）。

资产	金额	负债与股东权益	金额
现金	22	应付账款	162
应收账款	76	应付利息	11
存货	132	银行借款	120
固定资产	770	股东权益	707
资产总计	1 000	负债与股东权益共计	1 000

（2）销售收入预计：2019年11月200万元，12月220万元；2020年1月230万元。

（3）销售收现预计：销售当月收回60%，次月收回38%，其余2%无法收回（坏账）。

（4）采购付现预计：销售商品的80%在前一个月购入，销售商品的20%在当月购入；所购商品的进货款项，在购买的次月支付。

（5）预计12月购置固定资产需支付60万元；全年折旧费216万元；除折旧外的其他管理费用均须用现金支付，预计12月为26.5万元；12月末归还一年前借入的到期借款120万元。

（6）预计销售成本率75%。

（7）预计银行借款年利率10%，还款时支付利息。

（8）企业最低现金余额5万元；预计现金余额不足5万元时，在每月月初从银行借入，借款金额是1万元的整数倍。

（9）假设公司按月计提应计利息和坏账准备。

要求：

（1）计算12月销售收回的现金、进货支付的现金、本月新借入的银行借款；

（2）计算12月现金、应收账款、应付账款、存货的期末余额；

（3）计算12月的税前利润。

4. 甲公司生产一种把手装配线，可用于生产琴弓，主要销售给琴弓制造商，有关资料如下：

（1）未来1月至4月的销售计划分别为20 000单位、25 000单位、30 000单位和30 000单位。装配线每单位售价90元，本月销售本月收现。

（2）1月1日产成品存货16 000单位，每月末存货为下月销售量的80%。

（3）生产装配线需要耗用两种材料，每单位产品耗用A材料5克，单位成本8元；每单位产品耗用B材料3克，单位成本2元。存货政策要求每月初的原材料应足以生产该月预计销售量50%的产品。1月1日可支配的原材料存货恰好是这个数目。

（4）单位装配线生产耗用人工2小时，每小时人工成本平均9.25元。

（5）每个月制造费用采用弹性预算法的公式法，预计如下（作业水平用直接人工小时表示）：

项目	固定成本（元）	变动成本（元）
物料	—	1
动力	—	0.5
维修费	15 000	0.4
折旧费	100 000	—
管理费	14 000	—
其他	40 000	1.5

（6）每个月销售及管理费用采用弹性预算法的公式法，预计如下（作业水平用销售单位表示）：

项目	固定成本（元）	变动成本（元）
工资	25 000	—
佣金	—	1
折旧费	20 000	—
装运费	—	0.5
其他	10 000	0.3

（7）所有业务均是现金结算。1月1日现金余额 200 000 元。假设公司月末最低余额 200 000 元，如果低于最低余额时，有短期投资，先变卖短期投资，仍不足时，再向银行借入短期借款；超过最低现金余额时，如果有短期借款，先偿还短期借款，仍有剩余时，再进行短期投资。短期借款年报价利率12%，短期证券投资年报价收益率6%。利息和证券投资收益每月结算，借款与投资在月初，偿还借款和收回投资在月末。借款、偿还借款、投资和收回投资，均是 10 000 元的整数倍。

要求：编制第一季度的现金预算（将结果直接填入表格中，不需要列示计算过程）。

单位：元

项目	1 月	2 月	3 月	合计
月初余额				
可供使用现金				
现金多余或不足				
月末现金余额				

同步训练答案及解析

一、单项选择题

1. B 【解析】销售预算是整个预算编制的起点，生产预算在销售预算基础上编制，直接材料预算和直接人工预算在生产预算基础上编制。

2. D 【解析】零基预算法不受现有费用项目和费用水平的制约，能够调动部门降低费用的积极性，克服了增量预算法的不足。

3. B 【解析】弹性预算法是在成本性态分析的基础上，依据业务量、成本和利润之间的联动关系，按照预算期内相关的业务量（如生产量、销售量、工时等）水平计算其相应预算项目所消耗资源的预算编制方法，扩大了预算的适用范围。

4. D 【解析】单位变动成本 = 60 000/10 000 = 6（元/小时），如果直接人工工时为 12 000 小时，则预算总成本费用 = 20 000 + 6 × 12 000 = 92 000（元）。

5. D 【解析】第三季度期末应收账款为 8 月收入的 10% 和 9 月收入的 55%，在第四季度全部收回；10 月销售收入分别在 10、11、12 月收回 40%、45%、10%；11 月销售收入在 11 月收回 40%，在 12 月收回 45%；12 月销售收入在 12 月收回 40%，因此第四季度销售现金流入 = 500 + 1 500 × (40% + 45% + 10%) + 1 600 × (40% + 45%) + 1 800 × 40% = 4 005（万元）。

6. D 【解析】第二季度期初存货 = 72 000 × 50% − 8 000 = 28 000（件）；第二季度期末存货 = 84 000 × 50% = 42 000（件）；第二季度预计产量 = 72 000 + 42 000 − 28 000 = 86 000（件）。

7. C 【解析】第二季度预计生产产品的材料需要数量 = (800 + 900 × 10% − 800 × 10%) × 2 = 1 620（千克），第三季度预计生产产品的材料需要数量 = (900 + 850 × 10% − 900 ×

10%) × 2 = 1 790（千克），第二季度预计材料采购数量 = 1 620 + 1 790 × 20% − 1 620 × 20% = 1 654（千克）。

8. B 【解析】预计材料采购量 = 预计生产需要量 + 期末材料库存量 − 期初材料库存量。一季度预计材料采购量 = 1 500 × 5 + 7 800 × 10% − 1 000 = 7 280（千克）；一季度预计材料采购金额 = 7 280 × 12 = 87 360（元）。

9. C 【解析】第四季度采购量 = 3 500 + 800 − 1 000 = 3 300（千克），货款总额 = 3 300 × 25 = 82 500（元），第四季度采购材料形成的"应付账款"期末余额预计为 82 500 × 70% = 57 750（元）。

二、多项选择题

1. BCD 【解析】财务预算是关于利润、现金和财务状况的预算，包括利润表预算、现金预算和资产负债表预算等。

2. AD 【解析】采用定期预算法编制预算，是以固定不变的会计期间作为预算期间，所以可以保证预算期间与会计期间在时期上配比，便于依据会计报告的数据与预算的比较，考核和评价预算的执行结果。但不利于前后各个期间的预算衔接，不能适应连续不断的业务活动过程的预算管理。

3. ACD 【解析】根据"预计期初材料库存量 + 预计材料采购量 = 预计期末材料库存量 + 预计生产量 × 单位产品的材料耗用量"可知：预计材料采购量 = 预计期末材料库存量 + 预计生产量 × 单位产品的材料耗用量 − 预计期初材料库存量，所以选项 ACD 是本题答案。

4. ABD 【解析】编制利润表预算时，销售收入项目金额取自销售预算；销售成本项目金额取自产品成本预算；利息支出和所得税项目金额取自现金预算；生产预算是实物单位预算，其数据不能直接用于利润预算的编制。

5. AB 【解析】直接人工预算、直接材料预算都是以生产预算为基础编制的，所以选项 AB 是答案；销售费用预算是以销售预算为基础，所以选项 C 不是答案；固定制造费用，需要逐项进行预计，通常与本期产量无关，按每季度实际需要的支付额预计，然后求出全年数，所以选项 D 不是答案。

6. ABC 【解析】选项 D 是公式法的优点。

7. ACD 【解析】根据"预计期初产成品存货+预计生产量=预计期末产成品存货+预计销售量"可知：预计生产量 = 预计期末产成品存货+预计销售量−预计期初产成品存货，所以选项 ACD 是本题答案。

8. ABD 【解析】选项 C 是定期预算法优点。

9. BCD 【解析】生产预算是在销售预算的基础上编制的，其主要内容有销售量、生产量、期初和期末产成品存货量，它是不含价值量指标的预算，只涉及实物量指标，因此选项 A 不是答案；销售费用预算、制造费用预算、直接材料预算都涉及价值量指标，需要预计现金支出，因此选项 BCD 是答案。

10. AD 【解析】现金多余或不足=期初现金余额+销货现金收入−各项支出(包括材料支出、人工支出、制造费用支出、销售及管理费用支出、资本支出、股利支出、所得税费用)，归还借款和购买短期债券是多余现金的运用。

11. ABC 【解析】销售及管理费用不属于产品成本构成项目，选项 D 不是答案。

三、计算分析题

1.【答案】

(1)①间接人工费用预算工时分配率 = (213 048/48 420)×(1+10%)=4.84(元/小时)

②间接人工费用总预算额=50 000×4.84=242 000(元)

③设备租金总预算额 = 194 000 ×(1−20%)=155 200(元)

(2)设备租金是约束性固定成本，是必然发生的。生产准备费和车间管理费属于酌量性固定成本，发生额的大小取决于管理当局的决策行动，由于生产准备费的成本效益远高于车间管理费，根据成本效益分析原则，尽量减少车间管理费。

①车间管理费用总预算额=12 000(元)

②生产准备费总预算额 = 185 200−155 200−12 000=18 000(元)

2.【答案】

(1)应收账款周转率=1 260÷144=8.75(次)

期末应收账款=1 512÷8.75=172.8(万元)

现金流入 = 1 512 + 144 − 172.8 = 1 483.2(万元)

年末应付账款 = 1 512 × 75% × (246 ÷ 1 008)=276.75(万元)

购货支出 = 1 512 × 75% + 246 − 276.75 = 1 103.25(万元)

『老贾点拨』①"上升 5 个百分点"的含义是在原来的百分数的基础上直接加上 5%，由于 2018 年的毛利率 = 1−80%=20%，所以，2019 年的毛利率为 20%+5%=25%，销售成本率=1−25%=75%，销售成本=1 512×75%；②本题是商业企业，并且期末存货金额不变，所以，2019 年销售成本=2019 年进货金额，即 2019 年进货金额=1 512×75%。

销售及管理费用支出=1 512×(63÷1 260)+(63+20)=158.6(万元)

购置固定资产支出=220(万元)

预计所得税=30(万元)

现金流出合计=购货支出+销售与管理费用支出+购置固定资产支出+预交所得税=1 103.25+158.6+220+30=1 511.85(万元)

现金多余或不足 = (14+1 483.2−1 511.85)=−14.65(万元)

假设新增借款 Y：

−14.65+Y−(200+Y)×(10÷200)≥10

解得 Y≥36.47(万元)，取 5 万元的整数倍数为 40 万元。

利息支出=(200+40)×(10÷200)=12(万元)

期末现金余额=−14.65+40−12=13.35(万元)

（2）

利润表预算

单位：万元

项目	金额
销售收入	1 512
销货成本	1 134
毛利	378
变动销售及管理费用(付现)	75.6
固定销售及管理费用(付现)	83
折旧	30
利息支出	12
利润总额	177.4
所得税	30
税后利润	147.4

3.【答案】

（1）①销售收回的现金=220×60%+200×38%=208(万元)

②进货支付的现金=(220×75%)×80%+(200×75%)×20%=162(万元)

③假设本月新借入的银行借款为 W 万元，则：

22+208−162−60−26.5−120×(1+10%)+W≥5

解得：W≥155.5(万元)，由于借款金额是 1 万元的整数倍，因此本月新借入的银行借款为 156 万元。

（2）①现金期末余额=22+208−162−60−26.5−120×(1+10%)+156=5.5(万元)

②应收账款期末余额=220×38%=83.6(万元)

③应付账款期末余额=(230×75%)×80%+(220×75%)×20%=171(万元)

④12 月进货成本=(230×75%)×80%+(220×75%)×20%=171(万元)

12 月销货成本=220×75%=165(万元)

存货期末余额=132+171−165=138(万元)

（3）税前利润=220−165−(216/12+26.5)−220×2%−(120+156)×10%/12=3.8(万元)

『**老贾点拨**』

（1）根据题目条件(3)可以得出：销售收回的现金=本月销售收入×60%+上月销售收入×38%。

（2）根据题目条件(4)可知：本月进货支付的现金=上月采购成本。其中：上月采购成本=上月采购量×采购单价；上月采购量=上月销售量×20%+本月销售量×80%，因此上月采购成本=上月销售量×采购单价×20%+本月销售量×采购单价×80%；对于批发市场来说，单位销售成本=采购单价，而单位销售成本=单价×销售成本率，所以，上月采购成本=上月销售量×单价×销售成本率×20%+本月销售量×单价×销售成本率×80%=上月销售收入×销售成本率×20%+本月销售收入×销售成本率×80%=上月销售收入×75%×20%+本月销售收入×75%×80%，即：12 月进货支付的现金=11 月销售收入×75%×20%+12 月销售收入×75%×80%=220×75%×20%+200×75%×80%。

（3）此题利息的计算。"还款时支付利息"，因此本月末归还一年前借入的到期借款 120 万元在全年的利息都需要在本月末支付。而对于本月新增借款在本月不需要支付利息。

(4)由于是商业企业，存货购进之后直接销售，所以，存货期末金额=期初金额+进货成本-销货成本

(5)题目条件(9)中"公司按月计提应计利息和坏账准备"说明在计算税前利润时只需要减去本期应负担的利息(根据权责发生制计入本期财务费用的利息)，而不是本期支付的利息。另外还要减去本期计提的坏账准备。

4.【答案】

单位：元

项目	1月	2月	3月	合计
月初余额	200 000	202 100	207 800	200 000
本月收到现金	1 800 000	2 250 000	2 700 000	6 750 000
可供使用现金	2 000 000	2 452 100	2 907 800	6 950 000
采购支出	1 219 000	1 449 000	1 380 000	4 048 000
人工费用	444 000	536 500	555 000	1 535 500
制造费用	232 200	266 200	273 000	771 400
销售及管理费用	71 000	80 000	89 000	240 000
现金支出合计	1 966 200	2 331 700	2 297 000	6 594 900
现金多余或不足	33 800	120 400	610 800	355 100
短期借款	170 000	90 000		260 000
偿还借款			260 000	260 000
偿还利息	1 700	2 600	2 600	6 900
短期投资			140 000	140 000
短期投资收益			700	700
月末现金余额	202 100	207 800	208 900	208 900

计算说明：

①1 月生产量 = 20 000 + 25 000×80% - 16 000 = 24 000(单位)

1 月 A 材料采购量 = 24 000×5 + 25 000×50%×5 - 20 000×50%×5 = 132 500(克)

1 月 B 材料采购量 = 24 000×3 + 25 000×50%×3 - 20 000×50%×3 = 79 500(克)

1 月采购支出 = 132 500×8 + 79 500×2 = 1 219 000(元)

2 月生产量 = 25 000 + 30 000×80% - 25 000×80% = 29 000(单位)

2 月 A 材料采购量 = 29 000×5 + 30 000×50%×5 - 25 000×50%×5 = 157 500(克)

2 月 B 材料采购量 = 29 000×3 + 30 000×50%×3 - 25 000×50%×3 = 94 500(克)

2 月采购支出 = 157 500×8 + 94 500×2 =

1 449 000(元)

3 月生产量 = 30 000 + 30 000×80% - 30 000×80% = 30 000(单位)

3 月 A 材料采购量 = 30 000×5 + 30 000×50%×5 - 30 000×50%×5 = 150 000(克)

3 月 B 材料采购量 = 30 000×3 + 30 000×50%×3 - 30 000×50%×3 = 90 000(克)

3 月采购支出 = 150 000×8 + 90 000×2 = 1 380 000(元)

②1 月人工费用 = 24 000×2×9.25 = 444 000(元)

2 月人工费用 = 29 000×2×9.25 = 536 500(元)

3 月人工费用 = 30 000×2×9.25 = 555 000(元)

③1 月制造费用 = (15 000 + 14 000 +

40 000)+(1+0.5+0.4+1.5)×(24 000×2)=232 200(元)

2月制造费用=(15 000+14 000+40 000)+(1+0.5+0.4+1.5)×(29 000×2)=266 200(元)

3月制造费用=(15 000+14 000+40 000)+(1+0.5+0.4+1.5)×(30 000×2)=273 000(元)

④1月销售及管理费用=(25 000+10 000)+(1+0.5+0.3)×20 000=71 000(元)

2月销售及管理费用=(25 000+10 000)+(1+0.5+0.3)×25 000=80 000(元)

3月销售及管理费用=(25 000+10 000)+

(1+0.5+0.3)×30 000=89 000(元)

⑤1月的借款是K：

33 800+K-K×12%×1/12≥200 000

K≥167 879元，取10 000元的整数倍，借款170 000元。

2月的借款是M：

120 400+M-M×12%×1/12-1 700≥200 000

K≥82 121元，取10 000元的整数倍，借款90 000元。

3月的短期投资是N：

610 800-260 000-2 600-N+N×6%×1/12≥200 000

N≤148 945元，取10 000元的整数倍，投资140 000元。

第十九章　责任会计

历年考情概况

本章是考试的较为重点章节，内容与本量利分析、管理用财务报表分析等内容有一定的联系。主要考核成本中心、利润中心和投资中心的考核指标、责任成本和内部转移价格等内容。考试形式以客观题为主，主观题也有涉及。考试分值预计 6 分左右。

近年考点直击

主要考点	主要考查题型	考频指数	考查角度
企业组织结构	客观题	★	不同类型组织结构的辨识及特点
成本中心	客观题	★★	(1)适合建立标准成本中心和费用中心的单位或部门；(2)责任成本和可控成本的概念理解；(3)可控成本的条件及判别成本费用支出责任归属的原则；(4)制造费用的归属和分摊方法
利润中心	客观题和主观题	★★★	(1)利润中心考核指标的计算及评价的适用性；(2)内部转移价格确定方法和适用的情况
投资中心	客观题和主观题	★★★	(1)投资报酬率和剩余收益的计算；(2)投资报酬率和剩余收益的优缺点
责任中心业绩报告	客观题	★	(1)三个责任中心的考核指标；(2)三个责任中心业绩报告格式与编制方法

2022 年考试变化

(1)"成本中心的考核指标"部分，将"标准成本"修改为"可控标准成本"，将"费用预算"修改为"可控费用预算"。

(2)利润中心业绩报告部分，将利润中心的考核指标修改为"部门边际贡献、部门可控边际贡献和部门税前经营利润"。

一、企业组织结构★

(一)集权与分权

集权与分权的概念及优缺点见表 19-1。

表 19-1　集权与分权的概念及优缺点

类型	概念及优缺点
集权	(1)概念：把企业经营管理权限较多地集中在企业上层； (2)优点：提高决策效率，市场反应速度快；容易实现目标的一致性；可以避免重复与资源浪费； (3)缺点：容易形成独裁，将来高管更替困难，影响企业长远发展
分权	(1)概念：把企业经营管理权限适当地分散在企业中下层； (2)优点：高层管理者集中精力做重要事务；发挥下属的积极性和主动性；减少不必要的上下沟通，在决策权限内做出快速反应； (3)缺点：产生委托代理问题

（二）科层组织结构（直线职能组织结构）

科层组织结构是一种直线职能组织结构，其具体内容见表 19-2。

表 19-2　科层组织结构

项目	阐释
组织结构设计	(1)两类管理机构（直线指挥机构和参谋职能机构）； (2)两类管理人员（直线人员和参谋人员）
组织结构优缺点	(1)优点：各职能部门目标明确，部门主管容易控制与规划；同类专业员工在一起共事，容易相互学习、增长技能；内部资源较为集中，减少不必要的重复与浪费。 (2)缺点：部门之间协调困难；员工缺乏整体意识和创新精神

（三）事业部制组织结构

事业部制是一种分权的组织结构，其具体内容见表 19-3。

表 19-3　事业部制组织结构

项目	阐释
管理原则	集中决策、分散经营和协调控制
组织结构特点	(1)企业按照产品类别、地区类别或者顾客类别设置生产经营事业部；(2)每个事业部设置各自的执行总经理，每位执行总经理都有权进行采购、生产和销售，对其事业部的生产经营，包括收入、成本和利润的实现负全部责任；(3)总公司在重大问题上集中决策，各个事业部独立经营、独立核算、自负盈亏，是一个利润中心；(4)各个事业部必须保证对总公司下达的利润指标的实现

（四）网络组织结构（扁平化网络组织结构）

网络组织结构的具体内容见表 19-4。

表 19-4　网络组织结构

项目	阐释
组织结构设计	扁平化网络组织是一个由众多独立的创新经营单位组成的彼此有紧密联系的网络。压缩中层管理人员的职位，并组建众多彼此紧密联系的独立的创新经营单位
组织结构特点	分散性；创新性；高效性和协作性

【例题1·多选题】下列关于集权组织结构特点的说法中，正确的有(　　)。

A. 可以提高决策效率

B. 可以避免重复和资源浪费

C. 可以充分发挥下属的积极性和主动性

D. 可能产生委托代理问题

解析 ▶ 集权组织结构可以提高决策效率，市场反应速度快；容易实现目标的一致性；可以避免重复与资源浪费，选项AB是答案；选项CD是分权组织结构特点。

答案 ▶ AB

二、成本中心

(一)成本中心的划分和类型★

成本中心是指只对其成本或费用承担经济责任并负责控制和报告成本或费用的责任中心。具体可以分为标准成本中心和费用中心，具体内容见表19-5。

表19-5　成本中心

类型	阐释
标准成本中心	生产的产品稳定而明确，并且已经知道单位产品所需要的投入量，如制造业工厂、车间、工段、班组等
费用中心	产出不能用财务指标衡量，或投入和产出之间没有密切关系，例如行政管理部门、研发部门和销售部门等

【例题2·单选题】下列各项中，适合建立标准成本中心的单位或部门是(　　)。

A. 行政管理部门

B. 医院放射科

C. 企业研究开发部门

D. 企业广告宣传部门

解析 ▶ 标准成本中心必须是所生产的产品稳定而明确，并且已经知道单位产品所需要的投入量的责任中心。医院放射科适合建立标准成本中心；费用中心适用于那些产出不能用财务指标来衡量，或者投入和产出之间没有密切关系的单位。行政管理部门、企业研究开发部门和企业广告宣传部门，适合建立费用中心。

答案 ▶ B

(二)成本中心的考核指标★★

成本中心的考核指标要区分标准成本中心和费用中心，具体内容见表19-6。

表19-6　成本中心的考核指标

类型	指标
标准成本中心	考核指标是既定产品质量和数量条件下的可控标准成本。 『老贾点拨』 (1)标准成本中心不需要作出定价决策、产量决策、产品结构决策以及设备和技术决策； (2)标准成本中心不对生产能力的利用程度负责，而只对既定产量的投入量承担责任
费用中心	通常使用可控费用预算来评价费用中心的成本控制业绩，确定预算额的方法包括：(1)考察同行业类似职能的支出水平；(2)零基预算法；(3)依据历史经验来编制费用预算

【例题3·多选题】☆某生产车间是一个标准成本中心。下列各项标准成本差异中，通常不应由该生产车间负责的有(　　)。

A. 直接材料数量差异

B. 直接材料价格差异

C. 直接人工工资率差异

D. 固定制造费用闲置能力差异

解析 直接材料数量差异是在材料耗用过程中形成的，因此通常应由该生产车间负责。直接材料价格差异是在采购过程中形成的，应由采购部门对其作出说明。直接人工工资率差异一般来说应归属于人事劳动部门管理。固定制造费用的闲置能力差异=（生产能力－实际工时）×固定制造费用标准分配率=（生产能力－实际产量×实际单位工时）×固定制造费用标准分配率，由于标准成本中心不对生产能力的利用程度负责（即不对实际产量负责），只对既定产量的投入量承担责任，所以标准成本中心不对固定制造费用闲置能力差异负责。　**答案** BCD

（三）责任成本

1. 责任成本概念★★★

责任成本是以具体的责任单位为对象，以其承担的责任为范围归集的成本，即特定责任中心的全部可控成本。

2. 可控成本的概念及应具备的条件★★★

可控成本是在特定时期、特定责任中心能够直接控制其发生的成本。通常符合3个条件，即：

（1）成本中心有办法知道将要发生什么性质的耗费；

（2）成本中心有办法计量它的耗费；

（3）成本中心有办法控制并调节它的耗费。

『**老贾点拨**』①从整个公司的空间范围和很长的时间范围来观察，所有成本都是可控的。

②对生产的基层单位来说，大多数直接材料和直接人工是可控的，但也有部分是不可控的；对生产单位来说，大多数变动成本是可控的，但也有部分不可控。

【例题4·单选题】 ☆下列各项中，不属于划分成本中心可控成本的条件是(　　)。

A. 成本中心有办法弥补该成本的耗费

B. 成本中心有办法控制并调节该成本的耗费

C. 成本中心有办法计量该成本的耗费

D. 成本中心有办法知道将发生什么性质的耗费

解析 所谓可控成本通常应符合以下三个条件：（1）成本中心有办法知道将发生什么性质的耗费；（2）成本中心有办法计量它的耗费；（3）成本中心有办法控制并调节它的耗费。所以选项A是答案。　**答案** A

3. 责任成本计算、变动成本计算和制造成本计算的比较★

责任成本计算、变动成本计算和制造成本计算的比较见表19-7。

表19-7　责任成本计算、变动成本计算和制造成本计算的比较

项目	责任成本计算	变动成本计算	制造成本计算
成本计算目的	评价成本控制业绩	经营决策	按会计准则确定存货成本和销货成本
成本计算对象	责任中心	产品	产品
成本的范围	责任中心可控成本	直接材料、直接人工、变动制造费用、变动销售及管理费用 『**老贾点拨**』"变动销售和管理费用"不属于产品成本的构成项目，考试时以教材为准。	直接材料、直接人工和全部制造费用
共同费用分摊原则	按可控原则把成本归属于不同责任中心，包含可控的间接费用（变动性或固定性）	只分摊变动制造费用，不分摊固定制造费用	按受益原则归集和分摊费用，要分摊全部的制造费用

4. 责任成本与标准成本、目标成本的比较★

责任成本与标准成本、目标成本的比较见表19-8。

表19-8　责任成本与标准成本、目标成本的比较

项目	责任成本	标准成本	目标成本
区别	重点是事后的计算、评价和考核	主要强调事先的成本计算	要求在事先规定目标时就考虑责任归属，并按责任归属收集和处理实际数据
		制定时是分产品进行的，事后对差异进行分析时才判别责任归属	
联系	不管使用目标成本还是标准成本作为控制依据，事后的评价与考核都要求核算责任成本		

5. 成本费用支出的责任归属★★★

（1）责任中心可控成本的确定原则。

①责任中心通过自己的行动能有效地影响一项成本的数额；

②责任中心有权决定是否使用某种资产或劳务；

③管理人员能够对一项成本支出施加重要影响。

【例题5·多选题】☆判别一项成本是否归属责任中心的原则有（　　）。

A. 责任中心是否使用了引起该项成本发生的资产或劳务

B. 责任中心能否通过行动有效影响该项成本的数额

C. 责任中心是否有权决定使用引起该项成本发生的资产或劳务

D. 责任中心能否参与决策并对该项成本的发生施加重大影响

解析 ▶ 判别成本费用支出责任归属的原则有：（1）某责任中心通过自己的行动能有效地影响一项成本的数额；（2）某责任中心有权决定是否使用某种资产或劳务；（3）某管理人员能够参与有关事项并对该项成本的支出施加重要影响。　答案 ▶ BCD

（2）制造费用的归属和分摊方法。

制造费用的归属比较困难，需要仔细研究各项消耗和责任中心的因果关系，采用不同的分配方法，具体内容见表19-9。

表19-9　制造费用的归属和分摊方法

步骤	阐释	举例
直接计入责任中心	将可以直接判别责任归属的费用项目，直接列入应负责的成本中心	机物料消耗、低值易耗品的领用等
按责任基础分配	对不能直接归属于个别责任中心的费用，优先采用责任基础分配	动力费、维修费等
按受益基础分配	有些费用不是专门属于某个责任中心的，也不宜用责任基础分配，但与各中心的受益多少有关，可按受益基础分配	按装机功率分配电费等
归入某一个特定的责任中心	有些费用既不能用责任基础分配，也不能用受益基础分配，则考虑有无可能将其归属于一个特定的责任中心	车间的运输费用和试验检验费用等
不进行分摊	不能归属于任何责任中心的固定成本，不进行分摊	车间厂房的折旧

【例题6·多选题】甲公司将某生产车间设为成本责任中心，该车间领用乙材料，另外还发生机器维修费、试验检验费以及车间折旧费。下列关于成本费用责任归属的表述中，正确的有（　　）。

A. 乙材料费用直接计入该成本责任中心

B. 车间厂房的折旧费按照受益基础分配计入该成本责任中心

C. 机器维修费按照责任基础分配计入该

成本责任中心

　　D. 试验检验费归入一个特定的成本中心

解析 ▶ 车间厂房的折旧是以前决策的结

果，短期内无法改变，应该作为不可控费用，不能归属于任何责任中心，不进行分摊。选项 B 不是答案。　　　　**答案** ▶ ACD

三、利润中心

(一)利润中心的划分和类型★★

利润中心划分为自然的利润中心和人为的利润中心，其具体内容见表 19-10。

表 19-10　利润中心的划分和类型

概念	类型	阐释
是指对利润负责的责任中心，即利润中心是对收入、成本和费用都要承担责任的责任中心	自然的利润中心	直接向公司外部出售产品，在市场上进行购销业务的利润中心
	人为的利润中心	主要在公司内部按照内部转移价格出售产品的利润中心

　　『老贾点拨』 并不是可以计量利润的组织单位都是真正意义上的利润中心。利润中心组织的真正目的是激励下级制定有利于整个公司的决策。从根本目的上看，利润中心是管理人员有权对其供货的来源和市场的选择进行决策的单位(即拥有生产和销售的自主权或独立性)。

(二)利润中心的考核指标★★★

　　利润中心的考核指标包括部门边际贡献、部门可控边际贡献、部门税前经营利润，其具体的公式及说明见表 19-11。

表 19-11　利润中心的考核指标

考核指标及计算	评价指标的适用情况
部门边际贡献=部门销售收入−部门变动成本总额	以边际贡献作为业绩评价依据不够全面
部门可控边际贡献 = 部门边际贡献−部门可控固定成本	以可控边际贡献作为部门经理业绩评价依据可能是最好的，它反映了部门经理在其权限和控制范围内有效使用资源的能力
部门税前经营利润=部门可控边际贡献−部门不可控固定成本	以部门税前经营利润作为业绩评价依据，适合评价该部门对公司利润和管理费用的贡献，而不适合于部门经理的评价

　　『老贾点拨』 (1)尽管利润指标具有综合性，但仍然需要一些非货币的衡量方法作为补充，包括生产率、市场地位、产品质量、职工态度、社会责任、短期目标和长期目标的平衡等。

　　(2)公司总部的管理费用通常采用销售百分比法、资产百分比法分配给各部门，各部门提供的营业利润必须抵补总部管理费用后，公司整体才会盈利。

　　【例题 7·单选题】甲部门是一个利润中心。下列各项指标中，考核该部门经理业绩最适合的指标是(　)。

　　A. 部门边际贡献

　　B. 部门税前经营利润

　　C. 部门税后利润

　　D. 部门可控边际贡献

　　解析 ▶ 部门可控边际贡献反映了部门经理在其权限和控制范围内有效使用资源的能

力，所以用部门可控边际贡献作为部门经理业绩评价依据是最佳选择。　　**答案** ▶ D

(三)内部转移价格

1. 制定内部转移价格的目的★

内部转移价格是指企业内部分公司、分厂、车间、分部等责任中心之间相互提供产品(或服务)、资金等内部交易时所采用的计价标准。制定内部转移价格的目的：

(1)防止成本转移带来的部门间责任转嫁，使每个人为的利润中心都能作为单独的组织单位进行行业绩评价；

(2)引导下级部门采取明智的决策，生产部门据此确定提供产品的数量，购买部门据此确定所需要的产品数量。

2. 内部转移价格的类型★★

内部转移定价通常分为市场型、成本型和协商型。具体内容见表19-12。

表 19-12　内部转移价格的类型及适用责任单位

类型	确定方法	适用责任单位
市场型内部转移价格	是指以市场价格为基础、由成本和毛利构成的内部转移价格。具体包括： (1)责任中心提供的产品(或服务)经常外销且外销比例较大的，或提供的产品(或服务)有外部活跃市场可靠报价的，可以外销价格或活跃市场报价作为内部转移价格； (2)责任中心一般不对外销售且外部市场没有可靠报价的产品(或服务)，或企业管理层和有关各方认为不需要频繁变动价格的，可参照外部市场或预测价格制定模拟市场价作为内部转移价格； (3)责任中心没有外部市场但企业出于管理需要设置为模拟(人为)利润中心的，可在生产成本基础上加一定比例毛利作为内部转移价格	一般适用于利润中心
成本型内部转移价格	是指以企业制造产品的完全成本或变动成本等相对稳定的成本数据为基础制定的内部转移价格	一般适用于成本中心
协商型内部转移价格	(1)指企业内部供求双方通过协商机制制定的内部转移价格； (2)协商价格的取值范围通常较宽，一般不高于市场价，不低于单位变动成本	主要适用于分权程度较高的企业

[例题 8 · 多选题] 下列关于内部转移价格的说法中，正确的有(　　)。

A. 内部转移价格可以防止部门间责任转嫁

B. 市场型内部转移价格一般适用于成本中心

C. 协商型内部转移价格下限一般不低于单位变动成本

D. 协商型内部转移价格主要适用于集权程度较高的企业

解析 ▶ 市场型内部转移价格一般适用于企业利润中心，协商型内部转移价格主要适用于分权程度较高的企业，选项 BD 不是答案。

　　答案 ▶ AC

四、投资中心

(一)投资中心的划分★

投资中心是指分散经营的单位或部门，其经理既有制定价格、确定产品和生产方法等短期经营决策权，也有投资规模和投资类型等投资决策权。

『老贾点拨』投资中心不仅衡量其利润，也衡量其投资报酬率。

(二)考核指标★★★

1. 投资报酬率

投资报酬率的计算公式及优缺点见表19-13。

表 19-13　投资报酬率的计算公式及优缺点

项目	阐释
计算公式	部门投资报酬率=部门税前经营利润÷部门平均净经营资产 式中：部门平均净经营资产=部门平均经营资产-部门平均经营负债
优点	①它是根据现有的责任会计资料计算的，比较客观，可用于部门之间以及不同行业之间的比较。 ②部门投资报酬率可以分解为投资周转率和部门经营利润率两者的乘积，可以对整个部门的经营状况作出评价
缺点	使部门的业绩获得较好评价，但是伤害了公司整体利益。如部门经理会放弃高于公司要求的报酬率而低于目前部门投资报酬率的机会，或者减少现有的投资报酬率较低但高于公司要求的报酬率的某些资产

【例题 9 · 多选题】 ☆作为评价投资中心的业绩指标，部门投资报酬率的优点有（　　）。

A. 可用于比较不同规模部门的业绩

B. 有利于从投资周转率以及部门经营利润率角度进行经营分析

C. 根据现有的责任会计资料计算，比较方便

D. 可以使业绩评价与企业目标协调一致

解析 ▶ 选项 D 是剩余收益的主要优点。

答案 ▶ ABC

2. 剩余收益

剩余收益的计算公式及优缺点见表 19-14。

表 19-14　剩余收益的计算公式及优缺点

项目	阐释
计算公式	部门剩余收益=部门税前经营利润-部门平均净经营资产×要求的税前投资报酬率
优点	①可以使绩评价与公司的目标协调一致，引导部门经理采纳高于公司要求的税前投资报酬率的决策； ②可以对不同部门或者不同资产使用不同的风险调整资本成本
缺点	①剩余收益指标不便于不同规模的公司和部门的业绩比较； ②剩余收益和业绩评价质量依赖于会计数据的质量

【例题 10 · 单选题】 ☆甲公司下属投资中心本部门税前经营利润为 15 万元，部门平均资产为 100 万元（其中平均非经营资产为 20 万元），部门平均经营负债为 30 万元，该部门要求的税前投资报酬率为 10%，该中心的剩余收益为（　　）万元。

A. 5　　　　　　　　B. 8

C. 7　　　　　　　　D. 10

解析 ▶ 部门平均经营资产=100-20=80（万元），部门平均净经营资产=80-30=50（万元），部门剩余收益=15-50×10%=10（万元）。

答案 ▶ D

【例题 11 · 计算分析题】 ☆甲公司乙部门只生产一种产品，投资额 25 000 万元，2019 年销售 500 万件。该产品单价 25 元，单位变动成本资料如下：

项目	单位变动成本（元）
直接材料	3
直接人工	4
变动制造费用	2
变动销售费用	1
合计	10

该产品目前盈亏临界点作业率 20%，现有产能已满负荷运转。因产品供不应求，为提高销量，公司经可行性研究，2020 年拟增加 50 000 万元投资。新产能投入运营后，每年增加 2 700 万元固定成本。假设公司产销平衡，不考虑企业所得税。

要求：

（1）计算乙部门 2019 年税前投资报酬率；假设产能扩张不影响产品单位边际贡献，为

达到 2019 年税前投资报酬率水平，计算 2020 年应实现的销量。

（2）计算乙部门 2019 年经营杠杆系数；假设产能扩张不影响产品单位边际贡献，为达到 2019 年经营杠杆水平，计算 2020 年实现的销量。

答案 ▶

（1）目前盈亏临界点销售量 = 500 × 20% = 100（万件）

2019 年固定成本 = 100 × (25 - 10) = 1 500（万元）

2019 年息税前利润 = (25 - 10) × 500 - 1 500 = 6 000（万元）

2019 年税前投资报酬率 = 6 000/25 000 × 100% = 24%

2020 年息税前利润 = (25 000 + 50 000) × 24% = 18 000（万元）

2020 年应实现的销量 = (1 500 + 2 700 + 18 000)/(25 - 10) = 1 480（万件）

（2）2019 年经营杠杆系数 = (25 - 10) × 500/6 000 = 1.25

假设 2020 年应实现的销量为 Q，则：

经营杠杆系数 = $(25 - 10) × Q / [(25 - 10) × Q - 1\,500 - 2\,700] = 1.25$

即：2020 年应实现的销量 Q = 1 400（万件）。

『**老贾点拨**』 根据出题人的意图，2019 年和 2020 年的经营杠杆系数只能分别根据 2019 年和 2020 年当年数据计算。而教材内容显示，根据基期数据计算的应该是预计年度杠杆系数。

五、责任中心业绩报告

（一）业绩报告的概念 ★

业绩报告是反映责任预算实际执行情况，揭示责任预算与实际结果之间差异的内部管理会计报告，着重于对责任中心管理者的业绩评价。主要传递三类信息，即：

（1）实际业绩的信息；

（2）预期业绩的信息；

（3）实际业绩与预期业绩差异的信息。

（二）责任中心业绩报告的类型 ★★

1. 成本中心业绩报告

成本中心业绩报告的具体内容见表 19-15。

表 19-15　成本中心业绩报告

项目	阐释
考核指标	成本中心的所有可控成本（即责任成本）
报告格式	按成本中心可控成本的各明细项目列示其预算数、实际数和实际与预算的差异数
编制方式	业绩报告编制方式是自下而上，从最基层的成本中心逐级向上汇编，直至最高层次的成本中心，每一级业绩报告，除了最基层只有可控成本外，都应包括本层级的可控成本和下一层级转来的责任成本

【**例题 12 · 单选题**】编制成本中心业绩报告时，其业绩考核指标是该成本中心的（　）。

A. 制造成本

B. 责任成本

C. 不可控成本

D. 制造成本和期间费用

解析 ▶ 成本中心业绩报告中的考核指标通常是该成本中心的所有可控成本，即责任成本，所以选项 B 是答案。　**答案** ▶ B

2. 利润中心业绩报告

利润中心业绩报告的具体内容见表 19-16。

表 19-16 利润中心业绩报告

项目	阐释
考核指标	部门边际贡献、部门可控边际贡献和部门税前经营利润
报告格式	（1）部门边际贡献＝部门销售收入－部门变动成本； （2）部门可控边际贡献＝部门边际贡献－部门可控固定成本； （3）部门税前经营利润＝部门可控边际贡献－部门不可控固定成本。 『老贾点拨』列出预算数、实际数和实际与预算的差异数
编制方式	自下而上逐级汇编，直至企业息税前利润

3. 投资中心业绩报告

投资中心业绩报告的具体内容见表 19-17。

表 19-17 投资中心业绩报告

项目	阐释
考核指标	主要考核指标是部门投资报酬率和部门剩余收益，补充指标是现金回收率和剩余现金流量
报告格式	（1）部门边际贡献＝部门销售收入－部门变动成本 （2）部门可控边际贡献＝部门边际贡献－部门可控固定成本 （3）部门税前经营利润＝部门可控边际贡献－部门不可控固定成本 （4）部门平均净经营资产 （5）部门投资报酬率 （6）部门剩余收益 『老贾点拨』列示各指标预算数、实际数和实际与预算的差异数

同步训练

限时 85min

扫我做试题

一、单项选择题

1. 公司决定调整组织结构，按产品的类别划分为 5 个分公司，每个分公司均是一个利润中心，则调整后的组织结构属于（ ）。
   A. 科层组织结构
   B. 事业部组织结构
   C. 网络组织结构
   D. 直线职能组织结构

2. 某生产车间是一个标准成本中心，对下列各项中可以作出决定的是（ ）。
   A. 产品销售价格
   B. 产品生产数量

   C. 生产技术的改进
   D. 产品耗用人工工时

3. 在计算责任成本时，对于不能直接归属于个别责任中心的费用，应该（ ）。
   A. 优先按责任基础分配
   B. 优先按受益基础分配
   C. 优先归入某一个特定的责任中心
   D. 不进行分摊

4. ☆下列选项中，不属于责任中心判断成本是否可控的条件是（ ）。
   A. 可调控性
   B. 可预知性
   C. 可追溯性

財务成本管理应试指南

D. 可计量性

5. 对于难以分配到生产班组的车间运输费用和检验费用，一般采用的分配方法是( )。

A. 归入某一特定责任中心

B. 按责任基础分配

C. 按受益基础分配

D. 分摊

6. ☆某生产车间是一个标准成本中心。为了对该车间进行业绩评价，需要计算的责任成本范围是( )。

A. 该车间的直接材料、直接人工和全部制造费用

B. 该车间的直接材料、直接人工和变动制造费用

C. 该车间的直接材料、直接人工和可控制造费用

D. 该车间的全部可控成本

7. 大型集团的子公司、分公司、事业部一般都是独立的法人，享有投资决策权和较充分的经营权，这些责任中心大多属于( )。

A. 成本中心　　B. 利润中心

C. 投资中心　　D. 费用中心

8. ☆下列关于利润责任中心的说法中，错误的是( )。

A. 拥有供货来源和市场选择决策权的责任中心，才能成为利润中心

B. 考核利润中心的业绩，除了使用利润指标外，还需使用一些非财务指标

C. 为了便于不同规模的利润中心业绩比较，应以利润中心实现的利润与所占用资产相联系的相对指标作为其业绩考核的依据

D. 为防止责任转嫁，正确考核利润中心业绩，需要制定合理的内部转移价格

9. 下列关于投资中心业绩评价指标的表述，不正确的是( )。

A. 投资报酬率可用于不同部门以及不同行业之间比较

B. 投资报酬率可能导致损害公司整体利益的次优化行为

C. 剩余收益质量高低依赖于会计信息质量的优劣

D. 剩余收益计算要求不同规模的公司和部门采用同一资本成本以确保结果的可比性

10. 某投资中心的平均净经营资产为100 000元，最低投资报酬率为20%，剩余收益为20 000元，则该中心的投资报酬率为( )。

A. 42.22%　　B. 20%

C. 38%　　D. 40%

11. 企业某部门本月销售收入8 000元，已销产品的变动成本6 000元，部门可控固定间接费用500元，部门不可控制固定间接费用800元，分配给该部门管理费用500元。最能反映部门经理业绩的金额是( )元。

A. 200　　B. 700

C. 1 500　　D. 2 000

12. 甲部门是一个利润中心。下列财务指标中，最适合用来评价该部门对公司整体利润贡献大小的是( )。

A. 边际贡献

B. 可控边际贡献

C. 部门税前经营利润

D. 部门投资报酬率

13. 下列各项中，属于成本中心业绩报告披露的考核指标是( )。

A. 完全成本　　B. 直接成本

C. 变动成本　　D. 责任成本

14. 下列各项中，不属于利润中心业绩报告披露的考核指标的是( )。

A. 部门边际贡献

B. 部门可控边际贡献

C. 部门税前经营利润

D. 部门税前利润

15. 下列各项中，不属于投资中心业绩报告披露的考核指标的是( )。

A. 会计报酬率　　B. 投资报酬率

C. 剩余收益　　D. 现金回收率

二、多项选择题

1. 适合于建立费用中心进行成本控制的单位
   有(　　)。
   A. 研究开发部门
   B. 餐饮店的制作间
   C. 医院的放射治疗室
   D. 行政管理部门

2. ☆甲部门是一个标准成本中心，下列成本
   差异中，属于甲部门责任的有(　　)。
   A. 操作失误造成的材料数量差异
   B. 作业计划不当造成的人工效率差异
   C. 生产设备闲置造成的固定制造费用闲
   置能力差异
   D. 由于采购材料质量缺陷导致工人多用
   工时造成的变动制造费用效率差异

3. 下列关于责任成本计算、变动成本计算与
   制造成本计算的说法中，不正确的有(　　)。
   A. 变动成本计算和责任成本计算的成本
   计算对象都是产品
   B. 制造成本的计算范围包括直接材料、
   直接人工和全部制造费用
   C. 责任成本法按可控原则把成本归属于
   不同的责任中心
   D. 责任成本计算的目的是为短期经营决
   策提供成本信息

4. 下列成本中，属于生产车间可控成本的
   有(　　)。
   A. 由于疏于管理导致的废品损失
   B. 车间发生的间接材料成本
   C. 按照资产比例分配给生产车间的管理费用
   D. 按直线法提取的生产设备折旧费

5. 根据不同情况将制造费用分摊落实到各成
   本责任中心的方法有(　　)。
   A. 直接计入
   B. 按责任基础进行分配
   C. 按受益基础进行分配
   D. 按承受能力基础进行分配

6. 某公司的甲部门本月的收入为 15 000 元，
   变动成本为 10 000 元，可控固定成本为

800 元，不可控固定成本为 1 200 元，则下
列说法中正确的有(　　)。
A. 边际贡献为 5 000 元
B. 部门可控边际贡献为 4 200 元
C. 部门税前经营利润为 3 000 元
D. 部门税前经营利润为 4 200 元

7. 以下关于责任中心的表述中，正确的有(　　)。
   A. 任何发生成本的责任领域都可以确定
   为成本中心
   B. 任何可以计量利润的组织单位都可以
   确定为利润中心
   C. 与利润中心相比，标准成本中心仅缺
   少销售权
   D. 投资中心不仅能够控制生产和销售，
   还能控制占用的资产

8. 下列各项中，属于投资中心考核指标的
   有(　　)。
   A. 部门可控边际贡献
   B. 投资报酬率
   C. 剩余收益
   D. 部门税前经营利润

9. 剩余收益是评价投资中心业绩的指标之
   一。下列关于剩余收益指标的说法中，正
   确的有(　　)。
   A. 剩余收益不受会计信息质量高低的影响
   B. 剩余收益可以引导部门经理采取与企
   业总体利益一致的决策
   C. 计算剩余收益时，对不同部门可以使
   用不同的资本成本
   D. 剩余收益指标可以直接用于不同部门
   之间的业绩比较

10. 下列成本差异中，通常应由标准成本中
    心负责的差异有(　　)。
    A. 直接材料价格差异
    B. 直接人工数量差异
    C. 变动制造费用效率差异
    D. 固定制造费用闲置能力差异

11. 某企业制造部是一个成本中心，下设甲、
    乙两个分厂，其中甲分厂设有 A、B 两个
    车间，关于成本中心业绩报告中可控成

本的计量正确的有( )。

A. 制造部可控成本是甲、乙两个分厂责任成本之和

B. 甲分厂可控成本是 A、B 两个车间责任成本与甲分厂自身可控成本之和

C. 乙分厂责任成本就是自身所有可控成本之和

D. A、B 两个车间的责任成本分别是各自车间的所有可控成本之和

项目	系列	X 产品	Y 产品
销量(万盒)	品牌系列	500	1 500
	非品牌系列	1 500	–
售价(元/盒)	品牌系列	2.40	8.00
	非品牌系列	1.20	–
变动制造成本(元/盒)	品牌系列	0.85	2.80
	非品牌系列	0.85	–
包装成本(元/盒)	品牌系列	0.15	0.40
	非品牌系列	0.05	–

其他资料:

(1)所有产品按盒售卖,每盒 12 粒,乙部门目前最大年产能 48 000 万粒。

(2)乙部门年固定制造费用 3 700 万元,年固定销售及管理费用 1 650 万元。

(3)乙部门年均净经营资产 12 000 万元,公司要求的最低投资报酬率 10%。

要求:

(1)计算乙部门的投资报酬率和剩余收益。

(2)乙部门现有一个新的投资机会,投资额 1 800 万元,每年税前营业利润 270 万元。假设甲公司按投资报酬率考核,乙部

三、计算分析题

1. ☆甲公司是一家保健品代加工企业,公司乙部门主要负责国内市场生产销售。乙部门生产 X、Y 两种产品,其中:X 产品有品牌和非品牌系列,Y 产品只有品牌系列。目前甲公司正在对乙部门进行业绩考核。2020 年相关资料如下:

门是否愿意接受该投资?假设甲公司按剩余收益考核,乙部门是否愿意接受该项投资?哪种考核指标更符合公司利益?简要说明理由。

(3)预测 2021 年各产品国内市场需求均增长 16%,假设乙部门可以在最大产能范围内灵活安排生产。为有效利用产能,确定 2021 年产品生产的优先顺序、计算各产品产量及总税前营业利润。

2. ☆甲公司是一家上市公司,正对内部 A、B 投资中心进行业绩考核,2016 年相关资料如下(金额单位为元):

投资中心	税前经营利润	平均经营资产	平均经营负债	要求的税前投资报酬率
A	153 000	1 350 000	75 000	10%
B	134 400	900 000	60 000	12%

要求:

(1)分别计算 A、B 两个投资中心的部门投资报酬率和部门剩余收益(结果填入下方表格中,不用列出计算过程)。

	A	B
部门投资报酬率		
部门剩余收益		

(2)假设公司现有一投资机会,投资额210 000元,每年可创造税前经营利润26 000元,如果A、B投资中心都可进行该投资,且投资前后各自要求的税前投资报酬率保持不变,计算A、B投资中心分别投资后的部门投资报酬率和部门剩余收益,分析如果公司分别采用投资报酬率和部门剩余收益对A、B投资中心进行业绩考核,A、B投资中心是否愿意进行该投资(结果填入下方表格中,不用列出计算过程)。

			A	B
投资后	部门投资报酬率	计算结果		
		是否		
	部门剩余收益	计算结果		
		是否		

(3)综合上述计算,分析部门投资报酬率和部门剩余收益作为投资中心业绩评价指标的优缺点。

同步训练答案及解析

一、单项选择题

1. B 【解析】事业部可以按照产品、地区或者客户等内容划分,按产品划分是事业部常见形式,每个分公司均是一个事业部。

2. D 【解析】标准成本中心考核指标是在既定的产品质量和数量条件下的可控标准成本,对产品定价决策、产量决策、产品生产结构决策、设备和技术决策,成本中心管理人员无权作出决定。但对于产品生产过程中耗用的人工工时的多少是可以作出决定的。

3. A 【解析】在计算责任成本时,将可以直接判别责任归属的费用项目,直接列入应负责的成本中心。对于不能直接归属于个别责任中心的费用,优先采用责任基础分配。有些费用(如动力费、维修费等)虽然不能直接归属于特定成本中心,但它们的数额受成本中心的控制,能找到合理依据来分配,这类费用就可以采用责任基础分配。所以选项A是答案。

4. C 【解析】可控成本是指在特定时期内、特定责任中心能够直接控制其发生的成本。可控成本通常应符合以下三个条件:①成本中心有办法知道将发生什么性质的耗费(可预知);②成本中心有办法计量它的耗费(可计量);③成本中心有办法控制并调节它的耗费(可调控)。

5. A 【解析】对于不能用责任基础和受益基础分配到班组的车间运输费和检验费用,直接归入特定责任中心来控制此项成本,不向各班组分配。

6. D 【解析】责任成本是以具体的责任单位(部门、单位或个人)为对象,以其承担的责任为范围所归集的成本,也就是特定责任中心的全部可控成本。

7. C 【解析】投资中心是指某些分散经营的单位或部门,其经理所拥有的自主权不仅包括制定价格、确定产品和生产方法等短期经营决策权，而且还包括投资规模和投资类型等投资决策权。所以选项 C 是答案。

8. C 【解析】从根本目的看，利润中心是指管理人员有权对其供货的来源和市场的选择进行决策的单位，所以，选项 A 的说法正确；对于利润中心进行考核的指标主要是利润，除了使用利润指标外，还需要使用一些非财务指标，如生产率、市场地位等，所以，选项 B 的说法正确；利润中心没有权力决定该中心资产的投资水平，不能控制占用的资产，所以，选项 C 的说法不正确；制定内部转移价格的一个目的是防止成本转移带来的部门间责任转嫁，所以，选项 D 的说法正确。

9. D 【解析】不同行业的部门，或者同一部门不同资产，由于风险高低不同，剩余收益的计算允许采用不同的风险调整资本成本。

10. D 【解析】20 000 = 部门税前经营利润 - 100 000×20%，部门税前经营利润 = 40 000（元），投资报酬率 = 40 000/100 000×100% = 40%。

11. C 【解析】反映部门经理业绩的指标是部门可控边际贡献，部门可控边际贡献 = 8 000 - 6 000 - 500 = 1 500（元）。

12. C 【解析】部门税前经营利润适用于评价部门对公司利润和管理费用贡献的大小。只有部门的营业利润能够补偿分摊的总部管理费用，公司整体才会盈利。

13. D 【解析】成本中心业绩报告列示的考核指标是该成本中心的全部可控成本，即责任成本。

14. D 【解析】利润中心的考核指标通常为部门边际贡献、部门可控边际贡献和部门税前经营利润。

15. A 【解析】选项 BC 是投资中心的主要考核指标，选项 D 是补充的指标。

二、多项选择题

1. AD 【解析】费用中心是指那些产出不能用财务指标衡量，或者投入和产出之间没有密切关系的单位。这些单位包括行政管理部门（财务、人事、劳资、计划）、研究开发部门以及某些销售部门。

2. AB 【解析】选项 AB 是在生产过程中造成的，因此属于标准成本中心的责任。标准成本中心的设备和技术决策，通常由职能管理部门做出，而不是由成本中心的管理人员自己决定，因此，标准成本中心不对生产能力的利用程度负责，不对固定制造费用的闲置能力差异负责，选项 C 错误。选项 D 是采购部门的责任。

3. AD 【解析】责任成本以责任中心作为成本计算对象，选项 A 表述错误；责任成本计算目的是为了评价成本控制的业绩，选项 D 表述错误。

4. AB 【解析】可控成本是指在特定时期内、特定责任中心能够直接控制其发生的成本。需要符合三个条件：(1)成本中心有办法知道将发生什么性质的耗费；(2)成本中心有办法计量它的耗费；(3)成本中心有办法控制并调节它的耗费。

5. ABC 【解析】制造费用归属和分摊方法有：(1)直接计入责任中心；(2)按责任基础分配；(3)按受益基础分配；(4)归入某一个特定的责任中心；(5)不进行分摊。因此，正确的选项为 ABC。

6. ABC 【解析】边际贡献 = 15 000 - 10 000 = 5 000（元），部门可控边际贡献 = 5 000 - 800 = 4 200（元），部门税前经营利润 = 4 200 - 1 200 = 3 000（元）。

7. AD 【解析】任何发生成本的责任领域都可以确定为成本中心，选项 A 的表述正确；并不是可以计量利润的责任单位都是真正意义的利润中心，从根本目的看，该责任单位的管理人员必须有对其供货的来源和市场的选择进行决策等权力，选项 B

的表述错误；与利润中心相比，标准成本中心的管理人员不仅缺少销售权，而且对产品的品种结构和产量也无权决策，选项 C 的表述错误；投资中心不仅能够控制生产和销售(即具有经营决策权)，还能控制占用的资产(即具有投资决策权)，选项 D 的表述正确。

8. BC　【解析】部门可控边际贡献和部门税前经营利润属于利润中心考核指标，投资报酬率和剩余收益属于投资中心考核指标，可以反映投资效果。

9. BC　【解析】剩余收益的计算要使用会计数据，如果会计信息的质量低劣，必然会导致低质量的剩余收益和业绩评价，选项 A 的说法错误；剩余收益可以使业绩评价与公司的目标协调一致，选项 B 的说法正确；剩余收益可以对不同部门或者不同资产使用不同的风险调整资本成本，选项 C 的说法正确；剩余收益是绝对数指标，不便于不同规模的公司和部门的业绩比较，选项 D 的说法错误。

10. BC　【解析】材料价格差异是在采购过程中形成的，应由采购部门负责。标准成本中心不对生产能力的利用程度负责，而只对既定产量的投入量承担责任。所以不对固定制造费用的闲置能力差异负责。

11. BCD　【解析】制造部可控成本是甲、乙两个分厂责任成本与制造部本身的可控成本之和。选项 A 表述错误。

三、计算分析题

1.【答案】

(1)税前营业利润 = [500×(2.4-0.85-0.15)+1 500×(1.2-0.85-0.05)]+1 500×(8-2.8-0.4)-3 700-1 650 = 3 000(万元)

投资报酬率 = 3000/12000×100% = 25%

剩余收益 = 3 000-12 000×10% = 1800(万元)

(2)①投资后的投资报酬率 = (3 000+270)/(1 800+12 000)×100% = 23.70%，低于原来的投资报酬率25%，因此，乙部门不愿意接受该投资。

②投资后的剩余收益 = (3 000+270)-(1 800+12 000)×10% = 1 890(万元)>1 800万元，接受投资后会增加剩余收益，因此，乙部门愿意接受该投资。

③使用投资报酬率作为业绩评价标准时，部门经理可以通过加大公式分子或减少公式的分母来提高这个比率。从引导部门经理采取与公司总体利益一致的决策来看，投资报酬率并不是一个很好的指标。而剩余收益的主要优点是可以使业绩评价与公司的目标协调一致，引导部门经理采纳高于公司要求的最低投资报酬率的决策。因此，剩余收益指标更符合公司利益。

(3)应该按各产品每盒边际贡献的大小确定 2021 年产品生产的优先顺序：

X 产品品牌系列的单位边际贡献 = 2.4-0.85-0.15 = 1.4(元)

X 产品非品牌系列的单位边际贡献 = 1.2-0.85-0.05 = 0.3(元)

Y 产品品牌系列的单位边际贡献 = 8-2.8-0.4 = 4.8(元)

可见，应优先安排生产 Y 产品品牌系列，其次是 X 产品品牌系列，最后是 X 产品非品牌系列。

Y 产品品牌系列的产量 = 1 500×(1+16%) = 1 740(万盒)，需要消耗产能 1 740×12 = 20 880(万粒)，由于小于最大年产能 48 000 万粒，应继续安排 X 产品品牌系列的生产。

X 产品品牌系列的产量 = 500×(1+16%) = 580(万盒)，消耗产能 580×12 = 6 960(万粒)

以上两种产品消耗产能 = 20 880+6 960 = 27 840(万粒)，小于最大总产能。所以，应继续安排 X 产品非品牌系列的生产。由于最大总产能剩余 48 000-27 840 =

20 160(万粒),因此,X 产品非品牌系列的产量=20 160/12=1 680(万盒)。

总税前营业利润=1 740×4.8+580×1.4+1 680×0.3-3 700-1 650=4 318(万元)。

2.【答案】

(1)A、B 两个投资中心的部门投资报酬率和部门剩余收益:

	A	B
部门投资报酬率	12%	16%
部门剩余收益	25 500	33 600

(2)

			A	B
投资后	部门投资报酬率	计算结果	12.05%	15.28%
		是否	是	否
	部门剩余收益	计算结果	30 500	34 400
		是否	是	是

计算说明:

A 部门投资报酬率=(153 000+26 000)/(210 000+1 350 000-75 000)×100%=12.05%

部门剩余收益=(153 000+26 000)-(210 000+1 350 000-75 000)×10%=30 500(元)

B 部门投资报酬率=(134 400+26 000)/(210 000+900 000-60 000)×100%=15.28%

部门剩余收益=(134 400+26 000)-(210 000+900 000-60 000)×12%=34 400(元)

(3)①投资报酬率作为投资中心业绩评价指标的优缺点:

优点:根据现有的责任会计资料计算的,比较客观,可用于部门之间以及不同行业之间的比较。部门投资报酬率可以分解为投资周转率和部门经营利润率两者的乘积,并可进一步分解为资产的明细项目和收支的明细项目,从而对整个部门经营状况作出评价。

缺点:部门经理会产生"次优化"行为,使部门业绩获得好评,但是损害公司整体利益。比如 B 部门增加投资后,投资报酬率降低,但是依然高于资本成本,站在 B 部门的角度,部门经理会为了部门业绩而放弃这个投资。

②剩余收益作为投资中心业绩评价指标的优缺点:

优点:可以使业绩评价与公司的目标协调一致,引导部门经理采纳高于公司要求的税前投资报酬率的决策;允许使用不同的风险调整资本成本。

缺点:不便于不同规模的公司和部门的业绩比较;依赖会计数据的质量,如果会计数据质量低劣,必然会导致低质量的剩余收益和业绩评价。

第二十章 业绩评价

历年考情概况

本章是考试的非重点章节，内容与责任会计、管理用财务报表分析、资本成本计算等内容有一定联系。主要考核关键绩效指标法特点、经济增加值计算及优缺点、平衡计分卡的框架等内容。考试形式以客观题为主，也会涉及主观题。考试分值预计 6 分左右。

近年考点直击

主要考点	主要考查题型	考频指数	考查角度
财务业绩评价与非财务业绩评价的优缺点	客观题	★	(1)财务业绩评价的优缺点；(2)非财务业绩评价的优缺点
关键绩效指标法	客观题	★★	(1)关键绩效指标法的应用；(2)关键绩效指标法的优缺点
经济增加值	客观题和主观题	★★★	(1)经济增加值的计算；(2)披露经济增加值的调整项目；(3)经济增加值的优缺点；(4)简化经济增加值计算
平衡计分卡	选择题	★★	(1)平衡计分卡框架的四个维度；(2)平衡计分卡与企业战略管理的关系；(3)战略地图的架构；(4)平衡计分卡区别于传统业绩评价的特点

2022 年考试变化

删除"特殊的经济增加值"与"真实的经济增加值"。

考点详解及精选例题

一、财务业绩评价与非财务业绩评价

（一）财务业绩评价的优缺点 ★

财务业绩评价是根据财务信息来评价管理者业绩的方法，其优缺点见表 20-1。

表 20-1 财务业绩评价的优缺点

指标	优点	缺点
常见的财务评价指标包括净利润、资产报酬率、经济增加值等	(1)可以反映企业综合经营成果； (2)容易从会计系统中获得相应的数据，操作简便，易于理解，被广泛使用	(1)无法反映管理者在企业的长期业绩改善方面所作的努力，财务业绩反映短期业绩； (2)财务业绩是一种结果导向，只注重最终的财务结果； (3)无法公允地反映管理层的真正业绩，因为会计数据的产生会受到稳健性原则有偏估计的影响

(二)非财务业绩评价的优缺点★

非财务业绩评价是指根据非财务信息指标来评价管理者业绩的方法，其优缺点见表 20-2。

表 20-2 非财务业绩评价的优缺点

指标	优点	缺点
常见指标包括市场份额、顾客忠诚度、及时送货率、员工满意度等	(1)可以避免财务业绩评价只侧重过去、比较短视的不足； (2)非财务业绩评价更体现长远业绩，更体现外部对企业的整体评价	一些关键的非财务业绩指标往往比较主观，数据的收集比较困难，评价指标数据的可靠性难以保证

【例题 1·多选题】下列关于非财务业绩评价的说法中，正确的有( )。

A. 反映企业的长期业绩

B. 反映业绩的结果导向

C. 反映企业综合经营成果

D. 业绩数据的收集比较困难

解析 ▶ 非财务业绩评价更体现长远业绩，更体现外部对企业的整体评价；但是一些关键的非财务业绩指标通常比较主观，数据的收集比较困难，评价指标数据的可靠性难以保证。所以选项 AD 正确，选项 BC 是财务业绩评价的特点。   答案 ▶ AD

二、关键绩效指标法

(一)关键绩效指标法的含义★

关键绩效指标法是指基于企业战略目标，通过建立关键绩效指标体系，将价值创造活动与战略规划目标有效联系，并据此进行绩效管理的方法。

关键绩效指标法单独使用，或与经济增加值法、平衡计分卡等方法结合使用。应用对象可以是企业、也可以是企业所属单位(部门)和员工。

(二)关键绩效指标法的应用★★

企业应用关键绩效指标法，主要程序包括制定绩效计划、制定激励计划、执行绩效计划和激励计划、实施绩效评价与激励、编制绩效评价报告和激励管理报告。关键是制定和实施以关键绩效指标为核心的绩效计划。制定绩效计划的具体内容见表 20-3。

表 20-3　制订绩效计划

项目	具体内容
构建关键绩效指标体系	（1）企业关键绩效指标体系分为企业级关键绩效指标、所属单位（部门）级关键绩效指标和岗位（员工）级关键绩效指标，关键绩效指标应含义明确、可度量、与战略目标高度相关，每个层级的关键绩效指标一般不超过 10 个； （2）企业关键绩效指标分为两类：一是结果类指标反映企业绩效的价值指标，如投资报酬率、权益净利率、经济增加值、息税前利润、自由现金流量等；二是动因类指标反映企业价值关键驱动因素的指标，如资本支出、单位生产成本、产量、销量、客户满意度等
设定关键绩效指标权重	权重的分配应以企业战略目标为导向，反映被评价对象对企业价值贡献或支持的程度，以及各指标之间的重要性水平。对于特别关键、影响企业整体价值的指标可以设立"一票否决"制度
设定关键绩效指标的目标值	（1）依据国家有关部门或权威机构发布的行业标准或参考竞争对手标准； （2）参照企业内部标准，包括企业战略目标、年度生产经营计划目标、年度预算目标、历年指标水平等； （3）不能按前两项方法确定的，可根据企业历史经验值确定

【例题 2·单选题】企业关键绩效指标分为结果类和动因类，下列属于结果类指标的是（　　）。

A. 单位变动成本　　　　　　　　B. 资本性支出

C. 客户满意度　　　　　　　　　D. 自由现金流量

解析 ▶ 结果类指标是反映企业绩效的价值指标，如投资报酬率、权益净利率、经济增加值、息税前利润、自由现金流量等综合指标；动因类指标是反映企业价值关键驱动因素的指标，如资本性支出、单位生产成本、产量、销量、客户满意度、员工满意度等。　　　**答案** ▶ D

（三）关键绩效指标法的优缺点★★

关键绩效指标法的优缺点见表 20-4。

表 20-4　关键绩效指标法的优缺点

项目	阐释
优点	（1）使企业业绩评价与企业战略目标密切相关，有利于企业战略目标的实现； （2）通过识别价值创造模式、把握关键价值驱动因素，能够更有效地实现企业价值增值目标； （3）评价指标数量相对较少，易于理解和使用，实施成本相对较低，有利于推广实施
缺点	关键绩效指标的选取需要透彻理解企业价值创造模式和战略目标，有效识别企业核心业务流程和关键价值驱动因素，指标体系设计不当将导致错误的价值导向和管理缺失

【例题 3·单选题】下列关于关键绩效指标法的说法中，正确的是（　　）

A. 关键绩效指标法与平衡计分卡不能结合使用

B. 选取的指标数量应该尽可能的多，以便更好反映企业整体价值

C. 如果关键绩效指标未完成可以实施"一票否决"制度

D. 关键绩效指标应该是反映企业绩效的价值指标

解析 ▶ 关键绩效指标法可以单独使用，也可以与经济增加值、平衡计分卡等结合使用，选项 A 不是答案；关键绩效指标应该与战略相关，指标数量不宜过多，每个层级一般不超过 10 个，选项 B 不是答案；对特别关键、影响企业整体价值的指标可以设立"一票否决"制度，即某个关键绩效指标未完成，视为未完成绩效目标，选项 C 是答案；关键

绩效指标有结果类指标和动因类指标两类，其中结果类指标是反映企业绩效的价值指标，动因类指标是反映企业价值关键驱动因素的指标，选项 D 不是答案。 **答案▶C**

三、经济增加值的概念和优缺点

（一）经济增加值的概念★

经济增加值是指从税后净营业利润中扣除全部投入资本的资本成本后的剩余收益。

是评价经营者有效使用资本和为企业创造价值的重要指标，经济增加值为正，表明经营者在为企业创造价值。其计算公式为：

经济增加值＝调整后税后净营业利润－调整后平均资本占用×加权平均资本成本

为了计算经济增加值，需要解决经营利润、资本成本和所使用资本数额的计量问题。不同的解决办法，形成了基本的经济增加值和披露的经济增加值，具体内容见表20-5。

表 20-5 基本的经济增加值和披露的经济增加值

类型	相关说明
基本的经济增加值	即根据未经调整的经营利润和总资产计算的经济增加值。计算公式为： 基本的经济增加值＝税后净营业利润－报表平均总资产×加权平均资本成本 『老贾点拨』计算容易，但是经营利润和总资产都是按照会计准则计算，歪曲了公司真实业绩
披露的经济增加值	即利用公开会计数据进行调整计算出来的。典型调整项目包括： (1)研究与开发费用； (2)计入财务费用的战略性投资的利息(或部分利息)； (3)为建立品牌、进入新市场或扩大市场份额发生的营销费用； (4)折旧费(前期少提后期多提折旧，即"沉淀资金折旧法")

【例题4·多选题】 在计算披露的经济增加值时，下列各项中需要进行调整的有( )。

A. 研究与开发费用
B. 争取客户的营销费用
C. 计入财务费用的战略性投资利息
D. 资本化利息支出

解析▶ 在计算披露的经济增加值时，典型的调整项目包括：(1)研究与开发费用；(2)计入财务费用的战略性投资的利息；(3)为建立品牌、进入新市场或扩大市场份额发生的费用；(4)折旧费用。 **答案▶ABC**

（二）经济增加值和剩余收益的联系与区别★★

1. 经济增加值和剩余收益均与投资报酬率相联系

剩余收益业绩评价旨在设定部门投资的

最低报酬率，防止部门利益伤害整体利益。经济增加值旨在使经理人员赚取超过资本成本的报酬，促进股东财富最大化。

2. 经济增加值与剩余收益的区别

(1)计算方法不同。部门剩余收益通常使用部门的税前经营利润和要求的税前投资报酬率计算；部门经济增加值使用部门税后净营业利润和税后加权平均资本成本计算，计算时需要对财务会计数据进行一系列调整，包括税后营业净利润和资本占用。

(2)功能作用不同。经济增加值计算考虑了所得税因素，可以比剩余收益更好地反映部门盈利能力。

(3)计算依据不同。经济增加值与公司的实际资本成本相联系，即需要根据资本市场的机会成本计算资本成本，以实现经济增加值与资本市场的衔接。基于资本市场的计算方法，即资本市场上权益资本成本和债务资本成本变动时，加权平均资本成本随之调整；剩余收益使用的部门要求的报酬率，主要考虑管理要求以及部门个别风险的高低。

（三）经济增加值评价的优缺点★★★

经济增加值评价的优缺点见表20-6。

表 20-6　经济增加值评价的优缺点

项目	阐释
优点	(1)考虑了所有资本的成本，更真实地反映了企业的价值创造能力； (2)实现了企业利益、经营者利益和员工利益的统一，激励经营者和所有员工为企业创造更多价值； (3)能有效遏制企业盲目扩张规模以追求利润总量和增长率的倾向，引导企业注重长期价值创造； (4)经济增加值不仅仅是一种业绩评价指标，它还是一种全面财务管理和薪金激励体制的框架； (5)经济增加值还是股票分析家手中的一个强有力的工具
缺点	(1)无法衡量企业长远发展战略的价值创造情况； (2)计算主要基于财务指标，无法对企业的营运效率与效果进行综合评价； (3)不同行业、不同发展阶段、不同规模等的企业，其会计调整项和加权平均资本成本各不相同，计算比较复杂，影响指标的可比性； (4)经济增加值是绝对数，不便于比较不同规模公司的业绩； (5)处于成长阶段的公司经济增加值较少，而衰退阶段的公司经济增加值可能较高，会误导使用人的决策； (6)缺乏统一的业绩评价指标，只能在一个公司历史分析和内部评价中使用

【例题 5·多选题】 ☆下列关于经济增加值的说法中，正确的有（　　）。

A. 经济增加值为正表明经营者为股东创造了价值

B. 计算经济增加值使用的资本成本应随资本市场变化而调整

C. 经济增加值是税后净营业利润扣除全部投入资本的资本成本后的剩余收益

D. 经济增加值便于不同规模公司之间的业绩比较

解析 经济增加值是绝对数指标，不便于比较不同规模公司的业绩，选项 D 不是答案。　　　　　　　　**答案** ABC

四、简化的经济增加值

（一）经济增加值的计算公式★★★

经济增加值=税后净营业利润-调整后资本×平均资本成本率

『**老贾点拨**』（1）税后净营业利润=净利润+（利息支出+研究开发费用调整项）×（1-25%）

（2）调整后资本=平均所有者权益+平均带息负债-平均在建工程

（3）平均资本成本率=债权资本成本率×平均带息负债/（平均带息负债+平均所有者权益）×（1-25%）+股权资本成本率×平均所有者权益/（平均带息负债+平均所有者权益）

（二）会计调整项目说明★★

（1）研究开发费用调整项是指企业财务报表中"期间费用"项下的"研发费用"和当期确认为无形资产的开发支出。

（2）对于承担关键核心技术攻关任务而影响当期损益的研发投入，可以按照100%的比例，在计算税后净营业利润时予以加回。

（3）对于勘探投入费用较大的企业，经国资委认定后，可将其成本费用情况表中的"勘探费用"视同研究开发费用调整项予以加回。

（4）在建工程是指企业财务报表中的符

合主业规定的"在建工程"。

（5）对从事银行、保险和证券业务且纳入合并报表的企业，将负债中金融企业专用科目从资本占用中予以扣除。基金、融资租赁等金融业务纳入国资委核定主业范围的企业，可约定将相关带息负债从资本占用中予以扣除。

（6）利息支出是指企业财务报表中"财务费用"项下的"利息支出"。带息负债是指企业带息负债情况表中带息负债合计。

（7）企业经营业务主要在国（境）外的，25%的企业所得税税率可予以调整。

（三）差异化资本成本率的确定★

（1）股权资本成本率（见表20-7）。

表20-7　股权资本成本率

企业特点	股权资本成本率	股权资本成本率调整幅度
主业处于充分竞争行业和领域的商业类企业	6.5%	军工、电力、农业等资产通用性较差的企业，下浮0.5个百分点
主业处于关系国家安全、国民经济命脉的重要行业和关键领域、主要承担重大专项任务的商业类企业	5.5%	
公益类企业	4.5%	

（2）债权资本成本率＝利息支出总额/平均带息负债

利息支出总额是指带息负债情况表中"利息支出总额"，包括费用化利息和资本化利息。

（3）平均资本成本率（见表20-8）。

表20-8　平均资本成本率

企业类型	资产负债率特征	平均资本成本率调整幅度
科研技术企业	高于上年且在65%（含）至70%	上浮0.2个百分点
	高于上年且在70%（含）以上	上浮0.5个百分点
工业企业	高于上年且在70%（含）至75%	上浮0.2个百分点
	高于上年且在75%（含）以上	上浮0.5个百分点
非工业企业	高于上年且在75%（含）至80%	上浮0.2个百分点
	高于上年且在80%（含）以上	上浮0.5个百分点

（四）其他重大调整事项★

发生下列情形之一，对企业经济增加值考核产生重大影响的，国资委酌情予以调整：

（1）重大政策变化；

（2）严重自然灾害等不可抗力因素；

（3）企业重组、上市以及会计准则调整等不可比因素；

（4）国资委认可的企业结构调整等其他事项。

[例题6·单选题] ☆甲公司是一家中央企业上市公司，依据国资委《中央企业负责人经营业绩考核办法》采用经济增加值进行业绩考核。2020年公司净利润10亿元，利息支出3亿元、研发支出2亿元全部计入损益，调整后资本100亿元，平均资本成本率6%。企业所得税税率25%。公司2020年经济增加值是（　）亿元。

A. 7　　　　　　B. 7.75

C. 9　　　　　　D. 9.5

解析 ▶ 税后净营业利润＝净利润＋（利息支出＋研究开发费用调整项）×（1－25%）＝10＋（3＋2）×（1－25%）＝13.75（亿元），经济增加

值＝税后净营业利润－资本成本＝13.75－100×6％＝7.75（亿元）。　　**答案** ▶ **B**

五、平衡计分卡

（一）平衡计分卡框架 ★★★

平衡计分卡是指基于企业战略，从财务、客户、内部业务流程、学习与成长四个维度，将战略目标逐层分解转化为具体的、相互平衡的绩效指标体系，并据此进行绩效管理的方法。平衡计分卡的框架见表20-9。

表 20-9　平衡计分卡

维度	目标与常用指标
财务维度	(1) 目标是解决"股东如何看待我们"的问题； (2) 企业常用指标有投资报酬率、权益净利率、经济增加值、息税前利润、自由现金流量、资产负债率、总资产周转率等
顾客维度	(1) 目标是解决"顾客如何看待我们"的问题； (2) 企业常用指标有市场份额、客户满意度、客户获得率、客户保持率、客户获利、战略客户数量等
内部业务流程维度	(1) 目标是解决"我们的优势是什么"的问题； (2) 企业常用指标有交货及时率、生产负荷率、产品合格率等
学习与成长维度	(1) 目标是解决"我们能否继续提高并创造价值"的问题； (2) 企业常用指标有新产品开发周期、员工保持率、员工生产率、培训计划完成率、员工满意度等

『老贾点拨』 平衡计分卡框架体现四个方面的平衡：

（1）外部评价指标（如股东和客户对企业的评价等）与内部评价指标（如内部经营过程、新技术的学习等）的平衡；

（2）成果评价指标（如利润、市场占有率等）与驱动因素评价指标（如新产品的投资开发等）的平衡；

（3）财务评价指标（如利润）与非财务评价指标（如员工忠诚度、顾客满意度等）的平衡；

（4）短期评价指标（如利润）与长期评价指标（如员工培训成本、研发费用等）的平衡。

【例题 7 · 多选题】 下列各项中，属于平衡计分卡财务维度业绩评价指标的有（　　）。

A. 资产负债率

B. 自由现金流量

C. 交货及时率

D. 总资产周转率

解析 ▶ 财务维度的考核指标包括投资报酬率、权益净利率、经济增加值、息税前利润、自由现金流量、资产负债率、总资产周转率等，交货及时率属于内部业务流程维度指标。　　**答案** ▶ **ABD**

【例题 8 · 多选题】 ☆在使用平衡计分卡进行企业业绩评价时，需要处理几个平衡，下列各项中，正确的有（　　）。

A. 外部评价指标与内部评价指标的平衡

B. 定期指标与非定期指标的平衡

C. 财务指标与非财务指标的平衡

D. 成果评价指标与驱动因素评价指标的平衡

解析 ▶ 平衡计分卡中的"平衡"包含：外部评价指标（如股东和客户对企业的评价）和内部评价指标（如内部经营过程、新技术学习等）的平衡；成果评价指标（如利润、市场占有率等）和导致成果出现的驱动因素评价指标(如新产品投资开发等)的平衡;财务评价指标(如利润等)和非财务评价指标(如员工忠诚度、客户满意度等)的平衡;短期评价指标(如利润指标等)和长期评价指标(如员工培训成本、研发费用等)的平衡。因此选项 ACD 是正确的。　　**答案 ▶ ACD**

(二)平衡计分卡与企业战略管理★

1. 平衡计分卡与战略管理之间的关系

一方面,战略规划中所制定的目标是平衡计分卡考核的一个基准;另一方面,平衡计分卡又是一个有效的战略执行系统,它通过引入四个程序,使得管理者能够把长期行为与短期行为联系在一起。具体见表 20-10。

表 20-10　平衡计分卡与战略管理

程序	阐释
阐释并诠释愿景与战略	有效说明企业所要达到的远期目标
沟通与联系	使得管理人员在企业中对战略上下沟通,并将它与部门及个人目标相联系
计划与制定目标值	编制计划和制定目标值,实现业务计划和财务计划一体化
战略反馈与学习	使得企业以一个组织形式获得战略型学习与改进能力

2. 平衡计分卡的要求

为了使平衡计分卡更好地与企业战略结合,必须满足的要求是:

(1)平衡计分卡四个方面互为因果,最终目的是实现企业战略;

(2)平衡计分卡不仅有具体业绩衡量指标,还包括衡量指标的驱动因素;

(3)平衡计分卡必须强调经营成果,应该最终与财务指标相联系。

(三)战略地图架构★

战略地图为战略如何连接无形资产与价值创造提供了一个架构,其具体内容见表 20-11。

表 20-11　战略地图架构

维度	阐释
财务维度	(1)体现长期与短期对立力量的战略平衡; (2)公司财务绩效的改善,主要是利用收入的增长与生产力的提升两种基本途径
顾客维度	(1)体现战略是基于差异化的价值主张; (2)企业采取追求收入增长的战略,必须在顾客层面中选定价值主张,即如何针对目标顾客群创造出具有差异化同时又可持续长久的价值
内部业务流程维度	(1)体现价值是由内部业务流程创造的; (2)内部业务流程完成了组织战略的两项重要内容:一是对顾客的价值主张加以生产与交货;二是为财务层面中的生产力要件进行流程改善与成本降低的作业
学习与成长维度	(1)体现无形资产的战略性整合; (2)主要说明组织的无形资产及它们在战略中扮演的角色。无形资产归纳为人力资本、信息资本和组织资本三类

(四)平衡计分卡与传统业绩评价系统的区别★

(1)传统的业绩考核注重对员工执行过程的控制,平衡计分卡则强调目标制订的环节。

(2)传统的业绩评价与企业的战略执行脱节。平衡计分卡把企业战略和业绩管理系统联系起来,是企业战略执行的基础架构。

（3）平衡计分卡在财务、顾客、内部业务流程以及学习与成长四个方面建立公司的战略目标。

（4）平衡计分卡帮助公司及时考评战略执行的情况，根据需要（每月或每季度）适时调整战略、目标和考核指标。

（5）平衡计分卡能够帮助公司有效地建立

跨部门团队合作，促进内部管理过程的顺利进行。

六、平衡计分卡的优缺点★

平衡计分卡的优缺点见表20-12。

表 20-12 平衡计分卡的优缺点

项目	阐释
优点	（1）战略目标逐层分解并转化为评价对象的绩效指标和行动方案，使整个组织行动协调一致； （2）从财务、客户、内部业务流程、学习与成长四个维度确定绩效指标，使绩效评价更为全面完整； （3）将学习与成长作为一个维度，注重员工的发展要求和组织资本、信息资本等无形资产的开发利用，有利于增强企业可持续发展的动力
缺点	（1）专业技术要求高，工作量比较大，操作难度也较大，需要持续地沟通和反馈，实施比较复杂，实施成本高； （2）各指标权重在不同层级及各层级不同指标之间的分配比较困难，且部分非财务指标的量化工作难以落实； （3）系统性强，涉及面广，需要专业人员的指导、企业全员的参与和长期持续地修正完善，对信息系统、管理能力的要求较高

同步训练

限时 70min

扫我做试题

一、单项选择题

1. 下列关于财务业绩评价与非财务业绩评价特点的描述中，不正确的是（ ）。
   A. 非财务业绩评价注重长远业绩，财务业绩评价注重短期业绩
   B. 财务业绩评价注重财务结果，非财务业绩评价注重过程的改善
   C. 财务业绩评价和非财务业绩评价的数据收集比较困难
   D. 财务业绩评价比非财务业绩评价更能反映综合经营成果

2. 下列关于简化的经济增加值计算的说法中，不正确的是（ ）。
   A. 经济增加值=税后净营业利润-资本成本
   B. 资本成本=调整后资本×平均资本成本率
   C. 税后净营业利润=净利润+（利息支出+研究开发费用调整项）×（1-25%）
   D. 调整后资本=平均所有者权益+平均负债合计-平均无息流动负债

3. 在计算披露的经济增加值时，涉及的会计调整很多，其中经济增加值要求对某些大量使用长期设备的公司，按照更接近经济现实的（ ）处理。
   A. 沉淀资金折旧法
   B. 年数总和折旧法
   C. 偿债基金折旧法
   D. 直线折旧法

4. 在平衡计分卡框架中，关于一个企业核心竞争力的评价，应该主要关注平衡计分卡的（　　）。

A. 财务维度

B. 顾客维度

C. 内部业务流程维度

D. 学习和成长维度

5. 下列关于平衡计分卡与传统业绩评价系统区别的说法中不正确的是（　　）。

A. 平衡计分卡强调的是目标制定而不是员工执行过程的控制

B. 传统的业绩评价与企业的战略执行脱节

C. 传统的业绩评价可以帮助公司及时考评战略执行情况

D. 平衡计分卡能够帮助公司有效地建立跨部门团队合作

6. 平衡计分卡框架中，常用的财务维度指标不包括（　　）。

A. 经济增加值　　B. 权益净利率

C. 产品合格率　　D. 自由现金流量

7. 按照平衡计分卡，其目标是解决"我们是否能继续提高并创造价值"的问题的维度是（　　）。

A. 财务维度

B. 顾客维度

C. 内部业务流程维度

D. 学习和成长维度

8. 下列关于平衡计分卡特点的表述中，错误的是（　　）。

A. 从财务、顾客、内部业务流程、学习与成长四个维度确定绩效指标，使绩效评价更为全面完整

B. 注重员工的发展要求和组织资本、信息资本等无形资产的开发利用

C. 专业技术要求高，工作量比较大，操作难度也较大

D. 各指标权重在不同层级及各层级不同指标之间的分配比较容易

9. 甲公司前三个季度数据显示，实现净利润

5.2亿元，经济增加值2.5亿元；管理费用4.8亿元，其中研究开发费1.5亿元；财务费用0.52亿元，其中利息支出0.5亿元。甲公司考核经济增加值指标时，研究开发费、利息支出均作为会计调整项目，企业所得税税率为25%，前三个季度加权平均资本成本为6%。则甲公司前三个季度平均资本占用是（　　）亿元。

A. 111.5　　　　　　B. 70

C. 55　　　　　　　D. 85.5

二、多项选择题

1. 下列关于经济增加值特点的说法中不正确的有（　　）。

A. 经济增加值可以帮助投资人判断公司未来发展前景

B. 经济增加值引导企业注重长期价值创造

C. 经济增加值可以反映不同规模公司为股东创造财富能力的强弱

D. 经济增加值能够克服投资报酬率处于成长阶段较低，而衰退阶段较高的缺点

2. ☆甲公司用平衡计分卡进行业绩考评。下列各种维度中，平衡计分卡需要考虑的有（　　）。

A. 顾客维度

B. 股东维度

C. 债权人维度

D. 学习与成长维度

3. 下列各项中，属于平衡计分卡学习与成长维度业绩评价指标的有（　　）。

A. 员工满意度　　B. 顾客满意度

C. 市场份额　　　D. 新产品开发周期

4. 战略地图的学习与成长维度，主要说明组织的无形资产及它们在战略中扮演的角色。这里的无形资产包括（　　）。

A. 人力资本　　　B. 信息资本

C. 技术资本　　　D. 组织资本

5. 平衡计分卡中的"平衡"包括（　　）。

A. 外部评价指标和内部评价指标的平衡

B. 成果评价指标和导致成果出现的驱动因素评价指标的平衡

C. 财务评价指标和非财务评价指标的平衡

D. 绝对评价指标和相对评价指标的平衡

6. 下列关于关键绩效指标法特点的表述中，正确的有(　　)。

A. 使企业业绩评价与企业战略目标密切相关，有利于企业战略目标的实现

B. 通过识别价值创造模式、把握关键价值驱动因素，能够更有效地实现企业价值增值目标

C. 评价指标数量相对较少，易于理解和使用，实施成本相对较低，有利于推广实施

D. 关键绩效指标法有利于企业树立正确的价值导向和管理

7. 企业关键绩效指标分为结果类和动因类，下列属于动因类指标的是(　　)。

A. 单位生产成本

B. 资本性支出

C. 员工满意度

D. 经济增加值

8. 下列各项中，属于平衡计分卡内部业务流程维度业绩评价指标的有(　　)。

A. 资产负债率　　B. 息税前利润

C. 生产负荷率　　D. 产品合格率

三、计算分析题

1. A 公司是一家处于成长阶段的上市公司，无优先股，正在对上年的业绩进行计量和评价，有关资料如下：

(1)权益净利率为 19%，税后利息率为 7.5%(时点指标按照平均数计算)。

(2)平均总资产为 15 000 万元，平均金融资产为 2 000 万元，平均经营负债为 500 万元，平均股东权益为 7 500 万元。

(3)目前资本市场上等风险投资的股权成本为 15%，税前净负债成本为 10%。

(4)适用的企业所得税税率为 25%。

要求：

(1)计算 A 公司上年的平均净负债、税后利息费用、税后净营业利润。

(2)计算加权平均资本成本(按账面价值计算权重)。

(3)计算 A 公司的经济增加值(假设不存在调整事项)。

2. 某公司有 A、B 两个部门，A 部门平均净经营资产 1 000 万元，投资报酬率 12%；B 部门投资报酬率 14%，剩余收益 50 万元。假设 A 部门要求的税前投资报酬率 8%，B 部门要求的税前投资报酬率 10%，加权平均税后资本成本 6%，企业所得税税率为 25%。假设没有需要调整的项目。

要求：

(1)计算 A 部门的剩余收益。

(2)计算 B 部门的平均净经营资产。

(3)计算两个部门的经济增加值。

(4)说明经济增加值和剩余收益的联系与区别。

同步训练答案及解析

益+平均带息负债-平均在建工程

一、单项选择题

1. C 【解析】财务业绩评价容易从会计系统获得相应的数据，但是非财务业绩评价指标往往比较主观，数据收集比较困难。

2. D 【解析】调整后资本 = 平均所有者权

3. A 【解析】对于折旧费用，会计大多使用直线折旧法处理，经济增加值要求对某些大量使用长期设备的公司，按照更接近经济现实的"沉淀资金折旧法"处理。这是一种类似租赁资产的费用分摊方法，是在前

几年折旧较少，而后几年由于技术老化和物理损耗同时发挥作用需提取较多折旧的方法。

4. C 【解析】**内部业务流程维度**主要是着眼于企业核心竞争力，解决了企业的优势是什么的问题。

5. C 【解析】平衡计分卡帮助公司及时考评战略执行的情况。所以选项 C 的说法不正确。

6. C 【解析】产品合格率属于内部业务流程维度的考核指标。

7. D 【解析】财务维度的目标是解决"股东如何看待我们"的问题；顾客维度回答"顾客如何看待我们"的问题；内部业务流程维度着眼于企业的核心竞争力，解决"我们的优势是什么"的问题；学习和成长维度的目标是解决"我们是否能继续提高并创造价值"的问题。

8. D 【解析】平衡计分卡各指标权重在不同层级及各层级不同指标之间的分配比较困难，且部分非财务指标的量化工作难以落实，选项 D 的表述错误。

9. B 【解析】税后净营业利润 = 5.2+（0.5+1.5）×（1－25%）= 6.7（亿元），2.5 = 6.7－平均资本占用×6%，平均占用资本 = 70（亿元）。

二、多项选择题

1. CD 【解析】经济增加值是绝对数指标，不能比较不同规模公司的业绩能力的大小，选项 C 的说法不正确；经济增加值和投资报酬率存在着同样的缺点，即处于成长阶段的公司经济增加值（投资报酬率）较低，而处于衰退阶段的公司经济增加值（投资报酬率）可能较高，从而导致决策失误。所以选项 D 的说法不正确。

2. AD 【解析】平衡计分卡包括的四个维度是：财务维度、顾客维度、内部业务流程维度、学习与成长维度。

3. AD 【解析】反映学习与成长维度的常用

指标有新产品开发周期、员工满意度、员工保持率、员工生产率、培训计划完成率等。选项 BC 是反映顾客维度的指标。

4. ABD 【解析】战略地图的学习与成长维度，主要说明组织的无形资产及它们在战略中扮演的角色。这里的无形资产可以归纳为人力资本、信息资本和组织资本三类。

5. ABC 【解析】平衡计分卡中的"平衡"包含：外部评价指标（如股东和顾客对企业的评价）和内部评价指标（如内部经营过程、新技术学习等）的平衡；成果评价指标（如利润、市场占有率等）和导致成果出现的驱动因素评价指标（如新产品投资开发等）的平衡；财务评价指标（如利润等）和非财务评价指标（如员工忠诚度、客户满意度等）的平衡；短期评价指标（如利润指标等）和长期评价指标（如员工培训成本、研发费用等）的平衡。因此选项 ABC 是正确的。

6. ABC 【解析】**关键绩效指标法**的优点有：使企业业绩评价与企业战略目标密切相关，有利于企业战略目标的实现；通过识别价值创造模式、把握关键价值驱动因素，能够更有效地实现企业价值增值目标；评价指标数量相对较少，易于理解和使用，实施成本相对较低，有利于推广实施。因此选项 ABC 的表述正确；关键绩效指标的选取需要透彻理解企业价值创造模式和战略目标，有效识别企业核心业务流程和关键价值驱动因素，指标体系设计不当将导致错误的价值导向和管理缺失。因此选项 D 的表述错误。

7. ABC 【解析】结果类指标是反映企业绩效的价值指标，如投资报酬率、权益净利率、经济增加值、息税前利润、自由现金流量等综合指标；动因类指标是反映企业价值关键驱动因素的指标，如资本性支出、单位生产成本、产量、销量、客户满意度、员工满意度等。

8. CD 【解析】反映内部业务流程维度的常

用指标有交货及时率、生产负荷率、产品合格率等。选项AB是反映财务维度的指标。

三、计算分析题

1.【答案】

（1）平均净负债＝平均净经营资产－平均股东权益＝（15 000－2 000－500）－7 500＝5 000（万元）

税后利息＝净负债×税后利息率＝5 000×10%×（1－25%）＝375（万元）

净利润＝平均股东权益×权益净利率＝7 500×19%＝1 425（万元）

税后净营业利润＝净利润＋税后利息＝1 425＋375＝1 800（万元）

（2）平均净经营资产＝5 000＋7 500＝12 500（万元）

平均净负债的比重＝5 000/12 500＝0.4

平均股东权益的比重＝1－0.4＝0.6

加权平均资本成本＝15%×0.6＋10%×（1－25%）×0.4＝12%

（3）经济增加值＝1 800－12 500×12%＝300（万元）

2.【答案】

（1）A部门的剩余收益＝1 000×12%－1 000×8%＝40（万元）

（2）50＝平均净经营资产×14%－平均净经营资产×10%

平均净经营资产＝1 250（万元）

（3）A部门的经济增加值＝1 000×12%×（1－25%）－1 000×6%＝30（万元）

B部门的经济增加值＝1 250×14%×（1－25%）－1 250×6%＝56.25（万元）

（4）两者联系：经济增加值和剩余收益均与投资报酬率相联系。剩余收益业绩评价旨在设定部门投资的最低报酬率，防止部门利益伤害整体利益。经济增加值旨在使经理人员赚取超过资本成本的报酬，促进股东财富最大化。

两者区别：（1）计算方法不同。部门剩余收益通常使用部门的税前经营利润和要求的税前投资报酬率计算；部门经济增加值使用部门税后净营业利润和税后加权平均资本成本计算，并对税后净营业利润和资本占用进行调整。（2）功能作用不同。当税金是重要因素时，经济增加值比剩余收益可以更好地反映部门盈利能力。（3）计算依据不同。经济增加值与公司的实际资本成本相联系，因此是基于资本市场的计算方法；剩余收益使用的部门要求的报酬率，主要考虑管理要求以及部门个别风险的高低。

第三部分

脉络梳理

WOW!
梦想成真

财务成本管理脉络梳理

考生普遍反映该课程在复习备考过程中，投入了太多的时间和精力，在整体学完之后，自我感觉学习的还可以，做练习题和以往历年真题的效果也挺好，但是最终还是多年考试没有通过，成为获取专业阶段合格证的"拦路虎"，更有考生戏称"得财管"者，"得 CPA"。近年 CPA 考试的特点是"重基础、宽范围"。特别是财管的计算分析题和综合题，每个题目基本都会涉及跨章节多个知识点的结合，而且加大了文字说明内容的考核。为了便于考生整体把握该课程内容，能够保障相关知识点的连接与融通，以思维导图形式对课程脉络进行梳理，在相关知识点后面附上了结合相关章节的内容，由此形成该课程的"点、线、面、体"架构。

专题一：财务管理基本原理

专题二：财务报表分析、财务预测与企业价值评估

专题三：价值评估基础

专题四：长期筹资、资本成本与资本结构

专题五：投资项目资本预算

专题六：债券、股票与期权价值评估

专题七：股利分配、股票分割与股票回购

专题八：营运资本管理

专题九：产品成本计算与作业成本法

专题十：本量利分析与短期经营决策

专题十一：全面预算与标准成本法

专题十二：责任会计与业绩评价

财务成本管理脉络梳理

专题一　财务管理基本原理

```
                  企业组织形式和财务管理内容★★  ┌ 企业的组织形式（个人独资企业、合伙企业、公司制企业）
                                              └ 财务管理的主要内容（长期投资、长期筹资、营运资本管理）

                                     ┌ 财务管理目标  ┌ 利润最大化（没有考虑资金时间价值、风险、投入产出关系）
                  财务管理目标          │            ├ 每股收益最大化（考虑了投入产出关系）
                  与利益相关者          │            └ 股东财富最大化（等同于股价最大化和公司价值最大化的假设条件）
                  的要求★             │
                                     │            ┌ 经营者的利益要求与协调
                                     └ 利益相关者的要求 ├ 债权人的利益要求与协调
                                                    └ 其他利益相关者的利益要求与协调

                  财务管理的核心概念★  ┌ 货币的时间价值
                                    └ 风险与报酬
  财
  务
  管            财务管理的基本理论★   现金流量理论、价值评估理论、风险评估理论、
  理                                投资组合理论、资本结构理论
  基
  本                                金融工具的类型（固定收益证券、权益证券、衍生证券）
  原                                金融市场的类型
  理            金融工具与金融市场★★★ 金融市场的参与者
                                    金融中介机构
                                                     ┌ 资金融通功能  ┐
                                                     │ 风险分配功能  ├ 基本功能
                                    金融市场的功能      │ 价格发现功能  ┐
                                                     │ 调节经济功能  ├ 附带功能
                                                     └ 节约信息成本  ┘

                                    资本市场效率的意义
                  资本市场效率★★★                    ┌ 弱式有效资本市场
                                    资本市场效率的程度   ├ 半强式有效资本市场
                                                     └ 强式有效资本市场
```

专题二　财务报表分析、财务预测与企业价值评估

财务报表分析

- 财务报表分析的目的与方法 ★★
  - 财务报表分析的目的及维度
    - 目的：将财务报表数据转换成有用的信息，以帮助使用者改善决策
    - 维度：战略分析、会计分析、财务分析、前景分析
  - 财务报表分析的方法
    - 比较分析法
      - 按比较对象分（本企业历史、同类企业、计划预算）
      - 按比较内容分（会计要素的总量、结构百分比、财务比率）
    - 因素分析法
      - 步骤：确定分析对象；确定该财务指标的驱动因素；确定驱动因素的替代顺序；按顺序计算各驱动因素脱离标准的差异对财务指标的影响
      - 应用：杜邦分析体系和管理用财务分析体系
  - 财务报表分析的局限性
    - 财务报表信息的披露问题
    - 财务报表信息的可靠性问题
    - 财务报表信息的比较基础问题

- 财务比率分析 ★★★
  - 短期偿债能力比率
    - 营运资本　营运资本=流动资产-流动负债=长期资本-长期资产　结合营运资本筹资策略识别
    - 流动比率　流动比率=1÷(1-营运资本配置比率)
    - 速动比率　影响速动比率可信性的重要因素是应收账款的变现能力
    - 现金比率
    - 现金流量比率　该比率采用期末流动负债而非平均数
    - 表外因素
  - 长期偿债能力比率
    - 资产负债率
    - 产权比率和权益乘数　权益乘数=1+产权比率=1/(1-资产负债率)　} 结合加权平均资本成本计算、结合资本结构决策分析
    - 长期资本负债率　非流动负债/(非流动负债+股东权益)，反映企业长期资本结构
    - 利息保障倍数　分子利息费用是所有费用化的利息，分母利息支出是本期资本化利息及本期费用化利息　结合杠杆系数计算和每股收益无差别点分析
    - 现金流量利息保障倍数　比利润基础的利息保障倍数更可靠，因为实际支付的是现金
    - 表外因素
  - 营运能力比率
    - 应收账款周转率　应注意的问题：赊销比例；可靠性；坏账准备；应收票据；天数；与赊销分析、现金分析的联系　结合应收账款信用政策分析
    - 存货周转率　应注意的问题：营业收入、营业成本的使用；天数；与应付账款、存货和应收账款的关系；存货构成　结合存货经济批量分析
    - 流动资产周转率
    - 营运资本周转率　严格意义上，仅考虑经营性资产和负债，不考虑短期借款、交易性金融资产和超额现金
    - 非流动资产周转率
    - 总资产周转率　驱动因素是各项资产
  - 盈利能力比率　营业净利率、总资产净利率、权益净利率　结合业绩评价
  - 市价比率　市盈率、市净率、市销率　结合相对价值评估模型
  - 杜邦分析体系　核心比率：权益净利率=营业净利率×总资产周转次数×权益乘数　结合因素分析法

- 管理用财务报表分析 ★★
  - 管理用财务报表
    - 管理用资产负债表编制
    - 管理用利润表编制
    - 管理用财务报表分析（三种现金流量计算）
    - } 结合企业价值评估中现金流量折现模型
  - 管理用财务分析体系
    - 权益净利率=净经营资产净利率+（净经营资产净利率-税后利息率）×净财务杠杆
    - 经营差异率=净经营资产净利率-税后利息率
    - 杠杆贡献率=经营差异率×净财务杠杆
    - } 结合因素分析法

471

财务预测的意义

财务预测的步骤
- 销售预测
- 估计经营资产和经营负债
- 估计各项费用和利润留存额
- 估计所需融资

财务预测的步骤和方法 ★★★

外部融资额=融资需求额－可动用金融资产－预计增加的留存收益
融资总需求=预计净经营资产合计－基期净经营资产合计

销售百分比预测法
结合管理用资产负债表和利润表编制（预计报表）
- 确定经营资产和经营负债项目的销售百分比
- 预计各项经营资产和经营负债
- 预计可动用的金融资产
- 预计增加的留存收益
- 预计增加的借款

融资的优先顺序
（结合优序融资理论）：
（1）动用现存的金融资产
（2）增加留存收益
（3）增加金融负债
（4）增加股本

销售预测的其他方法

财务预测

内含增长率的测算（概念、计算方法、影响因素）

增长率与资本需求的测算 ★★★

可持续增长率的测算

可持续增长率的概念：不发行新股或回购股票，不改变经营效率和财务政策时，其销售所能达到的增长率

可持续增长率的计算
- 期初：本期利润留存/期初股东权益=营业净利率×期末总资产周转次数×期末总资产期初权益乘数×利润留存率
- 期末：本期利润留存/（期末股东权益－本期利润留存）=营业净利率×期末总资产周转次数×期末总资产权益乘数×利润留存率/(1-营业净利率×期末总资产周转次数×期末总资产权益乘数×利润留存率)

可持续增长率与实际增长率　通过两者关系的比较，分析经营效率和财务政策变化

基于管理用财务报表的可持续增长率

可以分别用期初股东权益和期末股东权益计算，期初公式仅适用于不增发新股或回购股票的情况，而期末公式不管是否增发新股或回购股票都适用

外部资本需求的测算

外部融资销售增长比
（不存在可动用的金融资产）

外部融资销售增长比=经营资产销售百分比-经营负债销售百分比－［（1+增长率）/增长率］×预计营业净利率×（1-预计股利支付率）

外部融资需求的敏感分析

企业价值评估
- 企业价值评估的目的和对象 ★★
  - 价值评估的目的（投资分析、战略分析、以价值为基础的管理）
  - 企业价值评估的对象
    - 企业的整体价值
      - 整体不是各部分的简单相加
      - 整体价值来源于要素的结合方式
      - 部分只有在整体中才能体现价值
    - 企业经济价值
      - 经济价值是指一项资产的公平的市场价值，通常用该资产所产生的未来现金流量的现值来计量
      - 区别于会计价值、现时市场价值
    - 企业整体经济价值的类别（概念与理解）
      - 实体价值与股权价值
      - 持续经营价值与清算价值
      - 少数股权价值与控股权价值（控股权溢价的理解与计算）
- 企业价值评估方法 ★★★
  - 现金流量折现模型
    - 现金流量折现模型的参数和种类
      - 股利现金流量折现模型 ── 结合第六章中股票价值评估
      - 股权现金流量折现模型
      - 实体现金流量折现模型
    - 现金流量折现模型参数的估计
      - 匹配原则（结合第四章中资本成本）
        - 股利现金流量和股权现金流量用股权资本成本作折现率
        - 实体现金流量用加权平均资本成本来确定资本成本
      - 预测销售收入（预测销售收入的增长率、销量增长率和价格增长率）
      - 确定预测期间
        - 预测基期（基期数据确定、是否需要调整）
        - 详细预测期和后续期划分方法
      - 详细预测期内现金流量估计（结合第二章中管理用报表的编制）
        - 实体现金流量估计：税后经营净利润+折旧与摊销-经营营运资本增加-资本支出 或：税后经营净利润-净经营资产增加
        - 股权现金流量估计：净利润-股东权益增加 或：实体现金流量-债务现金流量
      - 后续期增长率估计 ── 结合第二章中可持续增长率的计算
    - 现金流量折现模型的应用
      - 永续增长模型
      - 两阶段增长模型
  - 相对价值评估模型
    - 相对价值模型的原理（结合第二章中市价比率）
      - 市盈率模型
      - 市净率模型
      - 市销率模型
      - 掌握基本模型、模型原理、驱动因素、适用范围及优缺点
    - 相对价值模型的应用
      - 可比企业的选择（选择一组同业的上市企业）
      - 修正的市价比率
        - 修正市盈率
        - 修正市净率
        - 修正市销率
        - 两种方法：修正平均法和股价平均法

专题三 价值评估基础

价值评估基础

利率 ★★
- 基准利率及其特征 —— 市场化、基础性、传递性
- 市场利率的影响因素
  - 纯粹利率
  - 风险溢价 —— 通货膨胀溢价、违约风险溢价、流动性风险溢价、期限风险溢价
- 利率的期限结构（理解基本观点和假设条件）—— 无偏预期理论、市场分割理论、流动性溢价理论

货币时间价值 ★★★
- 货币时间价值的概念
- 复利终值和现值
  - 复利终值
  - 复利现值 }— 互为倒数
- 报价利率和有效年利率 —— 有效年利率=（1+报价利率/m）^{m}-1
- 年金终值和现值
  - 普通年金终值和现值
    - 普通年金终值系数与偿债基金系数互为倒数
    - 普通年金现值系数与投资回收系数互为倒数
  - 预付年金终值和现值
    - 现值系数加1，期数减1
    - 终值期数加1，系数减1 }— 普通年金终值和现值分别乘以（1+i）
  - 递延年金终值和现值
    - 现值：两次折现法、扣除法
    - 终值同普通年金
  - 永续年金
    - 现值：P=A/i，无终值
    - 如果是预付年金形式：P=A+A/i

风险与报酬 ★★★
- 风险的含义
- 单项投资的风险与报酬 —— 总风险衡量指标：方差、标准差、变异系数
- 投资组合的风险与报酬
  - 证券组合的期望报酬率和标准差
    - 组合期望报酬率用加权平均法
    - 组合标准差不能直接用加权平均法
  - 投资组合的风险计量（协方差）
  - 两种证券组合的投资比例与有效集（有效集识别）
  - 相关性对风险的影响 —— 组合风险或机会集与相关系数的关系
  - 多种证券组合的风险和报酬（机会集）
  - 资本市场线（概念、市场均衡点确定）
    - 总期望报酬率=Q×风险组合期望报酬率+（1-Q）×无风险报酬率
    - 总标准差=Q×风险组合的标准差
  - 系统风险和非系统风险（识别因素）
- 资本资产定价模型
  - 系统风险度量及经济含义 —— $\beta=r_{JM}\left(\dfrac{\sigma_J}{\sigma_M}\right)$ —— β系数的确定结合第五章中投资项目折现率计算
  - 投资组合的贝塔系数（等于被组合各证券β值的加权平均数）
  - 资本资产定价模型与证券市场线
    - 各变量名称与含义
    - $R_i=R_f+\beta\times(R_m-R_f)$ —— R_f的确定结合第四章中债务资本成本估计和股权资本成本估计中的无风险利率确定
  - 证券市场线斜率 R_m-R_f —— 风险偏好如何影响斜率
  - 资本资产定价模型的假设

专题四　长期筹资、资本成本与资本结构

长期筹资的特点★

长期债务筹资

- **长期借款筹资★★**
  - 长期借款的种类
  - 长期借款的条件
  - 长期借款的保护性条款　　记忆规律：可以优先记忆特殊性保护条款，除此之外的保护条款就是一般性保护条款
  - 长期借款的偿还方式（3种）
  - 长期借款筹资的优缺点　　优点：筹资速度快、借款弹性好　　缺点：财务风险较大、限制条款较多
- **长期债券筹资★★**
  - 债券发行价格计算（平价、溢价、折价）　结合第六章中债券价值评估
  - 债券的偿还时间（到期偿还、提前偿还、滞后偿还）
  - 债券的偿还形式（3种）
  - 债券的付息（利息率的确定、付息频率、付息方式）
  - 债券筹资的优缺点（与长期借款或普通股筹资相比）

普通股筹资

普通股筹资的特点★

普通股的发行方式、发行条件、发行定价、发行程序、首次公开发行★

- **股权再融资★★★**
  - 配股
    - 配股除权参考价格的计算（全部参与和部分参与）
    - 每股股票配股权价值的计算
    - 配股一般采取网上定价发行的方式，配股价格由主承销商和发行人协商确定
  - 增发新股（公开增发与非公开增发）　发行对象、发行价格、发行方式等
  - 股权再融资的影响

混合筹资★★★

优先股筹资　　优先股的筹资成本及优缺点

- **附认股权证债券筹资**
  - 认股权证与股票看涨期权的比较（概念及异同点）
  - 附认股权证债券的筹资成本
    - 结合第四章中资本成本
    - 附认股权证债券概念、筹资成本计算、上下限及可行性判断
  - 附认股权证债券筹资的优缺点
- **可转换债券筹资**
  - 主要条款：可转换性、转换价格、转换比率、转换期、赎回条款、回售条款、强制性转换条款
  - 可转换债券的筹资成本
    - 可转换证券概念、筹资成本计算、上下限及可行性判断
    - 可转换债券的最低价值是纯债券价值和转换价值中的较高者
    - 结合第四章中资本成本
  - 可转换债券筹资的优缺点
  - 可转换债券和附认股权证债券的区别（4条）

租赁筹资★★★

- **租赁的概念**
  - 租赁当事人（直接租赁、杠杆租赁、售后租回）
  - 租赁期（短期租赁、长期租赁）
  - 租赁费用（费用构成、不完全补偿租赁、完全补偿租赁）
  - 租赁的撤销（可以撤销租赁、不可撤销租赁）
  - 租赁维修（毛租赁、净租赁）
- **租赁存在的原因**
  - 节税（长期租赁存在的重要原因）
  - 降低交易成本（短期租赁存在的主要原因）
  - 减少不确定性
- 租赁的会计处理和税务处理　　融资租赁税务处理
- 租赁的决策分析　　租赁与购买方案现金流量计算、折现率确定、租赁净现值
- 售后租回

左侧主干：**长期筹资**

资本成本不是实际支付的成本，是将资本用于本项目投资所放弃的其他投资机会的收益，也称项目取舍率、最低可接受报酬率、投资人要求的报酬率、机会成本

资本成本

资本成本的概念和用途 ★★

- 资本成本的概念
  - 公司资本成本
    - 定义
    - 影响因素：无风险利率、经营风险溢价、财务风险溢价
  - 项目资本成本
    - 定义
    - 影响因素：经营风险和筹资结构
  - 关系：项目资本成本不一定等于公司资本成本，二者的大小关系由公司新的投资项目的风险与企业现有资产平均风险的关系决定
- 资本成本的用途　投资决策、筹资决策、营运资本管理、企业价值评估、业绩评价
- 资本成本的影响因素
  - 外部因素：无风险利率、市场风险溢价、税率
  - 内部因素：资本结构、投资政策

债务资本成本的估计 ★★★

主观题特别注意到期收益率法、风险调整法和考虑发行费用的成本估计

- 债务资本成本的概念
  - 债务筹资的特征
  - 债务资本成本的区分
    - 区分历史成本与未来成本
    - 区分承诺收益和期望收益
    - 区分长期债务成本和短期债务成本
- 税前债务资本成本的估计
  - 到期收益率法
  - 可比公司法
  - 风险调整法
  - 财务比率法
  - 掌握适用条件和具体运用
- 税后债务资本成本的估计

结合第十章中可转换债券和附认股权证债券税前资本成本、成本上下限确定

普通股资本成本的估计 ★★★

计算公式：$r_s=r_{RF}+\beta\times(r_m-r_{RF})$

- 资本资产定价模型
  - 无风险利率的估计　选择上市交易的政府长期债券的到期收益率，如选用10年或更长时间；使用实际利率的情形：名义利率与名义现金流量匹配
  - 股票贝塔值的估计　概念、历史报酬率的间隔时间和时间跨度确定、驱动因素
  - 市场风险溢价的估计　算术平均收益率、几何平均收益率
- 股利增长模型
  - 计算公式：$r_s=D_1/P_0+g$
  - 历史增长率估计（根据过去的股利支付数据估计未来的股利增长率）
  - 可持续增长率估计（股利的增长率=可持续增长率=预计利润留存率×期初权益预期净利率）
  - 证券分析师的预测估计（股利增长率=不同分析师预测的公司增长率的加权平均值）
- 债券收益率风险调整模型
  - 计算公式：$r_s=$税后债务资本成本+风险溢价
  - 税后债务资本成本是本公司自己发行债券的资本成本
  - 某企业普通股风险溢价对其自己发行的债券来讲，大约在3%～5%之间

混合筹资资本成本的估计 ★★

包括优先股筹资、永续债筹资、可转换债券筹资和附认股权证债券筹资等

可转换债券、附认股权证债券税前资本成本计算可见第十章长期筹资

优先股资本成本：$r_P=D_P/[P_P\times(1-F)]$

加权平均资本成本 ★★★

- 加权平均资本成本的概念与计算公式
- 加权平均资本成本的权重选择
  - 账面价值权重
  - 实际市场价值权重
  - 目标资本结构权重
  - 掌握概念、确定方法和优缺点

资本结构

资本结构理论 ★★★

- 资本结构的MM理论
  - 无税MM理论
  - 有税MM理论
    - 比较企业价值、债务资本成本、股权资本成本、加权平均资本成本的异同

- 资本结构的其他理论
  - 权衡理论（有税MM理论的扩展）
    - 强调在平衡债务利息的抵税收益与财务困境成本的基础上，实现企业价值最大化时的最佳资本结构
    - 有负债企业的价值＝无负债企业价值＋利息抵税的现值－财务困境成本的现值
  - 代理理论（权衡理论的扩展）
    - 掌握财务困境成本的概念及影响因素
    - 债务代理成本与代理收益也影响企业价值（理解过度投资与投资不足）
    - 有负债企业价值=无负债企业价值+利息抵税的现值－财务困境成本的现值－债务的代理成本现值+债务代理收益现值
  - 优序融资理论
    - 顺序：首先选择留存收益筹资，其次选择债务筹资（先普通债券，后可转换债券），最后选择发行新股（先优先股，后普通股）

资本结构决策分析 ★★

- 资本结构的影响因素
  - 内部因素
    - 营业收入、成长性、资产结构、盈利能力、管理层偏好、财务灵活性以及股权结构等
  - 外部因素
    - 税率、利率、资本市场、行业特征等

- 资本结构决策分析方法
  - 资本成本比较法
    - 结合第四章中资本成本
  - 每股收益无差别点法
    - 每股收益和无差别点计算、决策方法
    - 结合第九章中杠杆系数计算、第十六章中本量利分析
  - 企业价值比较法
    - 结合第四章中资本成本、第五章中投资项目折现率计算、第八章中现金流量折现模型

杠杆系数的衡量 ★★★

结合第十六章中本量利分析、第十九章中利润中心考核指标

- 经营杠杆系数的衡量
  - 息税前利润与盈亏平衡分析　　EBIT=Q（P－V）－F
  - 经营风险（企业未使用债务时经营的内在风险）
  - 经营杠杆系数的概念
  - 经营杠杆系数的衡量方法
    - 定义公式：经营杠杆系数=息税前利润变动率/营业收入变动率
    - 简化公式：经营杠杆系数=基期边际贡献/基期息税前利润
  - 经营杠杆系数的影响因素

- 财务杠杆系数的衡量
  - 财务风险（由于企业运用了债务筹资方式而产生的丧失偿付能力的风险）
  - 财务杠杆系数的概念
  - 财务杠杆系数的衡量方法
    - 定义公式：财务杠杆系数=每股收益变动率/息税前利润变动率
    - 简化公式：基期息税前利润/（基期税前利润-基期税前优先股股息）
  - 财务杠杆系数的影响因素

- 联合杠杆系数的衡量
  - 联合杠杆系数的概念
  - 联合杠杆系数是财务杠杆系数和经营杠杆系数共同作用的结果
  - 联合杠杆系数=经营杠杆系数×财务杠杆系数
  - 定义公式：联合杠杆系数=每股收益变动率/营业收入变动率
  - 简化公式：联合杠杆系数=基期边际贡献/（基期税前利润－基期税前优先股股息）

专题五　投资项目资本预算

投资项目资本预算

投资项目的类型和评价程序 ★
- 投资项目的类型：新产品开发或现有产品的规模扩张项目、设备或厂房的更新项目、研究与开发项目、勘探项目、其他项目
- 投资项目的评价程序

投资项目的评价方法 ★★★
- 独立项目的评价方法
  - 净现值法：特定项目未来现金净流量的现值与原始投资额的现值之间的差额
  - 现值指数法：未来现金流量现值与原始投资额现值的比值
  - 内含报酬率法：未来现金流量现值等于原始投资额现值的折现率
  - 回收期法
    - 静态回收期法（非折现回收期法）
    - 动态回收期法（折现回收期法）
  - 会计报酬率法
  - 〔掌握计算原理和优缺点〕
- 互斥项目的优选问题
  - 共同年限法
  - 等额年金法
- 总量有限时的资本分配：累计净现值最大的组合

投资项目现金流量的估计 ★★★
- 投资项目现金流量的构成
  - 建设期现金流量
  - 经营期现金流量
  - 寿命期末现金流量
- 投资项目现金流量的影响因素
  - 区分相关成本和非相关成本
  - 不要忽视机会成本　机会成本是丧失的收益
  - 要考虑投资方案对公司其他项目的影响　竞争关系或互补关系
  - 对营运资本的影响
- 投资项目现金流量的估计方法
  - 新建项目现金流量估计
    - 建设期现金流量（主要是流出量）
    - 经营期现金流量（营业现金流量计算）
    - 寿命期现金流量（特别注意变现收益或损失对所得税的影响）
    - 〔营运资金可以一次垫支或分次垫支〕
  - 更新决策现金流量估计与决策方法
    - 现金流量估计：更新决策如果不改变生产能力，主要现金流量是流出量
    - 决策方法
      - 平均年成本法
      - 总成本法
      - 〔计算原理和适用条件〕
    - 固定资产经济寿命确定（平均年成本最低）

投资项目折现率的估计 ★★
- 使用企业当前加权平均资本成本作为投资项目的资本成本　经营风险和财务风险相同
- 运用可比公司法估计投资项目的资本成本
  - 掌握计算公式
  - 结合第四章资本成本

投资项目的敏感分析 ★★★
- 概念、作用及局限性
- 方法（掌握计算原理）
  - 最大最小法
  - 敏感程度法

专题六　债券、股票与期权价值评估

债券、股票与期权价值评估

债券价值评估 ★★★

债券的概念
- 债券的概念　债券、债券面值、债券票面利率、债券的到期日
- 债券的分类　是否记名、能否转股、能否提前赎回、有无财产抵押、能否上市、偿还方式、发行人

结合第十章中债券发行价格的计算

债券价值的评估方法
- 债券价值概念与评估基本模型　未来现金流量（利息和面值）现值
- 新发行债券价值评估　平息债券与纯贴现债券
- 流通债券价值评估　平息债券与纯贴现债券
- 一年多次付息债券，简化方法是将有效年利率转为计算期折现率，之后再将利息和面值折现

债券价值的影响因素　折现率、到期时间、债券面值、票面利率、计息期

债券的期望报酬率
- 一年多次付息时，注意区分有效年利率形式和报价利率形式
- 原理：未来现金流入（包括各期利息和到期收回的本金）现值等于现金流出（债券买价）现值，计算折现率
- 注意影响因素

结合第四章中债务资本成本估计

普通股价值评估 ★★★

结合第七章中期权价值评估计算预计股价；结合第八章中股权价值计算；结合第二章中可持续增长率计算；结合第四章中股权资本成本计算

普通股价值的评估方法
- 股票估值的基本模型

$$V_S = \frac{D_1}{(1+r_s)^1} + \frac{D_2}{(1+r_s)^2} + \cdots + \frac{D_n}{(1+r_s)^n}$$

未来现金流量（永续持有时就是股利）现值

- 零增长股票的价值　$P_0 = D \div r_s$

- 固定增长股票的价值　$P = D_1/(r_s-g)$　永续增长率可以从第1期期初开始，也可以从第2期期初开始

- 非固定增长股票的价值　两阶段模型

普通股的期望报酬率　$r_s = D_1/P_0 + g$　第一部分是股利收益率，第二部分是股价增长率或资本利得收益率

混合筹资工具价值评估 ★★
- 优先股的特殊性
  - 优先分配利润
  - 优先分配剩余财产
  - 表决权限制
- 优先股价值的评估方法
  - 未来股利现金流量（假设永续发生）折现率
  - $V_P = D_P / r_P$
- 优先股价值的期望报酬率　　$r_P = D_P / P_P$

债券、股票与期权价值评估

期权的概念、类型和投资策略 ★★
- 期权的概念
  - 期权是指一种合约，该合约赋予持有人在某一特定日期或该日期之前的任何时间以固定价格购进或售出约定数量某种资产的权利
  - 看涨期权（择购期权、买入期权、买权）
  - 看跌期权（择售期权、卖出期权、卖权）
- 期权的类型
  - 买入看涨期权
  - 卖出看涨期权 ｝ 掌握期权到期日价值、期权净损益的计算
  - 买入看跌期权
  - 卖出看跌期权
- 股票期权的投资策略
  - 构造方法、适用条件、组合净损益计算
  - 保护性看跌期权（购买1股股票，同时购买该股票的1股看跌期权）
  - 抛补性看涨期权（购买1股股票，同时出售该股票的1股看涨期权）
  - 多头对敲（同时买进1只股票的看涨期权和看跌期权）
  - 空头对敲（同时出售1只股票的看涨期权和看跌期权）

涉及预计股价计算时，结合第六章中股票价值评估、第八章股权现金流量折现模型计算股权价值

期权价值评估

金融期权价值评估 ★★★
- 金融期权价值的影响因素
  - 期权价值＝内在价值＋时间溢价
    - 内在价值是期权立即执行产生的经济价值
    - 时间溢价是期权价值超过内在价值的部分
  - 期权价值影响因素：股票的市价、执行价格、到期期限、股价的波动率、无风险利率、预期红利
- 金融期权价值的评估方法
  - 期权估值原理
    - 复制原理
    - 套期保值原理 ｝ 掌握计算公式
    - 风险中性原理
  - 二叉树期权定价模型
    - 单期二叉树定价模型　模型假设5条 掌握计算公式
    - 两期二叉树模型（单期模型的两次应用）
    - 多期二叉树模型（单期模型在期数很多情况下的扩展应用）
  - 布莱克-斯科尔斯期权定价模型
    - 模型假设7条
    - 计算公式及主要影响因素
    - 无风险利率和股票报酬率的标准差估计
    - 平价定理：看涨期权价格－看跌期权价格＝标的资产价格－执行价格现值
    - 派发股利的期权定价（预期发放股利现值从当前股价中扣除）
    - 美式期权估值（至少应等于相应欧式期权价值）

专题七　股利分配、股票分割与股票回购

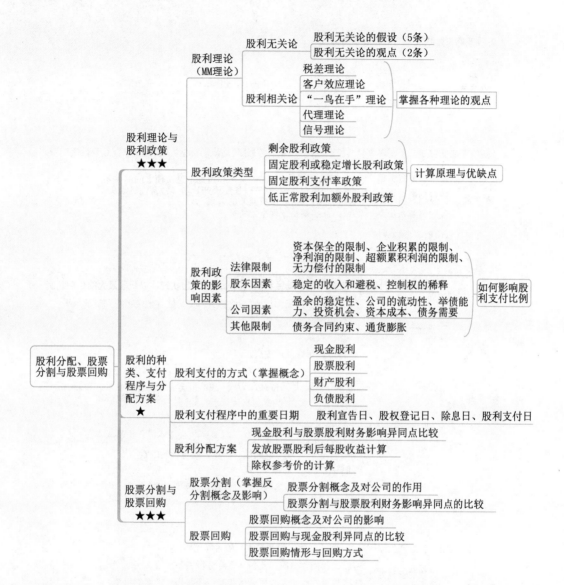

专题八 营运资本管理

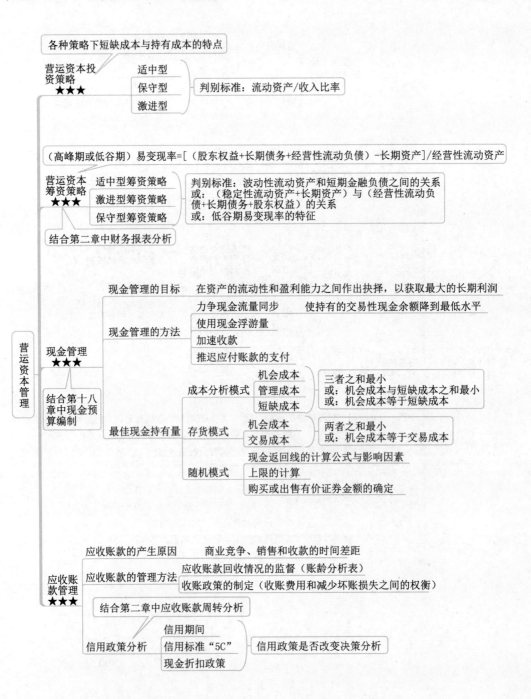

存货管理的目标 ── 保证生产或销售的经营需要
　　　　　　　　── 出自价格的考虑

存货管理 ★★★

注意识别储备存货的成本 ── 取得成本：订货成本、购置成本
　　　　　　　　　　　　── 储备成本
　　　　　　　　　　　　── 缺货成本
　　　　　　　　　　　　└ 企业存货的最优化，就是使三者之和最小

存货经济批量分析 ── 经济订货量的基本模型（7个假设）── 经济订货批量及相关总成本
　　　　　　　　　　　　　　　　　　　　　　　　　── 订货提前期：R=L×d
　　　　　　　　── 经济订货量基本模型的扩展 ── 存货陆续供应和使用（计算公式）
　　　　　　　　　　　　　　　　　　　　　　── 保险储备（每天耗用量增加或交货延迟导致缺货）
　　　　　　　　　　　　　　　　　　　　　　└ 如何确定最佳保险储备量及再订货点

营运资本管理

短期债务管理 ★★

短期债务筹资的特点 ── 筹资速度快，容易取得；筹资富有弹性；筹资成本较低；筹资风险高

商业信用筹资 ── 筹资的优缺点 ── 优点：容易取得、若没有现金折扣或使用不带息票据，商业信用筹资不负担成本
　　　　　　　　　　　　　　　　　└ 具体形式：应付账款、应付票据、预收账款等
　　　　　　　　　　　　　── 缺点：放弃现金折扣时所付出的成本较高
　　　　　　── 应付账款筹资决策 ── 放弃现金折扣的成本=折扣百分比/（1-折扣百分比）×360/（信用期-折扣期）
　　　　　　　　　　　　　　　　　└ 放弃现金折扣成本的影响因素

短期借款筹资 ── 信用条件 ── 信贷限额 ── 没有法律义务
　　　　　　　　　　　　── 周转信贷协定 ── 承诺费计算
　　　　　　　　　　　　── 补偿性余额 ── 有效年利率计算
　　　　　　　　　　　　── 借款抵押 ── 一般为抵押品面值的30%～90%
　　　　　　　　　　　　── 偿还条件
　　　　　　　　　　　　── 其他承诺
　　　　　── 借款的利率 ── 优惠利率
　　　　　　　　　　　　── 浮动优惠利率
　　　　　　　　　　　　── 非优惠利率
　　　　　── 借款利息的支付方式 ── 收款法 ── 有效年利率=报价利率
　　　　　　　　　　　　　　　── 贴现法 ── 有效年利率=报价利率/（1-报价利率）
　　　　　　　　　　　　　　　── 加息法 ── 有效年利率≈2×报价利率

专题九 产品成本计算与作业成本法

产品成本计算

产品成本分类 ★
- 制造成本与非制造成本
- 产品成本与期间成本
- 直接成本与间接成本

掌握分配表的编制
生产费用的归集和分配（比例分配法）★★★

基本生产费用的归集与分配
- 材料费用的归集和分配
  分配率=材料总消耗量（或实际成本）/各种产品材料定额消耗量（或定额成本）之和
  某种产品应分配的材料数量（费用）=该种产品的材料定额消耗量（或定额成本）×分配率
- 职工薪酬的归集和分配
  分配率=生产工人工资总额/各种产品实用工时之和
  某种产品应分配的工资费用=该种产品实用工时×分配率
- 外购动力费的归集和分配
- 制造费用的归集和分配
  制造费用分配率=制造费用总额/各种产品生产（或定额、机器）工时之和
  某产品应负担的制造费用=该种产品工时数×分配率

辅助生产费用的归集与分配
- 辅助生产费用的归集（为辅助生产提供产品或劳务有关的生产费用）
- 辅助生产费用的分配
  - 直接分配法
  - 交互分配法 — 交互分配 / 对外分配 } 掌握计算原理及优缺点

完工产品和在产品的成本分配 ★★★
- 不计算在产品成本（扣除分配法）（月末在产品数量很少，价值很低，并且各月在产品数量比较稳定）
- 在产品成本按年初数固定计算（扣除分配法）（月末在产品数量很少，或者在产品数量虽多但各月间在产品数量变动不大）
- 在产品成本按其所耗用的原材料费用计算（扣除分配法）（原材料费用在产品成本中所占的比重较大，而且原材料在生产开始时一次投入）
- 约当产量法（比例分配法）（能够确定比较可靠的在产品完工程度） 完工程度计算及约当产量法具体运用 } 特别关注主观题运用
- 在产品成本按定额成本计算（扣除分配法）（在产品数量稳定或者数量较少，并且制定了比较准确的定额成本）
- 定额比例法（比例分配法）（能够制定比较准确的消耗定额，各月末在产品数量变动较大）

联产品和副产品的成本分配 ★★
- 联产品，是指使用同种原料，经过同一生产过程同时生产出来的两种或两种以上的主要产品
- 联产品分配方法（比例分配法）（分离点售价法、可变现净值法、实物数量法）
- 副产品，是指在同一生产过程中，使用同种原料，在生产主要产品的同时附带生产出来的非主要产品，其成本费用简化处理，即按预先规定固定单价确定（扣除分配法）

掌握成本计算单编制
产品成本计算的基本方法 ★★★
- 品种法
  - 大量大批的单步骤生产企业
  - 生产是按流水线组织的，管理上不要求按照生产步骤计算产品成本的企业等
- 分批法
  - 单件小批类型的生产
  - 一般企业中新产品试制或试验的生产、在建工程、设备修理作业
- 分项结转和综合结转，综合结转需进行成本还原，编制成本还原计算表（比例分配法）
- 分步法
  - 逐步结转分步法 优点
    - 能够提供各个生产步骤的半成品成本资料
    - 能为各生产步骤的在产品实物管理及资金管理提供资料
    - 能够全面地反映各生产步骤的生产耗费水平
  - 平行结转分步法 优点
    - 不必逐步结转半成品成本
    - 不必进行成本还原，能够简化和加速成本计算工作
    缺点
    - 不能提供各步骤的半成品成本资料
    - 不能为各生产步骤在产品的实物管理及资金管理提供资料
    - 不能全面反映各步骤产品的生产耗费水平（第一步骤除外）
  - 某步骤完工产品与在产品含义区分

作业成本法

- 作业成本法的概念与特点 ★
  - 作业成本法的核心概念
    - 作业成本法的产生背景及其含义：作业成本法是将间接成本和辅助费用更准确地分配到产品和服务的一种计算方法
    - 作业：是指企业中特定组织（成本中心、部门或产品线）重复执行的任务或活动
    - 成本动因
      - 资源成本动因与作业成本动因的识别
      - 资源成本动因：用来衡量一项作业的资源消耗量 —— 是引起作业成本增加的驱动因素
      - 作业成本动因：是衡量一个成本对象（产品、服务或顾客）需要的作业量 —— 是产品成本增加的驱动因素
  - 作业成本法的特点
    - 成本计算分为两个阶段
      - 第一阶段：将作业执行中耗费的资源分配（包括追溯和间接分配）到作业，计算作业的成本
      - 第二阶段：根据第一阶段计算的作业成本分配（包括追溯和动因分配）到各有关成本对象（产品或服务）
    - 成本分配强调因果关系
      - 成本追溯：是指把成本直接分配给相关的成本对象
      - 动因分配：是指根据成本动因将成本分配到各成本对象的过程
      - 分摊：有些成本既不能追溯，也不能合理、方便地找到成本动因，只好使用产量等设定的分配标准作为分配基础，将其强行分摊给成本对象
    - 成本分配使用多维成本动因

- 作业成本计算 ★★★（结合第十三章中产品成本计算）
  - 作业成本的计算原理
    - 作业的认定：即确认每项作业完成的工作及执行该作业耗用的资源成本
    - 作业成本库的设计
      - 单位级作业成本库
      - 批次级作业成本库
      - 品种级（产品级）作业成本库
      - 生产维持级作业成本库
      - 注意识别各类型作业
    - 资源成本分配到作业：资源动因确定
    - 作业成本分配到成本对象：单位作业成本或分配率的确定
      - 作业成本动因：业务动因、持续动因、强度动因
  - 作业成本的计算例示：掌握作业成本分配表编制
  - 作业成本法的优点、局限性与适用条件
    - 优点
      - 成本计算更准确
      - 成本控制与成本管理更有效
      - 为战略管理提供信息支持
    - 局限性
      - 开发和维护费用较高
      - 作业成本法不符合对外财务报告的需要
      - 确定成本动因比较困难
      - 不利于通过组织控制进行管理控制
    - 具备的条件（4条）

- 作业成本管理 ★
  - 增值作业与非增值作业的划分：划分依据、识别增值作业和非增值作业
  - 基于作业进行成本管理：确认和分析作业、作业链-价值分析、成本动因分析、业绩评价与报告非增值作业成本

专题十　本量利分析与短期经营决策

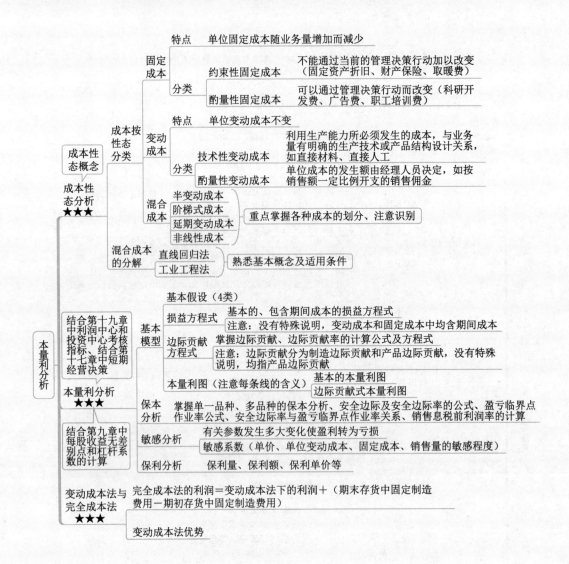

短期经营决策
├─ 短期经营决策概述 ★★★
│　├─ 短期经营决策的含义
│　├─ 短期经营决策的决策步骤
│　│　├─ 明确决策问题和目标
│　│　├─ 收集相关资料并制定备选方案
│　│　├─ 对备选方案作出评价，选择最优方案
│　│　└─ 决策方案的实施与控制
│　└─ 成本分类
│　　　├─ 相关成本 —— 边际成本、机会成本、重置成本、付现成本、可避免成本、可延缓成本、专属成本、差量成本
│　　　└─ 不相关成本
│　　　　　├─ 沉没成本
│　　　　　├─ 不可避免成本
│　　　　　├─ 不可延缓成本
│　　　　　├─ 无差别成本
│　　　　　└─ 共同成本
│　　　　　　　（注意识别与判断）
├─ 生产决策 ★★★　（结合第十六章中本量利分析）
│　├─ 生产决策的主要方法
│　│　├─ 差量分析法
│　│　├─ 边际贡献分析法
│　│　└─ 本量利分析法
│　├─ 亏损产品是否停产的决策 —— 边际贡献大于零，不停产
│　├─ 零部件自制与外购的决策
│　│　├─ 注意自制相关成本的构成
│　│　└─ 比较两种方案的相关成本，选择成本较低的方案即可
│　├─ 特殊订单是否接受的决策 —— 接受订单的损益大于零，即可接受
│　├─ 约束资源最优利用决策 —— 单位约束资源边际贡献大的产品优先安排生产
│　└─ 产品是否应进一步深加工的决策：通常采用差量分析法 —— 深加工增加利润大于零，可以深加工
└─ 定价决策 ★★
　　├─ 产品销售定价决策原理 —— 产品销售价格由供需双方力量对比决定（完全竞争市场、垄断竞争市场、寡头垄断市场、完全垄断市场）
　　└─ 产品销售定价的方法
　　　　├─ 成本加成定价法
　　　　│　├─ 完全成本加成法
　　　　│　└─ 变动成本加成法
　　　　├─ 市场定价法
　　　　├─ 新产品的销售定价方法
　　　　│　├─ 撇脂性定价
　　　　│　└─ 渗透性定价
　　　　└─ 有闲置能力条件下的定价方法

专题十一　全面预算与标准成本法

全面预算
- 全面预算概述 ★
  - 全面预算的体系
    - 按照预算期分为：长期预算、短期预算
    - 按内容分为：综合预算、专门预算
    - 按业务活动领域分为：投资预算、营业预算、财务预算
  - 全面预算的作用
    - 企业预算是各级各部门工作的奋斗目标、协调工具、控制标准、考核依据
  - 全面预算的编制程序（7条）
- 掌握每种预算编制方法的概念及优缺点
- 全面预算的编制方法 ★★★
  - 出发点的特征
    - 增量预算法（缺点：可能导致预算不准确；不利于调动各部门达成预算目标的积极性）
    - 零基预算法（优点：不受前期预算费用项目和费用水平的制约；能够调动各部门降低费用的积极性。缺点：编制工作量大）
  - 业务量基础的数量特征
    - 固定预算法（缺点：适应性差、可比性差）——静态预算
    - 弹性预算法（优点：适用范围广、便于预算执行的评价和考核）——动态预算
      - 公式法与列表法的运用及优缺点
  - 预算期的时间特征
    - 定期预算法（优点：保证预算期间与会计期间在时期上配比，便于依据会计报告的数据与预算的比较，考核和评价预算的执行结果。缺点：不利于前后各个期间的预算衔接，不能适应连续不断的业务活动过程的预算管理）
    - 滚动预算法（优点：能够保持预算的持续性；有利于充分发挥预算的指导和控制作用）
- 掌握编制方法
- 营业预算的编制 ★★
  - 销售预算（整个预算的编制起点）
  - 生产预算（是唯一仅涉及实物量指标的预算）
  - 直接材料预算（以生产预算为基础编制的，同时要考虑原材料存货水平）
  - 直接人工预算（以生产预算为基础编制的）
  - 制造费用预算
    - 变动制造费用预算（以生产预算为基础编制的）
    - 固定制造费用预算（与本期产量无关）
  - 产品成本预算（主要内容：产品的单位成本和总成本）
  - 销售费用和管理费用预算
  - 结合第十四章中标准成本制定及差异分析
- 财务预算的编制 ★★★
  - 结合第十二章中最佳现金持有量确定
  - 现金预算
    - 可供使用现金
    - 现金支出
    - 现金多余或不足
    - 现金的筹措和运用
  - 掌握编制方法
  - 利润表预算（利润表预算与实际利润表的内容、格式相同，只不过数据是面向未来预算期的）
  - 资产负债表预算（资产负债表与实际的资产负债表内容、格式相同，只不过数据是反映预算期末的财务状况）

标准成本的概念　两种含义：1.单位产品的标准成本；2.实际产量的标准成本总额

标准成本及其制定 ★★
- 标准成本的种类
  - 理想标准成本和正常标准成本
    - 分类依据：生产技术和经营管理水平
    - 正常标准成本大于理想标准成本，但又小于历史平均水平
  - 现行标准成本和基本标准成本
    - 分类依据：适用期
    - 基本标准成本一经制定，只要生产的基本条件无重大变化，就不予变动
  - 掌握基本概念及确定方法
- 标准成本的制定
  - 结合第十八章中营业预算编制
  - 直接材料标准成本
  - 直接人工标准成本
  - 制造费用标准成本
    - 变动制造费用标准成本
    - 固定制造费用标准成本
    - 掌握计算公式
- 包含用量标准和价格标准

标准成本法

标准成本的差异分析 ★★★
- 掌握计算公式
- 结合第十八章中营业预算编制

变动成本差异的分析
- 直接材料差异分析
  - 采购部门负责
  - 直接材料价格差异=（实际价格－标准价格）×实际数量
  - 直接材料数量差异=（实际数量－标准数量）×标准价格
  - 生产、采购、技术、质量检验等部门负责
- 直接人工差异分析
  - 人力资源部门负责
  - 直接人工工资率差异=（实际工资率－标准工资率）×实际工时
  - 直接人工效率差异=（实际工时－标准工时）×标准工资率
  - 生产部门负责
- 变动制造费用的差异分析
  - 部门经理负责
  - 变动制造费用耗费差异=（实际分配率－标准分配率）×实际工时
  - 变动制造费用效率差异=（实际工时－标准工时）×标准分配率
  - 生产部门负责

固定制造费用的差异分析（实际固定制造费用与标准制造费用差异）
- 二因素分析法
  - 耗费差异
  - 能力差异
- 三因素分析法
  - 耗费差异
  - 闲置能力差异
  - 效率差异
- 熟练掌握计算公式

专题十二　责任会计与业绩评价

```
责
任
会
计
├─ 企业组织结构与责任中心划分★
│       ├─ 企业集权与分权（优缺点）
│       ├─ 科层组织结构
│       ├─ 事业部制组织结构
│       └─ 网络组织结构（扁平化网络组织）
│
├─ 成本中心★★
│       ├─ 含义及划分
│       ├─ 考核指标
│       │     ├─ 标准成本中心
│       │     └─ 费用中心
│       ├─ 责任成本
│       │     ├─ 责任成本的概念
│       │     ├─ 可控成本概念及应具备的条件
│       │     ├─ 可控成本与直接成本、变动成本是不同的概念
│       │     ├─ 责任成本与变动成本、制造成本的区别
│       │     └─ 责任中心可控成本的确定原则
│       └─ 制造费用的归属和分摊方法
│             ├─ 直接计入
│             ├─ 按责任基础分配
│             ├─ 按受益基础分配
│             ├─ 归入某一个特定的责任中心
│             └─ 不进行分摊
│
├─ 结合第二章中管理用报表编制与分析、结合第九章中每股收益无差别点及杠杆系数、
│   结合第十六章中本量利分析、结合第二十章中经济增加值及关键绩效指标法
│
├─ 利润中心★★★
│       ├─ 定义、类型
│       ├─ 考核指标
│       │     ├─ 部门边际贡献
│       │     ├─ 部门可控边际贡献 ── 评价部门经理业绩
│       │     └─ 部门税前经营利润
│       └─ 内部转移价格
│             ├─ 市场型内部转移价格
│             ├─ 成本型内部转移价格 ── 注意区分适用条件及确定方法
│             └─ 协商型内部转移价格
│
├─ 投资中心★★★
│       ├─ 划分
│       ├─ 考核指标
│       │     ├─ 部门投资报酬率=部门税前经营利润/部门平均净经营资产
│       │     ├─ 投资报酬率
│       │     └─ 剩余收益
│       └─ 掌握指标计算公式及优缺点
│             └─ 部门剩余收益=部门税前经营利润－部门平均净经营资产应计报酬=
│                部门税前经营利润－部门平均净经营资产×要求的税前投资报酬率
│
└─ 责任中心的业绩报告★★
        ├─ 成本中心业绩报告
        │     ├─ 成本中心的业绩考核指标通常为该成本中心的所有可控
        │     │   成本，即责任成本
        │     └─ 成本中心的业绩报告，通常是按成本中心可控成本的各明细
        │         项目列示其预算数、实际数和成本差异数的三栏式表格
        ├─ 利润中心业绩报告
        │     └─ 利润中心的考核指标通常为该利润中心的部门边际贡献、
        │         部门可控边际贡献和部门税前经营利润
        └─ 投资中心业绩评价
              ├─ 投资中心主要考核指标是投资报酬率和剩余收益，补充的
              │   指标是现金回收率和剩余现金流量
              ├─ 投资中心不仅需要对成本、收入和利润负责，还要对所占的
              │   全部资产的经营效益承担责任
              └─ 投资中心的业绩评价指标除了成本、收入和利润指标外，
                  主要还是投资报酬率、剩余收益等指标
```

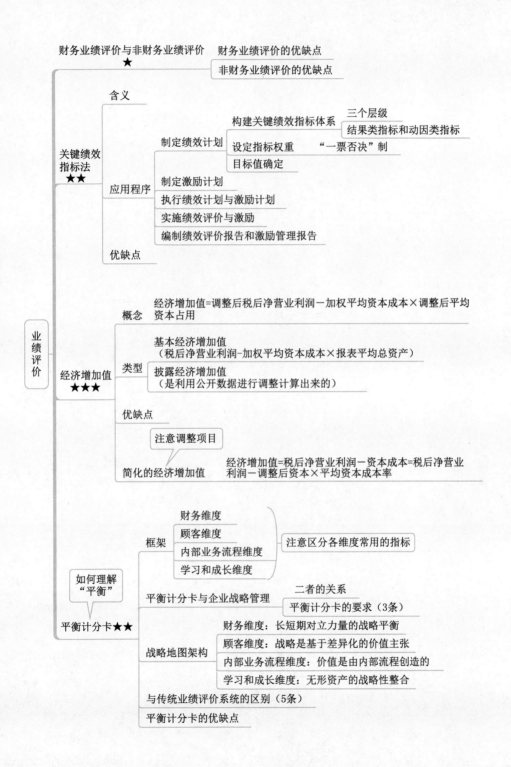

业绩评价

财务业绩评价与非财务业绩评价
★
　　财务业绩评价的优缺点
　　非财务业绩评价的优缺点

关键绩效指标法
★★
　　含义
　　应用程序
　　　制定绩效计划
　　　　构建关键绩效指标体系
　　　　　三个层级
　　　　　结果类指标和动因类指标
　　　　设定指标权重　　"一票否决"制
　　　　目标值确定
　　　制定激励计划
　　　执行绩效计划与激励计划
　　　实施绩效评价与激励
　　　编制绩效评价报告和激励管理报告
　　优缺点

经济增加值
★★★
　　概念　经济增加值=调整后税后净营业利润－加权平均资本成本×调整后平均资本占用
　　类型
　　　基本经济增加值
　　　（税后净营业利润-加权平均资本成本×报表平均总资产）
　　　披露经济增加值
　　　（是利用公开数据进行调整计算出来的）
　　优缺点
　　简化的经济增加值
　　　注意调整项目
　　　经济增加值=税后净营业利润－资本成本=税后净营业利润－调整后资本×平均资本成本率

平衡计分卡★★
　　如何理解"平衡"
　　框架
　　　财务维度
　　　顾客维度
　　　内部业务流程维度
　　　学习和成长维度
　　　注意区分各维度常用的指标
　　平衡计分卡与企业战略管理
　　　二者的关系
　　　平衡计分卡的要求（3条）
　　战略地图架构
　　　财务维度：长短期对立力量的战略平衡
　　　顾客维度：战略是基于差异化的价值主张
　　　内部业务流程维度：价值是由内部流程创造的
　　　学习和成长维度：无形资产的战略性整合
　　与传统业绩评价系统的区别（5条）
　　平衡计分卡的优缺点

第四部分

考前模拟

梦 想 成 真 辅 导 丛 书

考前模拟 2 套卷

模拟试卷（一）

扫 我 做 试 题

一、**单项选择题**（本题型共 13 小题，每小题 2 分，共 26 分。每小题只有一个正确答案，请从每小题的备选答案中选出一个你认为最正确的答案，用鼠标单击相应的选项。）

1. 某企业为了进行短期偿债能力分析而计算的存货周转次数为 5 次，如果当年存货平均余额为 2 000 万元，净利润为 1 000 万元，则当年的营业净利率是（　）。
   A. 10%　　　　　B. 20%
   C. 25%　　　　　D. 30%

2. 下列属于平衡计分卡"财务维度"评价指标的是（　）。
   A. 总资产周转率
   B. 新产品开发周期
   C. 交货及时率
   D. 市场份额

3. 甲公司生产一种产品，生产能力为 500 件。目前正常订货量为 400 件，剩余生产能力的出租收入 800 元。正常销售单价 80 元，单位产品成本 50 元，其中变动成本 40 元。现有客户追加订货 200 件，报价 70 元，甲公司如果接受这笔订货，需要追加专属成本 1 000 元。甲公司若接受这笔订货，将增加利润（　）元。
   A. 1 200　　　　B. 200
   C. 2 200　　　　D. −800

4. 对于欧式期权，下列说法中正确的是（　）。
   A. 股票价格上升，看涨期权的价值降低
   B. 执行价格越大，看涨期权价值越高
   C. 到期期限越长，期权的价值越高

D. 在除息日，红利的发放会引起看跌期权价格上升

5. 债权人在与企业签订借款合同时，通常制定约束条款来限制企业的股利发放水平，该做法体现的股利理论是（　）。
   A. 客户效应理论
   B. 代理理论
   C. 信号理论
   D. "一鸟在手"理论

6. 某公司 2018 年流通在外普通股加权平均股数为 190 万股，2018 年年末流通在外普通股股数为 195 万股，2018 年年末的普通股每股市价为 12 元，股东权益总额为 600 万元，优先股股数为 40 万股，清算价值为每股 3 元，拖欠股利为每股 1 元。则该公司 2018 年年末的市净率为（　）。
   A. 3.9　　　　　B. 5.31
   C. 3.8　　　　　D. 5.18

7. 证券市场线可以用来描述市场均衡条件下单项资产或资产组合的必要报酬率与风险之间的关系。当投资者的风险厌恶感普遍增强时，会导致证券市场线（　）。
   A. 向下平行移动　　B. 斜率上升
   C. 斜率下降　　　　D. 向上平行移动

8. 某公司年营业收入为 500 万元，变动成本率为 40%，经营杠杆系数为 1.5，财务杠杆系数为 2。如果固定成本增加 50 万元，不存在优先股，联合杠杆系数将变为（　）。
   A. 2.4　　　　　B. 3
   C. 6　　　　　　D. 8

9. 下列关于现金返回线的表述中，正确的是( )。

    A. 现金返回线的确定与企业最低现金每日需求量无关

    B. 有价证券利息率增加，会导致现金返回线上升

    C. 有价证券的每次固定转换成本上升，会导致现金返回线上升

    D. 当现金的持有量高于或低于现金返回线时，应立即购入或出售有价证券

10. 某公司本月实际生产甲产品 1 500 件，耗用直接人工 2 500 小时，产品工时标准为 5 小时/件；支付固定制造费用 4 500 元，单位产品固定制造费用标准成本为 9 元/件；固定制造费用预算总额为 4 800 元。下列说法中正确的是( )。

    A. 固定制造费用耗费差异为 300 元

    B. 固定制造费用能力差异为 -8 000 元

    C. 固定制造费用闲置能力差异为 300 元

    D. 固定制造费用效率差异为 9 000 元

11. A 公司在生产经营淡季资产为 1 200 万元，在生产经营旺季资产为 1 400 万元。企业的长期债务、经营性流动负债和股东权益可提供的资金为 1 000 万元。则该公司采取的营运资本筹资策略是( )。

    A. 保守型筹资策略

    B. 适中型筹资策略

    C. 适合型筹资策略

    D. 激进型筹资策略

12. 如果资本市场半强式有效，投资者( )。

    A. 通过技术分析能获得超额收益

    B. 运用估价模型能获得超额收益

    C. 通过基本面分析能获得超额收益

    D. 利用非公开信息能获得超额收益

13. 甲企业生产一种产品，单价每件10 000 元，单位变动成本每件 6 500 元，年销售量 2 000 件，盈亏临界点作业率40%，则息税前利润是( )元。

    A. 2 800 000   B. 4 200 000

    C. 7 000 000   D. 9 200 000

二、多项选择题(本题型共 12 小题，每小题 2 分，共 24 分。每小题均有多个正确答案，请从每小题的备选答案中选出你认为正确的答案，用鼠标单击相应的选项。每小题所有答案选择正确的得分，不答、错答、漏答均不得分。)

1. 以完全成本加成法定价时，其加成的内容包括( )。

    A. 预期利润   B. 固定制造费用

    C. 直接材料   D. 销售及管理费用

2. 甲公司是季节性生产企业，波动性流动资产等于经营性流动负债和短期金融负债之和。下列关于甲公司营运资本筹资策略的说法中，正确的有( )。

    A. 甲公司在营业低谷时的易变现率小于 1

    B. 甲公司采用的是保守型营运资本筹资策略

    C. 甲公司在营业高峰时的易变现率等于 1

    D. 甲公司在生产经营淡季有闲置资金

3. A 证券的预期报酬率为 12%，标准差为 15%；B 证券的预期报酬率为 18%，标准差为 20%。投资于两种证券组合的机会集是一条曲线。有效边界与机会集重合，以下结论中正确的有( )。

    A. 最小方差组合是全部投资于 A 证券

    B. 最高预期报酬率组合是全部投资于 B 证券

    C. 两种证券报酬率的相关性较高，风险分散化效应较弱

    D. 可以在有效集曲线上找到风险最小、期望报酬率最高的投资组合

4. 动态投资回收期法是长期投资项目评价的一种辅助方法，该方法的缺点有( )。

    A. 忽视了资金的时间价值

    B. 忽视了折旧对现金流的影响

    C. 没有考虑回收期以后的现金流

    D. 促使公司放弃有战略意义的长期投资项目

5. 投资中心的考核指标有( )。

    A. 剩余收益

B. 部门边际贡献

C. 部门可控边际贡献

D. 投资报酬率

6. 根据权衡理论，实现企业价值最大化的最佳资本结构应该考虑的因素有(　　)。

A. 利息抵税现值

B. 财务困境成本现值

C. 债务的代理成本现值

D. 债务的代理收益现值

7. 下列关于两种证券投资组合的机会集的说法中正确的有(　　)。

A. 两种证券相关系数越小，机会集曲线越弯曲

B. 完全正相关的投资组合，机会集是一条直线

C. 机会集曲线越弯曲，风险分散化效应越强

D. 机会集曲线都可以分为有效集和无效集两部分

8. 与保守型筹资策略相比，激进型筹资策略的(　　)。

A. 易变现率较低

B. 临时性负债比例较大

C. 资金来源的持续性较强

D. 收益性和风险性均较高

9. 下列成本项目中，属于酌量性固定成本的有(　　)。

A. 固定资产折旧　　B. 职工培训费

C. 管理人员工资　　D. 广告费

10. 附认股权证债券和可转换债券的共同点包括(　　)。

A. 两者将来行权时均可以带来资本的增加

B. 两者均可使公司以较低利率取得资金

C. 两者发行的最终目的都是发行股票

D. 两者均具有股票看涨期权的性质

11. 在其他条件不变的情况下，下列变化中能够引起实值股票看涨期权价值上升的有(　　)。

A. 标的资产价格上升

B. 预期红利增加

C. 无风险利率提高

D. 股价波动加剧

12. 下列各项中，属于货币市场工具的有(　　)。

A. 优先股　　　　B. 可转换债券

C. 商业票据　　　D. 银行承兑汇票

三、计算分析题(本题型共 4 小题 36 分。涉及计算的，要求列出计算步骤，否则不得分，除非题目特别说明不需要列出计算过程。)

1. C 公司生产中使用的甲零件，全年共需耗用 3 600 件。该零件既可自行制造也可外购取得。

如果自制，单位制造成本为 10 元，每次生产准备成本为 34.375 元，每日生产量为 32 件。

如果外购，购入单价为 9.8 元，从发出订单到货物到达需要 10 天时间，一次订货成本 72 元。外购零件时可能发生延迟交货，延迟的时间和概率如下：

到货延迟天数	0	1	2	3
概率	0.6	0.25	0.1	0.05

假设该零件的单位储存变动成本为 4 元，单位缺货成本为 5 元，一年按 360 天计算。建立保险储备时，最小增量为 10 件。

要求：

(1)假设不考虑缺货的影响，计算并回答 C 公司自制与外购方案哪个成本低？

(2)假设考虑缺货的影响，计算并回答 C 公司自制与外购方案哪个成本低？

2. 甲公司是一家制药企业。2008 年，甲公司在现有产品 P-I 的基础上成功研制出第二代产品 P-Ⅱ。如果第二代产品投产，需要新购置成本为 10 000 000 元的设备一台，税法规定该设备使用期为 5 年，采用直线法计提折旧，预计残值率为 5%。第 5 年年末，该设备预计市场价值为 1 000 000 元(假定第 5 年年末 P-Ⅱ停产)。财务部门估计每年固定成本为 600 000 元(不含折旧费)，变动成本为 200 元/盒。另，新设备投产初期需要投入营运资金 3 000 000 元。

营运资金于第 5 年年末全额收回。

新产品 P-Ⅱ投产后，预计年销售量为 50 000 盒，销售价格为 300 元/盒。同时，由于产品 P-I 与新产品 P-Ⅱ存在竞争关系，新产品 P-Ⅱ投产后会使产品 P-I 的每年经营现金净流量减少 545 000 元。

新产品 P-Ⅱ项目的 β 系数为 1.4，甲公司的债务权益比为 4∶6（假设资本结构保持不变），债务融资成本为 8%（税前）。甲公司适用的企业所得税税率为 25%。资本市场中的无风险报酬率为 4%，市场组合的必要报酬率为 9%。假定经营现金流量在每年年末取得。

要求：

(1)计算产品 P-Ⅱ投资决策分析时适用的折现率。

(2)计算产品 P-Ⅱ投资的初始现金流量、第 5 年年末现金流量净额。

(3)计算产品 P-Ⅱ投资的净现值。

3. C 公司目前的资本来源包括每股面值 1 元的普通股 800 万股和平均利率为 10% 的 3 000 万元债务。该公司现在拟投资一个新项目生产一种新产品，该项目需要投资 4 000 万元。该项目备选的筹资方案有三个：

(1)按 11% 的利率发行债券；

(2)按面值发行股利率为 12% 的优先股；

(3)按 20 元/股的价格增发普通股。

该公司目前的息税前利润为 1 600 万元；公司适用的所得税税率为 25%；证券发行费可忽略不计。

要求：

(1)计算增发普通股和债券筹资的每股收益无差别点以及增发普通股和优先股筹资的每股收益无差别点。

(2)回答如果新产品可提供 1 000 万元的新增息税前利润，在不考虑财务风险的情况下，C 公司应选择哪一种筹资方式？

4. 甲公司是一家化工原料生产企业，只生产一种产品，产品分两个生产步骤在两个基本生产车间进行，第一车间生产的半成品转入半成品库，第二车间领用半成品后继续加工成产成品，半成品的发出计价采用加权平均法。甲公司采用逐步综合结转分步法计算产品成本，月末对在产品进行盘点，并按约当产量法（加权平均法）在完工产品和在产品之间分配生产费用。

第一车间耗用的原材料在生产过程中逐渐投入，其他成本费用陆续发生。第二车间除耗用第一车间生产的半成品外，还需耗用其他材料，耗用的半成品和其他材料均在生产开始时一次投入，其他成本费用陆续发生。第一车间和第二车间的在产品完工程度均为 50%。

甲公司还有机修和供电两个辅助生产车间，分别为第一车间、第二车间和行政管理部门提供维修和电力，两个辅助生产车间之间也互相提供产品或服务。甲公司按照交互分配法分配辅助生产费用。

甲公司 2018 年 8 月的成本核算资料如下：

(1)月初在产品成本：

单位：元

生产车间	半成品	直接材料	直接人工	制造费用	合计
第一车间	—	2 750	2 625	3 625	9 000
第二车间	23 720	1 900	2 800	3 600	32 020

(2)本月生产量

单位：吨

生产车间	月初在产品数量	本月完工数量	月末在产品数量
第一车间	5	70	8
第二车间	8	85	10

（3）机修车间本月发生生产费用 6 500 元，提供维修服务 100 小时；供电车间本月发生生产费用 8 800 元，提供电力 22 000 度。各部门耗用辅助生产车间产品或服务的情况如下：

耗用部门		机修车间（小时）	供电车间（度）
辅助生产部门	机修车间	—	2 000
	供电车间	20	–
基本生产车间	第一车间	40	10 200
	第二车间	35	9 300
行政管理部门		5	500
合计		100	22 000

（4）基本生产车间本月发生的生产费用　　　　　　　　　　　单位：元

生产车间	直接材料	直接人工	制造费用
第一车间	86 050	71 375	99 632
第二车间	93 100	51 200	79 450.50

注：制造费用中尚未包括本月应分配的辅助生产费用。

（5）半成品收发结存情况

半成品月初结存 13 吨，金额 46 440 元；本月入库 70 吨，本月领用 71 吨，月末结存 12 吨。

要求：

（1）编制辅助生产费用分配表（结果填入下方表格中，不用列出计算过程。单位成本要求保留四位小数）。

辅助生产费用分配表（交互分配法）　　　　　　　　单位：元

项目		机修车间			供电车间		
		耗用量（小时）	单位成本	金额分配	耗用量（度）	单位成本	分配金额
待分配项目							
交互分配	机修车间						
	供电车间						
对外分配辅助生产费用							
对外分配	第一车间						
	第二车间						
	行政管理部门						
	合计						

（2）编制第一车间的半成品成本计算单（结果填入下方表格中，不用列出计算过程）。

第一车间半成品成本计算单

2018 年 8 月   单位：元

项目	产量(吨)	直接材料	直接人工	制造费用	合计
月初在产品	—				
本月生产费用	—				
合计	—				
分配率	—				
完工半成品转出					
月末在产品					

(3)编制第二车间的产成品成本计算单(结果填入下方表格中，不用列出计算过程)。

第二车间产成品成本计算单

2018 年 8 月   单位：元

项目	产量(吨)	半成品	直接材料	直接人工	制造费用	合计
月初在产品	—					
本月生产费用	—					
合计	—					
分配率	—					
完工产成品转出						
月末在产品						

(4)编制产成品成本还原计算表(结果填入下表，不用列出计算过程，还原之后的数据四舍五入取整数)。

产成品成本还原计算表

2018 年 8 月   单位：元

	半成品	直接材料	直接人工	制造费用	合计
还原前产成品成本					
本月所产半成品成本					
成本还原					
还原后产成品成本					
还原后产成品单位成本					

四、综合题(本题共 14 分。涉及计算的，要求列出计算步骤，否则不得分，除非题目特别说明不需要列出计算过程。)

甲公司是一家生产企业，管理层拟用管理用财务报表的改进财务分析体系评价公司的财务状况和经营成果。

(1)收集了财务比率的行业平均数据：

财务比率	行业平均数据
净经营资产净利率	16.60%
税后利息率	6.30%
经营差异率	10.30%
净财务杠杆	0.523 6
杠杆贡献率	5.39%
权益净利率	21.99%

(2)甲公司收集 2018 年管理用利润表的财务数据：

年份	2018 年度
营业收入	4 500
税前经营利润	450
利息费用	72
净利润	283.5

(3)甲公司收集 2018 年管理用资产负债表的财务数据：

年份	2018 年度
金融资产	15
经营流动资产	995
经营性长期资产	1 990
经营流动负债	560
经营性长期负债	425
金融负债	915
股东权益	1 100

(4)甲公司 2019 年的预计销售增长率为 8%，经营营运资本、净经营性长期资产、税后经营净利润占营业收入的百分比与 2018 年的基期数据相同。公司采用剩余股利分配政策，以基期的资本结构（净负债/净经营资产）作为 2019 年的目标资本结构。公司 2019 年不打算增发新股，税前借款利率预计为 8%，假定公司年末净负债代表全年净负债水平，利息费用根据年末净负债和预计借款利率计算。

(5)甲公司没有优先股，目前发行在外的普通股为 500 万股，2019 年初的每股价格为 20 元。

(6)甲公司适用的企业所得税税率为 25%。加权平均资本成本为 10%。

要求：

(1)计算甲公司 2018 年度的经营营运资本、净经营性长期资产、净经营资产、净负债、税后经营净利润和金融损益。

(2)计算甲公司 2018 年度的净经营资产净利率、税后利息率、经营差异率、净财务杠杆、杠杆贡献率和权益净利率，分析其权益净利率高于或低于行业平均水平的原因。

(3)预计甲公司 2019 年度的实体现金流量、债务现金流量和股权现金流量。

(4)如果甲公司 2019 年及以后年度每年的现金流量保持 8% 的稳定增长，计算其每股股权价值，并判断 2019 年年初的股价被高估还是被低估（2019 年年初净负债市场价值按账面价值计算）。

模拟试卷（二）

扫 我 做 试 题

一、单项选择题（本题型共 13 小题，每小题 2 分，共 26 分。每小题只有一个正确答案，请从每小题的备选答案中选出一个你认为最正确的答案，用鼠标单击相应的选项。）

1. 假设银行存款利率为 i，从现在开始每年年末存款 1 元，n 年后本利和为 $\frac{(1+i)^n - 1}{i}$ 元。如果改为每年年初存款，存款期数不变，n 年的本利和应为（　）元。

   A. $\frac{(1+i)^{n+1} - 1}{i}$

   B. $\frac{(1+i)^{n+1} - 1}{i} - 1$

   C. $\frac{(1+i)^{n-1} - 1}{i} + 1$

   D. $\frac{(1+i)^{n+1} - 1}{i} + 1$

2. 甲公司采用债券收益率风险调整模型估计股权资本成本，税前债务资本成本 8%，股权相对债权风险溢价 6%，企业所得税税率为 25%。甲公司的股权资本成本是（　）。

   A. 8%　　　　　　　B. 6%

   C. 12%　　　　　　D. 14%

3. 下列关于两种证券组合的机会集曲线的说法中，正确的是（　）。

   A. 曲线上的点均为有效组合

   B. 曲线上报酬率最低点是最小方差组合点

   C. 两种证券报酬率的相关系数越大，曲线弯曲程度越小

   D. 两种证券报酬率的标准差越接近，曲线弯曲程度越小

4. 甲企业生产一种产品，每件产品消耗材料 10 千克。预计本期产量 155 件，下期产量 198 件；本期期初材料 310 千克。期末材料按下期产量用料的 20% 确定。本期预计材料采购量为（　）千克。

   A. 1 464　　　　　B. 1 636

   C. 1 860　　　　　D. 1 946

5. 可转换债券面值 1 000 元，转换价格 20 元，如果可转换债券转成股票时的市价 25 元，则此时的转换价值是（　）元。

   A. 50　　　　　　　B. 40

   C. 2 500　　　　　D. 1 250

6. 采用风险调整法计算税前债务资本成本时，其中政府债券市场收益率是指（　）

   A. 10 年期政府债券的票面利率

   B. 10 年期政府债券的到期收益率

   C. 与发行债券到期日相同或接近的政府债券的票面利率

   D. 与发行债券到期日相同或接近的政府债券的到期收益率

7. 甲公司下属投资中心部门剩余收益 10 万元，部门平均经营资产 80 万元，部门平均经营负债 30 万元，该部门要求的税前投资报酬率为 10%，该部门的税前经营利润（　）万元。

   A. 15　　　　　　　B. 8

   C. 7　　　　　　　D. 10

8. 甲企业生产一种产品，变动成本率 60%，盈亏临界点作业率 70%，年销售额 100 000 元，则息税前利润是（　）元。

   A. 12 000　　　　　B. 42 000

   C. 28 000　　　　　D. 18 000

9. 假设 ABC 企业只生产和销售一种产品，单价 100 元，单位变动成本 40 元，每年固定

成本 500 万元，预计明年产销量 30 万件，则单价对利润影响的敏感系数为( )。

A. 1.38　　　　　B. 2.31

C. 10　　　　　　D. 6

10. 某厂的甲产品单位工时定额为 80 小时，经过两道工序加工完成，第一道工序的定额工时为 20 小时，第二道工序的定额工时为 60 小时。假设本月末第一道工序有在产品 30 件，平均完工程度为 60%（本工序）；第二道工序有在产品 50 件，平均完工程度为 40%（本工序）。该厂生产是按照流水线组织的，采用品种法计算产品成本，则月末分配人工费用时在产品的约当产量为( )件。

A. 32　　　　　　B. 38

C. 40　　　　　　D. 42

11. 作为评价投资中心的业绩指标，下列各项属于部门剩余收益优点的是( )。

A. 可用于比较不同规模部门的业绩

B. 有利于从投资周转率以及部门经营利润率角度进行经营分析

C. 根据现有会计资料计算，比较客观

D. 可以使业绩评价与企业目标协调一致

12. 某公司生产单一产品，实行标准成本管理。每件产品的标准工时为 3 小时，固定制造费用的标准成本为 6 元，企业生产能力为每月生产产品 400 件。7 月公司实际生产产品 350 件，发生固定制造费用 2 250 元，实际工时为 1 100 小时。根据上述数据计算，7 月公司固定制造费用效率差异为( )元。

A. 100　　　　　B. 150

C. 200　　　　　D. 300

13. 下列关于股利分配理论的表述中，不正确的是( )。

A. 股利无关论认为，股利的支付率不影响公司价值

B. 信号理论认为，投资者对股利信号信息理解不同，对企业价值判断就不同

C. "一鸟在手"理论认为，股东偏好股利支付率较高的股票

D. 客户效应理论认为，边际税率较低的投资者喜欢低股利支付率的股票

二、多项选择题(本题型共 12 小题，每小题 2 分，共 24 分。每小题均有多个正确答案，请从每小题的备选答案中选出你认为正确的答案，用鼠标单击相应的选项。每小题所有答案选择正确的得分，不答、错答、漏答均不得分。)

1. 贝塔系数和标准差都能衡量投资组合的风险，下列关于投资组合的贝塔系数和标准差的表述中，正确的有( )。

A. 贝塔系数度量的是投资组合的系统风险

B. 标准差度量的是投资组合的非系统风险

C. 投资组合贝塔系数是被组合各种证券贝塔系数的加权平均值

D. 投资组合标准差是被组合各种证券标准差的加权平均值

2. 下列属于批次级作业的有( )。

A. 机器加工　　　B. 生产前机器调试

C. 成批检验　　　D. 产品工艺改造

3. 在其他因素不变的情况下，下列各项变动中，引起欧式看跌期权价值增加的有( )。

A. 股票市价上升

B. 到期期限延长

C. 股价波动率提高

D. 预期红利增加

4. 下列各项中，会导致公司股利支付率降低的有( )。

A. 公司举债能力强

B. 公司的流动性降低

C. 预计通货膨胀率上升

D. 公司利润波动较大

5. 下列因素发生变动，会导致美式看涨期权和美式看跌期权价值反方向变动的有( )。

A. 执行价格

B. 到期时间

C. 无风险利率

D. 股价波动率

6. 相对于股票股利，下列关于股票分割的表述中不正确有（ ）。

    A. 改变股东权益内部结构

    B. 增加股本金额

    C. 降低每股面值

    D. 减少未分配利润

7. 关于债券筹资特点的描述正确的有（ ）。

    A. 筹资规模大

    B. 有利于资源优化配置

    C. 信息披露成本高

    D. 筹资速度快

8. 降低经营杠杆系数，进而降低企业经营风险的途径有（ ）。

    A. 提高产品单价

    B. 提高产品销售量

    C. 节约固定成本开支

    D. 提高资产负债率

9. 特殊订单是否接受的决策中，应该考虑的相关成本通常有（ ）。

    A. 订货要求追加的专属成本

    B. 订货减少正常销售的边际贡献

    C. 由于接受订单导致剩余生产能力无法转移而丧失的收益

    D. 订单的变动生产成本

10. 下列措施中，可以提高销售息税前利润率的有（ ）。

    A. 提高安全边际率

    B. 提高边际贡献率

    C. 降低变动成本率

    D. 降低盈亏临界点作业率

11. 下列各项中，属于经济增加值评价优点的有（ ）。

    A. 可以衡量企业长远发展战略的价值创造情况

    B. 可以引导企业注意价值创造

    C. 便于不同规模公司业绩的比较

    D. 可以实现企业利益、经营者利益和员工利益的统一

12. 某批发企业销售甲商品，第三季度各月

预计的销售量分别为 1 000 件、1 200 件和 1 100 件，企业计划每月月末商品存货量为下月预计销售量的 20%。下列各项预计中，正确的有（ ）。

    A. 8 月期初存货为 240 件

    B. 8 月采购量为 1 180 件

    C. 8 月期末存货为 220 件

    D. 第三季度采购量为 3 300 件

三、计算分析题（本题型共 4 小题 36 分。涉及计算的，要求列出计算步骤，否则不得分，除非题目特别说明不需要列出计算过程。）

1. B 公司是一家制造企业，2019 年利润表和资产负债表有关数据如下：

单位：万元

利润表	2019 年度
营业收入	10 000
营业成本	6 000
销售及管理费用	3 185
息前税前利润	815
利息支出	135
利润总额	680
所得税费用	170
净利润	510
本期分配股利	360
本期利润留存	150
资产负债表	**2019 年末**
流动资产	1 200
长期资产	2 875
资产总计	4 075
流动负债	700
长期负债	1 350
负债合计	2 050
股东权益	2 025
负债与股东权益总计	4 075

B公司没有优先股，目前发行在外的普通股为1 000万股。假设B公司的资产全部为经营资产，流动负债全部是经营负债，长期负债全部是金融负债。公司目前已达到稳定增长状态，未来年度将维持2019年的经营效率和财务政策不变，不增发新股和回购股票，可以按照目前的利率水平在需要的时候取得借款，不变的营业净利率可以涵盖不断增加的负债利息。2019年的期末长期负债代表全年平均负债，2019年的利息支出全部是长期负债支付的利息。公司适用的所得税税率为25%。

要求：

（1）计算B公司2020年的预期销售收入增长率。

（2）计算B公司未来的预期股利增长率。

（3）假设B公司2020年年初的股价是9.45元，计算B公司的股权资本成本和加权平均资本成本。

2. B公司目前采用30天按发票金额付款的信用政策。为了扩大销售，公司拟改变现有的信用政策，有两个可供选择的方案，有关数据如下：

项目	当前	方案一	方案二
信用期	n/30	n/60	2/10，1/20，n/30
年销售量（件）	72 000	86 400	79 200
单价（元）	5	5	5
单位变动生产成本	3	3	3
边际贡献率	20%	20%	20%
预计收账费用（元）	3 000	5 000	2 850
预计坏账损失（元）	6 000	10 000	5 400
平均存货水平（件）	10 000	15 000	11 000

如果采用方案二，估计会有20%的顾客（按销售量计算，下同）在10天内付款、30%的顾客在20天内付款，其余的顾客在30天内付款。

假设该项投资的资本成本为10%；一年按360天计算。

要求：采用差额分析法评价方案一和方案二。需要单独列示"应收账款占用资金应计利息差额"、"存货占用资金应计利息差额"和"净损益差额"，并判断B公司应该选择哪个方案。

3. 甲公司是一家制造业上市公司，主营业务是包装箱的生产和销售。为进一步满足市场需求，公司准备新增一条智能化包装箱生产线。目前，正在进行该项目的可行性研究，资料如下：

（1）该项目如果可行，拟在2018年12月31日开始投资建设生产线，预计建设期1年，即项目将在2019年12月31日建设完成，2020年1月1日投产使用，该生产线预计购置成本8 000万元，项目预期持续3年。按税法规定，该生产线折旧年限4年，残值率5%，按直线法计提折旧，预计2022年12月31日项目结束时该生产线变现价值3 600万元。

（2）公司以闲置厂房拟对外出租，每年租金120万元，在出租年度的上年年末收取。该厂房可用于安装该生产线，安装期间及投产后，该厂房均无法对外出租。

（3）该项目预计2020年生产并销售24 000万件，产销量以后每年按5%增长。预计包装箱单位售价0.5元，单位变动制造成本0.3元；每年付现销售和管理费用占销售收入的10%；2020年、2021年、2022年每年固定付现成本分别为400万元、500万元、600万元。

（4）该项目预计营运资本占销售收入的20%，垫支的营运资本在运营年度的上年年末投入，在项目结束时全部收回。

（5）企业所得税税率为25%，项目资本成本为9%。

假设该项目的初始现金发生在2018年年末，营业现金流量均发生在投产后各年末。

要求：计算项目2018年及以后各年年末的现金净流量及项目的净现值，并判断该项目是否可行（计算过程和结果填入下方表格中）。

单位：万元

项目	2018年末	2019年末	2020年末	2021年末	2022年末
……	……				
现金净流量					
折现系数（9%）	1.0	0.917 4	0.841 7	0.772 2	0.708 4
折现值					
净现值					

4. 甲公司是一家制造企业，生产A、B两种产品，产品分两个步骤在两个基本生产车间进行。第一车间将原材料手工加工成同一规格型号的毛坯，转入半成品库；第二车间领用毛坯后，利用数控设备继续加工，生产出A、B两种产品，每件产品耗用一件毛坯。公司根据客户订单分批组织生产，不同批次转换时，需要调整机器设备。

甲公司分车间采用不同的成本核算方法：第一车间采用品种法。原材料在开工时一次投入，其他费用陆续均匀发生。生产成本采用约当产量法（加权平均法）在完工半成品和月末在产品之间进行分配。完工半成品按实际成本转入半成品库，发出计价采用加权平均法。

第二车间采用分批法和作业成本法相结合的方法。第二车间分批组织生产，当月开工当月完工，无月初月末在产品。除耗用第一车间的半成品外，不再耗用其他材料，耗用的半成品在生产开始时一次投入，直接人工费用陆续均匀发生。由于第二车间是自动化加工车间，制造费用在总成本中比重较高，公司采用作业成本法按实际分配率分配制造费用。

2018年9月，相关成本资料如下：

（1）本月半成品，A产品、B产品的产量：

单位：件

	月初在产品	本月投产	本月完工	月末在产品
第一车间半成品	200	2 600	1 800	1 000（完工程度60%）
第二车间A产品	0	1 000	1 000	0
第二车间B产品	0	500	500	0

（2）月初半成品库存400件，单位平均成本127.5元。

（3）第一车间月初在产品成本和本月生产费用：

单位：元

	直接材料	直接人工	制造费用	合计
月初在产品成本	7 000	8 000	1 200	16 200
本月生产费用	77 000	136 000	22 800	235 800
合计	84 000	144 000	24 000	252 000

（4）第二车间本月直接人工成本：

单位：元

产品品种	A 产品	B 产品	合计
直接人工总成本	17 200	7 800	25 000

（5）第二车间本月制造费用：

作业成本库	作业成本（元）	作业动因	作业量 A 产品	作业量 B 产品	作业量 合计
设备调整	30 000	批次（批）	10	5	15
加工检验	2 400 000	产量（件）	1 000	500	1 500
合计	2 430 000	—	—	—	—

要求：

（1）编制第一车间成本计算单（结果填入下方表格中，不用列出计算过程）。

第一车间成本计算单

产品名称：半成品 单位：元

	直接材料	直接人工	制造费用	合计
月初在产品成本				
本月生产费用				
合计				
约当产量				
单位成本				
完工半成品转出				
月末在产品成本				

（2）计算半成品发出的加权平均单位成本。

（3）编制第二车间作业成本分配表（结果填入下方表格中，不用列出计算过程）。

作业成本分配表

单位：元

作业成本库	作业成本	作业分配率	A 产品 作业量	A 产品 分配金额	B 产品 作业量	B 产品 分配金额
设备调整						
加工检验						
合计						

（4）编制 A、B 产品汇总成本计算单(结果填入下方表格中，不用列出计算过程)。

汇总成本计算单　　　　　　　　　　　　　　　　　　单位：元

	A 产品	B 产品
半成品成本转入		
直接人工		
制造费用		
其中：设备调整		
加工检验		
制造费用小计		
总成本		
单位成本		

四、综合题(本题共 14 分。涉及计算的，要求列出计算步骤，否则不得分，除非题目特别说明不需要列出计算过程。)

请你对 H 公司的实体价值和股权价值进行评估。有关资料如下：

（1）以 2018 年为预测基期，该年修正的利润表和资产负债表如下(单位：万元)：

项目	金额
利润表项目（当年）	
营业收入	10 000
税后经营净利润	1 500
减：税后利息费用	275
净利润	1 225
减：应付股利	725
本期利润留存	500
加：年初未分配利润	4 000
年末未分配利润	4 500
资产负债表项目（年末）	
经营营运资本	1 000
净经营性长期资产	10 000
净经营资产总计	11 000
净负债	5 500
股本	1 000
年末未分配利润	4 500
股东权益合计	5 500
净负债与股东权益合计	11 000

（2）2019 年的预计销售增长率为 10%，2020 年的预计销售增长率为 5%，以后各年的预计销售增长率稳定在 5% 的水平。

（3）假设 H 公司未来的"税后经营净利润/营业收入""经营营运资本/营业收入""净经营性长期资产/营业收入"可以维持预测基期的水平。

（4）假设 H 公司未来将维持基期的资本结

构(净负债/净经营资产),并持续采用剩余股利政策。

(5)假设 H 公司未来的净负债平均利息率(税后)为 5%,各年的利息费用按年初净

负债的数额预计。

(6)假设 H 公司未来的加权平均资本成本为 10%,股权资本成本为 12%。

要求:

(1)编制价值评估所需的预计利润表和资产负债表(计算结果填入给定的表格中。不必列出计算过程)。

单位:万元

年份	2018 年	2019 年	2020 年
利润表项目(当年)			
营业收入	10 000		
税后经营净利润	1 500		
减:税后利息费用	275		
净利润	1 225		
减:应付股利	725		
本期利润留存	500		
加:年初未分配利润	4 000		
年末未分配利润	4 500		
资产负债表项目(年末)			
经营营运资本	1 000		
净经营性长期资产	10 000		
净经营资产总计	11 000		
净负债	5 500		
股本	1 000		
年末未分配利润	4 500		
股东权益合计	5 500		
净负债与股东权益总计	11 000		

(2)计算 2019 年和 2020 年的实体现金流量和股权现金流量。

(3)假设净负债的价值为 5 500 万元,分别根据实体现金流量和股权现金流量计算 H 公司的股权价值。

考前模拟 2 套卷参考答案及解析

模拟试卷（一）参考答案及解析

一、单项选择题

1. A 【解析】营业收入 = 2 000×5 = 10 000（元），营业净利率 = 1 000/10 000 × 100% = 10%。

2. A 【解析】选项 B 是学习与成长维度考核指标；选项 C 是内部业务流程维度考核指标；选项 D 是顾客维度考核指标。

3. B 【解析】增加利润 = 200×(70 - 40) - 800 - 1 000 - 100×(80 - 40) = 200（元）

4. D 【解析】股票价格上升，看涨期权的价值提高，所以选项 A 的说法不正确；执行价格越大，看涨期权的价值越低，所以选项 B 的说法不正确；到期期限越长，美式期权的价值越高，欧式期权的价值不一定，所以选项 C 的说法不正确。在除息日，红利的发放会引起股票价格降低，从而引起看跌期权价格上升，所以选项 D 的说法正确。

5. B 【解析】根据代理理论，股东和债权人之间存在代理冲突时，债权人为了保护自己利益，希望企业采取低股利支付率，所以通常制定约束条款来限制企业股利支付水平。选项 B 是答案。

6. B 【解析】2018 年年末普通股股东权益 = 600 - 40×(3 + 1) = 440（万元），每股净资产 = 440÷195 = 2.26（元/股），市净率 = 12÷2.26 = 5.31。

7. B 【解析】证券市场线的斜率($R_m - R_f$)表示所有投资者的风险厌恶程度。一般地说，投资者对风险的厌恶感越强，证券市场线的斜率越大。

8. C 【解析】因为联合杠杆系数 = 边际贡献÷[边际贡献 - (固定成本 + 利息)]，边际贡献 = 500×(1 - 40%) = 300（万元），原来的联合杠杆系数 = 1.5×2 = 3，所以，原来的(固定成本 + 利息) = 200（万元），变化后的(固定成本 + 利息) = 200 + 50 = 250（万元），变化后的联合杠杆系数 = 300÷(300 - 250) = 6。

9. C 【解析】企业最低现金每日需求量影响下限，进而影响现金返回线，选项 A 错误；有价证券利息率增加，会导致现金返回线下降，选项 B 错误；当现金的持有量高于或等于上限时，应购入有价证券，低于或等于下限时应该出售有价证券，选项 D 错误。

10. C 【解析】固定制造费用耗费差异 = 4 500 - 4 800 = -300（元），选项 A 的说法不正确；固定制造费用能力差异 = 4 800 - 1 500×9 = -8 700（元），选项 B 的说法不正确；固定制造费用闲置能力差异 = 4 800 - 2 500×(9/5) = 300（元），选项 C 的说法正确；固定制造费用效率差异 = 2 500×(9/5) - 1 500×9 = -9 000（元），选项 D 的说法不正确。

11. D 【解析】企业生产经营淡季的资产为企业的长期资产和稳定性流动资产，生产经营旺季的资产为企业的长期资产、稳定性流动资产和波动性流动资产。A 公司的长期资产和稳定性流动资产 1 200 万元大于长期债务、经营性流动负债和股东权益提供的资金 1 000 万元，所以该公司的营运资本筹资策略属于激进型筹资策略。

12. D 【解析】如果市场半强式有效，股价已包含历史信息和公开信息，此时技术分析、基本面分析和各种估价模型都是无效的，选项 ABC 不是答案；在半强式有效市场中，通过利用非公开信息（内部信息）是可以获得超额收益的，选项 D 是答案。

13. B 【解析】安全边际的销售量 = 2 000×（1-40%）= 1 200（件），息税前利润 = 1 200×（10 000 - 6 500）= 4 200 000（元）。或者：固定成本 = 盈亏临界点销售量 × 单位边际贡献 = 2 000 × 40% ×（10 000 - 6 500）= 2 800 000（元），息税前利润 = 2 000×（10 000 - 6 500）- 2 800 000 = 4 200 000（元）。

二、多项选择题

1. AD 【解析】以完全成本加成定价时，加成的内容包括非制造成本和预期利润，选项 BC 均属于制造成本。

2. BD 【解析】由于波动性流动资产大于短期金融负债，所以属于保守型筹资策略，选项 B 的说法正确；保守型筹资策略在营业低谷时，（稳定性流动资产+长期资产）<（股东权益+长期债务+经营性流动负债），即：稳定性流动资产<（股东权益+长期债务+经营性流动负债-长期资产），所以此时易变现率大于 1，说明在满足稳定性流动资产后还有闲置资金，选项 A 不是答案，选项 D 的说法正确；在营业高峰期，由于：（波动性流动资产+稳定性流动资产+长期资产）=（临时性负债+股东权益+长期债务+经营性流动负债），所以：（波动性流动资产+稳定性流动资产）>（股东权益+长期债务+经营性流动负债-长期资产），即高峰期易变现率小于 1，选项 C 的说法不正确。

3. ABC 【解析】由于有效边界与机会集重合，所以机会集曲线均为有效集。而证券 A 的标准差低于证券 B，所以最小方差组合是全部投资于 A 证券，选项 A 正确；投资组合的报酬率是组合中各种资产预期报酬率的加权平均数，证券 B 的预期报酬率高于证券 A，所以最高预期报酬率组合是全部投资于 B 证券，选项 B 正确；因为机会集曲线弯曲程度较小，所以两种证券报酬率的相关性较高，风险分散化效应较弱，选项 C 正确；因为风险最小的投资组合为全部投资于 A 证券，期望报酬率最高的投资组合为全部投资于 B 证券，所以选项 D 错误。

4. CD 【解析】动态投资回收期考虑了时间价值，选项 A 不是答案；计算回收期时使用的现金流量，考虑了折旧和所得税的影响，选项 B 不是答案；回收期法只考虑了回收期内的现金流，选项 C 是答案；回收期法促使公司优先考虑急功近利的项目，可能导致公司放弃有战略意义的长期项目，选项 D 是答案。

5. AD 【解析】投资中心的考核指标主要有投资报酬率和剩余收益，选项 AD 是答案。选项 BC 属于利润中心的考核指标。

6. AB 【解析】根据权衡理论，有负债企业的价值 = 无负债企业价值+利息抵税现值-财务困境成本现值，所以选项 AB 是答案。选项 CD 是代理理论需要考虑的因素。

7. ABC 【解析】如果相关系数较大，则机会集与有效集重合，此时不存在无效集。

8. ABD 【解析】与保守型筹资策略相比，激进型筹资策略的长期性资金较少，而易变现率=（长期性资金-长期资产）/经营性流动资产，所以，易变现率较低，选项 A 的说法正确；由于激进型筹资策略的长期性资金较少，所以，临时性负债比例较大，资金来源的持续性较弱，选项 B 的说法正确，选项 C 的说法不正确；由于激进型筹资策略的收益性和风险性均较高，保守型筹资策略的收益性和风险性均较低，所以，选项 D 的说法正确。

9. BD 【解析】约束性固定成本是提供和维持生产经营所需设施和机构而支出的成本，不能通过当前的管理决策行动加以改变；酌量性固定成本是为完成特定活动而支出的固定成本，其发生额是根据企业的经营方针由经理人员决定的。因此，选项 BD 是答案；选项 AC 属于约束性固定成本。

10. BD 【解析】可转换债券转为普通股，只是资产负债表项目之间的变化，并不增加新的资本，选项 A 不是答案；发行附认股权证债券的目的是发行债券，选项 C 不是答案。

11. ACD 【解析】对于实值股票看涨期权而言，内在价值 = 股票（即标的资产）价格－执行价格，所以，标的资产价格越高，内在价值越高。而期权价值 = 内在价值 + 时间溢价，所以，标的资产价格越高，实值股票看涨期权价值越高，选项 A 是答案；由于除息日后，红利的发放引起股票价格降低，所以，选项 B 不是答案；由于无风险利率提高导致执行价格现值降低，从而增加看涨期权的价值，所以，选项 C 是答案；由于股价波动加剧导致时间溢价提高，从而增加看涨期权的价值，所以，选项 D 是答案。

12. CD 【解析】货币市场工具包括短期国债、可转让存单、商业票据、银行承兑汇票等，资本市场工具包括股票、公司债券、长期政府债券和银行长期贷款等。

三、计算分析题

1. 【答案】

（1）每天需要量 10 件（3 600/360），每天供应量 32 件。

外购情况下的相关最低总成本 = 9.8 × 3 600 + $\sqrt{2 \times 72 \times 3600 \times 4}$ = 36 720（元）

自制情况下的相关最低总成本 = 10 ×

3 600 + $\sqrt{2 \times 34.375 \times 3600 \times 4 \times (1 - 10/32)}$ = 36 825（元）

外购方案的成本低。

（2）外购的经济订货批量

= $\sqrt{2 \times 72 \times 3600/4}$ = 360（件）

一年订货次数 = 3 600/360 = 10（次）

①如果不设置保险储备量，则：

每次订货的缺货数量 = 10 × 0.25 + 20 × 0.1 + 30 × 0.05 = 6（件）

相关总成本 = 6 × 10 × 5 + 0 × 4 = 300（元）

②如果设置保险储备量 10 件，则：

每次订货的缺货数量 = 10 × 0.1 + 20 × 0.05 = 2（件）

相关总成本 = 2 × 10 × 5 + 10 × 4 = 140（元）

③如果设置保险储备量 20 件，则：

每次订货的缺货数量 = 10 × 0.05 = 0.5（件）

相关总成本 = 0.5 × 10 × 5 + 20 × 4 = 105（元）

④如果设置保险储备量 30 件，则：

每次订货的缺货数量 = 0

相关总成本 = 0 × 10 × 5 + 30 × 4 = 120（元）

保险储备量为 20 件时，与保险储备量相关的总成本最低，即最佳保险储备量为 20 件。此时，外购情况下的相关总成本 = 购置成本 + 与批量相关成本（变动订货成本 + 变动储存成本）+ 与保险储备量相关的总成本 = 36 720 + 105 = 36 825（元）。

此时两个方案的成本相同。

2. 【答案】

（1）股权资本成本 = 4% + 1.4 × （9% - 4%）= 11%

加权平均资本成本 = 0.4 × 8% × （1 - 25%）+ 0.6 × 11% = 9%

所以适用的折现率为 9%。

（2）初始现金流量 = -（10 000 000 + 3 000 000）= -13 000 000（元）

第 5 年年末账面价值 = 10 000 000 × 5% = 500 000（元）

变现相关流量 = 1 000 000 + （500 000 - 1 000 000）× 25% = 875 000（元）

每年折旧 = 10 000 000 × （1 - 5%）/5 =

1 900 000（元）

第 5 年年末现金流量净额 = 50 000×300×（1-25%）-（600 000+200×50 000）×（1-25%）+1 900 000×25%+3 000 000-545 000+875 000 = 7 105 000（元）

（3）项目 1～4 年的现金流量 = 50 000×300×（1-25%）-（600 000+200×50 000）×（1-25%）+1 900 000×25%-545 000 = 3 230 000（元）

净现值 = 3 230 000×（P/A，9%，4）+7 105 000×（P/F，9%，5）-13 000 000 = 2 081 770.5（元）

3.【答案】

（1）增发普通股和债券筹资的每股收益无差别点：

（EBIT-3 000×10%）×（1-25%）/（800+

4 000/20）=（EBIT-3 000×10%-4 000×11%）×（1-25%）/800

解得：EBIT = 2 500（万元）

增发普通股和优先股筹资的每股收益无差别点：

（EBIT-3 000×10%）×（1-25%）/（800+4 000/20）=［（EBIT-3 000×10%）×（1-25%）-4 000×12%］/800

解得：EBIT = 3 500（万元）

（2）如果新产品可提供 1 000 万元的新增息税前利润（即息税前利润变为 2 600 万元），在不考虑财务风险的情况下，C 公司应选择方案 1（发行债券）。

4.【答案】

（1）

辅助生产费用分配表（交互分配法）　　单位：元

项目		机修车间			供电车间		
		耗用量（小时）	单位成本	金额分配	耗用量（度）	单位成本	分配金额
待分配项目		100	65	6 500	22 000	0.4	8 800
交互分配	机修车间			800	-2 000		-800
	供电车间	-20		-1 300			1 300
对外分配辅助生产费用		80	75	6 000	20 000	0.465 0	9 300
对外分配	第一车间	40		3 000	10 200		4 743
	第二车间	35		2 625	9 300		4 324.5
	行政管理部门	5		375	500		232.5
	合计	80		6 000	20 000		9 300

（2）

第一车间半成品成本计算单

2018 年 8 月　　单位：元

项目	产量（吨）	直接材料	直接人工	制造费用	合计
月初在产品	—	2 750	2 625	3 625	9 000
本月生产费用	—	86 050	71 375	107 375	264 800
合计	—	88 800	74 000	111 000	273 800
分配率	—	1 200	1 000	1 500	3 700
完工半成品转出	70	84 000	70 000	105 000	259 000
月末在产品	8	4 800	4 000	6 000	14 800

计算说明：

①根据题中资料可知，第一车间的制造费用 99 632 元中没有包括本月应分配的辅助生产费用，所以，第一车间实际的制造费用 = 99 632+3 000+4 743 = 107 375(元)。

②由于第一车间耗用的原材料在生产过程中逐渐投入，其他成本费用陆续发生。所以，计算直接材料、直接人工、制造费用的分配率时，第一车间的月末在产品的约当(半成品)产量 = 8×50% = 4(吨)，直接材料、直接人工和制造费用的分配率分别为 88 800/(70+4) = 1 200(元/吨)，74 000/(70+4) = 1000(元/吨)，111 000/(70+4) = 1 500(元/吨)。

(3)

第二车间产成品成本计算单

2018 年 8 月 单位：元

项目	产量(吨)	半成品	直接材料	直接人工	制造费用	合计
月初在产品	—	23 720	1 900	2 800	3 600	32 020
本月生产费用	—	261 280	93 100	51 200	86 400	491 980
合计	—	285 000	95 000	54 000	90 000	524 000
分配率	—	3 000	1 000	600	1 000	5 600
完工产成品转出	85	255 000	85 000	51 000	85 000	476 000
月末在产品	10	30 000	10 000	3 000	5 000	48 000

计算说明：

半成品发出单价 = (46 440 + 259 000) ÷ (13+70) = 3 680(元/吨)

本月半成品费用 = 3 680×71 = 261 280 (元)

本月制造费用 = 79 450.50 + 2 625 + 4 324.5 = 86 400(元)

由于第二车间耗用的半成品和其他材料均在生产开始时一次投入，其他成本费用陆续发生。所以，计算半成品和直接材料的分配率时，月末在产品的约当产量 =

10×100% = 10(吨)，半成品的分配率 = 285 000/(85+10) = 3 000(元/吨)，直接材料的分配率 = 95 000/(85+10) = 1 000 (元/吨)。计算直接人工、制造费用的分配率时，月末在产品的约当产量 = 10×50% = 5(吨)，直接人工的分配率 = 54 000/(85+5) = 600(元/吨)，制造费用的分配率 = 90 000/(85+5) = 1 000(元/吨)。

(4)

产成品成本还原计算表

2018 年 8 月 单位：元

	半成品	直接材料	直接人工	制造费用	合计
还原前产成品成本	255 000	85 000	51 000	85 000	476 000
本月所产半成品成本		84 000	70 000	105 000	259 000
成本还原	−255 000	82 703	68 919	103 378	0
还原后产成品成本		167 703	119 919	188 378	476 000
还原后产成品单位成本		1 973	1 411	2 216	5 600

计算说明：

还原分配率 = 255 000/259 000

还原出的直接材料 = 255 000/259 000 × 84 000 = 82 703(元)

还原出的直接人工＝255 000/259 000×70 000＝68 919(元)

还原出的制造费用＝255 000/259 000×105 000＝103 378(元)

四、综合题

【答案】

(1)经营营运资本＝经营流动资产－经营流动负债＝995－560＝435(万元)

净经营性长期资产＝经营性长期资产－经营性长期负债＝1 990－425＝1 565(万元)

净负债＝金融负债－金融资产＝915－15＝900(万元)

净经营资产＝净负债＋股东权益＝900＋1 100＝2 000(万元)

税后经营净利润＝450×(1－25%)＝337.5(万元)

或：净利润＋税后利息＝283.5＋72×(1－25%)＝337.5(万元)

金融损益＝－72×(1－25%)＝－54(万元)

(2)净经营资产净利率＝337.5/2 000＝16.88%

税后利息率＝72×(1－25%)/900×100%＝6%

经营差异率＝16.88%－6%＝10.88%

净财务杠杆＝900/1 100＝0.818 2

杠杆贡献率＝10.88%×0.818 2＝8.9%

权益净利率＝16.88%＋8.9%＝25.78%

权益净利率高于行业平均水平的主要原因是杠杆贡献率高于行业平均水平，杠杆贡献率高于行业平均水平的主要原因是净财务杠杆高于行业平均水平。

(3)实体现金流量＝337.5×(1＋8%)－2 000×8%＝204.5(万元)

税后利息费用＝900×(1＋8%)×8%×(1－25%)＝58.32(万元)

净负债增加＝900×8%＝72(万元)

债务现金流量＝58.32－72＝－13.68(万元)

股权现金流量＝204.5＋13.68＝218.18(万元)

或：2019年税后经营净利润＝337.5×(1＋8%)＝364.5(万元)

2019年净经营资产增加＝2 000×8%＝160(万元)

2019年净负债增加＝900×8%＝72(万元)

2019年税后利息费用＝900×(1＋8%)×8%×(1－25%)＝58.32(万元)

2019年净利润＝税后经营净利润－税后利息费用＝364.5－58.32＝306.18(万元)

2019年股东权益增加＝1 100×8%＝88(万元)

2019年实体现金流量＝税后经营净利润－净经营资产增加＝364.5－160＝204.5(万元)

2019年债务现金流量＝税后利息－净负债增加＝58.32－72＝－13.68(万元)

2019年股权现金流量＝税后净利润－股东权益增加＝306.18－88＝218.18(万元)

(4)实体价值＝204.5/(10%－8%)＝10 225(万元)

或：

实体价值

＝204.5×(P/F，10%，1)＋204.5×(1＋8%)/(10%－8%)×(P/F，10%，1)

＝204.5×(P/F，10%，1)＋11 043×(P/F，10%，1)

＝11 247.5/(1＋10%)

＝10 225(万元)

股权价值＝10 225－900＝9 325(万元)

每股价值＝9 325/500＝18.65(元)

每股市价(20元)高于每股价值(18.65元)，股价被市场高估。

模拟试卷（二）参考答案及解析

一、单项选择题

1. B 【解析】n 期预付年金终值系数为 [(F/A，i，n+1)-1]，选项 B 是答案。

2. C 【解析】股权资本成本 = 税后债务成本+股东比债权人承担更大风险所要求的风险溢价 = 8%×(1-25%)+6% = 12%

3. C 【解析】机会集曲线的有效组合是从最小方差组合至最高报酬率点，选项 A 的说法错误；最小方差组合点可能比组合中报酬率较低的证券的标准差还要小，选项 B 的说法错误；两种证券报酬率的相关系数越大，机会集曲线弯曲程度越小，选项 C 的说法正确；机会集曲线的弯曲程度主要取决于两种证券报酬率的相关系数，选项 D 的说法错误。

4. B 【解析】期末材料数量 = 198×10×20% = 396(千克)，本期生产需要量 = 155×10 = 1 550(千克)，预计材料采购量 = 预计生产需要量+预计期末材料存量-预计期初材料存量 = 1 550+396-310 = 1 636(千克)。

5. D 【解析】转换价值 = (1 000/20)×25 = 1 250(元)

6. D 【解析】其中的政府债券市场收益率指的是与上市公司债券同期的长期政府债券的到期收益率，到期日相同可以认为未来的期限相同，其无风险利率相同，所以，本题答案为 D。

7. A 【解析】部门平均净经营资产 = 80-30 = 50(万元)，部门税前经营利润-50×10% = 10，部门税前经营利润 = 15(万元)。

8. A 【解析】安全边际销售额 = 100 000×(1-70%) = 30 000(元)，息税前利润 = 30 000×(1-60%) = 12 000(元)。

9. B 【解析】预计明年利润 = (100-40)×30-500 = 1 300(万元)。假设单价提高 10%，即单价变为 110 元，则变动后利润 = (110-40)×30-500 = 1 600(万元)，利润变动百分比 = (1 600-1 300)/1 300×100% = 23.08%，单价的敏感系数 = 23.08%/10% = 2.31。

10. A 【解析】第一道工序在产品的完工程度 = (20×60%)/80×100% = 15%，第二道工序在产品的完工程度 = (20+60×40%)/80×100% = 55%，在产品的约当产量 = 30×15%+50×55% = 32(件)。

11. D 【解析】选项 ABC 是投资报酬率指标的优点。

12. A 【解析】固定制造费用效率差异 = (实际工时-实际产量标准工时)×固定制造费用标准分配率 = (1 100-350×3)×6/3 = 100(元)。

13. D 【解析】客户效应理论认为，边际税率较低的投资者喜欢高股利支付率的股票，选项 D 的表述错误。

二、多项选择题

1. AC 【解析】贝塔系数是用于度量系统风险的指标，选项 A 的表述正确；标准差度量的是投资组合的全部风险，既包括非系统风险，也包括系统风险，选项 B 的表述错误；投资组合的贝塔系数等于组合中各证券贝塔系数的加权平均数，选项 C 的表述正确；只有在完全正相关的前提下，投资组合的标准差才等于组合中证券标准差的加权平均数，选项 D 的表述错误。

2. BC 【解析】批次级作业指的是同时服务于每批产品或许多产品的作业，例如生产前机器调试、成批产品转移至下一工序的运输、成批采购和检验等，所以选项 BC

是答案；选项 A 是单位级作业；选项 D 是品种级作业。

3. CD 【解析】股票市价上升，看跌期权价值下降，选项 A 不是答案。对于欧式期权来说，延长期限，不一定增加期权价值，选项 B 不是答案。股价波动率越高，期权价值越大，选项 C 是答案。由于除息日后，红利的发放引起股票价格降低，所以，选项 D 是答案。

4. BCD 【解析】举债能力强的公司能够及时筹集到所需资金，可采取高股利支付率。选项 A 不是答案。较多地支付现金股利会减少公司的现金持有量，使公司的流动性降低，而公司必须保持一定的流动性，所以，选项 B 是答案；在通货膨胀时期公司的股利政策往往偏紧，所以选项 C 是答案；公司利润波动较大时，经营风险和财务风险较大，筹资能力较弱，所以应该降低股利支付率，选项 D 是答案。

5. AC 【解析】到期时间与美式期权价值成同向变化；股价波动率增加，期权价值增加。

6. ABD 【解析】股票分割只是每股面值下降，发行在外股数增加，不改变股本金额，股东权益内部结构不变。选项 C 的表述正确，选项 ABD 的表述不正确。

7. ABC 【解析】债券筹资的主要优点有：筹资规模较大、具有长期性和稳定性、有利于资源优化配置。主要缺点有：发行成本高、信息披露成本高、限制条件多。

8. ABC 【解析】根据经营杠杆系数计算公式，提高产品单价、提高产品销售量和节约固定成本开支可以降低经营杠杆系数，进而降低经营风险。提高资产负债率会影响财务风险。

9. ABCD 【解析】选项 ABCD 的成本都是由接受订单引起的，所以都属于相关成本。

10. ABCD 【解析】销售息税前利润率＝安全边际率×边际贡献率，所以选项 AB 的措施可以提高销售息税前利润率；降低盈亏临界点作业率和变动成本率可以提高安全边际率和边际贡献率，所以选项 CD 的措施也可以提高销售息税前利润率。

11. BD 【解析】经济增加值仅对企业当前或未来 1～3 年价值创造进行衡量和预判，无法衡量企业长远发展战略的价值创造情况；由于经济增加值是绝对数指标，不便于不同规模公司业绩的比较。

12. ABC 【解析】8 月期初存货量＝7 月末存货量＝1 200×20%＝240（件），选项 A 正确；8 月期末存货量＝1 100×20%＝220（件），选项 C 正确；8 月预计采购量＝当月销量＋期末存量－期初存量＝1 200＋220－240＝1 180（件），选项 B 正确；第三季度采购量不仅取决于销量，还要取决于期初期末存量，所以选项 D 错误。

三、计算分析题

1.【答案】

（1）由于 2020 年满足可持续增长的条件，即：

2020 年的预期销售增长率＝2019 年的可持续增长率＝150/（2 025－150）×100%＝8%

（2）由于该企业满足可持续增长率的条件，所以预期股利的增长率也是 8%。

（3）股权资本成本＝（360/1 000）×（1＋8%）/9.45＋8%＝12.11%

加权平均资本成本＝135/1 350×（1－25%）×1 350/（1 350＋2 025）＋12.11%×2 025/（1 350＋2 025）＝10.27%

2.【答案】

项目	当前	方案一	方案二
年销售量	72 000	86 400	79 200
单价	5	5	5

续表

项目	当前	方案一	方案二
年销售收入	360 000	432 000	396 000
边际贡献（20%）	72 000	86 400	79 200
边际贡献差额		14 400	7 200
平均收现天数	30	60	23
应收账款占用资金应计利息	2 400	5 760	2 024
应收账款占用资金应计利息差额		3 360	−376
收账费用	3 000	5 000	2 850
收账费用差额		2 000	−150
坏账损失	6 000	10 000	5 400
坏账损失差额		4 000	−600
平均存货水平	10 000	15 000	11 000
存货占用资金应计利息	3 000	4 500	3 300
存货占用资金应计利息差额		1 500	300
现金折扣	0	0	2 772
现金折扣差额		0	2 772
净损益差额		3 540	5 254

由于方案二增加的净损益大于方案一增加的净损益，因此应该选择方案二。

计算说明：

（1）$10 \times 20\% + 20 \times 30\% + 30 \times 50\% = 23$

（2）$360\,000 / 360 \times 30 \times (1 - 20\%) \times 10\% = 2\,400$

（3）$432\,000 / 360 \times 60 \times (1 - 20\%) \times 10\% = 5\,760$

（4）$396\,000 / 360 \times 23 \times (1 - 20\%) \times 10\% = 2\,024$

（5）计算存货占用资金的应计利息时，如果题目中给出了"单位变动生产成本"，则按"单位变动生产成本"计算。本题中：

$10\,000 \times 3 \times 10\% = 3\,000$

$15\,000 \times 3 \times 10\% = 4\,500$

$11\,000 \times 3 \times 10\% = 3\,300$

（6）$396\,000 \times 20\% \times 2\% + 396\,000 \times 30\% \times 1\% = 2\,772$

3.【答案】

单位：万元

项目	2018 年末	2019 年末	2020 年末	2021 年末	2022 年末
投资额	−8 000				
变现价值					3 600
年折旧			1 900	1 900	1 900
折旧抵税			475	475	475
账面价值					2 300
变现收益					1 300

续表

项目	2018 年末	2019 年末	2020 年末	2021 年末	2022 年末
变现收益交税					−325
丧失税后租金	−90	−90	−90	−90	
销售量(万件)			24 000	25 200	26 460
销售收入			12 000	12 600	13 230
税后收入			9 000	9 450	9 922.5
变动制造成本			−7 200	−7 560	−7 938
付现销售和管理费用			−1 200	−1 260	−1 323
固定付现成本			−400	−500	−600
税后付现营业费用			−6 600	−6 990	−7 395.75
营运资本占用			2 400	2 520	2 646
垫支(或收回营运资本)		−2 400	−120	−126	2 646
现金净流量	−8 090	−2 490	2 665	2 719	8 922.75
折现系数(9%)	1.0	0.917 4	0.841 7	0.772 2	0.708 4
折现值	−8 090	−2 284.326	2 243.130 5	2 099.611 8	6 320.876 1
净现值	289.29				

项目净现值大于零,该项目可行。

4.【答案】

(1)

第一车间成本计算单

产品名称:半成品 单位:元

	直接材料	直接人工	制造费用	合计
月初在产品成本	7 000	8 000	1 200	16 200
本月生产费用	77 000	136 000	22 800	235 800
合计	84 000	144 000	24 000	252 000
约当产量	2 800	2 400	2 400	
单位成本	30	60	10	100
完工半成品转出	54 000	108 000	18 000	180 000
月末在产品成本	30 000	36 000	6 000	72 000

计算说明:

分配直接材料费用的约当产量=1 800+1 000=2 800(件)

分配直接人工和制造费用的约当产量=1 800+1 000×60%=2 400(件)

(2)半成品发出的加权平均单位成本=(400×127.5+180 000)÷(400+1 800)=105(元)

（3）

作业成本分配表　　　　　　　　　　　　　单位：元

作业成本库	作业成本	作业分配率	A 产品		B 产品	
			作业量	分配金额	作业量	分配金额
设备调整	30 000	2 000	10 批	20 000	5 批	10 000
加工检验	2 400 000	1 600	1 000 件	1 600 000	500 件	800 000
合计	2 430 000			1 620 000		810 000

计算说明：

设备调整作业分配率（即单位作业成本）= 30 000/15 = 2 000（元）

加工检验作业分配率（即单位作业成本）= 2 400 000/1 500 = 1 600（元）

（4）

汇总成本计算单　　　　　　　　　　　　　单位：元

	A 产品	B 产品
半成品成本转入	105 000	52 500
直接人工	17 200	7 800
制造费用		
其中：设备调整	20 000	10 000
加工检验	1 600 000	800 000
制造费用小计	1 620 000	810 000
总成本	1 742 200	870 300
单位成本	1 742.20	1 740.60

计算说明：

题中说了"A、B 两种产品，每件产品耗用一件毛坯"，并且 A、B 产品的产量分别为 1 000 件和 500 件，所以，A 产品成本中包括的半成品成本为 1 000×105 = 105 000（元），B 产品成本中包括的半成品成本 = 500×105 = 52 500（元）。

四、综合题

【答案】

（1）

单位：万元

年份	2018 年	2019 年	2020 年
利润表项目（当年）			
营业收入	10 000	11 000	11 550
税后经营净利润	1 500	1 650	1 732.5
减：税后利息费用	275	275	302.5
净利润	1 225	1 375	1 430

年份	2018 年	2019 年	2020 年
减：应付股利	725	825	1 127.5
本期利润留存	500	550	302.5
加：年初未分配利润	4 000	4 500	5 050
年末未分配利润	4 500	5 050	5 352.5
资产负债表项目(年末)			
经营营运资本	1 000	1 100	1 155
净经营性长期资产	10 000	11 000	11 550
净经营资产总计	11 000	12 100	12 705
净负债	5 500	6 050	6 352.5
股本	1 000	1 000	1 000
年末未分配利润	4 500	5 050	5 352.5
股东权益合计	5 500	6 050	6 352.5
净负债与股东权益总计	11 000	12 100	12 705

计算说明：

①题中给出的资料是，各年的利息费用按"年初"净负债的数额计算，所以，2019 年的税后利息费用=2018 年年末的净负债×5%=5 500×5%=275（万元）；2020 年的税后利息费用=6 050×5%=302.5（万元）。

②本题中的目标资本结构指的是基期的资本结构，即净负债：股东权益=1：1（或者说净负债和股东权益各占 50%）。由于未来将维持基期的资本结构，所以，2019 年年末和 2020 年年末的净负债和股东权益数值相等，均等于净经营资产的一半。

③2019 年应付股利=1 375-（12 100-11 000）×50%=825（万元）

④2020 年应付股利=1 430-（12 705-12 100）×50%=1 127.5（万元）

（2）2019 年实体现金流量=1 650-（12 100-11 000）=550（万元）

2019 年股权现金流量=1 375-（6 050-5 500）=825（万元）

或：股权现金流量=实体现金流量-债务现金流量=550-[275-（6 050-5 500）]=825（万元）

2020 年实体现金流量=1 732.5-（12 705-12 100）=1 127.5（万元）

2020 年股权现金流量=1 430-（6 352.5-6 050）=1 127.5（万元）

或：股权现金流量=实体现金流量-债务现金流量=1 127.5-[302.5-（6 352.5-6 050）]=1 127.5（万元）

（3）按照实体现金流量计算：

H 公司的实体价值=550×(P/F，10%，1)+1 127.5×(P/F，10%，2)+1 127.5×(1+5%)/(10%-5%)×(P/F，10%，2)=550×0.909 1+1 127.5×0.826 4+23 677.5×0.826 4=20 998.86（万元）

H 公司的股权价值=20 998.86-5 500=15 498.86（万元）

按照股权现金流量计算：

H 公司的股权价值=825×(P/F，12%，1)+1 127.5×(P/F，12%，2)+1 127.5×(1+5%)/(12%-5%)×(P/F，12%，2)=825×0.892 9+1 127.5×0.797 2+16 912.5×0.797 2=15 118.13（万元）

附录　系数表

附表一　复利终值系数表

期数	1%	2%	3%	4%	5%	6%	7%	8%	9%	10%
1	1.010 0	1.020 0	1.030 0	1.040 0	1.050 0	1.060 0	1.070 0	1.080 0	1.090 0	1.100 0
2	1.020 1	1.040 4	1.060 9	1.081 6	1.102 5	1.123 6	1.144 9	1.166 4	1.188 1	1.210 0
3	1.030 3	1.061 2	1.092 7	1.124 9	1.157 6	1.191 0	1.225 0	1.259 7	1.295 0	1.331 0
4	1.040 6	1.082 4	1.125 5	1.169 9	1.215 5	1.262 5	1.310 8	1.360 5	1.411 6	1.464 1
5	1.051 0	1.104 1	1.159 3	1.216 7	1.276 3	1.338 2	1.402 6	1.469 3	1.538 6	1.610 5
6	1.061 5	1.126 2	1.194 1	1.265 3	1.340 1	1.418 5	1.500 7	1.586 9	1.677 1	1.771 6
7	1.072 1	1.148 7	1.229 9	1.315 9	1.407 1	1.503 6	1.605 8	1.713 8	1.828 0	1.948 7
8	1.082 9	1.171 7	1.266 8	1.368 6	1.477 5	1.593 8	1.718 2	1.850 9	1.992 6	2.143 6
9	1.093 7	1.195 1	1.304 8	1.423 3	1.551 3	1.689 5	1.838 5	1.999 0	2.171 9	2.357 9
10	1.104 6	1.219 0	1.343 9	1.480 2	1.628 9	1.790 8	1.967 2	2.158 9	2.367 4	2.593 7
11	1.115 7	1.243 4	1.384 2	1.539 5	1.710 3	1.898 3	2.104 9	2.331 6	2.580 4	2.853 1
12	1.126 8	1.268 2	1.425 8	1.601 0	1.795 9	2.012 2	2.252 2	2.518 2	2.812 7	3.138 4
13	1.138 1	1.293 6	1.468 5	1.665 1	1.885 6	2.132 9	2.409 8	2.719 6	3.065 8	3.452 3
14	1.149 5	1.319 5	1.512 6	1.731 7	1.979 9	2.260 9	2.578 5	2.937 2	3.341 7	3.797 5
15	1.161 0	1.345 9	1.558 0	1.800 9	2.078 9	2.396 6	2.759 0	3.172 2	3.642 5	4.177 2
16	1.172 6	1.372 8	1.604 7	1.873 0	2.182 9	2.540 4	2.952 2	3.425 9	3.970 3	4.595 0
17	1.184 3	1.400 2	1.652 8	1.947 9	2.292 0	2.692 8	3.158 8	3.700 0	4.327 6	5.054 5
18	1.196 1	1.428 2	1.702 4	2.025 8	2.406 6	2.854 3	3.379 9	3.996 0	4.717 1	5.559 9
19	1.208 1	1.456 8	1.753 5	2.106 8	2.527 0	3.025 6	3.616 5	4.315 7	5.141 7	6.115 9
20	1.220 2	1.485 9	1.806 1	2.191 1	2.653 3	3.207 1	3.869 7	4.661 0	5.604 4	6.727 5
21	1.232 4	1.515 7	1.860 3	2.278 8	2.786 0	3.399 6	4.140 6	5.033 8	6.108 8	7.400 2
22	1.244 7	1.546 0	1.916 1	2.369 9	2.925 3	3.603 5	4.430 4	5.436 5	6.658 6	8.140 3
23	1.257 2	1.576 9	1.973 6	2.464 7	3.071 5	3.819 7	4.740 5	5.871 5	7.257 9	8.254 3
24	1.269 7	1.608 4	2.032 8	2.563 3	3.225 1	4.048 9	5.072 4	6.341 2	7.911 1	9.849 7
25	1.282 4	1.640 6	2.093 8	2.665 8	3.386 4	4.291 9	5.427 4	6.848 5	8.623 1	10.835
26	1.295 3	1.673 4	2.156 6	2.772 5	3.555 7	4.549 4	5.807 6	7.396 4	9.399 2	11.918
27	1.308 2	1.706 9	2.221 3	2.883 4	3.733 5	4.822 3	6.213 9	7.988 1	10.245	13.110
28	1.321 3	1.741 0	2.287 9	2.998 7	3.920 1	5.111 7	6.648 8	8.627 1	11.167	14.421
29	1.334 5	1.775 8	2.356 6	3.118 7	4.116 1	5.418 4	7.114 3	9.317 3	12.172	15.863
30	1.347 8	1.811 4	2.427 3	3.243 4	4.321 9	5.743 5	7.612 3	10.063	13.268	17.449
40	1.488 9	2.208 0	3.262 0	4.801 0	7.040 0	10.286	14.794	21.725	31.408	45.259
50	1.644 6	2.691 6	4.383 9	7.106 7	11.467	18.420	29.457	46.902	74.358	117.390
60	1.816 7	3.281 0	5.891 6	10.520	18.679	32.988	57.946	101.26	176.03	304.48

期数	12%	14%	15%	16%	18%	20%	24%	28%	32%	36%
1	1.120 0	1.140 0	1.150 0	1.160 0	1.180 0	1.200 0	1.240 0	1.280 0	1.320 0	1.360 0
2	1.254 4	1.299 6	1.322 5	1.345 6	1.392 4	1.440 0	1.537 6	1.638 4	1.741 4	1.849 6
3	1.404 9	1.481 5	1.520 9	1.560 9	1.643 0	1.728 0	1.906 6	2.087 2	2.300 0	2.515 5
4	1.573 5	1.689 0	1.749 0	1.810 6	1.938 8	2.073 6	2.364 2	2.684 4	3.306	3.421 0
5	1.762 3	1.925 4	2.011 4	2.100 3	2.287 8	2.488 3	2.931 6	3.436	4.007 5	4.652 6
6	1.973 8	2.195 0	2.313 1	2.436 4	2.699 6	2.986 0	3.635 2	4.398 0	5.289 9	6.327 5
7	2.210 7	2.502 3	2.660 0	2.826 2	3.185 5	3.583 2	4.507 7	5.629 5	6.982 6	8.605 4
8	2.476 0	2.852 6	3.059 0	3.278 4	3.758 9	4.299 8	5.589 5	7.250 8	9.217 0	11.703
9	2.773 1	3.251 9	3.517 9	3.803 0	4.435 5	5.159 8	6.931 0	9.223 4	12.166	15.917
10	3.105 8	3.707 2	4.045 6	4.411 4	5.233 8	6.191 7	8.594 4	11.806	16.060	21.647
11	3.478 5	4.226 2	4.652 4	5.117 3	6.175 9	7.430 1	10.657	15.112	21.119	29.439
12	3.896 0	4.817 9	5.350 3	5.936 0	7.287 6	8.916 1	13.215	19.343	27.983	40.037
13	4.363 5	5.492 4	6.152 8	6.885 8	8.599 4	10.699	16.386	24.759	36.937	54.451
14	4.887 1	6.261 3	7.075 7	7.987 5	10.147	12.839	20.319	31.691	48.757	74.053
15	5.473 6	7.137 9	8.137 1	9.265 5	11.974	15.407	25.196	40.564 8	64.359	100.71
16	6.130 4	8.137 2	9.357 6	10.748	14.129	18.488	31.243	51.923	84.954	136.97
17	6.866 0	9.276 5	10.761	12.468	16.672	22.186	38.741	66.461	112.14	186.28
18	7.690 0	10.575	12.375	14.463	19.673	26.623	48.039	85.071	148.02	253.34
19	8.612 8	12.056	14.232	16.777	23.214	31.948	59.568	108.89	195.39	344.54
20	9.646 3	13.743	16.367	19.461	27.393	38.338	73.864	139.38	257.92	468.57
21	10.804	15.668	18.822	22.574	32.324	46.005	91.592	178.41	340.45	637.26
22	12.100	17.861	21.645	26.186	38.142	55.206	113.57	228.36	449.39	866.67
23	13.552	20.362	24.891	30.376	45.008	66.247	140.83	292.30	593.20	1 178.7
24	15.179	23.212	28.625	35.236	53.109	79.497	174.63	374.14	783.02	1 603.0
25	17.000	26.462	32.919	40.874	62.669	95.396	216.54	478.90	1 033.6	2 180.1
26	19.040	30.167	37.857	47.414	73.949	114.48	268.51	613.00	1 364.3	2 964.9
27	21.325	34.390	43.535	55.000	87.260	137.37	332.95	784.64	1 800.9	4 032.3
28	23.884	39.204	50.066	63.800	102.97	164.84	412.86	1 004.3	2 377.2	5 483.9
29	26.750	44.693	57.575	74.009	121.50	197.81	511.95	1 285.6	3 137.9	7 458.1
30	29.960	50.950	66.212	85.850	143.37	237.38	634.82	1 645.5	4 142.1	10 143
40	93.051	188.83	267.86	378.72	750.38	1 469.8	5 455.9	19 427	66 521	*
50	289.00	700.23	1 083.9	1 670.7	3 927.4	9 100.4	46 890	*	*	*
60	897.60	2 595.9	4 384.0	7 370.2	20 555	56 348	*	*	*	*

* >99 999

附表二　复利现值系数表

期数	1%	2%	3%	4%	5%	6%	7%	8%	9%	10%
1	.990 1	.980 4	.970 9	.961 5	.952 4	.943 4	.934 6	.925 9	.917 4	.909 1
2	.980 3	.971 2	.942 6	.924 6	.907 0	.890 0	.873 4	.857 3	.841 7	.826 4
3	.970 6	.942 3	.915 1	.889 0	.863 8	.839 6	.816 3	.793 8	.772 2	.751 3
4	.961 0	.923 8	.888 5	.854 8	.822 7	.792 1	.762 9	.735 0	.708 4	.683 0
5	.951 5	.905 7	.862 6	.821 9	.783 5	.747 3	.713 0	.680 6	.649 9	.620 9
6	.942 0	.888 0	.837 5	.790 3	.746 2	.705 0	.666 3	.630 2	.596 3	.564 5
7	.932 7	.870 6	.813 1	.759 9	.710 7	.665 1	.622 7	.583 5	.547 0	.513 2
8	.923 5	.853 5	.789 4	.730 7	.676 8	.627 4	.582 0	.540 3	.501 9	.466 5
9	.914 3	.836 8	.766 4	.702 6	.644 6	.591 9	.543 9	.500 2	.460 4	.424 1
10	.905 3	.820 3	.744 1	.675 6	.613 9	.558 4	.508 3	.463 2	.422 4	.385 5
11	.896 3	.804 3	.722 4	.649 6	.584 7	.526 8	.475 1	.428 9	.387 5	.350 5
12	.887 4	.788 5	.701 4	.624 6	.556 8	.497 0	.444 0	.397 1	.355 5	.318 6
13	.878 7	.773 0	.681 0	.600 6	.530 3	.468 8	.415 0	.367 7	.326 2	.289 7
14	.870 0	.757 9	.661 1	.577 5	.505 1	.442 3	.387 8	.340 5	.299 2	.263 3
15	.861 3	.743 0	.641 9	.555 3	.481 0	.417 3	.362 4	.315 2	.274 5	.239 4
16	.852 8	.728 4	.623 2	.533 9	.458 1	.393 6	.338 7	.291 9	.251 9	.217 6
17	.844 4	.714 2	.605 0	.513 4	.436 3	.371 4	.316 6	.270 3	.231 1	.197 8
18	.836 0	.700 2	.587 4	.493 6	.415 5	.350 3	.295 9	.250 2	.212 0	.179 9
19	.827 7	.686 4	.570 3	.474 6	.395 7	.330 5	.276 5	.231 7	.194 5	.163 5
20	.819 5	.673 0	.553 7	.456 4	.376 9	.311 8	.258 4	.214 5	.178 4	.148 6
21	.811 4	.659 8	.537 5	.438 8	.358 9	.294 2	.241 5	.198 7	.163 7	.135 1
22	.803 4	.646 8	.521 9	.422 0	.341 8	.277 5	.225 7	.183 9	.150 2	.122 8
23	.795 4	.634 2	.506 7	.405 7	.325 6	.261 8	.210 9	.170 3	.137 8	.111 7
24	.787 6	.621 7	.491 9	.390 1	.310 1	.247 0	.197 1	.157 7	.126 4	.101 5
25	.779 8	.609 5	.477 6	.375 1	.295 3	.233 0	.184 2	.146 0	.116 0	.092 3
26	.772 0	.597 6	.463 7	.360 4	.281 2	.219 8	.172 2	.135 2	.106 4	.083 9
27	.764 4	.585 9	.450 2	.346 8	.267 8	.207 4	.160 9	.125 2	.097 6	.076 3
28	.756 8	.574 4	.437 1	.333 5	.255 1	.195 6	.150 4	.115 9	.089 5	.069 3
29	.749 3	.563 1	.424 3	.320 7	.242 9	.184 6	.140 6	.107 3	.082 2	.063 0
30	.741 9	.552 1	.412 0	.308 3	.231 4	.174 1	.131 4	.099 4	.075 4	.057 3
35	.705 9	.500 0	.355 4	.253 4	.181 3	.130 1	.093 7	.067 6	.049 0	.035 6
40	.671 7	.452 9	.306 6	.208 3	.142 0	.097 2	.066 8	.046 0	.031 8	.022 1
45	.639 1	.410 2	.264 4	.171 2	.111 3	.072 7	.047 6	.031 3	.020 7	.013 7
50	.608 0	.371 5	.228 1	.140 7	.087 2	.054 3	.033 9	.021 3	.013 4	.008 5
55	.578 5	.336 5	.196 8	.115 7	.068 3	.040 6	.024 2	.014 5	.008 7	.005 3

期数	12%	14%	15%	16%	18%	20%	24%	28%	32%	36%
1	.892 9	.877 2	.869 6	.862 1	.847 5	.833 3	.806 5	.781 3	.757 6	.735 3
2	.797 2	.769 5	.756 1	.743 2	.718 2	.694 4	.650 4	.610 4	.573 9	.540 7
3	.711 8	.675 0	.657 5	.640 7	.608 6	.578 7	.524 5	.476 8	.434 8	.397 5
4	.635 5	.592 1	.571 8	.552 3	.515 8	.482 3	.423 0	.372 5	.329 4	.292 3
5	.567 4	.519 4	.497 2	.476 2	.437 1	.401 9	.341 1	.291 0	.249 5	.214 9
6	.506 6	.455 6	.432 3	.410 4	.370 4	.334 9	.275 1	.227 4	.189 0	.158 0
7	.452 3	.399 6	.375 9	.353 8	.313 9	.279 1	.221 8	.177 6	.143 2	.116 2
8	.403 9	.350 6	.326 9	.305 0	.266 0	.232 6	.178 9	.138 8	.108 5	.085 4
9	.360 6	.307 5	.284 3	.263 0	.225 5	.193 8	.144 3	.108 4	.082 2	.062 8
10	.322 0	.269 7	.247 2	.226 7	.191 1	.161 5	.116 4	.084 7	.062 3	.046 2
11	.287 5	.236 6	.214 9	.195 4	.161 9	.134 6	.093 8	.066 2	.047 2	.034 0
12	.256 7	.207 6	.186 9	.168 5	.137 3	.112 2	.075 7	.051 7	.035 7	.025 0
13	.229 2	.182 1	.162 5	.145 2	.116 3	.093 5	.061 0	.040 4	.027 1	.018 4
14	.204 6	.159 7	.141 3	.125 2	.098 5	.077 9	.049 2	.031 6	.020 5	.013 5
15	.182 7	.140 1	.122 9	.107 9	.083 5	.064 9	.039 7	.024 7	.015 5	.009 9
16	.163 1	.122 9	.106 9	.093 0	.070 9	.054 1	.032 0	.019 3	.011 8	.007 3
17	.145 6	.107 8	.092 9	.080 2	.060 0	.045 1	.025 9	.015 0	.008 9	.005 4
18	.130 0	.094 6	.080 8	.069 1	.050 8	.037 6	.020 8	.011 8	.006 8	.003 9
19	.116 1	.082 9	.070 3	.059 6	.043 1	.031 3	.016 8	.009 2	.005 1	.002 9
20	.103 7	.072 8	.061 1	.051 4	.036 5	.026 1	.013 5	.007 2	.003 9	.002 1
21	.092 6	.063 8	.053 1	.044 3	.030 9	.021 7	.010 9	.005 6	.002 9	.001 6
22	.082 6	.056 0	.046 2	.038 2	.026 2	.018 1	.008 8	.004 4	.002 2	.001 2
23	.073 8	.049 1	.040 2	.032 9	.022 2	.015 1	.007 1	.003 4	.001 7	.000 8
24	.065 9	.043 1	.034 9	.028 4	.018 8	.012 6	.005 7	.002 7	.001 3	.000 6
25	.058 8	.037 8	.030 4	.024 5	.016 0	.010 5	.004 6	.002 1	.001 0	.000 5
26	.052 5	.033 1	.026 4	.021 1	.013 5	.008 7	.003 7	.001 6	.000 7	.000 3
27	.046 9	.029 1	.023 0	.018 2	.011 5	.007 3	.003 0	.001 3	.000 6	.000 2
28	.041 9	.025 5	.020 0	.015 7	.009 7	.006 1	.002 4	.001 0	.000 4	.000 2
29	.037 4	.022 4	.017 4	.013 5	.008 2	.005 1	.002 0	.000 8	.000 3	.000 1
30	.033 4	.019 6	.015 1	.011 6	.007 0	.004 2	.001 6	.000 6	.000 2	.000 1
35	.018 9	.010 2	.007 5	.005 5	.003 0	.001 7	.000 5	.000 2	.000 1	*
40	.010 7	.005 3	.003 7	.002 6	.001 3	.000 7	.000 2	.000 1	*	*
45	.006 1	.002 7	.001 9	.001 3	.000 6	.000 3	.000 1	*	*	*
50	.003 5	.001 4	.000 9	.000 6	.000 3	.000 1	*	*	*	*
55	.002 0	.000 7	.000 5	.000 3	.000 1	*	*	*	*	*

* <.0 001

期数	1%	2%	3%	4%	5%	6%	7%	8%	9%	10%
1	1.000 0	1.000 0	1.000 0	1.000 0	1.000 0	1.000 0	1.000 0	1.000 0	1.000 0	1.000 0
2	2.010 0	2.020 0	2.030 0	2.040 0	2.050 0	2.060 0	2.070 0	2.080 0	2.090 0	2.100 0
3	3.030 1	3.060 4	3.090 9	3.121 6	3.152 5	3.183 6	3.214 9	3.246 4	3.278 1	3.310 0
4	4.060 4	4.121 6	4.183 6	4.246 5	4.310 1	4.374 6	4.439 9	4.506 1	4.573 1	4.641 0
5	5.101 0	5.204 0	5.309 1	5.416 3	5.525 6	5.637 1	5.750 7	5.866 6	5.984 7	6.105 1
6	6.152 0	6.308 1	6.468 4	6.633	6.801 9	6.975 3	7.153 3	7.335 9	7.523 3	7.715 6
7	7.213 5	7.434 3	7.662 5	7.898 3	8.142 0	8.393 8	8.654 0	8.922 8	9.200 4	9.487 2
8	8.285 7	8.583 0	8.892 3	9.214 2	9.549 1	9.897 5	10.260	10.637	11.028	11.436
9	9.368 5	9.754 6	10.159	10.583	11.027	11.491	11.978	12.488	13.021	13.579
10	10.462	10.950	11.464	12.006	12.578	13.181	13.816	14.487	15.193	15.937
11	11.567	12.169	12.808	13.486	14.207	14.972	15.784	16.645	17.560	18.531
12	12.683	13.412	14.192	15.026	15.917	16.870	17.888	18.977	20.141	21.384
13	13.809	14.680	15.618	16.627	17.713	18.882	20.141	21.495	22.953	24.523
14	14.947	15.974	17.086	18.292	19.599	21.015	22.550	24.214	26.019	27.975
15	16.097	17.293	18.599	20.024	21.579	23.276	25.129	27.152	29.361	31.772
16	17.258	18.639	20.157	21.825	23.657	25.673	27.888	30.324	33.003	35.950
17	18.430	20.012	21.762	23.698	25.840	28.213	30.840	33.750	36.974	40.545
18	19.615	21.412	23.414	25.645	28.132	30.906	33.999	37.450	41.301	45.599
19	20.811	22.841	25.117	27.671	30.539	33.760	37.379	41.446	46.018	51.159
20	22.019	24.297	26.870	29.778	33.066	36.786	40.996	45.752	51.16	57.275
21	23.239	25.783	28.676	31.969	35.719	39.993	44.865	50.423	56.765	64.002
22	24.472	27.299	30.537	34.248	38.505	43.392	49.006	55.457	62.873	71.403
23	25.716	28.845	32.453	36.618	41.430	46.996	53.436	60.883	69.532	79.543
24	26.973	30.422	34.426	39.083	44.502	50.816	58.177	66.765	76.79	88.497
25	28.243	32.030	36.459	41.646	47.727	54.863	63.294	73.106	84.701	98.347
26	29.526	33.671	38.553	44.312	51.113	59.156	68.676	79.954	93.324	109.18
27	30.821	35.344	40.710	47.084	54.669	63.706	74.484	87.351	102.72	121.1
28	32.129	37.051	42.931	49.968	58.403	68.528	80.698	95.339	112.97	134.21
29	33.450	38.792	45.219	52.966	62.323	73.640	87.347	103.97	124.14	148.63
30	34.785	40.568	47.575	56.085	66.439	79.058	94.461	113.28	136.31	164.49
40	48.886	60.402	75.401	95.026	120.80	154.76	199.64	259.06	337.88	442.59
50	64.463	84.579	112.80	152.67	209.35	290.34	406.53	573.77	815.08	1 163.9
60	81.670	114.05	163.05	237.99	353.58	533.13	813.52	1 253.2	1 944.8	3 034.8

续表

期数	12%	14%	15%	16%	18%	20%	24%	28%	32%	36%
1	1.000 0	1.000 0	1.000 0	1.000 0	1.000 0	1.000 0	1.000 0	1.000 0	1.000 0	1.000 0
2	2.120 0	2.140 0	2.150 0	2.160 0	2.180 0	2.200 0	2.240 0	2.280 0	2.320 0	2.360 0
3	3.374 4	3.439 6	3.472 5	3.505 6	3.572 4	3.640 0	3.777 6	3.918 4	4.062 4	4.209 6
4	4.779 3	4.921 1	4.993 4	5.066 5	5.215 4	5.368 0	5.684 2	6.015 6	6.362 4	6.725 1
5	6.352 8	6.610 1	6.742 4	6.877 1	7.154 2	7.441 6	8.048 4	8.699 9	9.398 3	10.146
6	8.115 2	8.535 5	8.753 7	8.977 5	9.442 0	9.929 9	10.980	12.136	13.406	14.799
7	10.089	10.730	11.067	11.414	12.142	12.916	14.615	16.534	18.696	21.126
8	12.300	13.233	13.727	14.240	15.327	16.499	19.123	22.163	25.678	29.732
9	14.776	16.085	16.786	17.519	19.086	20.799	24.712	29.369	34.895	41.435
10	17.549	19.337	20.304	21.321	23.521	25.959	31.643	38.593	47.062	57.352
11	20.655	23.045	24.349	25.733	28.755	32.150	40.238	50.398	63.122	78.998
12	24.133	27.271	29.002	30.850	34.931	39.581	50.895	65.510	84.320	108.44
13	28.029	32.089	34.352	36.786	42.219	48.497	64.110	84.853	112.30	148.47
14	32.393	37.581	40.505	43.672	50.818	59.196	80.496	109.61	149.24	202.93
15	37.280	43.842	47.580	51.660	60.965	72.035	100.82	141.30	198.00	276.98
16	42.753	50.980	55.717	60.925	72.939	87.442	126.01	181.87	262.36	377.69
17	48.884	59.118	65.075	71.673	87.068	105.93	157.25	233.79	347.31	514.66
18	55.750	68.394	75.836	84.141	103.74	128.12	195.99	300.25	459.45	770.94
19	63.440	78.969	88.212	98.603	123.41	154.74	244.03	385.32	607.47	954.28
20	72.052	91.025	102.44	115.38	146.63	186.69	303.60	494.21	802.86	1 298.8
21	81.699	104.77	118.81	134.84	174.02	225.03	377.46	633.59	1 060.8	1 767.4
22	92.503	120.44	137.63	157.41	206.34	271.03	469.06	812.00	1 401.2	2 404.7
23	104.60	138.30	159.28	183.60	244.49	326.24	582.63	1 040.4	1 850.6	3 271.3
24	118.16	185.66	184.17	213.98	289.49	392.48	723.46	1 332.7	2 443.8	4 450.0
25	133.33	181.87	212.79	249.21	342.60	471.98	898.09	1 706.8	3 226.8	6 053.0
26	150.33	208.33	245.71	290.09	405.27	567.38	1 114.6	2 185.7	4 260.4	8 233.1
27	169.37	238.50	283.57	337.50	479.22	681.85	1 383.1	2 798.7	5 624.8	11 198.0
28	190.70	272.89	327.10	392.50	566.48	819.22	1 716.1	3 583.3	7 425.7	15 230.3
29	214.58	312.09	377.17	456.30	669.45	984.07	2 129.0	4 587.7	9 802.9	20 714.2
30	241.33	356.79	434.75	530.31	790.95	1 181.9	2 640.9	5 873.2	12 941	28 172.3
40	767.09	1 342.0	1 779.1	2 360.8	4 163.2	7 343.2	27 290	69 377	*	*
50	2 400.0	4 994.5	7 217.7	10 436	21 813	45 497	*	*	*	*
60	7 471.6	18 535	29 220	46 058	*	*	*	*	*	*

* >99 999

527

附表四　年金现值系数表

期数	1%	2%	3%	4%	5%	6%	7%	8%	9%
1	0.990 1	0.980 4	0.970 9	0.961 5	0.952 4	0.943 4	0.934 6	0.925 9	0.917 4
2	1.970 4	1.941 6	1.913 5	1.886 1	1.859 4	1.833 4	1.808 0	1.783 3	1.759 1
3	2.941 0	2.883 9	2.828 6	2.775 1	2.723 2	2.673 0	2.624 3	2.577 1	2.531 3
4	3.902 0	3.807 7	3.717 1	3.629 9	3.546 0	3.465 1	3.387 2	3.312 1	3.239 7
5	4.853 4	4.713 5	4.579 7	4.451 8	4.329 5	4.212 4	4.100 2	3.992 7	3.889 7
6	5.795 5	5.601 4	5.417 2	5.242 1	5.075 7	4.917 3	4.766 5	4.622 9	4.485 9
7	6.728 2	6.472 0	6.230 3	6.002 1	5.786 4	5.582 4	5.389 3	5.206 4	5.033 0
8	7.651 7	7.325 5	7.019 7	6.732 7	6.463 2	6.209 8	5.971 3	5.746 6	5.534 8
9	8.566 0	8.162 2	7.786 1	7.435 3	7.107 8	6.801 7	6.515 2	6.246 9	5.995 2
10	9.471 3	8.982 6	8.530 2	8.110 9	7.721 7	7.360 1	7.023 6	6.710 1	6.417 7
11	10.367 6	9.786 8	9.252 6	8.760 5	8.306 4	7.886 9	7.498 7	7.139 0	6.805 2
12	11.255 1	10.575 3	9.954 0	9.385 1	8.863 3	8.383 8	7.942 7	7.536 1	7.160 7
13	12.133 7	11.348 4	10.635 0	9.985 6	9.393 6	8.852 7	8.357 7	7.903 8	7.486 9
14	13.003 7	12.106 2	11.296 1	10.563 1	9.898 6	9.295 0	8.745 5	8.244 2	7.786 2
15	13.865 1	12.849 3	11.937 9	11.118 4	10.379 7	9.712 2	9.107 9	8.559 5	8.060 7
16	14.717 9	13.577 7	12.561 1	11.652 3	10.837 8	10.105 9	9.446 6	8.851 4	8.312 6
17	15.562 3	14.291 9	13.166 1	12.165 7	11.274 1	10.477 3	9.763 2	9.121 6	8.543 6
18	16.398 3	14.992 0	13.753 5	12.689 6	11.689 6	10.827 6	10.059 1	9.371 9	8.755 6
19	17.226 0	15.678 5	14.323 8	13.133 9	12.085 3	11.158 1	10.335 6	9.603 6	8.960 1
20	18.045 6	16.351 4	14.877 5	13.590 3	12.462 2	11.469 9	10.594 0	9.818 1	9.128 5
21	18.857 0	17.011 2	15.415 0	14.029 2	12.821 2	11.764 1	10.835 5	10.016 8	9.292 2
22	19.660 4	17.658 0	15.936 9	14.451 1	13.163 0	12.041 6	11.061 2	10.200 7	9.442 4
23	20.455 8	18.292 2	16.443 6	14.856 8	13.488 6	12.303 4	11.272 2	10.371 1	9.580 2
24	21.243 4	18.913 9	16.935 5	15.247 0	13.798 6	12.550 4	11.469 3	10.528 8	9.706 6
25	22.023 2	19.523 5	17.413 1	15.622 1	14.093 9	12.783 4	11.653 6	10.674 8	9.822 6
26	22.795 2	20.121 0	17.876 8	15.982 8	14.375 2	13.003 2	11.825 8	10.810 0	9.929 0
27	23.559 6	20.705 9	18.327 0	16.329 6	14.643 0	13.210 5	11.986 7	10.935 2	10.026 6
28	24.316 4	21.281 3	18.764 1	16.663 1	14.898 1	13.406 2	12.137 1	11.051 1	10.116 1
29	25.065 8	21.844 4	19.188 5	16.983 7	15.141 1	13.590 7	12.277 7	11.158 4	10.198 3
30	25.807 7	22.396 5	19.600 4	17.292 0	15.372 5	13.764 8	12.409 0	11.257 8	10.273 7
35	29.408 6	24.998 6	21.487 2	18.664 6	16.374 2	14.498 2	12.947 7	11.654 6	10.566 8
40	32.834 7	27.355 5	23.114 8	19.792 8	17.159 1	15.046 3	13.331 7	11.924 6	10.757 4
45	36.094 5	29.490 2	24.518 7	20.720 0	17.774 1	15.455 8	13.605 5	12.108 4	10.881 2
50	39.196 1	31.423 6	25.729 8	21.482 2	18.255 9	15.761 9	13.800 7	12.233 5	10.961 7
55	42.147 2	33.174 8	26.774 4	22.108 6	18.633 5	15.990 5	13.939 9	12.318 6	11.014 0

续表

期数	10%	12%	14%	15%	16%	18%	20%	24%	28%	32%
1	0.909 1	0.892 9	0.877 2	0.869 6	0.862 1	0.847 5	0.833 3	0.806 5	0.781 3	0.757 6
2	1.735 5	1.690 1	1.646 7	1.625 7	1.605 2	1.565 6	1.527 8	1.456 8	1.391 6	1.331 5
3	2.486 9	2.401 8	2.321 6	2.283 2	2.245 9	2.174 3	2.106 5	1.981 3	1.868 4	1.766 3
4	3.169 9	3.037 3	2.917 3	2.855 0	2.798 2	2.690 1	2.588 7	2.404 3	2.241 0	2.095 7
5	3.790 8	3.604 8	3.433 1	3.352 2	3.274 3	3.127 2	2.990 6	2.745 4	2.532 0	2.345 2
6	4.355 3	4.111 4	3.888 7	3.784 5	3.684 7	3.497 6	3.325 5	3.020 5	2.759 4	2.534 2
7	4.868 4	4.563 8	4.288 2	4.160 4	4.038 6	3.811 5	3.604 6	3.242 3	2.937 0	2.677 5
8	5.334 9	4.967 6	4.638 9	4.487 3	4.343 6	4.077 6	3.837 2	3.421 2	3.075 8	2.786 0
9	5.759 0	5.328 2	4.946 4	4.771 6	4.606 5	4.303 0	4.031 0	3.565 5	3.184 2	2.868 1
10	6.144 6	5.650 2	5.216 1	5.018 8	4.833 2	4.494 1	4.192 5	3.681 9	3.268 9	2.930 4
11	6.495 1	5.937 7	5.452 7	5.233 7	5.028 6	4.656 0	4.327 1	3.775 7	3.335 1	2.977 6
12	6.813 7	6.194 4	5.660 3	5.420 6	5.197 1	4.793 2	4.439 2	3.851 4	3.386 8	3.013 3
13	7.103 4	6.423 5	5.842 4	5.583 1	5.342 3	4.909 5	4.532 7	3.912 4	3.427 2	3.040 4
14	7.366 7	6.628 2	6.002 1	5.724 5	5.467 5	5.008 1	4.610 6	3.961 6	3.458 7	3.060 9
15	7.606 1	6.810 9	6.142 2	5.847 4	5.575 5	5.091 6	4.675 5	4.001 3	3.483 4	3.076 4
16	7.823 7	6.974 0	6.265 1	5.954 2	5.668 5	5.162 4	4.729 6	4.033 3	3.502 6	3.088 2
17	8.021 6	7.119 6	6.372 9	6.047 2	5.748 7	5.222 3	4.774 6	4.059 1	3.517 7	3.097 1
18	8.201 4	7.249 7	6.467 4	6.128 0	5.817 8	5.273 2	4.812 2	4.079 9	3.529 4	3.103 9
19	8.364 9	7.365 8	6.550 4	6.198 2	5.877 5	5.316 2	4.843 5	4.096 7	3.538 6	3.109 0
20	8.513 6	7.469 4	6.623 1	6.259 3	5.928 8	5.352 7	4.869 6	4.110 3	3.545 8	3.112 9
21	8.648 7	7.562 0	6.687 0	6.312 5	5.973 1	5.383 7	4.891 3	4.121 2	3.551 4	3.115 8
22	8.771 5	7.644 6	6.742 9	6.358 7	6.011 3	5.409 9	4.909 4	4.130 0	3.555 8	3.118 0
23	8.883 2	7.718 4	6.792 1	6.398 8	6.044 2	5.432 1	4.924 5	4.137 1	3.559 2	3.119 7
24	8.984 7	7.784 3	6.835 1	6.433 8	6.072 6	5.450 9	4.937 1	4.142 8	3.561 9	3.121 0
25	9.077 0	7.843 1	6.872 9	6.464 1	6.097 1	5.466 9	4.947 6	4.147 4	3.564 0	3.122 0
26	9.160 9	7.895 7	6.906 1	6.490 6	6.118 2	5.480 4	4.956 3	4.151 1	3.565 6	3.122 7
27	9.237 2	7.942 6	6.935 2	6.513 5	6.136 4	5.491 9	4.963 6	4.154 2	3.566 9	3.123 3
28	9.306 6	7.984 4	6.960 7	6.533 5	6.152 0	5.501 6	4.969 7	4.156 6	3.567 9	3.123 7
29	9.369 6	8.021 8	6.983 0	6.550 9	6.165 6	5.509 8	4.974 7	4.158 5	3.568 7	3.124 0
30	9.426 9	8.055 2	7.002 7	6.566 0	6.177 2	5.516 8	4.978 9	4.160 1	3.569 3	3.124 2
35	9.644 2	8.175 5	7.070 0	6.616 6	6.215 3	5.538 6	4.991 5	1.164 4	3.570 8	3.124 8
40	9.779 1	8.243 8	7.105 0	6.641 8	6.233 5	5.548 2	4.996 6	4.165 9	3.571 2	3.125 0
45	9.862 8	8.282 5	7.123 2	6.654 3	6.242 1	5.552 3	4.998 6	4.166 4	3.571 4	3.125 0
50	9.914 8	8.304 5	7.132 7	6.660 5	6.246 3	5.554 1	4.999 5	4.166 6	3.571 4	3.125 0
55	9.947 1	8.317 0	7.137 6	6.663 6	6.248 2	5.554 9	4.999 8	4.166 6	3.571 4	3.125 0

附表五　自然对数表

N	0	1	2	3	4	5	6	7	8	9
1.0	0.000 0	0.010 0	0.019 8	0.029 6	0.039 2	0.048 8	0.058 3	0.067 7	0.077 0	0.086 2
1.1	0.095 3	0.104 4	0.113 3	0.122 2	0.131 0	0.139 8	0.148 4	0.157 0	0.165 5	0.174 0
1.2	0.182 3	0.190 6	0.198 9	0.207 0	0.215 1	0.223 1	0.231 1	0.239 0	0.246 9	0.254 6
1.3	0.262 4	0.270 0	0.277 6	0.285 2	0.292 7	0.300 1	0.307 5	0.314 8	0.322 1	0.329 3
1.4	0.336 5	0.343 6	0.350 7	0.357 7	0.364 6	0.371 6	0.378 4	0.385 3	0.392 0	0.398 8
1.5	0.405 5	0.412 1	0.418 7	0.425 3	0.431 8	0.438 3	0.444 7	0.451 1	0.457 4	0.463 7
1.6	0.470 0	0.476 2	0.482 4	0.488 6	0.494 7	0.500 8	0.506 8	0.512 8	0.518 8	0.524 7
1.7	0.530 6	0.536 5	0.542 3	0.548 1	0.553 9	0.559 6	0.565 3	0.571 0	0.576 6	0.582 2
1.8	0.587 8	0.593 3	0.598 8	0.604 3	0.609 8	0.615 2	0.620 6	0.625 9	0.631 3	0.636 6
1.9	0.641 9	0.647 1	0.652 3	0.657 5	0.662 7	0.667 8	0.672 9	0.678 0	0.683 1	0.688 1
2.0	0.693 1	0.698 1	0.703 1	0.708 0	0.712 9	0.717 8	0.722 7	0.727 5	0.732 4	0.737 2
2.1	0.741 9	0.746 7	0.751 4	0.756 1	0.760 8	0.765 5	0.770 1	0.774 7	0.779 3	0.783 9
2.2	0.788 5	0.793 0	0.797 5	0.802 0	0.806 5	0.810 9	0.815 4	0.819 8	0.824 2	0.828 6
2.3	0.832 9	0.837 2	0.841 6	0.845 9	0.850 2	0.854 4	0.858 7	0.862 9	0.867 1	0.871 3
2.4	0.875 5	0.879 6	0.883 8	0.887 9	0.892 0	0.896 1	0.900 2	0.904 2	0.908 3	0.912 3
2.5	0.916 3	0.920 3	0.924 3	0.928 2	0.932 2	0.936 1	0.940 0	0.943 9	0.947 8	0.951 7
2.6	0.955 5	0.959 4	0.963 2	0.967 0	0.970 8	0.974 6	0.978 3	0.982 1	0.985 8	0.989 5
2.7	0.993 3	0.996 9	1.000 6	1.004 3	1.008 0	1.011 6	1.015 2	1.018 8	1.022 5	1.026 0
2.8	1.029 6	1.033 2	1.036 7	1.040 3	1.043 8	1.047 3	1.050 8	1.054 3	1.057 8	1.061 3
2.9	1.064 7	1.068 2	1.071 6	1.075 0	1.078 4	1.081 8	1.085 2	1.088 6	1.091 9	1.095 3
3.0	1.098 6	1.101 9	1.105 3	1.108 6	1.111 9	1.115 1	1.118 4	1.121 7	1.124 9	1.128 2
3.1	1.131 4	1.134 6	1.137 8	1.141 0	1.144 2	1.147 4	1.150 6	1.153 7	1.156 9	1.160 0
3.2	1.163 2	1.166 3	1.169 4	1.172 5	1.175 6	1.178 7	1.181 7	1.184 8	1.187 8	1.190 9
3.3	1.193 9	1.196 9	1.200 0	1.203 0	1.206 0	1.209 0	1.211 9	1.214 9	1.217 9	1.220 8
3.4	1.223 8	1.226 7	1.229 6	1.232 6	1.235 5	1.238 4	1.241 3	1.244 2	1.247 0	1.249 9
3.5	1.252 8	1.255 6	1.258 5	1.261 3	1.264 1	1.266 9	1.269 8	1.272 6	1.275 4	1.278 2
3.6	1.280 9	1.283 7	1.286 5	1.289 2	1.292 0	1.294 7	1.297 5	1.300 2	1.302 9	1.305 6
3.7	1.308 3	1.311 0	1.313 7	1.316 4	1.319 1	1.321 8	1.324 4	1.327 1	1.329 7	1.332 4
3.8	1.335 0	1.337 6	1.340 3	1.342 9	1.345 5	1.348 1	1.350 7	1.353 3	1.355 8	1.358 4
3.9	1.361 0	1.363 5	1.366 1	1.368 6	1.371 2	1.373 7	1.376 2	1.378 8	1.381 3	1.383 8
4.0	1.386 3	1.388 8	1.391 3	1.393 8	1.396 2	1.398 7	1.401 2	1.403 6	1.406 1	1.408 5
4.1	1.411 0	1.413 4	1.415 9	1.418 3	1.420 7	1.423 1	1.425 5	1.427 9	1.430 3	1.432 7
4.2	1.435 1	1.437 5	1.439 8	1.442 2	1.444 6	1.446 9	1.449 3	1.451 6	1.454 0	1.456 3
4.3	1.458 6	1.460 9	1.463 3	1.465 6	1.467 9	1.470 2	1.472 5	1.474 8	1.477 0	1.479 3
4.4	1.481 6	1.483 9	1.486 1	1.488 4	1.490 7	1.492 9	1.495 1	1.497 4	1.499 6	1.501 9
4.5	1.504 1	1.506 3	1.508 5	1.510 7	1.512 9	1.515 1	1.517 3	1.519 5	1.521 7	1.523 9
4.6	1.526 1	1.528 2	1.530 4	1.532 6	1.534 7	1.536 9	1.539 0	1.541 2	1.543 3	1.545 4
4.7	1.547 6	1.549 7	1.551 8	1.553 9	1.556 0	1.558 1	1.560 2	1.562 3	1.564 4	1.566 5
4.8	1.568 6	1.570 7	1.572 8	1.574 8	1.576 9	1.579 0	1.581 0	1.583 1	1.585 1	1.587 2
4.9	1.589 2	1.591 3	1.593 3	1.595 3	1.597 4	1.599 4	1.601 4	1.603 4	1.605 4	1.607 4
5.0	1.609 4	1.611 4	1.613 4	1.615 4	1.617 4	1.619 4	1.621 4	1.623 3	1.625 3	1.627 3
5.1	1.629 2	1.631 2	1.633 2	1.635 1	1.637 1	1.639 0	1.640 9	1.642 9	1.644 8	1.646 7
5.2	1.648 7	1.650 6	1.652 5	1.654 4	1.656 3	1.658 2	1.660 1	1.662 0	1.663 9	1.665 8
5.3	1.667 7	1.669 6	1.671 5	1.673 4	1.675 2	1.677 1	1.679 0	1.680 8	1.682 7	1.684 5
5.4	1.686 4	1.688 2	1.690 1	1.691 9	1.693 8	1.695 6	1.697 4	1.699 3	1.701 1	1.702 9

N	0	1	2	3	4	5	6	7	8	9
5.5	1.704 7	1.706 6	1.708 4	1.710 2	1.712 0	1.713 8	1.715 6	1.717 4	1.719 2	1.721 0
5.6	1.722 8	1.724 6	1.726 3	1.728 1	1.729 9	1.731 7	1.733 4	1.735 2	1.737 0	1.738 7
5.7	1.740 5	1.742 2	1.744 0	1.745 7	1.747 5	1.749 2	1.750 9	1.752 7	1.754 4	1.756 1
5.8	1.757 9	1.759 6	1.761 3	1.763 0	1.764 7	1.766 4	1.768 1	1.769 9	1.771 6	1.773 3
5.9	1.775 0	1.776 6	1.778 3	1.780 0	1.781 7	1.783 4	1.785 1	1.786 7	1.788 4	1.790 1
6.0	1.791 8	1.793 4	1.795 1	1.796 7	1.798 4	1.800 1	1.801 7	1.803 4	1.805 0	1.806 6
6.1	1.808 3	1.809 9	1.811 6	1.813 2	1.814 8	1.816 5	1.818 1	1.819 7	1.821 3	1.822 9
6.2	1.824 5	1.826 2	1.827 8	1.829 4	1.831 0	1.832 6	1.834 2	1.835 8	1.837 4	1.839 0
6.3	1.840 5	1.842 1	1.843 7	1.845 3	1.846 9	1.848 5	1.850 0	1.851 6	1.853 2	1.854 7
6.4	1.856 3	1.857 9	1.859 4	1.861 0	1.862 5	1.864 1	1.865 6	1.867 2	1.868 7	1.870 3
6.5	1.871 8	1.873 3	1.874 9	1.876 4	1.877 9	1.879 5	1.881 0	1.882 5	1.884 0	1.885 6
6.6	1.887 1	1.888 6	1.890 1	1.891 6	1.893 1	1.894 6	1.896 1	1.897 6	1.899 1	1.900 6
6.7	1.902 1	1.903 6	1.905 1	1.906 6	1.908 1	1.909 5	1.911 0	1.912 5	1.914 0	1.915 5
6.8	1.916 9	1.918 4	1.919 9	1.921 3	1.922 8	1.924 2	1.925 7	1.927 2	1.928 6	1.930 1
6.9	1.931 5	1.933 0	1.934 4	1.935 9	1.937 3	1.938 7	1.940 2	1.941 6	1.943 0	1.944 5
7.0	1.945 9	1.947 3	1.948 8	1.950 2	1.951 6	1.953 0	1.954 4	1.955 9	1.957 3	1.958 7
7.1	1.960 1	1.961 5	1.962 9	1.964 3	1.965 7	1.967 1	1.968 5	1.969 9	1.971 3	1.972 7
7.2	1.974 1	1.975 5	1.976 9	1.978 2	1.979 6	1.981 0	1.982 4	1.983 8	1.985 1	1.986 5
7.3	1.987 9	1.989 2	1.990 6	1.992 0	1.993 3	1.994 7	1.996 1	1.997 4	1.998 8	2.000 1
7.4	2.001 5	2.002 8	2.004 2	2.005 5	2.006 9	2.008 2	2.009 6	2.010 9	2.012 2	2.013 6
7.5	2.014 9	2.016 2	2.017 6	2.018 9	2.020 2	2.021 5	2.022 9	2.024 2	2.025 5	2.026 8
7.6	2.028 1	2.029 5	2.030 8	2.032 1	2.033 4	2.034 7	2.036 0	2.037 3	2.038 6	2.039 9
7.7	2.041 2	2.042 5	2.043 8	2.045 1	2.046 4	2.047 7	2.049 0	2.050 3	2.051 6	2.052 8
7.8	2.054 1	2.055 4	2.056 7	2.058 0	2.059 2	2.060 5	2.061 8	2.063 1	2.064 3	2.065 6
7.9	2.066 9	2.068 1	2.069 4	2.070 7	2.071 9	2.073 2	2.074 4	2.075 7	2.076 9	2.078 2
8.0	2.079 4	2.080 7	2.081 9	2.083 2	2.084 4	2.085 7	2.086 9	2.088 2	2.089 4	2.090 6
8.1	2.091 9	2.093 1	2.094 3	2.095 6	2.096 8	2.098 0	2.099 2	2.100 5	2.101 7	2.102 9
8.2	2.104 1	2.105 4	2.106 6	2.107 8	2.109 0	2.110 2	2.111 4	2.112 6	2.113 8	2.115 0
8.3	2.116 3	2.117 5	2.118 7	2.119 9	2.121 1	2.122 3	2.123 5	2.124 7	2.125 8	2.127 0
8.4	2.128 2	2.129 4	2.130 6	2.131 8	2.133 0	2.134 2	2.135 3	2.136 5	2.137 7	2.138 9
8.5	2.140 1	2.141 2	2.142 4	2.143 6	2.144 8	2.145 9	2.147 1	2.148 3	2.149 4	2.150 6
8.6	2.151 8	2.152 9	2.154 1	2.155 2	2.156 4	2.157 6	2.158 7	2.159 9	2.161 0	2.162 2
8.7	2.163 3	2.164 5	2.165 6	2.166 8	2.167 9	2.169 1	2.170 2	2.171 3	2.172 5	2.173 6
8.8	2.174 8	2.175 9	2.177 0	2.178 2	2.179 3	2.180 4	2.181 5	2.182 7	2.183 8	2.184 9
8.9	2.186 1	2.187 2	2.188 3	2.189 4	2.190 5	2.191 7	2.192 8	2.193 9	2.195 0	2.196 1
9.0	2.197 2	2.198 3	2.199 4	2.200 6	2.201 7	2.202 8	2.203 9	2.205 0	2.206 1	2.207 2
9.1	2.208 3	2.209 4	2.210 5	2.211 6	2.212 7	2.213 8	2.214 8	2.215 9	2.217 0	2.218 1
9.2	2.219 2	2.220 3	2.221 4	2.222 5	2.223 5	2.224 6	2.225 7	2.226 8	2.227 9	2.228 9
9.3	2.230 0	2.231 1	2.232 2	2.233 2	2.234 3	2.235 4	2.236 4	2.237 5	2.238 6	2.239 6
9.4	2.240 7	2.241 8	2.242 8	2.243 9	2.245 0	2.246 0	2.247 1	2.248 1	2.249 2	2.250 2
9.5	2.251 3	2.252 3	2.253 4	2.254 4	2.255 5	2.256 5	2.257 6	2.258 6	2.259 7	2.260 7
9.6	2.261 8	2.262 8	2.263 8	2.264 9	2.265 9	2.267 0	2.268 0	2.269 0	2.270 1	2.271 1
9.7	2.272 1	2.273 2	2.274 2	2.275 2	2.276 2	2.277 3	2.278 3	2.279 3	2.280 3	2.281 4
9.8	2.282 4	2.283 4	2.284 4	2.285 4	2.286 5	2.287 5	2.288 5	2.289 5	2.290 5	2.291 5
9.9	2.292 5	2.293 5	2.294 6	2.295 6	2.296 6	2.297 6	2.298 6	2.299 6	2.300 6	2.301 6
10.0	2.302 6	2.303 6	2.304 6	2.305 6	2.306 6	2.307 6	2.308 6	2.309 6	2.310 6	2.311 5

附表六 e^{rn} 的值：1元的连续复利终值系数表

r 0	1%	2%	3%	4%	5%	6%	7%	8%	9%	10%
1	1.010 1	1.020 2	1.030 5	1.040 8	1.051 3	1.061 8	1.072 5	1.083 3	1.094 2	1.105 2
2	1.020 2	1.040 8	1.061 8	1.083 3	1.105 2	1.127 5	1.150 3	1.173 5	1.197 2	1.221 4
3	1.030 5	1.061 8	1.094 2	1.127 5	1.161 8	1.197 2	1.233 7	1.271 2	1.310 0	1.349 9
4	1.040 8	1.083 3	1.127 5	1.173 5	1.221 4	1.271 2	1.323 1	1.377 1	1.433 3	1.491 8
5	1.051 3	1.105 2	1.161 8	1.221 4	1.284 0	1.349 9	1.419 1	1.491 8	1.568 3	1.648 7
6	1.061 8	1.127 5	1.197 2	1.271 2	1.349 9	1.433 3	1.522 0	1.616 1	1.716 0	1.822 1
7	1.072 5	1.150 3	1.233 7	1.323 1	1.419 1	1.522 0	1.632 3	1.750 7	1.877 6	2.013 8
8	1.083 3	1.173 5	1.271 2	1.377 1	1.491 8	1.616 1	1.750 7	1.896 5	2.054 4	2.225 5
9	1.094 2	1.197 2	1.310 0	1.433 3	1.568 3	1.716 0	1.877 6	2.054 4	2.247 9	2.459 6
10	1.105 2	1.221 4	1.349 9	1.491 8	1.648 7	1.822 1	2.013 8	2.225 5	2.459 6	2.718 3
11	1.116 3	1.246 1	1.391 0	1.552 7	1.733 3	1.934 8	2.159 8	2.410 9	2.691 2	3.004 2
12	1.127 5	1.271 2	1.433 3	1.616 1	1.822 1	2.054 4	2.316 4	2.611 7	2.944 7	3.320 1
13	1.138 8	1.296 9	1.477 0	1.682 0	1.915 5	2.181 5	2.484 3	2.829 2	3.222 0	3.669 3
14	1.150 3	1.323 1	1.522 0	1.750 7	2.013 8	2.316 4	2.664 5	3.064 9	3.525 4	4.055 2
15	1.161 8	1.349 9	1.568 3	1.822 1	2.117 0	2.459 6	2.857 7	3.320 1	3.857 4	4.481 7
16	1.173 5	1.377 1	1.616 1	1.896 5	2.225 5	2.611 7	3.064 9	3.596 6	4.220 7	4.953 0
17	1.185 3	1.404 9	1.665 3	1.973 9	2.339 6	2.773 2	3.287 1	3.896 2	4.618 2	5.473 9
18	1.197 2	1.433 3	1.716 0	2.054 4	2.459 6	2.944 7	3.525 4	4.220 7	5.053 1	6.049 6
19	1.209 2	1.462 3	1.768 3	2.138 3	2.585 7	3.126 8	3.781 0	4.572 2	5.529 0	6.685 9
20	1.221 4	1.491 8	1.822 1	2.225 5	2.718 3	3.320 1	4.055 2	4.953 0	6.049 6	7.389 1
21	1.233 7	1.522 0	1.877 6	2.316 4	2.857 7	3.525 4	4.349 2	5.365 6	6.619 4	8.166 2
22	1.246 1	1.552 7	1.934 8	2.410 9	3.004 2	3.743 4	4.664 6	5.812 4	7.242 7	9.025 0
23	1.258 6	1.584 1	1.993 7	2.509 3	3.158 2	3.974 9	5.002 8	6.296 5	7.924 8	9.974 2
24	1.271 2	1.616 1	2.054 4	2.611 7	3.320 1	4.220 7	5.365 6	6.821 0	8.671 1	11.023 2
25	1.284 0	1.648 7	2.117 0	2.718 3	3.490 3	4.481 7	5.754 6	7.389 1	9.487 7	12.182 5
30	1.349 9	1.822 1	2.459 6	3.320 1	4.481 7	6.049 6	8.166 2	11.023 2	14.879 7	20.085 5
35	1.419 1	2.013 8	2.857 7	4.055 2	5.754 6	8.166 2	11.588 3	16.444 6	23.336 1	33.115 5
40	1.491 8	2.225 5	3.320 1	4.953 0	7.389 1	11.023 2	16.444 6	24.532 5	36.598 2	54.598 2
45	1.568 3	2.459 6	3.857 4	6.049 6	9.487 7	14.879 7	23.336 1	36.598 2	57.397 5	90.017 1
50	1.648 7	2.718 3	4.481 7	7.389 1	12.182 5	20.085 5	33.115 5	54.598 2	90.017 1	148.413 2
55	1.733 3	3.004 2	5.207 0	9.025 0	15.642 6	27.112 6	46.993 1	81.450 9	141.175 0	244.691 9
60	1.822 1	3.320 1	6.049 6	11.023 2	20.085 5	36.598 2	66.686 3	121.510 4	221.406 4	403.428 8

注：例如，以10%的年利率连续复利，则今天投资1元，1年年末的价值为1.1052元，2年年末的价值为1.2214元。